# 综合设施管理理论与方法

曹吉鸣　缪莉莉　著

**图书在版编目(CIP)数据**

综合设施管理理论与方法 / 曹吉鸣，缪莉莉著.
--上海 ：同济大学出版社，2018.6（2023.3重印）
ISBN 978-7-5608-7751-8

Ⅰ. ①综… Ⅱ. ①曹… ②缪… Ⅲ. ①企业管理—资产管理—研究 Ⅳ. ①F273.4

中国版本图书馆 CIP 数据核字(2018)第 036607 号

**综合设施管理理论与方法**

曹吉鸣　缪莉莉　著

责任编辑　由爱华　　责任校对　徐春莲　　封面设计　张　微

出版发行　同济大学出版社　　www.tongjipress.com.cn
（地址：上海市四平路 1239 号　邮编：200092　电话：021－65985622）
经　　销　全国各地新华书店
印　　刷　上海安枫印务有限公司
开　　本　787mm×1092mm　1/16
印　　张　27
字　　数　674000
版　　次　2018 年 6 月第 1 版
印　　次　2023 年 3 月第 3 次印刷
书　　号　ISBN 978-7-5608-7751-8

定　　价　98.00 元

# 序

在人民生活水平和人性化需求日益提高、供给侧体制改革和经济转型逐步深化的情景下，我国确立了新时代创新、协调、绿色、开放、共享的发展理念，给各类企业、事业单位和社会公共机构等组织的房地产、基建、资产、行政、后勤等领域传统业务带来了一系列的机遇和挑战。如何助力组织核心业务战略目标达成、降低运营成本、提升服务水准和员工满意度、保障健康安全和业务持续是设施管理迫切需要解决的难题。

设施管理(Facility Management，FM)旨在建成环境中整合人员、空间和流程，提高人们生活质量和核心业务生产率的组织职能，是一门跨学科、多专业交叉的新兴学科，涉及组织中传统的房地产、基建、资产、行政、后勤等专业业务范畴。设施管理概念是在 20 世纪 70 年代后期提出来的，现在世界各国工业、商业和医院、学校、机场等领域普遍得到了实施和应用，各国相继成立了设施管理协会。一些发达国家高校设立了设施管理专业的本科和研究生学位，成立了设施管理研究中心或设施管理学院。欧洲标准研究院(ESI)和国际标准化组织(ISO)也已经正式发布了一系列设施管理的标准和规范。

尽管我国设施管理行业发展比较晚，但市场对设施管理高标准服务和专业人才的需求不断扩大。世界 500 强跨国企业、国际知名服务供应商发挥了设施管理实践的示范引领作用，我国高等院校、国际性专业协会推动了设施管理的知识、理念、方法的传播，造就了一批生机勃勃的设施管理专业人员，推动了一系列设施管理最佳实践的分享和应用。

近十多年来，同济大学设施管理研究团队坚持理论和实践相结合的原则，充分吸收国内外设施管理的最新研究成果和应用案例，通过构建 FM Gate 知识共享平台、开设设施管理高级研修课、开展校企合作学术交流、发表专业研究报告等一系列活动，助力我国设施管理行业的发展，并形成了设施管理的理论框架和知识体系。尽管如此，我国设施管理领域的理论研究和实践应用才刚刚开始，还面临大量艰难的任务，需要不断探索、实践。

本书是 2011 年出版的《设施管理概论》的姊妹篇，系统地介绍了设施管理的基本概念和发展趋势，阐述了设施管理的理论知识和应用方法，并穿插了一些延伸阅读资料和实践案例，供不同领域、不同层面的读者使用。

本书共 13 章，由曹吉鸣、缪莉莉总负责。具体写作分工如下：第 1，2 章，曹吉鸣；第 3 章，缪莉莉、陈倩、徐帆；第 4 章，申良法、许志远；第 5，6 章，缪莉莉、周瓒、刘佳；第 7 章，林毅、彭奕龙；第 8 章，曹吉鸣、周寻；第 9 章，王学志、马腾；第 10 章，仲毅、周通拉嘎；第 11 章，朱倩、田哲、夏靖怡；第 12 章，刘亮；第 13 章，袁德铮、汤洪霞。

本书编写过程中，得到了同济大学复杂工程管理研究院和同济大学出版社领导的大力支持，也得到了李秋锦、白云松、周诗杰、杨克、马丁·艾克礼(Martin Ecknig)、李晓疆、于庆新、汪平华、黄澄宇、单显林、姚晓勃、刘慧敏、张汉云等业界专家和同行的热情帮助，刘冰卿、戴维、吴云康、曹曼、刘岩、翟洁、邢梦钰、赵鹏、李灵芝等为本书的数据编辑和资料整理做了大量工作，在此一并表示衷心的感谢。

本书可以作为房地产、工程管理、物业管理、建筑设计、工商管理、土木工程类专业的课程教材，也可作为设施管理相关专业人员的参考资料。

由于作者学术水平和实践经验有限，书中遗漏和不足之处在所难免，敬请有关专家、学者和读者批评指正。

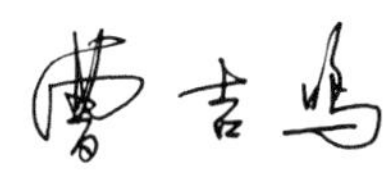

2018 年 1 月，同济大学

# 目　录

# 第 1 章　理解设施管理

[本章导读]

设施管理(Facility Management,FM)是一门跨学科、多专业交叉的新兴学科,它综合运用各学科交叉的技术、方法和手段,通过对人员、空间、过程和技术的集成,来确保建成的空间环境功能的实现。尽管设施管理学科诞生的时间不长,但已经初步形成一定的理论方法和实践案例。随着我国经济结构转型和创新驱动发展,企业的投资回报、经营效益及成本的压力增加,对活动空间场所绿色、环保、安全、个性化的要求提高,技术变革、成本削减、业务外包等因素给设施管理带来了巨大的市场机遇和挑战。本章主要探讨设施管理的基本概念,回顾和展望设施管理产生和发展趋势,并阐述设施管理的学科体系。

本章主要内容:

- ☐ 设施管理概念、定义和特点;
- ☐ 设施管理分类;
- ☐ 设施管理功能及作用;
- ☐ 设施管理产生、现状与发展趋势;
- ☐ 设施管理经理人能力、特征与知识体系;
- ☐ 设施管理专业能力要求。

## 1.1　设施管理基础原理

国际上对于设施管理的定义尚未形成统一的共识,没有形成一个普遍认同的、适用的标准定义。鉴于较长一段时间的理论研究和应用实践,已经逐步形成了对设施管理基本特点和范围的共识,设施管理的意义和作用也得到了社会各界广泛的认可。

**知识链接**

更多设施管理基本概念,请访问设施管理门户网站 FM Gate—FM 智库—研究报告—“同”的清晰和“异”的界定—《中国设施管理行业共识度调查报告》。

### 1.1.1　设施管理定义和特点

设施管理是由设施和管理两个部分组成的复合名词,如何界定设施,又怎样看待管理,是理解设施管理的前提。

1. 如何界定设施

设施一词在英文语境中所包含的范围非常广泛,可以从两个层面来理解。

从广义上看,设施(Facilities 或 Facility)是为某种需要而建造、安装或建立的资产集合。因此,一个单项资产并不是设施(例如,一辆汽车不是设施,一个空气处理机组也不是设施)。同样,非经建造的事物也不是设施,即使它是一项资产(例如,自然保护区不是设施)。广义设施的含义,如图 1-1 所示。

广义设施范围没有特别的适用限制,它不仅限于建筑物和工作场所,也可被应用于邮轮、飞机、火车等专项领域,尽管大多数诸如此类的大型专用资产通常有其特别的管理规程。

从狭义上看,即本书所指的设施特指用于生产、生活和社会活动的房地产、建筑物、构筑物、公用事业等资产集合及其围绕上述资产集合提供的支持性活动的总称。设施的范围,如图 1-2 所示。

设施是组织所拥有的一种重要资源,是保证生产、生活和运作过程得以进行的必备条件,其日常运作

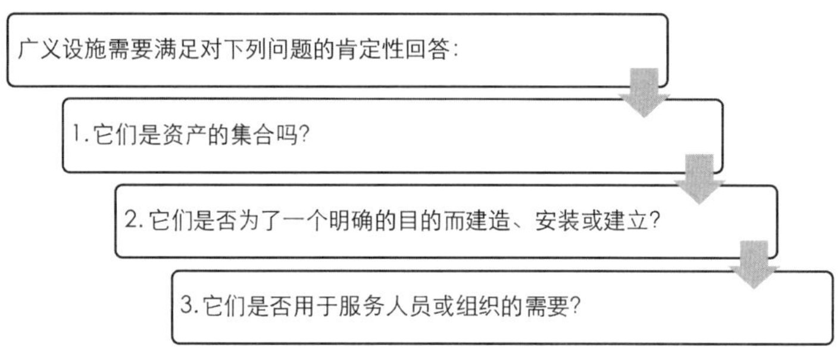


图1-1 广义设施的含义

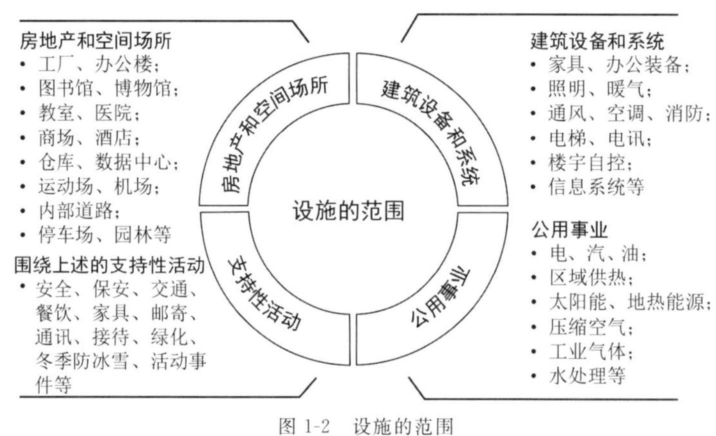


图1-2 设施的范围

需要庞大的费用成本开支,作为资产也具有增值保值的能力。此处组织是指一个社会法人实体,包括公共机构、企业单位和社会团体,下文针对特定对象简称为企业。

2. 管理

管理是指在特定的环境条件下,对组织所拥有的人力、物力、财力、信息等资源进行有效地计划、组织、指挥、协调和控制,以期高效地达到既定组织目标的过程。

从控制论的角度看,管理是由多个工作环节组成的有限循环过程。管理环节的组成,如图1-3所示。

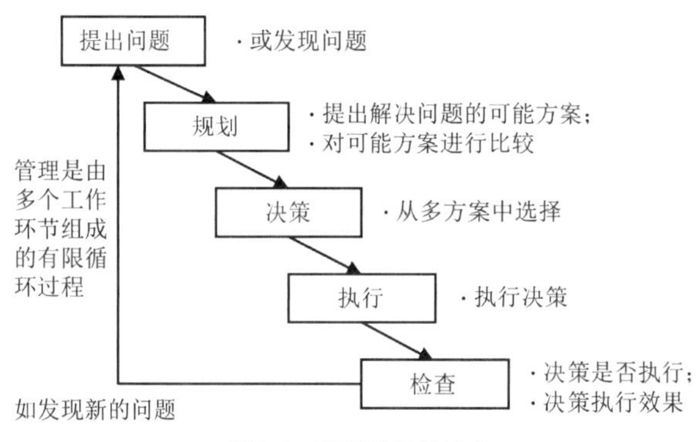


图1-3 管理环节的组成

彼得·德鲁克(Peter F. Drucker)认为:管理是一种工作,它有自己的技巧、工具和方法;管理是一种器官,是赋予组织以生命的、能动的、动态的器官;管理是一门科学,一种系统化的并到处适用的知识;同时管理也是一种文化。

亨利·法约尔(Henri Fayol)认为,管理是所有的人类组织都有的一种活动。这种活动由五项要素组成:计划、组织、指挥、协调和控制。

3. 设施管理

通过文献阅读,可以发现大量关于设施管理的术语和解释,这是因为不同机构和个人都试图对设施管理进行解释,而实际上至今还没有形成一个普遍认同的、适用的标准定义。

国际标准化组织(The International Organization for Standardization, ISO)在 ISO 41011:2017 中提出:设施管理是旨在于建成环境中整合人员、空间和流程,以提高人们生活质量和核心业务生产率的一项组织职能。

国际设施管理协会( International Facility Management Association,IFMA)认为,设施管理是一门通过整合人员、空间、过程和技术,以确保建成环境实现设计目的包含多个学科的专业。

英国设施管理协会(Britain Institute of Facility Management, BIFM)采纳由欧洲标准化委员会提出并由英国标准学会批准的设施管理定义:设施管理是在组织内对约定的用以支持和提高其核心业务效益的服务进行维护和发展的过程集成。

澳大利亚设施管理学会(Facility Management Association of Australia, FMAA )认为,设施管理最主要的功能是管理并维护建筑环境的高效运作。该行业承担以下职责:确保为通过增加使用该设施的人员生产力与效率的途径提供服务;减少使用该设施对环境造成的影响;使设施运营全生命周期成本最小化;提供设施高效运营所要求的维修与保养、保安与清洁以及技术性的服务。

德国设施管理学会(The German Facility Management Association,GFMA)认为,设施管理是一门对企业核心业务流程进行必要的支持和辅助工作的管理学科。工作场所设计、资产保值和资本回报率是设施管理经理关注的重点。

每一个组织都有自己的核心业务和非核心业务。设施管理属于组织的支持性非核心业务。组织核心业务直接提供组织产品或服务的增值,而组织非核心业务辅助和支持核心业务的开展,如财务(Finance)、人力资源(HR)、信息技术(IT)、采购(Procurement)和设施管理(FM)等,是组织不可或缺的一部分。非核心业务在组织的经营活动中发挥了日益重要的作用,在很大程度上影响核心业务为用户提供产品和服务的效率和效益,影响组织的市场竞争力和经营活动成败。组织核心业务和非核心业务的关系,如图 1-4 所示。

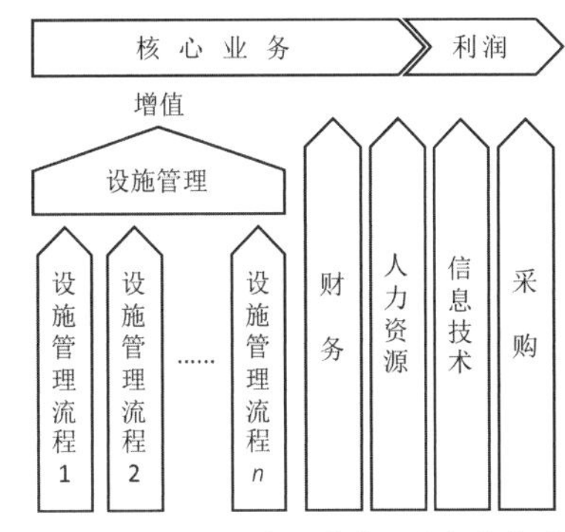


图 1-4 组织核心业务和非核心业务的关系

在英文中,Facility Management 和 Facilities Management 可作为同义词使用,均表示设施管理,简称为 FM。它综合利用管理科学、建筑科学、经济学、行为科学和工程技术等多种学科理论,将人、空间、技术与过程相结合,对人类工作和生活空间环境进行有效地规划和控制,是一项以改善人们生活质量、满足核心业务战略为目的的组织功能。

设施管理是一个复合名词。因此,不能简单地从中文字面解释,将设施和物业、设备进行简单地组合,所谓设施设备管理、物业设施管理的叫法,不仅没有一个确定的含义,还会对设施管理产生歧义。

### 1.1.2 设施管理任务和范围

设施管理任务和范围取决于组织的需求和结构,从优化组织绩效和资产价值的角度,协调建立在经济目标、组织目标和战略目标基础之上的需求和供应关系是设施管理至关重要的任务。

组织设施管理可以分为战略、管理和操作不同层面的任务。核心业务所驱使的设施管理的需求,由服务水平协议(SLA)确定,并通过内部或外部服务供应商负责交付和提供,关键绩效指标(KPI)主要用于设施管理绩效衡量,并监控服务水平协议实施进程,也可以用于组织之间的基准分析和比较,以识别和鉴定最佳实践。设施管理供求关系框架模型,如图 1-5 所示。

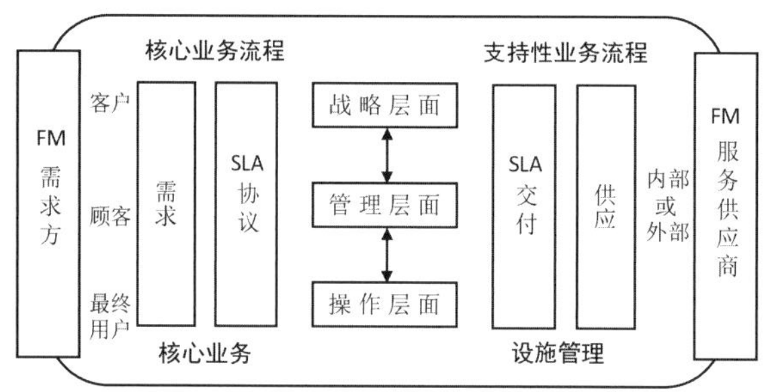


图 1-5　设施管理供求关系框架模型

组织设施管理的任务是通过平衡组织内部的需求和供应目标,以实现从需求、服务水平与交付能力、资源供应之间的优化组合。不同层面设施管理的任务,如图 1-6 所示。

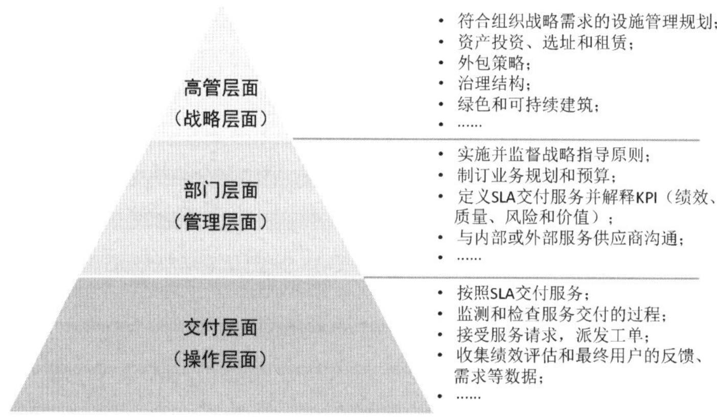


图 1-6　不同层面设施管理的任务

根据国际设施管理协会(IFMA)的定义,设施管理者需要负责组织内部所有的与设施相关的业务,因此其所涉及的功能和职责非常广泛和复杂。IFMA 定义的设施管理职能,如图 1-7 所示。

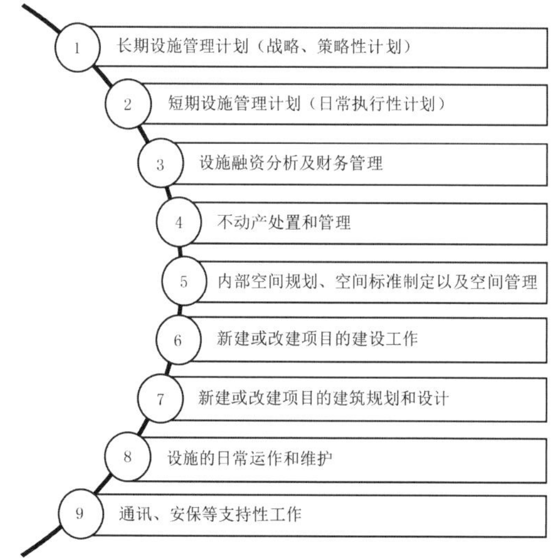


图 1- 7　IFMA 定义的设施管理职能

赞(Then)提出了一个设施管理要素模型,包括战略性、操作性两个方面,共分成 4 个组成部分。设施管理要素模型,如图 1-8 所示。

图 1-8 设施管理要素模型

根据吕伟俊分析,设施管理的范围可以从服务链业务深度和广度两个方面理解。设施管理业务范围,如图 1-9 所示。

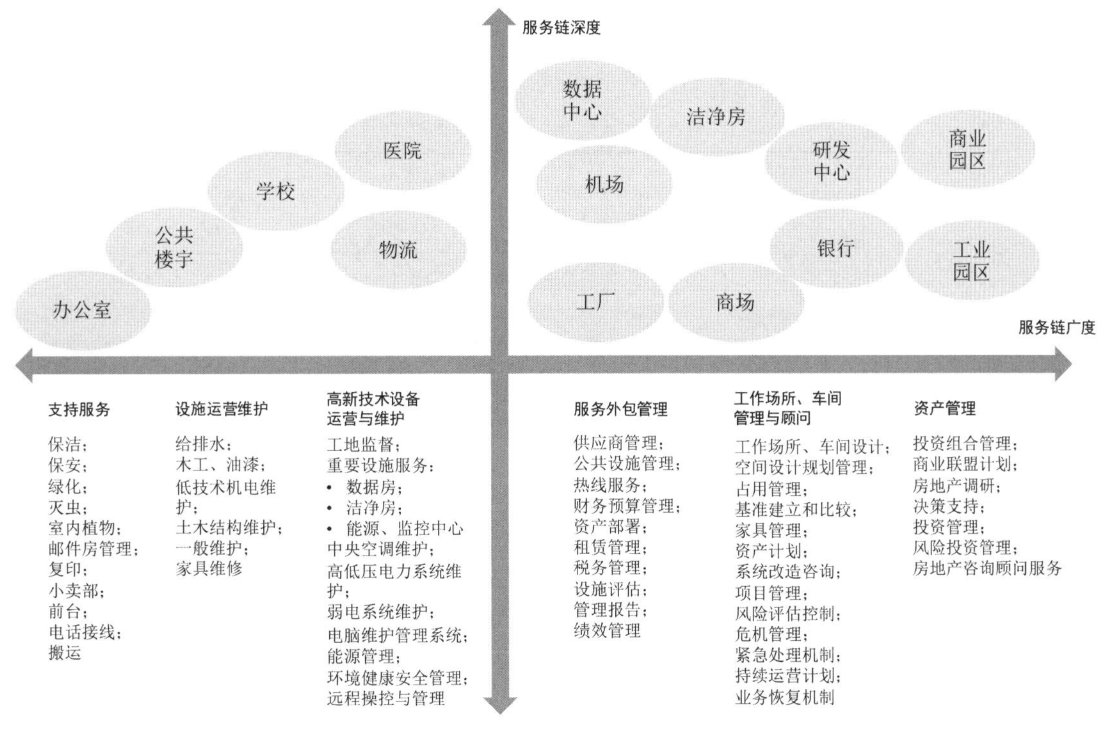


图 1-9 设施管理业务范围

### 1.1.3 设施管理特点和价值

1. 设施管理的特点

设施管理倡导以人为本的理念,与传统的行政管理、后勤管理及物业管理等具有显著的不同,设施管理者需要具备商务、技术、沟通、谈判、洞察、领导能力,理解组织愿景、宗旨、文化和战略,才能够对用户各个层面的相关需求做出有效决策,并实现组织主营业务目标相一致的满意结果。设施管理要素的整合,如图 1-10 所示。

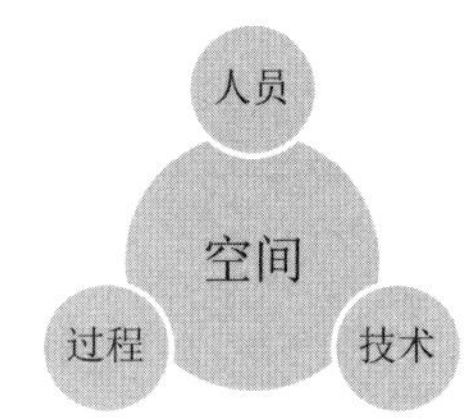


图 1-10 设施管理要素的整合

设施管理有如下五个方面的特点。

(1) 针对对象。设施管理不同于项目管理的一次性活动;它更多偏向于持续性的、重复性的任务,属于服务科学和企业管理的范畴。它的对象包括硬性的技术(Technical)服务和软性的管理(Managerial)业务两个方面,涉及面广。

(2) 管理目标。设施管理通常是非营利性的,属于组织的成本中心,需要按计划和预算支出成本费用,也有组织将房地产和设施管理(RE/FM)设置成独立的利润中心。它的根本目标是从战略层、管理层和运作层支持组织核心业务发展,提供高品质、舒适、健康和温馨工作空间环境。

设施管理须先确保基础运营(尽职尽责),才可能获得管理层和用户认同(消除噪声);进而实践卓越运营,并逐步融入公司业务战略层面;最终实现从保障支撑者到业务战略伙伴的角色转变。企业设施管理目标定位,如图 1-11 所示。

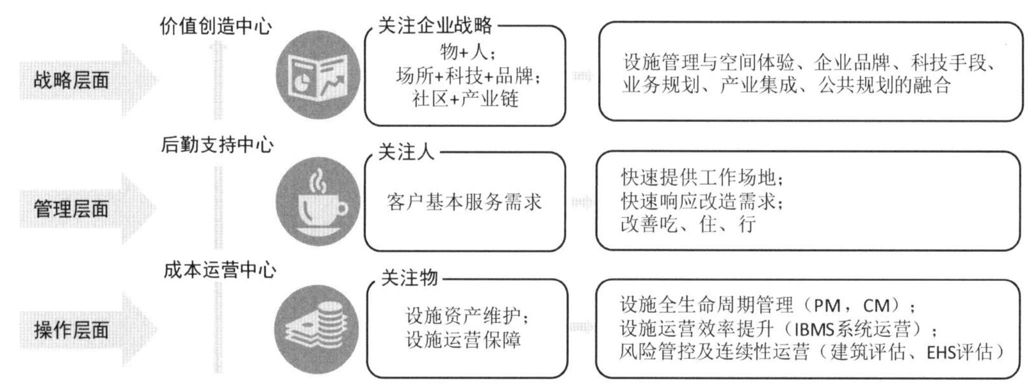


图 1-11 企业设施管理目标定位

(3) 专业领域。设施管理突出组织中人、设施、资源和环境的整合,它首先是一项管理岗位,涉及组织战略、经济、技术、环境、合同、法律、人文等跨学科、综合性专业领域和理论知识。设施管理经理人需要协调组织内部各业务部门、外部供应商团队、最终用户等相互关系,对其执业素质、综合能力具有非常高的要求。

(4) 组织模式。组织设施管理部门就像财务管理、人力资源管理、采购管理和 IT 等部门一样,是一个重要的核心业务的支持部门,肩负着实施组织宏观战略的任务。组织内部的设施管理可以自营,也可外包给专业设施服务供应商,聘请专业设施管理顾问团队,或组成共同参与的合作伙伴团队。设施管理不是单纯关于外包服务的管理,尽管在一些市场获取外包支持仍是交付设施管理的重要选择之一。

(5) 生命周期。设施管理以及企业房地产(CRE),或资产管理(AM),或工作场所管理(Workplace Management)等,尽管有不同的称呼,其专业范围涉及设施的规划、设计、施工和运行、报废等阶段的全生命周期。即包括企业房地产的组合投资、选址、租赁和交易,设施运行阶段的战略、资产、空间、维护、能源、应急管理,还涉及设施新建、更新改建和扩建中的项目管理等。设施全寿命周期管理,如图 1-12 所示。

现代设施管理与传统物业管理(尤其是住宅物业管理)的区别,如图 1-13 所示。此外,设施管理(FM)与资产管理(AM)、企业房地产(CRE)、工作场所管理(Workplace Management)等新兴专业有一定的交集。

2. 设施管理的价值

设施管理是组织相当关键的商业职能,它不仅影响组织的收入和成本,影响品牌和社会形象,而且对

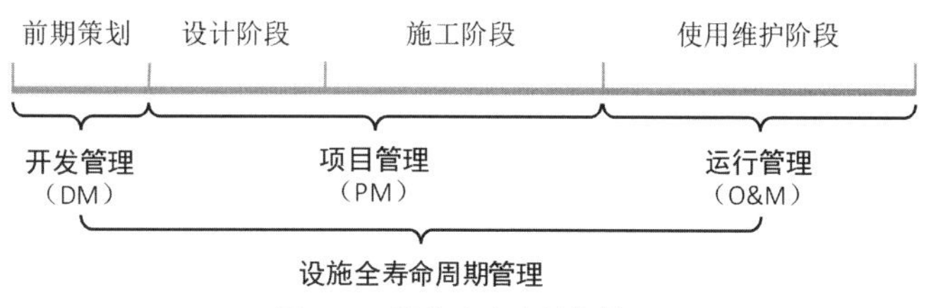


图 1-12　设施全寿命周期管理

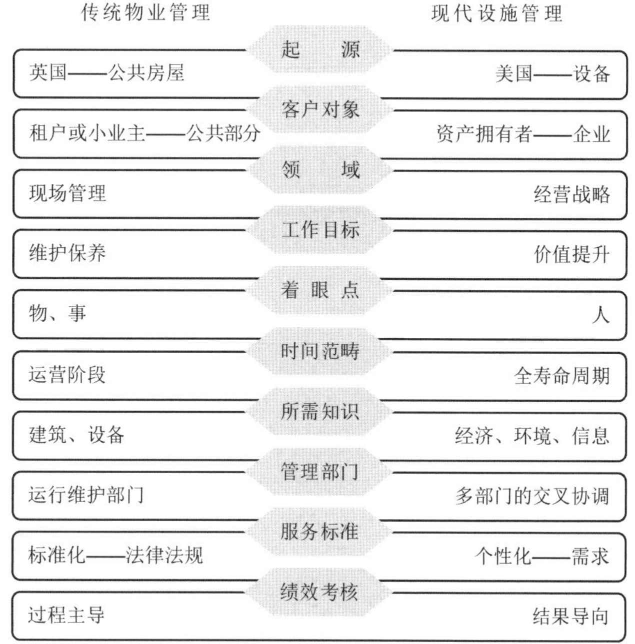


图 1-13　现代设施管理与传统物业管理的区别

组织核心业务的生产或服务、员工生活质量、健康和安全、工作环境，尤其是在员工的招募和保留上起着越来越重要的作用。当设施管理能够推动或支持组织最终产品或服务时，其战略重要性则会进一步提升，设施管理部门本身也会有更高的价值定位。

设施管理的价值体现在下列四个方面：

(1) 提供和保持高品质的工作空间。设施管理部门通过提供的安全、环保、健康和人性化的工作空间，协助人力资源部门吸引人才、留住精英型员工，同时最大限度帮助员工提高工作效率。例如，微软公司对企业内部空气质量进行净化改造，通过手机 APP，将企业内部实时的空气指数情况反映到员工的手机；谷歌公司亮丽、个性化的现代办公空间设计，激发了员工的工作热情。

(2) 降低全生命周期运行成本。有统计表明，企业工作场所空间成本是除人力资源成本之外的第二大成本。当今经济形势下，企业的投资回报、经营效益及成本的压力越来越大。企业需要根据自身战略和投资战略，选择在哪里买地；是自己买地建设，还是租赁。另外，企业的存量建筑规模越来越大，几百万甚至几千万平方米的建筑面积，分布在全国各地甚至世界各地，如何充分利用好现有存量建筑资产，合理配置有限的资源，提高运行效率，从全生命周期角度发挥设施管理的最佳经济效益，显得非常重要。

(3) 支持组织的发展战略和核心业务。近几年来，越来越多的组织高层管理者意识到，设施管理对于支持组织战略和核心业务发展的意义和重要性，设施管理者也越来越多地参与组织战略决策过程，为组织制订发展战略提供设施管理方面的支持，同时也有利于设施管理者根据组织发展战略制订合适的设施管理战略计划，以促进组织战略和核心业务的发展，履行社会责任要求，推动可持续发展。

(4) 保证突发事件下的业务持续性。一些重大的突发性社会事件,譬如地震、火灾、大风、暴雨、爆炸,或者玻璃幕墙坠落、广告牌倒塌等,不仅对人员伤亡和财产造成一定的损失,可能还会引起生产和经营业务过程的中断,造成较大的社会影响。如何在突发事件发生的情况下运用业务持续管理(BCM)的理念,保证业务连续,及时应对和处理,也是设施管理者需要面对的一个非常重要的问题和新的挑战。

成功实施设施管理的效益,如图 1-14 所示。

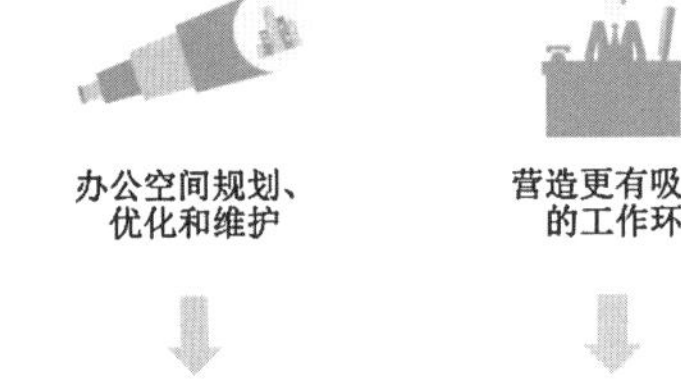

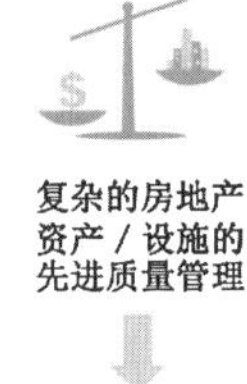

| 办公空间规划、优化和维护 | 营造更有吸引力的工作环境 | 优化设施的可靠性、能效和可持续 | 复杂的房地产资产/设施的先进质量管理 | 风险管理、治理与业务连续管理 |
| --- | --- | --- | --- | --- |
| ⇩ | ⇩ | ⇩ | ⇩ | ⇩ |
| • 实现企业房地资产保值;<br>• 支持房地产资产规模增长;<br>• 更好地控制成本 | • 有助于吸引人才;<br>• 调员工留职率;<br>• 提高员工生产率 | • 提高(国际)信誉;<br>• 改善品牌形象;<br>• 改善企业社会责任绩效 | • 改善总体效益;<br>• 提高设施、设备正常运行时间;<br>• 减少维护成本 | • 提高在困难时期节流增效;<br>• 降低业务中断几率;<br>• 迅速恢复正常运行 |

资料来源:亚历山大·科尔波特. 设施管理在中国. 设施管理,2013(9).

图 1-14 成功实施设施管理的效益

总之,设施管理要求采用系统理论和方法,达到设施全生命期经营费用与使用效率的最优结合,在保证资产保值增值的基础上,为各类组织带来更多的社会、经济和生态效益。

## 1.2 设施管理产生和发展趋势

设施管理是为了满足组织对节约设施运行成本、提高服务效率的社会需要应运而生的,跨国公司的实践应用、高校等研究机构的科学研究、专业设施管理公司和专业设施管理协会推动,进一步扩大了国内外设施管理市场规模,促进了设施管理的理论研究和实践水平的提高。

**知识链接**

更多设施管理在中国的发展趋势,请访问设施管理门户网站 FM Gate—高端访谈—高端访谈第一期:我国新常态下的设施管理(FM)发展的机遇与挑战。

### 1.2.1 国外设施管理产生和发展

设施管理定义和理念虽然是在 20 世纪 70 年代后期才确定并开始推广。在这之前,许多拥有大量房产设施和庞大运行维护预算,但缺少资金预算的高校、大型企业以及政府部门已经在进行设施管理实践,只是这种实践还未上升到理论体系的高度。

在 20 世纪 70 年代能源危机背景下,由于全球化竞争加剧、IT 技术发展、办公空间环境需求的提高,设施管理学科便应运而生。1979 年,美国首先成立了密歇根州设施管理协会;1981 年,更名为国际设施管理协会(IFMA)。

1984 年,设施管理被引入欧洲。房地产和运营领域的专家先后发起成立了英国、荷兰、德国、意大利等欧洲 27 个国家的设施管理协会。由于欧洲各个国家的文化、经济、语言以及法律法规、市场结构等各不相同,所以欧洲各个国家设施管理的发展各有特色。

随后,日本、澳大利亚、韩国及"金砖五国"中的巴西、南非等国家及我国香港、澳门地区也都先后发起成立了设施管理组织。澳大利亚政府为推动设施管理的发展,专门出台了一份"设施管理行动方案"(Facility Management Action Agenda)。

国外与设施管理相关的专业机构有全球设施管理联合会(global FM)、国际设施管理协会(IFMA)、英国设施管理协会(BIFM)、澳大利亚设施管理协会(AFMA),以及建设业主和管理人协会(BOMA)、全球不动产协会(Corenet)、英国皇家特许测量师协会(RICS)等。如今,英国设施管理协会(BIFM)拥有17000名个人或机构注册会员;IFMA拥有24000名注册会员,会员从业者管理超过72.5亿平方米的资产,并且每年经手超过5260亿美元的产品和服务交易。有关设施管理专业机构信息,如表1-1所示。

表1-1 相关设施管理组织机构信息

| 设施管理组织 | 组织全称 | 所在地 |
| --- | --- | --- |
| 国际设施管理协会(IFMA) | International Facility Management Association | 美国 |
| 英国设施管理协会(BIFM) | British Institute of Facilities Management | 英国 |
| 欧州设施管理网络(Euro FM) | European Facility Management Network | 欧洲 |
| 德国设施管理协会(GEFMA) | German Facility Management Association | 德国 |
| 日本设施管理协会(JFMA) | Japan Facility Management Association | 日本 |
| 韩国设施管理协会(KFMA) | Korea Facility Management Association | 韩国 |
| 国际建设业主和管理人协会(BOMA International) | Building Owners and Managers Association International | 美国 |
| 全球设施管理联合会(Global FM) | Global Facility Management Association | 美国 |
| 澳大利亚设施管理协会(FMAA) | Facility Management Association of Australia | 澳大利亚 |
| 巴西设施管理协会(ABRAFAC) | Associação Brasileira de Facilities | 巴西 |
| 全球不动产协会(Corenet Global) | The Global Association for Corporate Real Estate | 美国 |
| 南非设施管理协会(SAFMA) | The South African Facilities Management Association | 南非 |
| 香港设施管理学会(HKIFM) | The Hong Kong Institute of Facility Management | 中国香港 |
| 新西兰设施管理协会(FMANZ) | Facilities Management Association of New Zealand | 新西兰 |
| 匈牙利设施管理协会(HFMS) | Hungarian Facility Management Sociiety | 匈牙利 |
| 中东设施管理协会(MEFMA) | Middle East Facility Management Association | 中东 |

此外,很多高等院校都设立了设施管理相关的本科和硕士专业学位,有的大学还成立了设施管理研究机构。例如,伦敦大学学院、悉尼大学、佐治亚理工学院、康奈尔大学、香港理工大学、多伦多大学、波士顿大学等;2010年起,国际标准化组织(ISO)和欧洲标准化协会(ESI)编制出台了一系列设施管理标准和指南,如ISO41011,41012,英国皇家特许测量师学会(RICS)发布了设施管理标准(白皮书)。

设施管理与企业房地产、工作场所等领域的整合,促进了相关专业的融合和交流,进一步培育和促进了全球范围内设施管理专业市场的发展,也推动了设施管理学术交流、实践总结和人才的培养,逐渐形成了比较完善的设施管理体系。设施管理发展历程和专业轨迹,如图1-15所示。

### 1.2.2 我国设施管理市场演化

虽然我国设施管理发展比较晚,但是设施管理的实践和运作从20世纪90年代就已经开始了。随着大量的外资企、事业机构进入我国内地市场,高端设施管理服务需求不断扩大,国外专业设施管理组织以全球战略合作伙伴关系的身份也纷纷进入,积极开拓我国本土设施管理市场。

从我国设施管理理论研究、应用实践和行业推广的角度看,得益于下列三方面力量的共同推动。

1. 我国高等院校、专业机构

高等院校、专业机构的设施管理领域承担科学研究、人才培养的任务,通过案例分享和经验交流,开展与国际组织、国外高校、研究机构的交流,为我国设施管理专业发展提供了有力的支持,输送了一批合

图 1-15 设施管理发展历程和专业轨迹

格的新生力量。1997年夏，同济大学与国际设施管理协会(IFM)共同举办了我国第一次设施管理研讨会；2003—2006年，香港设施管理学会(HKIFM)、香港大学、清华大学、同济大学等分别在在北京、上海、重庆主办召开了"策略性设施管理在中国""设施管理解决方案"等国际研讨会；2011年，同济大学成立了设施管理研究中心、设施管理学生社团，出版设施管理专业教材；2014年，同济大学推出设施管理门户网站(FM Gate)，在上海、深圳等地开设面向专业人士的设施管理高级研修课程；2014年，吉林大学开设设施管理第二学位，吸引了建筑、土木、工程管理、房地产等相关专业大学生学习设施管理专业知识。

2. 跨国企业和知名服务供应商设施

首先，世界500强外资企业，如摩托罗拉、英特尔、通用电气等的示范引领作用，带动了我国内地一批大型民营企业，如华为、联想、腾讯等企业设施管理实践业务开展，树立了国内标杆和最佳实践；其次，国际知名设施管理服务供应商，如强生自控、仲量联行、高纬环球等深度介入和积极推广，发挥了设施管理服务供应商的示范引领作用。同时，国内综合性物业管理公司通过向设施管理领域转型升级，专业服务能力有了很大提升。

早在20世纪90年代末，我国内地设施管理的客户群体主要为欧美的金融机构，如摩根大通、花旗银行等；之后，客户群体的重心偏向了高科技大型跨国企业，如诺基亚、英特尔等；现在，客户群体在不断扩大，并向制造、商业、生物科技、医疗、研发等领域拓展。我国设施管理市场客户群体的发展历程，如图1-16所示。

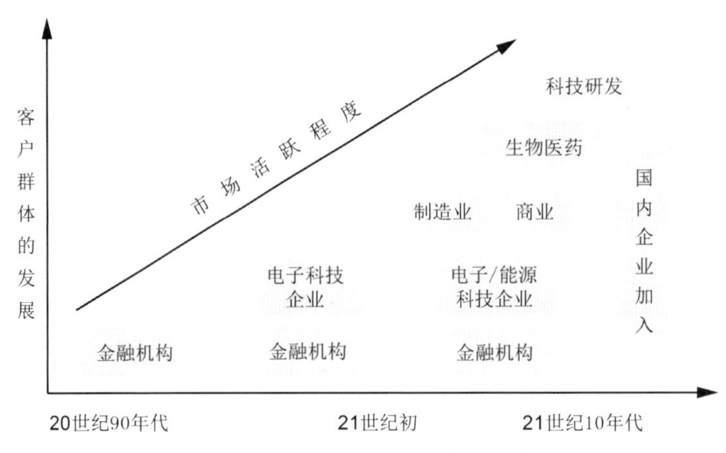


图 1-16 我国设施管理市场客户群体的发展历程

3. 国际性专业协会

国际性专业协会，如国际设施管理协会(IFMA)、全球房地产协会(Corenet)、建筑业主管理协会(BOMA)、英国皇家测量师学会(RICS)等，包括我国香港设施管理学会(HKIFM)，在我国内地举办了一系列设施管理的峰会、研讨会、学习课程，发展专业会员，提供专业刊物和阅读书籍等，进一步推动了我国设施管理的知识、理念、方法的传播。

从设施管理外包供应商发展历史和综合竞争力来看，我国设施管理外包市场中服务供应商大体可分为以下三类：

第一类：国际化设施管理咨询服务供应商。该类组织在设施服务领域有着悠久的历史，专业程度高，技术力量雄厚，建立了完善的全球化服务网络体系和治理结构，积累了丰富的数据资料，掌握 CAFM，WIMS 等计算机信息技术和平台，具有提供集成设施管理(IFM)的经验和实力。

第二类：国内新兴的设施管理服务供应商。近年来，我国新成立了一些专业设施管理公司，包括一部分有特色的大型物业管理公司，通过转型升级、调整经营策略，逐步涉足设施管理的专业领域。由于这些公司比较熟悉我国的政策法规，贴近市场和用户需求，具有成本优势，市场份额逐渐扩大。

第三类：专业化服务支持供应商。该类组织以提供优质的安全、保安、餐饮、清洁、班车、健身、信息技术、设备维护等专业化服务为特色，具有设施管理某一领域的核心竞争力，可承接专业化的设施管理单一业务的外包。

### 1.2.3 设施管理未来发展趋势

设施管理的重要程度随着宏观经济的增长、萎缩而波动起伏，呈现一定程度上的相关性。未来一段时间，设施管理将呈现下列七个方面的发展趋势。

1. 紧密联系组织战略

设施管理的作用与组织的核心商业战略紧密联系，组织的设施在决定生产率、支持技术革新、提高工作效率、雇员满意度和组织的公众理解等方面能够发挥巨大的作用。设施管理专业人员通过充分理解组织的长期经营战略，有机会提升设施管理职能部门成为企业运营战略的一个关键参与方，并最终使设施管理能力与企业核心战略保持一致。

例如，针对空气质量改善的暖通空调系统改造项目往往被视为一项基本的成本开支，但它能够减少员工的病假天数，以及由此导致的工作效率的提高，就会给组织带来直接的经济效益。这就证明了设施管理强有力的战略性作用。

2. 紧急情况的准备

紧急情况的准备包括但不限于安全保卫、恐怖行动、自然灾害、工作场所暴力、化学和生物事件、流行性疾病和数据保护，紧紧围绕可能影响组织及其员工的事件这个主题。预先的计划和准备对于减少事故、迅速恢复是非常重要的。设施管理专业人员的主要任务有分析弱点、制订和实施保护性战略、预先制订快速反应计划、保持与所有相关者的沟通、落实人力和资金资源、实施培训和实际训练。

3. 变化管理

变化管理(Change Management)的内容包括业务变化、建筑物的扩展、提高效率的持续需求和经常性的变化。变化总是不可避免的，数字化和技术革命步伐的加快，给设施管理提出了更加复杂的要求。组织核心业务中的程序变化、政策法律的变化、经营环境的变化，都需要设施管理做出明显和快速的反应。设施管理专业人员要与设施客户密切联系，尽可能早地发现变化，制订及时的投资效率高的反应和决策系统，提供组织运营、搬迁、空间变化(增加或扩展)过程中节约时间和费用的预案和战略，保持建筑物的机动性和组织灵活性。

4. 可持续性

可持续性包括环境责任、能源管理、高效系统的投资、室内空气质量等问题。随着工业化的发展，环境资源的消耗越来越受到人们的关注。对于设施管理专业人士来说，能源的节约仍然是节约有限资源的最长期方法。高性能建筑对于工作场所环境具有明显的影响，室内空气质量将受到更广泛的关注。

5. 新技术应用

客户需求和科学技术的变化，将会逐步形成基于云计算、物联网(IOT)、图像识别、虚拟现实、机器人、大数据、无人机、智能电网、建筑信息模型(BIM)、集成工作场所管理系统(IWMS)等一批设施管理新技术和工具，为设施管理向精细化、标准化、数字化运营管理方向转变，创建科技、服务和工作环境相融合的高效工作环境提供了有力技术手段。在这个日益由数据驱动的商业环境下，设施管理者可利用新兴技术解决方案来捕获实时数据，并通过模型建立和数据挖掘，做出更加明智的预测与决策。

6. 国际化

由于市场扩展和竞争领域的扩大，组织地理位置的分布越来越国际化，带来了各国团队之间文化、语言、法律、制度、标准和教育背景等方面的差异。设施管理专业人士需要针对广阔的外部环境提供无缝的工作流，应对不同发展阶段、地理障碍、文化差异和环境变化。

7. 既有建筑

随着我国大规模建设周期的结束，既有建筑存量规模越来越大。设施管理专业人员将更多地面临既有建筑的维护、更新和改造等艰巨任务。设施管理专业人员要决定设施投资回报(Return on Investment，ROI)，进行再投资或替换的决策，需要提高对既有建筑、结构和围护技术的知识，掌握技术经济综合分析能力。

设施管理的理论发展和实践运用，将会给传统的基建、后勤、行政、物业管理模式带来根本性变革，形成一种新的发展理念。我国设施管理未来变化，如图1-17所示。

图1-17 我国设施管理未来变化

## 1.3 设施管理者的专业素质、知识和能力

设施管理作为一项专业性的智力工作岗位，各个组织对设施管理者的知识、能力及专业素质有专门的规定和要求。无数成功的设施管理案例表明，设施管理者专业技能和素质高低是衡量组织设施管理水平的标志，是影响组织设施管理成败的首要因素，与设施管理者在企业中所处的地位和在社会上的普遍认知度有直接的关系。

### 1.3.1 设施管理者专业素质

设施管理经理人是组织设施管理的领导者，对提供给各类客户的产品或服务负有最终责任。不同组织的设施经理的工作业务差别极大，这主要是因为它们提供的产品或服务不同，银行系统设施经理与医院、学校系统设施经理显然需要不同的专门知识。但设施经理职责是一致的，那就是为组织提供核心业务保障及增值服务。

IFMA关于设施经理的调查结果，如图1-18所示。

当今组织系统发展的一个趋势是组织结构的扁平化，多数工作人员被赋予更多的责任和更大的权

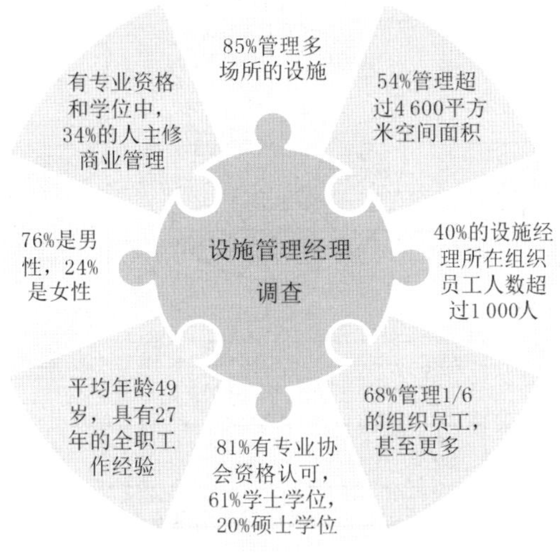


图 1-18 设施经理的调查结果

力。设施经理所需的技术、人力、经济、管理方面的技能往往是跨专业的，这就需要设施经理是通才，具有战略的眼光，能够收集整理、综合分析设施信息，学会与组织中其他部门打交道，确定解决问题所需的资源和行动过程。当设施经理遇到疑难问题时，可调动社会力量邀请专家会诊，协力解决。一个合格的专业设施管理专业人士应该具备如下的专业素质条件。

(1) 专业精神。专业精神指的是对所从事的工作。保持神圣崇高和敬畏，愿用一生永无止境地追逐完美，但完美似乎永不出现，只能不断地推翻自己，追求更高的境界。

(2) 专业伦理。专业精神是信仰，有了信仰，实际执行上就会信守专业伦理。一方面要对社会的安全、文明、进步和经济发展负有道德责任，另一方面要遵守个人行为的道德品质，规范个人行为的方式和原则。每一项工作都有其必须遵守的原则与规范，有的是明确成文的规则，有的是无形的社会伦理约束。

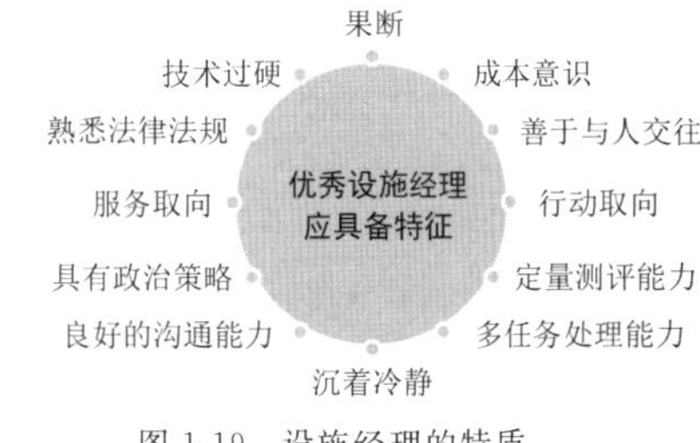


图 1-19 设施经理的特质

(3) 专业能力。专业能力是从事某种职业所特殊需要具备的专业知识、实践经验和工作技能，体现了每个专业人士胜任专业业务的能力。

科茨(Cotts)和李(Lee)通过观察，总结出一个优秀的设施经理应具备的特征。设施经理的特质，如图 1-19 所示。

### 1.3.2 设施管理知识体系

知识具有内在的联系，并且这些联系中存在着一定的规律性，通过对这一些规律的梳理可以在各种知识之间建立起系统的、完备的结构。这一结构体系被称为知识体系。

设施管理理论知识涉及社会、政治、经济、技术、管理、法律、环境等诸多方面，设施管理系统中人理、事理和物理要素的交叉点反映了设施管理这门学科的基础，需要多学科知识的支撑和融合，还包括大量应用行之有效的现代科学技术和管理方法。设施管专业知识体系，如图 1-20 所示。

几乎每个物质系统都受到多种因素的影响，所以若要理解这样的系统，就必须熟练地运用来自不同学科的多元思维模式。既然知识间是有关联的，并且这样的关联是有规律的话，那么掌握了这样的规律是不是能更快、更有效地获得更多的知识呢？回答是肯定的。

设施管理的知识体系是非常重要的。它可以帮助从业人员梳理横向学科之间的关系，具备触类旁通

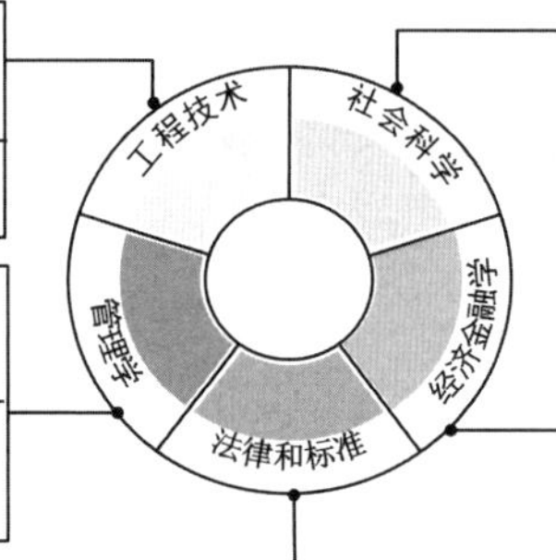


图 1-20 设施管专业知识体系

的能力；可以帮助从业人员透视纵向知识之间的联系，具有上下贯通的能力。当设施管理从业人员具备了这样的能力，则理论学习和实践应用的效率就会大大地增强。

为了应对市场需求、培养设施管理人才，全球范围的专业协会、高等院校相继开设了关于设施管理的培训课程、本科和研究生学位教育课程。BIFM 提供的设施管理基础班、中级班和高级班在线课程，如表 1-2 所示；国外部分高等院校本科和研究生设施管理学位教育课程，如表 1-3 所示；同济大学设施管理高级研修班课程模块，如表 1-4 所示。

**表 1-2　BIFM 提供的设施管理基础班、中级班和高级班在线课程**

| 课程等级 | 课程目标 | 课程内容 |
|---|---|---|
| 基础班 | 工作年限＜2 年，适合初入 FM 的新生代力量 | 理解什么是 FM；FM 在组织中所扮演的角色；建筑服务；财产管理；空间计划和搬迁管理；维修管理；试运转管理；合同管理；FM 增值服务；以顾客为中心的服务理念；可持续性管理；能源成本最小化管理；工作环境的安全健康管理；FM 的职业发展 |
| 中级 1 | 工作年限＞2 年，开发通往 FM 更高职位人的管理技能 | 理解 FM 服务在市场中的定位、在商业环境下发展 FM；设计 FM 运营结构；FM 支持运营服务；财务管理和预算；物业和运营成本；规划管理搬迁项目；提高建筑面积使用效率；能源、环境可持续发展；业务持续性计划 |
| 中级 2 | 针对具有 2 年以上 FM 管理经验的人，旨在管理者的管理技能和知识存量，尤其是在商业意识、目标风险管理方面，以及如何与客户、供应商和专家建立良好的关系 | 理解业务战略 &FM 功能；FM 战略：动力、策略、目标；组织风险：利润 & 影响；关键问题商业意识；如何实现设施高效利用；FM 的采购和供应链过程；激发供应商的工作积极性；客户关系管理；在预算内满足客户预期；优化和开发员工技能；有效的沟通技能；IT 技术的应用 |
| 高级班 | 案例驱动型课程，针对 FM 三年以上管理经验人群，从顶级战略视角出发，使高级管理人员与董事会间有效对话，展示 FM 管理对于组织成功的至关重要的作用 | 设施管理的战略眼光；未来工作场所；FM 新技术；房产策略；PFI& 财产——未来发展方向；企业责任；变革管理；准备和提供 FM 在董事会层面的业务案例 |

表 1-3 国外部分高等院校本科和研究生设施管理学位教育课程

| 学院/大学/机构 | 所在学院 | 学位性质 | 主要课程 |
| --- | --- | --- | --- |
| Hanze University | School of Facility Management | 本科<br>4 年 | FM 概述、设施管理过程分析、工作场所、服务管理、建筑可持续性管理、质量管理、设施经济管理、变革管理 |
| Conestoga College Institute of Technology and Advanced Learning | Engineering & Information Technology | 本科<br>4 年 | 建筑材料、建筑科学、计算机、科学技术沟通、商业经济学、物业管理、发展经济学、建筑规划、建筑管道、照明和电力系统、金融学、会计学、公共事业管理、设施运营和维护、施工质量管理、商业地产、合同管理、建设风险管理、遗产保护 |
| Ferris State University | School of Built Environment | 本科<br>4 年 | 设施管理原理、空间计划理论、经济学原理、项目管理、室内设计原理、基本商业法、房地产开发和规划、概预算、管理决策工具、统计学、组织行为学、人力资源管理、商业道德和社会责任 |
| The Hong Kong Polytechnic University | Department of Building Services Engineering | 硕士<br>2.5 年 | 核心课程:设施管理专业实践、战略设施规划与资产管理、设施经济管理、建筑资产维护管理、设施服务管理、设施管理技术集成、可持续发展与建筑环境、设施法律管理 |
| The University of Sydney | Faculty of Architecture Design & Planning | 硕士<br>3 年 | 核心课程:建筑科学概论、设施管理战略、金融决策、建筑资产管理、风险管理、室内环境质量监控、设施运营管理、 |
| University College London | Facility & Environment Management | 硕士<br>1 年 | 设施管理简介、运营管理服务、设施管理法律、环境管理和可持续性发展、空间和工作场所管理、社会可持续发展、有效建筑服务系统、可持续运营设施管理 |
| Arizona State University | School of Sustainable Engineering and the Built Environment | 硕士<br>2 年 | 运营与维护、设施管理、建筑能源管理、设施项目管理、可持续性设施、先进业务流程、领导原理、应用项目、实习 |
| Georgia Institute of Technology | College of Architecture, Building Construction | 硕士<br>2 年 | 设施管理趋势、建造资产的维修管理、安全及环境问题、设施规划、项目管理、标杆分析、房地产物业管理、设施管理财务分析、项目交付系统、设施设计和施工价值管理、设计施工流程、先进的项目管理、建设研究的定量方法 |

表 1-4 同济大学设施管理高级研修班课程模块

| | 课程模块 |
| --- | --- |
| 模块一 | FM 原理与行业发展 |
| | 介绍 FM 基本定义、范围和特点,探讨 FM 行业背景和市场需求,描述 FM 行业的历史发展和面临的挑战,解析新常态下 FM 的创新理论和实践应用 |
| 模块二 | FM 战略规划 |
| | 介绍企业发展战略、文化与 FM 之间的关系,结合具体案例分析企业房地产(CRE)选址、租赁和交易过程中多项目投资组合(Project portfolio)战略,讲解企业 FM 战略规划编制、实施和评价的全过程管理 |
| 模块三 | FM 组织体系 |
| | 运用组织行为学原理,分析现代企业组织制度和 FM 组织模式、结构和流程的演变,探讨 FM 相关利益方关系,结合跨国公司案例分析 FM 部门在企业中的地位和作用 |
| 模块四 | FM 外包与合同治理 |
| | 介绍 FM 市场需求和行业竞争态势,讲解 FM 外包战略决策方法和外包合同模式,探讨 SLA、KPI 指标设计,研究 FM 服务采购策略、流程和技巧,分享达到卓越 FM 合同治理的实操和经验 |

续表

<table>
<tr><th colspan="2">课程模块</th></tr>
<tr><td rowspan="2">模块五</td><td>项目交接与运营实务</td></tr>
<tr><td>分析项目移交接管工作内容和流程，讲解 FM 运营关键要素控制，掌握预防性运维策略和计划方法及超声波、红外线成像、RFID 等技术的应用</td></tr>
<tr><td rowspan="2">模块六</td><td>精益运营管理</td></tr>
<tr><td>介绍 FM 精益(lean)运营的理念、目标、特点和方法，分享跨国企业实施 FM 标准化质量管理体系和 FM 精益运营管理的成功案例和思考</td></tr>
<tr><td rowspan="2">模块七</td><td>项目策划与控制</td></tr>
<tr><td>介绍项目策划程序、方法和关注点，分析项目决策策划和实施策划的任务，通过典型案例分析总结项目管理过程中的常见误区。在任何时候，做正确的项目永远比把项目做完美更重要</td></tr>
<tr><td rowspan="2">模块八</td><td>工作场所空间规划与管理</td></tr>
<tr><td>介绍工作场所空间需求、空间规划、空间分类等基本原理和方法，讲解空间成本(Chargeback)核算的指标、租赁和搬迁步骤，探讨顺应现代人文和科技发展的办公空间变革趋势和典型案例</td></tr>
<tr><td rowspan="2">模块九</td><td>FM 经济评价和财务管理</td></tr>
<tr><td>介绍工程技术经济分析工具，讲解评价指标体系的构成和判断标准，并通过案例分享运行维护、更新、升级和改造项目的决策技术；另外，分析 FM 财务成本组成，研究 FM 财务预算编制、实施和评估流程，探讨 FM 成本预测、决策、控制和考核方法和手段</td></tr>
<tr><td rowspan="2">模块十</td><td>FM 信息技术的应用</td></tr>
<tr><td>介绍 BIM 技术发展趋势和 FM 领域的应用；研究大数据、“互联网＋”技术在 FM 领域的应用，分享数据驱动的设施管理实施蓝图；介绍计算机辅助 FM 系统、应急管理系统等代表性应用软件的功能和特点</td></tr>
<tr><td rowspan="2">模块十一</td><td>FM 客户关系管理</td></tr>
<tr><td>了解基于服务科学的客户关系管理原理，阐述客户需求识别和价值分析方法，讲解客户满意度、FM 服务质量与客户感知、客户服务、沟通技巧等基本要点，结合跨国公司案例探讨提升客户满意度的途径</td></tr>
<tr><td rowspan="2">模块十二</td><td>FM 基准分析和尽职调查</td></tr>
<tr><td>讲解基准分析(Benchmark)的方法和步骤，分析 FM 基准分析框架结构；详细分析国际、国内 FM 服务标准和费用基数，并介绍国际上代表性的建筑性能评价和尽责调查方法</td></tr>
<tr><td rowspan="2">模块十三</td><td>绿色建筑与 EHS 管理</td></tr>
<tr><td>讲述可持续发展的理念，分析绿色建筑建设和运营中的资源、环境和健康问题，介绍世界主要国家绿色建筑评估体系和应用案例；介绍 EHS 概念及设施运营中的 EHS，剖析管理者在 EHS 中的角色和职责，论述 EHS 风险的识别和管理</td></tr>
<tr><td rowspan="2">模块十四</td><td>业务持续性管理</td></tr>
<tr><td>介绍业务持续性管理(BCM)定义、历史、法律法规和监管体系，分析常态模式下和事件模式下的核心管理环节，结合特定对象学习风险识别、应急预案、风险应对等领域建模和仿真方法</td></tr>
<tr><td rowspan="2">模块十五</td><td>FM 职业发展与能力要求</td></tr>
<tr><td>邀请 FM 专业协会负责人和资深专家，介绍优秀 FM 经理应具备的专业能力和要求，分享个人成长经历和从业体会，探讨 FM 经理的职业发展路径，支招 FM 从业人员的职场“天花板”困境</td></tr>
</table>

鉴于设施管理理论和方法是如此丰富多样，设施管理专业人士既要掌握某一专业领域的纵深知识，同时也要有宽阔的知识面，具备多学科的广泛视野。作为一个跨专业的管理领域，设施管理专业人士注意不断地加强新知识的学习，推动设施领域的知识管理。

### 1.3.3 设施管理能力要求

设施经理是经过系统工程、商务、金融、财经等专业训练，既懂技术又懂经济的复合型管理人才，需要具备设施管理的基本理论，掌握现代设施管理思想组织、方法和手段，熟悉相关法律法规。尤其重要的是要具备战略发展眼光，综合决策和判断能力，运用计算机辅助解决设施管理问题的能力。在发现、分析和解决设施管理问题过程中能够选定明确主导方向、基本思路、技术路线和组织途径，有较高的沟通和人际交往技巧。

国际设施管理协会等六大设施管理协会曾经对近 3000 名设施管理从业人员的问卷调查，公认的设施管理者需具备的技能包括了客户服务、设施运行与维护技能、沟通能力、项目管理等各个方面，设施管理者所需的技能分布，如图 1-21 所示。

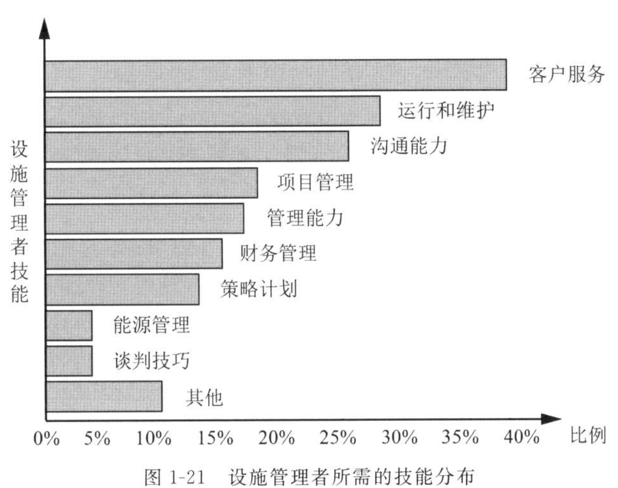


图 1-21 设施管理者所需的技能分布

英国皇家特许测量师学会(RICS)将设施管理专业人士的专业能力分为核心能力和可选能力，并按不同要求分成 3 个层次。RICS 对设施经理能力标准，如表 1-5 所示。

表 1-5 RICS 对设施经理能力标准

<table>
<tr><td colspan="3">核心能力：<br>□ 客户要求分析<br>□ 企业房地产管理<br>□ 消防安全<br>□ 维护管理<br>□ 采购与招标<br>□ 项目财务控制及报告<br>□ 供应商管理</td><td colspan="3">可选能力：<br>□ 建造技术与环境服务<br>□ 合同管理<br>□ 环境管理<br>□ 设计及规范<br>□ 可持续发展</td></tr>
<tr><td>层次 1</td><td>层次 2</td><td>层次 3</td><td>层次 1</td><td>层次 2</td><td>层次 3</td></tr>
<tr><td>知道<br>理解</td><td>判断<br>应用<br>实施</td><td>报告<br>方案<br>建议</td><td>知道<br>理解</td><td>判断<br>应用<br>实施</td><td>报告<br>方案<br>建议</td></tr>
</table>

IFMA 对设施管理专业人士能力要求，如表 1-6 所示。

表 1-6 IFMA 对设施管理专业人士能力要求

| 序号 | 能力方面 | 具体要求 |
| --- | --- | --- |
| 1 | 沟通 | 管理、监督沟通计划的建立与使用，准备并传递能实现既有目标的信息 |
| 2 | 应急准备和可持续经营 | 规划、管理、监督并支持整个组织的应急响应计划，同时也要规划、管理、监督并支持整个组织的业务保障方案 |
| 3 | 环保和可持续发展 | 管理、监督并支持整个组织的环保行为，同时也要管理、监督整个组织对建筑和自然环境可持续性的维护 |
| 4 | 财务和经营 | 管理、监督设施管理部门的财务管理，监督与业务合同有关的财务活动，管理采购及分账流程 |
| 5 | 人员因素 | 开发并推行提升整个组织及其设施管理部门能力和目标的项目 |
| 6 | 领导和战略 | 领导设施管理部门，带领整个组织发展，做战略性规划 |
| 7 | 运行和维护 | 评估设施的基本情况，管理、监督设施的运行和维护工作，管理、监督用户服务（停车、修理、餐饮、礼宾、设施服务台、安保），管理、监督维修承包过程，规定、建议及管理、监督设施的运行计划条件（温度控制、照明、设备替换等） |
| 8 | 项目管理 | 规划并管理、监督项目 |
| 9 | 质量 | 规划及管理、监督设施部门相关标准的建立和应用。度量提供的服务质量，管理、监督工作程序的改进，确保并把控其是否符合规范、相关法规、政策和标准 |
| 10 | 不动产和物业管理 | 建立并实施企业不动产的总体规划，管理、监督不动产资产 |
| 11 | 技术 | 规划、指导及管理、监督设施管理业务及操作技术 |

理查德·凯迪斯(Richard Kadzis)编写的 IFMA《重新界定企业高管对设施管理的看法》白皮书认为：在极力扭转管理层对设施管理角色的偏见时，设施管理人员不应该低估软技能的重要性。培养软技能可以帮助设施管理者树立领导力形象，并对组织施加影响力。事实上，对诸如高效的关系管理、交流、合作以及问题解决技巧等软技能的掌握，能让设施管理者精准地向公司高层宣传他们的战略价值。影响设施管理的专业技能，如表 1-7 所示。

表 1-7 影响设施管理的专业技能

| 技能 | 高效管理 | 沟通 | 合作 | 创新 |
| --- | --- | --- | --- | --- |
| 示例 | · 和利益相关方一起建立清晰的期望值；<br>· 恰当地筛选、培训、支持第三方供应商；<br>· 在不同领域（例如人力资源、信息技术部）的团队成员和同事间推行知识共享 | · 就设施管理与业务目标的结合前景与高级管理层展开定期对话；<br>· 研究调查（即为讨论决策提供相关的客观数据）；<br>· 熟悉业务语言（及高层用语），作出适当回应；<br>· 认真听取利益相关方的需求和目标 | · 与其他单位或职能部门（如人力资源、信息技术、财务等）协作，在为不同业务服务上步调一致；<br>· 建立共识并在变革中发挥作用；<br>· 与终端用户合作，为员工打造舒适的工作环境 | · 开发新的解决方案；<br>· 积极地应对变化；<br>· 业务过程中进行有效交流与合作 |

设施管理知识体系和专业能力的关系，如表 1-8 所示。

表 1-8 设施管理知识体系和专业能力的关系

| 知识体系 | 领导能力 | 战略能力 | 决策能力 | 创新能力 | 执行能力 |
|---|---|---|---|---|---|
| FM 原理及行业发展 | | √ | | √ | √ |
| FM 战略规划 | | √ | √ | | √ |
| FM 组织体系 | √ | | | | √ |
| IFM 外包与合同治理 | | | √ | √ | √ |
| 项目交接与运营实务 | √ | | √ | √ | √ |
| 精益运营管理 | | √ | √ | | √ |
| 项目策划与控制 | √ | √ | | | √ |
| 工作场所空间规划和管理 | | | √ | √ | √ |
| FM 经济评价与财务管理 | | √ | √ | √ | √ |
| FM 信息技术的应用 | | √ | √ | | √ |
| FM 客户关系管理 | | | | √ | √ |
| FM 基准分析和尽职调查 | | | √ | √ | √ |
| 绿色建筑与 EHS 管理 | √ | √ | √ | | √ |
| 业务持续管理 | √ | | √ | √ | √ |

**【关键术语】**

设施；设施管理；核心业务；全寿命周期；设施管理职能；设施管理特点；组织模式；专业协会；专业特征；发展趋势；企业房地产；工作空间管理；市场演化；服务供应商；知识体系；变化管理；能力要求模型；素质条件；专业精神

**【延伸阅读】**

[1] International Standards Organization. Facility management - Vocabulary/ISO. 41011：2017，Switzerland，International Standards Organization，2017.

[2] 曹吉鸣，缪莉莉. 设施管理概论[M]. 北京：中国建筑工业出版社，2011.

[3] Kathy O. Roper，Richard P. Payant. The Facility Management Handbook[M]. New York：American Management Association，2014.

[4] Richard Kadzis. 国际设施管理协会(IFMA)白皮书：重新界定企业高管对设施管理的看法[R]. 国际设施管理协会，2015.

[5] 菲茨西蒙斯. 服务管理：运作、战略与信息技术[M]. 7 版. 北京：机械工业出版社，2013.

[6] Steven EE. Value-based Facilities Management[M]. Singapore：Candid Creation Publising LLP，2015.

# 第2章 设施管理战略

[本章导读]

战略是整体性、长远性的谋划。战略的基本目标是实现竞争优势,为企业带来卓越的赢利绩效。设施管理战略作为企业战略的一部分,为企业战略目标的形成提供有形资源和服务性支持。越来越多的设施经理意识到其工作的前瞻性和战略性非常重要。同时,精益设施管理迫切需要将设施运营与企业核心业务战略相结合。设施战略规划和设施战略投资都是设施管理战略的重要组成部分,设施战略规划是围绕组织自有和租赁资产制订的中长期计划,而设施战略投资是根据企业总体经营战略要求,为维持和扩大生产或经营规模,全局性、中长期谋划工作空间的投资活动。

本章主要内容:

☐ 设施管理战略定义、定位和模型;
☐ 设施管理战略体系和决策;
☐ 设施战略规划的原理、框架体系;
☐ 设施战略规划的制订和实施;
☐ 设施战略投资模式;
☐ 工作场所选址和企业房地产获取。

## 2.1 设施管理战略视角

设施管理战略作为企业战略的一部分,为企业战略目标的形成提供有形资源和服务性支持。设施管理聚焦点正从管理—运行层面慢慢转向管理—战略层面,设施经理们也越来越关注设施管理战略的制订、执行。

### 2.1.1 设施管理战略定义与角色

1. 战略的由来和定义

战略一词原来是军事术语。《中国大百科全书》中的解释是:战略是指导战争全局的方略。其本义是对战争的整体性、长远性、基本性谋划。对战争的谋划有两种:局部性、短期性、具体性的谋划是战术,而整体性、长远性、基本性的谋划是战略。

1917年赛勒斯·索普(Cyrus Thorpe)于《理论后勤学——战争准备的科学》一书提出"战略、战术、后勤三位一体的结构",他认为"战略之于战争,犹如情节之于戏剧;战术比之为演员扮演的角色;后勤则相当于舞台管理、置办道具及提供演出的种种维护工作"。

根据明茨伯格(Mintzberg)的5P定义,企业战略具有下列五种层面的含义:首先,从企业未来发展的角度来看,战略表现为一种计划(Plan),如五年计划、十年计划就属于公司发展的战略;其次,从企业过去发展历程的角度来看,战略则表现为一种商业模式(Pattern),如互联网O2O,P2P等模式;第三,从产业层次来看,战略表现为一种定位(Position),如苹果定位于高端人群、小米推崇平民文化;第四,从企业认知层次来看,战略则表现为一种观念(Perspective),如商场主推有机食品的理念;此外,战略也表现为企业在竞争中采用的一种计谋(Ploy),如为打入海外市场垄断市场所制订的策略。战略的基本目标是实现竞争优势,为企业带来卓越的赢利绩效。在某个意义上,战略是竞争优势和赢利的驱动力量。

2. 设施管理战略角色

巴雷特(Barrett)模型中提出设施管理理论上包括两个截然不同的功能,即设施管理战略和设施管理运营。设施管理战略为企业提供长期可持续经营目标,设施管理运营为企业日常运作提供服务支持。为了实现长期可持续经营目标，设施管理部门需要为企业设立一个支持企业核心业务的远景目标，并对实现目标的轨迹进行清晰的总体性和指导性谋划，也即设施管理战略。

设施管理战略应当包含财务目标、工作场所空间、自管运营、外包、人力资源、设施运维、客户满意度和 IT 服务等战略。设施管理战略角色，如图 2-1 所示。

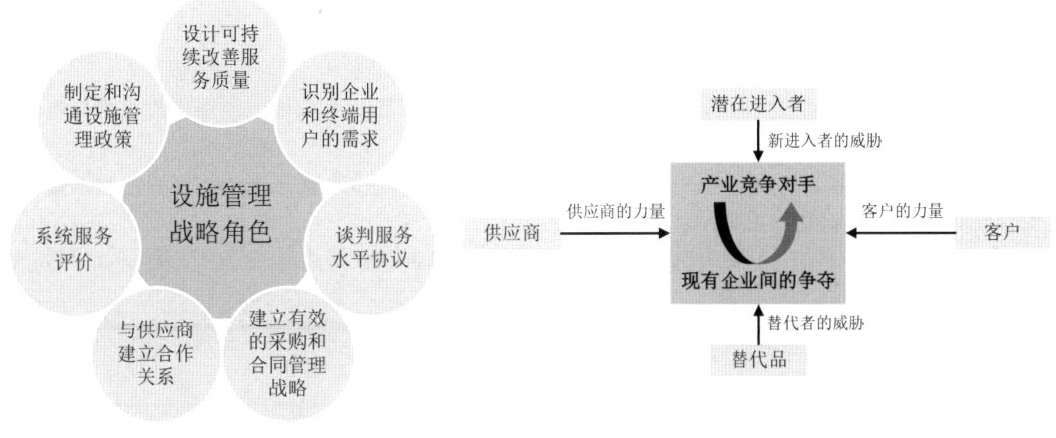


图 2-1　设施管理战略角色

图 2-2　波特竞争战略模型

## 2.1.2　设施管理竞争战略模型

1. 波特竞争战略模型

1985 年哈佛商学院教授迈克尔·波特(Michael Porter)出版的《竞争优势》书中，以产业企业的经济理论为基础，提出通过分析五种因素，可以诊断出任何行业的结构，并创建竞争战略。波特竞争战略模型，如图 2-2 所示。波特的竞争战略理论说明了企业需要战略的原因，即在竞争环境下赚取高于行业平均水平的利润。

2. SWOT 分析

应用 SWOT 分析对企业资源的优势(S)和劣势(W)以及外部的机会(O)和威胁(T)进行评估，可以全面了解企业具有的内部优势和劣势，判断企业面临的外部机会和威胁。SWOT 分析示例，如图 2-3 所示。至关重要的是，准确的 SWOT 分析是精心构思战略的基础，它的目标是充分利用企业的资源来捕捉机会，免于威胁。

图 2-3　SWOT 分析示例

从 SWOT 分析中，可以收集到关于企业总体业务情况和改善公司战略行动的信息。

(1) 关于企业总体业务情况的总结：

- 总体情况处于从“十分脆弱”到“极其强大”的哪个等级？
- 有哪些处于最有利和最不利的情况？

(2) 关于改善企业战略的行动：

- 将企业资源优势与能力作为企业战略的基石；
- 专注最适合企业优势和能力的市场机会；
- 改善妨碍企业抓住重要市场机会和抵抗外部威胁的劣势；
- 利用企业优势来降低主要外部威胁的影响。

3. 战略选择

根据波特的竞争战略理论，可以归纳出两种基本战略，即成本领先与独特产品或服务。

(1) 成本领先。即通过大量生产获得低成本优势，其基本思想是通过增加市场份额建立规模优势、投资以降低生产成本、注重低成本等。

(2) 独特的产品或服务。即在细分领域提供独特的产品或服务，表现为理解挑剔客户的偏好、投资以提高产品服务的附加值、注重独特价值等。

从波特的两种基本战略又可延伸出时下企业所采用的四种战略，即卓越运营、客户黏贴、产品领先和颠覆创新。

四种战略的聚焦点、企业文化、主要考评指标等都不同。四种企业战略模型及特点，如表 2-1 所示。

表 2-1 四种企业战略模型及特点

| 类别<br>特点 | 卓越运营 | 客户黏贴 | 产品领先 | 颠覆创新 |
|---|---|---|---|---|
| 聚焦 | 流程效率 | 客户体验 | 产品质量 | 差异化 |
| 时间管理关注点 | 内部节奏 | 客户反应时间 | 有竞争力的反应时间 | 被采纳的时间 |
| 主要考评指标 | 失误的次数 | 客户再购买率 | 产品规格 | 快速超越 |
| 企业文化 | 控制型文化 | 协作型文化 | 竞争型文化 | 培育型文化 |
| 企业高层来自 | 运营、财务 | 市场部、客户支持部门 | 销售、工程部 | 研发部门 |

企业对于不同战略的选择会形成不同的企业文化。企业文化和战略匹配关系，如图 2-4 所示。

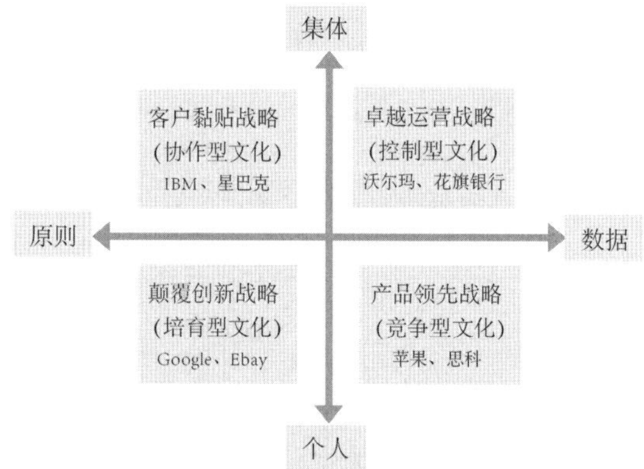


图 2-4 公司文化与战略匹配关系

协作型文化和控制型文化更注重集体目标的实现，培育型文化和竞争型文化更强调个人发展；协作型文化和培育型文化需要切实可行的运行原则做支撑，而控制型文化和竞争型文化更强调数据的作用。

### 2.1.3 设施管理战略决策构架

设施管理战略不仅要符合企业发展战略，而且还要指导设施管理部门为企业战略目标的实现提供有形资源和服务性支持，为企业的市场定位和竞争策略提供决策支持。

制订设施管理战略的起点是充分理解根据组织愿景和使命制订的经营战略。经营战略将转化为业务部门的业务战略，其中建筑物只是为客户提供产品或服务所需的众多组织资源之一。设施管理战略将提供工作空间和服务总体方案，概括地说明满足组织和业务目标所需的空间和服务的类型、数量和功能要求。

设施管理战略将对投资组合策略所期望的目的和绩效水平进行说明，它将列出建筑组合的类型、位置、成本、价值和质量，以及将促进支持组织愿景和使命的“品牌形象”；为业务所期望的设施服务质量设定标准，并使设施管理团队能够评估这些服务所需的资源、结构和预算。

从高层次上来说，设施管理战略应该被纳入组织业务和财务规划过程中。每年(或更经常地根据需要)审查总体政策和战略的实施状况，并作为常规业务和财务规划的一部分进行周期性的调整。

1. 筹备行动

现有投资组合准确的数据是有效决策的关键。设施管理者必须充分了解目前设施组合的状况，包括适用性、期限、条件、运营成本、市场价值、使用的灵活性、利用水平、环境绩效、用户和客户满意度，以及剩余寿命。需要对现有设施存量进行事实性的观察，评估提供服务的预期贡献以及每个设施效率和有效性，以便为每个地点制订使用成本、资产价值和业务价值矩阵。

2. 组织战略与愿景

设施管理战略从企业政策和目标这一层级发展而来，为企业设施管理在运营、财务和质量方面提供指导。根据设施管理战略，设施管理人员应为产品或服务交付需要提供合适的空间，并根据现有资产为商业期望提供合适的空间组合。设施管理战略目标就是以合适的成本和优质的质量，在正确的位置提供正确的设施。设施管理战略层级，如图 2-5 所示。

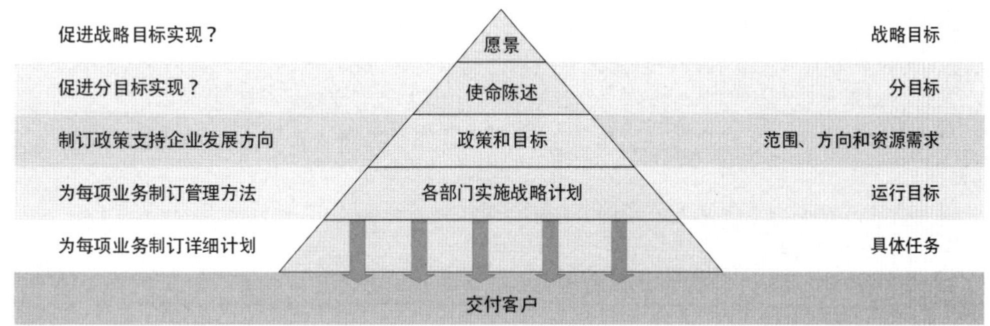


图 2-5 设施管理战略层级

3. 空间政策和服务标准

空间战略是提供满足组织需求的整体方法的高级别声明。随着业务计划变得更加细致，组织需要开发、设计空间政策和服务标准，以确立整个组织的“行为规则”。

设施经理在制订设施管理战略计划时，需要考虑小项目(非投资类)的管理方式、自建生产工作场所还是租赁、预防性维护的权重、外包还是增加内部员工、如何选址、新建或改建项目采用哪种设计风格和方案等问题。这些战略决策取决于企业的文化、企业架构、企业资源、客户需求和当时的商业环境。设施管理战略决策因素，如图 2-6 所示。

外部战略环境决定了企业的预期水平及企业设施管理的战略目标，决定着企业对设施管理的发展水平、规划内容和管理要求。企业的系统需求与企业的文化、历史、员工以及领导能力的特点相结合，使得每个企业的设施管理战略相对于其他企业来说都是独特的。企业应根据自身情况制订出合适的设施管理策略。

**【案例 2-1】**①

某微系统公司在快速发展期间，面临办公空间紧张困境。对于微系统公司来说，其主要竞争优势在

① Arthur A. Thompson, John E. Gamble, A. J. Strickland. Strategy: Winning in the Marketplace: Core Concepts, Analytical Tools, Cases[M]. McGraw-Hill/Irwin, 2006.

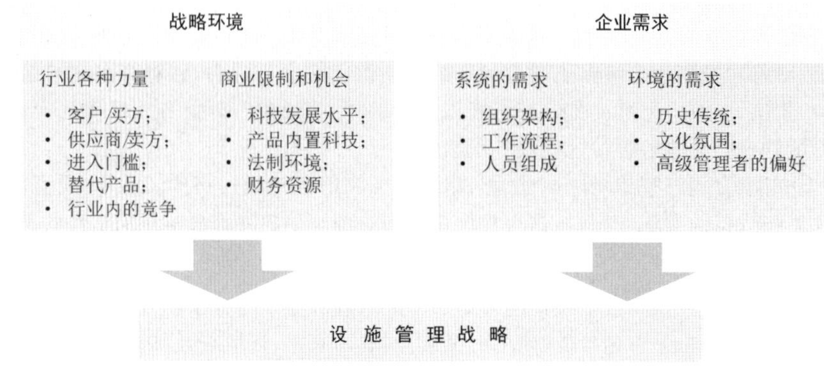

图 2-6 设施管理战略决策因素

于能比竞争对手更快地把产品送至用户手中。随着产品的生命周期越来越短，有时候，要领先于竞争对手的代价是昂贵的，因为这种做法损失了一部分销售额；然而长期的损失更大，因为这样会流失用户。

设施管理部门的管理者确信："公司设施管理部门的使命是不让工作场所空间问题成为通往公司经营目标道路上的障碍。为做到这一点，我们要确保公司在合适的位置、以合理的价格获得足够恰当的场所和空间。"在进行战略选址时采用波特竞争战略模型，需要考虑的问题如下：

1）关于购买者/客户的问题

工作场所直接或间接地影响着公司之间的关系。如果客户在公司的办公地点进行交易，则公司办公场所的规划与设计和客户对公司的看法之间就会产生直接的联系。

• 新的公司选址是否为客户与公司进行的业务活动提供了方便性？

• 公司的地址对客户有影响吗？如果没有，有没有其他或者能够减少成本，或者能更好地实现差异化的选址吗？

• 设施管理战略准确地传递了公司的公众形象吗？

2）关于供应商的问题

如果供应商能够容易地对公司的产品或服务的重要原材料提高价格或者中断供给，那么说明这个行业内供应商的力量非常强大。

• 公司是在合适的地方办公吗？办公设施能吸引最好的雇员吗？

• 公司的办公选址是否与供应商毗邻？

• 办公地点在选址上是否具有优势和竞争力？

• 公司选址时是否考虑到了物料限制？如今这些限制仍然存在吗？

3）关于准入壁垒问题

准入壁垒是指高额的进入成本或者其他使新介入者进入某一行业的困难和障碍。准入壁垒并不总是产品或服务的固有特征。

• 公司是否为竞争对手设置更困难的准入壁垒？

• 公司是否能降低成本，以便实现低成本战略？

• 公司在资源共享方面是否做得比竞争对手更好？

4）关于替代品威胁的问题

替代品是与现有产品具有类似功能或作用，但在实质上完全不同的产品。替代品可以彻底改变一个产业的竞争规则。

• 替代产品如何改变公司对设施管理的需求？

• 公司选址是否能对新产品的快速开发和创新提供支持？

5）关于行业内竞争的问题

竞争者之间的对抗是不争的事实。

- 公司所在的行业里的竞争程度如何?
- 设施管理是用来传递竞争信号的吗?
- 工作场所选址为公司提供优于竞争对手的优势吗?

**【案例 2-2】**①

某公司拥有一座建设于20世纪80年代中期,拥有独特开放式中庭的建筑物,该建筑物处于设施整体退化的边缘区间。可以说,无论从人力、地点或是技术方面考虑,设施管理人员毫无疑问担当着极其关键的"早期决策者"的身份和责任,面对的问题是"我们如何在维持现状的基础上,更好地运行我们的企业"。

1) 空间需求方面

通过与人力资源部门沟通和必要的共同工作,定义公司的空置岗位数量,完成未来员工需要和工作容量的供需配比,这一过程中涉及人力资源部门介入及其附属设施的配置,需要依靠战略性设施规划。

2) 投资决策方面

在2005年,公司耗资1400万美元购置了该处建筑(使用年龄已20年),并投资1000万美元对其进行整改,对旧有设备和装置进行更新。一份工程报告还指出,在接下来的10年内,还需要耗费额外的1200万美元对建筑物和设备进行按需更换等整改活动。这种整改活动将对现有建筑、设备的整体价值提升到3600万美元。对此,该公司的财务总监以及设施管理人员进行了一系列的战略性思考,并提出了下列关键问题:

- 公司真的位于正确的位置吗?
- 相对于重新选择新建筑以及其他租用建筑,当前进行的投资是否真的更具价值?
- 是否还存在其他未知开支出现的可能?

3) 配套设施方面

设施管理人员发现当前的计算机机房空置率为70%。面对即将翻倍的公司内部计算机需求,现有的不间断电力供给以及应急发电机容量将在7年内无法满足全部计算机的电力配额供给。对此IT部门、首席财务官以及设施管理人员再次共同提出了如下问题:"办公场所的计算机配备是否真正值得成本付出?""是否有可能将公司的主服务器设置在总部?"高达约100美元/平方米的建造费用以及计算机机房的电力成本都是设施战略财务分析中的主要部分。

通过对既有数据的分析及战略性思考,最终的决定是如果公司通过重新选址搬入既有的租用空间,则应将公司服务器外包给主机代管中心代管;如果公司购置或建造新建筑设施,则应新建服务器机房。而在设施战略规划早期阶段,停留在原有建筑位置即被作为最次选择。

**知识链接**

更多设施管理战略知识,请访问设施管理门户网站FM Gate—FM资讯—高端访谈—第九期:企业设施管理战略与规划探究。

## 2.2 设施战略规划

设施战略规划(Strategic Facility Planning,SFP)是围绕组织自有和租赁资产制订的中长期计划。设施战略规划与组织战略相辅相成。设施战略规划可以视为协调设施运营目标和更大组织目标的计划过程的一部分。本节介绍了设施战略规划原理、设施战略规划的制订和实施。

① 巴里·林奇.设施管理需要进行哪些战略规划思考[N/OL].2016.03.28. http://www.gongdy.com/plus/view.php? aid=1324.

### 2.2.1 设施战略规划原理

设施战略规划是基于组织的商业战略目标制订设施管理战略目标。设施管理战略目标决定所有短期策略计划,包括设施相关项目的优先级、资金筹措等。在组织远景框架下,SFP 通过定义空间的类型、数量和位置以优化设施,全力支持该组织的业务计划,满足组织、产品或服务以及设施之间的战略关系,从而促使组织战略得以实现。

1. 设施战略规划要求和定位

战略设施规划的要求和定位,如图 2-7 和图 2-8 所示。

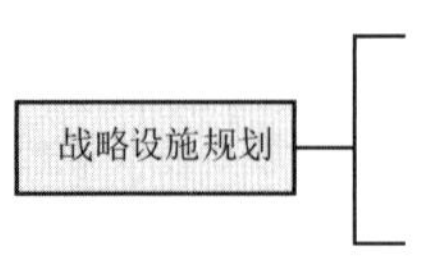


- 了解组织的文化和核心价值观，分析如何利用现有和新的设施，体现这种文化和核心价值观并能支持相关的变革；
- 深入分析现有设施状况，包括位置、能力、利用情况和设施状态等；
- 一个可实现的、可负担得起（获批准）的设施计划，以满足组织的各类设施需求

图 2-7 战略设施规划的要求

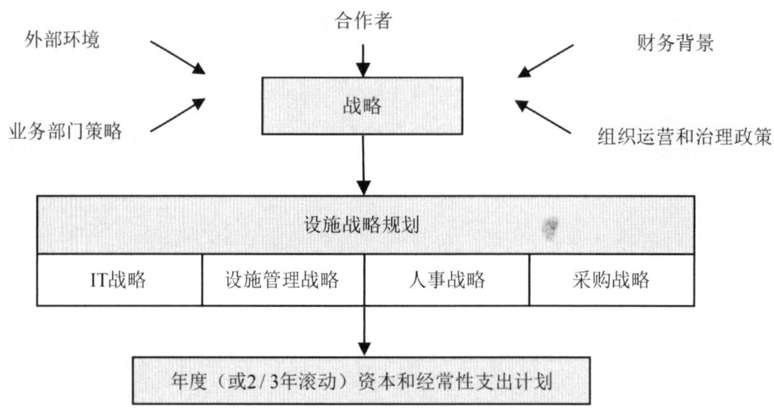


图 2-8 设施战略规划的定位

2. 设施战略规划目标

设施战略规划的目标,如图 2-9 所示。

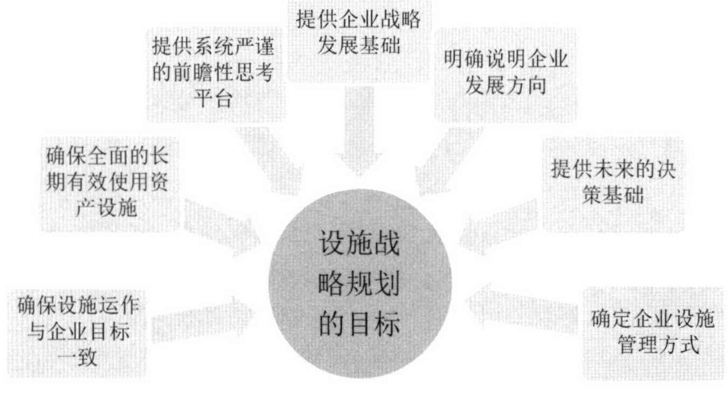


图 2-9 设施战略规划的目标

设施战略规划带动整个设施管理的过程。如果没有设施战略规划,正确回答下列问题将是困难甚至不可能的。例如,如何评估潜在的项目;如何衡量设施战略执行的成功与否;需要掌控哪些企业变化才能实现设施战略;如何组织人力以实现设施战略;需要哪些数据等。

3. 设施战略规划模型

广义上讲战略规划是制订长期目标,并将其付诸实施的过程。设施战略规划周期可分为战略制订、战略实施和战略评价三个阶段。设施战略规划各阶段任务,如图 2-10 所示。

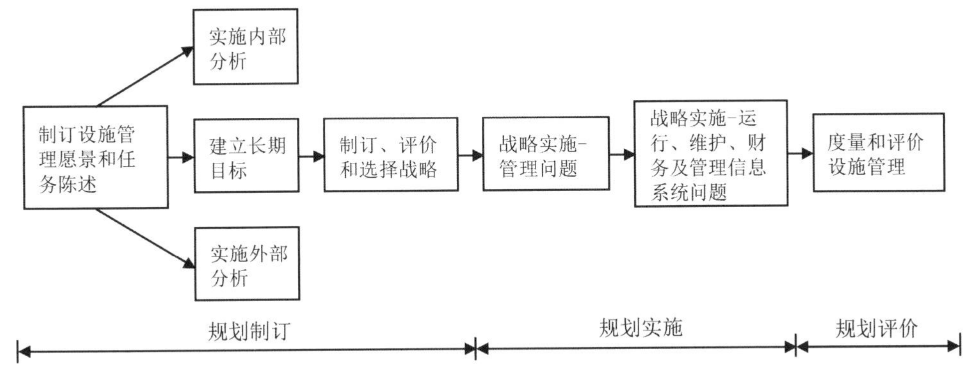


图 2-10 设施战略规划各阶段任务

IFMA《战略设施规划白皮书》中提出了设施战略规划模型。该模型分为四大模块和三个层次的参与者。每个模块建议了一些相应的分析和管理工具,并说明了各层参与者的任务。设施战略规划模型,如图 2-11 所示。

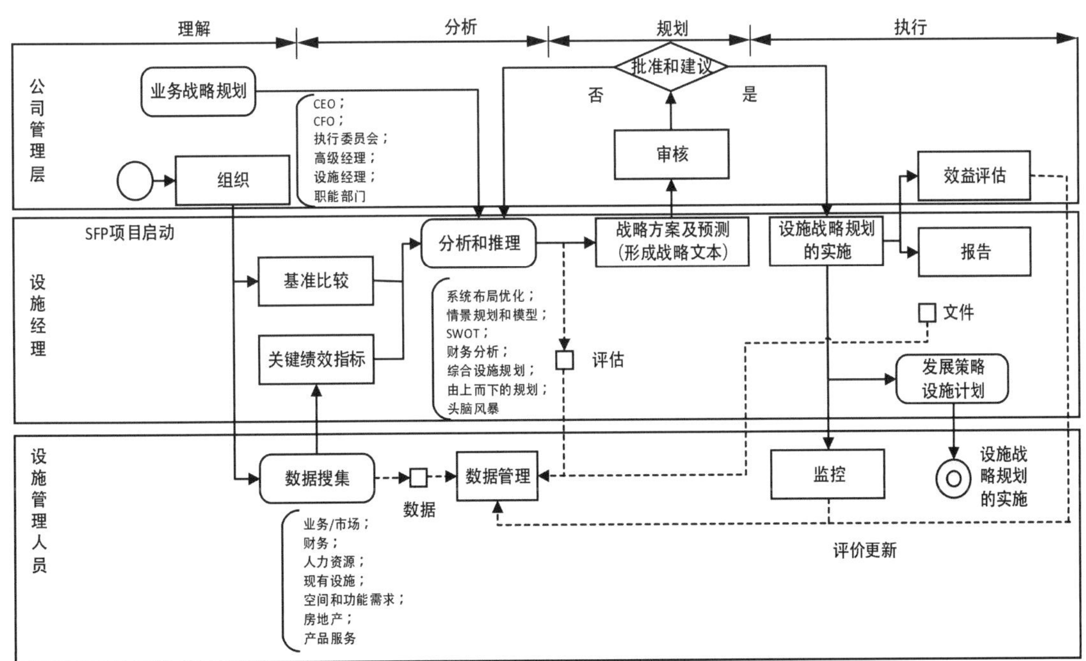


图 2-11 设施战略规划模型

4. 设施战略规划影响因素

设施经理在设立设施管理方向和目标时有其自身的价值观和抱负,但是不得不考虑外部环境和设施管理团队的整体特征。因此,最终确定的设施战略绝非个人或单一部门的愿望,而是受多因素影响,满足多方面诉求的折衷。设施经理必须首先确定影响企业整体发展的因素，特别是了解这些因素对设施及其管理可能产生的影响。设施战略规划影响因素，如图 2-12 所示。

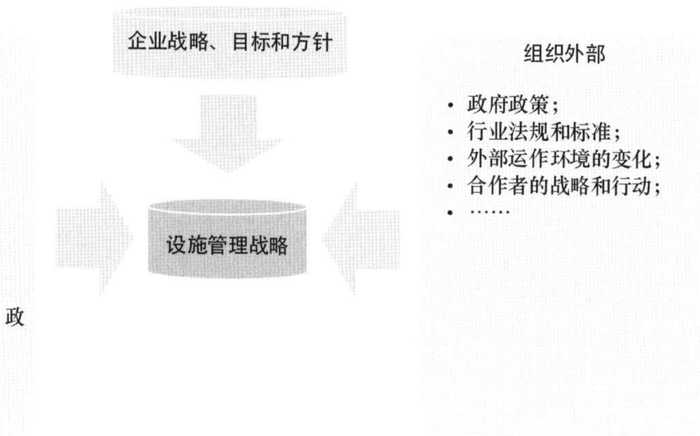


图 2-12 设施战略规划影响因素

## 2.2.2 设施战略规划框架体系

设施战略规划最终需形成文本，以备评估、审批和参照执行。设施战略规划框架体系，如表 2-2 所示。

表 2-2 设施战略规划的框架体系

| 序号 | 主要框架 | 阐述内容 |
|---|---|---|
| 1 | 战略规划的目的和期望 | 说明为什么要有设施战略规划；<br>如何适应其他规划和企业业务流程 |
| 2 | 企业宗旨、目标和核心业务的驱动因素 | 明确企业使命、愿景和价值观；<br>确定企业目标（内部和外部）；<br>识别可能影响设施的业务驱动因素 |
| 3 | 企业的财务状况 | 识别企业总体的财务状况；<br>预测财政前景；<br>了解设施方面的财务决策（如投资、预算、现金流等） |
| 4 | 企业设施现状与期望值的差距 | 审查了解企业当前的设施性能状况；<br>了解设施的需求和期望；<br>分析设施现状与企业要求间的差距；<br>研究缩减和消除差距的方法 |
| 5 | 设施管理宗旨和目标（5—10 年） | 明确设施管理的长期目标；<br>设施利用和管理的总体方法；<br>辨别设施管理过程中的关键议题；<br>阐述如何有助于企业总体目标的实现 |
| 6 | 关键成功因素 | 分析设施管理成功关键因素；<br>确定设施管理绩效衡量的基础 |
| 7 | 达到目标的方法 | 确定设施管理系统的需求；<br>确定设施管理关键议题的优先次序；<br>阐述达到设施管理目标的方式方法；<br>再次进行差距分析 |

续表

| 序号 | 主要框架 | 阐述内容 |
|---|---|---|
| 8 | 实现战略目标所需的资源 | 建设、改造投入资金，日常运行维护费用，信息系统、人员储备、总体采购战略和方法以及管理层的支持等 |
| 9 | 绩效管理 | 建立一套收集、处理和监控绩效数据的管理流程和系统；<br>比较分析历史趋势和当前绩效水平 |
| 10 | 设施管理组织安排 | 确立设施管理架构和职责；<br>梳理与利益相关者的关系；<br>建立设施管理流程体系；<br>开发或购买 CAFM 系统/IWMS 系统；<br>提升个人能力和团队能力 |
| 11 | 战略行动和里程碑 | 在下一年要采取的实现战略目标的主要行动，包括：<br>发展战略的行动；<br>实现变化的行动（如新建、改造、搬迁等）；<br>支持企业变革的行动 |

设施管理涉及的规划或计划主要可分为三类：设施战略规划、设施总体规划和年度设施计划。三者很容易混淆，因为它们都回答同样或类似的问题，如需要怎样的建筑物和空间来支持战略目标。然而，三者有所区别。

1. 设施战略规划（Strategic Facility Plan）

设施战略规划确定支持业务目标所需设施的类型、最佳地理位置、预期成本和时间计划。设施战略规划的组成部分可能包括：设施投资组合分析、设施状况调查、建筑和场所使用情况、设施容量和能力分析、行业基准研究、人员和技术规划、费用预测，供上层批准的演示材料和设施发展规划等。

2. 设施总体规划（Master Plan）

设施总体规划是从功能、审美角度，为具体的设施场所描述物理环境框架，包括自然条件、基础设施系统等要素。设施总体规划的内容，如图 2-13 所示。

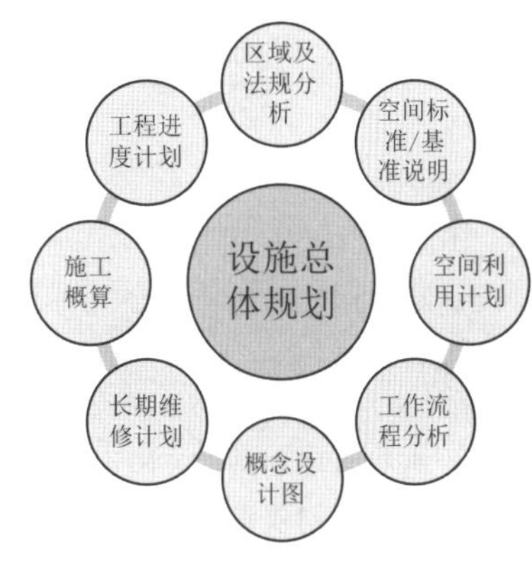


图 2-13　设施总体规划的内容

3. 年度设施计划（Annual Facility Plan）

年度设施计划通常表现为设施预算或运行维护策略计划。战略设施规划、设施总体规划和年度设施计划的比较，如表 2-3 所示。

表 2-3　战略设施规划、设施总体规划和年度设施计划的比较

| 类型 | 战略设施规划 | 设施总体规划 | 年度设施计划 |
|---|---|---|---|
| 组成 | 设施现状分析 | 特定场所建筑计划 | 维护计划 |
| | 企业需求陈述（将设施管理与企业战略相联系） | 该场所的基础设施系统 | 运行计划 |
| | 差距分析 | 建筑美学 | 建筑平面图/隔断设计 |
| | 建议新的空间或建筑 | 建设工程计划 | 建筑设计/配置 |
| | 设施费用预算和生命周期成本分析 | 施工预算 | 运行维护预算 |
| | 资本分析和利用建议 | 工程评估 | 平面图或占用图表 |

**知识链接**

更多设施管理战略知识，请访问设施管理门户网站 FM Gate—FM 智库—研究报告—Corporate Real Estate 2020 之设施管理功能整合案例。

### 2.2.3 设施战略规划制订和实施

分析组织内外部合适战略，通常称为战略制订。相应地，将选定的战略规划付诸行动的工作则称为战略实施。设施战略规划的制订和实施是一个持续循环的体系。战略规划制订和实施流程，如图2-14所示。

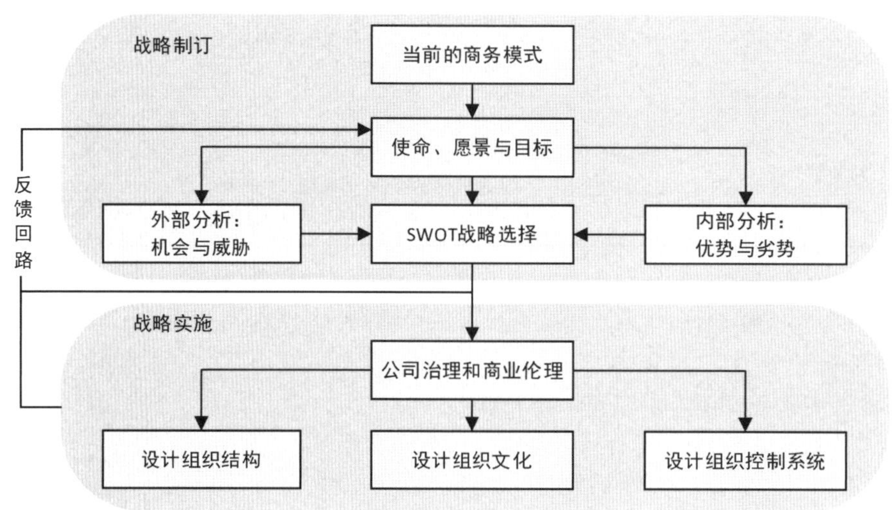


图 2-14 战略规划制订和实施流程

1. 使命陈述

设施战略管理过程的第一步是组织使命陈述，它提供了设施战略制订的框架和背景。使命陈述的四个主要部分，如图 2-15 所示。

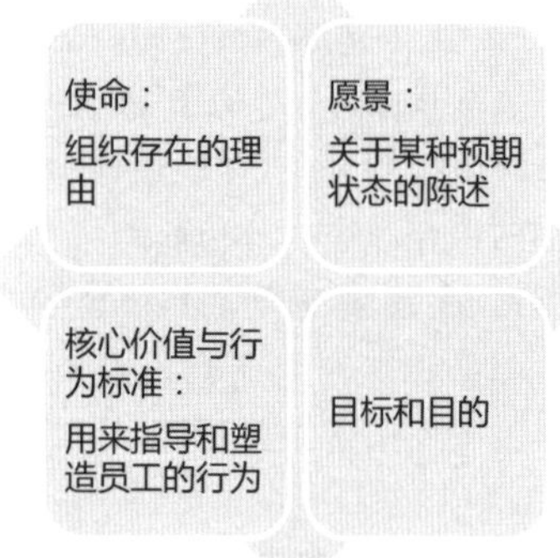


图 2-15 使命陈述的四个主要部分

设施战略规划是基于组织目标和全局需要的长期规划。设施经理在战略规划前必须彻底理解组织的使命、愿景、文化和核心价值观；了解组织当前的业务状况和资产状况；了解组织的总体发展方向，组织经营可能遇到的变化，以及这些变化可能对设施管理造成的影响。

组织的使命描述组织要做什么。在制订设施管理使命的过程中，第一个重要的步骤是提出设施管理业务的定义。该定义要能够回答下列问题："我们的业务是什么？它将会怎样变化？我们希望它怎样？"对这些问题的回答指导着使命陈述的制订。

这一阶段需收集大量的数据信息，如组织财务状况、业务部门计划、空间需求、设施功能需求、现有设施状况、新建设施的规划和实施情况等。这一阶段还要求设施经理能与组织中的高级管理人员和职能部门沟通，了解他们的期望，讨论未来的发展方向和计划。

2. 环境分析

一旦明确了组织的状况和需求，设施经理将考虑如何平衡当前及长期的设施需求，如何解决设施方面的问题。这些需求和问题可能包括组织员工人数的变化、核心业务生产流程要求、产量变化、组织结构和文化要求、社会和政府的监管要求等。有许多分析工具可用于比较分析当前状况与未来需求之间的差距，如情景规划、系统布局规划、SWOT 分析、头脑风暴、基准比较等。

1）外部分析

外部分析的主要目的是在组织的外部环境中，找出可能影响其达成使命的战略机会和威胁。在制订战略设施规划的这一阶段，设施经理需要考虑的外部关键驱动因素包括政府政策可能的变化、行业法规和标准、外部运作环境的变化以及合作者的战略和行动等。

2）内部分析

内部分析目的在于找出组织的优势和劣势，如确定企业的资源和能力的数量和质量。在这一阶段，设施经理需要考虑的内部关键驱动因素包括业务部门的计划和期望、组织财政状况、组织内部结构的调整、现有设施状况、采购政策、可持续性和环境要求等。设施经理通过内部分析，可以知道组织对设施的需求，组织对设施管理可以提供的资源，以及设施系统和设施管理团队的优势和劣势。

3. 基于 SWOT 战略选择

设施战略规划的这一个步骤是根据组织的内部优势和劣势、外部机会和威胁找出一系列的战略选择。它的中心目标是制订能够最好地对应和匹配公司资源和能力的战略，以适应环境的需求。

作为分析的结果，一些建议和决策得到了有力的支持。这些建议将成为设施战略规划的实质内容。为了得到组织的正式授权，设施经理需要将这些建议提交给高级管理人员审核，这一阶段往往涉及一些谈判和计划的调整。建议的规划会获得最终批准，并获得资金，付诸实施。规划模块的主要步骤，如图2-16所示。

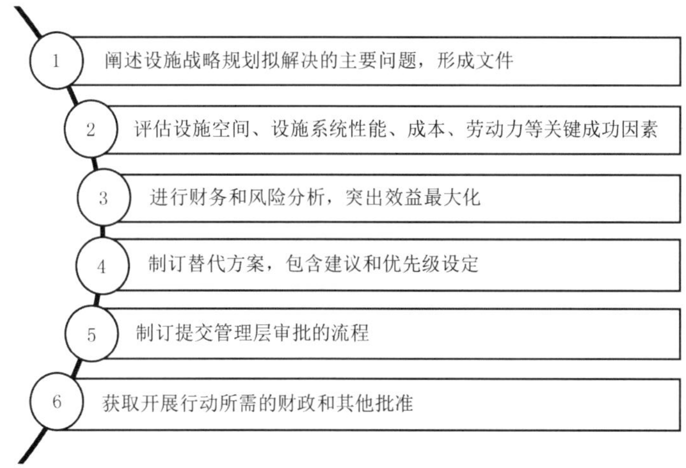


图 2-16 规划模块的主要步骤

一份完善的战略规划必须以事实和数据为基础，并要有详细和具体的运营方案。如果缺乏事实基础和具体可行的方案，战略就有可能成为宣传口号和空洞的愿景。

经批准后，设施战略规划将准备付诸实施。设施战略规划的实施通常需要开展一个特定的项目或一系列项目，如新建设施、整改设施或重新配置空间以满足组织发展的需要。这些项目需要详细的策略性计划并付诸实施。在执行这一模块时，战略实施的效益评估和报告是必不可少的工作，评估结果将纳入数据库作为更新战略的参考。

4. 战略实施

在选择了一组相互协调、旨在实现目标和提高绩效的战略之后，下一步的工作是战略实施，包括在公司层、职能层和业务层执行战略规划。

设施战略规划实施的内容包括：发起设施服务改善项目，改变设施运作流程，向不同的客户群体提供相应服务，通过新建和购买扩大设施规模，或通过关闭和出售而缩小设施规模。设施管理战略规划实施还包括设计合适的组织结构、组织文化和控制系统，从而将战略落实为行动。

执行力是当前众多组织面临的最大问题。将战略、人员与运营流程三个要素有效结合起来，并得到有力执行，决定了组织设施管理最终成功的可能性。设施战略规划实施流程，如图 2-17 所示。

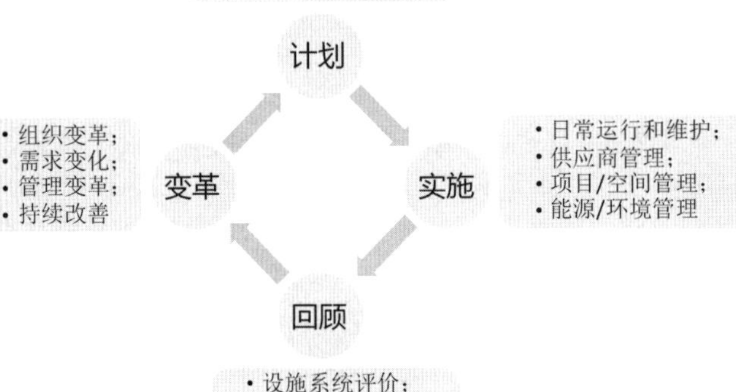


图 2-17 设施战略规划实施流程

在整个战略实施过程中需要通过设计恰当的组织结构、建设团队文化、在设施管理人员之间分配角色和职责、分配资源以及应用设施管理信息系统等来促使战略、人员与运营流程的有效结合。

战略规划通常展望 5～10 年的发展阶段，且每年进行相应的更新或递进调整。如有些组织每年会进行一次战略规划过程，多数只是对现有战略和结构的修改与肯定；在许多组织里，年度战略规划过程的结果被用于来年预算过程，以确定组织内部的资源配置。

某家居设备零售商设施管理经理根据公司情况和十年商业计划，对通货膨胀率和设施相关成本增长率做了假设后，制订了 2014—2023 年的设施管理战略规划，并对人员和空间库存进行了预测。设施管理战略规划、人员和空间空间预测，如图 2-18 所示；2014 年度设施管理工作计划，如表 2-4 所示。

**设施管理战略规划**

• 2014 年进驻 Dakotas 和 Montana 的配销中心，对 1/3 的楼宇进行状态评估；
• 2015 年开始建设新的总部大楼，对 1/3 的楼宇进行状态评估；为新总部大楼预订办公家具；
• 2016 年进驻西北太平洋区的配送中心，获取新的总部大楼；
• 2018 年进驻 Indiana 和 Ohio 的配送中心；
• 2020 年进驻 Iowa 和 Missouri 的配送中心；
• 2022 年进驻加拿大的配送中心

**人员预测**

• 2014 年将兼职维护技工转为全职维护主管；
• 2015 年为总部大楼雇佣楼宇工程师和维护主管；
• 2016 年雇佣工程经理和维护经理

**空间库存预测(万平方英尺)**

| 年份 | 2014 | 2015 | 2016 | 2017 | 2018 |
|---|---|---|---|---|---|
| 自有 | 28 | 35 | 42 | 42 | 49 |
| 租赁 | 5.3 | 0.9 | 0 | 0 | 0 |
| 年份 | 2019 | 2020 | 2021 | 2022 | 2023 |
| 自有 | 49 | 56 | 56 | 63 | 63 |
| 租赁 | 0 | 0 | 0 | 0.9 | 0.9 |

图 2-18 设施管理战略规划、人员和空间空间预测

表 2-4　　2014 年度设施管理工作计划

| 账目 | 金额(万美元) | 账目 | 金额(万美元) |
| --- | --- | --- | --- |
| 间接费用 | | 非投资项目 | |
| 员工 | | 新建 | — |
| • 成本 | 44.75 | 翻新 | |
| • 全职员工 | — | • 总部大楼升级 | — |
| 办公设备 | | • 门厅 | 3.1 |
| • 购买(优先级 2) | 3.6 | • 餐厅翻新 | 5.3 |
| • 运行和维护 | 2.5 | • 行政区域升级 | 1.7 |
| 车辆运营 | 0.48 | 修理 | |
| 研究、设计和咨询 | | • 总部大楼重铺地毯(优先级 2) | 6.38 |
| • 长期的房地产研究与计划(优先级 2) | 4.5 | • 停车场重整地面(优先级 1) | 3.76 |
| • 能源成本减少研究 | 3.7 | • 事后修补(优先级 1) | 2.3 |
| • 配送中心的选址研究 | 2.1 | 小型工程 | |
| 小计 | 61.63 | • 新的安保站 | 2.52 |
| 运行与维护 | | • 车库/维修 | 3.5 |
| 公共设施 | | • 配送点的设施 | 8.91 |
| • 燃气 | 7.25 | • 设备(优先级 2) | 8.3 |
| • 电 | 41.2 | 家具(优先级 1) | 2.1 |
| • 水/污水 | 2.83 | 设计与咨询 | — |
| • 油 | | 总部前台大厅 | 0.3 |
| 运行 | | • 餐厅翻新 | 0.43 |
| • 除雪 | 6.3 | • 行政区域升级 | 0.17 |
| • 地下维修 | 3.13 | • 安保站 | 0.25 |
| • 安全操作(优先级 2) | 3.63 | 标准化车库 | — |
| • 环境操作(优先级 2) | 3 | 维修设施 | 0.75 |
| 维护 | | • 楼宇评估 | 1.1 |
| • 预防性维护 | 5.72 | 小计 | 50.87 |
| • 计划性维护 | 15.1 | 房地产 | |
| • 事后维护(优先级 2) | 12.5 | 租赁 | 180 |
| | | 公共设施 | — |
| | | 改建(优先级 1) | 5.5 |
| | | 设备 | 1.0 |
| 修理 | 24 | 家具(优先级 1) | 0.8 |
| 看管 | 26.3 | 设计与工程 | — |
| 搬迁/搬运服务 | 15.18 | 租赁收入 | −2.2 |
| 小计 | 166.14 | 小计 | 185.1 |
| 合计 | | | 463.74 |
| 投资类项目(一般不会出现在年度工作计划中,仅用于解释说明) | | | |
| 新建 | — | 家具 | — |
| 改建 | — | 设计与工程 | |
| 大修 | — | • 标准化设计 | — |
| 替换 | 10.3 | • 配送中心 | 12 |
| 设备 | — | • 标准计划中的现场改建 | 1.1 |
| 小计 | | | 23.4 |

## 2.3 设施战略投资

设施战略投资是设施管理战略最重要的组成部分。它是根据企业总体经营战略要求,为维持和扩大生产或经营规模，全局性、中长期谋划工作空间的投资活动，其主要任务是充分利用有限的投资资金，根据企业战略目标对投资方案或项目进行评价、比较和选择，以获取最佳的投资效果。本节介绍设施战略投资模式、工作场所选址和企业房地产获取等。

### 2.3.1 设施战略投资模式

根据企业战略的不确定性，设施战略投资可分为渐进式、标准化和价值型三种基本模式。在每一次设施战略投资决策过程中，企业几乎都会用到上述所有的投资形式，但在某一时期、某一种模式会占据主导地位。

1. 渐进式

渐进式投资模式是一种逐渐前进、发展循序的战略方式。绝大多数初创企业以及经常转移市场或进行技术变革的企业都会采取渐进式投资模式。企业往往会签订短期租赁协议，用尽可能少的投资添置办公设施，使用低成本器具等。

2. 标准化

标准化投资模式旨在对企业的设施规划和管理活动进行集中控制和协调，统一制订标准，然后在整个企业范围内施行。标准条款通常以书面的形式明确下来，并融入正式的管理流程。

3. 价值型

价值型投资模式适用于具有相对战略稳定性和拥有许多高素质人才的企业。它的决策方式是对不断变化的竞争环境的一种战略性反映。无论这种环境是确定的，还是不确定性的，它都弥补了渐进式和标准化投资模式的缺陷。管理者进行决策时常要考虑企业的价值和特征，决策程序也要富有灵活性，以满足企业内个体需求。

渐进式、标准化和价值型投资模式在适用阶段、战略环境、投资策略、管理者特征方面具有不同的要求，表现出各自的优势和劣势。三种设施战略投资特征，如表 2-5 所示。

表 2-5 三种设施战略投资特征

| 特征 | 渐进式战略 | 标准化战略 | 以价值为基础的战略 |
|---|---|---|---|
| 适用阶段 | 起步和快速发展 | 较长时间内保持稳定 | 发展到一定阶段且趋于稳定 |
| 战略环境 | 高度不确定 | 相对稳定 | 中等不确定 |
| 投资策略 | 倾向于短期投资 | 成本控制原则 | 关注长期、大规模投资 |
| 管理者特征 | 缺少进行规划、决策的足够时间 | 大胆预测，注重投资使用后的控制和效率 | 高度重视企业与客户、员工与业界的关系 |
| 优势 | · 可获得更多有关未来的信息；<br>· 可缩短做出预测的时限 | · 更好地控制资源分配；<br>· 规模化的采购经济；<br>· 简化大型项目和重复性项目的管理工作；<br>· 加强企业文化 | · 鼓励就企业的未来展开对话；<br>· 利用标志的象征力量；<br>· 前瞻地运用设计手段来规范行为；<br>· 能够适应竞争条件的变化 |
| 劣势 | · 选址仍然是一项长期任务；<br>· 会产生累积性的财务问题，如协调成本、房地产利用率；<br>· 已确立的战略难以改变 | · 妨碍依据需求变化做出调整；<br>· 遵照某一程序比取得最好业绩更为重要 | · 错误的人导致错误的价值观；<br>· 难适应变化的需求；<br>· 利用时间和资源的代价更高 |
| 思考点 | · 及早确定稳固的地址；<br>· 清楚地表达企业的价值取向及其象征意义；<br>· 寻求获得短期空间的创新性方式，“孵化器”可帮助初创公司成长；<br>· 同开发商建立伙伴关系；<br>· 早期大投资，后期高灵活性 | · 标准化是否节省了金钱或时间；<br>· 企业的其他花费应该控制在什么水平；<br>· 各个业务部门或产品应该对有关的设施承担多大的直接责任；<br>· 企业是否会在一段时间内，把工作场所从一个地点搬到另一个地点；<br>· 整个公司内有没有某种强烈的位置偏好；<br>· 是否有对标准进行管理和监督的人员；<br>· 标准化是否物有所值 | 需长远眼光 |

## 2.3.2 工作场所选址

工作场所选址是企业房地产或设施管理团队按照企业的战略目标和商业计划，以合适的时间和价格在合适的地方找到合适数量的工作空间的过程。选址是一个战略问题，不仅关系到设施投资效益和建设速度，而且在很大程度上决定了企业提供产品或服务的成本，从而影响到企业生产管理活动和经济效益。本节介绍了选址需要考虑的因素和如何选址，并给出选址案例。

1. 选址因素

工作场所选址除了要了解企业性质、战略目标和产品外，还需考虑劳动力素质和成本、交通、工作环境和配套设施、市场供应关系、税收、消费者和供应商、政府优惠政策七个主要因素。选址考虑因素，如图 2-19 所示。

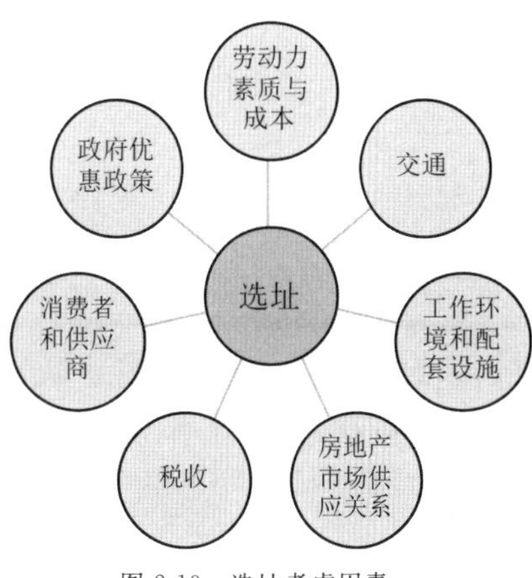

图 2-19 选址考虑因素

1）劳动力素质与成本

高素质劳动力是企业发展的首要动力。以一个合理的价格获得劳动力是许多企业首先考虑的选址因素。由于企业对员工教育和技能的要求越来越高，而且人才短缺严重，企业更应在培训员工和留住优秀人才上投入更多的精力。

理想化的选址可以使企业具有招募和保留劳动力的绝对优势。最理想的“选址决定”应该是最理想的“HR 决定”。设施管理部门必须了解劳动市场特征，并与人力资源部门合作确定企业所需要的人才。高素质劳动力意味着高劳动力成本，所以企业应在劳动力丰富、劳动力成本较低的地址选址。

2）交通

不同企业对不同交通方式的依赖度不同，高科技、金融和医药行业的跨国公司对选址城市的航空运输要求较高，而对于制造业、以分销和物流为主营业务的企业来说，公路的交通更加重要。

尽管交通费用仅占公司运营总费用的 5%，但便利的交通条件会为企业带来多重价值：缩短员工上下班时间，增加员工参与社交和娱乐活动的便利性；使企业更方便获取劳动资源；节约大量业务时间和运输费用；提高企业获得新投资的可能性。所以，企业应尽可能在交通网络发达、交通准时度高的位置选址。

3）工作环境和配套设施

年轻一代更喜欢都市生活，更希望在低密度、低高度、高绿化率的生态型和个性化的工作环境中工作，而适宜的气候、舒适的居住条件和优越的教育、医疗条件是高质量生活所需具备的基本条件。

4）市场供应关系

我国房地产价格受当地社会和经济条件的影响，呈现出不断增加的趋势；另外，基于房地产市场供应量的减少、市场空置率的降低，企业获取工作场所的自由度越来越低。

根据戴德梁行研究部发布的信息，北京市 2016 年第 3 季度高端写字楼租金 383.7 元/(月·平方米)，空置率仅为 5.8%；五大核心商圈高端写字楼租金 403.2 元/(月·平方米)，空置率为 4.5%。北京市核心商圈高端写字楼空置率及租金走势，如图 2-20 所示。

在这种形势下，位于一线城市的企业可能考虑从核心商圈搬迁至非核心商圈，也可考虑将部分办公需求转向产业园区，也可以从战略角度布局二线城市。

5）税收

虽然高税收地区往往具有完善的基础设施、丰富的教育和医疗资源，以及良好的公共安全环境，但税收还是企业需要支出的一大笔费用。有些地区为了吸引企业投资，会降低税收比率。例如，成都市高新区为吸引企业投资，凡被认定的高新技术企业，减按 15%的税率征收企业所得税；企业所得税前三年免

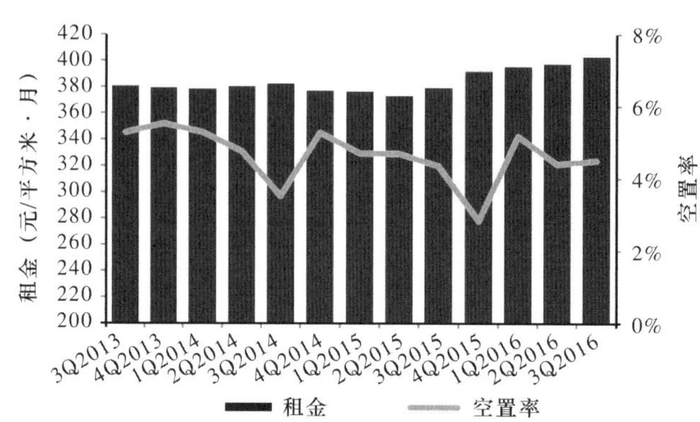


图 2-20 北京市核心商圈高端写字楼空置率及租金走势

征，后三年减半征收。

6）消费者和供应商

消费者和供应商是企业需要考虑的两个市场因素。靠近消费者和供应商可以减少运输费用和运输时间，进而提高企业运行效率，降低运行成本。随着电子商务和全渠道零售（多种零售渠道组合和整合销售）的发展，消费者更加看重商品运输速度。越来越多的企业关注"最后一公里"配送，也印证了这一趋势。

7）政府优惠政策

政府为了促进就业和发展当地经济，经常会制订一些优惠政策来吸引企业投资。政府的鼓励措施有许多形式，例如，免费用地、税收优惠、帮助选址和简化建设须办手续。为了吸引华为终端总部落户松山湖，东莞市政府会同松山湖管委会、国土局、规划局和水务局等部门沟通、联办项目选址规划，在建设用地指标比较紧张的情况下，批准了1900亩的建设用地指标。

此外，产业集群、市场潜力和资讯保密等也是企业选址时需要考虑的因素。不同行业所需考虑的主要选址因素不同。商业服务外包行业（如IT，呼叫中心）选址要考虑劳动供给、质量和成本等因素；制造及分销业首先考虑物流，一旦基于物流地理区位选好后，劳动力就成为选址的首要因素；对于研发行业，人才是至关重要的，所以会把地址选在大学园区附近；而对于企业总部，交通、支持服务和管理人才是最重要的因素；对于零售业，更加靠近消费者是一个首先要考虑的因素。

2. 如何选址

工作场所选址需要与企业投资组合、商业战略保持一致。根据2012年CoreNet Global选址战略调查，79%的受访者认为选址战略与企业的商业驱动和运营战略相关。选址时，不同部门需要考虑的因素不同，如人力资源部门希望选址利于企业招募人才，而房地产或设施管理团队需要考虑建筑物的再利用、转租和处置等，这就要求企业内部所有相关部门一起研究制订选址战略。

企业可以将选址工作委托给代理商，也可以组建自己的选址团队专门负责选址工作。但不论采用何种方式，企业都应该参考一定的工作流程以提高选址成功率。选址流程，如图2-21所示。

3. 选址案例

**【案例2-3】**

微软在华R&D机构选址。微软在华R&D机构的空间分布具有规律，即在宏观上高度集聚在中心城市，而在城市内部则一般位于地理位置优越、交通便捷、信息资源易得、科研实力较强的高科技园区。微软在华设立R&D机构，考虑了以下四个方面的因素：

1）科技创新资源供给水平

科技创新资源特别是科技人才、科研机构密集的地区往往也是微软企业在华R&D机构所在区域，如北京中关村、上海紫竹科学园等；微软中国研究开发中心、微软亚洲研究院、微软亚洲工程院等，几乎无

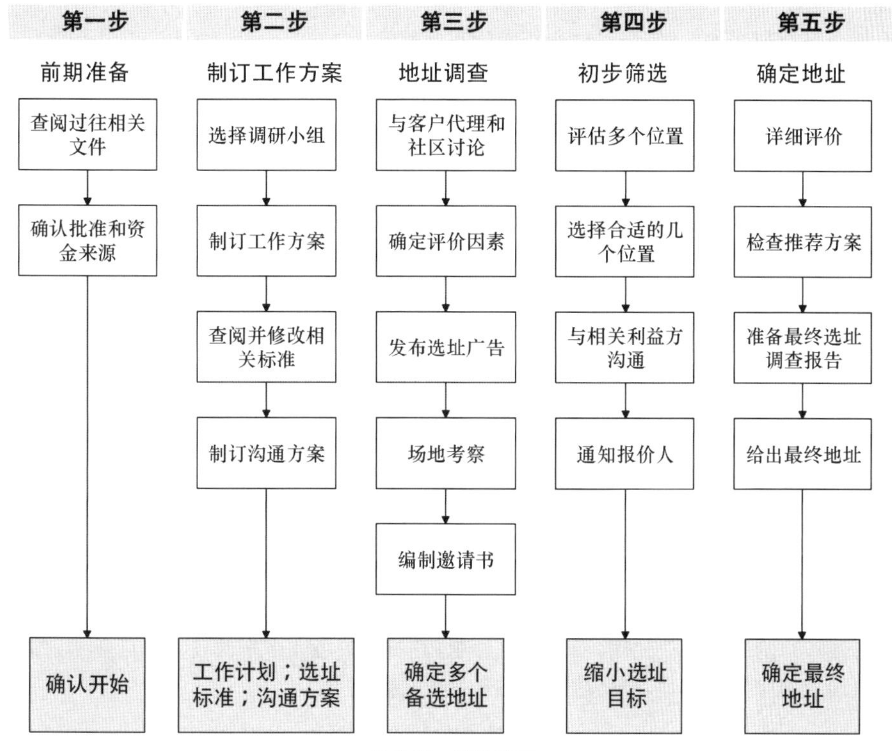


图 2-21　选址流程

一例外地选址中关村，其主要目的就是为了利用这里的科技人才资源、方便与这里的高校和科研单位进行交流合作。北京尤其是中关村科技园因而成为微软企业在华研发投资的大本营。微软亚洲工程院上海分院于 2005 年 9 月成立，选址上海紫竹科学园区。该园位于上海西南的闵行区，2002 年 6 月 25 日奠基。园内生态环境优美、配套设施齐全；上海交通大学等国内知名高校以及 50 多家世界 500 强企业设立的 10 多家研发机构的先后进驻，使园区形成了良好的产学研互动机制。

2）经济和科技发达程度

据不完全统计，目前微软企业在我国设立的研发机构至少已有 14 家，主要分布在北京、上海、成都、南昌这四个城市。这四座城市，前两个是一线城市，后两个是省会城市，都是经济实力雄厚，科研技术发达的大城市。北京科研院校众多，人文底蕴丰厚，注重基础研究，科研能力强，聚集有较多的基础性 R&D；上海作为国际金融大都市，则聚有更多的应用型 R&D；成都、南昌这两个省会城市，虽比不上北京上海这两个大都市，但该两市无疑也是两个大省的经济和科技发展中心，集中着省内最多的资源，给科研提供强有力的物质支持和研究氛围。

3）通讯交通便捷程度

对外交通便捷、信息获取及时的地区通常成为微软在华设立 R&D 机构的首选地，如微软 XBOX 游戏机研发中心所在的成都数字娱乐软件园就位于成都高新区大源组团的核心地带，在城南副中心中轴线——天府大道东侧，北临科技会展新区、新世纪公园；西面为出口加工区、工业园区；南面为教育产业园区、华阳大型居住组团；东面为府河风景线，天府大道南北贯通，紧邻绕城高速，距中国双流国际机场约 15 分钟车程，距火车南站约 4 分钟车程，距成都市中心约 10 分钟车程，距市政府及高新区管委会约 3 分钟车程，地理位置非常优越、交通联系极为便捷。

4）与当地产业匹配程度

北京和上海这两大都市 IT 行业都很发达，微软的大部分 R&D 机构选址都在这两座城市，这必定是看到优势产业与自身产业发展的一致性，微软可以得到当地产业的相应支持和技术交流；而在成都和南昌设立 R&D 主要选择在高新孵化园区和软件园，也是一种产业集聚的效应。可以看出，微软 R&D 机构的选址都是符合当地产业的发展，与当地产业匹配程度非常高。

**知识链接**

更多工作场所选址知识，请访问设施管理门户网站 FM Gate—FM 资讯—新闻动态—苹果华南总部入驻蛇口网谷。

### 2.3.3 房地产获取

房地产是企业设施战略规划中一个非常重要的部分，既是一种客观存在的物质形态（土地、建筑物），同时也是一种财产权利（如所有权、使用权、抵押权、典当权和租赁权等）。在房地产购买与租赁两种方式之间做出正确决策，是企业取得成功的重要条件。本节将介绍购买与租赁的优缺点、租赁的形式、购买或租赁决策时应考虑的因素及决策建议。

1. *房地产购买*

对房地产进行购买后，房地产的所有权归企业所有，但企业同时需要承担相应的购买成本。该购买成本一般由投资和运营成本构成，运营成本包括税、保险、维修、维护、内部装修、水电气等能源支出等。

企业房地产购买优势和劣势，如表 2-6 所示。拥有者的声望对某些企业来说特别重要，有时会对企业发展起到决定性的作用；房地产潜在的资产增值包括开发、改造和调整等可能带来的资产增值。而空置风险是指房地产可能未被企业使用，而且无法外租；对于购买可能带来的较大机会成本，如果商业投资回报率高于房地产的投资回报率，那就应选择优先发展主营业务。

**表 2-6 房地产购买的优势和劣势**

| 优势 | 劣势 |
|---|---|
| · 具有完全的控制权；<br>· 无租金，避免租金易变；<br>· 拥有者的声望；<br>· 潜在的资产增值；<br>· 房地产可以作为借贷资金的抵押；<br>· 可以处置房地产以收回资本 | · 较高的资金占用成本；<br>· 增加债务偿债风险；<br>· 可能无法变现；<br>· 空置风险；<br>· 较大的机会成本 |

房地产购买成功要诀，如图 2-22 所示。

| 了解当地不动产市场 | 资金到位 | 寻求专家帮助 | 布局设计 | 时间规划 |
|---|---|---|---|---|
| · 税率；<br>· 土地清查；<br>· 环境问题 | · 高质量财务报表以申请贷款；<br>· 其他融资方案 | · 税费；<br>· 风险评估 | · 专家帮助；<br>· 优化布局 | · 购置所需时间；<br>· 员工适应时间 |

图 2-22 房地产购买的成功要诀

值得注意的，许多企业制订建筑布局和室内空间的详细标准，对消防、安防等系统也有明确要求。某跨国企业房地产标准和要求，表 2-7 所示。

表 2-7　　某企业房地产标准和要求

| 建筑布局和室内空间 | | | | |
|---|---|---|---|---|
| （候选建筑必须符合相关国家建筑法律法规，并适合所需的经营活动） | | 必须 | 可选 | 不需 |
| 建筑设计 | (a)彰显尊贵 | | | |
| | (b)简约 | | | |
| | (c)新建筑 | | | |
| | (d)旧建筑 | | | |
| 公司标示 | 是否可以安装公司标识、广告牌等 | | | |
| 建筑布局 | (a)使用率≥68% | | | |
| | (b)最佳楼板网络：1.35m×1.80m | | | |
| | (c)层高：不小于 3m | | | |
| 模板尺寸 | 1000～1400m² | | | |
| 楼板荷载 | 普通 5kN/m²，特殊要求另外考虑 | | | |
| 室内布局 | 可灵活安装隔墙 | | | |
| 交付标准 | 带天花板 | | | |
| 灵活布线系统 | (a)高架地板 | | | |
| | (b)电缆槽 | | | |

| 技术规格 | | | | |
|---|---|---|---|---|
| 采用最新和先进的技术 | | 必须 | 可选 | 不需 |
| 遮阳设施 | (a)外百叶 | | | |
| | (b)内百叶 | | | |
| 照明 | 先进的天花板吸顶式灯具 | | | |
| 空调系统 | (a)全空调 | | | |
| | (b)部分空调 | | | |
| | (c)自然/机械排风 | | | |
| 供配电 | 电力供应 50W/m² | | | |
| 备用电源 | (a)不间断电源 | | | |
| | (b)备用发电机 | | | |
| 消防系统 | 自动报警系统 | | | |
| 安防系统 | (a)门禁系统 | | | |
| | (b)入侵系统控制 | | | |
| | (c)闭路电视系统 | | | |
| 传输系统 | (a)门禁系统 | | | |
| | (b)入侵系统控制 | | | |
| 通信系统 | (a)门禁系统 | | | |
| | (b)入侵系统控制 | | | |

2. 房地产租赁

租赁是一种以一定费用借贷实物的经济行为，出租人将自己所拥有的某种物品交与承租人使用，承租人由此获得在一段时期内使用该物品的权利，但物品的所有权仍保留在出租人手中，承租人为其所获得的使用权需向出租人支付一定的费用。企业房地产租赁属于广义范畴的“投资组合优化”，是一种支付并使用特定时间段内所需一定数量工作空间的形式。市场变化对企业灵活性提出了更高的要求，不少企业也因此更青睐以租赁的方式获取房地产。

企业房地产租赁有三种形式：经营租赁、融资租赁和售后回租。

1）经营租赁

经营租赁又称为业务租赁，是为了满足经营使用上的临时或季节性需要而发生的资产租赁。出租人一般拥有房地产，一旦承租人提出要求，即可直接把房地产出租给用户使用。用户按租约交租金，在租用期满后退还房地产。经营租赁适用于租赁期较短、更新较快的房地产，且在租约期内可中止合同，退还房地产，不过租金相对较高。经营租赁产生的负债不记入资产负债表。经营租赁的特点，如图 2-23 所示。

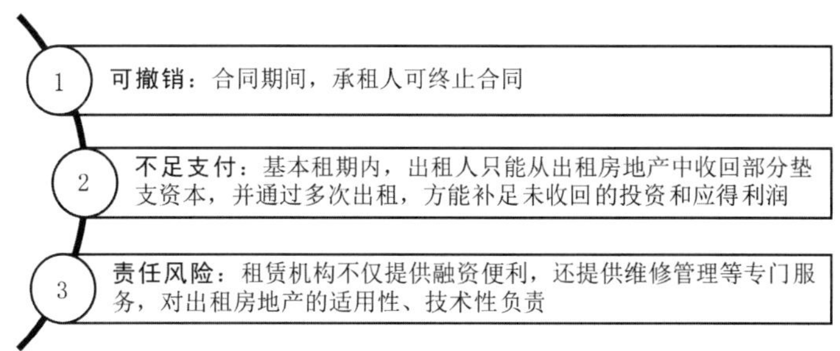


图 2-23　经营租赁的特点

2）融资租赁

融资租赁是指出租人根据承租人对房地产的特定要求和对供房人的选择，出资向供房人购买房地产，并租给承租人使用，承租人则分期向出租人支付租金，在租赁期内房地产的所有权属于出租人所有，承租人拥有房地产的使用权。租期届满，承租人可以留购、续租或者退回房地产。

由于租赁企业能提供现成融资租赁资产，这样使企业能在极短的时间，用少量的资金取得并安装投入使用，并能很快发挥作用，产生效益。因此，融资租赁行为能使企业缩短房地产项目的建设期限，有效规避市场风险，同时避免企业因资金不足而放过稍纵即逝市场机会。

经营租赁和融资租赁有本质上的不同。融资租赁与经营租赁的区别，如表 2-8 所示。

表 2-8 融资租赁与经营租赁的区别

| | 经营租赁 | 融资租赁 |
|---|---|---|
| 租赁期限 | 较短，短于资产有效使用期 | 较长，接近于资产的有效使用期 |
| 租金数额 | 较低，不完全支付的方式 | 较高，完全支付的方式，比一次性全额购买资产的金额要大一些，或者相等 |
| 租金构成 | 保养、维修方面的服务费用；<br>出让资产的使用费 | 利润；预计资产的残值；租赁手续费；利息；资产的购置成本，包括保险费、增值税、资产买价 |
| 账务处理方式 | 承租者将所付租金和维修费用通过待摊方式分期摊销或直接列入费用。当承租者租的是固定资产的改造工程时，可计入“递延资产”核算 | 一般按照合同规定的价格计入账本，如果是要安装的资产，应该将包括安装成本的所有资产成本计入“在建工程”账户，等安装完后，再计入“固定资产” |
| 灵活性 | 较高，承租人能够在租赁合同的期限日期内退出租赁，甚至撤销合同 | 较低，租赁合同签订好后，一定按照合同要求支付租金，在合同期间，如无出租人和承租者同时认可，不可撤销合同 |
| 资产风险 | 出租者掌控 | 实质上转移给承租者 |

3）售后回租

售后回租将自建或外购的房地产出售，然后向买方租回使用。售后回购本质上属于一种融资交易，回购价大于原价的差额相当于融资费用。售后回租可使承租人在不影响其对原房地产的占有、使用、收益的前提下，将固定资产转变为流动资产，增强了资金的流动性，可大大提高资金的使用效率；也可能在一定程度上抵免税收。售后回租也是处理即将成为累赘的房地产的有效办法。

例如，2009 年 10 月，汇丰控股有限公司宣布将以 3.3 亿美元的价格出售其在纽约第五大道 452 号的总部大楼，并将整个大楼回租一年。同时，汇丰银行表示，将保留纽约总部以进行美国业务的开展，并计划将总部大楼的第十一层连租十年。

汇丰控股有限公司选择以售后回租方式管理自己的资产有两个原因：①通过出售大楼筹集现金，缓解资金难题，支撑资产负债平衡；②重新调整全球业务战略布局，将其重点区域由发达地区转移至新兴市场。

租赁不仅使企业避免大的资本投资，将更多的资金用于发展其核心业务，还可以使企业保持较高的灵活性，使企业更加从容地应对市场变化。但租赁不能给予企业对房地产的足够控制权，企业对房地产的处置会受到租赁合同的限制。

3. 房地产投资分析

企业房地产交易过程中，需要对企业目标、战略、条件和选址有一个清晰的认识，并对投资费用、现状及发展速度、财务和灵活性需求等进行详细的分析，才能确定采取何种交易方式取得房地产。

1）计算比较投资费用

例如，某企业的一处商业房地产，面积为近 3 万平米，有一个主要的销售区域，30 个办公室。售价为 256.98 万美元；租赁价格为 5 美元每平方英尺（约合 0.46 平方米），第一年的租赁费用为 19.368 万美元。假定租赁方式为三重租赁（triple net lease，租户要支付维修保养费用、房地产税和设备费）。通过计算，对于 15 年的使用期，企业采取购买方式支付的总费用为 735.659 万美元，采取购买方式支付的总费用为

593.5369 万美元；但当考虑企业 15 年后拥有的房地产价值时，购买比租赁少支出 426.617 万美元的费用。

购买和租赁费用对比，如表 2-9 所示。

表 2-9 购买和租赁费用对比

| 购买费用/15 年（万美元） | | | 租赁费用/15 年（万美元） | |
|---|---|---|---|---|
| 前期费用 | 调研费 | 3.0 | 保证金 | 1.345 |
| | 关闭费用 | 2.0 | 代理费用 | 4.842 |
| | 首付 | 51.396 | 调查费用 | 1.285 |
| | | | 律师费 | 0.7 |
| | 合计 | 56.396 | 合计 | 8.172 |
| 经常性费用/年 | 设备运行费用 | 8.5 | 设备运行费用 | 8.5 |
| | 房地产税费 | 6 | 房地产税费 | 6.0 |
| | 保险费 | 1.5 | 保险费 | 1.5 |
| | 维修和保养费 | 5.0 | 维修和保养费 | 5.0 |
| | 剩余贷款 | 20.818 | 租赁费用 | 12.849 |
| | 合计 | 41.818 | 合计 | 33.849 |
| | 总经常性费用 | 679.263 | 总经常性费用 | 585.3649 |
| 房地产价值 | | −345.861 | | |
| 总计 | | 398.798 | 总计 | 593.5369 |

具体计算过程如下：

(1) 购买费用

· 前期费用

购买房地产应支付调研费(Due-diligence fee，在签订合同前对业务调研所花费的费用)和关闭费用(Closing costs，关闭房地产交易时所花费的费用)。调研费估计为 3 万美元；关闭费用包括律师费用(Attorney fees，买方雇佣律师来处理相关文件所花费的费用)和估价费(Appraisal fees，买方雇佣估价师对房地产价格进行评估所支付的费用)等，约为 2 万美元；假定分期付款首次交付 20%的贷款费用，那么还应缴纳 51.396 万美元的首付。购买房地产一共需支付 56.396 万美元的前期费用。

· 经常性成本(Recurring cost)

包括贷款费用、设备费用、房地产税费、保险费和维修保养费用。除去 20%的分期付款首次交付费用，还需贷款 205.584 万美元，假定 6%的贷款利率，每年应该支付 20.818 万美元的贷款费用；设备运行费约为每年 8.5 万美元；房地产税费约每年 6 万美元；保险费用约每年 1.5 万美元；维修和保养费用每年 5 万美元。第一年的经常性费用约为 41.818 万美元。假定 2%的通货膨胀率，15 年的总经常性成本为 679.263 万美元。

· 房地产出售可获资金

假定 2%的通货膨胀率，15 年后房地产估值为 345.861 万美元，那么用总费用减去房地产的价值，购买总费用为 194.7389 万美元。

(2) 租赁费用

· 前期费用

房东通常要求租户缴纳保证金，约为一个月的租赁费用，为 1.345 万美元；如果雇佣代理人，则需要支付代理费用，一般为年租赁费用的 10%乘以租赁的年数，本例假定代理商收取初始 3 年的租赁费用，约 4.842 万美元；租赁前，企业一般会对房地产进行调查研究，调查费用约为房地产售价的 0.5%，约 1.285万美元；还有因租赁协商而产生约 0.7 万美元的律师费。租赁房地产一共需支付约 8.172 万美元的前期费用。

· 经常性费用

电费、天然气费和水费等为每年 1.5～2.5 美元/平方英尺，本房地产所需支付费用约为每年 8.5 万美元;房地产税费每年约6万美元;保险费用约每年1.5万美元;维修和保养费用约为每年1.5美元/平方英尺,每年需支付5万美元。第一年的经常性费用约为33.849万美元。假定2%的通货膨胀率,15年的总经常性费用为585.3649万美元。

2)考虑现状及发展速度

不论购买或者租赁房地产,企业必须考虑其现状及发展速度。例如,某企业现在有1500名员工,假设每名员工需要10m$^2$的使用面积,建筑空间利用率为75%。那么企业现在必须具备20000m$^2$的建筑面积。假设企业的每年的员工人数增长率为10%,需要花3年的时间来建设一栋办公楼,为了满足3年后员工的使用需求,那这栋新建办公楼的建筑面积必须达到30000~50000m$^2$。

3)分析财务指标

企业应进行以下四个方面的财务分析。企业财务分析要点,如图2-24。

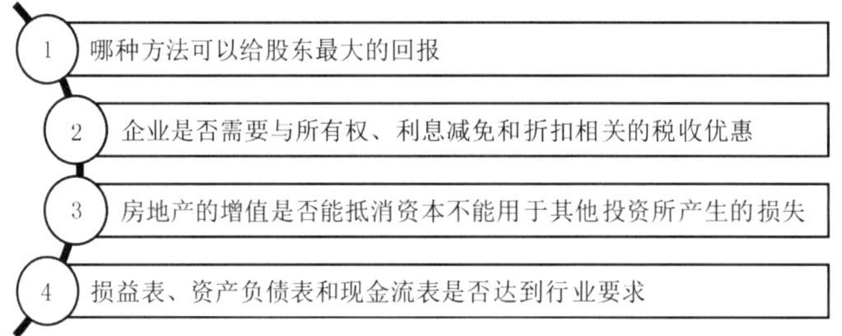


图2-24 企业财务分析要点

4)分析灵活性需求

灵活性是指在不确定的环境下,市场成员对变化的环境以及其他的不确定性因素的适应性,反映了企业根据客观因素的变化及时调整投资或经营或消费决策的能力。如果企业对工作场所灵活性要求较高,一般采用租赁的方式获取房地产:在租赁合同中加入一些条款就可以增加企业的灵活性,譬如允许企业扩张或商业条件改变时重新商议新合同、拥有优先购买权、企业可以外租多余的空间等。

除了考虑上述因素,在做出购买或者租赁房地产的决策前,决策者必须对房地产使用时间有谨慎的估计,并对企业的目标、战略、条件和位置有清晰的认识。

一般而言,当企业具备充足的现金流和稳定的发展等条件时,可以考虑购买房地产;而企业有高灵活性等要求时,建议其租赁房地产。房地产购买或租赁策略建议,如图2-25所示。

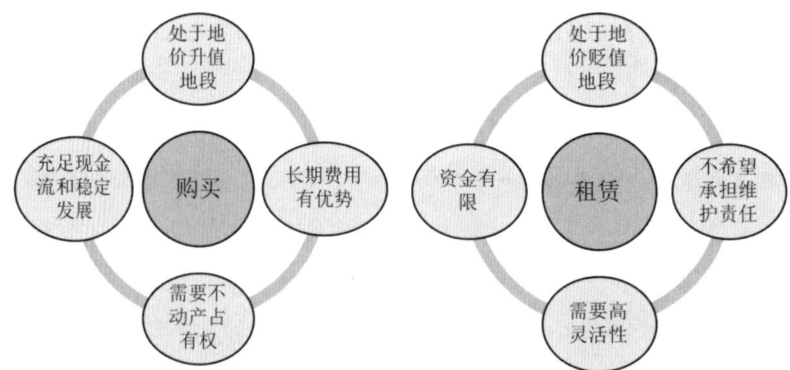


图2-25 房地产购买或租赁策略建议

**【关键术语】**

企业战略;设施管理战略;波特竞争战略;SWOT分析;设施战略规划;设施总体规划;年度设施计划;变化管理;房地产投资战略;选址因素;房地产购买;经营租赁;融资租赁;售后回租

[延伸阅读]


[1] Sarich Chotipanich, Veerason Lertariyanun. A study of facility management strategy: the case of commercial banks in Thailand[J]. Journal of Facilities Management, 2011, 9(4): 282-299.

[2] Michael Pitt, Sarich Chotipanich, RuhulAmin, Sittiporn Issarasak. Designing and managing the Optimum strategic FM supply chain[J]. Journal of Facilities Management,2014, 12(4): 330-336.

[3] 戴德梁行. 2017 写字楼核心趋势[R/OL]. 戴德梁行,2017. 01. http://www. dtzcushwake. com/images/upload/2/E796B6E2D16F41679D93BABB01BF1F6E.

[4] Małgorzata Rymarzak, Ewa Siemińska. Factors affecting the location of real estate[J], Journal of Corporate Real Estate, 2012,14(4):214-225.

[5] 刘帅航. 融资租赁与经营租赁的比较研究[J]. 金融经济(理论版),2015(4): 123-125.

# 第3章 设施管理组织

[本章导读]

通常情况下,"组织"一词有两方面的含义。静态角度看,组织是在分工合作基础上构成的人的集合体;动态角度看,组织是采用某种方法给成员安排和分配工作任务的过程。设施管理行业组织有业主方、服务供应商、咨询机构等市场主体构成;业主方设施管理部门是业主组织内部的行政职能部门之一,从组织战略的角度提出用户需求和业务实施。在当代社会和经济背景下诞生的新型设施管理组织是一种基于共享价值和个体创造,具有平台性、开放性、协同性等鲜明时代特征的生态链系统。

本章主要内容:

- □ 设施管理组织结构与设计原理;
- □ 设施管理战略型和支撑型组织;
- □ 基于规模的设施管理组织模式;
- □ 基于外包成熟度的设施管理组织模式;
- □ 基于流程的设施管理组织模式;
- □ 基于业务整合的设施管理组织模式;
- □ 设施管理利益相关方及其分类;
- □ 设施管理治理结构和机制等。

## 3.1 设施管理组织设计和定位

组织理论的一个重要目标是通过任务结构和权力关系的设计(即组织设计),来实现组织的协调。围绕着企业或部门定位所进行的组织设计决定了组织结构,组织结构是达成组织定位的手段。

### 3.1.1 设施管理组织设计原理

1. 组织及其特征

组织(Organization),是指这样一个社会实体,它具有明确的目标导向和精心设计的结构与有意识协调的活动系统,同时又同外部环境保持密切的联系。组织所包含的范围非常广,例如营利组织、非营利组织、政府组织及政治组织、制造业组织及服务业组织等。组织类型和特征,分别如图3-1和图3-2所示。

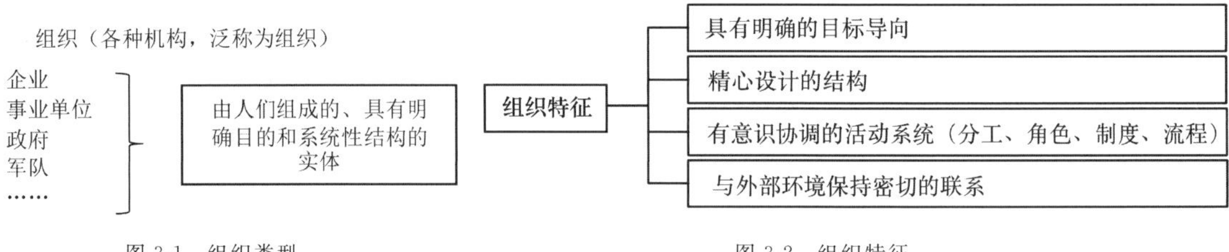


图3-1 组织类型

图3-2 组织特征

静态方面,指组织结构及其制度,即反映人、职位、任务以及它们之间的特定关系的网络。

动态方面,指维持与变革组织结构,以完成组织目标的过程。因此,组织被作为管理的一种基本职能。对组织一词的不同理解,如图3-3所示。

在互联网时代,无论价值观、行为模式、生活方式,还是沟通与认知,都发生了根本的变化。设施管理理念、流程和方式也从顾客中心转为用户中心,过程驱动转为数据驱动,专业分工转为生态链协同。设施

Organizations
Organizing
Organization
组织一个组织（企业）的结果
就形成了一种特定形态的组织

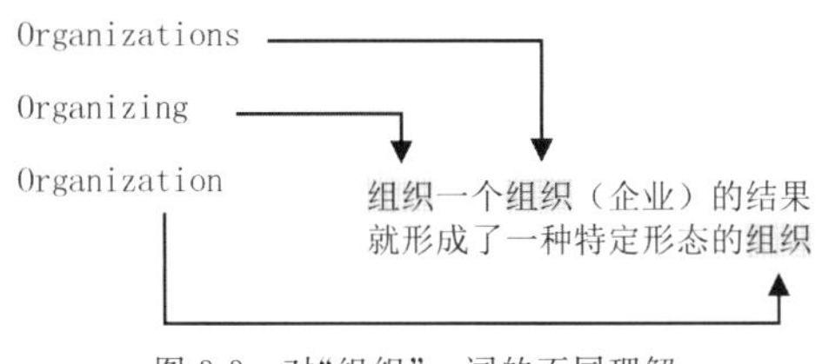

图 3-3　对“组织”一词的不同理解

管理组织开始从传统的封闭式人才平台转变为开放式的创造共享价值平台，从内部一体化人力资源体系转变为开放式的共享合作平台。组织环节实现了全过程的高效和透明，信息服务环节上可以更加便捷化、个性化。

谷歌新书 *How Google Works* 中认为，未来组织的关键职能，就是让一群“创意精英”（Smart Creatives）聚在一起。未来受欢迎组织的四个特征，如图 3-4 所示。

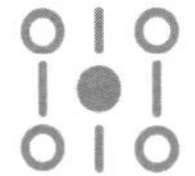

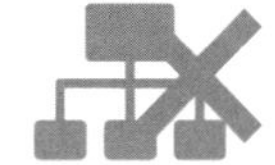

组织更加重视工作的挑战性和多样化的学习方式
没有等级职位划分的层级结构、大系统的僵化与内耗
员工觉得自己可以贡献价值，并可以及时看到最终结果
员工能在组织中非常迅速地学会涉及范围更广泛的一系列技能

图 3-4　未来受欢迎组织的四个特征

在此背景下诞生的新型设施管理组织是一种基于共享价值、开放协同的生态平台，为每个设施管理从业者营造创新的氛围。

2. 组织设计

组织设计是以企业组织结构为核心的整体设计工作，是建立或变革组织的过程。组织设计通过对组织结构、流程、职权、绩效和激励机制等模块的设计和整合，从而使组织最终获得最佳绩效。

所谓的组织结构，即组织内部的构成方式，广泛来说是组织协调整合的机制之一。组织结构是组织的全体成员为实现组织目标，在管理工作中进行分工协作，在职务范围、责任、权利方面所形成的结构体系。战略决定组织，战略选择是决定组织结构的关键变量。常用的组织结构形式，如图 3-5 所示。

组织结构形式
直线型
直线职能型
事业部型
矩阵型
……
传统
虚拟组织
学习型组织
创新型组织
战略联盟
……
现代

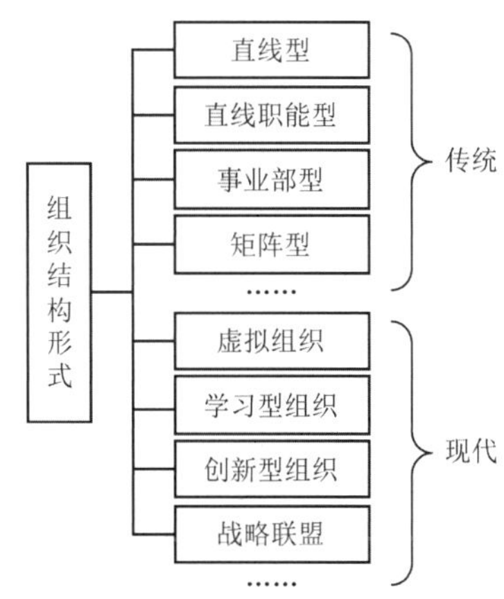

图 3-5　常用的组织结构形式

在企业组织结构设计时，必须紧扣企业的发展战略和目标，充分考虑内外部环境和外部环境，谋求企业内外部资源的优化配置，平衡现有的人力资源状况以及未来需求。

3. 组织设计流程

组织设计可以运用顶层设计的系统方法，从全局的角度，对某项任务或者某个项目的各方面、各层次、各要素统筹规划，以集中有效资源，高效快捷地实现目标。组织设计流程，如图 3-6 所示。

### 3.1.2　设施管理组织定位

设施管理行业组织包括有业主方、服务供应商、服务分包商、咨询机构及其工程设计和施工单位、材料供应商等市场主体构成。设施管理行业市场主体构成，如图 3-7 所示。

业主方设施管理部门是业主组织内部的行政职能部门之一，与财务、人事、采购、法务、IT 等部门一

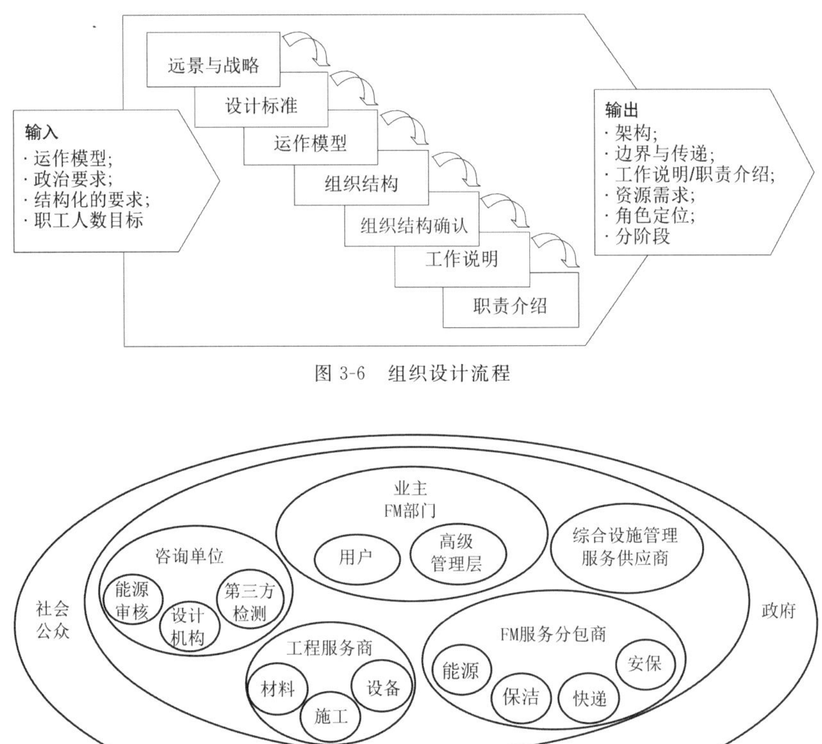


图 3-6　组织设计流程

图 3-7　设施管理行业市场主体构成

起共同构成核心业务的支持性部门，从组织战略的角度满足主营业务的用户需求和业务领导。从设施管理组织机构地位和作用角度看，又可分为战略型组织与支撑型组织。

1. 战略型组织

战略型组织管理模式是由美国 GM 公司前总裁阿尔弗雷德 · 斯隆（Alfred P. Sloan）于 20 世纪 70 年代首先提出的。战略型组织的显著特点是专业管理部门、政策与经营不同、利润独立核算和职能制结构组织。

**【案例 3-1】**

某著名电子信息公司的房地资产集团（CRE）作为公司房地资产的战略策划者、业务促成者、服务提供者，致力于公司所有房地产楼宇建造、办公室租赁、楼宇运营及管理、房产购置及出售、楼宇控制及优化、房地资产处置等业务。管理范围遍布全球 70 个国家 2 500 个场所的办公、工业、生产和专业用地，建筑面积 1 570 万 $m^2$，房地资产总值 70 亿欧元。公司组织结构，如图 3-8 所示。

房地资产集团（CRE）作为独立运营的法人主体，领导全球美洲、欧洲、亚澳和德国 4 大管理区域和 23 个房地产管理部门，有 3600 名员工。公司 CRE 分布及运营结构，如图 3-9 所示。

房地资产集团的愿景是：

（1）借助战略性的选址理念和前瞻性的房地资产战略，建造公司业务所需地产设施，奠定商业运营基础，协助公司开拓全球市场，推动其在全球经济增长。

（2）依托“绿色建筑倡议”等创新理念和节能计划，优化资源配置，使建筑更加节能。保障公司在建筑的整个生命周期更经济地设计和运营自己的建筑。

（3）通过创造先进的办公环境，协助公司吸引当今最优秀的员工和未来杰出的人才。通过开放、现

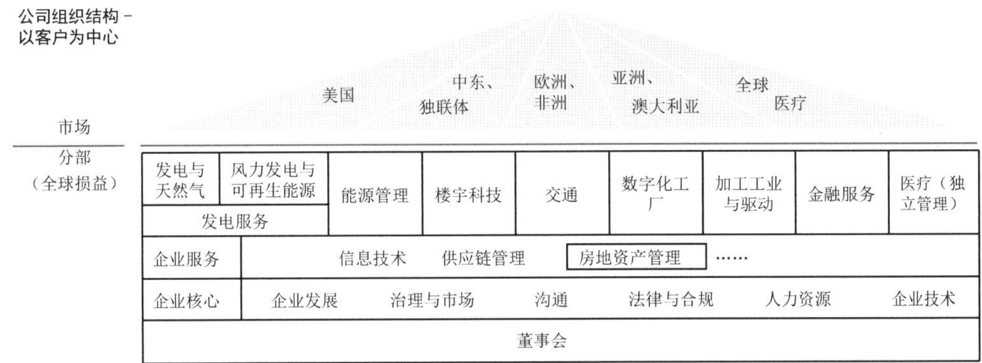


图 3-8 公司组织结构

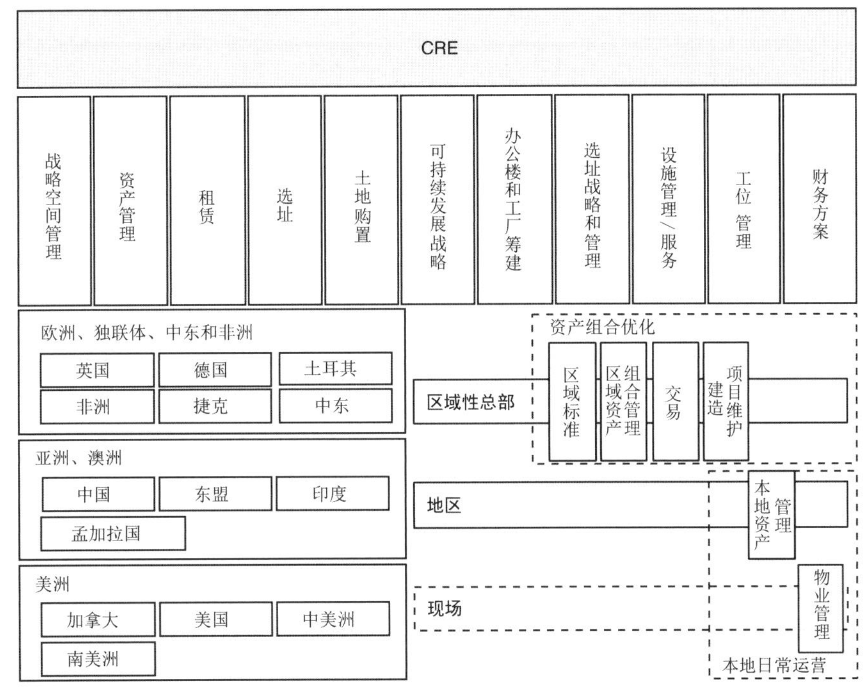


图 3-9 公司 CRE 分布及运营结构

代以及高效利用的办公空间，促进员工之间的互动，提高创新性与生产力。

房地资产集团作为公司各运营部门的合作伙伴，致力于协助它们在竞争中立于不败之地。

2. 支撑型组织

支撑型组织是围绕着核心业务，为核心业务提供支持性服务的组织。相对战略型组织，支撑型组织在资源投入、关注程度方面较少。例如，财务部门、人力资源部门、IT 部门、行政后勤部门等，我国目前大多数设施管理部门属于支持组织核心业务的支撑型组织。

在我国设施管理实践中，多数职能仍定位在各自组织的运作层面，而没有发挥从战略高度思考设施管理的作用。同时，也未专门设立综合设施管理部门。因此，设施管理业务分散在其他各类业务部门中，没有汇集起来，导致诸如不动产组合、空间规划以至于战略规划这样的设施管理核心职能没有得到充分的发挥。

**【案例 3-2】**

某著名互联网综合服务提供商的核心产品为即时通信，附带门户网站和交易平台等，其组织结构中分为核心业务部门(BU)和服务支持(SU)部门两条主线。公司组织架构,如图3-10所示。其中,位于S1业务线中的行政部、基建工程部、采购部、服务采购管理中心的业务范围属于设施管理范畴,承担了深圳、北京等地办公空间规划、行政采购、员工服务、物业运营、商务接待、项目开发等业务。

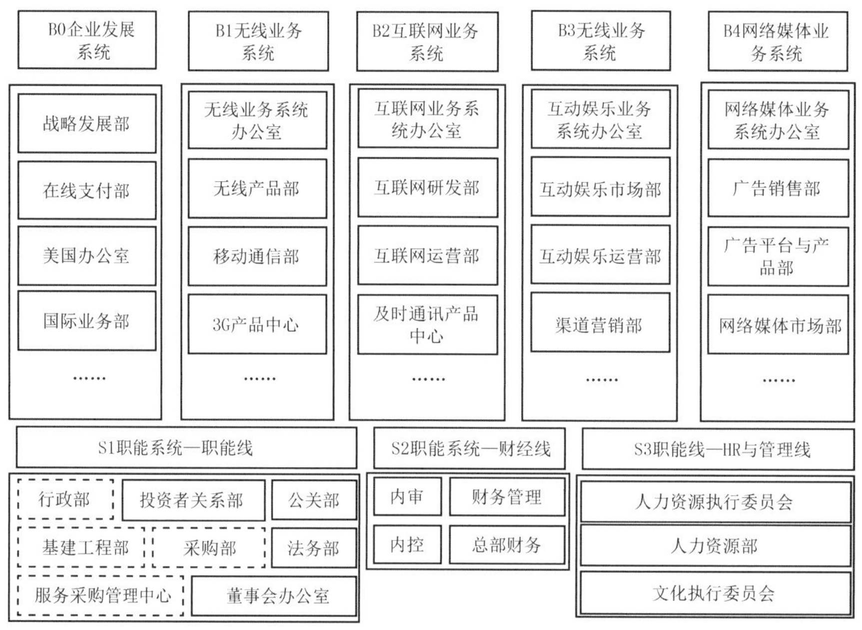

图3-10 公司组织架构

据调查统计,我国各类组织(包括工业、商业、服务业和公共部门)中设施管理业务归属部门分散,称谓五花八门。我国设施管理业务归属部门,如图3-11所示。

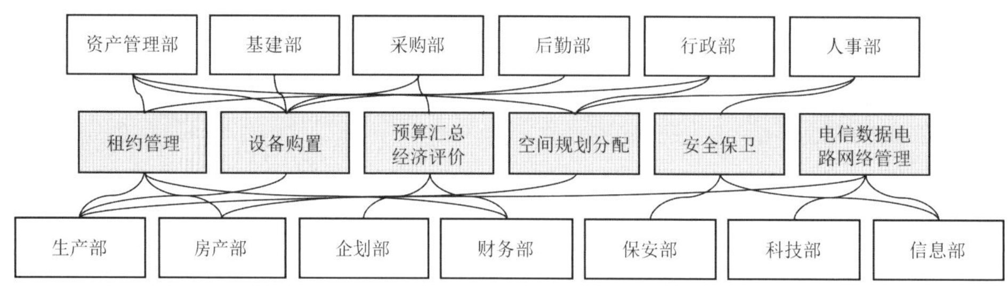

图3-11 我国设施管理业务归属部门

可喜的是有些外向型企业逐渐意识到设施管理的战略意义,从组织结构上首先突破,建立了以首席运行官或首席行政官等为首的设施管理组织体系,下设设施经理和专业设施管理部门。在设施经理的领导下,安排设施战略计划、空间管理、职业健康和环境卫生、运行、维护等专业工作岗位。例如,某大型集团公司成立了资产和投资管理有限公司,将原先的物业资产管理部、工程部、租赁部、各地物业管理公司、职场管理部、物控中心(固定资产的采购部门,原先在财务部)等与建筑物有关的部门都汇集在一起,实行集约化统一管理。

设施管理的决策、实施和工作成效需要通过多渠道、多环节和多部门的协同工作,因此,需要更大程度的权力集中和统一领导。如果工作职责割裂,相互沟通不畅,必然会影响设施管理的总体性、综合性效益。

**【案例3-3】**

英国皇家特许测量师学会(RICS)曾做过调查,发现几乎三分之一的受访者声称其组织的设施管理部门直接向首席运营官(COO)或相当层级的C系列高层汇报工作。事实上,有36%的设施团队却被分配到了企业不动产或共享服务组织中。另外还有 17.6%的团队直接向财务高管汇报工作。换句话说，近 54%的设施团队除了对首席财务官(CFO)直接负责外，并没有直接对应的高层领导。设施管理部门的定位，如图 3-12 所示。

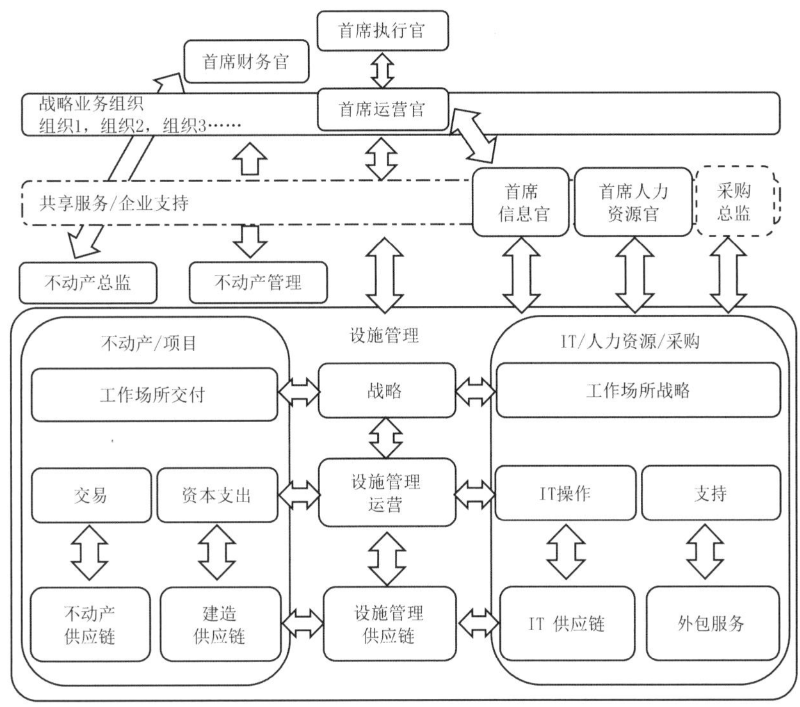


图 3-12　设施管理部门的定位

通过图 3-12 可以看出设施管理组织是企业总体组织架构的一部分，在企业组织中发挥了重要的战略支持作用，与组织中的其他非核心业务，包括 IT、人力资源、采购等部门有密切的关系，与不动产或项目一起协同工作。

然而，设施管理经理与高层董事会的紧密联系是整个部门成功与否的关键，只有深入了解企业的目的和战略目标，设施管理团队才可以提供一个有效的、能够支撑企业战略发展的设施管理战略。

### 3.1.3　设施管理组织流程和制度

1. 设施管理组织流程

组织流程是指为完成某一目标或任务而进行的一系列逻辑相关活动的有序集合。组织流程由活动、联结方式、活动的承担者、技术和工具四个要素组成，任何一个要素的改变都会形成新的流程。组织流程的特性，如表 3-1 所示。

表 3-1　组织流程的特性

| 序号 | 特征 | 解释 |
|---|---|---|
| 1 | 目标性 | 组织流程是为完成某一目标而产生的，组织流程的投入产出转换过程结束后，能实现某一既定的目标 |
| 2 | 整体性 | 组织的流程是由一组活动构成的，单个活动无法构成流程 |
| 3 | 动态性 | 组织流程总是由一种状态转变为另一种状态 |
| 4 | 层次性 | 高层次流程的活动本身又是个流程，可以对其展开，构成下一层次的流程 |
| 5 | 结构性 | 组织流程的结构指的是组成流程的各种活动之间的相互联系与相互作用方式 |

美国生产力与质量中心(American Productivity and Quality Center ,APQC)发布的业务流程框架(Process Classification Framework,PCF),对指导企业的流程体系建设和组织设计具有非常实用的参考价值。APQC的流程框架是一个开放的标准,将组织的业务流程进行分类分级,形成一个四级流程清单。流程分类框架,如图3-13所示。

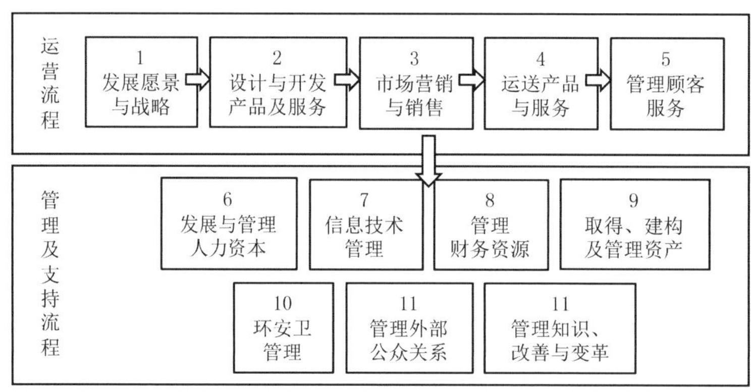


图3-13 流程分类框架

取得、建构及管理资产类别(9.0)层级关系(示例),如图3-14所示。

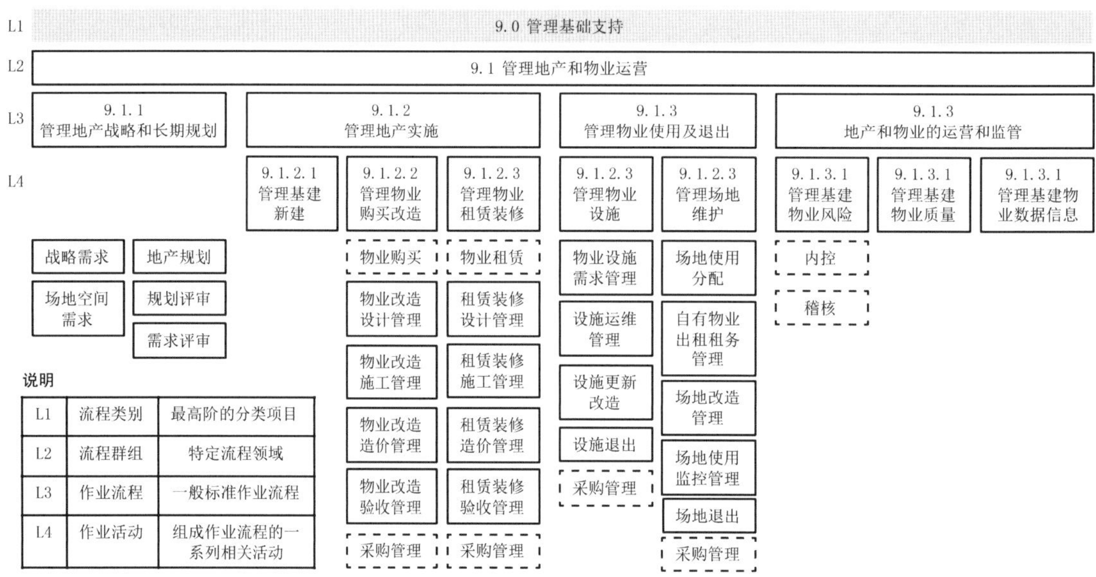


图3-14 取得、建构及管理资产类别(9.0)层级关系示例

设施管理主要业务流程有:工作单管理流程、采购管理流程、环境审核流程、外包管理流程、文件管理流程、建筑能源审核流程、绩效考核管理流程、租赁管理流程、搬迁管理流程、设施运营流程、保洁工作流程、绿化工作流程、预防性维护管理流程、日常运行流程、点检管理流程、客户服务流程等。CM工作单管理流程及其说明,分别如图3-15和表3-2所示。

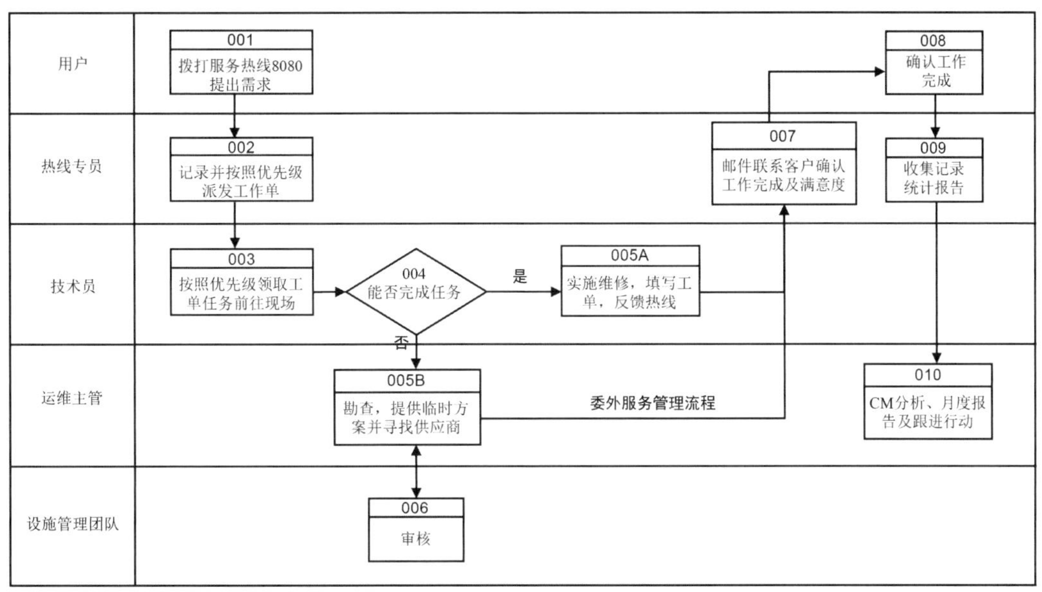


图 3-15 CM 工作单管理流程

**表 3-2** **CM 工作单管理流程说明**

| 任务编号 | 任务名称 | 执行角色 | 任务内容 | 输出文件 |
|---|---|---|---|---|
| 001 | 提出需求 | 用户 | · 用户发现设施设备、建筑出现问题，拨打服务热线进行报修；<br>· 维修人员工作时发现的其他需维修问题，报送服务热线 | CM 工作单 |
| 002 | 热线接收发送报修 | 热线专员 | · 服务热线专员收到用户或维修人员的报修，详细询问并记录相关信息；<br>· 判断报修的优先级，并按照优先级向技术员反馈报修信息 | CM 工单信息汇总表 |
| 003 | 接到报修，前往现场 | 技术员 | · 按照优先级执行工单任务，在规定时间内赶往现场并判断 | CM 工单 |
| 004 | 判断完成任务 | 技术员 | · 现场勘查，判断是否能完成工作；<br>· 若能完成维修任务，实施维修；<br>· 若不能完成维修任务，上报运营主管 | CM 工单 |
| 005A | 实施维修 | 技术员 | · 实施维修工作，完成维修，并填写工单，向热线反馈问题 | CM 工单 |
| 005B | 勘查并寻供应商 | 运维主管 | · 运营主管接到技术员上报的工作，进行现场勘查，若能自行维修，组织安排人员维修；<br>· 若不能自行维修，报项目经理，并寻找供应商报价，走委外服务管理流程；<br>· 若需寻找供应商报价，运维主管将经项目经理审核后的方案及报价报送设施管理部审核 | 供应商方案及报价 |
| 006 | 审核 | 设施管理团队 | · 设施管理部审核运营主管提交的方案及报告，并提出审核建议 | 供应商方案及报价 |
| 007 | 邮件确认 | 热线专员 | · 热线专员接到工程团队人员反馈的维修完成信息，向报修客户反馈工作完成情况，并记录满意度，关闭工作单 | 工单记录、工作单 |
| 008 | 确认工作完成 | 用户 | · 用户确认工作完成，反馈满意度 | 工单记录、工作单 |
| 009 | 收集记录、统计报告 | 热线专员 | · 热线专员实时收集、记录工单报修报告，并向运维主管汇报 | |
| 010 | CM 分析报告及跟进 | 维护主管 | · 维护主管收集热线专员递交的工单报告，进行 CM 分析、月度报告及跟进行动 | |

2. 设施管理组织制度

制度是约束人们行为及其相互关系的一套行为规则，是要求共同遵守的办事规程或行动准则，包括组织机构的各种章程、条例、守则、规程、程序、办法、标准等。“没有规矩，不成方圆。”

设施管理组织制度明确了组织内部设施管理任务分工、权限、职责、沟通方式和行动规范，可以有效地实现组织目标。设施管理组织制度基于各利益相关方（最终用户、企业高层、协会、政府部门以及与设施管理有合作关系的组织）的规范和价值观，约束设施管理组织的有序运营。设施管理组织制度框架，如图3-16所示。

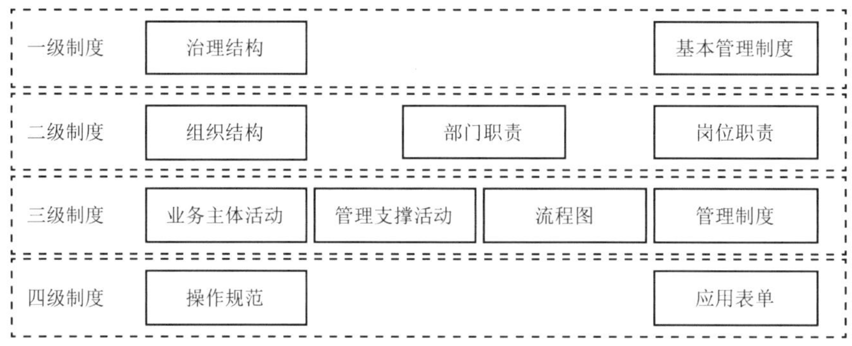


图3-16 设施管理组织制度框架

设施管理涉及众多参与方、组织内部管理部门和最终用户，因此需要制订系统、规范的工作制度，统一规划设施管理业务标准和要求。同时，也需编制工作事项的活动流向顺序，包括实际工作过程中的工作环节、步骤和程序，通过应用工作流程图的目的分析、地点分析、顺序分析、人员分析和方法分析，帮助设施管理者了解实际工作活动，消除工作过程中多余的工作环节、合并同类活动，提高工作效率。设施管理工作制度，如图3-17所示。

图3-17 设施管理工作制度

设备系统运行管理制度一览表（示例），如表3-3所示。

制度的构成要素包括正式制约（例如法律）和非正式制约（例如习俗、宗教等）。组织既受到制度的约束，同时也能通过行动改变制度的安排。但组织制度的约束作用并不会一直为组织所支持，当现有制度受到质疑时，制度本身便可以加以改变。通常，新制度的构想会启发组织意识到那些不被现有制度所支持的潜在利益，促使组织重新思考和评价现有制度安排的合法性。为实现上述潜在利益，组织需要打破或改变目前制度，因此组织成为制度变迁的积极推动者，发起一系列围绕新制度建立的探讨。

设施管理任何工作制度都有时效性，需要根据周围环境的变化而变化进行动态的调整。一般情况下，人们惯于已有的工作程序；或为了保持稳定而不主动进行变革。在需要充分提高工作效率，挖掘降低成本的机会，甚至更换设施管理服务供应商时，进行工作制度梳理和流程回顾更新成为一项必要工作。

表 3-3 设备系统运行管理制度一览表（示例）

| 序号 | 名称 | 序号 | 名称 |
|---|---|---|---|
| 1 | 工程维修保养制度 | 13 | 锅炉房交接班制度 |
| 2 | 工程维修安全规范 | 14 | 锅炉房巡回检查制度 |
| 3 | 高低压变配电房安全管理制度 | 15 | 压力容器安全管理制度 |
| 4 | 变配电房交接班制度 | 16 | 受限制区域进入制度 |
| 5 | 变配电房值班制度 | 17 | 中央空调机房管理制度 |
| 6 | 设备安全生产制度 | 18 | 中央空调机房值班人员岗位制度 |
| 7 | 设备交接保修制度 | 19 | 移动工具安全使用制度 |
| 8 | 设备部门人员安全上岗制度 | 20 | 柴油发电机房安全管理制度 |
| 9 | 设备预防性维护工作制度 | 21 | 装饰装修管理制度 |
| 10 | 设备日常运行工作制度 | 22 | 给排水设备管理制度 |
| 11 | 维修组日常工作交接班制度 | 23 | 污水管理制度等 |
| 12 | 锅炉房安全管理制度 | …… | …… |

**知识链接**

更多组织设计知识，请访问德勤中国—服务—人力资本咨询—2017 年全球人力资本趋势报告：改写数字时代的规则。

## 3.2 设施管理组织模式

每个组织都是独一无二的，而且会随着环境的改变有所变化。各个组织设施管理所需的资源不同，在设施决策、购置和资源配置以及效率方面也会有显著差异。按照组织不同特性，设施管理组织模式会焕发无限可能。

### 3.2.1 基于规模的设施管理组织模式

1. 单一地点设施管理组织模式

单一地点设施管理组织模式，也称为“一地区，一地点”设施管理组织模式（One-location，One-site Model）。该类组织在一个地区集中在一处的建筑物中办公。在该模式中，组织拥有建筑物的所有权或者是租赁办公楼，但是由于组织规模比较大，组织要花费更多的时间和预算用于设施管理，需要成立一个独立的部门来管理单一地点的设施。

由于只有单一的工作地点，设施管理部门倾向于使用较少的员工，实行一人多责，涉及全部设施管理职能。单一地点模式，如图 3-18 所示。

在这一模式中，组织会综合运用自管与外包设施服务来管理设施，自管与外包的程度会因企业而异。例如，在一所建校 100 多年的学校中，有的建筑已经建造五六十年了，而有的仅仅建造了几年时间，这些建筑都坐落在同一个校区中，对这些设施的管理很复杂，需要专业部门对这些设施分门别类进行管理。

**【案例 3-4】**

某跨国公司总部园区总建筑面积达 55 000m$^2$，可容纳超过 2 000 多名员工。园区的主体建筑为会议中心大楼和办公楼，兼有大型活动与新品发布场所、独立的会议中心、餐厅、足球场、篮球场等室内外健身场所等。

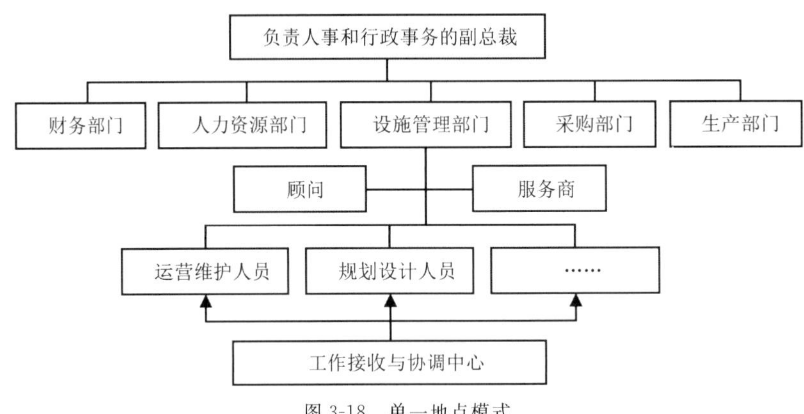


图 3-18 单一地点模式

该公司的设施管理组织架构有三个层次:业主、综合服务供应商、专业服务分包商。公司设施管理组织架构,如图 3-19 所示。

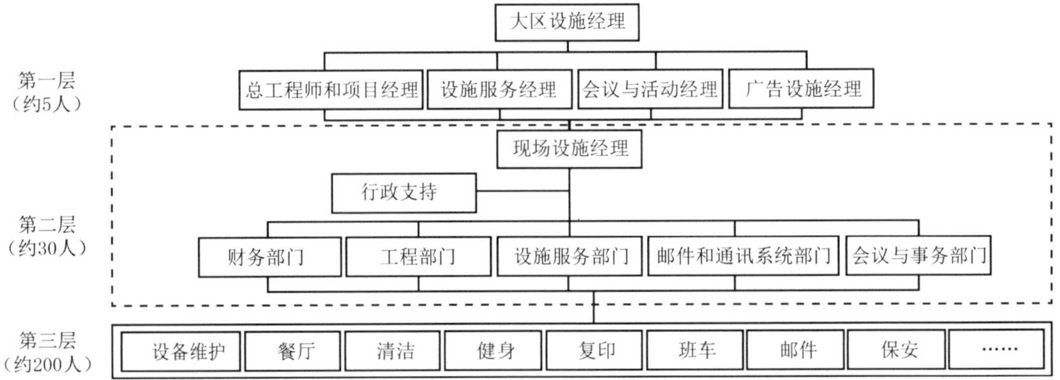


图 3-19 某跨国公司设施管理组织架构

### 2. 单一地区设施管理组织模式

单一地区设施管理组织模式,也称为"一地区多地点"的设施管理组织模式(One-location, Multiple-sites Model),适合在多个地点拥有建筑物(办公场所),但是这些建筑物都在同一个地区,非常典型的例子是一个学校有几个校区。一地区多地点的设施管理组织模式,如图 3-20 所示。

在这一模式中,需要进行设施管理权力分配、不同地点资源的分配和需求评估等工作,这些工作需要在组织总部中进行。不同地点的设施管理运作方式有以下两类:

(1) 设立一个设施经理。该设施经理统一安排组织的设施管理业务,负责制订设施战略规划;在不同的地点设立设施经理助理,负责日常的设施管理业务。

(2) 在每一地点都设置一个设施经理。在使用这一模式时,需要有其他的资源来弥补组织分散带来的不利因素。机构越是分散,使用咨询顾问和供应商的频率越高。

不同地点的设施业务需要依赖组织总部来运作,这样会更加经济可行。在一地区多地点的设施管理组织模式中,组织总部提供组织政策、监督、预算控制以及技术上的支持;组织自有员工、咨询顾问、供应商结合起来,为各地点提供设施服务。在这一模式下,组织必须加强租赁管理、财务管理、项目管理以及工作的接收和协作管理能力。

例如,某公司一地区多地点设施管理模式,如图 3-21 所示。

### 3. 多地区设施管理组织模式

多地区设施管理组织模式(Multiple-location Model)适合分散在广大地域范围内,可能是在全国或

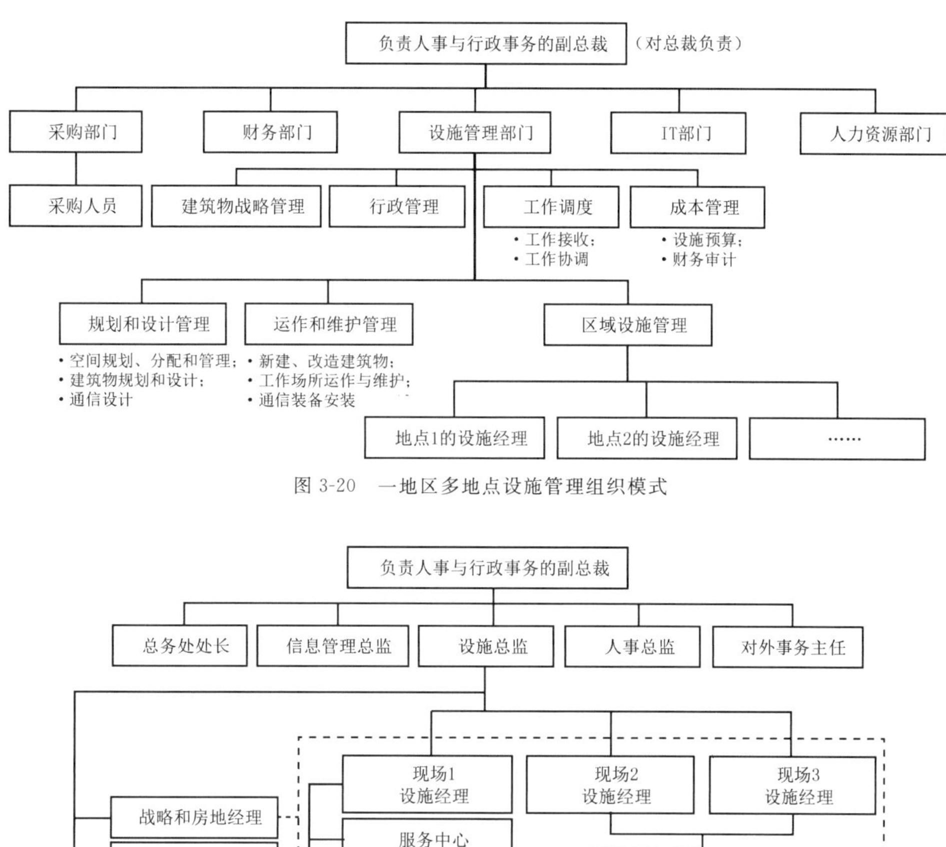


图 3-20　一地区多地点设施管理组织模式



图 3-21　某公司一地区多地点设施管理模式

全球范围内，组织规模很大，一般以分公司的形式存在的大型组织。它们的下属地区或分公司具有与办公室管理模式或一地区一地点模式相似的设施管理部门。组织总部的主要的职能是分配资源、战略和战术上的规划、房地产获得与处置、政策与标准的制订、技术支持、宏观的空置物业规划、管理和监督。多地区设施管理组织模式，如图 3-22 所示。

在这种模式下，设施经理对一般的行政管理服务没有直接的责任，所有的专业员工并非由设施经理所领导，主要的专业员工在所负责的专门技术范围内具有直接领导权力，地区设施管理部门通过总部的联络负责人与组织保持联系。

同时，组织会大量使用外部的咨询顾问和服务供应商。随着组织规模的扩大，使用的人数会更多，这些咨询主要集中在房地产、规划、设计和建造方面；法律咨询会成为组织总部日常事务，组织可以聘请一个精通设施事务的法律事务所或者律师作为组织的一员，直接在其职权范围内工作。

例如，某公司多地区设施管理组织模式，如图 3-23 所示；设施管理角色和责任领域，如表 3-4 所示。

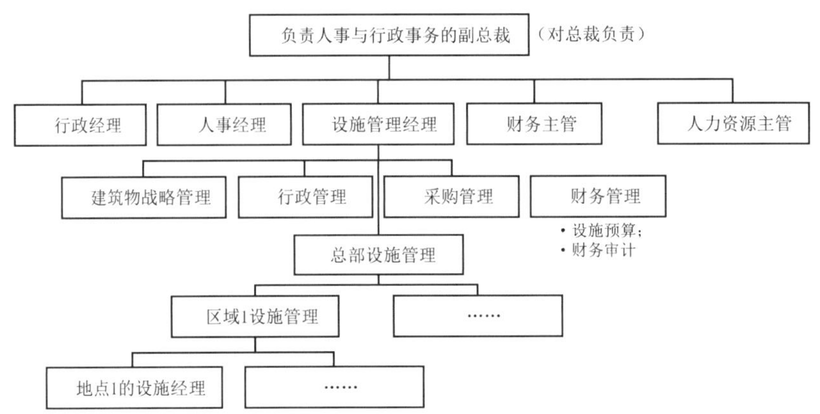


图 3-22　多地区设施管理组织模式

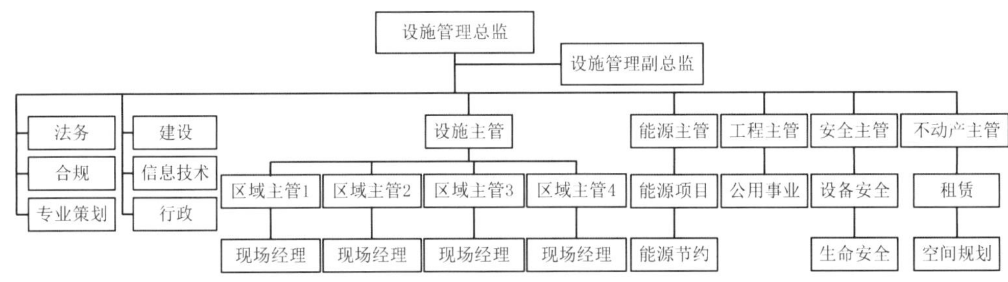


图 3-23　某公司多地区设施管理组织模式

表 3-4　设施管理角色和责任领域

| 角色 | 责任领域 |
|---|---|
| 设施管理总监 | 为企业确定设施管理战略方向 |
| 支持性服务功能 | 法务、法规、专业策划、建设、信息技术与行政等功能，负责提供关键支持性过程或服务 |
| 设施管理副总监 | 制订并执行管理决策 |
| 设施主管 | 统筹协调各区域资源，确保整体服务水平 |
| 能源主管 | 执行可持续方案 |
| 工程主管 | 确保所有房地产的工程性能 |
| 安全主管 | 确保安全的工作环境和安保标准 |
| 不动产主管 | 确保公共空间效用最大化 |
| 区域主管 | 确保满足客户需求 |
| 现场经理 | 管理现场设施服务 |

**知识链接**

更多设施管理组织知识，请访问设施管理门户网站 FM Gate—FM 智库—研究报告—与核心业务相关的设施管理组织。

### 3.2.2　基于外包成熟度的设施管理组织模式

设施管理外包是指将设施管理中非核心的业务或服务转移给外部组织，以利用外部优秀的专业化资源。设施管理外包是实现降低成本、提高设施服务质量、增强设施管理部门对组织战略的响应能力的重要举措之一。基于不同的外包成熟度，设施管理组织模式分为内部管理、管理代理、业务外包、管理外包和整合外包管理5种不同策略下对应的组织模式。

1. 内部管理策略下的设施管理组织模式

当设施经理属于企业内部资源时，通常采用内部管理(In-house Management)策略对非核心业务进行垂直整合。内部管理策略条件下的设施管理组织结构为传统的功能型结构，一般在企业内部不设专门的设施管理岗位(由相关业务部门兼管)，或设专门的设施管理经理或部门。这种组织模式在中小型企业中比较常见。内部管理策略下的组织模式，如图3-24所示。

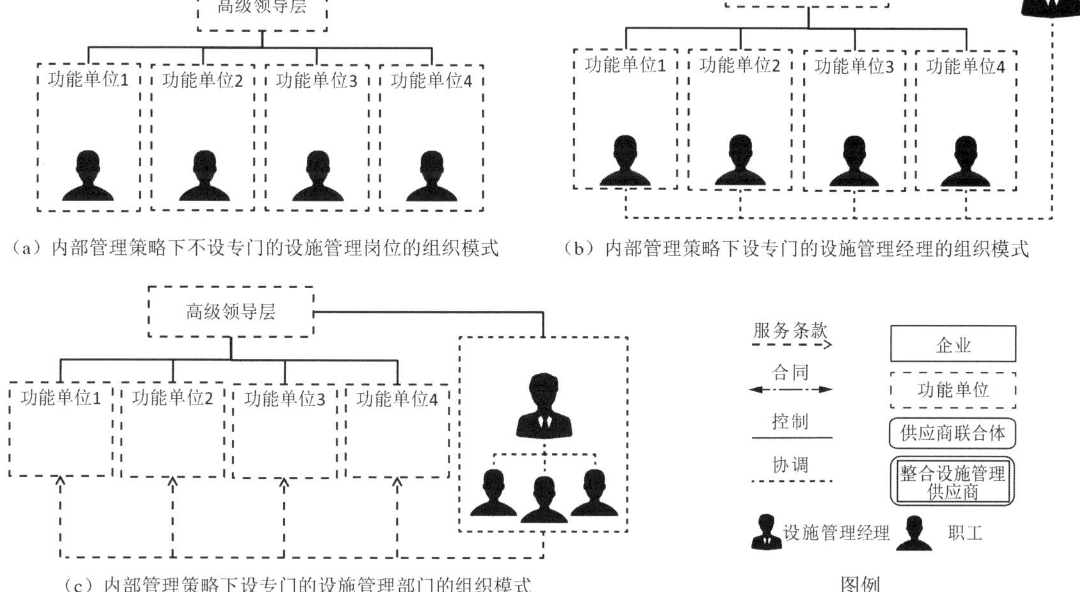


图3-24 内部管理策略下的设施管理组织模式

比较典型情况是企业通过指派内部员工完成清洁活动，为了保证这些支持型活动的有效管理，企业内部会成立单独的设施管理业务单元，指派设施经理对单元进行管理与协调。

2. 管理代理策略下的设施管理组织模式

当企业不具备足够的知识和人员自行完成设施管理业务时，则可采用管理代理(Managing Agent)策略下的设施管理组织模式，将相关活动外包给企业外部的咨询顾问，并签订中期或长期设施管理咨询协议。在该模式下，企业内部不设专门的设施管理人员或部门，通过外包选择特定领域的供应商完成所需的设施管理业务。管理代理策略下的设施管理组织模式，如图3-25所示。

3. 业务外包策略下的设施管理组织模式

对于专业化程度高且复杂的设施管理业务，企业通常将会以非整合外包的形式发包给外部服务供应商，增加企业内部业务管理弹性。业务外包策略所对应的设施管理企业可不设定设施管理经理，而选择高度分散的外部供应商负责一个或多个外包业务管理。

或是企业为了加强外包业务的内部化管理，可指定企业内部自有员工作为监督并负责整个外包业务的设施管理人员。但业务运营管理记录、邮件与物流资料等由外包供应商进行统一维护与更新。业务外包策略下的设施管理组织模式，如图3-26所示。

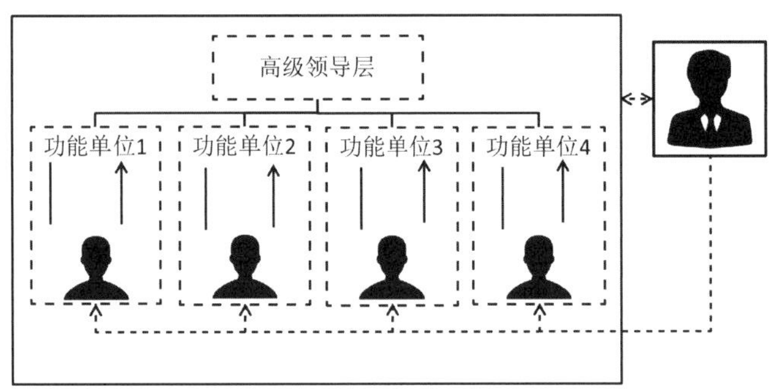


图 3-25 管理代理策略下的设施管理组织模式

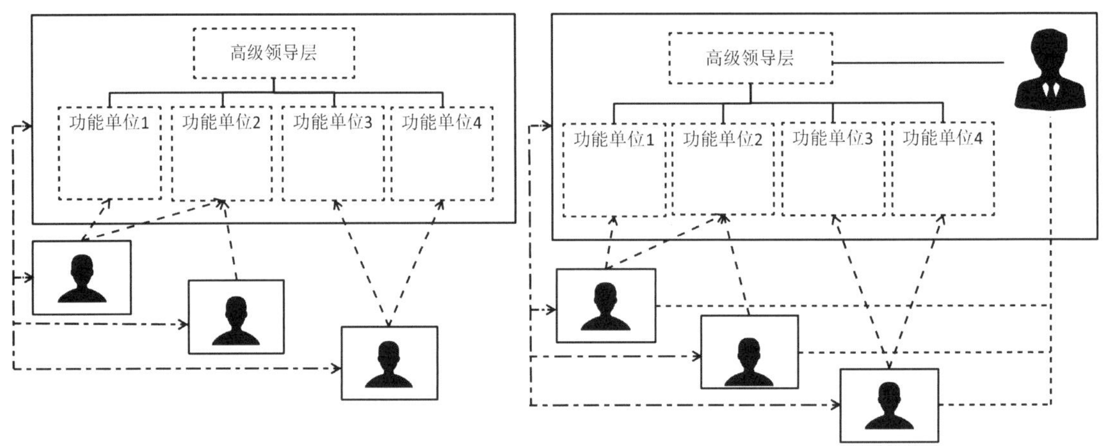


（a）业务外包策略下不设定设施管理经理的组织模式　（b）业务外包策略下设定设施管理经理的组织模式

图 3-26 业务外包策略下的设施管理组织模式

4. 管理外包策略下的设施管理组织模式

当企业需要统筹所有外包供应商提供的服务而缺乏内部设施管理人员时，通常采用管理外包(Managing Contract)策略下设施管理组织模式。不同外包业务之间的协调沟通由企业选定的独立外部咨询顾问或某个外包供应商联合体负责，咨询顾问不仅充当设施管理者的角色，也承担起设施管理项目承包者的职责。管理承包策略下设施管理组织模式，如图 3-27 所示。

5. 整合外包管理策略下的组织模式

有时咨询顾问能力有限、不足以管理多个设施外包项目时，企业可选择整合设施管理(Integrated Facility Management，IFM)策略下设施管理组织模式。企业选择一家具有综合实力、跨区域的外包供应商全面负责设施管理整体业务，指定内部设施经理或外部咨询顾问负责与整合设施管理外包供应商现场项目组进行协作。整合设施管理策略下设施管理组织模式，如图 3-28 所示。

### 3.2.3 基于流程的设施管理组织模式

传统企业组织设计是根据亚当·斯密的“劳动分工理论”而建立起来的组织体系，但处于知识经济和科技经济时代，传统的组织设计中的问题逐渐暴露，已经不能满足现代企业发展需求，而这一切发生的背后还隐藏着一个重要因素就是流程。

20 世纪 90 年代以来，西方国家掀起了一场声势浩大的业务流程再造(Business Process Reengineering)运动。它强调以客户的需求和满意度为目标，以业务流程为企业管理的核心内容，并利用先进的信息技术和现代化的管理手段，最大限度地实现技术上的功能集成和管理上的职能集成，建立全新的流程

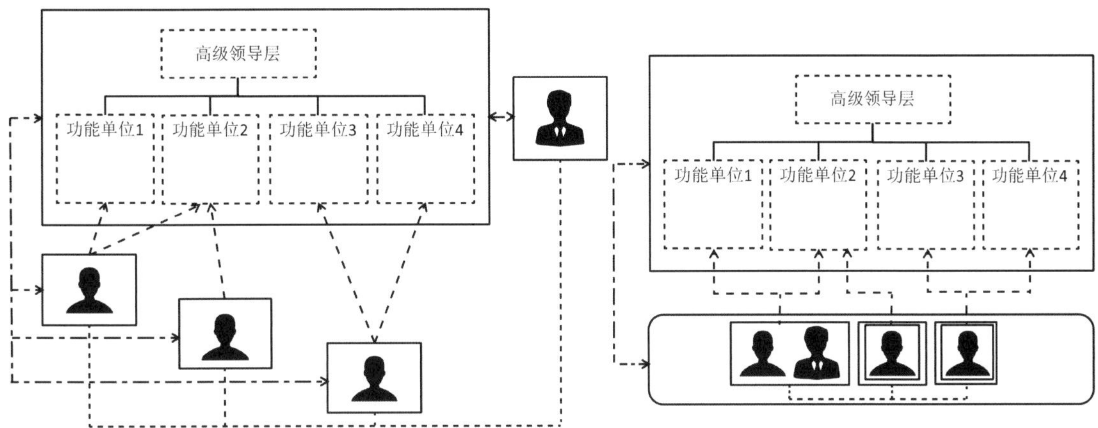


（a）管理外包策略下独立外部咨询顾问的组织模式　　（b）管理外包策略下外包供应商联合体的组织模式

图 3-27　管理外包策略下的设施管理组织模式

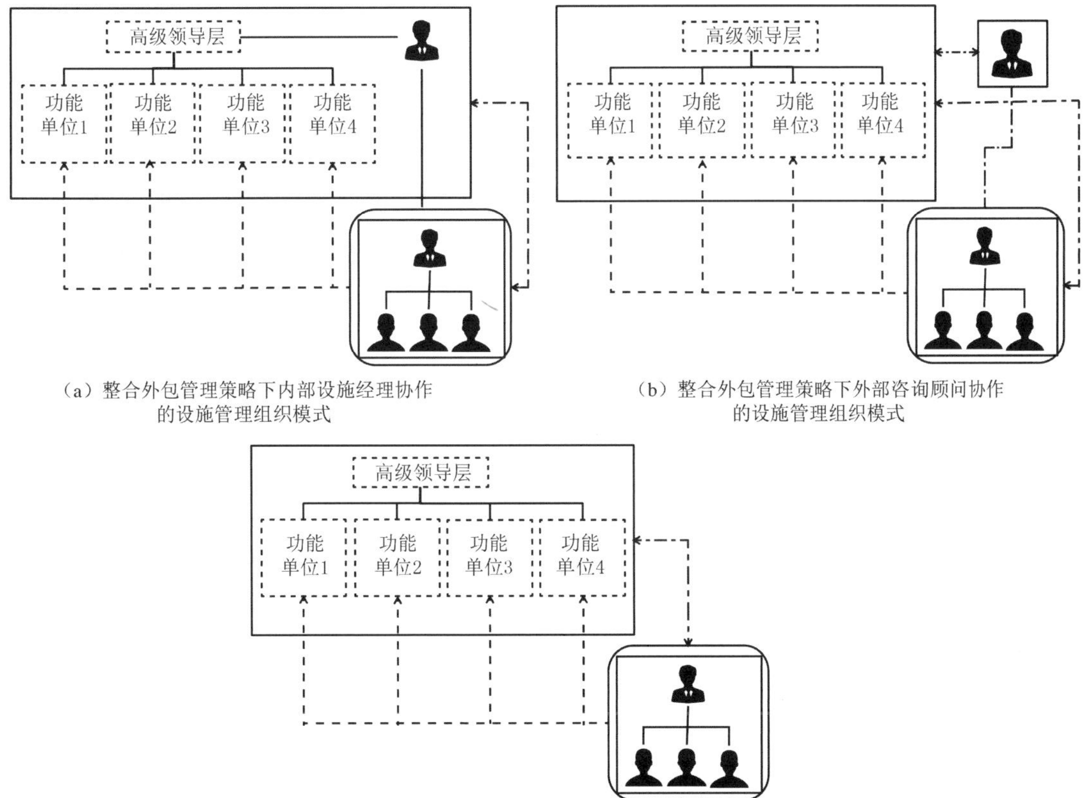


（a）整合外包管理策略下内部设施经理协作的设施管理组织模式　　（b）整合外包管理策略下外部咨询顾问协作的设施管理组织模式

（c）整合外包管理策略下全面委托的组织模式

图 3-28　整合外包管理策略下的设施管理组织模式

导向型组织结构(Process Oriented Organization)。

所谓流程，是把输入转化为对顾客有用的输出的一系列相关活动的结合。在传统的企业中，流程隐含在各个部门的功能体系中，没有人专职对它们负责。直到提出“业务流程”的概念，管理者们才意识到真正为企业赢得顾客和创造利润的是“流程”，而不是“职能”。

基于流程的组织模式建立在跨职能部门的流程团队基础上，企业内部也由此形成了以流程团队为基础的职权体系。该模式下具备某些专业知识的员工作为团队中的专家，不仅能够发挥自身的创造性改善流程绩效，而且可以帮助团队中其他成员发挥与完善各自的专长。基于流程的组织模式和流程组织特点，分别如图 3-29 和图 3-30 所示。

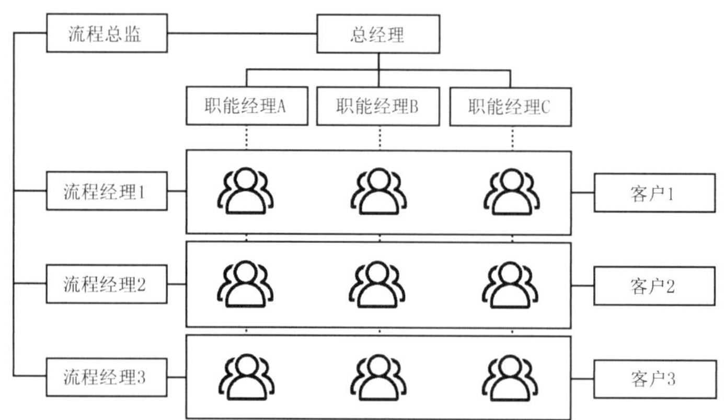


图 3-29 基于流程的组织模式

图 3-30 流程组织特点

在基于流程的设施管理组织模式中，一切活动是围绕着业务流程来进行的，人们关心和解决问题的焦点是流程。这些流程与顾客需求密切相关，并通过流程把终端客户的信息无差异地传递给流程上的每一个环节和岗位，使每一个流程都有自己的直接客户(内部顾客或外部顾客)，每一个流程都与市场“零距离”。

**【案例 3-5】**

某著名通信科技公司业务遍由全球、自有物业规模超过 1 000 万平方米。公司内部组织机构分为核心业务单元(Business Group，BG)和服务经营单元(Service Business Group，SBG)两大条线。BG 提供运营商、企业业务、终端等产品和服务，SBG 包括内部服务、人力资源、财务、IT 等相关业务支持部门。其中，内部服务部门主要职责是为其他 SBG 及 BG 提供工作场地、设施管理及行政服务，旨在为员工创造舒适的、适宜提高工作效率和生活环境。内部服务全过程管理流程，如图 3-31 所示；工作场地提供流程，如图 3-32 所示；设施及行政服务流程，如图 3-33 所示。

设施管理业务流程本身是运营业务的中心。该企业内部服务部门的业务范围涵盖了从设计到建造到运营管理的全流程，相应的组织设计完全支撑业务流程。基于业务流程内部服务部门组织架构，如图 3-34 所示。

在基于组织流程的设施管理组织模式中，该公司内部服务部门设置了基建和行政两个业务流程主管，以及采购、人力资源和质量运营三个职能服务中心。设施管理每个业务是一条贯穿各职能部门的

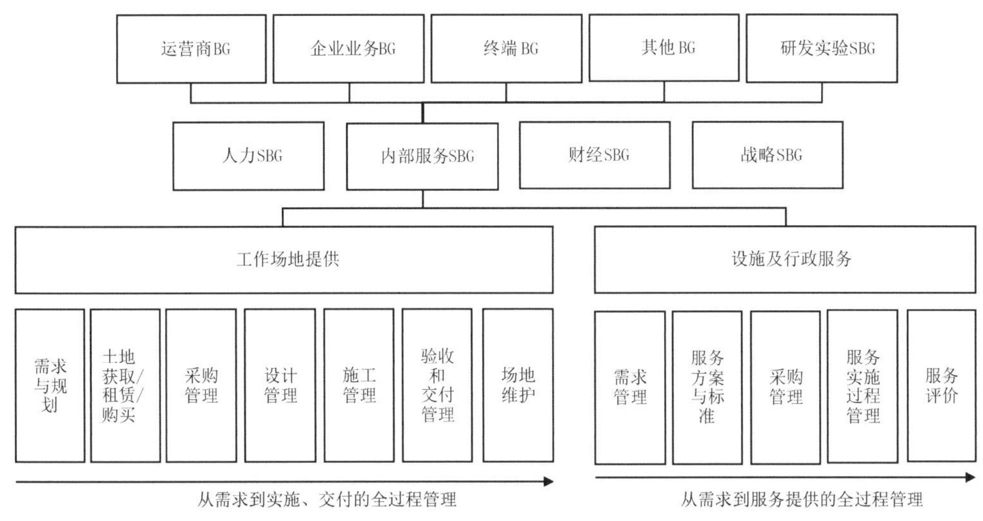


图 3-31 内部服务全过程管理流程

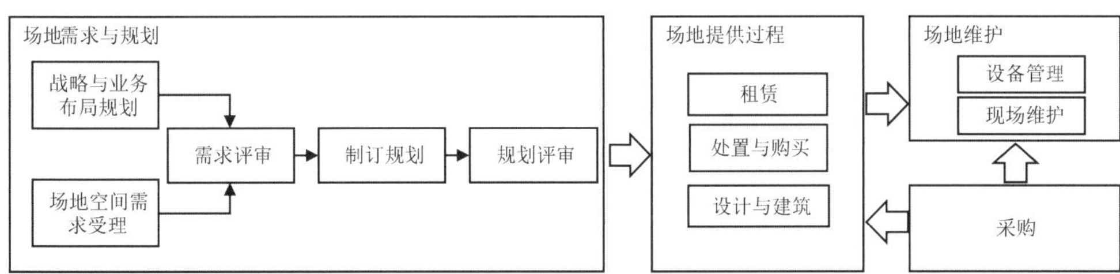


图 3-32 工作场地提供流程

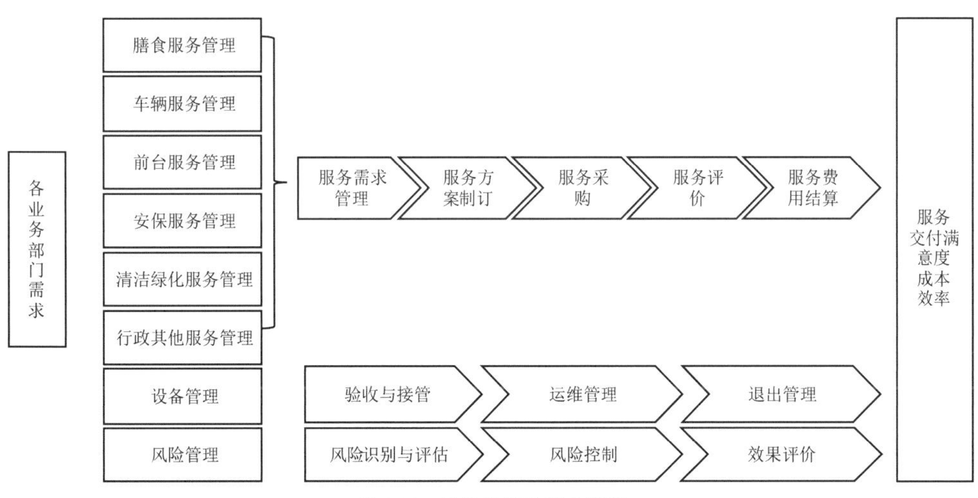


图 3-33 设施及行政服务流程

流程。

流程型组织打破了部门之间的泾渭分明，从流程的角度进行人员配置，形成“流程团队”。流程团队由不同知识结构和能力的人员组成，这保证了流程过程的通畅性。成员每个人都是在某一方面特长突出，团队的共同交流能使成员各方面的技能得以提高。

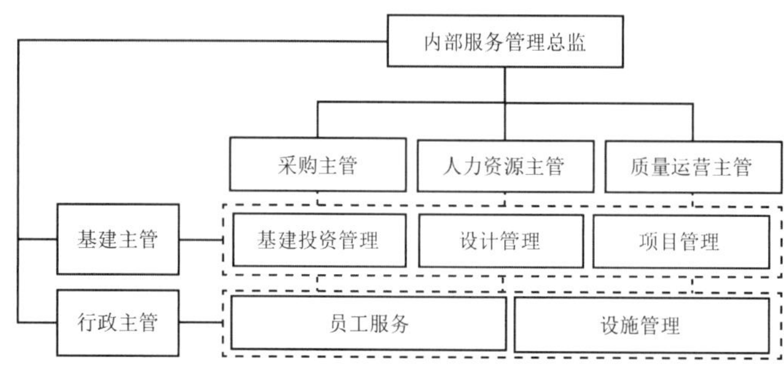

图 3-34 基于业务流程内部服务部门组织架构

### 3.2.4 基于业务整合的设施管理组织模式

当企业所赖以存在的政策、经济、文化等环境发生重大变化时，企业的经营理念、战略目标、组织功能、工作方式及方法等就会产生矛盾和冲突，从而显现出不适应的现象。传统组织结构的弊端，如图 3-35 所示。

图 3-35 传统组织的弊端

1. 传统业务组织模式

在传统的职能制企业组织中，组织运营是围绕着职能及其分解以后的工作或任务来组建的。在这样的组织中，人们关注和解决问题的焦点是职能、部门或任务。每个部门经理的业绩考评和升迁与其所在职能部门效益的好坏息息相关。因此，他们最关心的是自己的部门，而不是整个企业。

企业的业务流程隐含在每个部门的功能体系中，成为片断式的任务流，任务间的脱节冲突和部门间的责任推托也就司空见惯，从而造成工作的延误和信息传递的失真。员工知识面较窄，部门内部往往使用自己的专业术语，导致内部横向沟通障碍和部门之间协作困难。

更为重要的是“客户”作为企业流程的一个终端，被排斥在一个个职能部门之外，没有人专职对客户的需求和满意度负责，这种轻视客户的组织必然会在竞争中失败。

在传统模式下，不动产/设施管理、信息技术、人力资源、财务部门等非核心部门都“各自为战”，每一个业务单元的需求都要与相关部门进行协调沟通，形成多头关系。传统的设施管理及关联性业务组织模式，如图 3-36 所示。

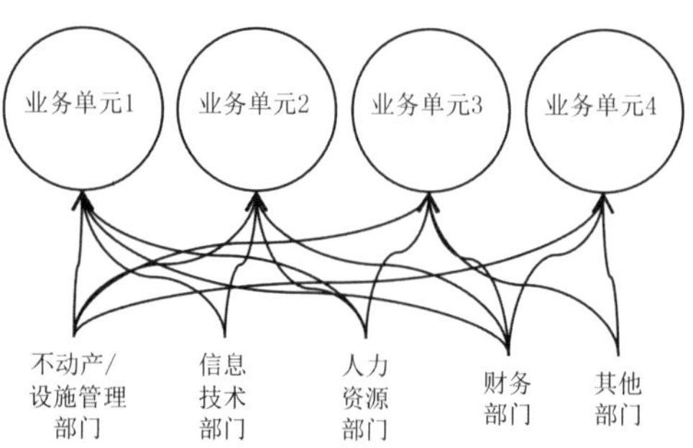

图 3-36 传统的设施管理及关联性业务组织模式

2. 业务整合组织模式

为此，必须根据企业内外环境的变化，及时地调整设施管理的组织模式，优化组织结构、工作流程和团队建设，提升设施管理组织的灵活性和适应能力，并从以下四点做出改变：

(1) 以任务团队结构取代层次结构；

(2) 不断调整组织实现目标的方式；

(3) 组织成员柔性组合而非固化角色与岗位；

(4) 运用信息技术协调成员之间的关联而非控制。

服务供应的一个趋势是全球商业服务组织的增长。许多组织正在完善它们的共享服务供应模式，通过将共享服务中心向区域中心移动形成一个全球枢纽型、轴辐式组织模式。

例如，某著名半导体公司将与设施管理关联性的房地产、建设工程、项目和服务、EHS和保安等职能部门进行整合，成立企业服务部门，构筑“总部＋区域＋现场”三级管理组织模式，减少了各部门之间的沟通，提高了工作效率。设施管理及关联性业务的整合组织模式，如图3-37所示。

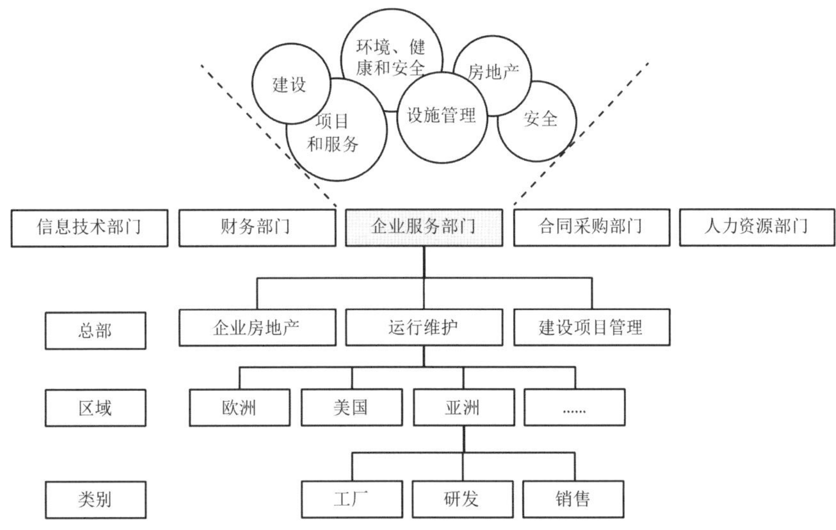


图3-37 设施管理及关联性业务整合组织模式

3. 超级核心组织模式

一个可以确定的事实是：支持性服务部门正在企业内部争取更大的整合。目前，各个支持新服务部门的合作范围从正在从单个项目团队上升到整个企业内的全面整合。这种迹象表现为：超级核心部门的形成，新的办公环境综合性领导的出现，共同目标和统一指标的重要性，持续服务交付的重要性。

有资料表明，企业的支持性服务部门将整合形成一个新的由战略驱动的“超级核心部门”以提高企业的整体绩效。所谓的超级核心部门，指的是一个集成关系管理、计划、系统和战略的部门，包括不动产和设施管理、信息技术、财务管理、人力资源和潜在的其他支持性业务。超级核心部门组织模式(示例)，如图3-38所示。

公司发展超级核心部门的历程上需要经历不同的阶段——从新型的非正式合作到已发展多年的强约束型组织合作。在公司构建超级核心部门的过程中，其支持功能将融合战术性和战略性，且将逐渐对开发和策略制订产生影响，进而影响所有支持功能和促进业务。

各部门分管各专业，发展到多部门基于项目合作的态势，进而开始基于业务单元进行部分整合，最后实现整个企业内部的全面整合，完成超级核心部门的建立。超级核心部门的结构和价值会随着组织的需求、文化和成熟度的变化而变化。未来，超级核心部门的整合对于提升企业核心竞争力将愈发重要。各阶段业务支持部门整合价值，如图3-39所示。

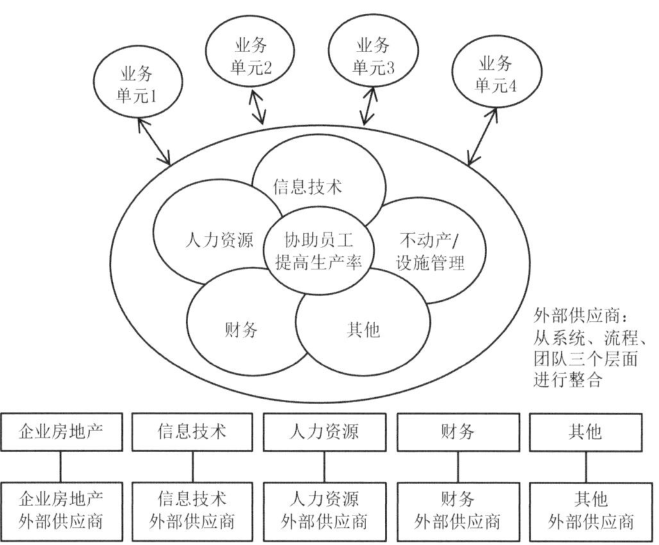


图 3-38 超级核心部门组织模式(示例)

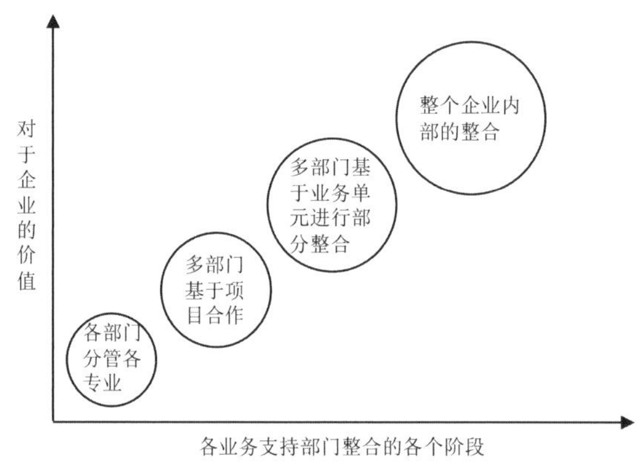


图 3-39 各阶段业务支持部门整合价值

超级核心部门的整合速度和深度将因为效益的增加而加快，这些效益包括增强战略业务单元能力、节约资源、提高利用率。同时，对于房地产/设施管理、人力资源、信息技术和财务等不同部门来说，需要一个统一的效益衡量标准和和对比指标。这种从传统的关键绩效指标(KPI)到一个清楚地传达支持功能活动的业务影响指标的转变，会极大地影响企业的利益。另外，统一服务交付还有一个独特的优势就是配合企业的战略变革，为新一代的员工提供他们所追求的更加灵活的工作环境。

同时，也需要意识到在超级核心实现之前，仍有许多障碍需要克服，包括内部的反对者、整合不同功能系统和流程的艰巨性、资金支持等。此外，还有管理上的挑战、灵活的供应商基础等问题。

**知识链接**

更多设施管理组织知识，请访问设施管理门户网站 FM Gate—FM 智库—研究报告—带你 GET 不同的 FM 组织结构。

## 3.3 设施管理利益相关方及其治理

治理常被看作一种决策机制，利益相关方是该决策机制的成员。当日常的设施管理不足以解决问题时，治理为利益相关方管理提供了新的研究视角，并逐渐成为设施管理的基本要素之一。

### 3.3.1 设施管理利益相关方

设施管理利益相关方是指能够影响设施管理目标实现或受到实现设施管理目标过程影响的群体或个人。设施管理利益相关方是设施管理系统环境的一部分，与设施管理部门有密切的互动关系。这些利益相关方可能与其合作以取得利益，也可能与其相互竞争，或与其同时存在竞争与合作的关系。

1. 设施管理利益相关方关系

设施管理利益相关方关系，如图 3-40 所示。

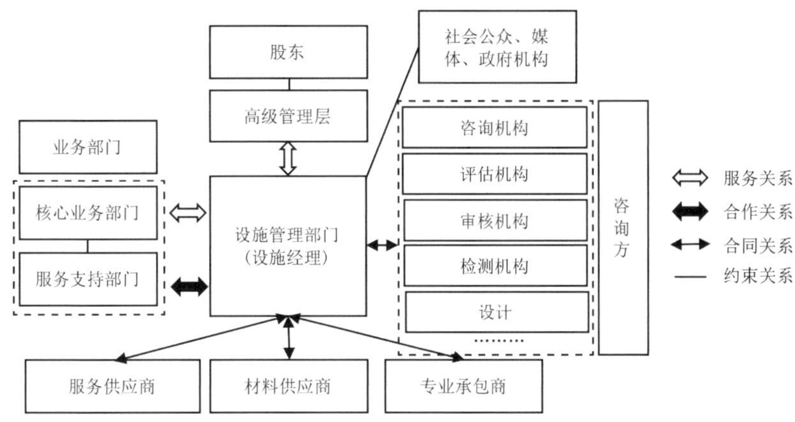


图 3-40 设施管理利益相关方关系

设施管理利益相关方可以分为内部利益相关方和外部利益相关方，它们与设施管理组织之间存在服务关系、合作关系、合同关系和约束关系。

不同的客户对设施管理的需求和作用是不同的，对设施管理的影响力是有差异的。梳理清楚设施管理部门与利益相关方的关系，才能深层次理解设施管理组织的需求与作用。

1）设施管理内部利益相关方

设施管理内部利益相关方包括组织的股东、高级管理层、业务部门（包括核心业务部门和服务支持部门）等。企业内部股东、高级管理层和核心业务部门是设施管理的服务对象，服务支持部门与设施管理部门具有合作关系。内部利益相关方是组织内部服务需求或协同工作群体。设施经理面临日益增多的挑战是为这些群体提供快速反应和优质的设施管理服务。

2）设施管理外部利益相关方

设施管理外部利益相关方包括直接参与利益相关方和间接利益相关方。

直接利益相关方，包括各类外部供应商、咨询单位等群体，它们与企业设施管理部门签订专业承包或咨询合同，履行合同赋予的权利和义务，提供社会化、专业化、科学化全面、全过程设施管理综合服务。这些设施管理直接利益相关方的管理水平和专业能力高低，直接对企业设施管理绩效产生重要影响。

间接利益相关方，包括政府机构、社会公众和媒体等群体，它们更多地关心社会形象、公共安全和环境责任，对企业设施管理活动具有监督、引导和约束等影响。

2. 设施管理利益相关方的属性

美国学者米切尔（Mitchell）认为利益相关方有三个属性。利益相关方属性，如图 3-41 所示。

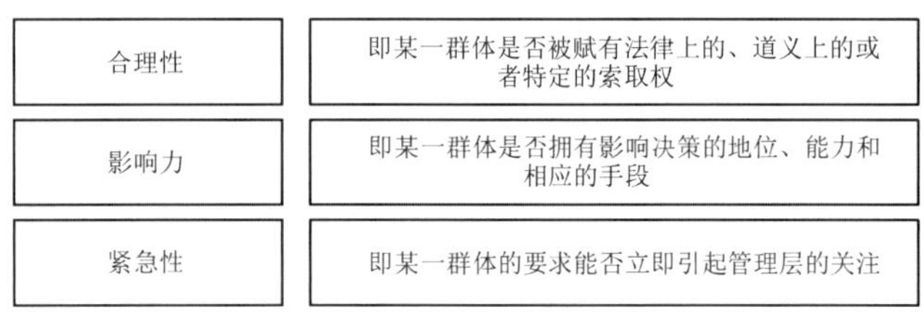


图3-41　利益相关方属性

根据上述三个属性对可能的利益相关方进行评分，然后根据分值的高低来确定某一个人或者群体是不是设施管理利益相关方，属于哪一类型设施管理利益相关方。

根据具体情况，设施管理的相关方又可以被细分为以下三类：

(1) 决定型利益相关方(Definitive Stakeholders)——该群体同时具有合理性、影响力和紧急性三种属性，关系到设施管理业务的生存和发展。因此，必须十分关注他们的欲望和要求，并设法加以满足。

(2) 预期型利益相关方(Expectant Stakeholders)——该群体与设施管理业务保持较密切的联系，拥有上述三项属性中的任意两项。

(3) 潜在型利益相关方(Latent Stakeholders)——该群体是指只拥有合理性、影响力、紧急性三项属性中一项的群体。

设施管理利益相关方按属性分类，如图3-42所示。

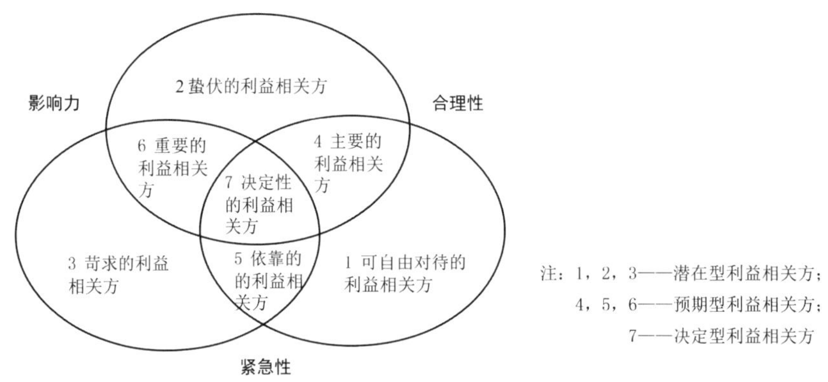


图3-42　设施管理相关方按属性分类

### 3. 设施管理利益相关方分析

利益相关方分析可以从业主设施管理部门的角度审视谁是重要的利益相关集团；在采取新的战略时，代表哪个集团的利益；它们是否可能阻碍变革；它们的力量如何；应该怎样对待它们。

影响力—动态性矩阵表明设施管理各利益相关方影响力大小和其行为可测性的关系。影响力—动态性矩阵，如图3-43所示。

权力—利益矩阵表现利益相关方持有的权力大小与设施管理获益水平之间关系，指明了各自定位和作用。权力—利益矩阵，如图3-44所示。

通过上述两个矩阵可以明确以下一些问题。

(1) 组织的政治和文化状况是否会阻止或采纳特定的战略。如处在一个成熟行业里具有惰性文化的企业，可能不愿采用创新战略。换句话说，确定利益相关方位置是一种分析文化适应性的方法。

(2) 确定哪些个人或群体是战略变革的支持者或反对派。为了重新确定某些特殊利益相关者的地位，要明确是坚持战略，还是改变战略，以满足他们的期望和要求。

(3) 一旦制订了明确的战略和确定了利益相关方的地位，就应该采取一定的维持行动，以阻止他们对自己重新定位，因为重新定位会阻止战略的实施。

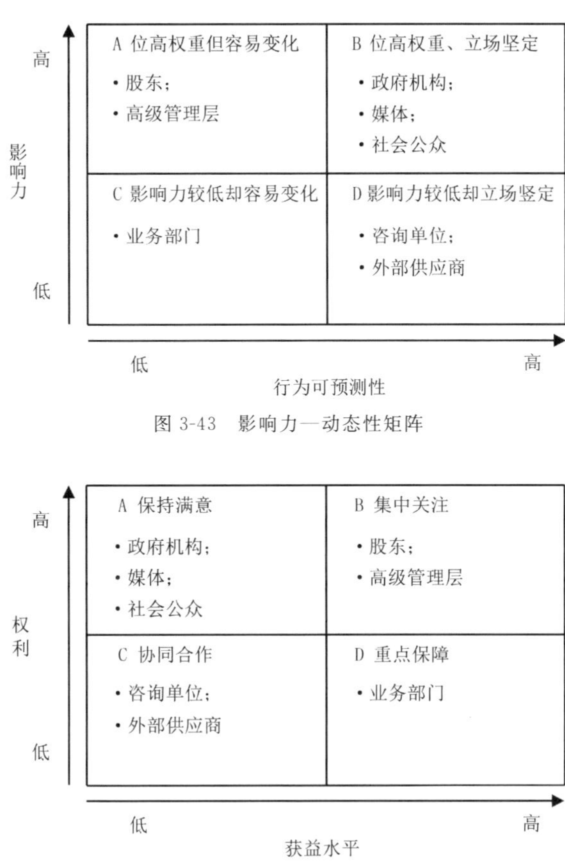


图 3-43 影响力—动态性矩阵



图 3-44 权利—利益矩阵

4. 设施管理利益相关方管理流程

设施管理利益相关方管理是指设施经理为综合平衡各利益相关方的利益要求而进行的战略性管理活动。设施管理利益相关方管理流程，如图 3-45 所示。

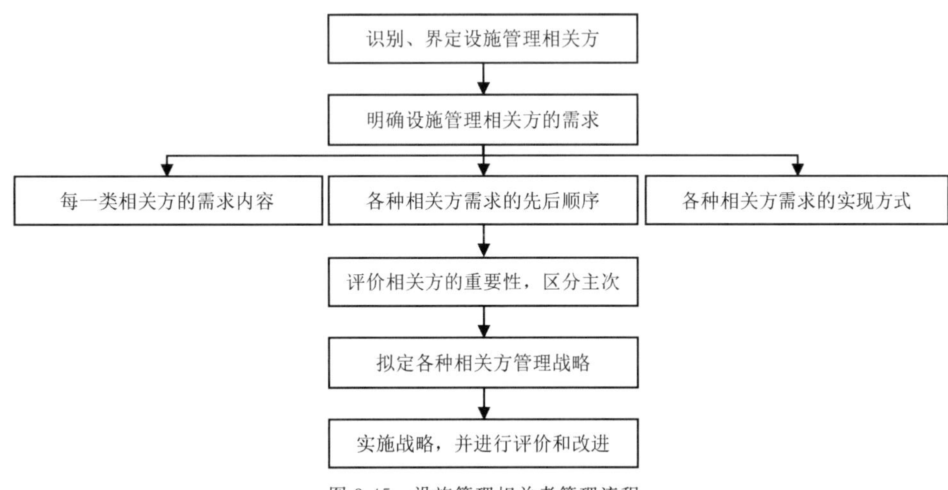


图 3-45 设施管理相关者管理流程

设施管理利益相关方管理过程是一个动态的螺旋上升式的过程。既定的设施管理利益相关方管理战略在实施过程中，可以根据设施管理的实际情况，以及组织所处环境的变化，进行动态的调整、补充和修正，避免在日常运营决策中出现不必要的延期。

### 3.3.2 设施管理治理结构

1. 治理及其结构设计

治理是各种公共或私人机构管理其共同事务的诸多方式的总和，使相互冲突或不同的利益得以调和，并且采取联合行动的持续过程。虽然"治理"一词有许多不同的含义，它的基本含义是"为有序规则和集体行动创造条件"。其主要任务是"精心营造秩序，进而减少冲突，实现共同的利益"，从而低成本、高效率地保证组织的秩序和集体行动。

治理范式的兴起缘于日益复杂的商业环境，以及日益频繁的跨越各种预设边界的互动。治理的特点主要表现在多中心对等协调；事前通过平等协商形成共识或规则，事后按照所商定的规则行事。管理与治理的根本区别在于它们价值取向和思维模式。管理与治理范式的联系与区别，如图 3-46 所示。

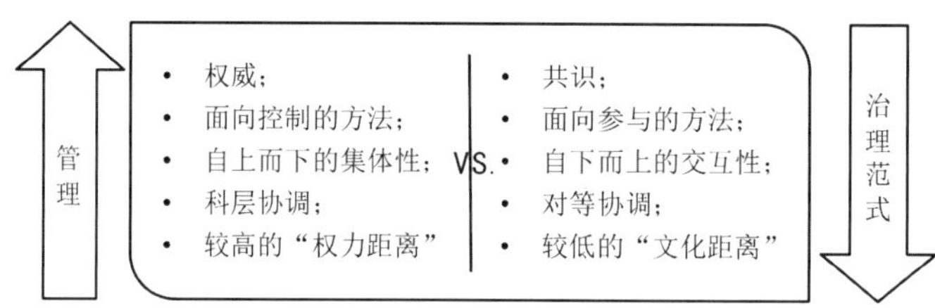


图 3-46 管理与治理范式的联系与区别

设施管理的治理的最大价值意义在战略协同、管理服务交付、绩效驱动，从而保障组织整体超越所有单个要素的总和。设施管理治理模型，如图 3-47 所示。

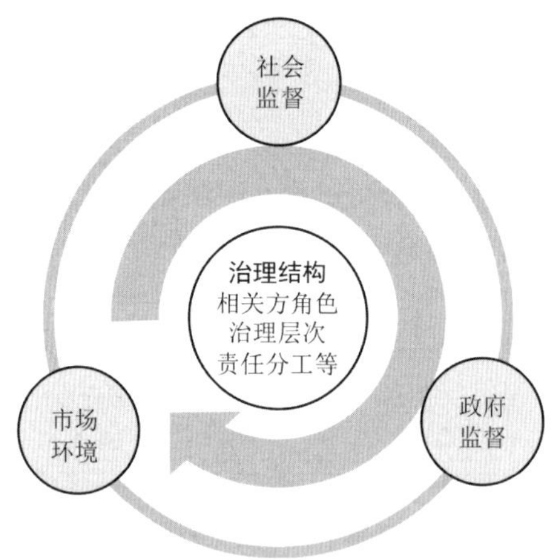


图 3-47 设施管理治理模型

治理结构设计原则：

- 协调：与公司目标及设施管理绩效目标相关的治理设计必须和治理活动协调一致；
- 投入：必须投入资源、关注和支持；
- 讨论：对突出相互矛盾的目标加以讨论；
- 标准：明确的标准和迅速升级能够促进快速决策；
- 责任：具备全局观、信任、理解，以及可能限度范围内求全的愿景；
- 层级：分级方法很重要，包括清晰的连接和升级点；
- 透明：提高治理流程的透明度，能够为流程灌输信心。

良好的治理结构能够为公司带来两大关键优势：一是最大限度地提高区域和地方层面的决策水平；二是避免在日常运营决策中出现不必要的延期。

2. 治理结构层次

在治理的语境中，到更多关注的是自治、分权、结构扁平化、相互信任，以及通过组织结构的"非完整性"(underspecification）而实现的自组织。所有的当事人，无论是个人、团体还是组织，都可以视为自组织的对等结构中的相关者。

例如，某全球芯片制造商，同时也是计算机、网络和通信产品的领先制造商。其亚太区总部位于中国香港特别行政区，在中国内地设有 13 个代表处、4 个研究中心。为了适应如此庞大、复杂的整合设施管理，该公司建立了一套完整的整合设施管理治理结构。公司整合设施管理治理结构，如表 3-5 所示。

表 3-5 公司整合设施管理治理结构

| 治理 | 公司职位 | 供应商职位 | 职责 |
|---|---|---|---|
| 高层审核委员会 | 大区总经理；<br>项目合伙人团队成员 | 高级执行董事；<br>大区客户总监 | 战略决策 |
| 区域项目合伙人团队 | 大区 IFM 经理；<br>采购经理；<br>财务经理 | 大区客户总监；<br>大区运营经理；<br>财务经理；<br>采购经理 | 合同及项目决策 |
| 区域联合管理团队 | 大区职能经理；<br>现场职能经理 | 大区运营经理；<br>现场交付经理 | 运营标准 |
| 现场主管团队 | 现场负责人；<br>现场职能经理 | 现场负责人；<br>现场交付经理 | 运营决策 |

治理是关于复杂性的一门艺术，它在不同层次上通过不同形式的灵活性得以实现。一般说来，层次越高，复杂性越强，要求的灵活性也就越大。不同治理层级工作职责：

(1) 高层，定期召开审核委员会会议。建立公司大区总经理和供应商高级执行董事之间沟通渠道，设定资本支出和运营开支，审核和批准协议的变更，发挥供应商积极性和对行业新趋势的洞察力，为客户相关的策略出谋献策。

(2) 区域层级，定期召开项目合伙人和联合管理团队会议。管控双方各自角色和职责，监督服务实施和项目启动活动，负责合同履行和绩效管理，为现场管理团队提供资源、相关信息和业务指导。

(3) 现场层级，定期召开现场主管会议。管理和评估运营服务水平(SLA)，对影响服务实施的问题予以应对、协调和划分优先级，对供应商进行评估和评级调查。

例如，某政府医疗管理部门设施管理机构建立了完整的治理体系。设施管理利益相关方治理结构和范围，如图 3-48 和表 3-6 所示。

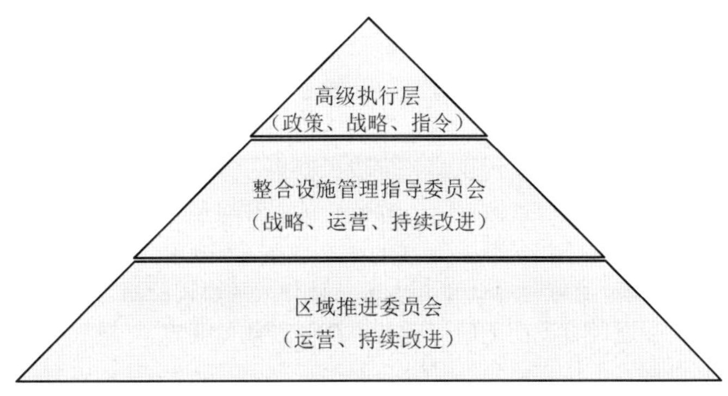


图 3-48 设施管理利益相关方治理结构

表 3-6 设施管理利益相关方治理范围

| 范围 | 说明 | 范围 | 说明 |
|---|---|---|---|
| 空间管理 | 扩展或修改资产组合 | 财务标准 | 确定设施管理预算编制指南 |
| 签订合同 | 延期、取消或执行新的或现有的供应商合同 | 度量定义 | 确定要报告给设施管理高级利益相关者的关键指标 |
| 项目投资 | 关注维修和更换不良资产的大型资本项目 | 人才管理 | 招聘关键职位和其他重大资源决定 |
| 固定设备更换 | 根据需要更换基础设施和设备 | 服务交付 | 优化客户需求和增加/删减服务 |
| 租赁/新建 | 签署租赁协议或执行所有新建项目 | 持续改进 | 旨在加强设施管理有效性的要求、想法和建议 |

另外，该政府医疗部门设施管理机构还根据设施管理的重要性（成本、合同期、建筑面积）、业务等级和区域范围大小，确定了详细的设施管理利益相关方治理层级标准。设施管理利益相关方治理层级标准，如表 3-7 所示。

表 3-7 设施管理利益相关方治理层级标准

| 标准 | | 定义 | | |
|---|---|---|---|---|
| 等级 \ 指标 | | 成本（元） | 合同期 | 建筑面积 |
| 重要性 | 低 | 15 万～30 万 | 少于 1 年 | 小于 $1000m^2$ |
| | 中 | 30 万～3000 万 | 1 年～3 年 | $1000 \sim 5000m^2$ |
| | 高 | 大于 3000 万 | 大于 3 年 | 大于 $5000m^2$ |
| 重要水平 | 操作层 | 支持设施管理执行的决策 | | |
| | 战略层 | 设立设施管理目标，并为其提供指导的决策 | | |
| | 政策优先 | 涉及政府或立法机构颁布的法律法规的决策 | | |
| | 高度优先 | 有明确优先级和政治敏感性的决策 | | |
| 范围 | 单个区域内 | 一个区域内的所有设施 | | |
| | 跨区域组合 | 所有建筑物或跨区域的设施 | | |

设施管理利益相关方是决策机制的成员，其参与将有助于从多角度审查决策机制作出的决策。因此，治理模式的关键在于主要利益相关方的参与。

### 3.3.3 设施管理治理机制

设施管理治理机制是促进利益相关方努力创造价值，减少道德风险的一种机制，是维持设施管理利益相关方之间关系的一种制度安排。其目的就是提倡服务供应商自觉地采取适当的行为，实现自我效用最大化。

从机制的功能来分，有激励机制、制约机制和保障机制等。激励机制是调动管理活动主体积极性的一种机制；制约机制是一种保证管理活动有序化、规范化的一种机制；保障机制是为管理活动提供物质和精神条件的机制。

从复杂问题解决角度来看，治理的观念和方法是一种分散的协调机制，这种机制是以“相互利益的共同意志”为基础，利益相关方通过自下而上的对话与协商而形成的共识。

设施管理治理机制包括五个核心流程：决策启动、决策制订、升级、沟通和绩效管理。治理流程明确了设施管理利益相关方治理在各执行阶段中的目标、投入、活动和产出，用以协调治理团队成员之间的一致性。设施管理治理流程，如图 3-49 所示。

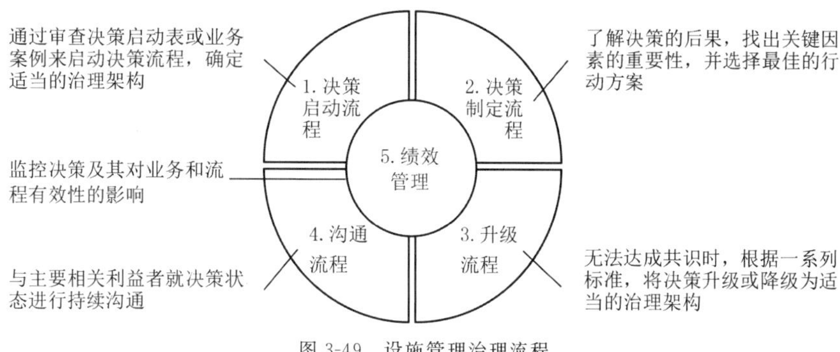


图 3-49　设施管理治理流程

治理将设施管理的方法、过程和评价有机结合，并重视相关利益方参与，日益成为设施管理的基本要素之一。

例如，某公司设施管理治理机制框架如下：

1）设立指导性原则并承诺严格遵守

- 工作范围：各个现场工作范围保持一致；例外需要被单独审批。
- 预算：预算控制权归公司最高层，唯有通过变更的控制流程，才能调整。
- 决策：根据治理流程由指定决策者作出的决策无需多次审批。
- 技术平台：采用统一的技术平台。

2）强调公司团队和供应商团队的共赢

- 公司和供应商建设性地相互协作完成合同基本工作，并超越基本工作的要求。
- 公司适当放权给供应商，实现一定程度的供应商独立管理。
- 实施联合培训甚至专题讨论会来探讨、解决工作所遇到的挑战。
- 对现场团队的协同行为、合作项目进行褒奖。
- 组织联合的现场巡视和检查。
- 简化问题升级汇报的渠道。

为了提高工作效率和员工满意度，现场的所有关键问题或未解决问题都需要上报给治理团队；创造一个开放的渠道，使问题能够显现，而且能得到及时的处理；对于一切问题的解决保持一致性。问题升级汇报程序，如图 3-50 所示。

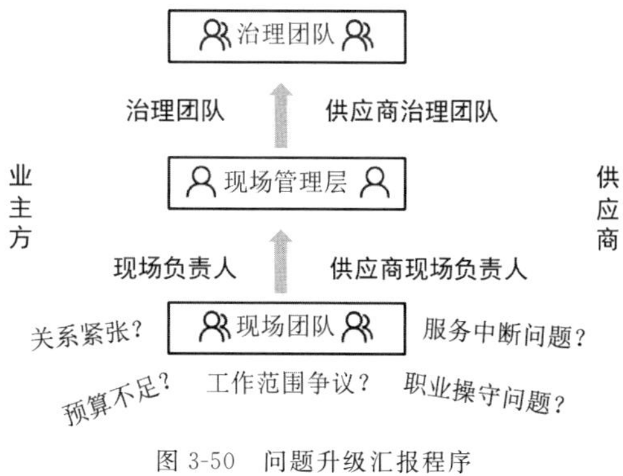


图 3-50　问题升级汇报程序

3）加强供应商关系管理

- 高层领导定期会晤，拥抱客户的文化，与客户一起承担风险。
- 增加包容性，授权供应商采用行业中先进理念和优良实践。
- 表彰良好行为以及突出成绩，按照规定处罚而不是随意惩罚。

尽管要达成设施管理治理挑战重重，但只要业主和供应商都持续专注，统一内部的认识，强化协作意识，就能达到卓越的治理目标。

该公司整合设施管理治理过程，分为4个部分：

(1) 工作范围和预算管理。制订和更新预算、财务报表和审计和变更控制。

(2) 服务交付和绩效管理。运营评估和审计、风险评估、绩效指标、不良表现辅导和供应商能力评估。

(3)关系管理。关系管理的健康度、分歧管理和供应商能力评估。

(4) 战略协同。高层审核会议和卓越服务会议。

公司整合设施管理治理过程，如图3-51所示。

图3-51 公司整合设施管理治理过程

**知识链接**

更多设施管理组织知识，请访问199it互联网数据中心—研究报告—未来平台化组织研究报告。

**【关键术语】**

组织设计；组织结构；战略型组织；组织流程；组织制度；组织模式；业务外包；流程组织；业务整合；超级核心；相关利益方；治理结构；治理设计；治理机制；治理流程

**[延伸阅读]**

[1] (美)达夫特.组织理论与设计[M]. 12版.北京：清华大学出版社，2017.

[2] 陈春花.经营的本质[M].北京：机械工业出版社，2016.

[3] (加)伊斯梅尔，(美)马隆，(美)范吉斯特.指数型组织[M].杭州：浙江人民出版社，2016.

[4] (美)阿图·葛文德.清单革命[M].杭州：浙江人民出版社，2012.

[5] RJBaumgartner, R Rauter. Strategic perspectives of corporate sustainability management to develop a sustainable organization[J]. Journal of Cleaner Production, 2017,140:81-92.

[6] C James, P Fred, M SaraPersistent. Innovation and the role of human resource management practices, work organization, and strategy[J]. Journal of Management & Organization, 2017,23(3):456-471.

[7] 王小予，徐云飞，赵曙明.个体与多层级组织实体的价值观一致性研究[J].南京社会科学，2016(6):33-41.

# 第4章 工作空间管理

[本章导读]

伴随着现代经济和社会高速发展,各种组织面临的任务形态也正发生重大变化。考虑到组织未来的发展、工作空间搬迁以及新工作类型的出现等因素,工作空间管理是一项持续性的管理过程。相对于企业资产,人的工作价值更加凸显。组织绩效最终是通过人在空间中发挥创造力并相互协作实现的。现代组织致力于对工作空间的改善,使之更加注重人本身的感受,从而促进员工高效工作。从某种程度上讲,夺人眼球的工作空间和设施环境已经成为企业吸引人才的重要手段。

本章主要内容:

- ☐ 工作空间需求驱动因素、预测方法和分析案例;
- ☐ 工作空间配置和面积测量;
- ☐ 工作空间中的人体工学应用;
- ☐ 工作空间标识的分类、功能和设计;
- ☐ 工作空间关系分析的方法、步骤和相关案例;
- ☐ 工作空间搬迁、变化管理和相关案例;
- ☐ 工作空间的变革。

## 4.1 工作空间需求分析

工作空间需要分析是工作空间管理中一项基础性工作。研究表明,空间使用费通常是组织运作的第二大成本,以上海市中心商业区办公楼的标准工位为例,每年成本约在60000~80000元人民币。因此,合理分析组织工作空间需求,是寻求"成本控制"和"员工工作满意度"两者平衡的重要措施。

### 4.1.1 工作空间需求因素

凯索利斯·凯(Fassoulis K.)等人基于希腊雅典大学(University of Athens)工作空间案例分析的研究表明,工作空间对员工工作满意度具有关键影响作用。工作空间的环境因素(如热、声、光环境和空气质量等),能够影响员工的生理反应和主观情绪,从而影响员工在工作中的信息认知加工过程,进一步对工作行为、能力和效率造成影响。工作环境对员工的影响,如图4-1所示。

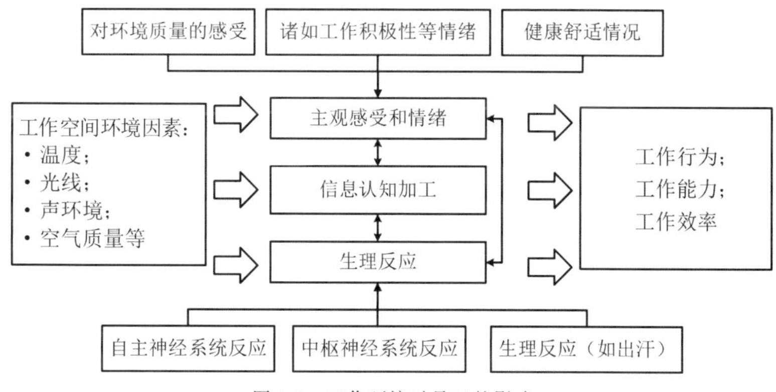


图4-1 工作环境对员工的影响

员工渴求的工作空间元素，归纳起来包括光照、色彩、声环境、热环境、空气质量等五个方面：自然充分的光线，舒适的色彩感受，安静的声音环境，适宜的温度、湿度和气流速度，良好的空气质量。工作空间要素，如图 4-2 所示。

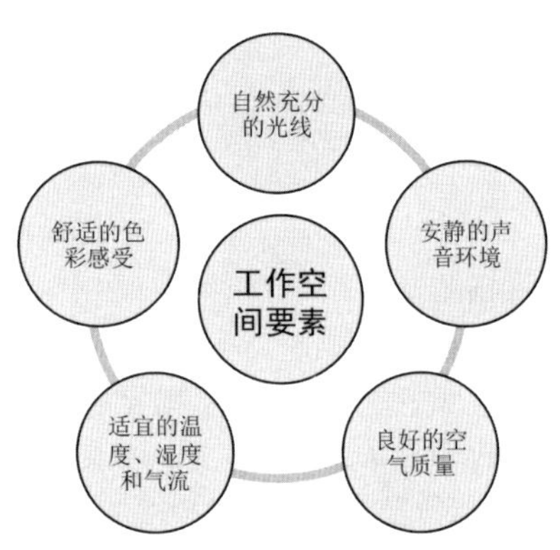


图 4-2 工作空间要素

根据某公司在上海和广东两地开展的一项员工调查发现，工作空间要素中，绿植、声音环境、空气质量等因素在员工期望改善的所有工作空间要素中被提及较多。员工期望改善工作空间的因素，如图 4-3 所示。

高效的工作空间管理可以为组织中的人提供舒适、安全和高效率的工作环境。考虑到组织未来的发展、工作空间搬迁以及新工作类型的出现等因素，表明工作空间管理是一项持续性的管理过程。工作空间需求驱动因素，如图 4-4 所示。

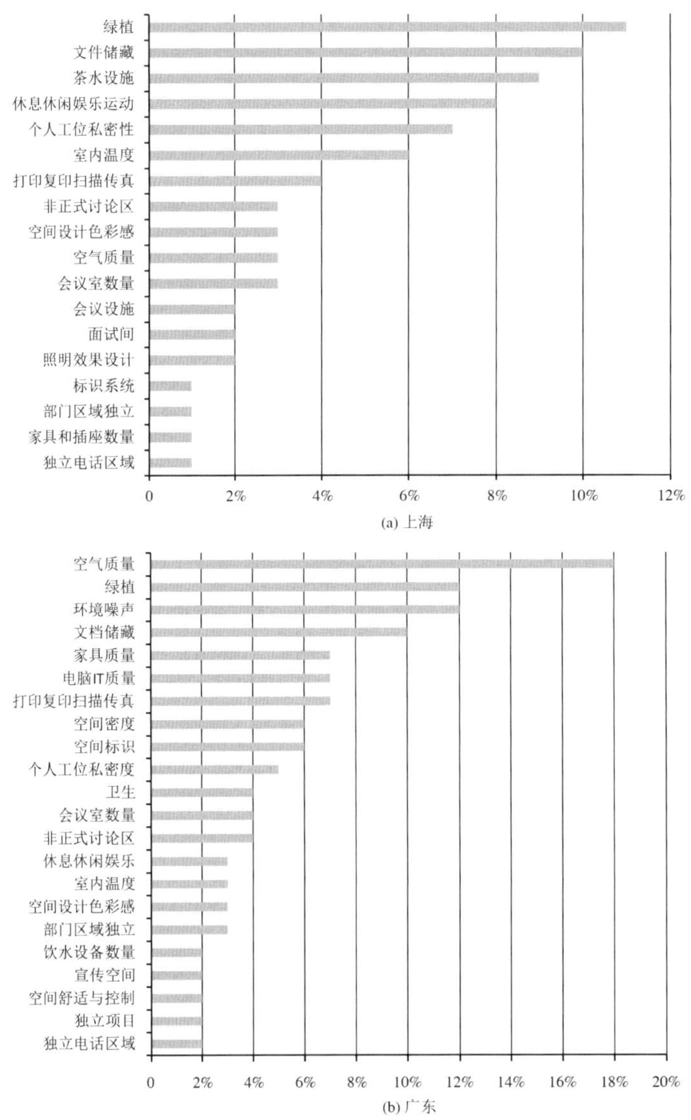


图 4-3 员工期望改善工作空间的因素

1. 战略转型

战略转型是企业发展过程中不可避免的一个环节，尤其是随着外部环境的日益复杂化和动态化，企业面临越来越多的生存挑战，为了应对环境的威胁，保障自身的可持续发展，很多企业需要做出战略转型决策。战略转型与一般的战略变化不同，更加强调形成战略的多个组织要素的系统性变化，这些系统要素包含组织架构、人力需求和工作内容等多个方面，这些方面反映到工作空间上，势必造成工作空间需求变化。

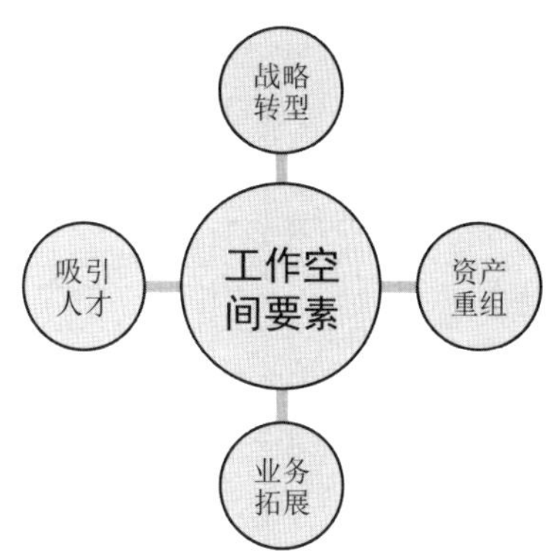

图 4-4　工作空间需求驱动因素

2. 资产重组

伴随着外部环境、内部组织和管理方面不断发生变化，以及外部市场需求变化、同行企业的竞争、客户个性化服务所衍生的不同要求，企业需要不断地改变自己以适应外部环境的变化。企业通过收购兼并、股权转让、资产剥离和股权出售、资产置换、公司分拆等方式进行资产重组，带来的人员变动和业务变化往往导致工作空间需求变化。

3. 市场拓展

全球经济一体化进程当中，企业面临越来越多的经营压力，无论是对于制造业还是服务行业，人力成本上升、汇率变化、产品同质性趋势增强等因素时常令企业盈利能力陷入低谷。在这种背景下，业务拓展常常是企业摆脱困境泥潭、增强盈利能力的有效方式之一。企业业务拓展过程中，增加人力和业务流程，同时可能分流原有主营业务的人员和资源，常常引起工作空间的重新配置。

4. 人才吸引

在企业竞争中，人才战略处于企业战略的核心地位。在新的经济形态下，企业越来越重视员工工作体验以吸引人才、提升工作体验。尤其是在很多研发、创意部门，工作空间体验是员工重视的因素之一。根据智联招聘《2015 年白领满意度指数调查》研究报告，大部分都市白领都不满意自己的工作环境，尤其是那些年轻的员工，仅有 18.9%的 90 后员工对工作环境表示满意。随着知识型员工的工作变得越来越重要，通过工作空间改造来实现吸引高素质人才提升员工工作效率，已经成为企业设施管理部门的核心战略之一。

**知识链接**

更多工作空间吸引人才案例，请访问设施管理门户网站 FM Gate—FM 智库—案例分析—要是 Airbnb 进军联合办公，我选择天天加班。

### 4.1.2　工作空间需求预测

1. 空间需求预测步骤

工作空间需求预测的目的是基于科学合理的方法对企业工作空间的配置面积、工位数量等指标进行预测，从而为相关资产配置、财务决策提供依据，因此操作步骤应当满足客观规律。根据企业的性质、规模、业务等方面不同，工作空间需求预测工作内容也不尽相同。工作空间需求预测步骤，如图 4-5 所示。

2. 空间需求预测方法

在工作空间管理过程中，空间重置和配置需求的预测是一项重要的基础工作。传统组织空间需求预测方法主要有分类加总法、对比分析法、指标换算法等。传统工作空间需求预测方法，如图 4-6 所示。

空间需求预测应该本着科学严谨的态度去调查研究，注重一手数据的采集，而不应该通过拍脑袋式决策。在信息化手段高度发达的今天，数据来源更加多样，除了传统的现场勘验等方式确定工作空间使用需求外，还出现了一些对工作空间的使用进行预测的新手段。例如门禁人脸识别、WiFi 使用记录等测算工作空间使用人数。工作空间需求预测手段，如图 4-7 所示。

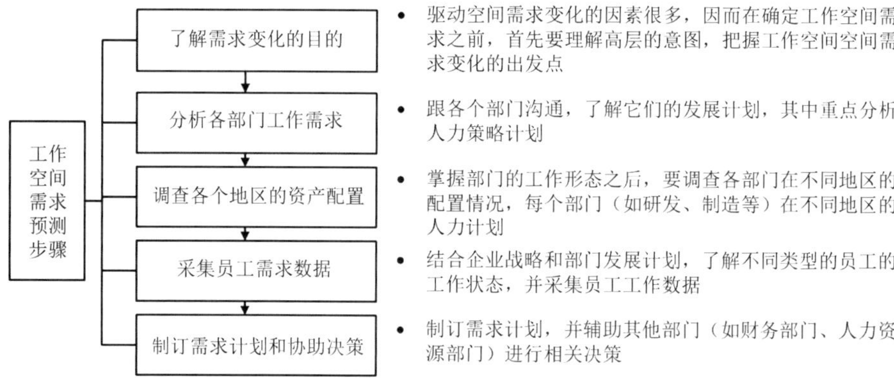


图 4-5 工作空间需求预测步骤

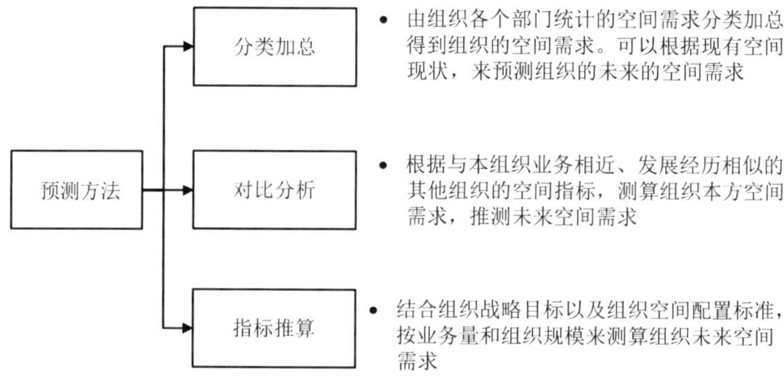


图 4-6 传统工作空间需求预测方法

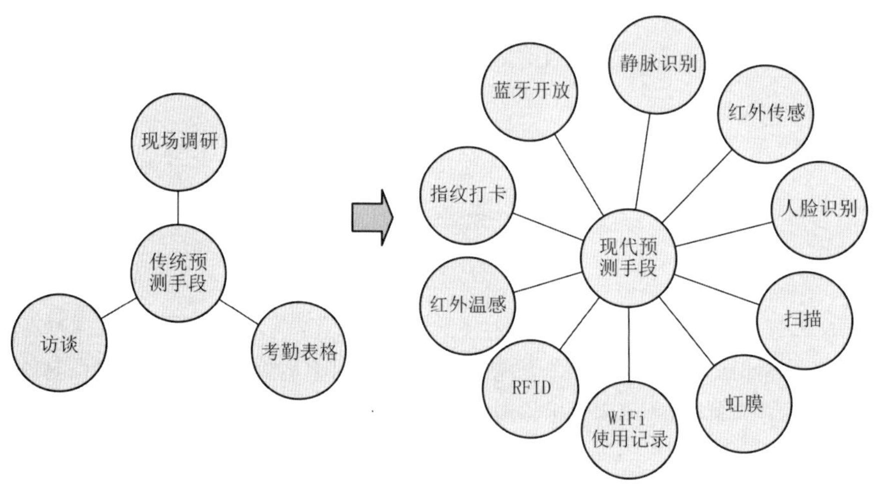


图 4-7 工作空间需求预测手段

例如，某企业为了记录员工对各种工作空间的使用需求，在企业内部开发了 APP 供员工使用，对 APP 使用记录的后台进行分析，通过扫码开门禁、在线预订会议室等功能记录员工出勤情况，并基于工作空间记录对功能房间的需求（如会议室）等进行测算。基于 APP 的工作空间记录，如图 4-8 所示。

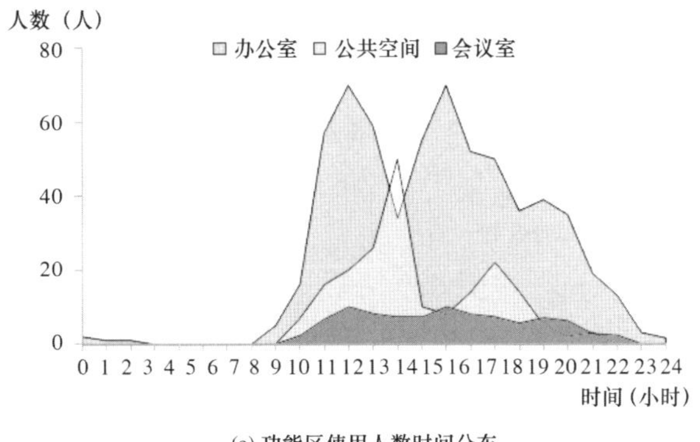


(a) 功能区使用人数时间分布 (b) 各种会议室使用记录

图 4-8 基于 APP 的工作空间记录

**知识链接**

更多空间需求分析方法，请访问设施管理门户网站 FM Gate—研究报告—基于 WSR 方法论的空间管理三维模型。

### 4.1.3 工作空间需求案例

空间需求是一个持续变化的过程，组织需要持续调整其空间策略来满足由于市场或经济环境的变化而带来的空间需求的变化。由于现代办公和电子办公等方式的出现，导致了组织工作空间的实际使用率下降。

**【案例 4-1】**

某企业租用一幢 6 层的办公楼，员工 750 人，租期为 18 个月。由于业务变化，需要重新调整空间策略。在决定空间调整方案前，必须对组织员工的空间面积需求进行深入的分析和调研，首先明确现有空间实际使用现状，然后制订可行方案，进行科学分析和决策。

经调查，企业为每个办公座位花费的空间费用大概为每年 56000～98000 元人民币，工作空间的每天实际使用情况低于 50%。因此，该组织每年将为每个座位浪费 28000～49000 元人民币。如果企业中安排 1000 个办公座位，则每年将浪费约 2800 万～4900 万元。工作空间的实际使用情况，如图 4-9 所示。

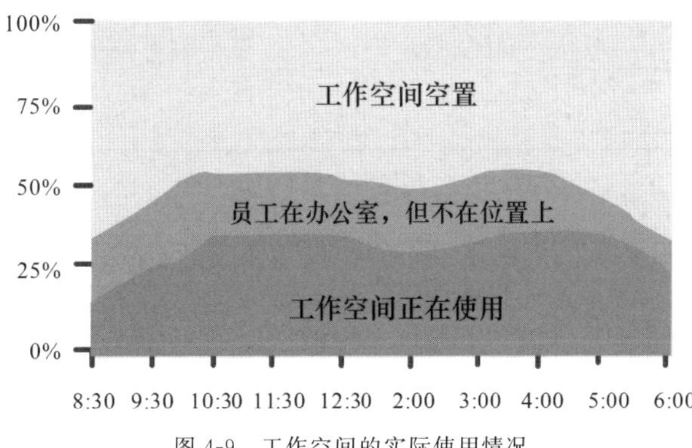


图 4-9 工作空间的实际使用情况

现企业面临三种空间策略选择：①续约租赁整栋的办公楼；②通过合并，仅租赁 5 个楼层作为办公场所；③通过搬迁重新租赁一个新办公楼。空间需求分析与方案选择，如图 4-10 所示。

根据对过去 12 月的员工安保卡出入的数据的研究，可以把员工上班时间分为三类：固定上班时间、变化上班时间、灵活办公时间。50 名固定上班时间员工可采用固定办公方式，因此需要配置固定的办公位置；450 名变化上班时间员工使用办公桌的时间超过了 50%；但 250 名灵活上班时间员工使用办公桌仅为 30%。因此，每天都有很多的办公桌空置。

**现有工作空间使用情况**

- 一幢6层办公楼，员工750人，租期18个月；
- 员工分为三类：固定上班时间50名，变化上班时间450名（办公桌利用率75%），灵活上班时间250名（办公桌利用率30%）

**制订可行方案**

- 方案1：续约租赁原有6层办公楼；
- 方案2：通过合并座位，只租赁办公楼1～5层；
- 方案3：搬迁，重新租赁新的办公楼

**选择最优方案**

- 权衡后，选择方案2，租赁1～5层，每年1400万元人民币；
- 设置50张固定办公工位，85张灵活办公工位，节省了165张办公工位

图 4-10 空间需求分析与方案选择

通过空间需求分析，企业决定配置一个集中的办公区域，为 250 名灵活上班时间员工设置 85 张共享办公桌，可节省 165 张办公桌的空间面积。最后决定租赁办公楼一至五层。这个措施每年可节约 1 400 万元人民币。

研究发现，变化上班时间员工的办公桌使用率大概为 75%，这意味平均每天有 112 张办公桌是闲置的，可供灵活上班时间员工临时使用。

**【案例 4-2】**

不同行业组织的空间需求预测方法是不同的。以某高等院校为例，房屋面积需求分为教学、办公和辅助面积三个方面。房屋面积需求分析模型，如图 4-11 所示。

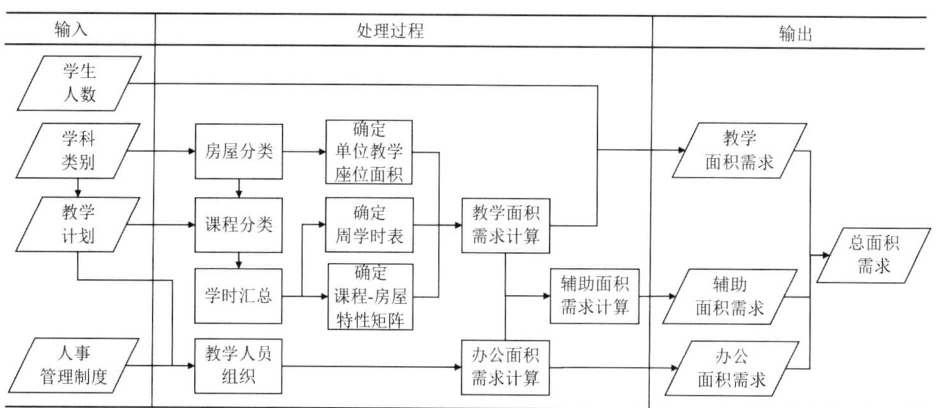


图 4-11 房屋面积需求分析模型

本案例以电子信息工程学院为例，阐述工作空间需求预测分析过程。该学院共有本科生约 2400 人，其中，一二年级约 1200 人，主要学习专业基础课；三四年级约 1200 人，分为 7 个专业学习专业课程。

1）确定房屋分类

按房屋使用特点和学科特性，教学类房屋有公共教室、网络实验室和教学实验室等，如公共教室进一步细分，有语音教室、多媒体教室和综合研讨教室等。学院教学房屋分类，如表 4-1 所示。

**表 4-1 学院教学房屋分类**

<table>
<tr><th colspan="3">房屋类型</th><th>用途</th></tr>
<tr><td rowspan="4">教学用房</td><td colspan="2">公共教室</td><td>用于所有课程的课堂教学</td></tr>
<tr><td colspan="2">网络实验室</td><td>学生课时和自由时间计算机练习</td></tr>
<tr><td rowspan="2">教学实验室</td><td>基础实验室</td><td>电子、电路、电工的基础实验教学</td></tr>
<tr><td>专业实验室</td><td>各专业的专业实验教学</td></tr>
</table>

2）确定单位教学面积

采用调研的方式对数据进行统计，用平均值作为单位教学座位面积指标。在条件不允许的情况下也可以采用经验估计的方法；亦可直接采用相关行业机构的面积标准指标。例如，德国高校的教室每个座位需要 0.9～1.1m²，网络实验室每个机位需要 3.5m²，加上外围设备需要 3.85m²，多媒体教学实验室每个机位需要 4.0～4.5m²。

3）确定课程分类和学时汇总

课程分类是根据教学计划中各门课程的房屋使用情况进行的分类，其建立在房屋使用基础上，使课程类别与房屋类型结合得更紧密。

4）确定课程-房屋特性矩阵

根据周学计划，将课程性质和房屋特性结合起来，以得到课程-房屋特性矩阵。专业的课程—房屋特性矩阵，如表 4-2 所示。

**表 4-2　专业的课程—房屋特性矩阵**

| 课程 | 公共教室 | 网络实验室 | | 基础实验课 | 专业实验课 |
|---|---|---|---|---|---|
| | | 课内 | 课外 | | |
| 讲课 | 1 | | | | |
| 计算机基础 | 0.5 | 0.5 | 0.25 | | |
| 基础实验 | | | | 1 | |
| 专业实验/带机时 | 0.6 | 0.25 | | | 0.15 |
| 专业实验/无机时 | 0.85 | | | | 0.15 |
| 小学期实践 | | 0.75 | | 0.25 | |
| 毕业设计/论文 | | | | | 0.15 |

5）教学面积需求计算

根据专业周学时表、课程-房屋特性矩阵和各房屋单位教学座位面积，计算生均面积需求。根据各专业生均面积需求计算结果和学生人数，可得学院教学面积总需求为 4 504.73m²。学院教学面积需求数据，如表 4-3 所示。

**表 4-3　学院教学面积需求数据　（单位：m²）**

| 专业 | 公共教室 | 网络实验室 | 基础实验课 | 专业实验课 | 总计 | 学生人数 | | 一二年级 | 三四年级 |
|---|---|---|---|---|---|---|---|---|---|
| | | | | | | 一二年级 | 三四年级 | | |
| 电气工程 | 1.10 | 0.16 | 0.36 | 0.31 | 1.93 | 768 | 128 | 1491 | 247 |
| 电子技术 | 1.00 | 0.23 | 0.32 | 0.26 | 1.81 | | 93 | | 168 |
| 信息工程 | 1.03 | 0.18 | 0.36 | 0.28 | 1.85 | | 165 | | 305 |
| 通信工程 | 1.08 | 0.20 | 0.36 | 0.34 | 1.98 | | 205 | | 406 |
| 自动化 | 1.06 | 0.14 | 0.36 | 0.33 | 1.89 | | 181 | | 342 |
| 计算机科学 | 0.89 | 0.68 | 0.04 | 0.21 | 1.82 | 424 | 279 | 767 | 508 |
| 信息安全 | 0.89 | 0.62 | 0.15 | 0.15 | 1.80 | | 150 | | 270 |
| 小计 | 2180 | 674 | 599 | 591 | | 1212 | 1201 | 2258 | 2246 |
| 合计 | | | | | | | | 4504 | |

同理，高等院校教学办公面积需求分析的步骤如下：①根据教学计划和人事管理制度，确定教学人员组织；②根据教学人员组织进行办公面积需求计算，确定办公面积需求。

在教学面积和办公面积需求计算基础上，进行辅助面积需求计算，确定辅助面积需求。最后，根据教学面积、办公面积和辅助面积之和，确定高等院校教学和科研总面积需求。

## 4.2 工作空间配置

空间管理中较为复杂、专业的工作就是对工作空间进行配置，包括确定空间配置标准、面积分配和空间关系以及选择不同的工作空间类型。发达国家和地区都有各自的空间标准，也有一套逐渐成熟的空间关系分析方法值得借鉴。

### 4.2.1 工作空间面积测量

空间面积的分类与计算是计算各部门空间成本的基础工作。国际上很多在专业领域内影响较大的机构，例如国际建筑业主与管理者协会（Building Owners and Managers Association International, BOMA）、美国建筑师联合会（American Institute of Architects, AIA）等，都发布过空间面积分类标准。本小节主要介绍国际房产测量标准联盟（International Property Measurement Standards Coalition, IPMSC）推出的办公楼国际测量标准（International Property Measurement Standards ：Office Building, IPMS）。

目前用于描述办公楼建筑面积的术语（例如出租面积、使用面积、租赁面积、净内部面积、净出租面积、室内面积）在不同国家有着不同的含义，这样会造成跨国业主和租用者的困扰。例如，某企业在某国家需要50000$m^2$建筑，但在另一个国家可能要将其需求提高为60000$m^2$才能获得同等面积。为了统一现有的全球不同的测量标准，在IPMS中，不再使用现有一些在不同地区意义不同的建筑面积指标（如外部总面积GEA、内部总面积、出租面积NLA等），而主要有三个测量指标，分别为IPMS 1, IPMS 2和IPMS 3。

1. IPMS 1 指标

在许多市场（但并非全部市场），IPMS 1被称为“外部总面积”，包含：在计算地下层的外部面积时，通过将地面层围墙的外部平面向下延伸进行计算。在大部分国家，各方可以将IPMS 1作为规划阶段的重要指标，也可用于计算开发方案的总成本。

IPMS 1 的测量不包含以下区域：

- 采光井或中庭的上层中空空间；
- 非建筑结构组成部分的开放式阶梯，例如开放式消防梯；
- 地面层的天井和平台，外部停车场，设备修理厂，降温设备和垃圾区域，以及其他没有完全封闭的地面层区域。

2. IPMS 2 指标

IPMS 2指标指办公楼每个楼层的面积总和，测量至内部主墙面，并在每个楼层分组件进行报告。该指标用于测量建筑物的内部面积并对空间的使用进行分类。资产经理、经纪人、造价咨询师、设施经理、租用者、业主、房产经理、研究人员和估价师等人士可以使用这一指标获得关于空间使用效率的数据并用于标杆管理。

IPMS 2 的面积测量，可以将办公楼分为八个部分。IPMS 2面积分类，如表4-4所示。

表 4-4 IPMS 2 面积分类

| 编号 | 名称 | 内容 |
| --- | --- | --- |
| 区域 A | 垂直穿洞 | 垂直穿洞的例子包括楼梯、电梯井道和管道，但是面积低于0.25$m^2$的穿洞被忽略 |
| 区域 B | 结构元素 | 包括内部主要墙中的所有承重墙和承重柱 |
| 区域 C | 技术服务 | 技术服务的例子包括机房、主电室和维修间 |
| 区域 D | 卫生区域 | 卫生区域的例子包括卫生间设施、清洁柜、淋浴室和更衣室 |
| 区域 E | 通道区域 | 包括所有的水平通道区域 |
| 区域 F | 便利设施 | 包括咖啡馆、日托设施、健身区域和祈祷室 |
| 区域 G | 工作空间 | 人员、家具和设备处于办公用途所占用的区域 |
| 区域 H | 其他区域 | 其他区域的例子包括阳台、带顶走廊、内部停车场和储物间 |

IPMS 2 指标计算样表,如表 4-5 所示。

表 4-5 IPMS 指标计算样表

| 楼　层 | 地下二层 | 地下一层 | 一层 | 二层 | 三层 | 四层 | 五层 | 合计 |
|---|---|---|---|---|---|---|---|---|
| 区域 A:垂直穿洞 | | | | | | | | |
| 楼梯,电梯井道和管道 | | | | | | | | |
| IPMS 合计 | | | | | | | | |
| 面积 B:结构元素 | | | | | | | | |
| 结构墙,柱子 | | | | | | | | |
| 限制使用面积 | | | | | | | | |
| IPMS 合计 | | | | | | | | |
| 面积 C:技术服务 | | | | | | | | |
| 机房,电梯主电室和维修间 | | | | | | | | |
| 限制使用面积 | | | | | | | | |
| IPMS 合计 | | | | | | | | |
| 面积 D:卫生区域 | | | | | | | | |
| 卫生间设施,清洁柜,淋浴室和更衣室 | | | | | | | | |
| 限制使用面积 | | | | | | | | |
| IPMS 合计 | | | | | | | | |
| …… | | | | | | | | |
| 面积 H:其他区域 | | | | | | | | |
| 阳台,带顶走廊,内部停车场和储物间 | | | | | | | | |
| 限制使用面积 | | | | | | | | |
| IPMS 合计 | | | | | | | | |
| 办公楼测算合计面积 | | | | | | | | |
| 无限制使用组件面积合计 | | | | | | | | |
| 有限制使用面积 | | | | | | | | |
| IPMS 合计 | | | | | | | | |
| IPMS2 - 办公楼标准之外的附加面积 | | | | | | | | |
| 外部停车位 | | | | | | | | |
| 不属于建筑结构的平台和天井 | | | | | | | | |
| 任何其他区域(例子:设备修理场、冷却设备、垃圾区域) | | | | | | | | |

3. IPMS 3 指标

IPMS 3 指标用于测量因特定用途而占用的建筑面积。可供中介、居住者、资产经理、设施经理、房产经理、研究人员和估价师等人员使用。IPMS 3 是基于特定用途独立测量的,与建筑物的属性、IPMS 1 或 IPMS 2 面积并不直接相关。

IPMS3 办公楼标准面积,包含:使用者独占区域的所有内墙;建筑面积计算至内部主墙面,如果与相邻居住者共用墙体,应当计算至共用墙体的中线。

### 4.2.2 工作空间配置标准

工作空间配置标准为设施空间配置提供了一个计算各部门空间面积需求以及评价空间布局的基准,可以用来确定新空间的设计规模、判断是否重置、调整空间用途等。

1. 工位配置

基于员工的工作行为(在企业的活动时间和有效工作区域)和职位为员工配置不同规格的工位。根据空间形式分类,办公空间的形式分类分为开放式和封闭式。其中开放式办公空间根据工位的固定性,又分为固定工位、非固定工位和混合工位等形式。办公空间形式分类,如图 4-12 所示。

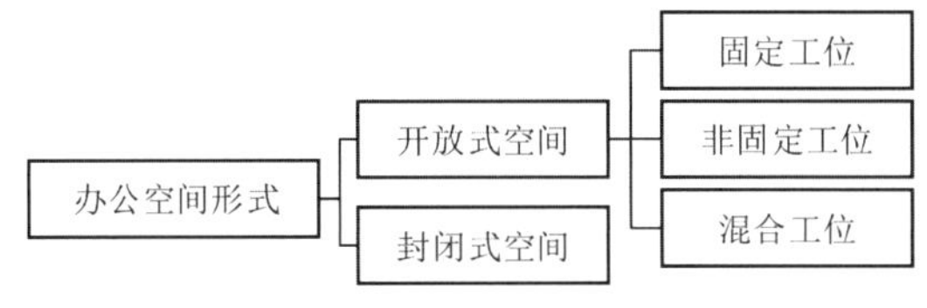


图 4-12 办公空间形式分类

世界各地政府和专业组织基于对员工权益的保护、建筑设计的指导等原因,都颁布了企业空间配置标准。例如,英国不同等级员工的空间配置标准,如表 4-6 所示。

表 4-6 英国不同等级员工的空间配置标准

| 功能 | 空间类型 | 面积($m^2$) |
|---|---|---|
| 高级经理/主管 | 私人 | 20～30 |
| 经理/组织领导 | 私人 | 15～20 |
| 经理/专业人员 | 私人 | 10～15 |
| 专业人员 | 集体/开放 | 9 |
| 秘书/行政人员 | 开放 | 9 |
| 职员 | 开放 | 7～9 |
| 销售人员 | 集体/开放 | 6～9 |

一般而言,企业可以根据自身所处的行业特点、发展战略、业务形态、历史数据、内部调研等信息确定本企业内部的合理空间面积标准。例如,某 IT 企业的工作空间配置标准,如表 4-7 所示。

表 4-7 某 IT 企业的工作空间配置标准

| 类型 | | 面积($m^2$) | 尺寸(mm) |
|---|---|---|---|
| 长排式工作台 | 业务型(有文件柜) | 1.8 | 1370 |
| | 业务型(无文件柜) | 1.6 | 1220 |
| | 呼叫中心(无文件柜) | 1.3 | 1000 |
| | 临时型(无文件柜) | 1.2 | 915 |
| L形工作台 | 业务型(有文件柜) | 2.32 | 1525×1525 |
| 座位式工作台 | 业务型(有文件柜) | 1.8 | 750×1372 |
| | 业务型(无文件柜) | 1.6 | 750×1000 |
| | 折叠式(有文件柜) | 1.2 | 750×914 |
| 其他要求 | 笔记本或显示屏宽度 | | 660 |
| | CRT 显示器宽度 | | 760 |
| | 两排座位之间的距离 | | 1930 |
| | 座位与文件储物柜之间的距离 | | 1930 |
| | 座位到墙边的距离 | | 1420 |

2. 支持区域

在办公工位配置之外,还应为员工工作提供工作支持区域,以辅助员工在工位之外所必要的工作。工作支持区域主要包括会议区、创意思考区和电话间等。

根据我国"办公建筑设计规范"的规定,普通办公室每人使用面积不应小于 $3m^2$,单间办公室净面积不宜小于 $10m^2$。小会议室使用面积宜为 $30m^2$左右,中会议室使用面积宜为 $60m^2$左右;中、小会议室每人使用面积：有会议桌的不应小于 1.80$m^2$，无会议桌的不应小于 0.80$m^2$。大会议室应根据使用人数和桌椅设置情况确定使用面积。

例如，某国际知名企业为了更好地为员工提供合理工作空间，在企业内部空间管理手册中总部办公室支持区域做出标准。企业总部的支持区域空间配置标准，如表 4-8 所示。

表 4-8 企业总部支持区域空间配置标准

| 空间类别 | 面积($m^2$) | 座位数(个) | 电话 | 电视 | 投影仪 | 投影幕布 | 备注 |
|---|---|---|---|---|---|---|---|
| 电话间 | 3 | 2 | 固定电话 | 否 | 否 | 否 | |
| 创意思考区 | 7 | 3 | — | — | — | — | 依据客户个性需求 |
| 小型会议室 | 12 | 6 | 会议电话 | 是 | 否 | 否 | |
| 中型会议室 | 25 | 12 | 会议电话 | 否 | 是 | 是 | |
| 大型会议室 | 40 | 20 | 会议电话 | 否 | 是 | 是 | |

3. 通信设施

办公区域的网络部署默认是无线网络和即时通讯应用软件。如果有特殊的需求，例如，特殊的话机或者办公室视频电话等，就需要布置有线端口。由于不同的运营商在不同区域服务水平有所差异，在选择新办公楼的时候，在条件允许的情况下一般要选两家及以上运营商入驻。关于网络带宽的配备，一般是每百人配置 100M 以上带宽，有特殊的需求则需要专项评定。

4. 环境设计

办公室的整体环境不仅对员工工作状态有重要激励作用，还能将组织的企业文化面貌传达给访客和外来用户。工作空间的整体设计应该是简单干净和富有创造性。所有的空间环境设计应该围绕企业文化打造。如果是一家创新型科技企业，应该最大限度地突出工作空间环境科技感的创意方案；如果是一家传统制造业企业，则宜适度地突出质量意识和对客户的尊重。

所有的工作空间应表现出对员工的业务需求提供功能配套的优先级，并提供适当的符合人体工程学的休息空间，并保证工作空间在声音、照明、温度、湿度、色彩等方面的舒适性。

5. 其他标准

企业工作空间须按照当地消防部门的标准、要求、法律法规设计和配置消防系统。在文化创意方面，还可以设置一些创意小品、科技元素、企业愿景等标识，提升工作空间整体品位和员工凝聚力。

### 4.2.3 工作空间人体尺度

人体工程学是从人的因素出发，对人的生理和活动要素进行研究，充分地运用科学方法使人在空间的工作达到安全、舒适及高效的目的。与人的知觉和行为有关的空间布局，必须考虑人的形体特征、动作特性和体能极限等人体特征。人体工程学的作用，如图 4-13 所示。

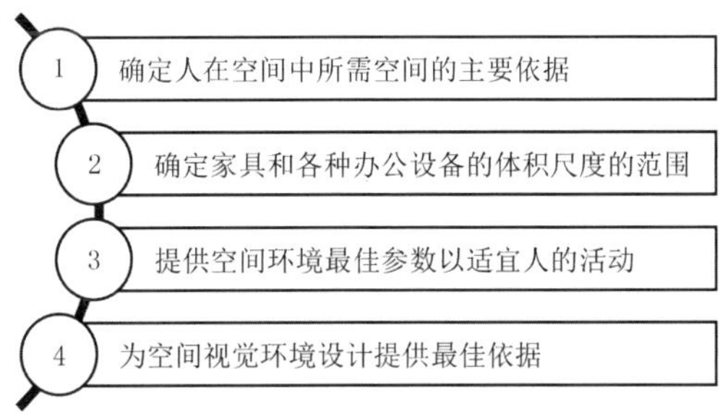


图 4-13 人体工程学的作用

1. 座椅尺寸

人们在生活和工作时,离不开座椅。特别是以坐姿进行工作的人,1/3 以上的时间与座椅打交道。因此,座椅设计的合理与否直接影响使用者的舒适性、健康以及工作效率,座椅设计除了材料与造型美观以外,更重要的是要符合人体工程学设计原则。

根据有关资料介绍,男性和女性合适的座位的高度分别为 39cm 和 36cm。在实践中,非常普遍地采用 43cm。最好尽量选用可调节高度的椅子,以适应不同身材的人的需要。单人多用途椅子的深度不应超过 43cm,而座位面的宽度不应小于 40cm。座椅保持身躯的稳定性,主要取决于座位的角度和靠背的角度。据研究,当办公室椅子的座位角度为 30°,靠背的角度(靠背和座位之间的夹角)为 100°时,人感到比较舒适。

2. 作业面高度

作业面的高度对作业效率及肩、颈、背和臂部的疲劳影响很大。一般情况下,使小臂保持水平或稍向下倾的作业面高度为最佳。单手作业时,一般在肘下 5～10cm 为佳。站姿和坐姿作业面高度参考值,如表 4-9 所示。

表 4-9 站姿和坐姿作业面高度参考值 (单位:cm)

| 作业类型 | 站姿 | | 坐姿(因椅高而变化) | |
|---|---|---|---|---|
| | 男 | 女 | 男 | 女 |
| 精密作业 | 98～108 | 93～103 | 95～105 | 89～95 |
| 轻型装配或文案 | 88～93 | 83～88 | 74～78 | 70～75 |
| 重荷作业 | 73～88 | 68～93 | 69～72 | 66～70 |

科学研究表明,静态的工作姿势是造成目前职业伤害的主要原因。任何一种固定的姿势,无论多么接近"理想坐姿",时间长了都会造成疲劳。

3. 个人空间

人体尺度和人体活动空间决定了人们生活、工作的基本空间范围。然而,人们并不仅仅以生理的尺度去衡量空间,对空间的满意度及使用方式还决定于人们的心理尺度,这就是心理空间。

艾德华·替·霍尔认为,个人空间像一个围绕着人体的看不见的"气泡"。"气泡"依据个人所意识到的不同情况而伸缩,是个人心理上所需要的最小的空间范围。个人空间呈不规则的"气泡"球状,如图 4-14所示。

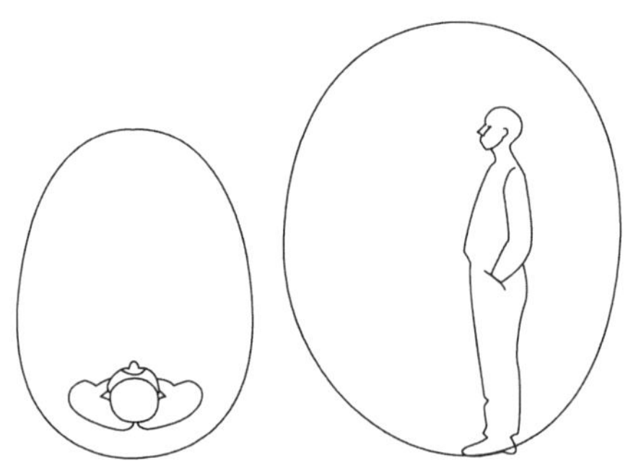

图 4-14 个人空间呈不规则的"气泡"球状

个人空间的尺度和形状还会因人们的情绪、人格、年龄、性别、文化、相似性、环境等因素的不同而有所差异。个人空间分类,如表 4-10 所示。

表 4-10 个人空间分类

| 序号 | 类别 | 内容 |
|---|---|---|
| 1 | 行动空间 | 又称物理空间。满足人的行为活动所需要的空间，一般根据人体动态尺度和行为活动的范围考虑的空间 |
| 2 | 生理空间 | 人的生理需求所要求的空间尺度，如视觉上需要的满足采光条件的窗户大小，嗅觉和呼吸所要求的通风口大小等 |
| 3 | 作业空间 | 满足人们进行工作活动所需要的空间，由人体尺度以及动作尺寸、物体的功能尺寸和最小富余量来决定 |
| 4 | 心理空间 | 又称知觉空间。满足人的心理需要的空间，如无压迫感的棚顶高度 |

爱德华·霍尔在以美国西部中产阶级为对象进行研究的基础上，把人际距离分为：亲密距离、个人距离、社交距离、公众距离。人际距离分类，如表 4-11 所示。

表 4-11 人际距离分类

| 序号 | 名称 | 距离(cm) | 说明 |
|---|---|---|---|
| 1 | 亲密距离<br>(Intimate Distance) | 0～45 | 这种距离只有在特殊亲密关系的人中间出现，这个距离可以感受到对方的气味和体温等信息 |
| 2 | 个人距离<br>(Personal Distance) | 45～120 | 这个距离通常是同事和朋友之间的距离 |
| 3 | 社交距离<br>(Social Distance) | 120～210 | 较近的社交距离，在非正式的个人交往中多为这种距离 |
| | | 120～360 | 较远的社交距离，一般是正式的公务性接触距离 |
| 4 | 公众距离<br>(Public Distance) | 360～760 | 多出现在陌生人之间，通常为单向沟通时采用，如正规场合或公众场所 |

4. 心理感受

空间形状多种多样，千变万化。不同的形状能给人以相应的心理感受。空间形状与心理感受的关系，如图 4-15 所示。

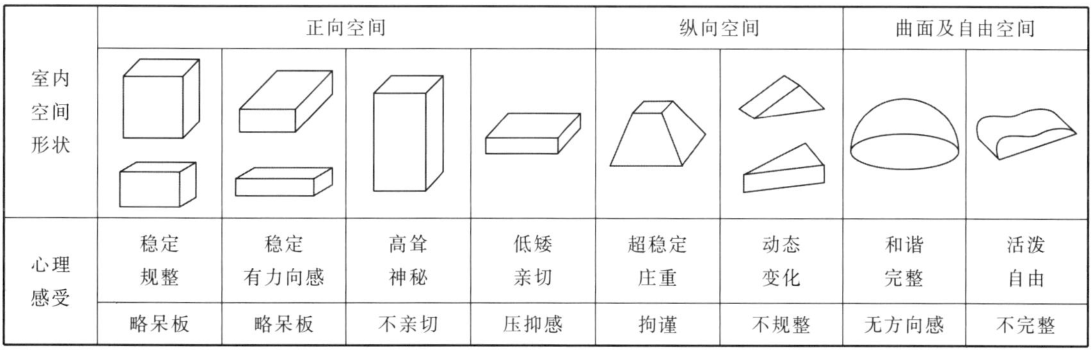

| | 正向空间 | | | | 纵向空间 | | 曲面及自由空间 | |
|---|---|---|---|---|---|---|---|---|
| 室内空间形状 | | | | | | | | |
| 心理感受 | 稳定<br>规整 | 稳定<br>有力向感 | 高耸<br>神秘 | 低矮<br>亲切 | 超稳定<br>庄重 | 动态<br>变化 | 和谐<br>完整 | 活泼<br>自由 |
| | 略呆板 | 略呆板 | 不亲切 | 压抑感 | 拘谨 | 不规整 | 无方向感 | 不完整 |

图 4-15 空间形状与心理感受的关系

科学处理空间开放程度与封闭程度的关系，是保证空间舒适性的重要条件之一。在小空间的处理上，为了适应人的空间行为，最好一面敞开，以便与更大的空间取得联系。

安全感知是判断空间质量的一个重要条件。工作空间中影响安全感知的主要因素有：判断自身所处位置的方位感、与外界联系的畅通性、建筑结构、内部装修等。方位感是人们在空间环境中判断自身位置的心理感受,是人类最基本的需求之一。一个方向混乱的空间常常会使人感到非常大的精神压力。

### 4.2.4 工作空间标识设计

空间标识(Signage 或 Signage System)是以系统化设计为导向,综合解决信息传递、识别、辨别和形象传递等功能的整体解决方案,在一些复杂的建筑设施中用来确认、指示和通知某些信息的工具。标识研究协会(Institute of Signage Research)则称它们是"一种沟通用的媒介,而用来传达一种视觉信息,其本身具有相当的感受性和对环境气氛的制造性"。

1. 标识的分类

标识分类方法有很多种,例如,根据建造方式,标示又可划分为立式、卧式、悬挂式、立面镶嵌、立面半挑、移动立牌、桌面立牌等。本小节主要介绍各标识的功能分类。标识系统的功能分类,如图 4-16 所示。

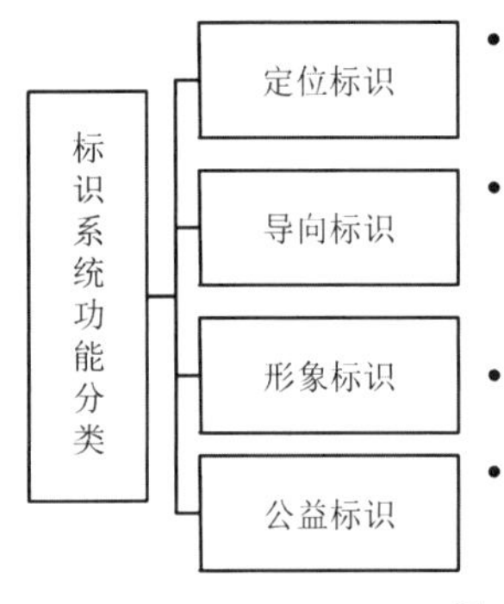


图 4-16 标志系统功能分类

2. 标识分级

在建筑物各个空间位置上,来访者对于标识的信息需求量和各个位置所需的信息量是有差异的。因此,需对空间的标识系统进行信息分级,依次分为 1～4 级标识信息,以保障寻路过程的逻辑连贯性。

初访者进入工作空间的一个主要流程:为门厅→电梯、楼梯→走廊→办公地点。依据寻路空间顺序,以及空间所需信息含量的逐级差异,对工作空间内的标识信息进行分级。工作空间标识系统信息分级,如表 4-12 所示。

表 4-12 工作空间标识系统信息分级

| 构成 | 一级标识 | 二级标识 | 三级标识 | 四级标识 |
|---|---|---|---|---|
| 设置位置 | 入口、大厅到电梯、楼梯或功能室等 | 电梯、楼梯等垂直交通空间 | 走廊 | 办公区域 |
| 标识牌类型 | 分流标识牌、宣传栏、楼层平面图标识牌、迎宾牌 | 楼层牌、楼层索引牌、温馨提示标语牌、公共安全标识牌、火灾/危险警告标识、出入口 | 楼层平面图标识牌、开水间、洗手间指示牌、温馨提示标语牌、公共安全标识牌、火灾/危险警告标识 | 形象标识、桌面台牌、科室牌 |

3. 标识设计

标识是寻路设计中的重要内容。空间标识的对象定为初次来访者,利用标识来满足这类人群的寻路需求。

人在不同的位置都有着不同的信息需求,必须设置不同内容的标识。例如,某办公楼动线概括起来主要为:确定主入口→经过门厅→进入电梯厅→找到办公室。由此,可制订该工作空间内人的行为模式的细分图,作为标识设计的参考依据。人的行为模式与标识关系,如图 4-17 所示。

良好的标识系统有利于观察使用,为工作空间中的人员提供便利。目前标识设计在国内并无统一的

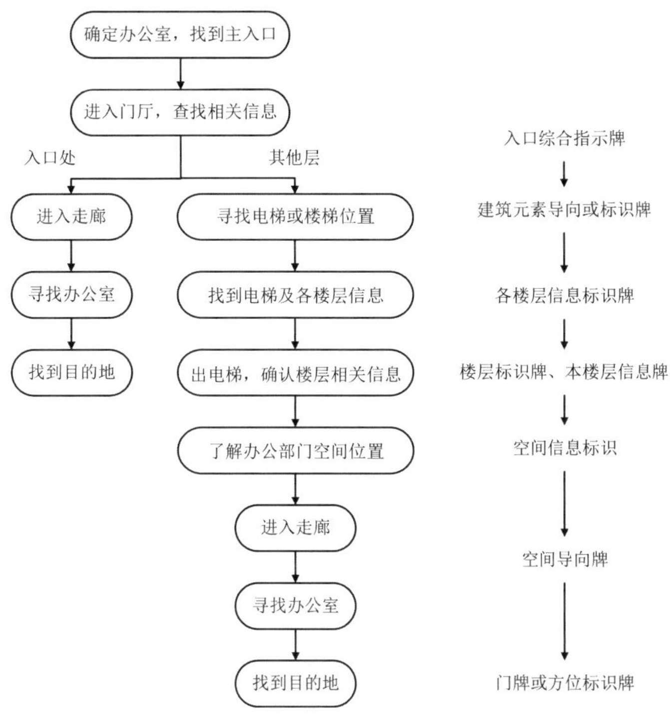


图 4-17 人的行为模式与标识关系

规范，通常标识系统设计都因个案不同需求而定。标识设计原则，如图 4-18 所示。

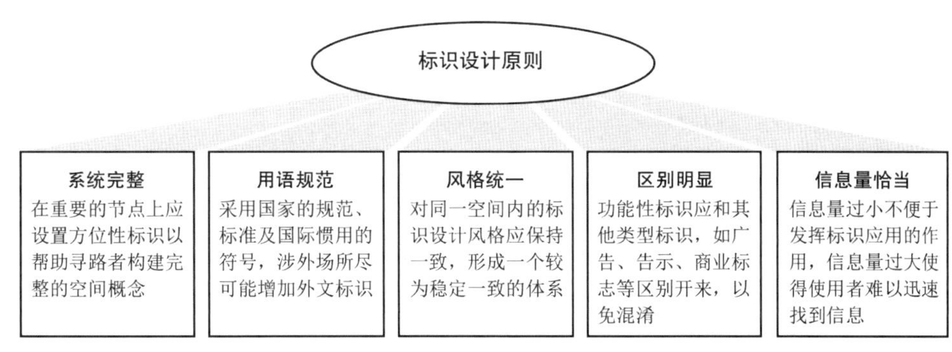


图 4-18 标识设计原则

## 4.3 工作空间关系分析

空间关系是指两个功能组织或功能区域之间的紧密度或者接近度，空间关系受到人员关系、信息交流、生产工艺、工作流程、共用资源等各种因素影响。本节主要介绍基于作业相关图、空间句法和空间-行为关联网络的工作空间分析方法。

### 4.3.1 作业相关图

作业相关图法是由理查德·缪瑟(Richard Muther)提出的一种系统性平面布置方法(Systematic Layout Planning，SLP)。该方法适用于对功能组织或功能区域进行平面布置。采用作业相关图法分析工作空间关系，通常有如下五个步骤。

1. 定义空间规划标识符

通过调查或估计各组织的工作流程和功能设置，划分功能区域，定义空间规划标识符。一个空间规划标识符代表一个区域功能和特性。空间规划标识符含义，如表 4-13 所示。

表 4-13 空间规划标识符含义

| 序号 | 符号 | 含义 |
| --- | --- | --- |
| ① | ○ | 圆圈，运营符号，代表一项操作，如产品组装 |
| ② | ⌂（向右） | 向右的箭头，流通符号，代表了一项物质流动的活动 |
| ③ | □ | 方块，检查符号，表示一项测试或者调查操作 |
| ④ | ▽ | 倒三角，存储活动的符号 |
| ⑤ | D | D 形，暂时存储符号，表示正在进行中、搁置的、停止的工作 |
| ⑥ | ⌂ | 向上的箭头，代表一个办公室 |
| ⑦ | ∩ | 转了 90°的 D 形，代表一项服务 |
| ⑧ | ▷ | 雨滴型，代表操作与物流的结合，意味着处理 |

2. 分析空间关系密切程度

作业相关图是一种反映各种功能组织或功能区域之间空间关系及其紧密程度的矩阵图。空间关系密切程度及代码，如表 4-14 所示。

表 4-14 空间关系密切程度及代码

| 等级 | 关系密切程度 | 代码 | 等级 | 关系密切程度 | 代码 |
| --- | --- | --- | --- | --- | --- |
| 1 | 绝对密切 | A | 4 | 一般 | O |
| 2 | 特别密切 | E | 5 | 不密切 | U |
| 3 | 密切 | I | 6 | 不希望靠近 | X |

空间关系密切程度的原因可分为共用信息、共用人员、共用用场地、人员接触、文件往来等因素，用对应的代码Ⅰ，Ⅱ，Ⅲ，Ⅳ和Ⅴ等表示。

根据作业相关图原理，可用采用关系矩阵表示组织各部门之间的空间关系。某企业不同职能部门作业相关图，如图 4-19 所示。

在图 4-19 中，左侧是 8 个部门的名称，右侧的大三角形被分成许多菱形小方格。在每方格上方，用字符 A，E，I，O，U 分别表示两两相交单位间的紧密程度，X 表示不希望靠近；每个方格下方的数字 1，2，3，4，5，6，7，8，9 表示关系密切程度原因。

3. 绘制初步空间位置图

根据各生产和管理组织关联程度信息，排列卡片的空间位置，初步整理出组织空间位置图。排列原

1.采购部
2.技术部
3.质检部
4.销售部
5.生产部
6.财务部
7.研发部
8.办公室
图例:
关系密切程度
原因代号

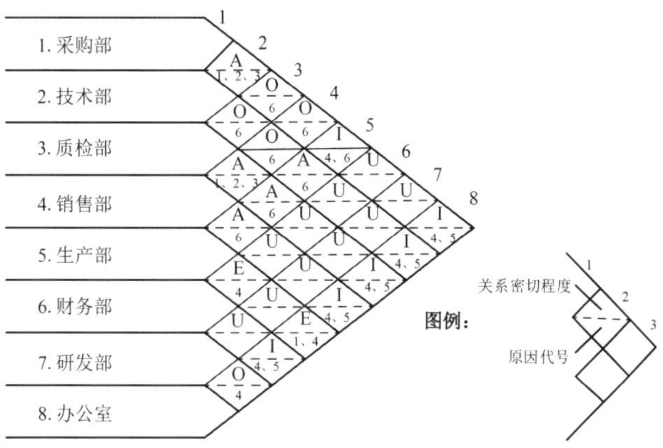

图 4-19 某企业不同职能部门作业相关图

则:必须按相关程度的紧密性从大到小的顺序依次排列卡片的位置。企业职能部门空间位置图,如图4-20所示。

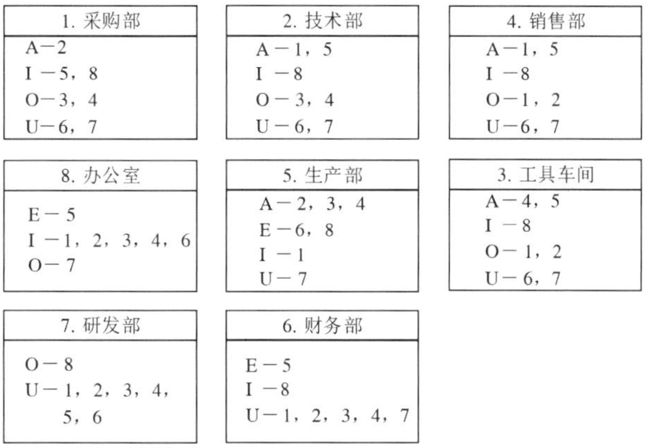

1. 采购部
A—2
I —5，8
O—3，4
U—6，7
2. 技术部
A —1，5
I —8
O —3，4
U —6，7
4. 销售部
A —1，5
I —8
O—1，2
U—6，7
8. 办公室
E — 5
I —1，2，3，4，6
O— 7
5. 生产部
A—2，3，4
E—6，8
I —1
U — 7
3. 工具车间
A—4，5
I —8
O— 1，2
U— 6，7
7. 研发部
O—8
U—1，2，3，4，
5，6
6. 财务部
E—5
I —8
U—1，2，3，4，7

图 4-20 企业职能部门空间位置图

4. 布置空间平面图

根据空间面积需求和空间标准,确定各组织的场地面积,形成空间平面图布置。

在实际工程的设计中需要针对各种细节进行深入的分析,才能得出符合实际要求的空间布置方案。此外,在得到可行的空间布置方案之后,还应采用优缺点比较、加权比较和成本分析比较等方法进行方案评估,以选择出最优方案。

### 4.3.2 空间句法原理

空间句法(Space Syntax)理论产生于 20 世纪 70 年代末,由比尔·希利尔(Bill Hillier)及其领导的小组首次提出并使用。空间句法从系统论与整体论的角度对城市与建筑的空间形态进行研究,发现空间之间的复杂关系暗藏了人类的对空间的认知及对空间的组织方式,为研究者从空间角度解答人类在空间的行为活动提供了一定的研究思路。

1. 空间组构

多个元素构成的系统中,当需要考虑任意两个元素的关系时,还必须考虑与之相关的其他所有元素的排列关系,即构成了一种整体性的组构关系。

例如,如果系统中只存在两个元素,分别用 a 和 b 表示,那么它们之间有多种布局方式。a 和 b 之间空间结构关系，如图 4-21(a)所示。假如加入第三个元素 c，a 与 b 的关系受到 c 的影响，共同构成了一种整体性的关系，称之为组构关系。组构关系示意，如图 4-21(b)所示。

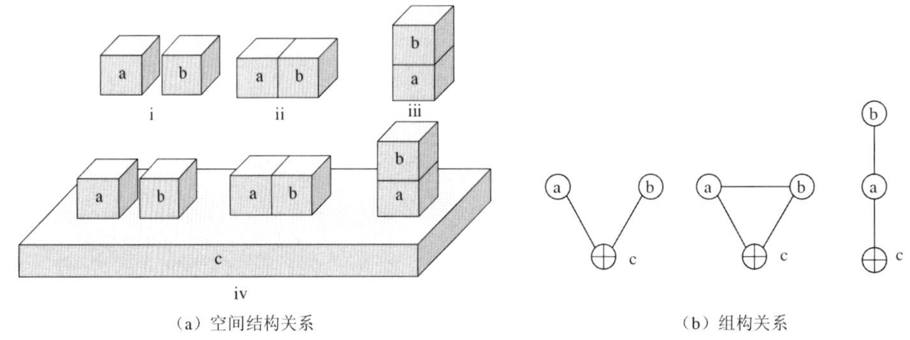


图 4-21 组构关系示意

为了更加直观地描述空间组构，还可将空间元素之间的关系转化为拓扑关系图解。空间关系拓扑图解示例，如图 4-22 所示。

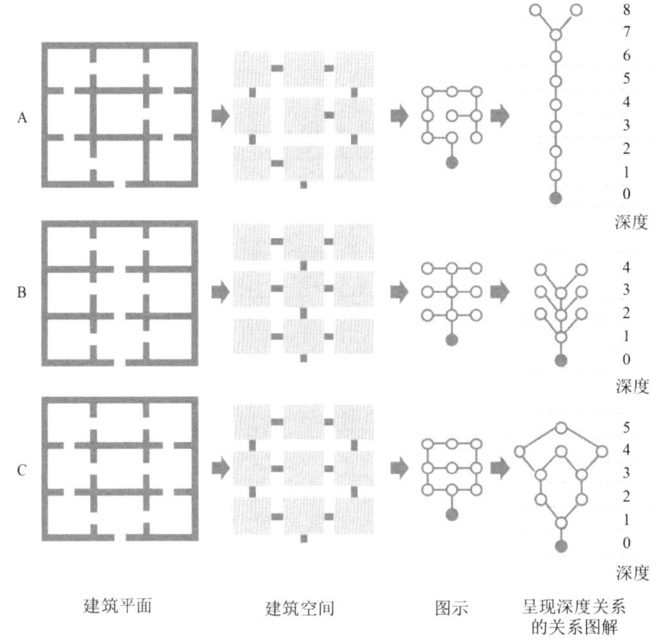


图 4-22 空间关系拓扑图解示例

2. 常用指标

在空间句法相应的连接图后，把分割的每一部分作为图的节点，可以得出各种句法变量，并用来分析空间系统的结构。这些句法变量主要包括连接值、深度值、整合度。

1) 连接值

连接值表示系统中与单元空间邻交的其他单元空间的数目。在实际空间系统中，空间的连接值越高，则表示其空间渗透性越好。其表达式为

$$Cn_i = \sum R_{ij} \tag{4-1}$$

式中，$R_{ij}$ 为空间系统中的单元空间 $i$ 和 $j$ 之间的关系，两者若是相邻连接的，则 $R_{ij}$ 为 1，否则为 0。

2）深度值

深度值指在一个空间系统中某一单元空间 $i$ 到其他空间的最小连接数。深度值表达的是节点在拓扑意义上的可达性，即节点在空间系统中的便捷度。设空间上一点到其他任一点的最短距离为 $d$（$d$ 为整数），最小为 1，最大的最短距离为 $s$，最短距离的结点数为 $N_d$，则深度值可表示为

$$D_i = \sum_{d=1}^{s} d \times N_d \tag{4-2}$$

式中，$1<d<s$。深度值不是一个独立的形态变量，而是计算空间结构整合度的中间变量。在具体应用时，常用平均深度值 $\overline{D}$ 这一指标表示：

$$\overline{D}_i = \frac{\sum_{d=1}^{s} d \times N_d}{m-1} \tag{4-3}$$

式中，当 $d<s$ 时，$\overline{D}$ 为局部平均深度值当时，当 $d=s$ 时，$\overline{D}$ 为全局平均深度值。$m$ 是考察空间系统的结点个数，$m-1$ 反映了在考察的结点中最多有 $m-1$ 个结点与指定结点相连。深度值是空间集成度计算的中间变量，不是独立的形态变量，反映空间的集成度。

3）整合度

整合度作为衡量空间整体性质的一个度量，反映了一个单元空间与系统中所有其他空间的集聚或离散程度。

整合度的计算是通过相对不对称值（Relative Asymmetry，RA）和实际相对不对称值（Real Relative Asymmetry，RRA）来表述的。其中，相对不对称值公式表达为

$$RA = \frac{2(\overline{D}-1)}{n-2} \tag{4-4}$$

式中 $\overline{D}$——平均深度值；

$n$——系统中元素数目。

除了空间节点数目的影响外，空间的连接关系对空间深度也有着重大干扰，不同空间连接关系差异性也会导致空间深度不同。为此，研究者们发现钻石型（Diamond-shaped）理想的拓扑连接系统，并定义 $RRA=RA/RA$ of Diamond。其中，

$$RA \text{ of Diamond} = \frac{n\left\{\log_2\left(\frac{3}{n}\right)-1\right\}+1}{\frac{(n-1)(n-2)}{2}} \tag{4-5}$$

式中，$n$ 为钻石型结构系统中元素数量。

$RA$ 和 $RRA$ 表述了从一个单元空间平均通过几步可以到达空间系统中的其他任何一个空间。整合度与平均深度值之间存在反比关系。连接值和深度值描述的均是空间系统局部层次上的结构变量，而整合度描述的是总体层次上的空间系统结构特征。

### 4.3.3 空间—行为关联网络

空间—行为关联网络是在空间关系网和行为关系网络基础上，构建的反映工作空间（物）和活动行为（人）关系的量化模型。基础网络主要包括空间关系网络和行为关系网络。

1. 空间关系网

空间关系网络主要是通过对基础平面图进行分析，确定各个空间及它们之间的关联性，从而确定各个空间的最短距离矩阵。

通过分割理论，将一个既定的建筑空间平面图转换为关系图解，从而运用网络的形式来表达空间之间复杂的关系，并对空间距离等空间变量参数进行计算。空间关系网络构建示例，如图 4-23 所示。

2. 行为关系网

行为关系网络主要是指通过行为关系数据的收集和整理，确定各个行为之间的关联，从而最终确定

图 4-23 空间关系网络构建示例

各个行为之间关系矩阵。

在既定空间存在着 $n$ 个功能空间，对于每个的功能分区均会发生不同程度上的空间驻留行为，设为 $f_1$、$f_2$、$f_3$，…，$f_{n-1}$，$f_n$。

针对任意行为 $f_i$，下一个可能的行为选择需要考虑迁移概率矩阵 $P_{ij}$。该矩阵任一元素表示两个行为相继发生的概率。迁移概率反映行为人在多个可移动流向的空间，选择向其中一个空间移动的概率。同时，迁移概率也反映空间内不同行为路径可能的分布情况。迁移概率矩阵为：

$$\boldsymbol{P}=\begin{pmatrix} P_{11} & \cdots & P_{1n} \\ \vdots & \ddots & \vdots \\ P_{n1} & \cdots & P_{nn} \end{pmatrix} \tag{4-6}$$

例如，当行为 $f_1$ 结束后，可以进行 $f_2$，也可进行 $f_5$ 后再进行 $f_2$，从而存在两种选择可能，概率分别为 $P_{12}$ 和 $P_{15}$。多可能行为路径示意，如图 4-24 所示。

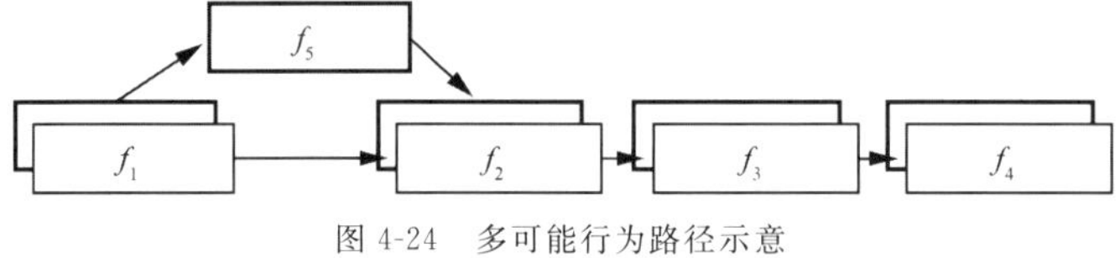


图 4-24 多可能行为路径示意

3. 空间—行为关联

每一个建筑空间具有一定的使用功能，为行为活动提供了必要的场所。同理，为实现一定目的行为活动需要具有相应功能的空间场。因此，根据空间—行为关系，可以将既得的行为关系网络和空间关系网络进行关联。空间—行为关联示意，如图 4-25 所示。

因此，针对整个行为—空间关联网络，存在一个参数 TD，即所有行为主体在完成所有行为活动后移动的总距离。在一个既定的建筑空间内，应该可以通过合理的空间布局，将每一个行为 $f_i$ 安排至合适的空间 $S_j$ 中进行，使得整个建筑空间内所有行为主体的移动距离 TD 最小。

4. 仿真求解

在行为—空间关联网络中，存在两个集合，即行为集合 $F$、空间集合 $S$。假设行为集合 $F$ 和空间集合 $S$ 含有相同数量的元素，必须把 $F$ 的每个元素确切地分配给 $S$ 的一个元素，$S$ 的每个元素只能接受 $F$ 的一个元素。

因此，对于任意两组行为 $f_i$，$f_k$ 和空间 $s_j$，$s_l$。只有当行为 $f_i$ 分配给空间 $s_j$，同时行为 $f_k$ 分配给空间 $s_l$ 的情况下，行为主体才会发生移动，移动距离为 $d_{ijkl}$。此时，有 $X_{ij}=1$ 且 $X_{kl}=1$，故而有 $X_{ij}\times X_{kl}=1$，此时有距离 $D=X_{ij}\times X_{kl}\times d_{ijkl}$。因此，针对整个建筑空间所有行为主体的总移动距离，即

$$TD=\sum_{i=1}^{n}\sum_{j=1}^{n}\sum_{k=1}^{n}\sum_{l=1}^{n}X_{ij}X_{kl}d_{ikjl} \tag{4-7}$$

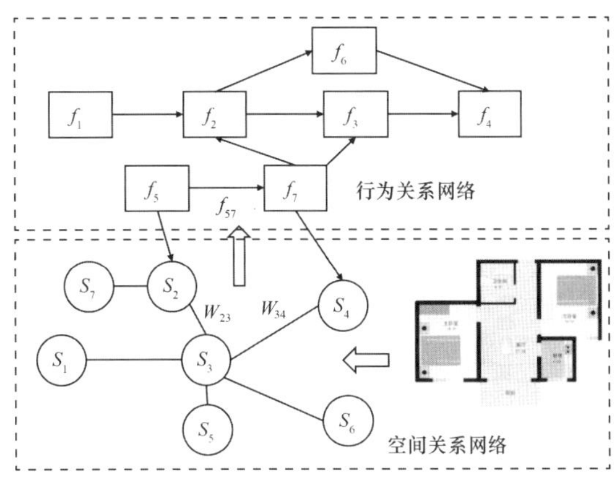


图 4-25 空间一行为关联示意

通过基本数据的收集和整理，利用启发式算法（遗传算法、蚁群算法、淬火算分等）进行空间布局方案的求解，进而通过仿真建模进行方案有效性的验证。

### 4.3.4 空间关系分析案例

某医院的门诊大楼为两层框架结构建筑，建筑面积约 4 000m²，年门诊量约 18 万人次。临床科室主要包括内科、外科、耳鼻喉科、眼科、妇科、口腔科和皮肤科等；医技科室主要包括门诊化验科、放射科、心电图室、B 超室等。

1. 空间网络建立

门诊大楼有两层，对二层平面图进行镜像翻转，将一二层的楼梯进行对接，从而将二层空间简化到同一平面。门诊大楼空间网络图示例，如图 4-26 所示。

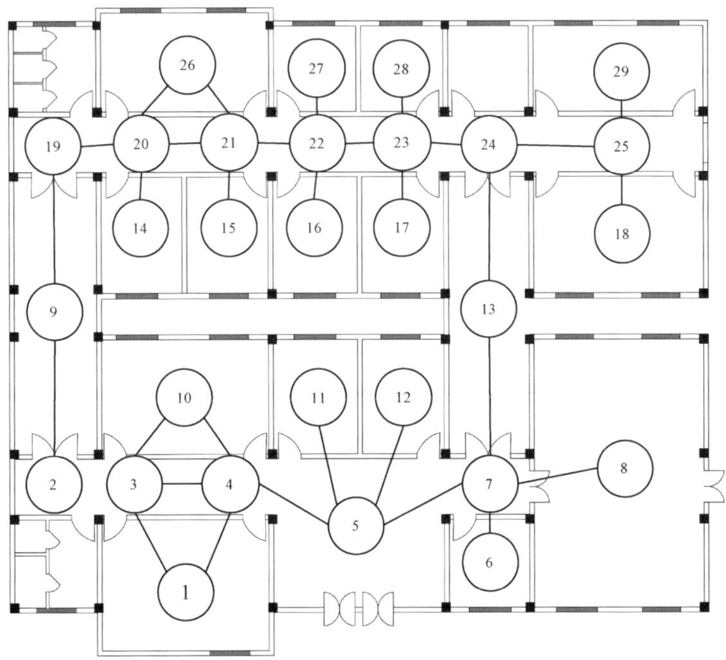


图 4-26 门诊大楼空间网络图示例

以空间网络图中各空间的质心作为该空间坐标$(x,y)$,计算出任意空间$S_i$和与其直接相连的空间$S_j$之间的距$Ws_{ij}$。接着,求得空间关系网络图中任意两个空间之间的最短距离。将不需要安排行为的交通空间去掉,并将剩下功能区域按顺序重新编号,得到最短距离矩阵。最短距离矩阵,如表 4-15 所示。

**表 4-15　最短距离矩阵　(单位:mm)**

| | 1 | 2 | 3 | 4 | 5 | 6 | 7 | 8 | 9 | 10 | 11 | 12 | 13 | 14 | 15 | 16 |
|---|---|---|---|---|---|---|---|---|---|---|---|---|---|---|---|---|
| 1 | 0 | 13985 | 25200 | 28350 | 12100 | 21920 | 21950 | 33150 | 37050 | 40950 | 44850 | 46800 | 34700 | 40300 | 44200 | 46150 |
| 2 | 13985 | 0 | 11215 | 14365 | 13785 | 7935 | 7965 | 38635 | 38665 | 34785 | 30865 | 32815 | 40185 | 34135 | 30215 | 32165 |
| 3 | 25200 | 11215 | 0 | 9850 | 25000 | 19150 | 19180 | 38050 | 34150 | 30270 | 26350 | 28300 | 35700 | 29620 | 25700 | 27650 |
| 4 | 28350 | 14365 | 9850 | 0 | 28150 | 22300 | 22330 | 41200 | 37300 | 33420 | 29500 | 31450 | 38850 | 32770 | 28850 | 30800 |
| 5 | 12100 | 13785 | 25000 | 28150 | 0 | 21720 | 21750 | 32850 | 36750 | 40650 | 44550 | 46600 | 34400 | 40000 | 43900 | 45950 |
| 6 | 21920 | 7935 | 19150 | 22300 | 21720 | 0 | 15900 | 46570 | 46600 | 42720 | 38800 | 40750 | 48120 | 42070 | 38150 | 40100 |
| 7 | 21950 | 7965 | 19180 | 22330 | 21750 | 15900 | 0 | 46600 | 46630 | 42750 | 38830 | 40780 | 48150 | 42100 | 38180 | 40130 |
| 8 | 33150 | 38635 | 38050 | 41200 | 32850 | 46570 | 46600 | 0 | 11900 | 15800 | 19700 | 29450 | 9550 | 15150 | 19050 | 28800 |
| 9 | 37050 | 38665 | 34150 | 37300 | 36750 | 46600 | 46630 | 11900 | 0 | 11900 | 15800 | 25550 | 9550 | 11250 | 15150 | 24900 |
| 10 | 40950 | 34785 | 30270 | 33420 | 40650 | 42720 | 42750 | 15800 | 11900 | 0 | 11920 | 21670 | 13450 | 7370 | 11270 | 21020 |
| 11 | 44850 | 30865 | 26350 | 29500 | 44550 | 38800 | 38830 | 19700 | 15800 | 11920 | 0 | 17750 | 17350 | 11270 | 7350 | 17100 |
| 12 | 46800 | 32815 | 28300 | 31450 | 46600 | 40750 | 40780 | 29450 | 25550 | 21670 | 17750 | 0 | 27100 | 21020 | 17100 | 7350 |
| 13 | 34700 | 40185 | 35700 | 38850 | 34400 | 48120 | 48150 | 9550 | 9550 | 13450 | 17350 | 27100 | 0 | 12800 | 16700 | 26450 |
| 14 | 40300 | 34135 | 29620 | 32770 | 40000 | 42070 | 42100 | 15150 | 11250 | 7370 | 11270 | 21020 | 12800 | 0 | 10620 | 20370 |
| 15 | 44200 | 30215 | 25700 | 28850 | 43900 | 38150 | 38180 | 19050 | 15150 | 11270 | 7350 | 17100 | 16700 | 10620 | 0 | 16450 |
| 16 | 46150 | 32165 | 27650 | 30800 | 45950 | 40100 | 40130 | 28800 | 24900 | 21020 | 17100 | 7350 | 26450 | 20370 | 16450 | 0 |

### 2. 行为网络建立

调研患者进入医院就诊的流程,并对患者在不同功能空间内的行为进行梳理分类。在梳理出各个科室的患者行为流程图后,可形成医院各科室就诊的行为网络关系图。患者在各个科室驻留行为编号,如表 4-16 所示。

**表 4-16　患者在各个科室驻留行为编号**

| $f_1$ | $f_2$ | $f_3$ | $f_4$ | $f_5$ | … | $f_{12}$ | $f_{13}$ | $f_{14}$ | $f_{15}$ | $f_{16}$ | …… |
|---|---|---|---|---|---|---|---|---|---|---|---|
| 取药 | 候诊 | 挂号付款 | 输液 | 咨询 | … | 放射科检查 | 门诊化验 | 外科 | 妇科 | B 超拍片 | …… |

确定转移概率矩阵 $\boldsymbol{P}$,则是根据各科室检查人数与就诊人数的比例确定。例如,通过医院信息系统统计,外科就诊人数约为总人数的 12%,则转移概率矩阵中元素 $P_{3,14}=0.12$;又如,信息系统统计数据显示,妇科就诊患者中约有 41%需要 B 超拍片检查,则转移概率矩阵中元素 $P_{15,16}=0.41$。

构建仿真流程并确定转移概率矩阵后,将所有流程和参数设置导入 Anylogic 软件中进行流程建模。行为仿真流程图,如图 4-27 所示。

为了获得足够的样本量,将仿真人流最大值设置足够大。从而得到患者在仿真环境总体空间移动时间以及各个行为间的交互频次 $f_{ij}$,进而得到行为关系网络图。患者行为关系网络图,如图 4-28 所示。

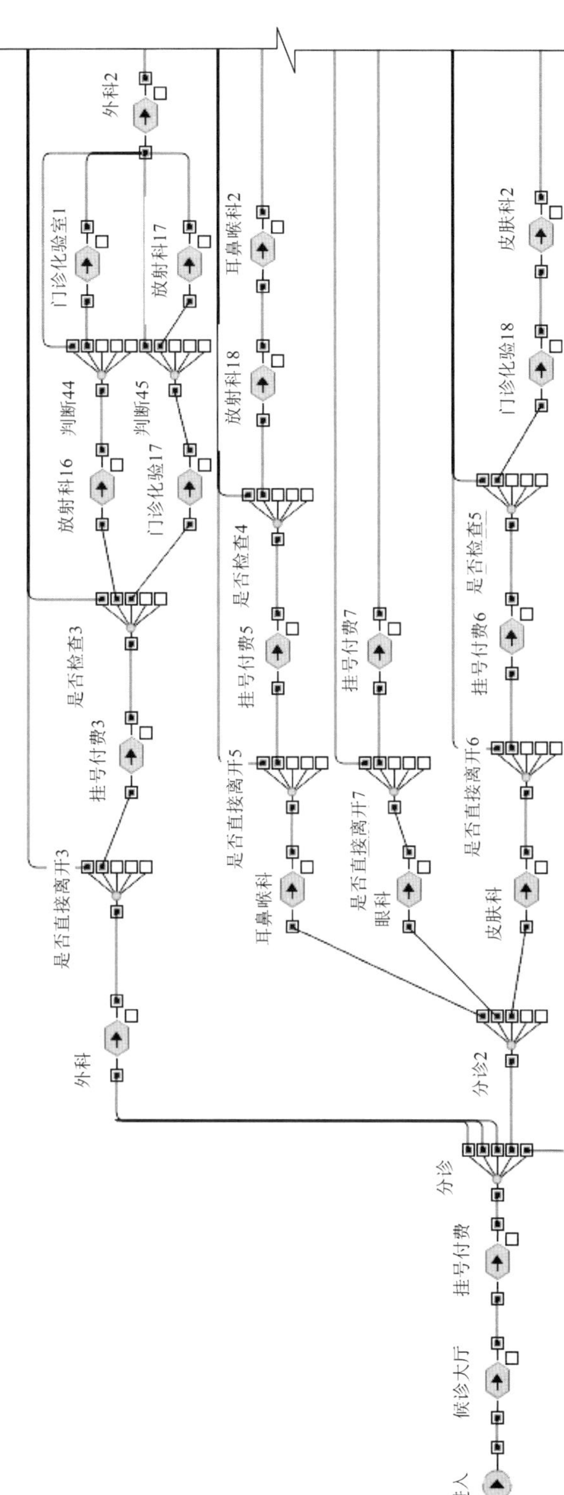


图 4-27 行为仿真流程图

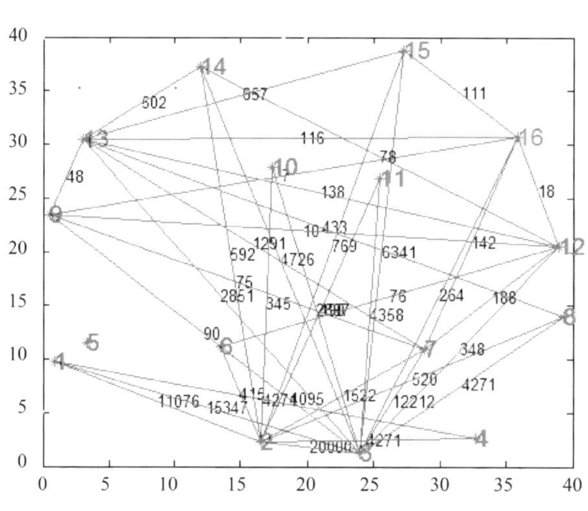


图 4-28　行为关系网络图

3. 仿真优化

将空间距离矩阵与行为关系矩阵导入优化算法中，调用基于遗传算法的优化程序。通过迭代，最终得到优化的布局，优化后的布局较优化前整体移动距离减少了 8.5%。优化后布局平面图，如图 4-29 所示。

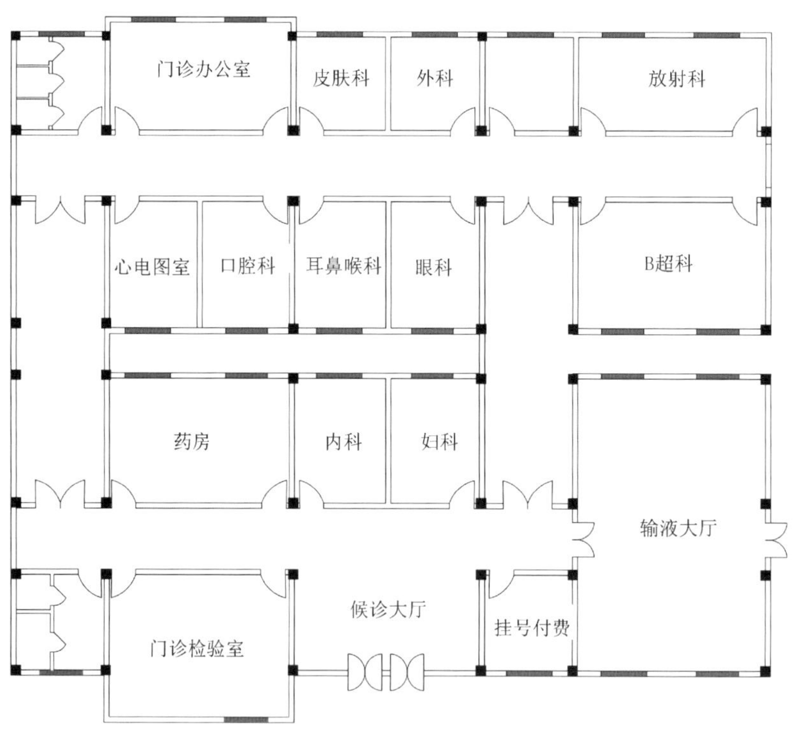


图 4-29　优化后布局平面图

# 4.4 工作空间搬迁

工作空间搬迁是组织将业务活动所在地从一个地方搬移到另一个地方的行动。在高速发展的经济环境中，工作空间搬迁日益普遍。每一次工作空间搬迁活动，包括物品打包、标签等，都需要按照一定的流程和规则进行。为了避免这些不可预见的风险，常常需要给全部物品投保综合险。

## 4.4.1 工作空间搬迁指标和流程

1. 工作空间搬迁类型

按照工作空间搬迁强度的大小划分，有公文包(盒子)搬迁、家具搬迁和结构搬迁三种类型，其搬迁费用和搬迁频率存在较大的差异。工作空间搬迁类型，如表4-17所示。

表 4-17 工作空间搬迁类型

| 序号 | 类型 | 特点 |
|---|---|---|
| 1 | 公文包搬迁 | 只涉及办公资料、辅助物品的搬迁，而不需要搬迁家具、电源、数据电缆或者移动隔断和建筑物，费用较低，频率较高 |
| 2 | 家具搬迁 | 一个比较复杂的搬迁活动，是在电缆结构最小变动下，对现有家具的重新布局，或者增加新的家具，搬迁费用较高，频率一般 |
| 3 | 结构搬迁 | 搬迁中最复杂、最昂贵的一类，包括墙体的变动、电源线和电缆线的调整以及家具的重新布局等，费用昂贵，频率较低 |

国际设施管理协会(IFMA)报告显示，所有行业企业平均搬迁率为41%。历史数据显示，某些行业由于其业务特性，很难发生搬迁，如教育、政府、宗教等组织的平均搬迁率为25%；相比之下，金融、能源、电信等服务行业平均搬迁率为44%。搬迁率也随着空间的用途而改变，如总部办公室的搬迁率为45%，而教育和培训场所的搬迁率为11%。

在搬迁管理中，设施经理最关注的是降低搬迁活动对组织业务的破坏性以及搬迁费用。IFMA的相关报告显示公文包搬迁的平均费用大概为160美元，而家具搬迁(包括电源和电缆的变动)则要729美元。一个早期的研究发现，组织移动独立家具最频繁，独立家具的搬迁也比整体家具的搬迁简单，费用也低。而整体家具的变动平均为4～5次/年。然而，整体隔断的变动则大概为1～2次/年。更重要的是一些搬迁“软成本”，这些“软成本”可能包括停工造成的损失或者加班所造成的额外成本。

2. 工作空间搬迁评价指标

工作空间搬迁管理的目标是在一定的成本效益下，安全地、高效地、细心地以及最小中断业务地实现客户搬迁需求，并超出其期望值。调查显示，工作空间搬迁作为组织业务的一个方面，被越来越多的组织列为考核绩效的重要因素。有55%的组织把工作空间搬迁活动作为企业的业务活动之一，而43%的组织认为工作空间搬迁活动的重要性被严重低估。

评价组织工作空间搬迁的指标包括人员搬迁率、资产搬迁率、搬迁成本、搬迁费用率等。

1) 人员搬迁率

它是指组织在一个年度内，涉及搬迁的员工的人次占整个组织员工人数的百分比。搬迁率计算公式为：

$$\text{人员搬迁率}=\frac{\text{某个特定组织在某个特定时期内搬迁的人次}}{\text{某个特定组织在某个特定时期内的总人数}}\times 100\% \tag{4-8}$$

例如，某企业有1000名员工，其中有150名员工在一年内搬迁过一次，那么其人员搬迁率为15%；如果有100名员工在一年内搬迁一次，50名员工在一年内搬迁过两次，则其人员搬迁率为20%。一般20%的人员搬迁率是比较令人满意的水平。

2）资产搬迁率

资产搬迁率表明组织在一个年度内，涉及搬迁的资产额占总资产额的百分比，计算公式为：

$$\text{资产搬迁率}=\frac{\text{某个特定组织在某个特定时期内涉及搬迁的资产额}}{\text{某个特定组织在某个特定时期内的资产总额}}\times 100\% \tag{4-9}$$

另外，搬迁成本是指组织在一个年度内，平均每人分摊的搬迁费用或者平均每平方米建筑面积的搬迁费用；而搬迁费用率是指组织在一个年度内，搬迁的总成本占的设施管理总预算费用的百分比。

搬迁率对一个灵活的、成长性的组织是一个积极的信号。事实上，有效的搬迁管理可以节约成本，并为组织增值。

3．工作空间搬迁流程

工作空间整体搬迁流程，如图4-30所示。

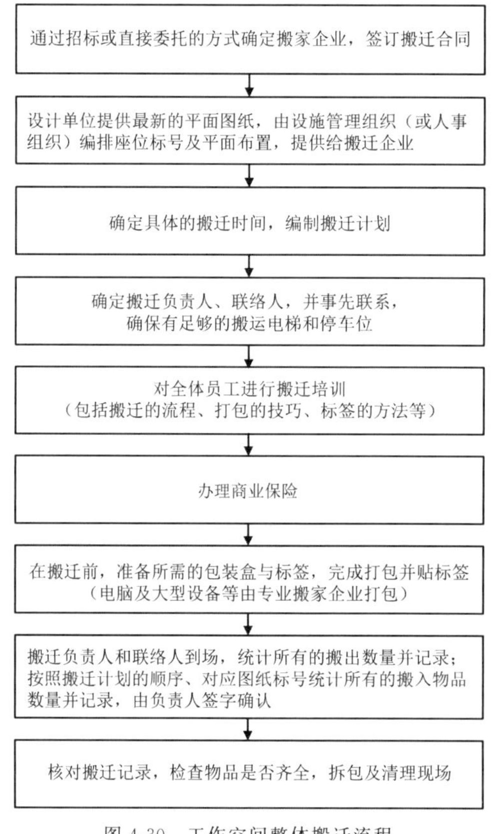


图4-30 工作空间整体搬迁流程

### 4.4.2 工作空间搬迁准备工作

工作空间搬迁前准备工作主要有新址的决策、提出和批准搬迁申请等环节。

1．搬迁新址决策

成功的搬迁能够提升企业的竞争力。据穆马（Mumma）调查，70%的企业能够通过搬迁得到收益。但是，搬迁成本高昂，而搬迁决策失误带来的损失则更难以预料。组织搬迁新址可能使得交通更加便利，吸引更多的人才，或者能够与同行业聚集，形成行业规模，有益于组织的长远发展。但是，搬迁也会带来组织成本的增加。在搬迁过程中，组织的业务收入将缩减，组织正常的开支仍需支付。除此以外，组织还增加了搬迁成本。因此，搬迁前，组织需根据自身的财务状况、行业特点，对搬迁的新址进行评估，确定是否有必要搬迁。

洛杉矶商业杂志约翰·弗雷泽弗提出应当关注新址的三个指标，包括位置属性、物理属性以及成本参数。新址决策指标，如图 4-31 所示。

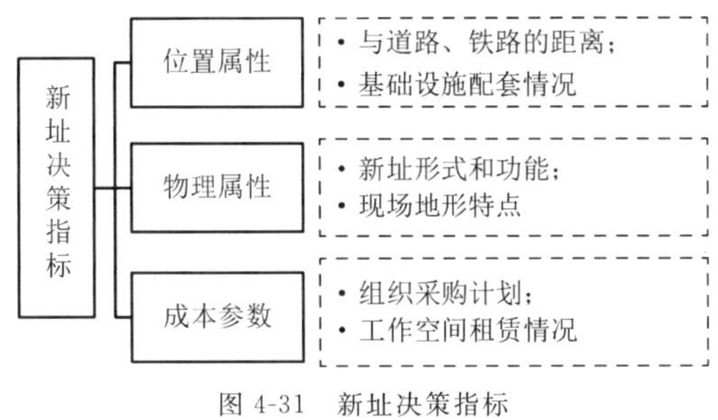


图 4-31 新址决策指标

2. 搬迁申请

客户可以通过邮件或者会议等形式向设施管理团队或者企业的相关部门提出搬迁请求，并负责取得有关搬迁成本和工作的组织批准。设施管理团队根据搬迁申请，审查并修改空间的平面布局，报企业的相关部门批准。新的空间平面布局被批准后，设施管理团队应向客户提供一份详细的搬迁计划，负责收集来自搬迁承包商、家具供应商、电信设备(Telecom Equipment)供应商的报价，并通过商业谈判以达成一个合理的价格。

3. 搬迁团队组建

搬迁过程的具体协调、管理是由企业设施管理团队负责，搬迁的具体实施则可外包给专业的搬迁服务供应商。例如，某企业搬迁服务供应商主要的工作组分为驻厂小组、运作组和后勤组。搬迁服务供应商组织结构及其工作职责，如图 4-32 所示。

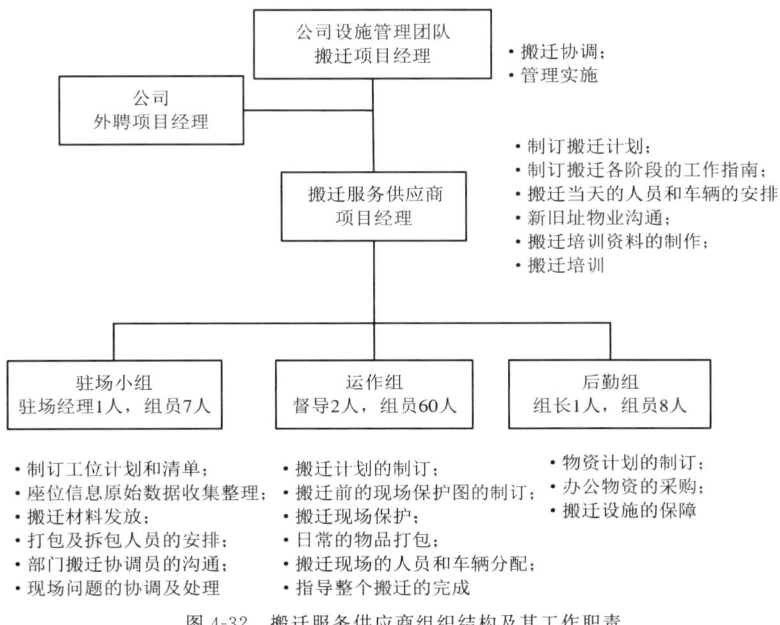


图 4-32 搬迁服务供应商组织结构及其工作职责

### 4.4.3 工作空间搬迁策划

对于组织整体的搬迁，涉及事项很多。本节主要介绍其中涉及的工作空间搬迁服务供应商确定、搬迁计划制订和搬迁风险管理等主要环节。

1. 搬迁服务供应商确定

搬迁项目的服务供应商通过招投标的方式进行确定。在审核过程中，企业招标小组应对搬迁服务供应商进行实地调查，并建立一个系统的评价体系，包括搬迁服务全过程的选择与评价标准。通过对各个服务供应商进行综合审核评价后，最终确定中标的服务供应商。搬迁服务供应商招标程序如图 4-33 所示；搬迁服务供应商评价指标(示例)，如图 4-34 所示。

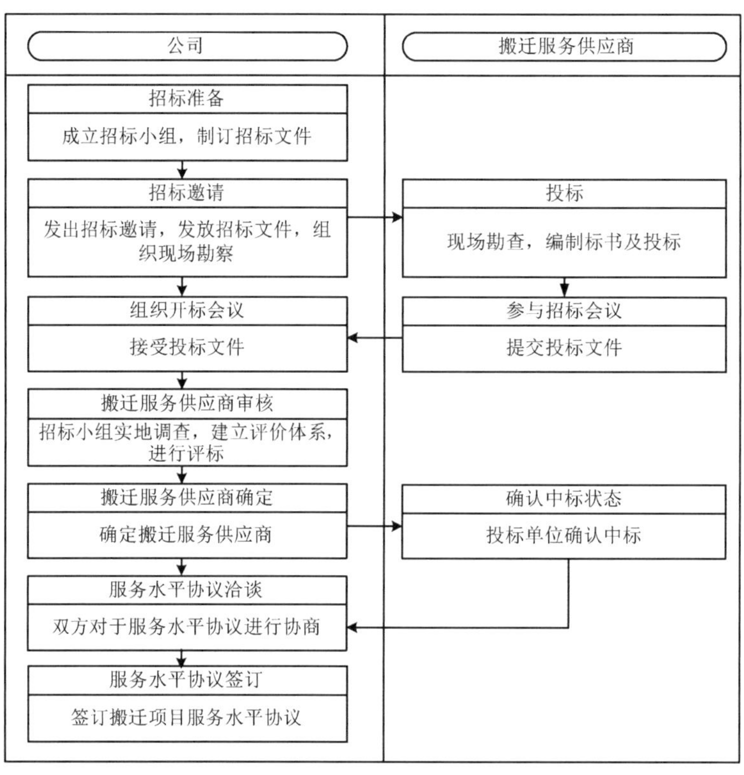

图 4-33 搬迁服务供应商招标程序

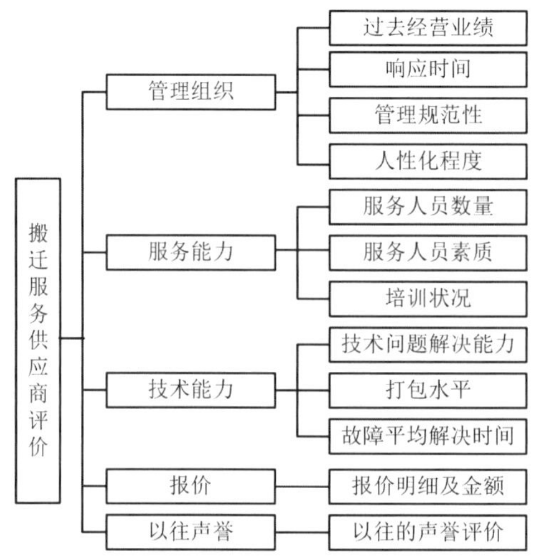

图 4-34 搬迁服务供应商评价指标(示例)

例如，某跨国公司办公楼搬迁项目服务水平协议包括正文和附件两部分。企业搬迁服务水平协议正文内容，如图 4-35 所示。

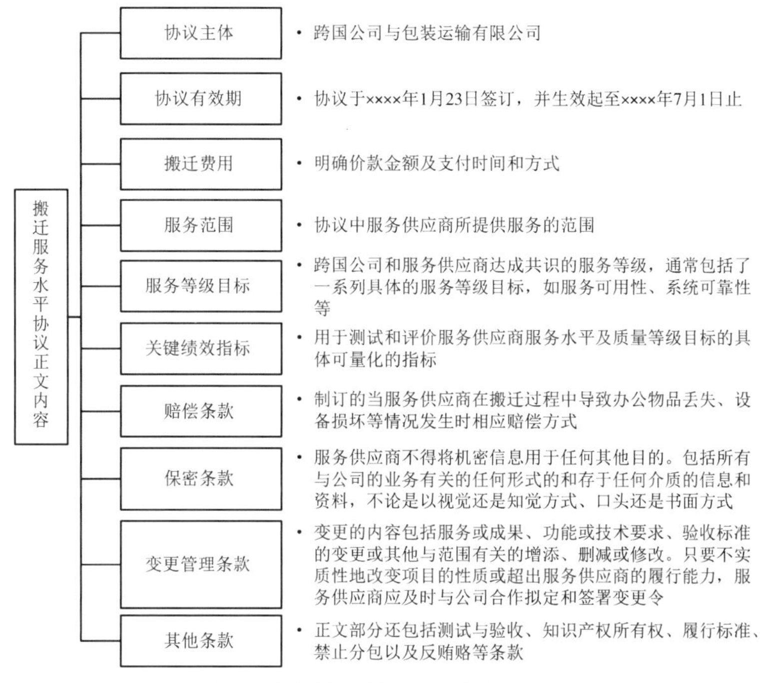

图 4-35 企业搬迁服务水平协议内容正文内容

2. 搬迁计划制订

为保证搬迁工作高效、有序地完成，项目搬迁团队可以时间为标准对搬迁工作进行具体划分和安排。制订搬迁计划应注重全面有序，根据不同工作间的逻辑次序合理安排。搬迁进度计划(示例)，如表 4-18 所示。

表 4-18 搬迁进度计划示例

| 时间 | 工作安排 | 跨国公司 | | | | | 服务供应商 |
|---|---|---|---|---|---|---|---|
| | | 设施管理 | IT | 安保 | 协调员 | 员工 | 包装运输公司 |
| 8:00 | 检查需要保护的区域并拍摄现场照片 | √ | | | | | √ |
| 09:00—17:30 | 公司员工协助原地址的部门打包 | √ | | | √ | √ | √ |
| 9:00 | 设施管理搬迁团队协调打包事宜 | √ | | | | | √ |
| 13:30—15:00 | 查看电梯是否可用并进入原地址 | √ | | | | | √ |
| 12:00—16:00 | IT 部门核对设备数量、最终使用者并打包 | | √ | | | √ | √ |
| 16:00—21:00 | 原工作空间使用保护材料并采取保护措施 | √ | | | | | √ |
| 13:00—16:00 | 公司员工打包个人物品 | | | | √ | √ | √ |
| 13:30—16:00 | 搬迁协调员检查公司员工箱子编号 | | | | √ | √ | √ |
| *16:00 | 员工关闭电脑并离开公司 | | | | | √ | √ |
| 16:00—20:00 | 搬迁协调员、公司团队及设施管理团队清点箱子数目并签署清单 | √ | | | √ | | √ |
| 16:00—20:00 | IT 部门打包主机、显示器等 | | √ | | | √ | √ |
| 21:00 | 部门打包完成 | | √ | | | | √ |
| 21:00—21:30 | 公司和 IT 签署记录 IT 箱子的清单 | | √ | | | | √ |
| 17:30 | 开始在原址 1 座和 2 座装箱子及物品 | | | | | | √ |
| *18:30 | 第一辆运输车离开原址 1 座和 2 座 | | | | | | √ |
| 20:00 | 第一辆运输车到达新公司总部 | | | | | | √ |

注：* 处为关键时间点。

在设计搬迁线路时,首先基于两个原则:不影响企业正常的运营;空间资源充分利用原则。其次,规划搬迁路线时尽量采用环形路线即单向循环的路线。最后,在规划路线时应综合考虑,尽量选择最短路线。某企业搬迁车辆运输路线,如图 4-36 所示。

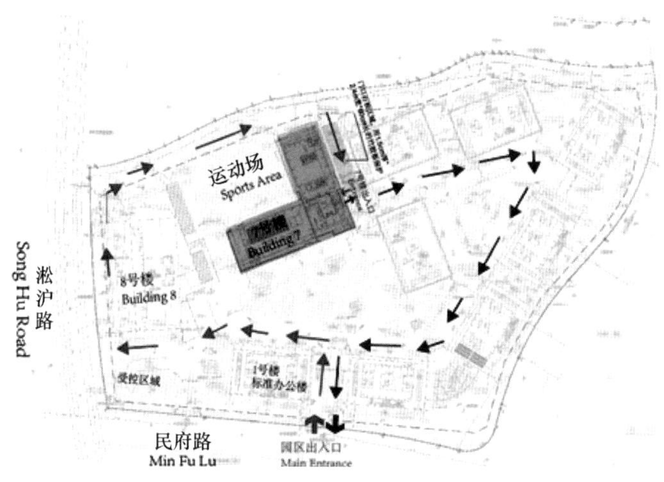


图 4-36 某企业搬迁车辆运输路线

3. 搬迁风险应对

虽然搬迁是由专业搬迁承包商实施,但是由于存在一些不可避免的因素会造成搬迁物品的损耗,而专业搬迁承包商对于这些损失或损耗只承担有限责任。为了对这些不可预见的风险采取必要措施,需要进行风险管理。

对可能发生的搬迁风险发生概率和可能造成的损失进行分析后,可以将搬迁风险分为四个等级。搬迁风险等级分类,如图 4-37 所示;不同等级风险处理方式,如图 4-38 所示。

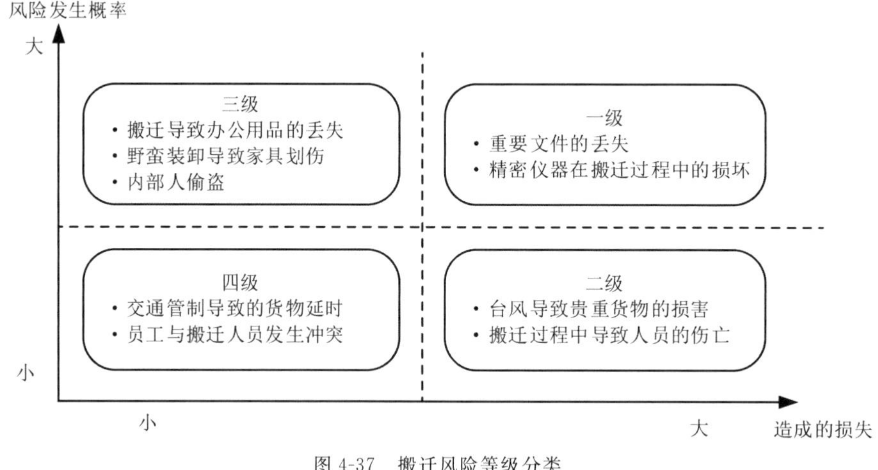


图 4-37 搬迁风险等级分类

在搬迁过程中,商业保险通常是必不可少的,国内现有针对搬迁的保险主要有货物运输险、财产险、责任和信用保险、物流综合保险等。

### 4.4.4 工作空间搬迁后评估

专业的搬迁后评估是根据对员工使用者的结构调查、访谈或焦点小组意见,对实际工作空间有效性的系统和结构性分析。搬迁后评估可以有多种方式,但是必须建立在确定的工作空间搬迁的愿景和目标

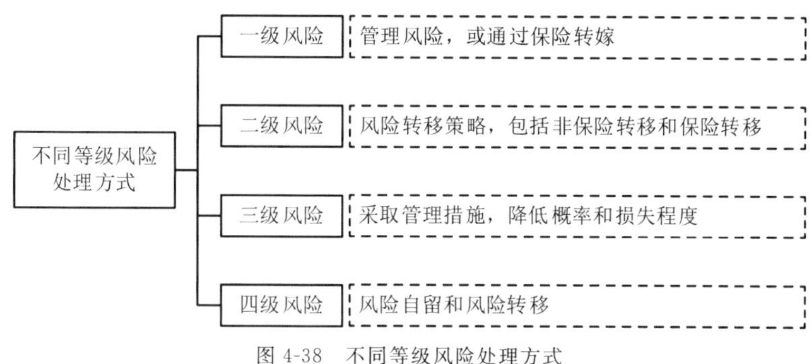

图 4-38 不同等级风险处理方式

的基础上，这些愿景和目标应该是早在工作空间设计阶段就被确立下来的。工作空间搬迁后评估的目的，如图 4-39 所示。

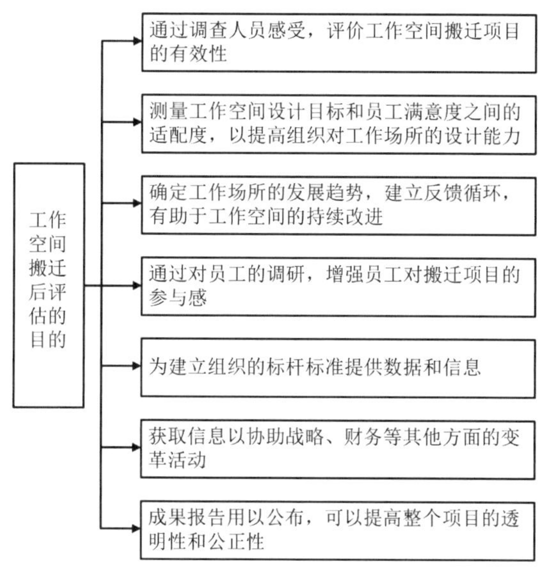

图 4-39 工作空间搬迁后评估的目的

搬迁结束之后，设施管理团队应该进行最后的搬迁核查，清点物品数量，查看设施运行情况，帮助和处理如钥匙的重新排列、家具的维修以及物品错放等搬迁之后所产生的问题，完成搬迁后核查表，并更新设施管理信息系统中有关家具布局和位置设计的信息。搬迁后核查表示例，如表 4-19 所示。

**表 4-19 搬迁后核查表示例**

| 设施地址 | | 核查人 | | | |
|---|---|---|---|---|---|
| 核查日期 | | 搬迁项目编号 | | | |
| 编号 | 核查内容 | 是 | 否 | 标注 | 完成时间 |
| 1 | 箱子搬到正确的位置 | | | | |
| 2 | 柜子搬到正确的位置 | | | | |
| 3 | 电脑和电话安装完毕 | | | | |
| 4 | 电脑连线正确 | | | | |
| 5 | 桌子整洁、干净 | | | | |

续表

| 设施地址 | | 核查人 | | | |
|---|---|---|---|---|---|
| 核查日期 | | 搬迁项目编号 | | | |
| 编号 | 核查内容 | 是 | 否 | 标注 | 完成时间 |
| 6 | 每一个位置是否有座椅 | | | | |
| 7 | 会议室椅子数目正确 | | | | |
| 8 | 工作区的使用人姓名 | | | | |
| 9 | 办公桌的编号和使用人姓名 | | | | |
| 10 | 会议室的标识 | | | | |
| 11 | 门闩已安装,可以使用 | | | | |
| 12 | 柜子的钥匙 | | | | |
| 13 | 壁橱是否正确的安装 | | | | |
| 14 | 柜子钥匙是否已更换(如需要) | | | | |
| 15 | 空的箱子是否已全部搬走 | | | | |
| 16 | 是否更新位子布局和 CAD 平面图 | | | | |
| …… | …… | | | | |

在搬迁结束后,应采取措施帮助员工适应新的工作环境,例如入驻派对、集体大扫除等,并对新的工作空间进行经济性、环境舒适性、安全风险等方面进行评估。必要的话,可聘请第三方中介组织协助对搬迁实施过程、搬迁效果进行评估,向组织高层领导提出报告。

理想情况下,搬迁后评估宜在搬迁项目完成后 3 个月到 6 个月内完成。工作空间搬迁后评估流程,如图 4-40 所示。

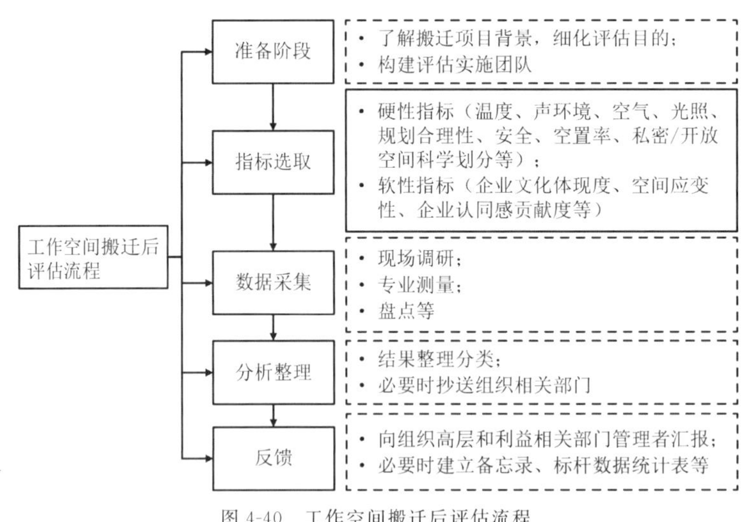


图 4-40 工作空间搬迁后评估流程

## 4.5 现代工作空间变化

工作空间是组织从事生产或经营活动的场所,是组织存在的物质空间。其本质是为员工提供一个通过劳动进行信息处理、交换,从而创造价值的群体工作空间。随着社会与经济的发展,工作空间也随之变化，出现了现代工作空间。

### 4.5.1 工作空间变化历程

自20世纪80年代至今，工作空间发生了很大变化。从传统的方格式布局到“复合型”办公室、“酒店式”灵活办公以至现代以工作效率为中心的“工作空间网络”。工作空间的变化历程，如图4-41所示。

普遍模式
传统的方格式布局

- 死板僵硬，失去个性；
- 治标不治本；
- 支持独立工作；
- 所有工作都是在一个地方完；成的——“我的办公室”

复合型办公室

- 以工作任务为中心；
- 多种工作设置；
- 需要员工在办公现场；
- 巡逻式的管理

灵活办公
“酒店式”

- 以工作任务和效率为中心；
- 员工的价值体现

工作场所网络

- 以工作效率为中心

20世纪80年代 → 90年代 → 90年代末 → 21世纪

图4-41 工作空间的变革历程

**知识链接**

更多全球工作场所趋势，请访问设施管理门户网站 FM Gate—FM 智库—研究报告—2017年全球工作场所趋势报告。

随着社会和经济发展，工作空间发生变革的原因具有深刻的原因。工作空间的变化因素，如图4-42所示。

随着科学技术的发展，工作、家庭以及休闲之间的界限越来越模糊，出现了许多新型的办公模式。工作空间从固定的工作空间转移到其他各类场所，如家、餐厅、地铁、候车厅或者咖啡店等，并且员工之间的合作越来越频繁，从而导致空间规划倾向于配置更多的共享空间，比如团队空间、会议室、俱乐部等，减少私人工作空间的配置。在现代办公方式的演变下，出现了如下形式的现代工作空间。

1. 宾馆式工作空间(Hotel Space)

员工没有永久固定的桌子或者办公室，可打电话或者使用组织提供的软件预约临时工作空间中的一间办公室，并在其中工作。员工可以在临时工作空间工作几个小时到几天，员工私人物品放置于专用的储藏空间。宾馆式工作空间的特点是加快了办公室的轮换速度。当员工需要经常出差或外出时，利用该方式可以节约很多空间。

2. 咖啡厅式工作空间(Café Areas)

这类工作空间给员工们提供一个非正式聚集的地方，可以是一个咖啡厅、咖啡吧。其必备的要素是中心式的吧台、就座的区域，以及其他工作设施。可以放置工具用来辅助工作，如公告牌、复印机、传真机、邮政区域、书柜和储藏柜。咖啡厅式的工作空间可以培养员工之间的沟通能力和拉近彼此之间的距离，并使员工在交流中产生更多的创意。咖啡厅式的空间布局灵活多变，可以供多种用途使用，整个空间可以作为展示的空间，可以配备带书架的阅览桌作为学习的空间，甚至可以供聚会和非正式的会议使用。

3. 自由式工作空间(Free Space)

自由式工作空间是指在工作空间内配备非专用的办公桌和设施，一个办公桌可能被几个员工在不同时间使用，可以在没有事先预定的情况下由任何人在任何时间使用。自由式的空间最大限度地使用了工作空间和设施，有利于员工的互动和交流，可以在较小的空间内完成较多的办公任务。但是需要提供给员工个人存储的空间和阅览空间。采用自由式工作空间适用于所有的员工基本上不会同时需要工作空间的组织。其最原始的动机是通过减少空间而节约成本，在有些实践案例中可节省30%的工作空间。

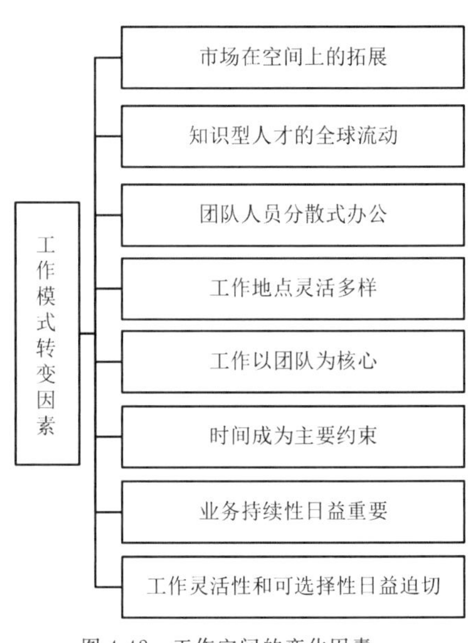

图4-42 工作空间的变化因素

惠普新加坡企业的员工如果需要使用办公室，可以随时去企业的公共办公区。那里有空办公桌供流动职员使用，桌上装有电源插座，另外还有无线网络，完全满足工作要求。

4. 电子办公系统(Electronic Office System)

20世纪90年代，以信息技术为代表的高科技的突飞猛进，互联网的广泛应用，移动通信的发展，使人类的办公效率在不断提高，办公自动化程度继续加深，新型的电子办公模式不断涌现出来。国际电子办公协会和委员会(The International Telework Association and Council，ITAC)的一份研究报告显示，2016年，在美国已有超过3000万人在家中远程办公，占美国工作人口的16%～19%。随着个人电脑和互联网应用技术的普及，居家办公呈快速增长之势。相对于非电子办公人员，电子办公人员一般拥有更高的教育背景和收入，多为专业或管理人士。

某企业提供的iWork电子办公服务系统，不受时间和空间的限制，随时可提供工作资源(空间、数据和文件、应用程序、信息、协作、培训、电话)，并且费用低廉。iWork系统体现了提高设施的利用率、降低设施的总成本、提高安全性、可“随时随地”提供服务等优势。iWork电子办公系统构架，如图4-43所示；iWork工作网，如图4-44所示。

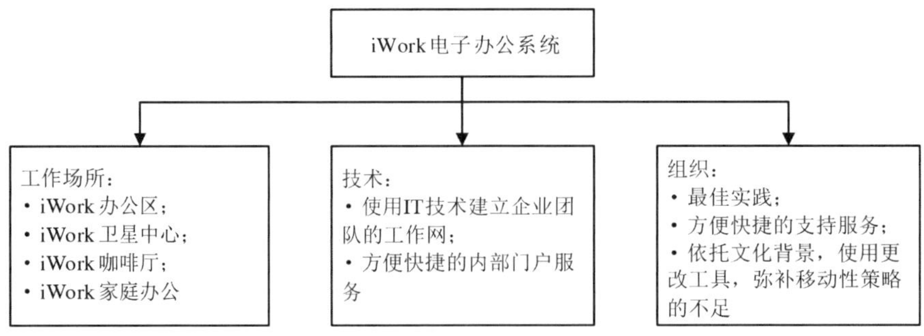

图4-43 iWork电子办公系统构架

iWork的实现技术是通过建立电子社区、个性化的信息中心、虚拟工作台，以及灵活的办公室等措施将把企业团队的工作网联系起来，最终实现办公方式的数字化、自助化、社区化以及移动化。

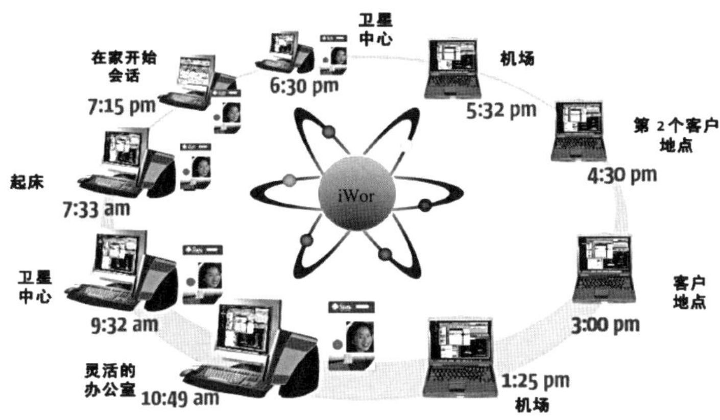


图 4-44 iWork 工作网示例

5. 共用工作空间(Co-working Space)

共用工作空间,也称为联合工作空间,即提供共同工作的空间,广义说法为"共同工作"。近年来,很多企业内管理层与外勤作业层更多的时间是在不同国家和城市,而共用工作空间具有移动式、拎包入住、短租的特性,恰恰满足了市场需求。

共用工作空间主要针对高科技起步企业、自由职业者和经常到其他城市办公的人群打造,为其提供了一系列的服务与帮助,包括各种设备的租用,包括办公桌椅、沙发、会议室、WiFi、会客室、打印室,甚至零食和休闲设备等。由于"共同工作"是一种工作形态,其四个共同价值为合作、开放、社区和持续,但是这种工作形态也包含很多不便之处。共用工作空间的 SWOT 分析,如图 4-45 所示。

| 优势(S) | 劣势(W) |
|---|---|
| • **低成本**:租用办公桌要比运营自己的办公室/公司便宜;<br>• **灵活性**:例如租用时间,办公桌可以租一天或几个月等;<br>• **服务齐全**:提供员工期望从公司工作中得到的良好服务;<br>• **良好的社交体验**;<br>• **有利的创新环境**:设计、休息室、事件,所有有助于创新元素的存在;<br>• **共同工作者**:具有不同专业背景的人才,互相帮助,提供设备和支持 | • **缺少隐私**:可能听到共同工作者的谈话或者泄露新理念;<br>• **知识产权**:讨论是公开的且介入多人的想法,同时一些公共工作空间禁止签署保密协议;<br>• **难以强制合作**:一些共同工作者更喜欢独立工作,不想分享共同办公空间的价值。让每个人感到受益、支持并采取行动是困难的;<br>• **配置不足**:大部分的共同工作空间致力于服务仅需要一台笔记本电脑的网络工作者;<br>• **缺少常访**:由于不是办公室,去工作的动力很小。然而,如果人数过少,共用工作空间的优势就失去了 |
| • **提供扩展服务**:秘书、设计、推广……<br>• 共用工作致力于为特定的部门提供特定需求的空间,例如:为设计人员提供足够工具的工作室;<br>• **理念**源于美国,被引入欧洲以致全世界不同的国家;<br>• 创建一个全球化的共同工作者社群平台,以分享更多的想法,与不同国家的人交流;<br>• 可以在一些想要为创新者提供增加效率环境的公司实施 | • **黑客问题**:共同工作者对安全和机密性非常敏感。考虑空间的使用人员大部门都为电脑专家,公用工作空间容易受到黑客攻击。共同工作者担心他们的想法被偷。一些空间发展了无线安全密码,但黑客们也越来越强;<br>• **咖啡馆的竞争**:配置高速WiFi的咖啡馆消费低于共用工作空间的租赁费,咖啡馆通过多样化他们的服务来适应新的趋势;<br>• **3G/4G技术的发展**:全世界都可以访问,使得可以以更好的价格在不同的地方工作;<br>• **金融危机的影响**:信贷紧缩使得创业放缓,一些创业者的士气下降,这将导致潜在用户的减少 |
| 机会(O) | 威胁(T) |

图 4-45 共用工作空间的 SWOT 分析

**知识链接**

更多现代工作空间介绍，请访问设施管理门户网站 FM Gate—FM 智库—研究报告—联合办公信息化建设设计。

### 4.5.2 工作空间变化特点

根据在组织目标、业务范围和人员构成等方面的特点，不同组织对工作空间的设计和安排也会遵循不同的风格。尤其是在当前经济社会飞速发展的时代背景下，制造企业、金融机构、学术机构和电子商务企业等具有各自不同的工作空间特点。不同组织类型的工作空间特点，如表 4-20 所示。

表 4-20　　不同组织类型的工作空间特点

| 组织类型 | 工作空间特点 |
| --- | --- |
| 学术机构 | · 每一个人要有自己的独立空间；<br>· 等级非常重要；<br>· 空间的控制重要；<br>· 网络通信要求高；<br>· 公共档案柜不能太多；<br>· 永远不能实行“清洁办公桌”的制度 |
| 大型零售企业 | · 较大的来客接待区域；<br>· 高层管理人员的宽大办公室；<br>· 采购部门开放式小办公桌；<br>· 办公区内分散的空间用于放置各种小物品 |
| 新型技术、电子商务企业 | · 企业相当年轻化，很少显示出管理高层和绝大多数初级员工之间的差别；<br>· 在企业内部使用新技术很普遍；<br>· 大都倾向于留出工作空间的一部分作为客户展示区和培训区；<br>· 销售团队的流动性相当普遍；<br>· 资料储存采用电子方式；<br>· 材料、颜色、各种效果使人轻松愉悦，并具有探索性；<br>· 空间经常是充满活力的，包括一些针对个人团队的休闲空间，外加一些娱乐空间 |
| 银行、保险及其他金融机构 | · 地理位置要求非常高，往往位于城市的中央商务区或繁华地区；<br>· 要依赖计算机，许多工作空间为信息技术部门占有；<br>· 有大量的文员级的初级员工；<br>· 呼叫中心一般远离昂贵的市中心，或外包；<br>· 办公环境的设计让人联想到“可靠”“财富”和“历史”；<br>· 会议室豪华典雅，挂有众多艺术品 |
| 大型会计师事务所或咨询企业 | · 初级员工共享办公桌；<br>· 在合伙人的空间需求（理想的大区域办公室）与空间效率（合用式的办公室）之间确定平衡；<br>· 传统惯例是伴随着个人职业升迁，工作空间会有明显的增加 |
| 大型制造企业 | · 企业办公室往往是企业整个建筑中的一小部分，大部分是由厂房、研发实验室和物流仓库等组成；<br>· 总部和销售中心通常位于城市的中央金融区；<br>· 频繁的收购或兼并迫使企业花费很大的努力来整合原本位于不同建筑物内的各种不同的企业形象和工作流程；<br>· 企业的历史特别值得骄傲，因而需要一定的空间展示其历史的实物和照片资料 |

从国外的谷歌到国内的华为、腾讯等，越来越多的企业依据新的办公需求对其工作空间进行了新建或改造。下面介绍两个典型的现代工作空间案例。

**【案例 4-3】**

德国某信贷企业新总部是由著名的瑞士"变迁设计"(Evolution Design)建筑工作室设计。该工作室的室内设计概念的重要性是表达德国信贷企业的核心价值观和哲学。设计师运用创新的工作空间来表达员工对工作环境的需求，形成了一个多样化的、开放式的集会议、办公、娱乐和工作于一体的办公环境。

在设计及实现的过程中，最大的挑战是从传统的工作空间以一个全新的工作方式呈现和转变，并体现和突出了企业的文化和愿景。该总部的工作空间由不同类型混合组成，企业员工可以根据不同的日常活动或不同需求选择不同的办公区域。德国某信贷企业新总部工作空间示意图，如图 4-46 所示。

图 4-46 德国某信贷企业新总部工作空间示意图

**【案例 4-4】**

荷兰国际策略(Interpolis)保险公司拥有 3500 名员工，摒弃按区域划分的工作空间布局方式，全部是灵活机动的员工，以开放而透明的观念，通过高度灵活的设施(无线上网、笔记本电脑、家庭办公)对工作空间的进行转型。企业员工不再拥有自己固定的工作空间，采用 10 个员工会所代替了传统意义上的餐厅。上至组织董事，下至联络中心接线员，都可以选择任何空闲的区域。工作时间，员工来到前台，领一部无线电话、一台手提电脑，在指示屏上预约一个自己喜欢的座位，就可以开始一天的工作。原本需要 80000$m^2$ 容纳所有员工的办公区域，现在只需要 45000$m^2$，节省了9000万美元的项目支出，每年还可以省出 800 万美元的运营成本。另外，办公用具、相关清洁人员的劳务费用也都大规模减少。荷兰国际策略保险公司工作空间示意图，如图 4-47 所示。

图 4-47 荷兰国际策略保险公司工作空间示意图

现代工作空间的特点，如图4-48所示。

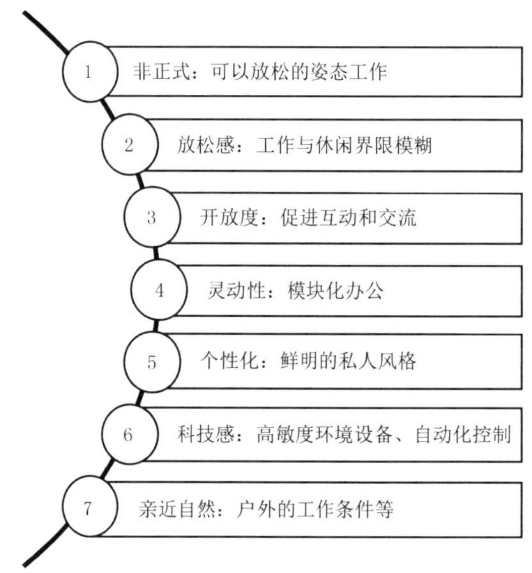


图4-48 工作空间的特点

**知识链接**

更多现代工作空间案例，请访问设施管理门户网站FM Gate—解决方案—熬夜不再痛苦，未来办公室全解析。

### 4.5.3 工作空间变化管理

工作空间变化管理(Change Management)是一种与工作场所战略、设计和施工进度相协调的结构化的方法，其目的是帮助员工尽快适应作空间转变过程，在新的工作空间中实现统一的企业文化过渡。

在理想情况下，工作空间变化管理应该与工作空间战略规划和设计过程同时开始。工作空间变化管理和搬迁项目对应关系，如图4-49所示。

| 搬迁项目管理 | 商业战略规划 | 工作场所战略 | 项目决策 | 进度规划 | 设计深化 | 施工设计 | 家具设备采购 | 搬运 | 入住使用 |
|---|---|---|---|---|---|---|---|---|---|
| 工作空间变化管理 | 构建商业计划 | | 建立共同愿景 | | 采购沟通 | | 管理变化 | | 适应变化 |

图4-49 工作空间变化管理和搬迁项目对应关系

工作空间变化管理尽早地介入搬迁项目过程，有助于避免由于不符合员工工作使用需求而产生的返工，从而节省成本。如果有争议的问题及早发现，意味着问题可以更快地得到解决。如果工作空间变化管理活动延迟开展，往往意味着高昂的返工花费和相关活动拖延，导致员工满意度降低。

工作空间变化管理的目标是创造一个精心设计的流程。无论工作空间的设计多么完美，搬迁项目的成果取决于员工对新工作环境的认同。心理学认为，人天生会对环境的变化有抵触。所以无论工作空间改造的理由如何合理和充分，企业员工非常容易受到工作空间的改造过程的不利影响。

1. 把握变化时机

心理学的研究认为，当人们面对外界变化时，本能上会出现一系列的“战斗或者逃跑反应”(Fight-orflight Response)。变化反应曲线模型，如图 4-50 所示。

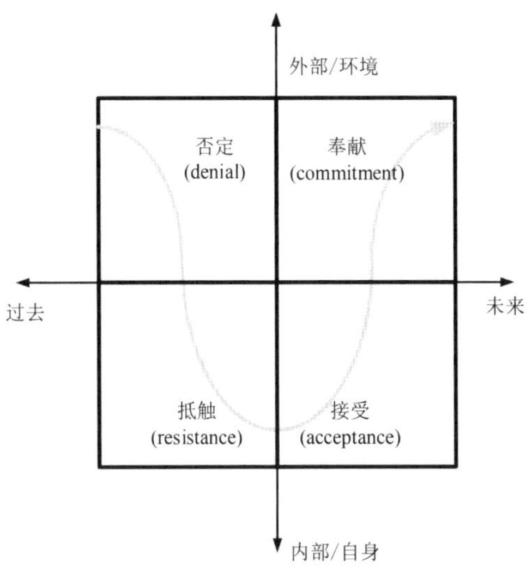


图 4-50 变化反应曲线模型

变化反应曲线模型演示了人们对变化反应的不同阶段：否认(Denial)、抵触(Resistance)、接受(Acceptance)和奉献(Commitment)。工作空间变化管理过程有助于员工顺利通过这个过程，并帮助他们从思想和实际行动两个不同方面，完成从抵制工作空间变化到奉献的转变。

这个过程需要评估组织执行变更的能力做好准备，需要对组织的态度的和进行变更所需资源进行全面检查。很多时候，应进行工作空间变化预备度调查(Change Readiness Survey)，以探知员工对工作空间变化的心理适应度，避免工作空间变化过程出现严重的抵触行为。工作空间变化预备度调查问卷(示例)，如表 4-21 所示。

**表 4-21　　工作空间变化预备度调查问卷(示例)**

| 序号 | 问卷(1—非常不同意，5—非常同意，2，3，4 依次递增) | 得分 |
|---|---|---|
| 1 | 一般而言，我个人在面对工作空间变化时很坦然 | |
| 2 | 和我共事的团队同时面对工作空间变化时很坦然 | |
| 3 | 我个人有成功适应变化所必要的技能和知识 | |
| 4 | 我很清楚工作空间变化的原因和动机 | |
| 5 | 我知道这一过程在工作中将会出现的最明显变化是什么 | |
| 6 | 我现在很了解这次工作空间变化的流程 | |
| 7 | 我感到新工作空间会促进员工们在将来更高效地工作 | |
| … | …… | |

在工作空间变化过程中，很多企业会利用这一契机进行推进技术、流程、文化、体验、展示和营销等相关活动。因此，需要成立协调委员会协调各方面利益，有利于企业进行硬件和软件方面的全面更新和提升。

**知识链接**

更多工作空间管理变化，请访问设施管理门户网站 FM Gate—FM 智库—研究报告—工作空间变化管理综述。

2. 构建商业计划

工作空间变化管理的成功源自对组织变更动机的深刻理解和组织适应变化的能力。一般而言，在工作空间变化节点之前的 12～18 个月，商业计划就应着手准备。

企业高层管理人员能够清晰坦诚地阐述工作空间变化的动机十分重要。通常来讲，工作空间变化的动机可能有市场竞争、技术发展、兼并收购重组、吸引人才、降低成本、政策法规、领导换届、业务拓展、租赁期满等方面。工作空间变化的好处，如图 4-51 所示。

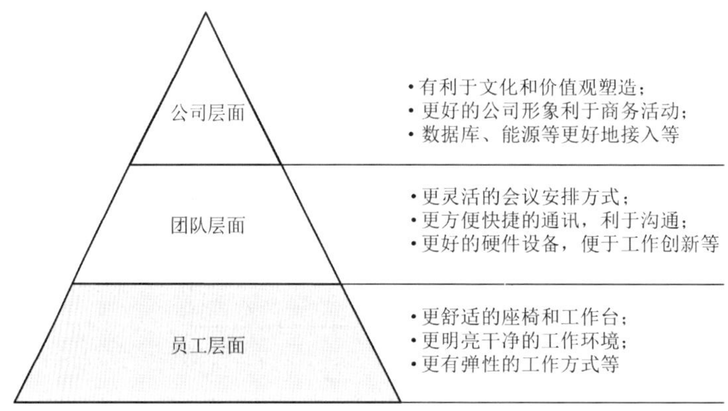


图 4-51 工作空间变化带来的好处

成功的商业计划是建立共同愿景、采购沟通等后续步骤的基础，其合理性与否对整个工作空间变化管理有重要影响。构建商业计划时应该用数据说话，避免经验直觉。工作空间变化商业计划指标和成果，如图 4-52 所示。

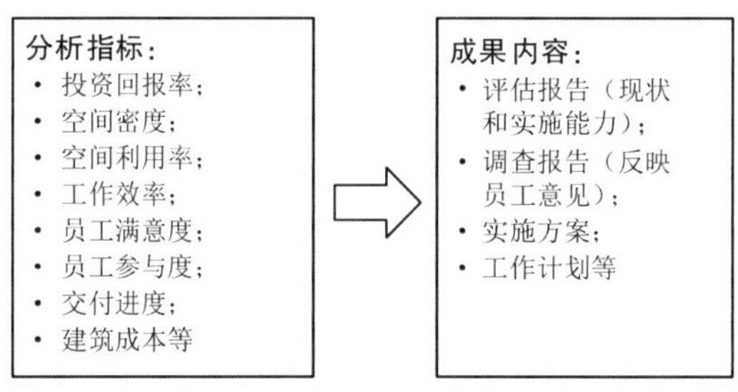


图 4-52 工作空间变化计划指标和成果

3. 建立共同愿景

很多企业在新工作空间设计中忽视了员工的参与，对员工需求分析不足，从而导致大量的麻烦和风险。因此，员工工作团队的参与，有利于阐明未来与现状的不同，建立共同愿景。一般而言，在工作空间变化节点之前的 3～6 个月，工作空间变化的共同愿景就应当确立。

基于证据设计的研究方法有利于创造合理的共同愿景，并将企业文化和工作空间设计有机结合。随着大量组织向"随处可工作"的方式转变，以及组织对激发工作创意的空间需求增加，深刻理解相关研究的结果有助于避免设计错误。相关研究可以促进企业和员工在工作空间设计决策方面更好地沟通，以减少员工的不满意。例如，当企业将全员从封闭式工作间向开放式工作空间搬迁时，员工很容易担心噪音会增加工作的分心。萨利·奥古斯丁(Sally Augustin)博士在《将科学应用于提高工作效率》一书中指出，在既定条件下，开放空间有利于减少人员的分心。在工作空间变化过程中，让包括执行发起人和部门领导在内的员工参与到他们未来工作空间的相关决策具有重要意义，能够减少工作空间变化的阻力。

4. 采购沟通

沟通能够使员工能够理解工作空间的变化并做好准备。已构建的商业计划和建立的愿景是沟通的前提，项目实施团队应向员工充分阐释新工作空间带来的价值提升。

有效的沟通是全面兼顾的，并聚焦于特定的受众，在整个项目周期持续进行。员工在不同方面有很多需要关注的问题。不同领域员工关注点，如表 4-22 所示。

表 4-22　不同领域员工关注点

| 领域 | 关注点 | 领域 | 关注点 |
|---|---|---|---|
| 资产和设施方面 | · 新办公楼位置在哪里？<br>· 如何停车？<br>· 周边有什么？<br>· 公共交通情况如何？ | 技术方面 | · 如何使用新技术？<br>· 可以使用自有设备吗？<br>· 如何打印？<br>· 如何使用自己的新电话？ |
| 建筑设计方面 | · 工作位置在哪？<br>· 周围是哪些同事？<br>· 工作空间看起来怎么样？<br>· 个人有多大空间？<br>· 有哪些新的配置？ | 人力资源方面 | · 可以在家里工作吗？<br>· 可以在任意地点工作吗？<br>· 如何获得远程工作资格？<br>· 可以带小孩工作吗？ |
| 施工方面 | · 什么时候完工？<br>· 搬迁之前可以去参观吗？ | 设施和搬迁管理方面 | · 什么时候搬迁？<br>· 如何取工作行李？<br>· 什么时候拿到钥匙？<br>· 有食品供应吗？<br>· 健身房运营时间是什么？<br>· 在哪里放文件？ |
| 家具方面 | · 什么家具换了？<br>· 椅子换新的了吗？<br>· 个人空间变大了还是变小了？<br>· 家具都包含哪些？ | | |

员工期待清晰、简洁、真实和一致的信息。沟通活动越早越好，因为员工从精神上适应新的工作空间需要时间。

沟通方式多种多样，并应该对不同的人员具有有针对性，旨在减少谣言和抵触行为，包括对话、会议、讨论、培训、图纸、说明书、专栏、网页、3D/虚拟展示、视频、实体模型、体验、考察、样品、投票等。采用何种沟通方式并更多地取决于组织要求。

5. 管理变化

管理变革的理想方法是任命一个变化管理工作团队，并借助他们的力量在新的工作空间中寻求提升。这个工作团队是变化管理过程的重要组成，将作为一个中介桥梁，推进工作空间变化过程，并消除谣言，将真实的情况反馈给项目团队。

通常情况下，工作空间变革管理是由独立的外部第三方团队或者有工程空间变化管理经验的本企业团队主导，但是这一过程涉及企业内部和外部的多方面的人员。工作空间变革管理涉及的人员，如图 4-53 所示。

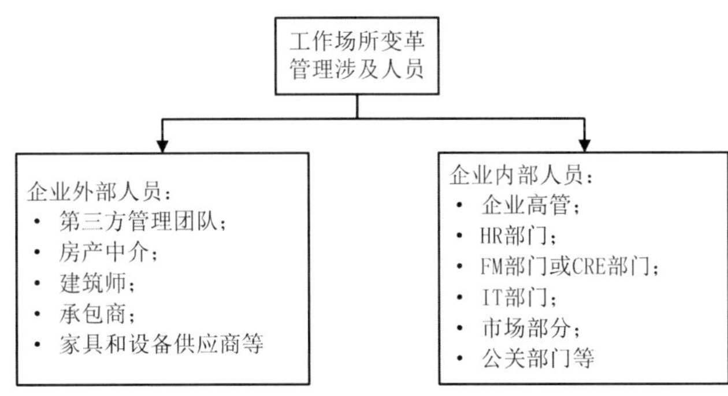


图 4-53　工作空间变化管理涉及人员

采取一些仪式类活动，如实景模拟、新空间参观、房间命名比赛、大扫除活动、家具议买、食品和咖啡的采样等，都是获得员工支持的重要组成部分，有助于降低员工焦虑水平。各种员工参与变化管理的方式，如表 4-23 所示。

表 4-23 各种员工参与变化管理的方式

| 面对面交流 | 一般沟通 | 活动 | 数码沟通 | 家具 | 便利设施 |
|---|---|---|---|---|---|
| · 焦点小组；<br>· 圆桌会议；<br>· 午餐会议；<br>· 培训 | · 提问；<br>· 工作空间礼仪指导 | · 趣味竞赛；<br>· 大扫除；<br>· 提前参观；<br>· 时光留影 | · 网站介绍；<br>· 虚拟参观；<br>· 视频 | · 家具议选；<br>· 使用指导视频 | · 餐饮议选；<br>· 问卷调查；<br>· 样品试用；<br>· 设备测试 |
| 搬迁庆祝！ | | | | | |

6．接纳和适应变化

为了使新工作空间真正地发挥作用，领导者应该力求将全员的行为方式固化下来，使其符合在第二步建立的共同愿景中的新的企业文化。只有在管理层领导下，员工才更愿意展现出的新的工作方式和行为模式。

工作空间变化管理的成功要素，如图 4-54 所示。

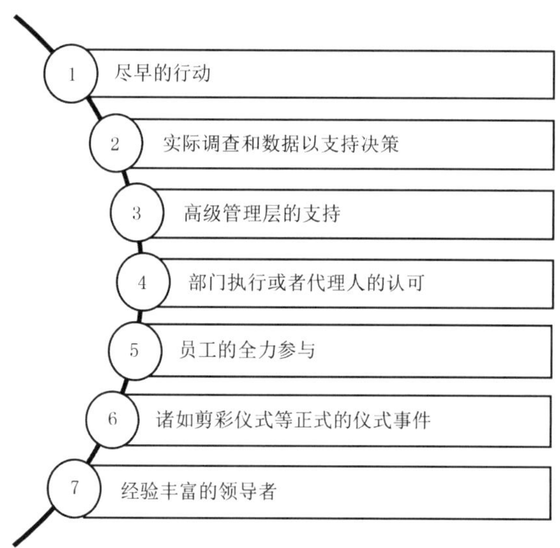


图 4-54 工作空间变化管理的成功要素

**知识链接**

更多有关工作空间变化管理的内容，请访问设施管理门户网站 FM Gate—FM 资讯—高端访谈—高端访谈第三期：跨国企业工作场所策略的变革。

**【关键术语】**

工作空间；空间成本；空间需求；空间配置；空间空置率；空间使用率；空间关系；作业相关图；标识系统；灵活办公；共用工作空间；搬迁；搬迁成本；人体工程；变化反应曲线；采购沟通；空间变化预备度；搬迁后评估

**【延伸阅读】**

[1] Office of Real Property Management, Performance Measurement Division. Workspace utilization and allocation benchmark[R]. GSA,2012.

[2] 陈光. 现代企业空间管理[M]. 上海:同济大学出版社,2014.

[3] 克里斯·胡德. 办公场所和员工体验[J]. 现代物业·设施管理,2015(5):29-33.

[4] Sally Augustin. Applying what scientists know about WHERE and HOW people work best[R]. IFMA Foundation,2015.

[5] 朱钟炎,贺星临,熊雅琴. 建筑设计与人体工程[M]. 北京:机械工业出版社,2008.

# 第5章　设施管理财务与成本

[本章导读]

设施管理必然会伴随着费用的发生。因此，设施管理专业人才不仅需要具备全面的与之相关的操作知识，还要求能设施管理财务与成本管理以满足企业需要。通过本章学习基本的经济评价参数和指标，完成对投资项目的经济评价，了解项目不确定性分析，决策最佳的投资方案。熟悉设施管理预算的内容，学会预算的编制、分析、控制和调整，学会运用生命周期的理念进行成本分析与控制，对生命周期的每个阶段进行管控，以达到成本管理的目的。

本章主要内容：

□ 资金时间价值、基准折现率、机会成本、沉没成本和影子价格；

□ 项目经济评价的盈利、清偿和财务生存指标；

□ 设施管理预算概念、分类，以及与战略、总体规划的联系；

□ 设施管理预算编制流程与方法；

□ 设施管理预算差异分析与调整控制；

□ 生命周期成本分解与分析；

□ 生命周期成本控制方法。

## 5.1　项目经济评价

项目经济评价是根据国民经济与社会发展规划、行业地区发展规划、企业战略规划的要求，采用科学的分析方法，对项目的财务可行性和经济合理性进行分析论证，为科学决策提供经济方面的依据。

### 5.1.1　项目经济评价参数

1. 资金的时间价值

资金的时间价值是指一定量资金在不同时点上的价值量的差额。在实际的企业经营活动中，资金的价值既体现在资金量的大小，同时也体现在资金发生的时点。例如，有一笔可以用于投资的资金，即使不考虑通货膨胀的因素，也会比将来的资金有价值，因为这笔资金可以立即投入使用，为企业产生价值。

在评价项目的经济效果时，通常要考虑项目整个寿命期内的资金收入与支出。例如，有一个公司面临两个投资方案A、B，寿命期相同，初始投资相同，实现利润的总数也相同，但每年的资金流量不同。投资方案比较表，如表5-1所示。在评价A、B两个投资方案的过程中，是否能将不同时期发生的现金流量直接相加来代表方案的经济效果呢？

**表5-1　投资方案比较表　(单位：万元)**

| 方案＼时间(年) | 0 | 1 | 2 | 3 | 4 | 5 |
|---|---|---|---|---|---|---|
| A | －100 | 50 | 40 | 30 | 200 | 10 |
| B | －100 | 10 | 20 | 30 | 40 | 50 |

由于资金的时间价值的存在，不同时间上发生的现金流量无法直接加以比较，需要通过一系列换算，在同一时点上进行对比，才符合客观的实际情况。如果其他条件都相同，直观上将更偏好方案A，因为方案A取得收益的时间更早。

资金的时间价值与利率和时间有关，计算方式有单利和复利两种。时间相同时，利率越高，资金的时间价值越大；利率相同时，时间越长，资金的时间价值越大。资金的复利终值图，如图 5-1 所示。

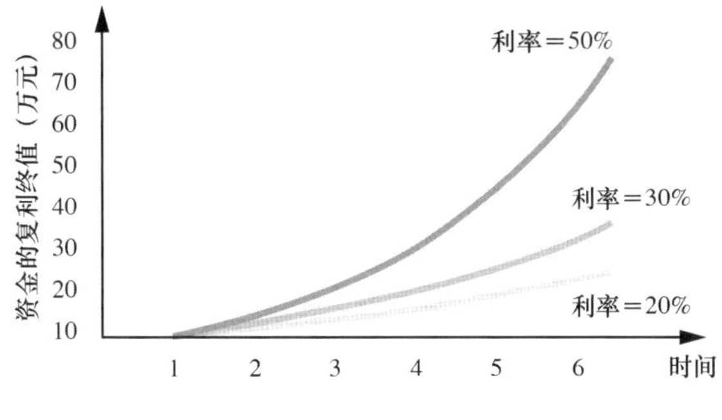


图 5-1 资金的复利终值图

2. 基准折现率

基准折现率（Benchmark Discount Rate，BDR）又称基准收益率，是行业或企业投资者依据所在行业的历史投资绩效，以动态的观点所确定的、可以接受的投资收益最低标准水平，即可接受的最小收益率（Minimum Attractive Rate of Return，MARR）。

基准折现率是项目经济评价的重要基础参数，表明投资决策者对项目资金时间价值的估价，是投资资金应当获得的最低盈利率水平，是评价和判断投资方案在经济上是否可行的依据。在项目经济评价过程中，会使用相同的基准折现率来评价不同方案。基准折现率影响因素，如图 5-2 所示。

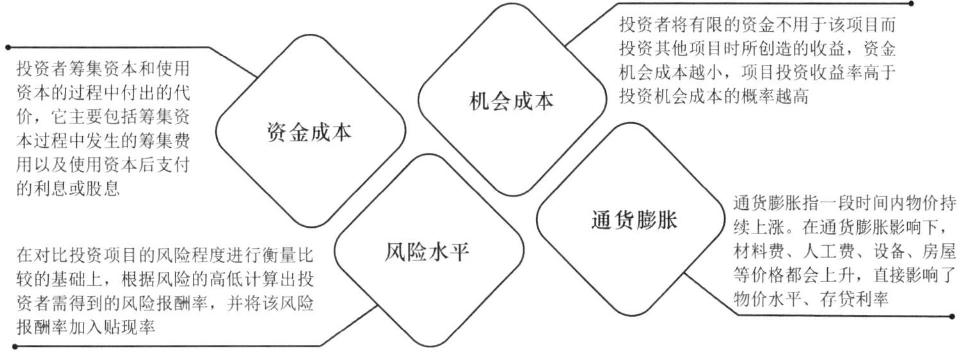


图 5-2 基准折现率影响因素

如果按照时价计算项目的支出和收入，基准折现率的计算公式如下：

$$i_c=(1+i_1)(1+i_2)(1+i_3)-1 \tag{5-1}$$

式中 $i_c$——基准折现率；

$i_1$——资金成本和机会成本中的较大成本率；

$i_2$——风险贴现率；

$i_3$——通货膨胀率。

3. 机会成本

机会成本（Opportunity Cost）指当影响决策的成本是为某一目的使用生产要素时，所放弃的最为重要的其他选择机会，这是潜在利益的减少，而非实际发生的支出。

机会成本虽然不是支出或费用，但它是因选择了一个项目而放弃了其他项目而失去的预期收益，所以应作为项目的现金流量予以考虑。但在计算机会成本时，不是所放弃预计未来的收益都作为机会成本，而要扣除或加上所得税因素的影响，具体计算方法为：

$$机会成本=预期收入-(预期收入-该资源原账面值)\times 所得税率 \tag{5-2}$$

例如，某企业由于收购了其他企业，需要安排新员工办公的地方，计划直接使用企业最近新建的办公楼，该办公楼的账面价值为 1200 万元。现分三种情况对新员工占用办公楼这一资源的机会成本进行分析。新员工占用办公楼的机会成本分析，如图 5-3 所示。

| 只用于新员工使用 | 用于新员工使用，也可对外出售，可得收入 1 000 万元 | 用于新员工使用，也可对外出售，可得收入 1 300万元 |
| --- | --- | --- |
| •用途单一；<br>•新员工占用办公楼资源就不存在机会成本；<br>•对新员工使用办公空间进行投资分析时，不管该办公楼的账面价值有多少，也不管能变现多少收入，都不考虑其机会成本 | •用途不单一；<br>•资源被新员工占用，而放弃了出售带来的收益 1 000万元，所放弃的未来收益即构成新员工办公的机会成本；<br>•如该企业适用所得税率为25%，此时的机会成本等于1 000－（1 000－1 200）×25%=1 050（万元） | •用途不单一；<br>•有机会成本；<br>•如该企业适用所得税率为25%，此时的机会成本等于1 300－（1 300－1 200）×25%=1 275（万元） |

图 5-3　新员工占用办公楼的机会成本分析

4．沉没成本

沉没成本(Sunk Cost)是指已发生或承诺、无法回收的成本支出及费用，或因失误造成的不可收回的投资成本支出及费用。例如，设备一经购置而不管使用与否，都要发生折旧成本，因此在该设备上的投资就是一种沉没成本。

例如，某企业计划投资新建厂房，便聘请咨询机构测算投资回报率，过程中由于企业战略变化，终止了咨询需求。根据合同，企业需支付相关费用 100 万元，其中已经支付 60 万元，尚有 40 万元未付。

若干年之后，该公司重新启动投资新建厂房项目，由于之前进行咨询的活动与是否重新投资这个项目没有关联性，所以之前的 100 万元就属于沉没成本。不论这 100 万元是否全部支付或何时支付，即使原尚未支付的 40 万元是在准备重新投资这个项目后支付，在重新建设工厂进行决策时，也不能将其纳入项目的现金流量。

5．影子价格

影子价格(Shadow Price)是为解决资源最优利用问题而提出的客观制约估价理论，也称为“最优计划价格”。以资源的有限性为出发点，以资源最佳配置作为价格形成的基础，即最优价格不取决于部门的平均消耗，而是在最劣等生产条件下的个别消耗的边际消耗决定的。影子价格是对资源使用价值的定量分析，为最优计划价格。

广义的影子价格还包括资金的影子价格(即社会折现率)、外汇的影子价格(即影子汇率)、土地的影子价格、工资的影子价格等。从定价原则上看，影子价格能更好地反映产品的价值，反映市场的供求情况及资源的稀缺程度。因为影子价格不是市场价格，它是根据企业本身的资源情况、消耗系数和产品的利润计算出来的一种价格，是新增资源所创造的价值，是边际价格。

### 5.1.2　项目经济评价指标

设施管理部门为了向企业高层争取更多的资金，就必须学会如何使用经济指标与高层交流。通常，设施管理部门需要用经济评价指标来进行沟通和决策。

经济评价是对项目方案在计算期内，各种相关的技术经济因素、方案投入与产出的相关财务和经济资料数据进行调查、分析和预测，对项目方案的经济效果进行计算和评价。项目经济评价六大原则，如图 5-4 所示。

基于资金有时间价值，在对项目方案进行经济效益评价时，以动态的评价指标为主，全面地反映整个计算期的经济效果。动态指标将发生在不同时间的收益和费用经过现金流量的等值化处理后进行评价。项目经济评价指标体系，如图 5-5 所示。

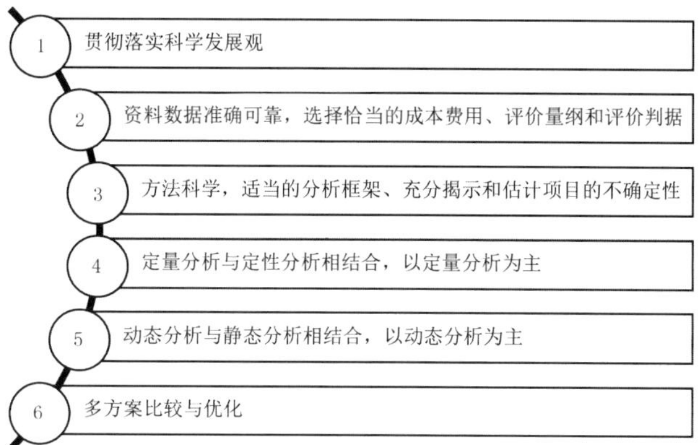


图 5-4 项目经济评价六大原则

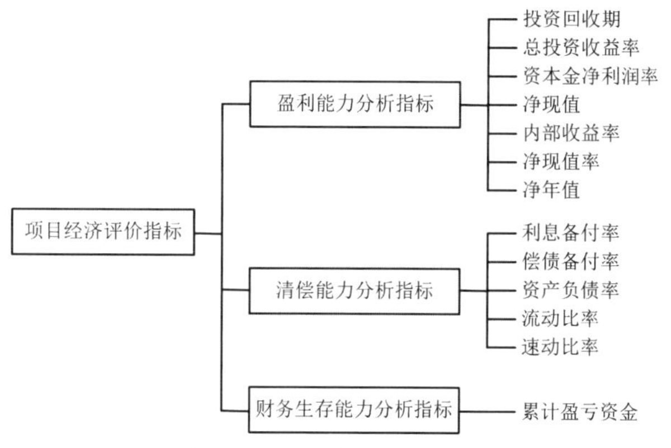


图 5-5 项目经济评价指标体系

在设施管理项目中，经济评价指标充当了决策工具的角色。对项目经济指标的计算，可以直观地对比不同的方案，通过指标数据说服企业高层领导，采取成本最低或效益较好的方案。项目经济评价指标的含义、计算公式和判断标准，如表 5-2 所示。

**表 5-2　项目经济评价指标的含义、计算公式和判断标准**

| 名称 | 含义 | 计算公式 | 判断标准 |
| --- | --- | --- | --- |
| 动态投资回收期（$P_t'$） | 把项目各年的净现金流量按基准收益率折现后，再推算投资回收期 | $\sum_{t=0}^{P_t'}(CI-CO)_t(1+i_c')^{-t}=0$<br>$P_t'$=（累计净现金流量现值开始出现正值的年份数－1）＋上一年累计净现金流量现值的绝对值＋出现正值年份的净现金流量的现值 | $P_t' \leqslant P_c$ 方案可以接受；<br>$P_t' > P_c$ 方案不接受；<br>当 $i_c=FIRR$ 时，动态投资回收期等于项目寿命周期，$P_t'=n$；<br>一般情况下 $P_t'<n$，则必有 $i_c<FIRR$ |
| 总投资收益率（ROI） | 项目达到设计能力后正常年份的年息税前利润或运营期内年平均息税前利润与总投资的比率 | $ROI=\frac{ERIT}{TI}\times 100\%$<br>$ROI=\frac{\text{正常年份的年息税前利润或运营内年平均息税前利润}}{\text{总投资}}\times 100\%$，总投资（建设投资＋建设期贷款利息＋全部流动资金），表示总投资的盈利水平 | 总投资收益率高于同行业的收益率参考值，表明用总投资收益率表示的盈利能力满足要求 |

续表

| 名称 | 含义 | 计算公式 | 判断标准 |
| --- | --- | --- | --- |
| 资本金利润率（$ROE$） | 项目达到设计能力后正常年份的年净利润或运营期内年平均净利润与资本金的比率 | $ROE=\frac{NF}{EC}\times 100\%$<br>$ROE=\frac{\text{正常年份的年净利润或运营内年平均净利润}}{\text{资本金}}\times 100\%$<br>表示资本金的盈利水平 | 资本金净利润率高于同行业的净利润率参考值，表明用资本金利润率表示的盈利能力满足要求 |
| 净现值（$NPV$） | 用一个预定的基准收益率（或预定的折现率）$i_c$ 分别把整个计算期内各年发生的净现金流量折现到项目开始实施时的现值之和 | $NPV(i_c)=\sum_{t=0}^{N}(CI-CO)_t(1+i_c)^{-t}$ 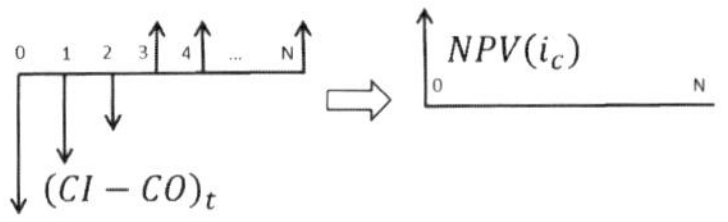<br>0 1 2 3 4 … N $(CI-CO)_t$ ⇨ $NPV(i_c)$ 0 N<br>盈利能力的绝对指标：<br>$i_c$ 确定比较难；不能反映单位投资的使用效率；寿命应该相同，寿命不等时选取相同的分析期限 | $NPV>0$ 方案经济上可行；<br>$NPV\leqslant 0$ 方案经济不可行 |
| 内部收益率（$IRR$） | 使项目在计算期内各年净现金流量的现值累计等于零时的折现率 | $NPV(IRR)=\sum_{t=0}^{N}(CI-CO)_t(1+IRR)^{-t}$ 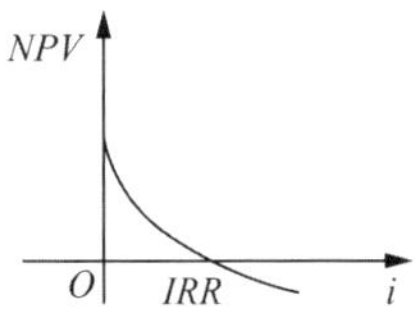<br>NPV O IRR i | 在常规投资情况下：<br>$IRR\geqslant I_c$，经济上可以接受；<br>$IRR<I_c$，经济上拒绝；<br>$IRR$ 计算比较繁，有的情况 $IRR$ 不存在或有多个盈利能力的相对指标 |
| 净现值率（$NPVR$） | 项目净现值与总投资现值之比（单位投资现值所能带来的净现值） | $NPVR=\frac{NPV(i_c)}{I_p}$<br>$I_p=\sum_{t=0}^{K}I_t\left(\frac{P}{F},I_c,t\right)$<br>$K$——建设期年数 | 独立方案：$NPVR\geqslant 0$ 可以接受；<br>$NPVR<0$ 不能接受；<br>多个项目方案评价时，先淘汰 $NPVR<0$ 的方案，在余下方案中，用互斥方案组合比较方法来选择方案 |
| 净年度等值（年值）（$NAV$） | 指用一个预定的基准收益率（或预定的折现率）$i_c$ 分别把整个计算期内各年所发生的净现金流量折算成与其等值的项目各年年末为等额净现金流量值 | $NAV(i_c)=NPV(i_c)\left(\frac{A}{P},i_c,N\right)$ 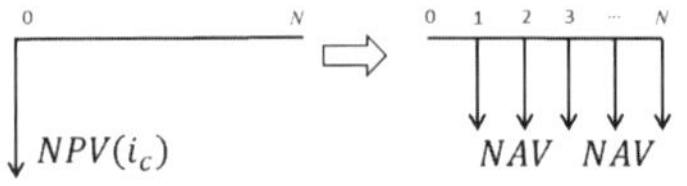<br>0 N $NPV(i_c)$ ⇨ 0 1 2 3 … N NAV NAV | 与净现值在项目评价时等价 |

续表

| 名称 | 含义 | 计算公式 | 判断标准 |
|---|---|---|---|
| 费用年值（$AC$） | 指用一个预定的基准收益率（或预定的折现率）$i_c$ 分别把整个计算期内各年所发生的所有费用支出折算成与其等值的等额支付序列年费用 | $AC(i_c)=\left[\sum_{t=0}^{N} CO_t\left(\frac{P}{F},i_c,t\right)\right]\left(\frac{A}{P},i_c,N\right)$<br>$\sum_{t=0}^{N} CO_t\left(\frac{P}{F},i_c,t\right)$ ⇨ $AC$ $AC$ | 费用年值越小，其项目的经济效益越好；<br>费用年值只能反映费用的大小，不能反映净收益情况，所以不能单独用于判断方案是否可行 |
| 利息备付率（$ICR$） | 项目在借款偿还期内各年可用于支付利息的息税前利润与当期应付利息费用的比值 | $ICR=\frac{EBIT}{PI}$<br>$EBIT$——息税前利润；<br>$PI$——计入总成本费用的应付利息 | 一般情况下，利息备付率不宜低于 2，并满足债权人的要求 |
| 偿债备付率（$DSCR$） | 指项目在借款偿还期内，各年可用于还本付息的资金与当期应当付息金额的比值 | $DSCR=\frac{EBIDDA-Tax}{FD}$<br>$EBIDDA$——息税前利润加折旧和摊销；<br>$Tax$——企业所得税；<br>$EBIDDA\text{-}Tax$——可用于还本付息资金；<br>$FD$——应还本付息金额 | 正常情况应当不低于 1.3，并满足债权人的要求 |
| 资产负债率（$LOAR$） | 指各期末负债总额同资产总额的比率 | $LOAR=\frac{TL}{TA}\times 100\%$<br>$LOAR$——资产负债率；<br>$TL$——期末负债总额；<br>$TA$——期末资产总额 | 应结合国家宏观经济状况、行业发展趋势、企业所处竞争环境等具体条件判定 |

### 5.1.3 项目不确定性分析

项目经济评价数据的数据多数来源于预测和估计，而任何预测和估计都是建立在某种假设、判断和数据统计基础上。这些数据往往会由于条件变化而发生变化，如经济关系和经济结构的变化、未预见到的政治经济因素、价格的调整与浮动、技术改革与进步、生产能力测算不准确、预计的建设期与达产期不符合实际等。

不确定因素的存在是不可避免的，而项目经济分析的任务，就在于力求把风险减到最低程度。在最理想和最不理想的情况下，减少分析误差，提高分析的可靠性，要借助于敏感性分析(Sensitivity Analysis)。

敏感性分析是指从众多不确定因素中，对项目经济效益指标有重要影响的敏感性因素，进行分析、测算，进而判断项目承受风险能力的一种不确定性分析方法。项目敏感性分析步骤，如图 5-6 所示。

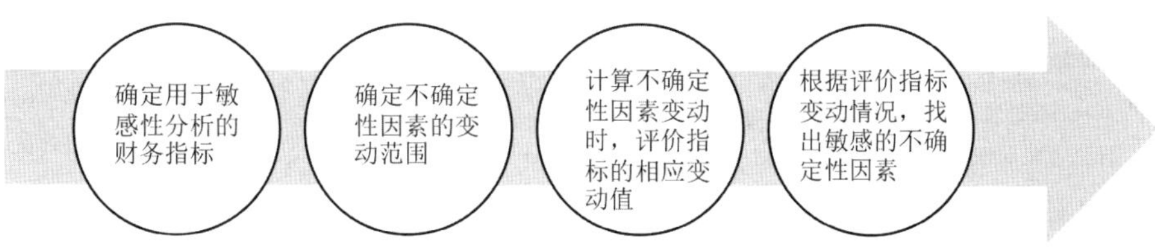


图 5-6 项目敏感性分析步骤

假设 $y=f(x_1,x_2,\cdots,x_n)$（$x_i$为第 $i$ 个属性值），令每个属性在可能的取值范围内变动，研究和预测这些属性的变动对模型输出值的影响程度。将影响程度的大小称为该属性的敏感性系数。敏感性系数越大，说明该属性对模型输出的影响越大。

敏感性因素一般可选择主要参数进行分析，若某参数的小幅度变化能导致经济指标的较大变化，则称此参数为敏感性因素，反之则成为非敏感因素。通常采用的指标是内部收益率，必要时也可以选择净现值等经济指标，选择时应考虑分析目的，以及计算的复杂程度。

**【案例5-1】**

某公司的设施管理部门需要更新公司的空调系统，经过功能需求分析之后，发现有三个可选的方案：变风量系统（Variable Air Volume System，VAV）、双通道组合式系统（Dual Conduit System）和双风道变风量系统（Dual Duct VAV）。空调系统方案初始投资和后期运营费用，如表5-3所示。

表5-3 空调系统方案初始投资和后期运营费用

| 费用 \ 方案 | 变风量系统（方案一） | 双通道组合式系统（方案二） | 双风道变风量系统（方案三） |
|---|---|---|---|
| 初始投资（万元） | 560 | 630 | 700 |
| 年度维修费用（万元） | 49 | 56 | 70 |
| 年度能源费用（万元） | 280 | 350 | 370 |
| 每年自适控制带来的能源节约（万元） | 35 | 35 | 24 |
| 每年变速驱动控制带来的能源节约（万元） | 70 | 49 | 35 |

假设运营年限为15年，期末残值为初始投资的10%，基准收益率为12%。因为三个方案的功能均能满足要求，所以通过比较经济评价指标的费用年值来选择最经济的方案。

1. 三种空调系统方案费用年值

$AC_1=(49+280-35-70)+560\times(A/P,12\%,15)-560\times10\%\times(A/F,12\%,15)=307.72$（万元）

$AC_2=(56+350-350-49)+630\times(A/P,12\%,15)-630\times10\%\times(A/F,12\%,15)=416.19$（万元）

$AC_3=(70+370-24-35)+700\times(A/P,12\%,15)-700\times10\%\times(A/F,12\%,15)=485.65$（万元）

通过计算，发现方案一的年费最低，故方案一为最经济方案。

2. 方案一敏感性分析

选择方案一之后，需要对其风险水平进行敏感性分析，找到最敏感的费用因素。分别计算初始投资、年度维修费用、年度能源费用在初始值的基础上按照±10%，±20%的幅度变动，并计算出其对应的费用年值。

初始投资在+10%范围内变动：

$AC_{10\%}=(49+280-35-70)+560\times(1+10\%)\times(A/P,12\%,15)-560\times(1+10\%)\times10\%\times(A/F,12\%,15)=316.10$（万元）

重复此计算公式，可以得到这三个不确定性因素对费用年值的影响情况。不确定性因素引起费用年值的变化率，如表5-4所示。

表5-4 不确定性因素引起费用年值的变化率

| 费用类型 | 因素变化幅度 | | | | | 费用年值变化 | |
|---|---|---|---|---|---|---|---|
| | −20% | −10% | 0 | 10% | 20% | 平均增加10%成本 | 平均降低10%成本 |
| 初始投资（万元） | 290.98 | 299.35 | 307.72 | 316.10 | 324.47 | 2.7% | −2.7% |
| 年度维修费用（万元） | 397.35 | 406.77 | 416.19 | 425.61 | 435.03 | 2.3% | −2.3% |
| 年度能源费用（万元） | 464.72 | 475.19 | 485.65 | 496.12 | 506.59 | 2.2% | −2.2% |

表 5-3 中的费用年值变化表示，当其他因素均不发生变化时，该因素成本每变化 1%，对净现值百分比的变化。为了直观展示不确定性因素对费用年值的影响程度，一般会将计算的数据用坐标图表示。来反映各个敏感性因素发生变化对费用年值影响情况，每条直线的斜率越大，意味着敏感程度越高。不确定性因素对费用年值的影响程度，如图 5-7 所示。

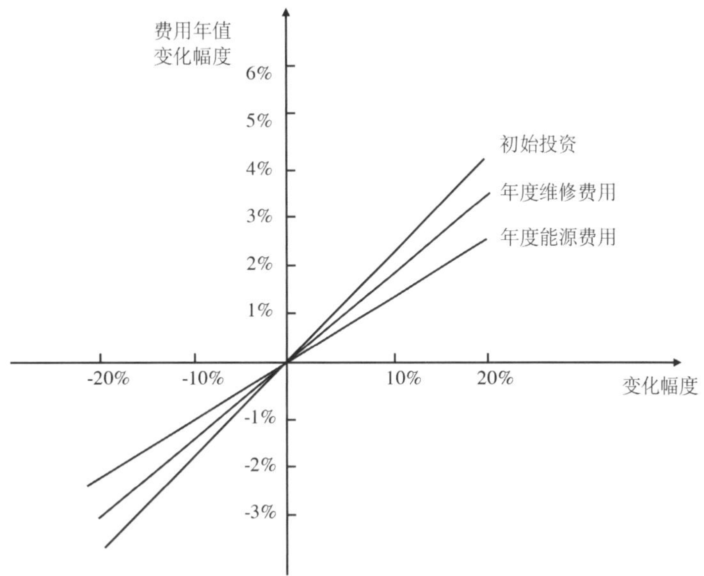


图 5-7　不确定性因素对费用年值的影响程度

因此，净现值对各个因素敏感程度的排序：初始投资、年度维修费用、年度能源费用。最敏感的因素是初始投资。因此，从投资决策角度来说，应该对初始投资进行更准确的测算。费用年值发生变化的可能性，以降低投资项目的风险。

## 5.2 设施管理预算

在任何大型项目中，都有必要确定成本，并在项目构思后，做出估算，以便进行行政审批，而这些估算往往比较宏观。设施管理过程中会有很多小项目，需要通过预算来控制每个项目，使所有成本的总和不超过预算。设施管理者必要考虑到未来期间条件可能发生的变化，以及需要采取怎样的措施来适应这种变化。

### 5.2.1 预算作用与分类

1. 预算及其作用

预算是组织的运营和控制工具，它用来确定在一段时间内为实现组织目标所需要的资源和投入。设施管理预算是为落实设施管理战略和实现长短期目标而制订的详细计划。设施管理目标是通过战略的形式表现出来的，而财务预算主要解决设施管理战略实现所需要的资金来源、资金投向及资金分配等问题，财务预算为损益、现金流量和财务状况设定了具体的目标。

在设施管理部门的日常运营过程中，一方面，在投资方向的选择上，要评价投资项目的可行性和经济效益，为决策提供依据；另一方面，从资金流的角度对战略规划进行落实，形成总体规划和年度计划。预算就是在这两者的基础上，对已选定的投资方案和日常财务计划统一以货币的形式进行综合和概括，以总括反映设施管理部门在一定时期内所应实现的目标和任务，并通过预算目标和实际的比较和差异分析，评定各管理者、各部门的业绩，实施激励制度，从而实现战略目标、经营计划和日常业务的紧密结合。

预算编制的前提是战略分析。战略、规划与年度计划之间的关系，如图 5-8 所示。

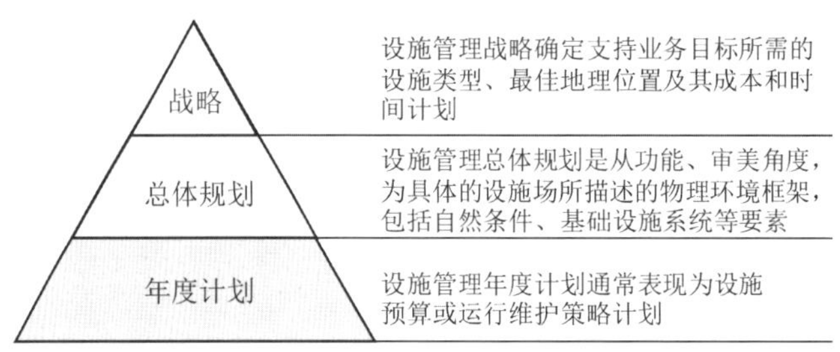


图 5-8 战略、总体规划与年度计划之间的关系

"战略"是将组织优势与市场机会相结合的计划，以期实现组织的长短期目标；"规划"是详细筹划组织的未来方向以实现组织既定目标的过程；"预算"是"规划"的基础，因为成功的预算需要很好地协调组织的资源与组织战略。

战略、总体规划和年度计划(包括年度工作计划和预算)的编制周期，如图 5-9 所示。

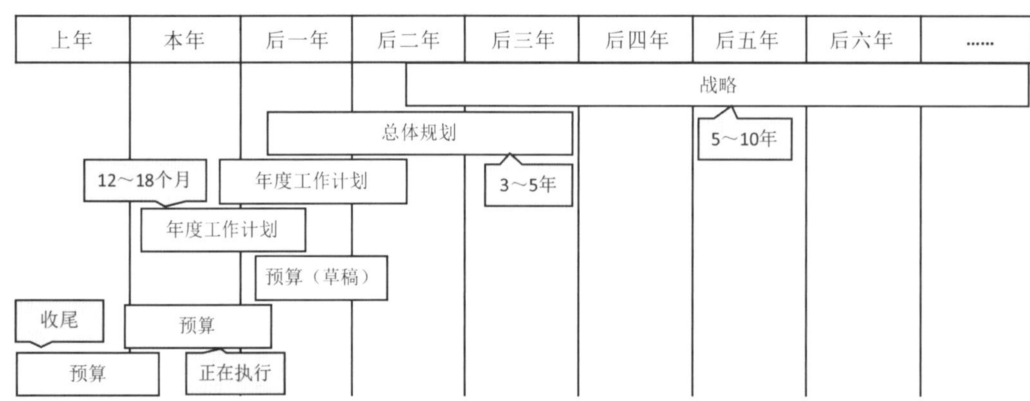


图 5-9 战略、总体规划与年度计划编制周期

设施管理部门的预算应直接从年度工作计划中得出，按计划安排工作量，以期望在该年内完成计划。设施管理部门按年度工作计划将工作分解，对应各个项目工作量编制预算。很多时候，与战略规划关联的只有资本预算，而不是年度预算。这就像计划购买一辆新车，只是考虑能承受起始价格，而忽略了后期的费用。所以往往会发生以下两种情况：①工作计划是在预算被批准后开始的；②在预算过程中，工作计划没有及时更新，所以批准预算和批准工作计划不同步。

为了解决这些问题，必须管理规划和预算过程。所以在有的部门，每年编制工作计划需要 12 个月，但是也有一些部门希望是 15 个月或甚至 18 个月的时长，原因如下：

(1) 确保年底期间目标的连续性。

(2) 最大限度地利用财政年度的最后几天出现的任何超额资金。

设施经理可能在任何一个财政年度参与三个预算：预算结算、执行当前预算以及制订后续预算。而且往往会承担很多个同时进行的项目，所以预算内容在同一个时间段，包括不同项目的不同阶段的内容。某一时期预算内容示例，如图 5-10 所示。

2. 预算分类

1) 按编制部门分类

设施管理预算按照不同编制部门分类，可分为自上而下的预算、自下而上的预算和混合型预算。预算按照不同编制部门分类，如表 5-5 所示。

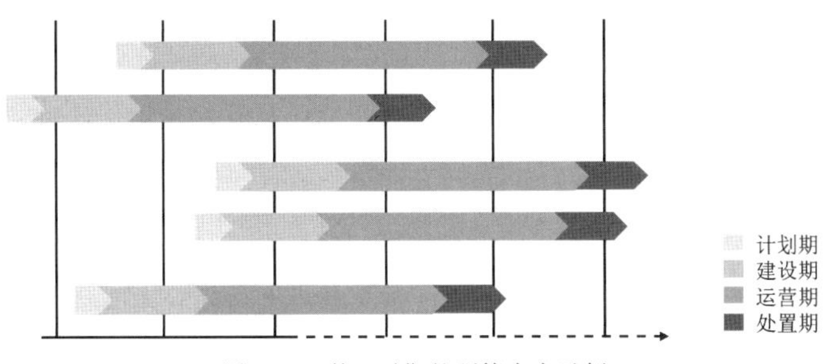


图 5-10　某一时期的预算内容示例

表 5-5　　预算按照不同编制部门分类

| 预算方法 | 自上而下的预算 | 自下而上的预算 | 混合型预算 |
| --- | --- | --- | --- |
| 编制流程 | 最高管理层自上而下将战略整合到预算中 | 自下而上沟通，在预算流程中不优先考虑战略目标 | 自上而下沟通战略目标，并自下而上实施该目标 |
| 决策特点 | 能更好地控制决策 | 来自较低组织层级的专业信息使预算决策更为可靠 | 保留了对预算编制的控制权，同时能获得各个组织层级的专业信息，但预算编制流程会比较长 |
| 沟通方式 | 用指令代替沟通 | 较低组织层级与管理层的全面沟通（产品/服务视角或市场视角） | 双向沟通：最高管理层理解预算流程参与者的困难与需要；预算参与者理解管理层的意图 |
| 员工满意度 | 员工不满，不受激励 | 员工参与，受激励 | 较低组织层级的参与使他们能更好地接受预算，从而对实现预算目标做出更大努力 |
| 执行情况 | 较低组织层级可能不会严格遵循预算 | 高层管理者过松或过严的审批会导致预算松弛 | 员工对预算具有责任感，加上高级管理层的全面审查，使严格的预算能得到遵循 |
| 适用范围 | 比较适用于小型企业或环境相对稳定的企业 | 适用于高度波动环境中的各个责任中心，各个领域自身有最为完善的营运数据 | 适用于大多数公司，能实现战略与战术之间的平衡 |
| 模式示意 | 首席执行官<br>生产领域　销售领域　……　设施管理领域<br>部门　部门　……　部门 | 首席执行官<br>生产领域　销售领域　……　设施管理领域<br>部门　部门　……　部门 | 首席执行官<br>生产领域　销售领域　……　设施管理领域<br>部门　部门　……　部门 |
| 举例 | 高层管理者规定设施管理的某一项工作的总预算，如外墙改造，那设施管理部门只能在预算价格下工作 | 设施管理经理自行编制预算，考虑购买、人力、资源和行政等，再交给高层领导批准，最后执行预算 | 高层领导让设施管理部门明确组织战略目标，部门根据此目标编制预算 |

2）按编制对象分类

按照编制的对象分类，设施管理预算分为资本预算、运营预算和空间预算三种。

（1）资本预算

资本预算是一项新的建筑物或设备的项目清单，该预算显示了每一个项目的预期成本及相应的支出时间。用于有长远意义的重大项目投资，对其提供资源支持，包括采购和投资等。

(2) 运营预算

运营预算确定运营所需资源以及如何通过购买或自行获得这些资源。设施管理运营预算显示未来一年的运营计划,包括收入、费用、存货变动及其他经营项目。运营预算始于总体规划第一年的期初,以便于运营部门按计划完成。由于运营预算与实际业绩相比可以提供一个评估的基础,因而经营预算可以成为一种非常有用的控制手段。

(3) 空间预算

空间预算必须首先评估总的空间需求,然后组织确定通过更新租赁、建造或更有效地利用现有空间,满足企业的最佳利益。如果决定是更新或建造,通常使用资本基金。这时就需要运用资本预算的规则,适当分配成本,特别是在那些操作和维护经常资金不足的时候。

不同类型预算随时间跨度的重要性,如图 5-11 所示。

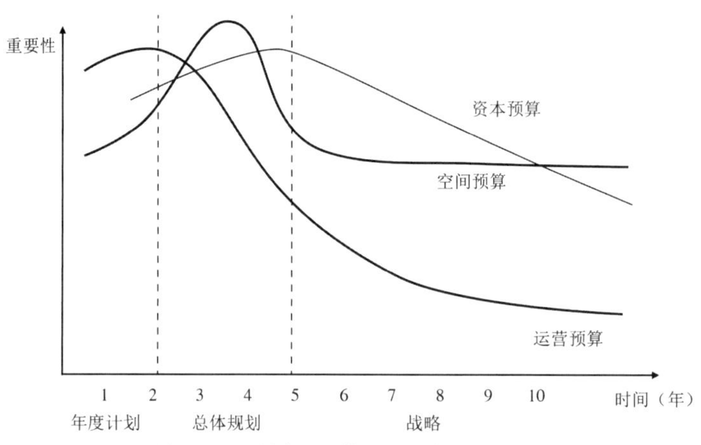


图 5-11 不同类型预算随时间跨度的重要性

### 5.2.2 预算编制

预算编制是预算能否有效发挥作用的关键所在。预算编制是否科学、准确,将直接决定预算是否真正能够发挥控制功能。制订设施管理预算的过程需要和其他部门协作,以确保组织中的每一部门与其他部门的成本保持相对平衡。

1. 预算编制流程

预算编制流程,如图 5-12 所示。

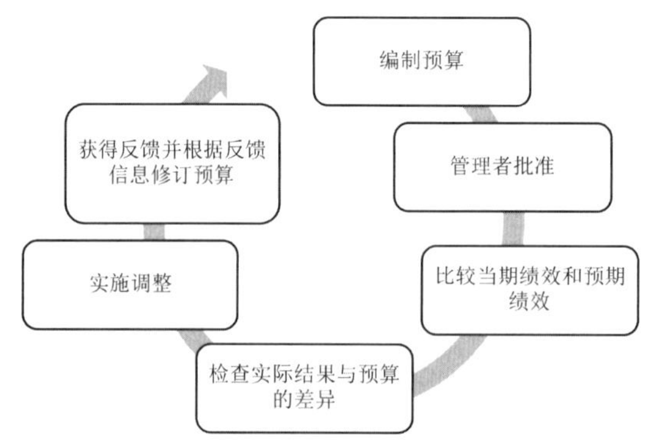


图 5-12 预算编制流程

组织每年制订一次预算,涵盖即将来临的财政年度。在实施过程中,采用滚动预算的方法进行调整,通常对一年当中每个月、每个季度编制单独的预算,或每个季度编制一次新的预算。

由于大多数重要的项目已经在战略计划中了，如本年度计划建设建筑物或购置新设备等决策通常在一年前甚至更早就已确定下来。因此，预算并不是一项崭新的创造，它是建立在已经进行的业务及新批准的项目基础上的一项工作。设施管理部门预算编制流程(示例)，如图 5-13 所示。

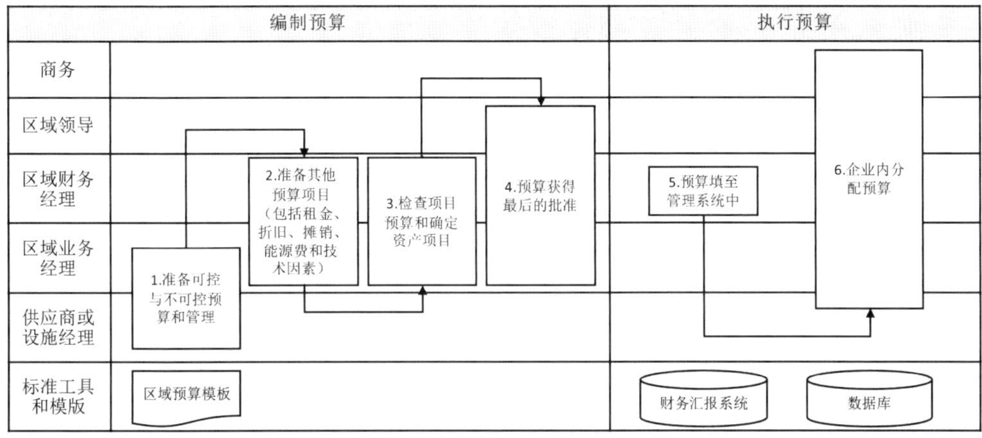


图 5-13 设施管理部门预算编制流程(示例)

针对单个项目的预算管理流程，例如固定资产的预算申请管理，通过对项目前期的预算计划，实时监控，及时关注支出是否超过预算的控制界限。如果超过了，就需要向上级汇报，申请更多的资金。项目完成之后，采用统一的资产管理方式进行管理。固定资产项目预算管理流程(示例)，如图 5-14 所示。

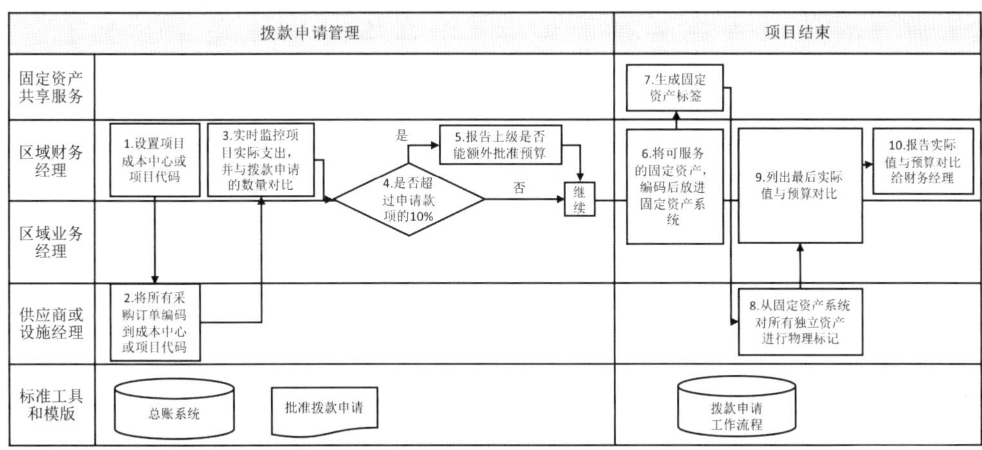


图 5-14 固定资产项目预算管理流程(示例)

## 2. 预算编制方法

根据业务类型、组织结构、营运责任以及管理理念不同，组织可以选择预算编制方法，一般采用六种不同预算方法，这些方法并非相互排斥。预算编制方法，如图 5-15 所示。

### 1) 项目预算法

当某个项目完全独立于组织的其他元素或是该组织的唯一元素的时候，就会用到项目预算。一座建筑、一个大型设备、一条公路或其他主要资本资产经常会用到项目预算。项目预算的时间框架就是项目的期限，如果跨年度的项目应按照年度分解编制预算。

在编制项目预算时，可以使用标杆管理，参照过去项目的成功项目预算。其优点是在于它能包含所有与项目相关的成本，容易度量单个项目的影响。无论规模大小，项目管理软件都能辅助项目预算的编制和追踪。

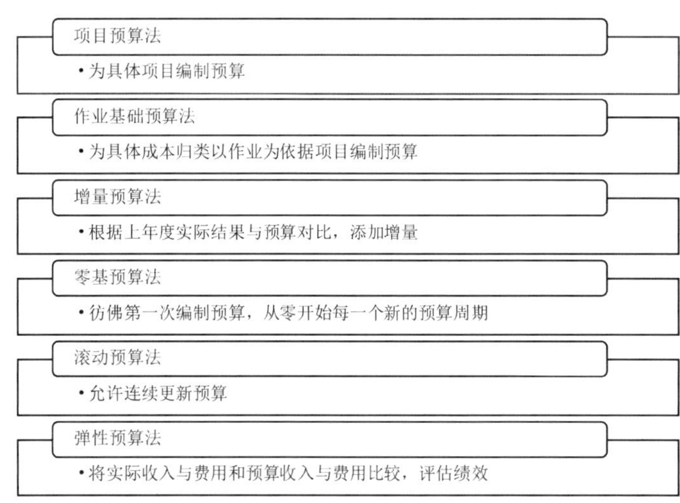


图5-15 预算编制方法

2）作业基础预算法

作业基础预算是建立在作业成本法（Activity-Based Costing，ABC）基础上的一种预算编制方法，是在理解作业和成本上升动因基础上，对未来期间的作业量和资源需要量进行预测的一种方法。其基本原理可概括为“作业消耗资源，产品消耗作业”：是以作业为间接费用归集对象，通过资源动因的确认、计量，归集资源费用到作业上，再通过作业动因的确认计量，归集作业成本到产品上去的间接费用分配方法。作业基础预算法最适合于在产品数量、部门数量以及诸如设备调试等方面比较复杂的企业。

3）增量预算法

增量预算是一种很常用的预算类型，以上一年度的预算为起点，根据业务规模和营运环境的预计变化，自上而下或自下而上地调整上一年度预算中的各个项目。增量预算是以基期收入和成本费用为基础，结合预算期业务量水平以及有关降低成本的措施，通过调整有关原有费用项目及预算额而编制预算的方法。

例如，某项目以上一年度的一季度实际值应作为基准参照点，对各个预算项目的当前数据进行预计。本季度数据应参考上一年度的任何已知费用，并进行相应调整。执行差异分析，比较本季度计划与上年度该季度实际情况。增量预算法编写运营预算（示例），如表5-6所示。

**表5-6 增量预算法编写运营预算（示例）** （单位：元）

| 编号 | 预算项目 | 2016年第一季度实际支出 | 2017年第一季度预算 | 差异 | 差异分析 |
|---|---|---|---|---|---|
| 1 | 人员工资：内部 | 87990 | 133304 | 45314 | 人员工资预算增加的原因是由于IFM推广导致工作人员增多 |
| 2 | 运营维护 | 5573 | 39724 | 34151 | 运维预算增加的原因是换新员工对设备不熟悉 |
| 3 | 清洁人员和用具 | 19899 | 155750 | 135851 | 清洁费用增加的原因是重新分配了清洁费用 |
| 4 | 配电 | 102837 | 75336 | −27501 | 配电预算减少的原因是新谈判了低成本的供应商 |
| 5 | 电力供应费用 | 93786 | 76045 | −17741 | 电力费用减少的原因是采取了能源效率更高的措施 |
| 合计 | | 354965 | 529496 | 174531 | — |

4）零基预算法

零基预算要求部门申请预算时，应从计划起点开始（故称为“零基”），并且审核工作仍然由各主管负责，并自行说明为何需要支出。采用这一方式后，每一项业务被视为一项“决策案”，以系统化的分析来进行评估，并按其重要程度一一评定各方案排名的高低。

在进行每项工作时，对所做工作，不管过去的实绩如何，都必须以目前的发展情况为基础，以今后应执行的计划目标为准则，给予重新检查，一切从零出发重新做起。对于每项作业活动或职能重新评估，以期望及时发现效益不佳之处，杜绝资源浪费及缺乏效率的情况。

5）滚动预算法

滚动预算是随时间的推移和市场条件的变化而自行延伸并进行同步调整的预算。该方法是在每期的期末，删除已过期的那部分预测，加上新一期的预算，这样预算中所包含的期间数就保持不变，并且还能根据营运环境的变化持续更新预算。

滚动预算有较强的相关性，可以反映当前发生的事项和变化，并调整对未来的预测。其优点是将一个复杂的过程分解为易于管理的步骤，管理者一直拥有一个完整的预算期数据，就能从更长远的视角来审视决策。滚动预算编制机制，如图 5-16 所示。

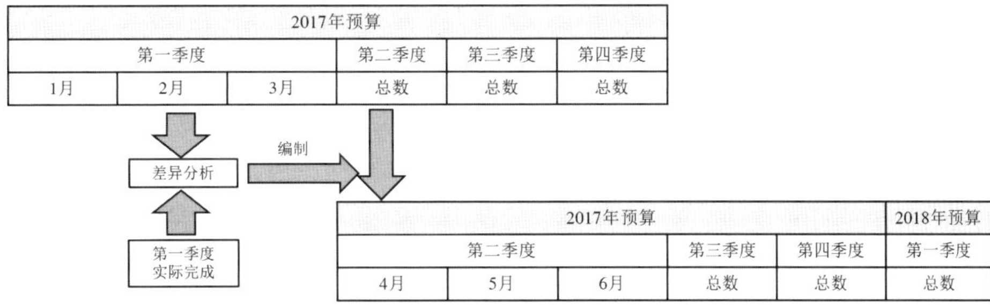


图 5-16　滚动预算编制机制

6）弹性预算法

弹性预算又称变动预算，是一种具有伸缩性的、能够适用于一系列业务量变化的预算。在不能准确预测业务量的情况下，以业务量、收入、成本、费用之间有规律的依存关系为依据，按业务期内可能发生的业务量编制的一系列预算。

弹性预算只调整变动成本，固定成本保持不变。弹性预算更多的是作为一种分析工具以确定实际结果与预算间的差异，而不是用于编制原始预算。

例如，某公司设施管理年度预算表，如图 5-17 所示。

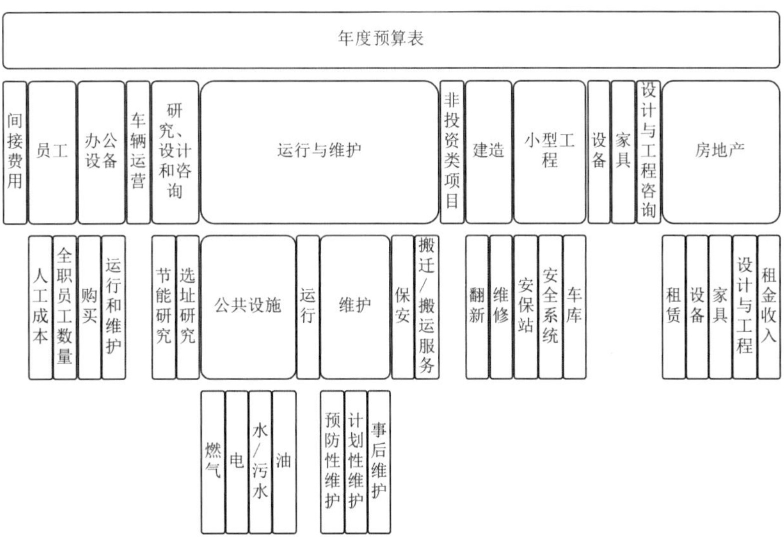


图 5-17　某公司设施管理年度预算表

**【案例 5-2】**

某企业办公楼约 4 万平方米，设施管理部门基于 2016 年的预算和实际情况，编制了 2017 年度设施管理预算。2017 年度设施管理预算表，如表 5-7 所示。

表 5-7 2017 年度设施管理预算表 （单位：万元）

| 序号 | 项目 | 2016 | 2017 | 差额 | 增长率 | 备注 |
|---|---|---|---|---|---|---|
| 1 | 营业收入 | | | | | |
| 1-1 | 办公部分管理费 | 1403.15 | 1483.13 | 79.98 | 6% | 按实预估收入 |
| 1-2 | 商业部分管理费 | 5.58 | 5.58 | | 0% | |
| | 收入合计 | 1408.73 | 488.71 | 79.98 | 6% | |
| 2 | 其他业务收入 | | | | | |
| 2-1 | 冷却水费 | 77.09 | 85.59 | 8.51 | 11% | 按实预估收入 |
| | …… | …… | …… | …… | …… | |
| | 其他收入合计 | 572.47 | 628.94 | 56.47 | 10% | |
| | 总计收入(1+2) | 1981.20 | 2117.66 | 136.46 | 7% | |
| 3 | 营运费用 | | | | | |
| 3-1 | 清洁费用 | 118.05 | 132.49 | 14.43 | 12% | 因 2016 年 10 月续签外包清洁服务合同涨价的原因，2017 年预算外包清洁服务费比 2016 年多 14.4 万元 |
| 3-2 | 安保费用 | | | | | |
| 3-2-1 | 保安耗材 | 0.3 | 5.67 | 5.37 | 1790% | 新增监控设备的维修更换费用，2016 年没有预算这部分费用。2016 年发生相关费用约 2 万元，预计明年的维修更换费用将会更多，所以预估 5.37 万元 |
| 3-2-2 | 消防设备年检 | 5.5 | 3.00 | −2.50 | −45% | 该项年检费用实际为 1.96 万元，因价格浮动较大，所以 2017 年预算 3 万元 |
| | …… | …… | …… | …… | …… | |
| | 安保费用合计 | 6.45 | 8.96 | 2.51 | 39% | |
| 3-3 | 绿化费用 | 10.40 | 11.00 | 0.60 | 6% | 新增绿化整改费 0.6 万元，2016 年没有预算这部分费用，所以按 2017 年发生额预估费用 |
| 3-4 | 工程消耗品支出 | | | | | |
| 3-4-1 | 工　具 | 2.10 | 2.10 | — | 0% | |
| 3-4-2 | 工程消耗品 | 98.85 | 78.75 | −20.10 | −20% | 1. 去年预计了柴油发电机相关滤器更换等维保成本 2.1 万元，实际发生 1.9 万元。所以今年比去年减少该项维保成本的预算 2.1 万元；<br>2. 去年预计了感应龙头更换费用 17.6 万元，目前决定暂不更换。所以今年比去年减少该项更换费用 17.6 万元 |

续表

| 序号 | 项目 | 2016 | 2017 | 差额 | 增长率 | 备注 |
|---|---|---|---|---|---|---|
| | 其他营运支出合计 | 100.95 | 80.85 | －20.10 | －20% | |
| 3-5 | 工程维护保养合同 | 131.24 | 157.00 | 25.76 | 20% | 新增零星工程24万元，2016年没这部分费用预算，所以按发生额预估费用 |
| 3-6 | 专业设备强制性年检及改进费用 | 12.75 | 13.40 | 0.65 | 5% | 新增燃气管路及锅炉房燃气报警器检测费0.44万元 |
| 3-7 | 能源（水费、电费、天然气费等） | 741.00 | 745.50 | 4.50 | 1% | 按2016年发生额预估费用（租户增多） |
| 3-8 | 常规管理费（员工开支） | | | | | |
| 3-8-1 | 员工工资 | 351.00 | 380.00 | 29.00 | 8% | 2016年7月涨薪。薪酬增长的原因，2017年预算薪酬比2016年多29万 |
| 3-8-2 | 员工餐费 | 22.50 | 22.50 | | 0% | |
| 3-8-3 | 增值税及附加 | | 29.27 | 29.27 | | 2016年没有预算这部分费用 |
| 3-8-4 | 福利费 | 1.35 | 1.39 | 0.04 | 3% | |
| 3-8-5 | 制服清洗费 | 3.06 | 3.06 | | 0% | |
| | 常规管理费合计 | 377.90 | 436.22 | 58.32 | 15% | |
| 3-9 | 行政费用 | 9.59 | 10.07 | 0.48 | 5% | 新增复印机租赁费，没有预算这部分费用，按发生额预估费用 |
| | 保险费 | 14.17 | 130000 | －1.17 | －8% | |
| 3-10 | 业主费用 | | | | | |
| 3-10-1 | 物业管理酬金 | 48.00 | 48.00 | — | 0% | |
| 3-10-2 | 营业税及附加 | 84.65 | 93.21 | 8.56 | 10% | 收入增长，税金增长 |
| 3-10-3 | 印花税 | 0.17 | 0.11 | －0.06 | －37% | 2016年预算并购买了2年合同的印花税，从2016年开始每年购买一次印花税，所以预算降低 |
| | 税收合计 | 132.82 | 141.32 | 8.50 | 6% | |
| 3-11 | 不可预见费 | 38.73 | 37.78 | －0.95 | －2% | 因2016年基本满租，税金不会有大变动，所以2017年仅按“能源、行政”二项费用的5%计提不可预见费 |
| | 总计支出 | 1694.06 | 1787.58 | 93.52 | 6% | |
| | 净现金 | 287.14 | 330.08 | 42.94 | 15% | |

### 5.2.3 预算分析

预算分析是通过比较实际执行结果与预算目标，确定差异额及差异原因。如实际成果与预算标准的差异很大，就需要审慎调查，并判定其发生的原因，以采取适当的矫正措施。预算分析有利于及时发现预算管理中存在的问题，是控制和评价职能作用赖以发挥的最重要手段。

1. 数量分析

数量分析应根据不同情况分别采用比例分析法、比较分析法、因素分析法、本量利分析法等方法，从定量上充分反映预算执行单位的现状、发展趋势及存在的问题和潜力，对产品或服务的结构、价格、变动成本、边际效益、费用等因素进行分析。

从盈亏的过程来看，差异的形成归为两大类：收入差异和成本差异；从收入和成本构成，差异包括价格差异和数量差异。价格差异指由于价格因素变动而导致的差异额；数量差异指由于数量变动而导致的差异额。

本量利分析(Cost-Volume-Profit Analysis，CVP)是对成本、产量、利润之间相互关系进行分析的一种简称。本量利分析主要涉及以下五种内在因素，如图5-18所示。

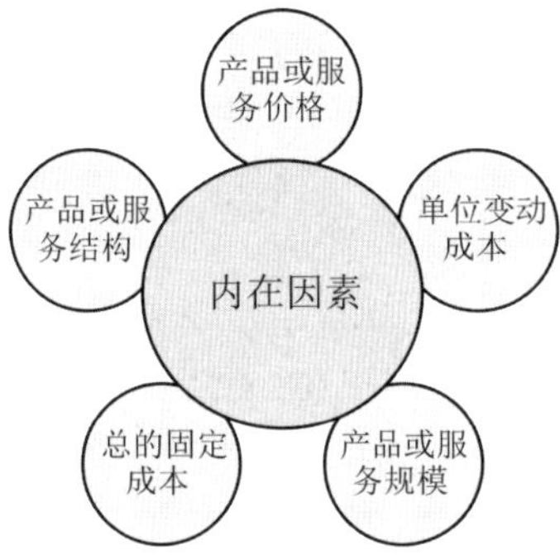


图5-18 本量利分析的五种内在因素

在成本分解为固定成本和变动成本之后，将收入和利润加进来，成本、数量和利润的关系就可以统一在一个数学模型中。本量利关系图，如图5-19所示。

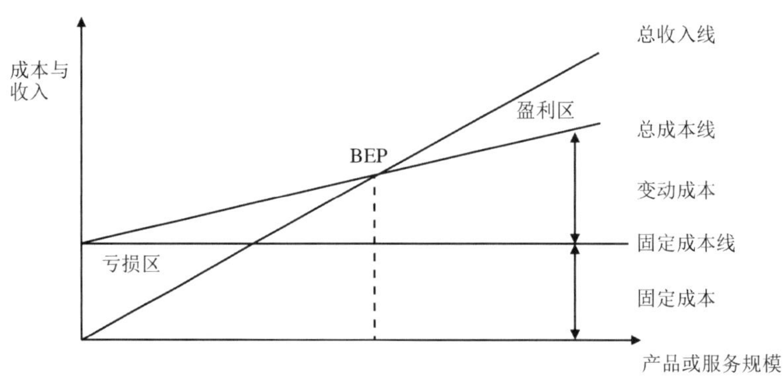


图5-19 本量利关系图

图5-19中总收入线与总成本线的交点，称为盈亏平衡点(Break Even Point，BEP)，此时处于收入和成本相等的经营状态，只有总收入大于总成本时，产品或服务才能获得相应的利润。

2. 原因分析

预算分析的主要目的是找到差异的原因，预算差异分析方法，如图5-20所示。

预算差异的五大因素，如图5-21所示。

例如，某世界500强企业将其设施管理成本按照固定成本和变动成本分类，提出相应的减少预算成本的方法。某公司设施管理预算分析及其措施，如图5-22所示。

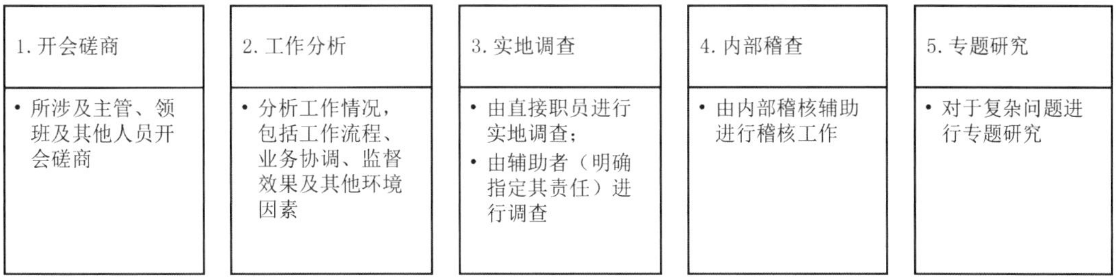

| 1. 开会磋商 | 2. 工作分析 | 3. 实地调查 | 4. 内部稽查 | 5. 专题研究 |
|---|---|---|---|---|
| • 所涉及主管、领班及其他人员开会磋商 | • 分析工作情况，包括工作流程、业务协调、监督效果及其他环境因素 | • 由直接职员进行实地调查；<br>• 由辅助者（明确指定其责任）进行调查 | • 由内部稽核辅助进行稽核工作 | • 对于复杂问题进行专题研究 |

图 5-20 预算差异分析方法

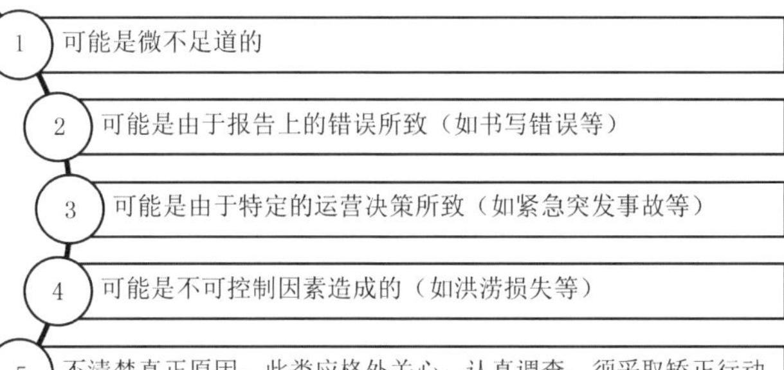


图 5-21 预算差异的五大因素

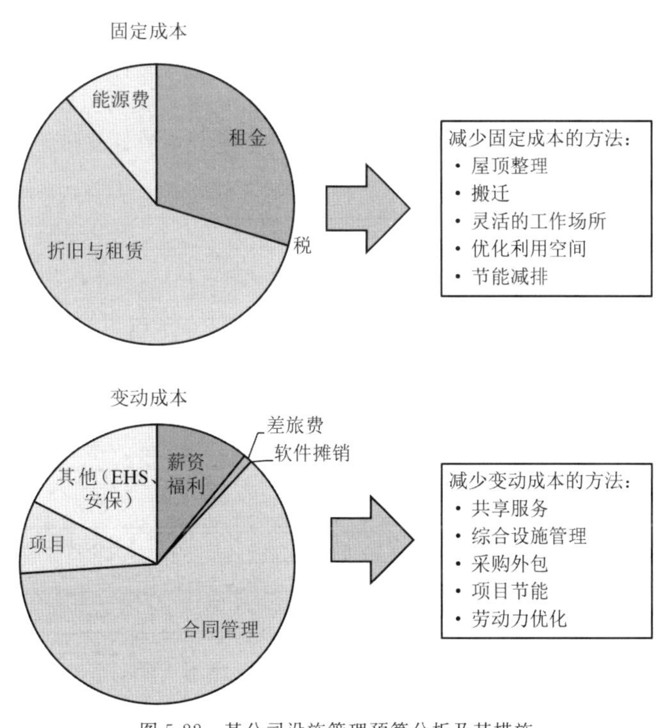


图 5-22 某公司设施管理预算分析及其措施

3. 分析流程

预算差异分析的流程,如图 5-23 所示。

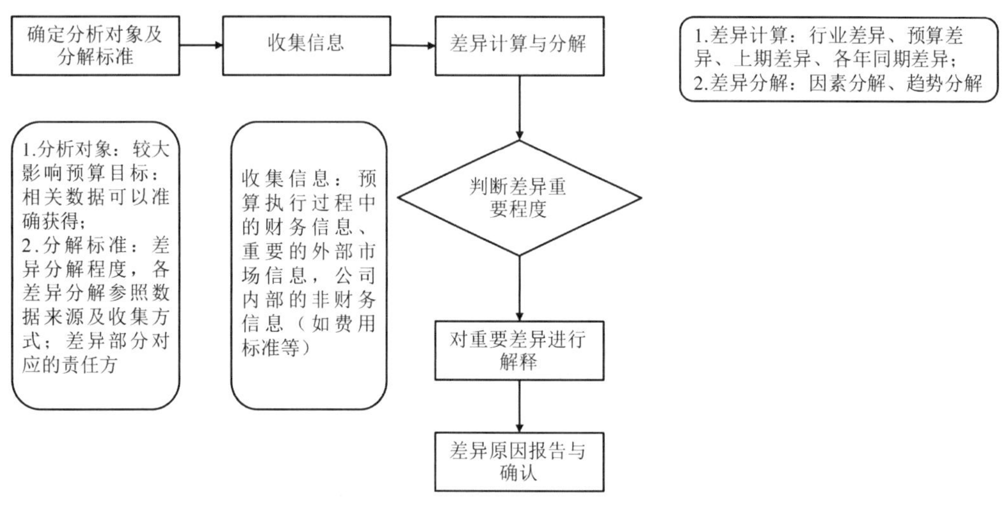


图 5-23 差异分析的流程

### 5.2.4 预算控制与调整

1. 目的与原则

预算控制的概念有广义和狭义之分,前者是将整个预算过程看作是一个控制系统,通过编制预算、执行监控预算、评价预算和考核奖惩等,从而形成一个包括事前、事中和事后全过程的控制系统。后者是指一种预算执行过程中的事中监控行为,即是将编制好的预算作为考核评价的依据和标准,定期将实际与预算相比,进行差异分析并及时采取改进措施的一种行为。预算控制的目的和流程,分别如图 5-24 和图 5-25 所示。

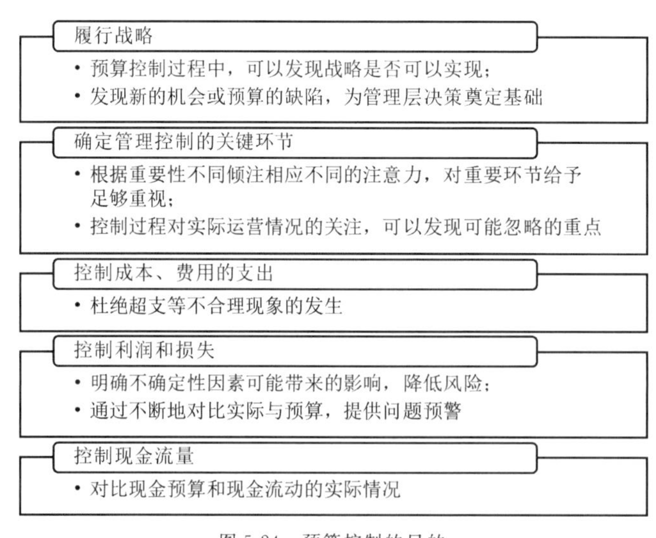


图 5-24 预算控制的目的

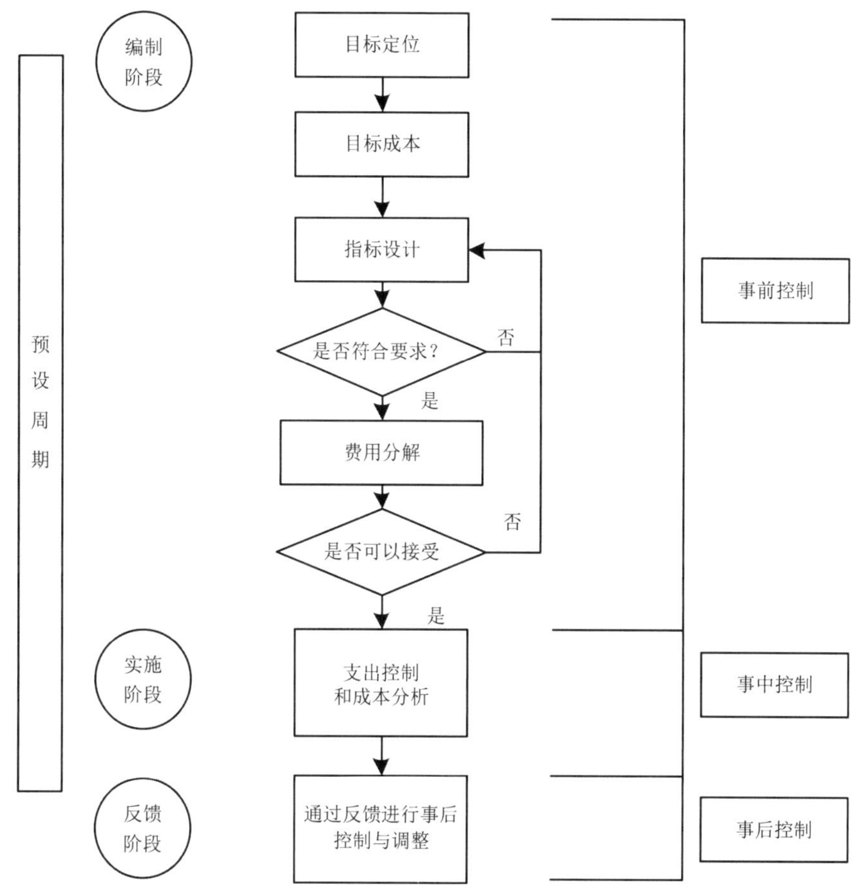


图 5-25　预算控制流程

按照规定程序对预算进行调整,这是一个修改、完善预算的过程。但是应注意,预算正式批准下达之后,一般不予调整。因为如果调整过于频繁就会对预算的权威性构成很大的威胁,不能给实施的人一种"计划不如变化快"的感觉。这样预算就失去了意义,这是预算调整的特殊性。

因此,预算调整必须谨慎从事,正确处理预算调整的必要性和特殊性的辩证关系,严格执行预算调整的程序和原则,从而培养预算意识,增强预算准确性的目标。预算调整原则和程序,分别如图 5-26 和图 5-27 所示。

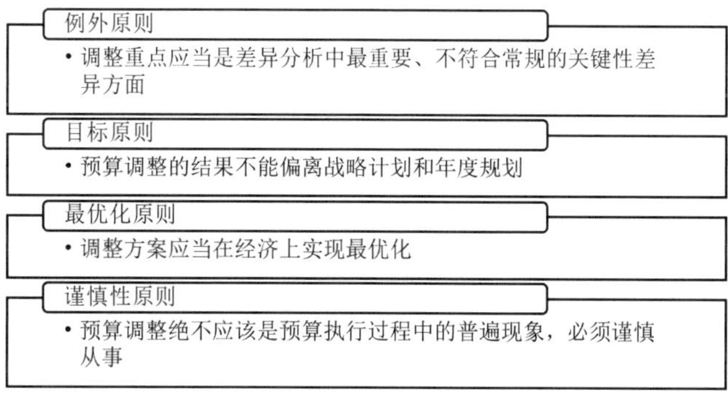


图 5-26　预算调整原则

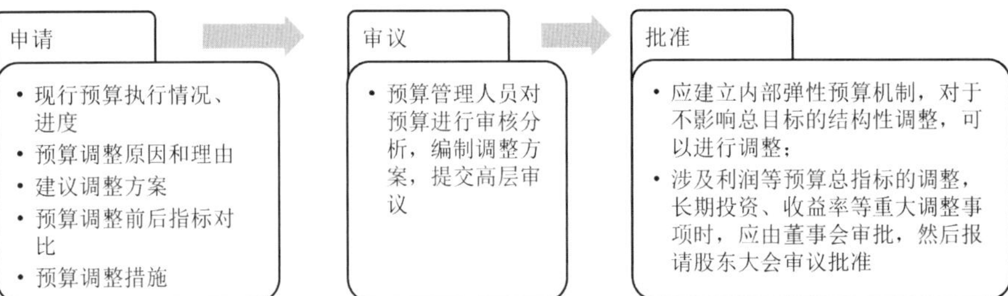


图 5-27 预算调整程序

预算调整的频率一般是一年2～3次。调整时间一般在每年的4月初、7月初或10月初，选择这些时间的主要原因是便于总结、分析过去一个季度、半年及三个季度的预算执行情况。

2. 责任中心

责任中心是企业内部能够划清管理范围、明确经济责任，且能够单独进行业绩考核的内部单位。责任中心按其责任权限范围及业务活动的特点不同，可以分为成本中心、利润中心和投资中心三大类。

设施管理部门在不同组织的职能有所差别：大多数组织的设施管理部门的主要任务是企业支持性服务的输出部门，只计算使用的费用；有些组织的设施管理部门会使用内部计费来计算提供的服务价值，将其输出服务的报酬作为部门收入；有的还具有投资房地产的职能，部门能自主做投资决策。因此，其可能是这三种责任中心的任何一种。

1）成本中心

成本中心是企业最基本、最普及的责任中心。成本中心不形成收入，主要考虑其发生的成本和费用。管理者只对所控制的成本负责，并根据成本控制情况得到评价。

设施管理部门作为成本中心，其职能大多是运营管理，而鲜有从其他部门获取利润的行为。成本中心分为两类：标准成本中心和费用中心，设施管理部门的大部分业务更偏向于费用中心的类型。成本中心分类，如表5-8所示。

**表 5-8 成本中心分类**

| 编号 | 成本中心类型 | 定义 | 特点 | 举例 |
|---|---|---|---|---|
| 1 | 标准成本中心 | 产品或服务稳定而明确，并且投入和产出关系清楚 | 任何一种重复性的活动都可以建立标准成本中心 | 设施管理部门负责的清洁工数量及其用具、日常更换灯具等零配件的数量等业务领域 |
| 2 | 费用中心 | 产出物不能用财务指标来衡量，或者投入和产出之间没有密切关系 | 唯一可以准确计量的是实际费用，无法通过投入和产出的比较来评价其效果和效率 | 一般的行政管理部门，如财务、人事、研发等业务领域 |

2）利润中心

利润中心是利润创造的中心点。利润中心既要对成本负责，又要对收入负责，但没有责任或权利决定该中心投资资产的水平，因而可以根据其利润的多少来评价该中心的业绩。利润中心的分类，如图5-9所示。

**表 5-9 利润中心的分类**

| 编号 | 利润中心类型 | 定义 | 举例 |
|---|---|---|---|
| 1 | 自然利润中心 | 直接向市场进行购销业务 | 某些公司采用事业部制，事业部均有销售、生产、采购的职能，有很大的独立性，这些事业部就是自然的利润中心 |
| 2 | 人为利润中心 | 在组织内部按照内部转移价格出售 | 公司的内部非核心部门，包括设施管理、采购、IT等，可以固定价格向生产部门收费 |

利润中心的考核的指标主要是利润。计量利润的时候，需要解决两个问题：一是选择一个合适的利润指标；第二，利润中心之间转移产品或劳务的内部转移价格。

3）投资中心

投资中心的管理者不但要对实现的利润负责，而且还要对资产的投资收益情况负责。因此，投资中心往往具有较强的独立性。一般来说，投资中心的业绩评价是按照单位投入的产出量来计量的。

投资中心的管理者具有更大的权利和更大的责任。当设施管理部门行使不动产投资组合职能时，其就具有投资中心的属性。考核投资中心业绩的指标一般是投资回报率和剩余收益。

**【案例 5-3】**

某大型世界 500 强企业专门建立了独立的房动产投资中心——房地资产管理集团，负责内部企业房动产投资和租赁交易、项目建设、设施管理和资产处置等业务。这时，企业的房地产和设施管理部门具有独立的法人资格。企业房地产或设施管理部门作为投资中心的管理职能，如图 5-28 所示。

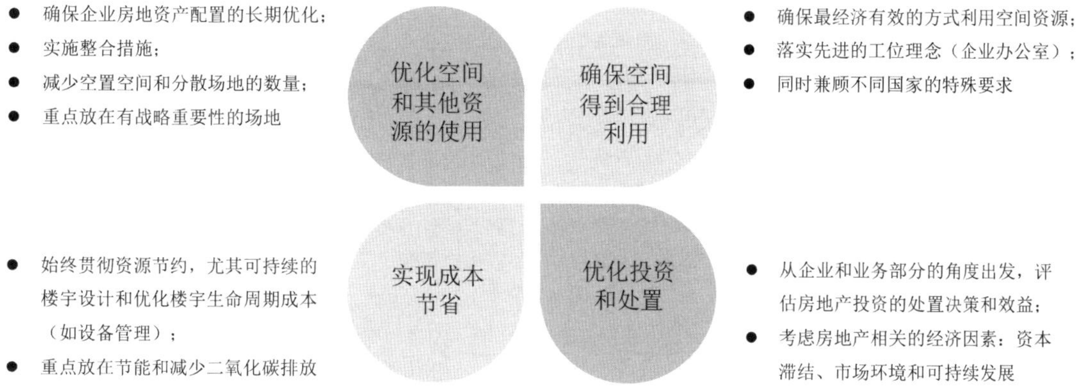

- 确保企业房地资产配置的长期优化；
- 实施整合措施；
- 减少空置空间和分散场地的数量；
- 重点放在有战略重要性的场地

优化空间和其他资源的使用

确保空间得到合理利用

- 确保最经济有效的方式利用空间资源；
- 落实先进的工位理念（企业办公室）；
- 同时兼顾不同国家的特殊要求

- 始终贯彻资源节约，尤其可持续的楼宇设计和优化楼宇生命周期成本（如设备管理）；
- 重点放在节能和减少二氧化碳排放

实现成本节省

优化投资和处置

- 从企业和业务部分的角度出发，评估房地产投资的处置决策和效益；
- 考虑房地产相关的经济因素：资本滞结、市场环境和可持续发展

图 5-28　企业房地产或设施管理部门作为投资中心的管理职能

因为房地资产管理集团是独立的投资中心，所以必须考虑从哪来获得资金。其中的来源之一就是通过公司内部计费的方式从内部客户获得收入。经过标杆管理等分析方法，针对办公楼等市场化的资产，采用市场实时定价计费；而工厂等工业地产，则采用成本定价计费。除内部客户外，公司还会拓展一部分外部客户以增加营收，这样就能实现利润中心更多的自由现金流。

3. 内部计费

设施管理部门如果是独立的成本中心或利润中心，需要通过内部计费(Chargeback)的方式来实现成本的控制和净利润的最大化。内部计费，也称作设施成本分配(Facility Cost Allocation，FCA)，就是指各个部门需要为其所使用的空间、设施服务等资源计费的设施管理策略，目的是通过计算和协调部门成本，从而减少低效率的空间使用和服务供给。

内部计费能使设施管理人员通过对空间、设施服务等成本的计算和分配，为企业和设施增加价值。这种“成本意识”可以帮助企业降低开支，帮助设施管理部门识别和减少资源浪费和无效服务，从而最有效率、有计划地分配和使用资源，最大化公司利润，提升核心业务价值。

内部转移价格(Internal Transfer Price，ITP)的设定是内部计费的核心，即如何进行内部计费。采取合适的整合工作场所管理系统(IWMS)等工具来获取成本信息和计算内部计费标准。企业内部转移价格形成过程与制订原则，如图 5-29 所示。

内部转移价格定价方法，如表 5-10 所示。

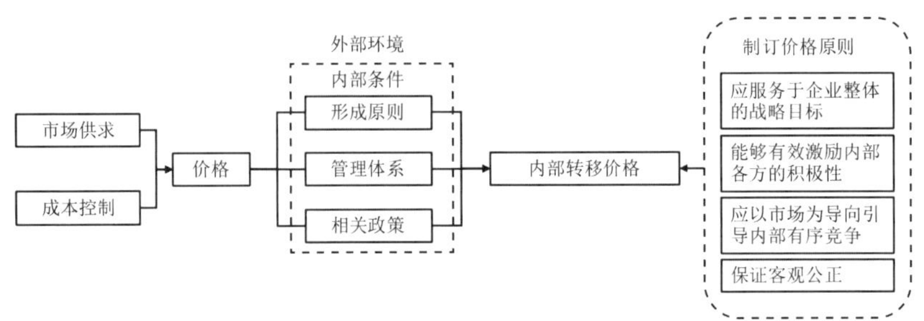


图 5-29 企业内部转移价格形成过程与制订原则

表 5-10 内部转移价格定价方法

| 编号 | 定价方法 | 定义 | 特点 |
| --- | --- | --- | --- |
| 1 | 市场价格 | 服务或产品存在完全竞争市场的情况下，市场价格减去对外的销售费用 | 理想的转移价格，在经济分析无明显差别时，采用公司内部的产品或服务可能更有保证，并容易根据客户需要改进和调整 |
| 2 | 以市场为基础的协商价 | 如果服务或产品存在非完全竞争市场，可以采用协商的办法确定转移价格 | 协商往往浪费时间和精力，但结果具有一定的弹性，可以照顾双方利益并得到双方认可 |
| 3 | 变动成本加固定费的转移价格 | 服务或产品的转移用单位变动成本来定价，还应向购买部门收取固定费用，作为长期以低价获得服务或产品的一种补偿 | 在供小于求时，变动成本不再需要追加边际成本；反之，购买部门需求减少，但还需要支付固定费 |
| 4 | 全部成本转移价格 | 以全部成本或全部成本加上一定百分比的利润 | 优点是简单，但可能是最差的选择。首先，一定百分比作为利润，在理论上缺乏说服力；其次，使用相同成本加成率会使后续部门使用成本明显大于前序部门 |

在企业设施管理的实践中，采用内部计费已经比较常见。由于设施管理部门提供的服务很多是承包商提供的，所以成本相对比较清楚。

设施管理中内部转移价格的计算，更多采用全部成本转移价格的模式，按具体情况分为三种计算方法：直接收取实际服务成本加附加费用；根据诸如占用空间或员工人数等因素对实际服务成本进行分配；前两者的组合使用。在采用第二种计费方式的时候，分配规则是很难确定的，必须在了解确定提供服务的实际成本的基础上，进行合理的分配，并且需注意自持物业和租赁物业成本的不同。

**知识链接**

更多内部计费知识，请访问设施管理门户网站 FM Gate—高端访谈—高端访谈第八期：企业不动产战略及财务管理。

**【案例 5-4】**

奥拉(Ola Lædre)等人通过对业主组织、设施管理者和内部使用者的采访，分析了 4 个主要的挪威公共组织的内部租金模式，研究了内部计费的特点。

内部租赁费用作为内部计费的一部分，常被用来介绍组织治理的概念。因为组织的空间需求在不断变化中，需要得到实时解决，一般会采用管理指导、市场导向等计费模式。市场导向的内部计费体系，如图 5-30 所示。

研究发现，引入内部租金模式之后，设施管理在组织中的作用变得更加清晰，设施经理与服务合作伙伴的关系更平等。

内部租赁模式是内部计费体系的一部分，所有产品和服务都是“销售”的，而不是免费提供给单独的利润中心。在这个系统中，也可以纳入设施管理的接待、户外、清洁、后勤、商务支持和健康、安全、环境服务等。

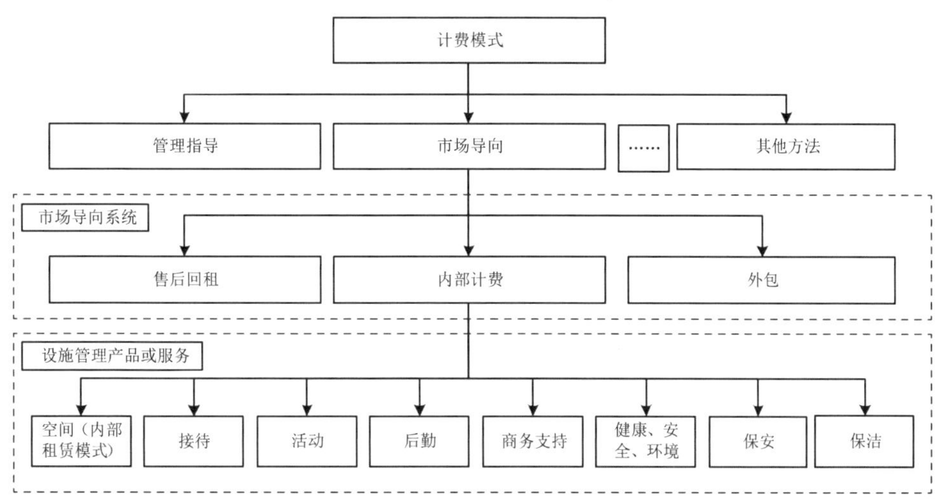


图 5-30 市场导向的内部计费体系

**知识链接**

更多管理会计知识，请访问设施管理门户网站 FM Gate—行业标准—中国版管理会计概念框架出炉。

## 5.3 生命周期成本

生命周期成本是指整个生命过程所发生的成本的总和。生命周期成本理论可以直观地反映出设施项目的总成本，以便于设施管理部门在繁杂的设施信息中做出正确的决策。所以，组织应当追求整体的投资效益，对设施生命周期成本进行管理，不仅要满足自身的需要，更要能够提高设施投入使用后的运行效率，为节省运行与维护成本打下良好基础，以此达到生命周期成本最低的目标。

### 5.3.1 生命周期成本构成

国际标准化组织(International Organization for Standardization)公布的房屋和建筑资产：工作寿命计划第 5 部分：生命周期成本(ISO15686-5)为生命周期成本(Life Cycle Cost，LCC)制订出相应的标准并统一了分析方法。该标准的内容中还包括了生命周期成本与"全生命成本"(Whole Life Cost，WLC)之间的区别与联系，为开展 LCC 研究的奠定了基础。生命周期阶段，如图 5-31 所示。

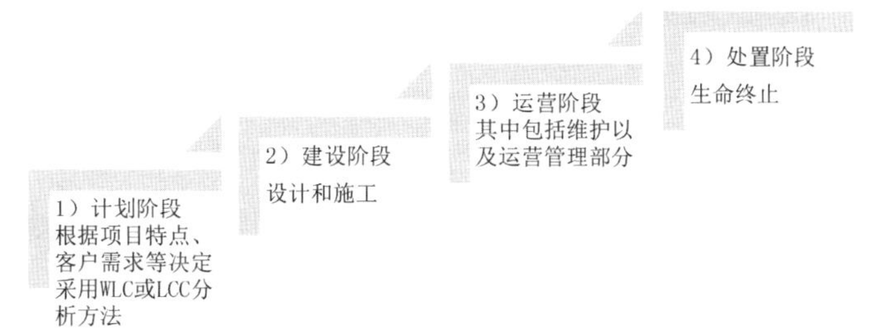


图 5-31 生命周期阶段

与 LCC 相比较，WLC 在计算和分析的过程当中要覆盖更广的范围。WLC 所覆盖的范围当中包含了 LCC。WLC 相当于 LCC 与其他外部成本的合计。

外部成本包括：外部性成本或收益(Externalities)，非施工成本(Non-construction Costs)，收入(Income)。其

中外部性成本或收益定义如下:“当组织和个人的行为对其他人产生影响时所发生的可以计量的成本或收益。”该外部因素可以包括诸如社会因素所产生的成本或收益,环境因素所产生的成本等。

LCC 往往与建设和运营某建筑物直接相关,而 WLC 包括了诸如从该建筑物所得到的收益以及支持建筑物内活动的成本等方面的内容。从这个意义上讲,LCC 在很多情形下更适合建筑商以及建筑师使用,而投资人可以根据自身的因素和目标来考虑采用 WLC 分析方法来评估其投资决策。WLC 和 LCC 的成本范围,如图 5-32 所示。

## 5.3.2 生命周期成本分析

生命周期成本分析(Life Cycle Costing Analysis,LCCA)是一种重要的投资评估和经济分析技术,有十分重要的应用价值和广泛的应用范围。它从建筑物和建筑物中设备的生命周期出发,综合考虑建筑、运营、维护、处置等各项成本,还包括货币的时间价值、项目特定折现率,以及各种产品和服务的成本升级。

1. 生命期界定

首先,需要预估建筑物和设备的生命期长短。例如,斯坦福大学的建筑物各系统寿命长度规定,如表 5-11 所示。

表 5-11 斯坦福大学的建筑物各系统寿命长度规定

| 系统 | 编号 | 类别 | 平均经济寿命长度(年) |
|---|---|---|---|
| 子系统 | 1 | 屋顶——砖瓦 | 80 |
| | 2 | 屋顶——金属、混凝土 | 50 |
| | 3 | 屋顶——膜、组合材料、木瓦板、沥青、泡沫材料 | 20 |
| | 4 | 建筑外门窗(硬) | 80 |
| | 5 | 建筑外墙(软) | 20 |
| | 6 | 电梯和运输系统 | 25 |
| | 7 | 空气系统——设备和控制系统 | 20 |
| | 8 | 空气系统——配电系统 | 40 |
| | 9 | 电气设备 | 30 |
| | 10 | 卫生洁具 | 30 |
| | 11 | 管道布线 | 50 |
| | 12 | 防火系统 | 40 |
| | 13 | 火灾探测系统 | 20 |
| | 14 | 内置专业设备 | 25 |
| | 15 | 内部装修 | 15 |
| 其他类别 | 16 | 基础 | 自然寿命 |
| | 17 | 路基排水和防水 | 按需求 |
| | 18 | 垂直元素 | 自然寿命 |
| | 19 | 水平元素 | 自然寿命 |
| | 20 | 电气布线 | 按需求 |
| | 21 | 现场准备 | 自然寿命 |
| 基础设施类别 | 22 | 现场开发——软景观 | 自然寿命 |
| | 23 | 现场开发——硬景观 | 自然寿命 |

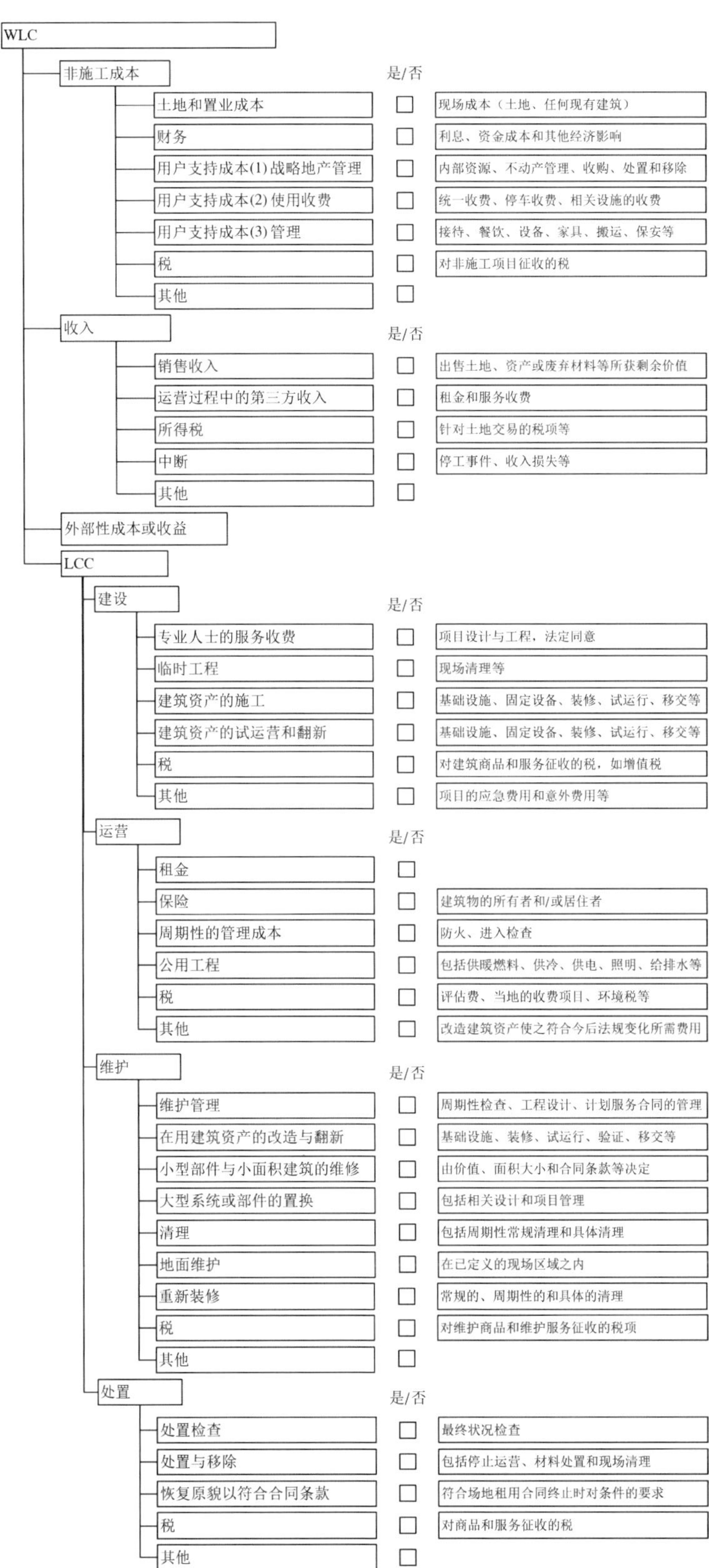


图 5-32　WLC 和 LCC 的成本范围

2. 生命期成本构成

另外,项目生命周期成本的每个阶段成本在进行具体估算时需要进一步分解。

1) 初始化建设成本($C_0$)

初始化成本按照费用发生的时间分可为前期工程成本和建设期工程成本。

(1) 前期工程成本($C_1$)

前期工程成本包括决策立项、土地购置、工程咨询、城市道路占用、现场“七通一平”等内容。一般来说,前期工程成本中各项具体费值,套用国家标准取费系数便可计算。

(2) 建设期工程费($C_2$)

建设期工程费用的计算,根据不同阶段,分别采用估算、概算、预算和结算等费用计算方法。在投资决策阶段(包括机会研究和可行性研究阶段),可采用投资估算的方法;在初步设计阶段或扩大初步设计阶段,可采用设计概算方法;在施工图设计阶段,可采用施工图预算方法;在建设期间或建设完成后,可按照实际建设费用结算价格采用。

初始化建设成本计算公式为

$$初始化建设成本\ C_0=前期工程成本\ C_1+建设期工程费\ C_2 \tag{5-1}$$

2) 运营成本($O$)

运行成本主要包括以下内容:

(1) 能源消耗和净化成本,具体可以分为加热、冷却、动力和照明能源费用、水消耗费用、污水处理费等($O_1$);

(2) 日常管理费,如物业管理费、洁净费用、保安费用、废物管理费用等($O_2$);

(3) 年度监管费,如防火检查等($O_3$)。

总运营成本计算公式为

$$总运营成本\ O=能源消耗和净化成本\ O_1+日常管理费\ O_2+年度监管费\ O_3 \tag{5-2}$$

一般能耗费用的估算是由设施管理团队的机械工程或者电气工程师负责的,可以利用计算机软件对建筑运行状态进行预算,然后确定建筑的能耗。

3) 维护成本($M$)

维护成本是指为了使设施系统正常运行所发生的费用,它主要包括预防性维护费用、响应性维修费用、计划性维护费用以及递延维护费用。

(1) 预防性维护($M_1$)。预防性维护是常规的计划性的维护行为,不管系统是否出现问题,预防性维护都需要进行。例如,替换过滤器、给轴承添加润滑剂等都属于预防性维护的活动。与设备和系统有关的预防性维护费用都应计入生命周期成本。

(2) 响应性维修($M_2$)。响应性维修是在问题发生时,才进行的维修活动。例如,风机皮带断裂,技术人员需要签发替换皮带的工单,并对相关损坏进行修复,从而使系统重新运行。

由于预防性维护成本发生的频率相对较高,而响应性维修成本的发生是不可预见的,所以预见它什么时候发生是不可能的。因此,预防性维护和响应性维修成本均应当作年度成本。

(3) 计划性维护($M_3$)。计划性维护是指不包含在预防性维护范围之内的大型维护活动。计划性维护主要指对于接近使用寿命终点的子系统和设备的替换。例如,如果一个机械系统(热泵)的一个部件在研究期内(例如30年),需要每10年替换一次,那么这些费用应当计入生命周期费用。

(4) 递延维护($M_4$)。递延维护是指在计划维护中由于资金等问题,而被积压延后的维护。一般来说,应当将该类维护活动的发生减少至最低水平,但是在实际中,递延维护往往是存在的。递延维护发生的费用也应计入生命周期成本。

综上所述,维护成本计算表达式为

$$维护成本\ M=预防性维护\ M_1+响应性维修\ M_2+计划性维护\ M_3+递延维护\ M_4 \tag{5-3}$$

4) 处置期费用($S$)

建筑物或设备在研究周期末时，需要对建筑物或设备进行处置，这时就产生了项目的残值，其可以为正值，也可为负值。对建筑物或设备的生命周期成本进行估算时的残值，实际为预计净残值，其是指假定固定资产预计使用寿命已满，并处于使用寿命终了时的预期状态，组织从该项资产处置中获得的扣除预计处置费用后的金额。

3. *LCC* 计算

计算设施生命周期成本时，通常需要先把每种成本（分为一次性和经常性）转化为净现值进行运算，然后减去设施研究期结束时的残值的现值。生命周期成本可用以下公式表示：

$$LCC = C_0 + \sum_{n=0}^{N} O \times PV^n + \sum_{n=0}^{N} M \times PV^n - S \times PV^N \tag{5-4}$$

式中 $LCC$——生命周期成本；

$C_0$——初始化建设成本，如建设投资，设计及前期运行成本等；

$O$——运营成本，如日常管理和能源消耗、空气净化和日常管理等；

$M$——维护成本，如日常维修和替换、大修等；

$S$——残值；

$N$——生命期；

$n$——时间变量；

$i$——折现率（%）；

$PV^n$——折现系数，$PV^n = \dfrac{1}{(1+i)^n}$。

在设施生命周期成本中，各类成本按期发生时间可以分为初始化成本和未来成本。初始化成本是在设施获得之前将要发生的成本，包括资本投资成本、购买和安装成本。未来成本是指从设施开始运营到建筑物被拆除这一期间所发生的成本，包括运营成本、维护和修理成本、剩余值（任何转售、抢救或处置成本）。

**知识链接**

更多生命周期成本知识，请访问设施管理门户网站 FM Gate—FM 智库—研究报告—如何整体考量办公楼生命周期成本，做出明智管理决策？

**【案例 5-6】**[①]

某项目生命周期成本影响因素及其优先级分析。在项目的方案设计、初步设计和施工图设计阶段，项目团队对建筑物的机械、电气、结构、电信和管道系统等的设计，做出越来越详细的规定，进行一系列分析和比较各种建筑系统选项的总成本，将可能影响评估项目生命周期成本的因素归纳为六大系统，分为 14 项。六大系统生命周期成本的影响因素，如表 5-12 所示。

**表 5-12　六大系统生命周期成本的影响因素**

| 系统类别 | 影响因素 |
|---|---|
| 能源系统 | 中央工厂连接与独立系统（蒸汽和冷冻水） |
| | 可替代能源系统（如太阳能光伏、太阳能热、燃料电池） |
| | 独立的系统设备选择（如风冷冷水机组与制冷剂直接膨胀式机组） |

① Stanford University Land and Buildings. GUIDELINES FOR LIFE CYCLE COST ANALYSIS[OL]. Stanford University, 2005. https://stars.aashe.org/media/secure/293/7/720/6022/Guidelines%20for%20Life%20Cycle%20Cost%20Analysis.pdf.

续表

| 系统类别 | 影响因素 |
| --- | --- |
| 机械系统 | 空气分配系统(如可变体积对恒定体积,顶部对地板下) |
|  | 配水系统(如各种管道系统和泵的选择) |
| 电气系统 | 室内照明光源与控制 |
|  | 户外照明光源与控制 |
|  | 分配(如变压器、总线管道、电缆托架等) |
| 建筑围护 | 外墙和绝缘选项 |
|  | 屋面系统(各种材料和绝缘方法) |
|  | 玻璃,采光和阴影选项 |
| 选址/集结 | 朝向、地板至楼板高度及整体建筑高度 |
|  | 景观、灌溉和硬景观选项 |
| 结构系统 | 系统/材料的选择(如木材、钢材与混凝土,现浇与预制) |

对 LCC 的利益具有最大潜力的六大系统和 14 项影响因素研究,可得出 LCCA 决策矩阵。LCCA 决策矩阵,如图 5-33 所示。

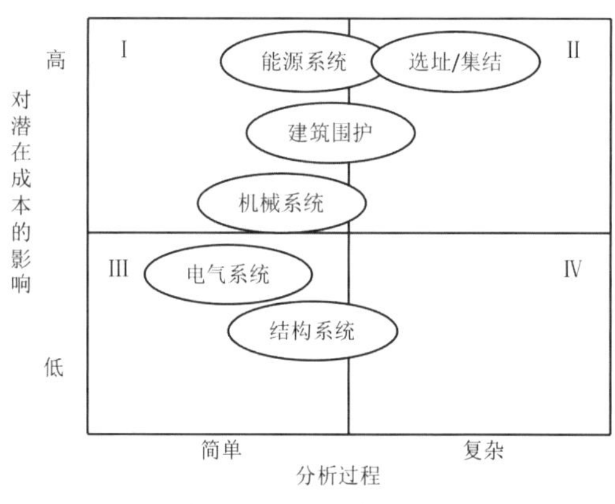


图 5-33　LCCA 决策矩阵

在象限Ⅰ中(具有高潜在成本影响的简单分析过程)应该具有最高优先级;需要进行复杂分析但具有高潜在影响的研究,应是下一个优先考虑的因素(象限Ⅱ);接下来,进行具有低潜在影响的简单分析的影响因素(象限Ⅲ);最后,是具有低潜在影响的复杂分析的影响因素(象限Ⅳ)。通过确定 LCC 分析的优先级,项目团队可以专注于最适合该项目的研究。

**知识链接**

更多全生命周期管理知识,请访问设施管理门户网站 FM Gate—研究报告—外文译述:设施管理及其在建筑生命周期分析中的重要性。

**知识链接**

更多生命周期成本分析知识,请访问设施管理门户网站 FM Gate—能源管理——外文译述:基于能效方法的商业建筑生命周期成本分析。

### 5.3.3 生命周期成本控制

由于建筑物后期运营成本占总成本的比例很高，所以需要考虑生命周期成本，从而降低总成本。斯坦福大学将建筑项目生命周期流程分为9个阶段。生命周期成本控制流程，如图5-34所示。

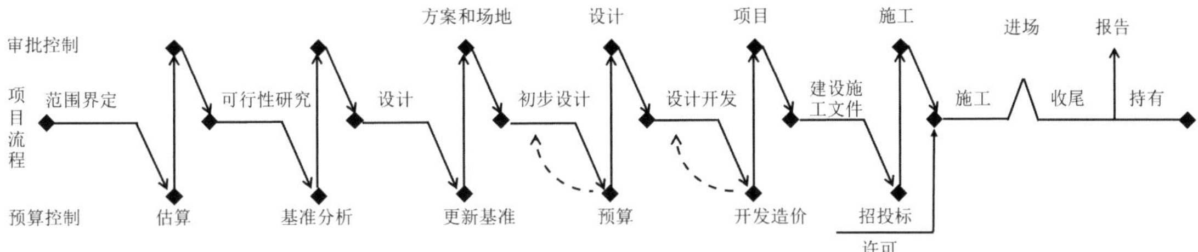


图5-34 生命周期成本控制流程

在这九个阶段中，LCC成本控制的目标和任务，如表5-13所示。

表5-13 LCC成本控制的目标和任务

| 阶段 | LCCA目标 | 任务 | 交付物 | 负责人 |
|---|---|---|---|---|
| 范围界定 | · 确定运维成本基准 | · 估算运维成本 | | 投资计划者 |
| 可行性研究和设计 | · 除项目基准之外，还开展运行维护成本基准；<br>· 举行LCCA工作会议；<br>· 制订LCCA决策矩阵 | · 对运行维护基准进行验证 | · 运维假设的记录基准（例如，基于历史类似建筑物，确定运行维护清单及维护费用） | 项目经理 |
| 初步设计 | · 检查LCCA决策矩阵；<br>· 确定执行LCCA研究的范围；<br>· 根据LCCA研究选择具有成本效益替代方案；<br>· 报告LCCA的结果 | · 项目组将创建项目：具体的LCCA决策矩阵，以确定LCCA研究可能为项目带来的最大成本效益；<br>· 记录成本和调度LCCA研究的影响 | · 完成项目特定决策矩阵<br>· 完成项目进度和预算，并列出LCCA要素细目 | 项目经理 |
| 设计开发 | · 审查LCCA研究以确定/验证给定项目开发的结果 | · 项目组审查设计开发文件，以确保设计规范符合LCCA研究假设 | · LCCA要素的文件审查，包括在设计开发阶段进行的设计变更或LCCA修改 | 项目经理 |
| 建设文件和许可 | · 从LCCA结果的早期设计阶段确认价值工程决策 | · 在50%的施工文件上，项目经理将确保合同文件（计划，细节规格）与原始LCCA研究中评估的设计一致；<br>· 在招标期间，项目经理将确保任何价值工程选项可以解决项目中LCCA要素的影响 | · 对LCCA所做的更改的记录元素是价值工程评估的结果 | 项目经理 |

续表

| 阶段 | LCCA 目标 | 任务 | 交付物 | 负责人 |
|---|---|---|---|---|
| 施工 | · 向承包商提 LCCA 要素；<br>· 讨论调试和测试要求 | | | 项目经理 |
| 收尾 | · 举办培训课程；<br>· 进行评估 | · 确保设施管理部门了解建筑物中与 LCCA 功能相关的特定用户需求（例如，用户因特殊的灯光要求，需要日光照明控制系统在一天某些时间手动关闭）；<br>· 确认运维手册完整，包括与建筑物中 LCCA 元素相关的任何具体信息；<br>· 确保调试和培训系统突出 LCCA 对性能的期望，从而确定和调查与这些期望的任何重大差异<br>· 评估执行 LCCA 指南和程序 | · 为建筑用户和设施管理部门提供适当的文件和培训，涉及其建筑中的 LCCA 功能；<br>· 将 LCCA"经验教训"的文件列入评估 | 项目经理 |
| 持有 | · 验证 LCCA 研究结果和假设 | · 监测能源消耗的运维成本；<br>· 设施管理部门评估 LCCA 要素的绩效 | · 从 LCCA 要素进行评估，记录会议和调查结果等 | 设施运营者 |

**知识链接**

更多全生命周期管理应用知识，请访问设施管理门户网站 FM Gate—解决方案—全生命周期管理：地下综合管廊的新加坡模式。

**【关键术语】**

资金时间价值；基准折现率；机会成本；沉没成本；影子价格；敏感性分析；资本预算；运营预算；空间预算；项目预算法；零基预算法；滚动预算法；本量利分析；差异分析；成本中心；利润中心；投资中心；内部计费；生命周期成本；全生命成本

**【延伸阅读】**


[1] 刘晓峰，陈通. 投资项目模糊多属性经济评价研究[J]. 计算机工程与应用，2011，47(11)：219-222.

[2] 王琦，温素彬. 管理会计中 Excel 的高级应用：非线性本量利分析模型设计与应用[J]. 财务与会计，2014(05)：59-61.

[3] 刘凌冰，韩向东，杨飞. 集团企业预算管理的演进与意义建构：基于神华集团 1998—2014 年的纵向案例研究[J]. 会计研究，2015(07)：42-48，96.

[4] Shashank Gupta，Piyush Gupta. Evaluating maintenance budget for an AC plant under itscontextualconditions[J]. Journal of Facilities Management，2017，15(1)：76-89.

[5] 沈艺峰，郭晓梅，林涛. CIMA《全球管理会计原则》背景、内容及影响[J]. 会计研究，2015(10)：37-43，96.

[6] Nils O. E. Olsson. Reduction lists as tool for cost control in public building projects[J]. JournalofFacilities Management，2016，14(1)：84-100.

[7] 姜云燕，王志，杜勇. QK 公司成本预算分析设计及其考核方法的运用[J/OL]. 会计之友，2016(20)：42-46.

[8] 张秦，路新瀛. 建筑工程全寿命周期成本分析中基准折现率分区域取值[J]. 河北大学学报（自然科学版），2014，34(06)：579-584.

[9] 闫辉，张磊. 基于全生命周期的公共建筑节能净收益测算模型建立[J]. 土木工程学报，2012，45(S2)：272-276.

# 第6章 设施管理外包

[本章导读]

“外包”是分工整合模式下的一种有效组织方式。设施管理外包是将设施管理非核心业务或服务转移给外部组织，利用外部优秀的专业化资源，实现降低成本、提高设施服务质量的目的。21世纪以来，更多组织热衷于采用基于更高层次、跨区域合作的设施管理外包新模式，即整合设施管理外包。外包成功的前提是选择正确的外包战略，其有效性实施涉及外包关系定位、供应商采购方式选取、外包合作关系管理、计费模式选择、合同管理和风险防范等过程管控。

本章主要内容：

□ 设施管理外包的概念与发展；

□ 整合设施管理外包；

□ 设施管理外包采购策略；

□ 设施管理外包关系定位和价值；

□ 设施管理供应商采购；

□ 设施管理外包合同计费模式；

□ 设施管理外包风险评估及应对。

## 6.1 设施管理外包概述

“外包”是分工整合模式下的一种有效组织方式。近年来，为实现总成本节约、增强核心能力，组织将非核心业务外包已逐渐成为一种趋势。目前，设施管理领域中存在大量的业务外包现象，越来越多的组织将设施管理外包作为其重要的发展战略。

### 6.1.1 认知设施管理外包

1. 外包概念

外包(Outsourcing)最初产生于制造业行业。20世纪80年代以来，随着国际分工的日益发展，一些发达国家大型制造业企业不再包揽生产的所有阶段，而是逐渐把产业链中劳动密集型、技术含量低、附加值低的部分转移到发展中国家和地区。目前外包的范围已经从传统的劳动密集型产品扩大到技术密集型产品，从最终产品发展到中间产品。

服务外包(Service Outsourcing)是外包的一种，既包括传统的服务领域，如餐饮和保安服务等，也包括新兴的服务领域，如IT服务和呼叫服务等。所谓服务外包是指组织将一些非核心支持性服务活动转移给外部组织，利用外部最优秀的专业化资源，实现降低成本、提高服务质量、增强组织对复杂环境的应变能力。美国外包协会(Outsourcing Institute)对广告业、医疗保健业、制造业、公共事业及政府部门等行业在线调查表明服务外包的三大领域是信息技术、运作和物流。其中，运作包括行政管理、财务、人力资源、房地产及固定资产、销售和市场，物流包括分销和运输。

设施管理外包是服务外包的一个重要方面，将设施管理非核心业务或服务转移给外部组织，利用外部优秀的专业化资源，实现降低成本、提高设施服务质量的目的。服务供应商负责管理和监督移交的服务，发包方负责管理与服务供应商的关系。

2. 外包动因

由于行业的技术特征和市场结构不同，不同行业的企业开展外包的动因存在差异。安永会计师事务所在2013年发布的《欧洲外包市场驱动因素、风险和趋势的深度研究》中指出，欧洲企业外包的主要动因是缩减费用、改善效率和减少职工数量。恩考和阿尔贝特(Encon & Albert)识别了设施管理中运行与维护服务获取的四种不同策略：内包(In-Sourcing)、劳务外包(Out-Tasking)、基于成本削减的外包(Outsourcing for Cost Saving)和基于能力的外包(Outsourcing for Capability)。

对于非核心业务来说，如果追求成本效率则应采用基于成本削减的外包策略；如果为获取能力则采用基于能力的外包策略；对于核心业务来说，为提供高生产率应采用劳务外包策略；为保持核心能力则应采用内包的策略。毕马威公司《2011年企业不动产和设施管理外包动因调研》中显示服务外包的首要驱动力是降低运营成本。企业不动产和设施管理外包驱动力排序，如图6-1所示。

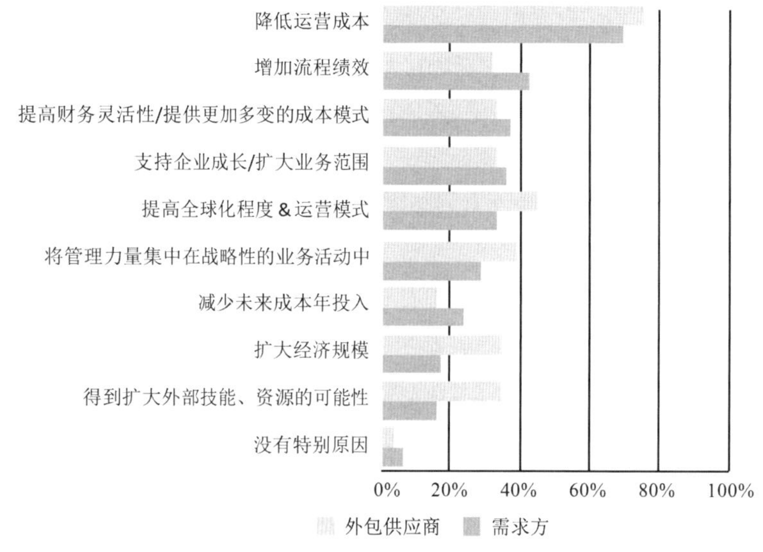

图6-1 企业不动产和设施管理外包驱动力排序

在人口增长、科技进步、管理流程松散化和商业环境日益复杂等大趋势下，设施管理外包动因显示了一些变化趋势。设施管理外包动因变化趋势，如表6-1所示。

**表6-1 设施管理外包动因变化趋势**

| 传统外包 | 当前外包 | 未来外包 |
|---|---|---|
| 增加价值 | 转移风险 | 共享风险与价值 |
| 资本可用性 | 提高价值 | 价值创造 |
| 组织的专业度 | 增加终端用户价值 | 增加组织灵活性 |
| 高附加值领域的专业技术 | 获得专家技术 | 建立价值网络 |
| 功能专业化 | 市场反应度 | 市场领导力 |
| 维持活动 | 管理运营 | 改善流程 |
| 费用缩减 | 成本要求 | 在战略性价值领域投资 |
| 工作效率 | 优化流程 | 组织变革 |

**知识链接**

更多关于设施管理外包模式的资料，请访问设施管理门户网站FM Gate—FM智库—研究报告—设施管理外包的未来和展望。

### 6.1.2 设施管理外包发展

20 世纪 80 年代以前，设施管理一般都是自有人员来完成。随着专业服务供应商的出现与兴起，部分组织开始思考如何将低技术含量的任务外包给相应的专业公司。最初的设施管理外包模式是任务型外包，将组织内部技术要求不高、与组织整体业务发展没有密切联系、操作层面的具体事务性工作分包给相关的专业公司。

20 世纪 90 年代中期，组织根据自身的发展壮大与主营业务扩增，一系列非核心业务在整体规划中占据举足轻重的地位，组织将设施相关资源以及相关服务人员全部外包出去，只留用少数负责对组织内外部沟通协调的员工。供应商作为企业的合作伙伴，在组织整体规划中承担了一系列定制工作。一旦组织需求发生变化，外包商可以真正站在组织角度及时响应、满足组织的需求。

21 世纪以来，更多组织热衷于采用基于更高层次、跨区域合作的外包新模式，以实现外包业务的目标和期望。新兴外包模式——整合设施管理(Integrated Facility Management，IFM)应运而生，供应商作为组织的全球战略合作伙伴，以服务支持组织核心业务，为组织带来了相对较高的整体附加值。这种模式在未来还有进一步的提升空间。设施管理外包模式演变，如图 6-2 所示。

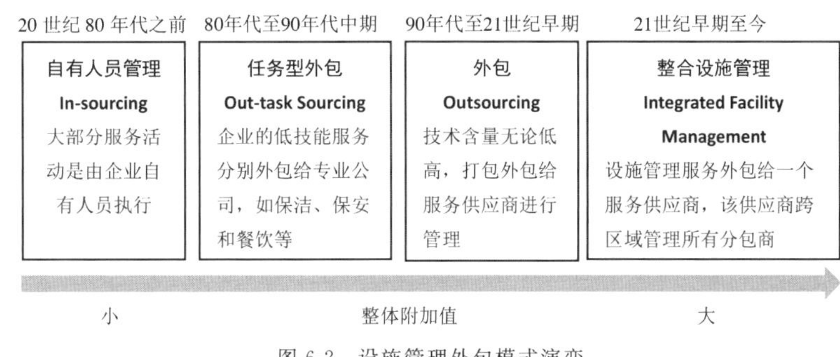


图 6-2 设施管理外包模式演变

设施管理外包所涵盖的范围可以是设施管理中的某一项业务、几项业务甚至是所有的设施管理业务，包含企业房地产、项目管理、现场管理、企业服务等。设施管理外包业务范围，如图 6-3 所示。

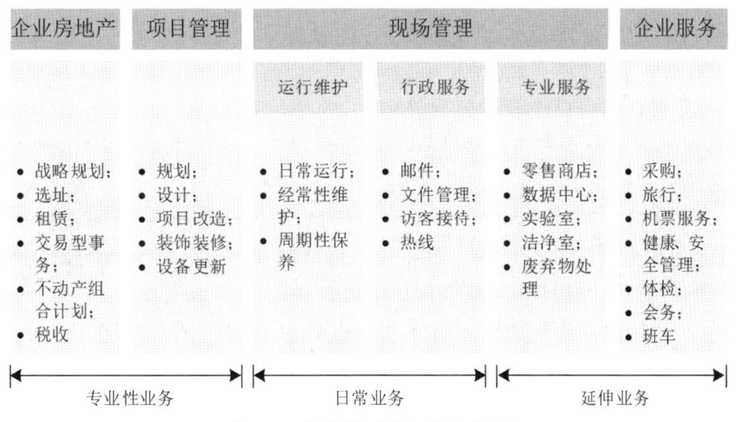


图 6-3 设施管理外包业务范围

**知识链接**

更多关于设施管理外包模式的资料，请访问设施管理门户网站 FM Gate—FM 智库—研究报告—CRE 2020 之与关键性支持部门合作 4.2。

### 6.1.3 整合设施管理外包

近些年来,设施管理外包专业服务规模日益庞大,面对越来越多的跨国业务和复杂多变的环境,综合设施管理(Integrated Facility Management,IFM)外包模式已经成为设施管理专业领域的新起之秀,设施管理服务供应商发挥其规模、技术和资源等优势,为各类组织的战略变革提供强大后盾。另一方面,各类组织主营业务生命周期减短,市场竞争愈演愈烈,供应商区域分布分散,这些给设施管理带来了一系列困难和问题。在这些因素的驱动下,IFM成为组织考虑的一大重要战略。

IFM是将组织不同区域的现场运营、维护、员工服务整合在单一的服务管理合同中,外包给一家整合设施管理服务供应商,供应方为需求方提供"一站式"服务。其核心目标是提供高效的工作场所解决方案、控制服务复杂性、支持组织核心业务的经营目标和持续增长,并建立长期互惠互利的战略合作伙伴关系。IFM模式,如图6-4所示。

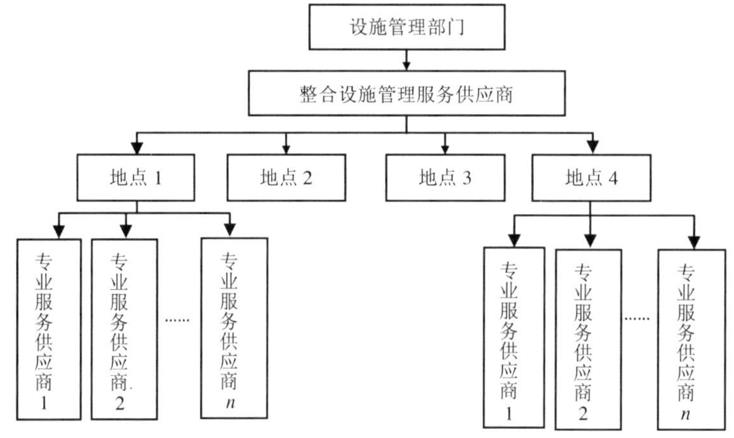


图6-4 IFM模式

IFM的优势主要体现在流程、风险、效益和费用四个方面。

(1) 管理标准化。依据设施管理行业典型案例与行业标准制订管理方案,贯彻最佳实践和可持续性运营思想,将组织不同地区的设施管理服务标准化,更方便对设施服务供应商的服务表现进行评估与跟踪。

(2) 风险规避。有观点认为设施管理整合外包后,组织决策者面临着比原先自有管理更大的风险。但实际上,更为具体详细的服务水平协议和绩效考核指标颠覆了这一观点,组织的决策者承担比自有管理更低的风险,因为绩效风险转移给了服务供应商。

(3) 效益提升。尽量采取外包的方式,减少供应商的数量和复杂性,裁减组织内部业务部门人员,让组织高层管理人员的关注焦点凝聚在长期运营和长远战略发展上。同时,采购规模的增加,会提升与服务供应商谈判的筹码,可以最大程度上争取到优质的服务供应商。

(4) 费用缩减。在合同生命周期内保证每年花费在预算范围内,利用服务供应商的规模经济、资源杠杆和先进技术,有可能节省设施管理的运营费用。IFM管理模式下费用缩减情况,如图6-5所示。

IFM外包也面临着一些挑战。将不同区域的设施管理外包后,组织不再直接控制设施管理相关的花费,服务要求改变时需要与设施服务供应商进行谈判,谈判过程会比较漫长和充满不确定性。某种情况下,限于设施服务范围之广与服务量之大,组织如果想要更换服务商变得"难以想象的困难"。此外,组织也需要提高对服务管理供应商的管控能力,包括合同法规、SLA、复杂的票证管理、合同之外的增值服务等。

**【案例6-1】**

某跨国企业在中国有一千多个租赁办公室,两个自有园区,四百多个自有设施管理人员。该企业原

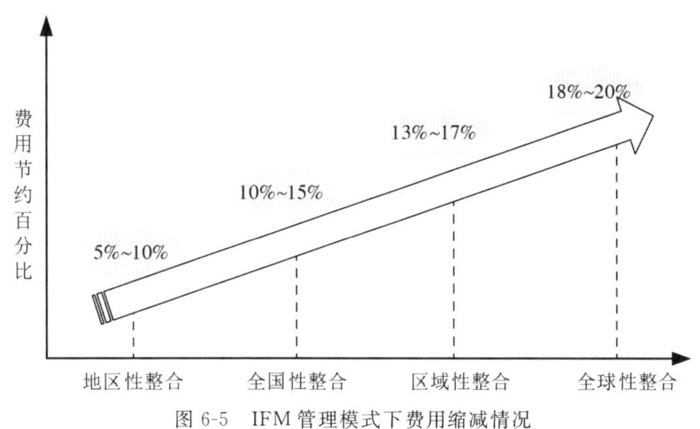


图 6-5 IFM 管理模式下费用缩减情况

先与将近一百个服务供应商签订了设施管理外包服务合同，外包服务范围包括工程服务、行政支持、EHS和空间管理。服务管理合同中的绩效衡量标准、专业服务术语各不统一，各个办公场室所在地设施管理部门或者采购部门直接管理各自的服务供应商。

为了实现标准化管理流程、持续提升服务质量和统一绩效衡量标准，按照公司的统一部署，设施管理团队决定采用整合设施管理(IFM)模式，将大部分自有人员转移到乙方，自有人员数量从一百多个降为二十多个，精简的甲方团队有更多的时间和精力专注于战略层面运作。服务供应商缩减为一家，纷繁复杂的合同简化为一个总包合同。相应地，设施管理团队组织架构也发生了巨大变化。设施管理组织模式的变革，如图 6-6 所示。

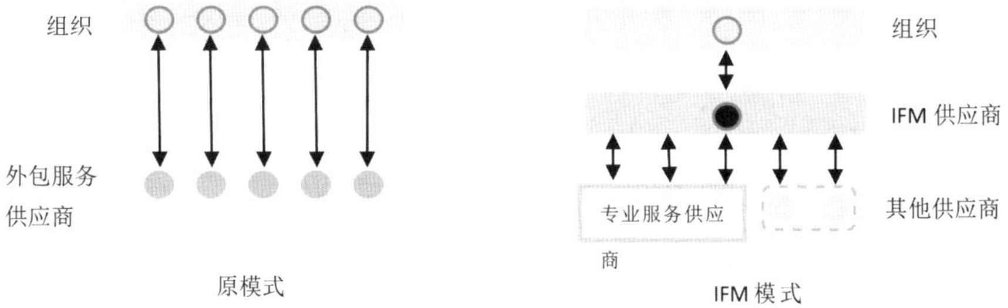


图 6-6 设施管理组织模式的变革

在进行 IFM 过程中，公司设施管理团队着眼于将设施管理战略和企业业务增长计划保持一致。此外，为了适应员工人数的不断变化和业务转型需求，推行灵活办公工作场所策略；为实现规模效益最大化，采用共享服务模式。在 IFM 合同模式上进行创新，采用"基于绩效的管理费"计价模式，与乙方约定采用一定比例的分摊方式共享服务节约费用。

两年之后，该公司 IFM 年服务费用缩减 30%，服务响应时间减少 10%，客户满意度提高到 95%。与其他同类型企业相比，自有园区年人均服务费用降低了一半，租赁办公室人均服务费用降低了三分之一。

**知识链接**

更多关于综合设施管理的资料，请访问设施管理门户网站 FM Gate—FM 智库—研究报告—外文译述：从供应商视角分析综合设施管理的附加值。

### 6.1.4 设施管理外包流程

设施管理外包流程通常包括业务评估、外包决策、合同准备和协议制订、业务交付和合同管理五个过程组成，每个过程又包括若干个支持性环节。设施管理外包流程，如图6-7所示。它描述了业务流程中的各个活动，定义了需要执行的任务以及在各任务间的信息交流。

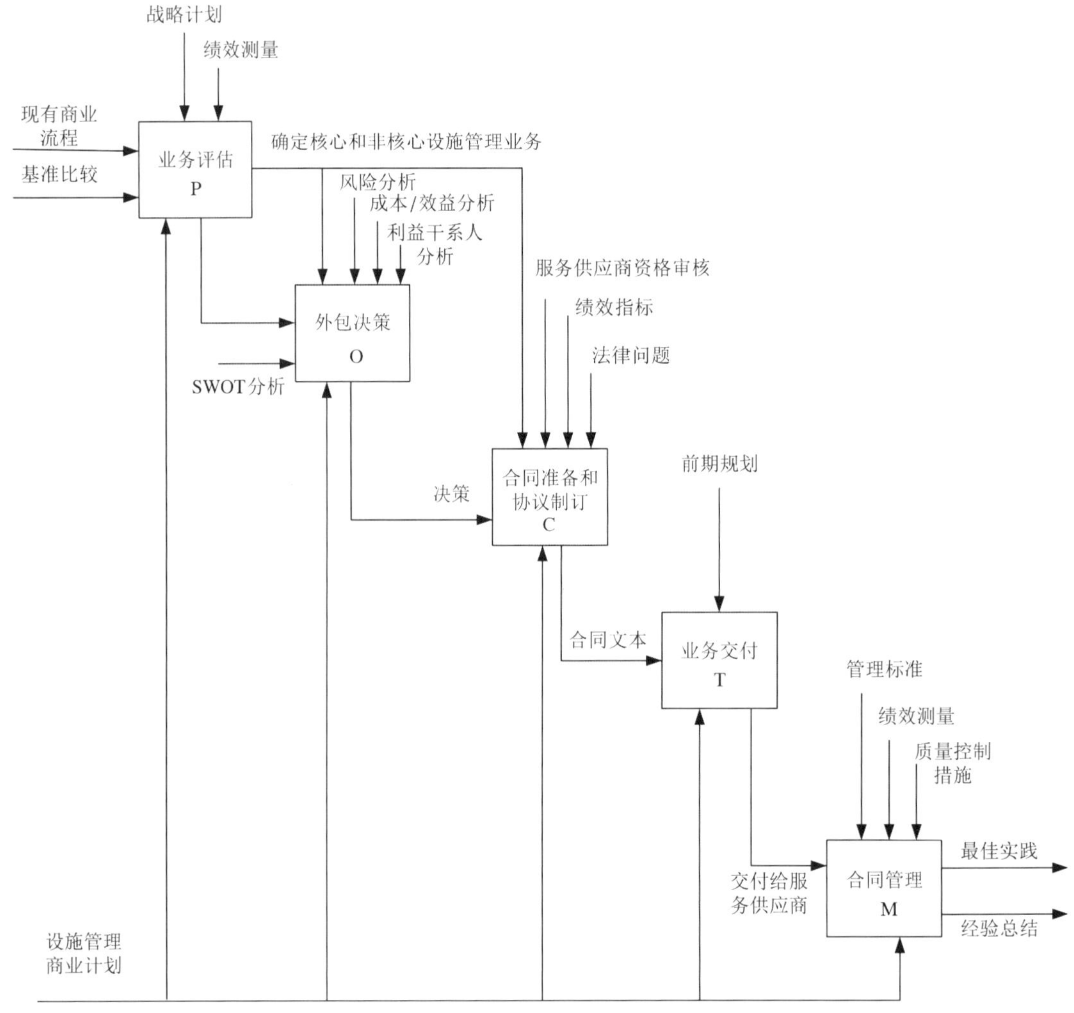

图6-7 设施管理外包流程

1. 业务评估

这个过程(节点 $P$)包含分析组织内的所有设施业务，可通过审核战略业务、设施运行计划和采访主要负责人来实现。执行这一进程所需的条件是现有商业流程和类似设施管理系统的基准研究，输出是建议外包的设施管理业务。业务评估流程，如图6-8所示。

2. 外包决策

这个过程(节点 $O$)需要评估组织内所有适用于外包的业务。这一过程的投入有风险分析、成本/收益分析、利益干系人分析等问题，以前一个过程(节点 $P$)得出的外包可行性结论作为前提，输出的是业务外包决策。外包决策流程，如图6-9所示。

3. 合同准备和协议制订

这个过程(节点 $C$)包括外包合同准备和服务协议制订。执行这一过程的基础是设施服务供应商应遵循的全面合同战略，包括对设施服务供应商资格预审、设定绩效指标和相关法律问题，输出的是为选定的设施服务供应商提供的合同文本。合同准备和服务协议制订流程，如图6-10所示。

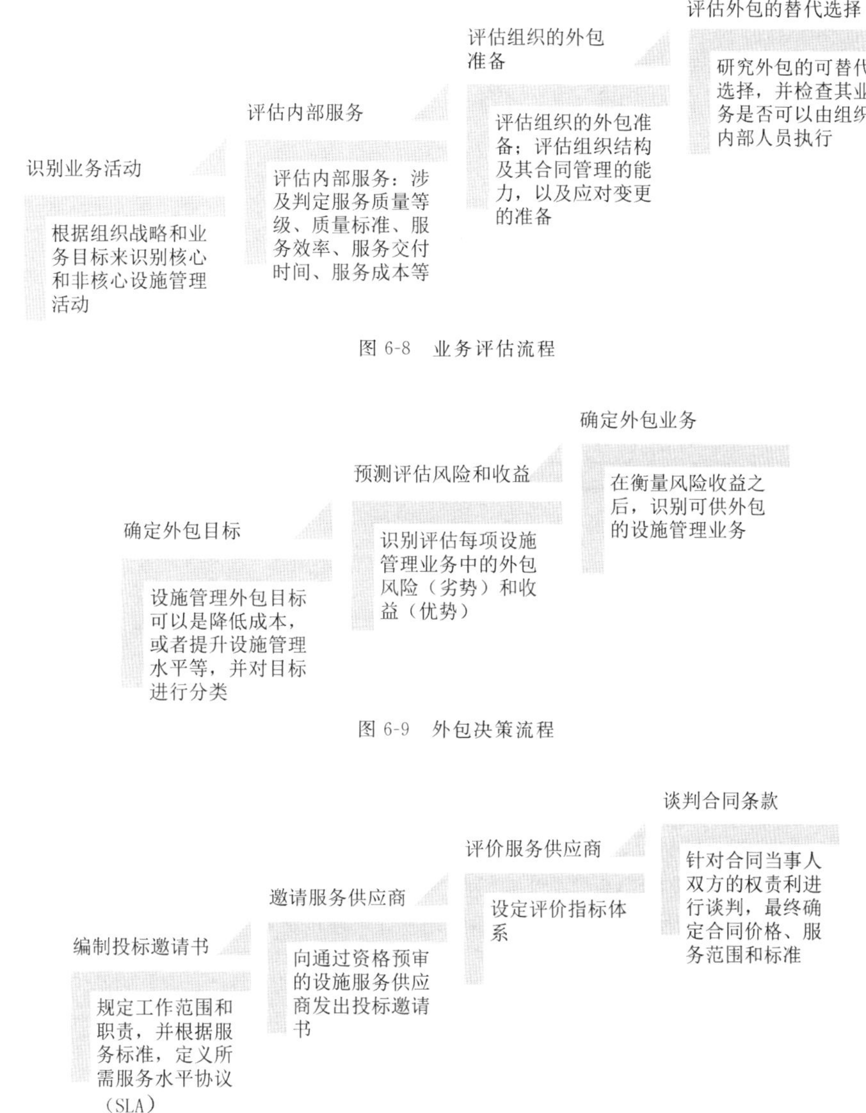


图 6-8 业务评估流程

图 6-9 外包决策流程

图 6-10 合同准备和服务协议制订流程

4. 业务交付

这个过程(节点 $T$)涉及设施服务供应商业务交付的准备工作，其基础是确定的合同协议和条款，输出的是将所有设施管理外包业务交付给服务供应商。业务交付流程，如图 6-11 所示。

5. 合同管理

这个过程(节点 $M$)包括对设施管理服务质量、响应速度以及所有已达成协议的条款进行管理，确保设施服务供应商根据议定的服务水平协议提供服务，并采用适当的奖惩措施(罚款或奖金)。这一进程的前提是将所有的设施管理业务交付给服务供应商，输出的是合同期满后的全面评价，以及为后期设施管理外包合同制订所提供的学习要点和最佳实践。外包合同管理流程，如图 6-12 所示。

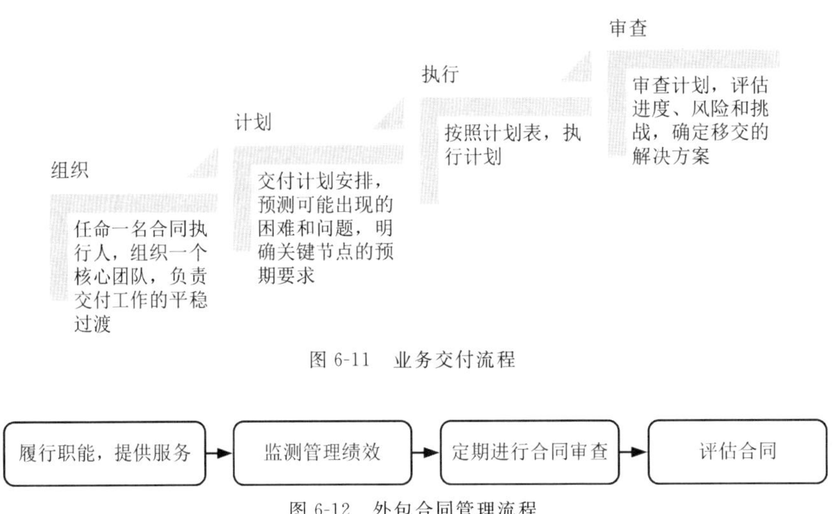


图 6-11 业务交付流程

履行职能，提供服务 → 监测管理绩效 → 定期进行合同审查 → 评估合同

图 6-12 外包合同管理流程

## 6.2 设施管理外包决策

设施管理外包成功的前提是选择正确的外包战略。从总体上看，设施管理外包决策可以分为两个层次——战略层次和业务层次。在战略层，业务外包决策的核心问题是决定是否外包；在业务层，业务外包决策的核心问题是确定怎样外包。本节通过引入设施管理外包关系模型和对组织与供应商的角色定位，阐述设施管理外包模式。

### 6.2.1 外包决策影响因素

设施管理外包决策受到一些特定因素的影响。从组织的角度外包决策影响因素可以分为内部因素和外部因素。影响外包决策的内部因素主要有外包业务的战略重要性和外包业务量；影响外包决策的外部因素主要有外包业务的复杂性和外包业务的市场特性。设施管理外包决策的影响因素，如图 6-13 所示。

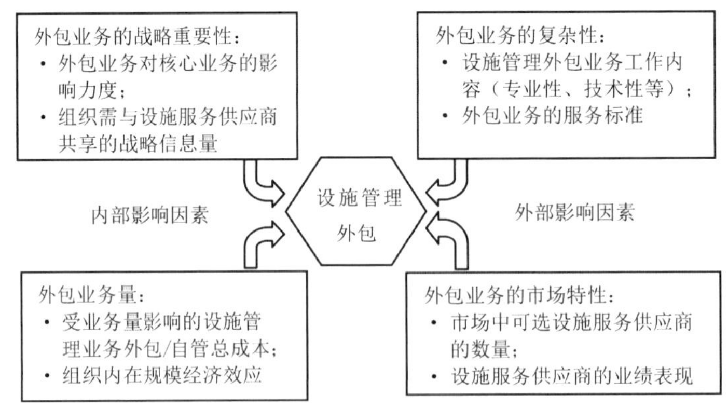


图 6-13 设施管理外包决策的影响因素

外包业务量是影响外包决策制订的一项重要因素。在外包和自管两种模式中，设施管理业务量影响其总成本。根据规模经济原理，业务规模扩大能促进组织专业化分工和技术投入，并能更充分地提高资源投入产出效率，从而使单位业务成本随着规模扩大而降低。设施管理业务量与单位业务成本关系，如图 6-14 所示。在图 6-14 中，当业务量超过 $a_0$时，组织自管设施管理业务可以实现内在规模经济效应，使自管设施管理单位业务成本逐渐低于外包单位业务成本，设施管理外包模式将被自管模式取代。

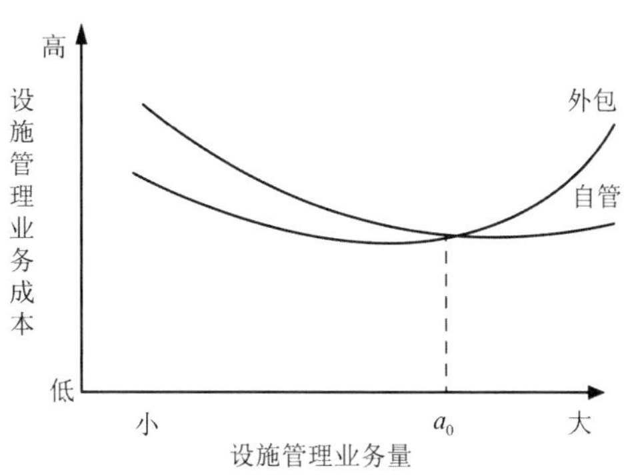


图 6-14 设施管理业务量与单位业务成本关系

从组织内部来说，除了要考虑外包业务的战略重要性和外包业务量，一般还要更多地考虑以下问题：

(1) 外包战略是否对组织的运营成果有可衡量的积极影响？

(2) 是否能够在财务、人力资源、工作环境、信息沟通、技术资源等方面对增进组织生产率有促进作用？

(3) 所在的组织是否在过去成功地运用了外包的概念？

(4) 所在的组织是否在过去外包了部分业务，但是结果未能达到预期？

(5) 所在的组织的文化是否容许外包的概念？

上述这些问题对有效的设施管理外包非常有必要。在很多情况下，这样的问题答案不仅需要设施管理部门的努力，其他相关部门(如人力资源、采购、财务、IT 等)的介入和支持将至关重要。

### 6.2.2 外包关系定位和价值

科能(Coenen，2012)认为设施管理是组织与外部设施管理供应商之间商业关系管理的一门学科。无论采取何种设施管理外包方式，无论组织希望最大化利用外包的价值，还是将外包作为一种效用管理工具，都必须重视外包关系管理。组织为了与信赖的服务供应商建立强大、稳固的关系，应当在双方期待的方向上建立正式和非正式的沟通机制，以驱动服务绩效。

1. 外包关系定位

在设施管理外包的不同阶段，组织内部团队与服务供应商之间扮演的角色不同。组织内部团队与服务供应商角色，如表 6-2 所示。

**表 6-2 组织内部团队与服务供应商角色**

| 过程 | 组织内部团队 | 服务供应商 |
|---|---|---|
| 外包分析 | 研究确定设施管理外包业务的风险 | 判断设施管理外包业务是否是一个商业机会 |
| 准备 | 计划服务外包，评估和选择服务供应商，建立外包协议和移交自有资源、人力 | 为服务交接工作做好准备，接管服务需求方的资源、人力，保证业务持续性 |
| 服务交付 | 管理服务供应商的协议执行和问题争端，应对协议签订后出现的挑战与变化，更新对服务供应商的绩效考核指标 | 定义和同意服务需求，谈判合同、计划、设计、配置的服务和执行服务交付 |
| 持续改进 | 制订外包策略管理方案，管理与服务供应商的关系，执行知识管理、风险管理 | 执行知识管理、人员管理，实施绩效管理、风险管理及与业主、分包商的关系管理 |
| 完成 | 计划服务外包的工作收尾，接管移交的外包组织资源、人力，确保服务持续性 | 为服务移交工作做好准备，移交甲方资源、人力，保证业务持续性 |

根据外包服务特性、供应商选择原则、设施服务供应商数量等因素，可以将设施管理外包关系划分为三类：相对独立关系（Arm's length relation）、业务伙伴关系（Operational partnering）和战略伙伴关系（Strategic partnering）。设施管理外包关系及特点，如表6-3所示。

**表6-3 设施管理外包关系及特点**

| 序号 | 关系类型<br>关系特点 | 相对独立关系 | 业务伙伴关系 | 战略伙伴关系 |
|---|---|---|---|---|
| 1 | 外包业务特性 | 针对非战略地位且标准化的业务 | 针对战略地位适中的业务（包括一定量的技术性服务） | 针对具有较高战略地位的业务 |
| 2 | 服务供应商选择原则 | 低价中标原则 | 多重定标准则 | 通过密切的商谈确定服务供应商 |
| 3 | 合同中服务供应商数量 | 多个设施服务供应商 | 3～5个服务供应商 | 1～2个服务供应商 |
| 4 | 服务水平要求 | 服务要求简单明确 | 服务要求具有一定专业化水平 | 制订书面服务管理规范，其中包括服务水平协议（SLA）、关键绩效指标（KPI）等 |
| 5 | 双方目标关联度 | 无共同的组织目标 | 具有共同的组织目标 | 具有共同的远见及战略目标 |
| 6 | 信息沟通 | 仅在出现问题的业务层面进行交流 | 在不同的组织层面均存在沟通 | 共享大量的信息（包括战略信息） |
| 7 | 合同周期 | 较短（通常1年） | 持续性发展 | 长期稳定的诚信合作 |
| 8 | 服务供应市场状况 | 大量可选服务供应商 | 少量可选服务供应商 | 几个可选服务供应商 |

基于设施管理外包决策影响因素、关系分类及其特点的分析，可以构建设施管理外包关系模式与内部、外部影响因素的二维梯度曲线模型，并根据内部、外部影响因素的高低，划定与设施管理三类关系相对应的Ⅰ-Ⅳ四个区域。设施管理外包关系模型，如图6-15所示。

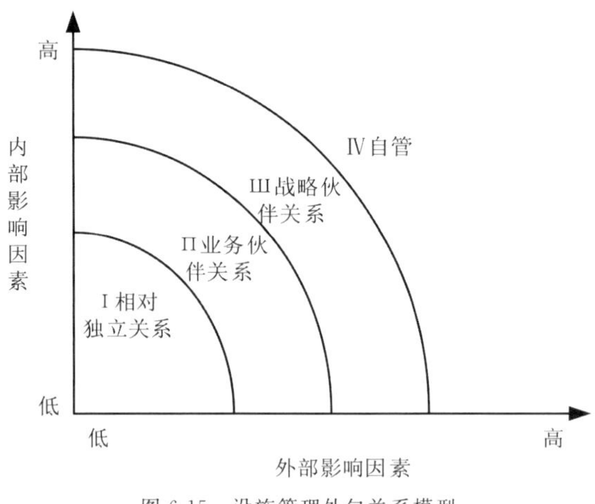


图6-15 设施管理外包关系模型

在图6-15设施管理外包关系模型中，随着各项因素的影响程度由低到高，组织可以依此选择外包或自营模式。外包关系模型可以为组织确定设施管理模式提供依据，指导组织按照不同的业务属性划分其设施管理业务，最终选择合适的伙伴关系。当组织选择将设施管理业务外包时，外包关系模式的选择是外包策略成功的关键。

2. 外包关系价值

关系价值包括关系利益和关系贡献，主要体现为增加双方利益或者减少双方贡献。关系利益的子维度主要体现在服务支持、服务交付方面，关系贡献的子维度主要体现为直接费用和过程费用的节省。设施管理外包关系价值和驱动因素，如表 6-4 所示。

表 6-4 设施管理外包关系价值和驱动因素

| 关系价值 | 价值维度 | 驱动因素 |
|---|---|---|
| 关系利益 | 服务质量 | ①服务绩效；②服务可信度；③服务一致性 |
| | 服务交付 | ①解决问题的意愿；②服务交付的及时性；③服务交付灵活性；④服务交付的准确性 |
| | 供应商的知识水平 | ①设施管理知识的可获得性；②现有服务的改善；③新增服务的发展；④工作的流程简捷性 |
| | 对核心业务的支持 | ①改善现有生产率；②改善现有用户的满意度；③对业务流程创新的支持 |
| | 对运维的支持 | ①出现故障时的应急支持；②体现客户的愿景；③有责任心；④提供解决方案；⑤及时告知问题解决进度 |
| | 可持续性 | ①支持可持续发展的核心目标；②供应链上的可持续活动；③拥有共同的目标来改善可持续绩效 |
| | 人际关系 | ①容易开展工作；②良好的工作关系；③良好的人际关系；④将业主视为最重要的客户来对待 |
| 关系贡献 | 直接费用 | ①具有竞争性的价格；②年度费用缩减；③费用减少计划 |
| | 过程费用 | ①采购环节；②服务交付费用；③协调与沟通费用；④绩效监督；⑤解决问题 |

成功的外包关系包括双方机制高度透明、组织间知识共享、开放式沟通和清晰定义期望的输出服务，制订支持组织目标和策略性持续性运营交付服务的管理章程。设施管理外包关系主要体现在一致的合作关系、高效的服务和聚焦于策略等方面。成功外包合作关系特征，如表 6-5 所示。

表 6-5 成功外包合作关系特征

| 一致的合作关系 | 高效的服务 | 策略重点 |
|---|---|---|
| · 极少摩擦；<br>· 相互尊重；<br>· 信任和客观性；<br>· 一致的利益；<br>· 公开和诚实的沟通 | · 有效顺利的服务交付；<br>· 不断完善和创新；<br>· 有力的工具/报告/标杆 | · 专注于合作伙伴关系；<br>· 开展策略层面的讨论；<br>· 新的机遇和服务范围扩展 |

**知识链接**

更多关于设施管理外包模式的资料，请访问设施管理门户网站 FM Gate—FM 智库—研究报告—企业设施管理外包关系的模式选择。

## 6.2.3 外包模式选择

设施管理的服务交付取决于很多限制条件，例如自有团队的能力、所需服务的独特性、对紧急事件的响应速度、整体服务质量控制、交付服务的直接和间接成本等。外包模式选择是组织的一项重要战略决策，应当充分考虑各种相关因素，需要基于对服务需求、自有人员专业素质、特殊需求和成本的客观评估。外包模式一旦确定，也就意味着相应的长达3年或5年合同期。如果合同期更长，组织会不间断地对合同及外包模式进行审核。设施管理服务外包模式，如表6-6所示。

表6-6 设施管理外包模式

| 序号 | 外包模式 | 描述 |
| --- | --- | --- |
| 1 | 平行外包 | 由于组织内部设施管理团队资源有限，只能提供部分服务。因此，会与外部服务供应商签订若干个外包合同，以涵盖任何缺乏的专业技能或资源 |
| 2 | 管理代理 | 在没有足够经验或合格的设施管理团队或经理的情况下，聘请专业的设施管理团队担任顾问，专业团队参与选择和管理外部供应商 |
| 3 | 总包管理 | 组织内部设施管理团队与服务外包商只签一个合同，总包商对组织内部设施团队承担全部管理责任 |
| 4 | 整合设施管理 | 与单一供应商的签署区域性设施管理服务合同，供应商负责提供所有必要的服务 |

1. 平行外包

在平行外包模式下，重要的业务由组织内部团队自己经营，而将其他业务进行分解细化，分别外包给专业服务供应商。组织内部团队直接接受高层领导的指令，依靠内部力量进行所有的管理活动，外包商被认为仅仅是承担操作层面的业务。组织内部团队需要做大量的外包计划、管理控制和协调工作。该模式通常适合组织内部对服务控制程度较高，自身管理能力比较强或者涉及的外包服务供应商数量不多的情况。

2. 管理代理

在管理代理模式下，组织内部团队寻找一个专业管理水平高的代理机构签订合同。代理机构仅仅提供管理咨询服务，不直接提供相关的设施服务，管理角色相对中立，能够提供足够灵活且具有针对性的外包方案。代理机构提供的服务范围可以包括财务规划、空间管理、资产项目组合规划、绩效考核和服务评估等。同时，组织内部团队能够保证对服务的控制，但可能会产生无法对代理机构有效控制和约束的问题。

3. 总包管理

总包管理模式是指组织内部团队通过选择一个合格的外包服务供应商承担所有的设施管理外包业务。该服务供应商可以把部分服务或劳务再外包给分包商，分包商与总包商直接签订合同，但与组织内部没有合同关系。该模式下，组织内部团队直接面对的供应商数量少，事务性管理工作量比较小，一般不干涉外包商的具体管理工作。只需要提出服务总体要求，进行宏观控制。但组织过多地依赖单一外包商，面临风险很大。因此，选择一个信誉良好、管理能力较强的服务供应商尤为重要。

4. 整合设施管理

该整合设施管理模式下，组织内部团队将设施管理大部分业务打包给一家综合性、专业化、水平高的设施管理服务供应商，提供组织运营所需要的相关设施管理服务。该模式对外部资源依存度很高，组织内部团队与外包商需要建立密切的合作伙伴关系，否则一旦关系恶化则将给组织正常运转带来巨大风险，同时，还可能因为沟通问题，外包商无法及时响应组织需求。

外包模式的有效性取决于如何实施。设施管理外包实施过程包括五个阶段，即模式选择、计划、制订服务水平协议、服务交付、绩效审核和战略评估。设施管理外包实施流程，如图6-16所示。在图6-16中，有三个“反馈”循环，反馈Ⅰ是指工作执行的重复循环，反馈Ⅱ是可能需要修正交付的服务水平，反馈Ⅲ可能意味着商业环境变化对现有外包采购模式的调整。

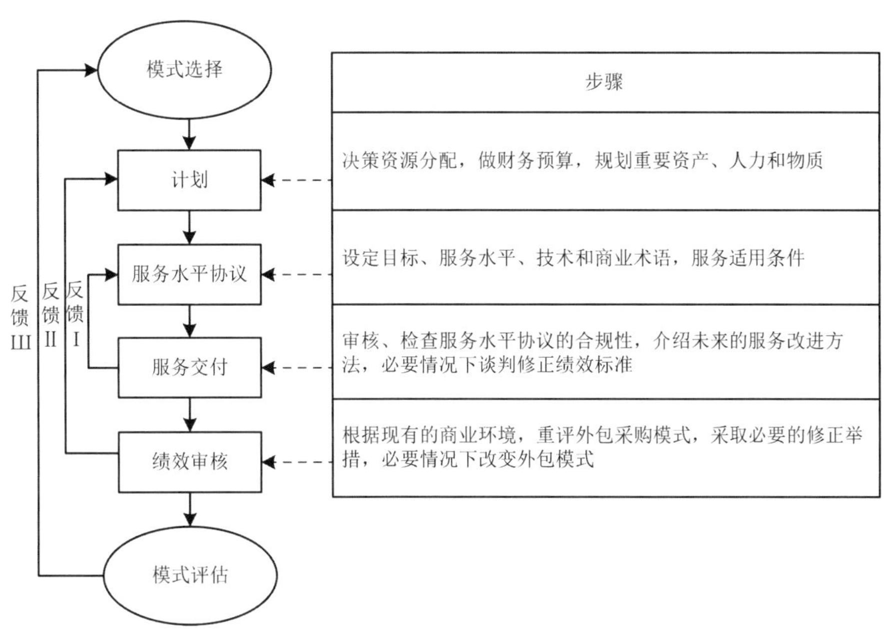


图 6-16 设施管理外包流程

### 6.2.4 外包供应商采购

按照采购价格的形成方式，设施管理外包供应商采购方式可分为招标采购和非招标采购。招标采购是指两个以上供应商通过投标方式来确定外包供应商的一种采购活动，招标采购分为公开招标、邀请招标；非招标采购又可分为竞争性谈判采购、询价采购和直接采购等方式。

1. 公开招标

公开招标属于非限制性竞争招标，是指招标人以招标公告的方式邀请不特定的符合资格条件的法人或者其他组织投标，按照法律程序和招标文件公布的评选方法、标准选择中标人的招标方式。公开招标有竞争性强、透明度高和程序规范等优点，但是其采购时间长、手续复杂，还需要其他采购方式进行补充。

2. 邀请招标

邀请招标是招标采购单位从符合相应资格条件的供应商中邀请三家以上供应商，并以投标邀请书的方式邀请其参加投标的一种招标方式。邀请招标和公开招标相比，由于潜在投标人限于被邀请的特定供应商之中，竞争性较弱。此外，由于投标邀请书可直接寄往被邀请的特定供应商中，不必在公开媒体或者网络上公布，信息透明程度较低，招标成本更低。因此，在项目专业性强、潜在投标人范围有限、时间比较紧迫或者采用公开招标成本不划算的情况下，采用邀请招标更有利。

3. 竞争性谈判采购

这是采购实体通过与三家以上供应商就采购事宜分别进行一对一的谈判，最后通过谈判结果来确定供应商的一种采购方式。竞争性谈判采购由于不需要对标的进行详尽描述，从而可以简化采购程序；其次，谈判过程中能对合同条款内容的细节部分进行详细洽谈，能够更全面地满足采购方需求，更容易在价格上达成一致意见。基于这些优点考虑，它比较适用于招标后没有供应商投标，没有合格标的或者重新招标未成立，因涉及技术复杂、性质特殊而不能确定详细规格或者具体要求的情形。

4. 直接采购

直接采购（又称单一来源采购）是指采购人向特定的一个供应商采购的采购方式。直接采购适用以下情况：由于设备或零配件的标准化，为了与现有设备相兼容，必须向原有供应商增加订货；所需设备具有专利性质,并且只能从单一来源获得;从特定供货商处采购的某些货物是确保设备达到要求的运行性能或指标的关键;特殊情况下因情势所限或发生了不可预见的紧急情况,没有时间寻找第二家供应商,包括但不限于应对自然灾害。

5. 询价采购

有些产品或服务的可选择供应商比较少或者采购项目标准统一且价格变化幅度小,可以采用询价采购方式。询价采购是基于对几个产品供应商、承包商或服务供应商提供的报价进行比较的一种采购方式。通常至少有三家报价,以确保价格具有竞争性。

6. 反拍卖采购

反拍卖采购的核心是通过“逆向拍卖”的方式进行招标采购,基于互联网、数据库在网上进行竞价。整个竞价过程中,买家清楚地知道供应商的所有报价情况,包括报出的时间、价格、次数,以及降价特点,而各供应商相互不知道,避免了供应商形成竞价同盟。反拍卖采购采用逐级向下竞价的方式,最低成交价中标。通常用于批量性采购,且采购的产品或服务供大于求,处于卖方市场。

7. 框架协议(FA)

框架协议是与供应商达成的长期协议,设定了协议期间进行具体采购的条款和条件。框架协议通常都以双方事先同意的价格为基础,或者以在下订单时通过竞争确定的价格,或不通过竞争但是经过更新确定的新价格为基础。框架协议采购在下述情况下可以代替询价采购和邀请招标:具有标准规格;简单且可能不时需要非咨询服务或紧急情况的小额工程合同。

**知识链接**

更多关于设施管理外包模式的详细资料,请访问设施管理门户网站 FM Gate—FM 智库—研究报告—设施管理外包的未来和展望。

## 6.3 设施管理外包合同

设施管理外包的核心工作是设施服务供应商的选择以及合同谈判。设施管理外包合同不同于一般的物资采购合同,关键是服务质量等问题很难定义,要在需求方案说明书(Request For Proposal,RFP)中详细界定,明确所提供服务的范围、质量、时间和频率,以及服务的收费和服务的时间等。本节介绍了需求方案说明书及外包合同的主要内容,分析了设施服务供应商的评价指标与方法,并说明了外包合同出现争议情况下的解决方案。

### 6.3.1 外包需求方案说明书

需求方案说明书,也称为提案企划书,或意见请求书、方案征求建议书、建议书邀请函,是由发包方提供的服务外包需求说明文件。它提供外包服务的各种要求和标准,是设施管理外包合同的组成部分,也是服务供应商提供投标方案和评定外包服务供应商的依据。

RFP 要明确组织设施管理外包的技术要求、质量标准和经济指标,同时要求服务供应商在投标文件中阐明满足这些需求的服务能力和保证措施。需求方案说明书是设施管理外包合同的组成部分,是外包合同管理成功的基本保证。

需求方案说明书一般包括如下内容。

1. 服务需求描述

RFP 中应该对所需服务进行一个简短而中肯的说明,以说明组织要外包哪些服务。组织的需求是复杂的,会导致在需求方案说明中大多数需求可能难以详细描述。然而,对所需服务进行简短而中肯的描述说明,将大大有助于设施服务供应商在投标文件中提出有高度针对性的建议。

2. 业务范围的全面界定

除了服务需求描述，大多数 RFP 有详细的业务要求，这些业务要求包括一些支持性的要求，还包括提供指导方针、技术规格及质量指标等内容。设施服务供应商可以根据业务要求，提出相应的建议。如果业务要求的表述不准确，不能反映组织对于设施管理的需求，设施服务供应商将不能够提出能够解决关键问题的建议。因此，对业务范围的界定要详细。

3. 外包服务供应商管理要求

RFP 中大多详尽列明对设施服务供应商的要求，主要是对针对供应商提供的人力、物质等支持性资源的强制性要求，比如供应商须遵守的相关法律、购买相关保险、专业分包、人员配置、人员素质、上岗资质、考勤要求、特殊工种持证和着装规范等要求。

4. 外包服务供应商评价标准

这是一个非常重要的部分，并包含必要的外包供应商的信息。组织应该建立合理的评价标准和评价模型，对于服务供应商的要求应明确提出。如果可能的话，在 RFP 中，可以给出对服务供应商的评价指标，以及相应评价指标所占的权重。

5. 时间轴信息

在 RFP 中，应对 RFP 的发送日期、投标文件递交、答疑及现场考察时间、开标时间等各种时间做出安排，还有中标通知书的发送日期等重要时间，都应详细写明。

6. 费用明细表

为了进行设施管理外包成本比较，可以要求外包服务供应商提交详细的费用明细表，并提供费用项目的划分标准和计算口径，以确保进行成本比较。

7. 服务费用说明

为避免后期双方费用纠纷，根据服务范围、类型，RFP 里要详细阐述设施管理服务供应商的包干费用支付说明、向供应商提出的超出费用包干范围的服务需求、支付说明、费用调整说明、费用审计、支付及扣款约定等。

8. 关键绩效指标

关键绩效指标(Key Performance Indicator，KPI)是通过对设施管理服务的关键参数进行设置、取样、计算、分析，来衡量设施管理绩效的一种目标式量化管理指标。KPI 可以形象地表述设施管理服务质量，从而使组织合理地评价服务供应商的绩效，同时也可以使服务供应商通过对 KPI 的分析，找到自身不足之处，实现持续改进。因此，RFP 中应制订详细的关键绩效指标。

9. 投标书及各种保证文件格式

RFP 要对外包服务供应商提供的投标书及各种保证文件规定统一的格式和篇幅。一个标准、规范的文本格式，有利于组织的评标。对于篇幅的限制，有利于反映关键内容，重点突出，减少评标所需的审查时间，也体现出公平、公正原则。

10. 报告制度

RFP 中要列明不同管理层级的报告时间、报告方式、报告原因及报告要求等。

### 6.3.2 外包合同条款

设施管理外包合同是一份由交易各方达成的具有法律效力的文件。其中，外包服务供应商承诺在一定的条件(如数量、质量、价格、响应时间、采购时间等)下向组织提供服务，而组织根据合同的规定(包括合同的激励因素和惩罚因素)向设施服务供应商支付一定数量的报酬或其他商品、服务。通常设施管理外包合同可以分为一般合同条款和特殊合同条款。

1. 一般合同条款

一般合同条款主要包括：

(1) 签订合同的各方;
(2) 合同价格;
(3) 服务范围和内容;
(4) 付款方式;
(5) 合同期限;
(6) 合同的生效和终止;
(7) 合同适用的法律;
(8) 与合同相关的争议解决途径(如指定仲裁庭等)。

2. 特殊合同条款

特殊合同条款主要包括下列内容:

1) 服务价格协议

该协议分别列出基于外包服务范围的合同总价以及组成总价的各项价格。包括:①服务明细单价;②人工费;③服务范围外服务费用计费标准;④其他支付的相关条款。

2) 服务采购条款

该条款会阐明及规定在服务采购过程中涉及的问题,包括违约的责任分配及处理,设施管理财产的划分,环境、质量及安全的相关要求,补偿的程序以及相关准则,保险费用的确定,保密信息或专有信息的相关规定,合同相关方知识产权的相关规定,合同争议处理,适用的相关法律等。

3) 诚信协议

外包服务供应商根据组织的诚信政策所做出的诚信声明,包括保证遵守一切适用的法律法规,如禁止行贿,有关环境保护、健康和安全的法律、法规,保证不会在服务和管理过程中使用童工、强制劳动或禁锢劳动等,体现对服务供应商社会责任的要求。

4) 保密协议

由于在设施管理外包时,组织也许会向服务供应商提供一些有关生产工艺文件,涉及与工艺技术、设备和质量标准等有关的专用的、秘密的技术信息;有关部门管理文件的一些细节很可能就包括了各种产品相关的商业机密和财务信息。这些信息和资料应作为组织的"专有信息",具有重要商业价值,服务供应商一定要遵守保密规定。保密协议就是主要针对上述保密行为而进行的相关规定。

5) 服务水平协议

设施管理服务水平协议(Service Level Agreement,SLA)是服务供应商和业主共同协商后达成的对区域总体服务要求的正式约定,包括了合同相关方对服务品质、优先权和责任的共同理解,以及对服务质量等级的协定、违约的处罚、争议处理仲裁机构、合同相关方的义务等,其根本目的是让合同相关方在合同执行之前达成一个清晰的共同愿景,同时建立一定的机制限制各方的违规行为,鼓励双方努力达到或超过事先约定的目标。一个主 SLA 协议为特定的服务供应商专门制订,包括服务质量衡量指标、权重、衡量说明、服务质量标准和扣分标准、考核与奖惩标准等。

对全球化公司而言,设施管理服务合同根据公司总部要求,即全球标准与公司所在国标准,确定服务合同模式中的基本协议、SLA 和绩效衡量指数。另外。根据公司所在不同区域情况设计地区服务合同时,还要考虑地区具体模式、适合地区的具体服务标准和合同价格。某跨国公司外包合同框架结构,如图6-17 所示。

### 6.3.3 外包合同计费模式

根据组织介入程度、风险大小和工作范围成熟度,确定采用合适的设施管理外包合同计价模式。外包合同计费模式,如表 6-7 所示。

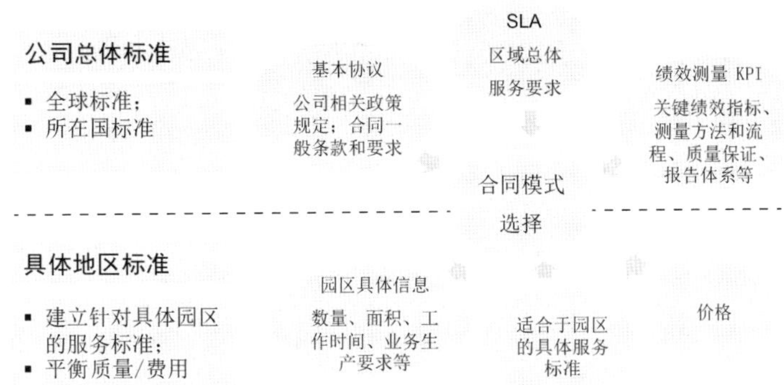


图 6-17 某跨国公司外包合同框架结构

表 6-7 外包合同计费模式

| 序号 | 计费模式 | 定义 |
|---|---|---|
| 1 | 固定价格 | 根据合同规定的服务范围和有关条件，给定一个明确的总价 |
| 2 | 成本加酬金 | 按照实际服务成本支出，加上酬金（即管理费）来支付合同款 |
| 3 | 最高保证价格 | 根据实际服务成本支出，加上管理费来付款，但完成全部合同所要求工作的费用按双方约定的总额封顶，全部付款不得超过该总额 |
| 4 | 雇用费和/或意外（成功）费 | 通常表示为资产售价或者服务节省费用的一定百分比 |

1. 固定价格

固定价格（Fixed Price）计费模式是指根据合同规定的服务范围和有关条件，发包组织应付给服务供应商的款额是一个规定的金额，即明确的总价。当外包服务环境发生变化时，价款总额不会发生改变。这种情况下服务供应商要承担由于外部、内部环境变化引起的价格变动风险，当风险超过供应商承受范围时，服务管理绩效下降，可能因此引起服务终止情形。

2. 成本加管理费

在成本加管理费（Cost Plus Management Fee）计费模式下，按照实际服务成本支出加上约定的管理费来付款，实际成本支出可包括多项固定价格的工作或材料，或者是多项基于时间、材料定价的工作。管理费用可以是一个固定的额度，也可以是基于实际服务成本支出的百分比来收取。

3. 最高保证价格

最高保证价格（Guaranteed Maximum Price，GMP）计费模式对外包组织和供应商的风险管理能力提出了挑战，因为限定了向服务供应商可支付的最高限价，即 GMP 价格，需要外包组织和主要服务供应商评估整个项目潜在的风险。基于 GMP 合同的服务供应商实际成本和利润关系，如图 6-18 所示。

在图 6-18 中，区间Ⅰ表示当实际成本低于预算成本时，供应商利润是一笔固定的酬金加上最高限额的风险费节余。

区间Ⅱ表示当实际成本高于预算成本而项目风险费尚有节余时，供应商利润是固定的酬金加上按比例分摊的风险费节余。

区间Ⅲ表示当实际成本超出预算成本与项目风险费之和时，即风险费耗尽时，供应商利润是酬金扣除实际成本超支部分。

区间Ⅳ表示实际成本超过 GMP 价格时，供应商将发生亏损。通过采用 GMP 合同，外包组织与供应商之间的对立关系转化为“风险共担，利益共享”的合作关系，使双方在目标上达成一致。

在 GMP 计费模式中，供应商利润与外包组织预设的绩效目标绑定在一起，包括外包组织设定的成本削减目标。这就保证了双方目标的一致，避免出现合同中的酬金、工作范围与实际不一致出现的分歧

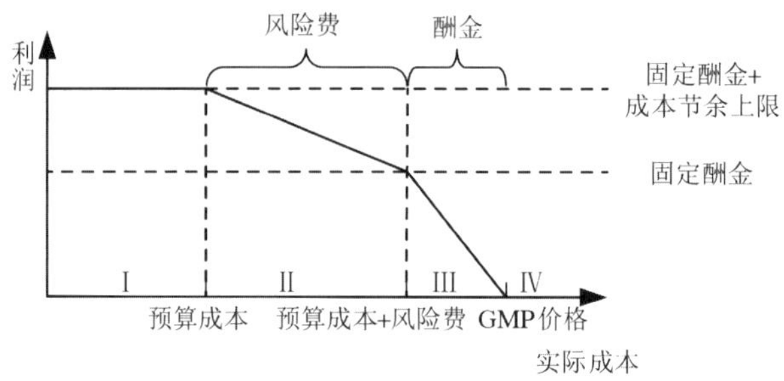


图 6-18 基于GMP合同的服务供应商实际成本和利润关系

与争端。管理费分为固定部分、可变部分和共享效益部分。当服务供应商的服务费用超出预算，则从固定管理费用中扣除超额费用。根据KPI绩效评价情况和合同约定，调整管理费中可变部分费用。如果服务供应商创造了额外收益，则与业主共享收益。GMP管理费组成，如图6-19所示。

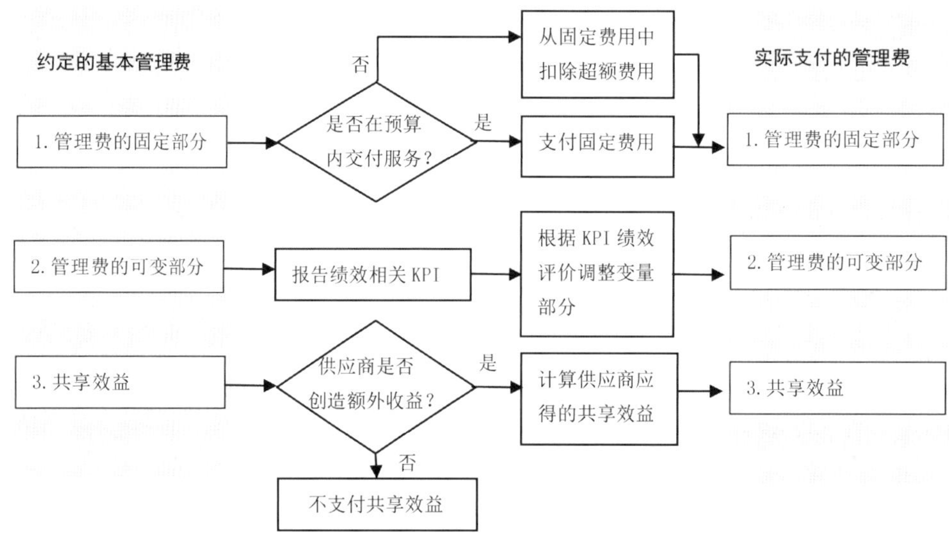


图 6-19 GMP管理费组成

4. 雇用费和/或意外(成功)费

这种计费模式下，服务供应商通常扮演“咨询人”的角色。对咨询人的酬金包括雇用费和成功费，成功费通常表示为资产售价或者服务节省费用的一定百分比。

### 6.3.4 外包合同管理

设施管理外包合同管理是合同双方履行合同约定的义务，实现设施管理外包目标的过程。设施外包管理的关键是外包合同管理，设施外包合同管理贯穿于设施外包合同的整个生命周期中，包括合同履行、合同监督与管理及合同争议等核心环节。

1. 合同履行

外包合同履行对于合同目标的实现，以及组织和设施服务供应商关系的重要性不容低估。清晰的合同履行程序保证合同各参与方都清楚自己要做什么、什么时候做以及怎么做。合同履行管理包括合同维护和变更控制、收费与成本监测、订购和付款程序、管理报告等任务。合同文件条款本身必须准确反映合同履行的安排，严格控制合同变更。不同类型的合同变更责任由不同的人负责，并记录需要反映的内部程序。

外包合同履行情况的评估，常用的指标有：①费用和成本监控中的人工费用效率、物资耗费效率；②采购、付款及预算程序的合理性；③资产管理情况；④合同变更控制情况等。

合同履行管理过程中，组织还需要对合同的合规性进行评估。合同履行合规性评估表，如表 6-8 所示。

表 6-8　　合同履行合规性评估表

| 序号 | 评估内容 | 信息来源 |
|---|---|---|
| 1 | 与进度计划表相比，实际的工作进度 | · 单一反馈，如客户满意度调查等；<br>· 多渠道的终端用户反馈，如投诉或建议；<br>· 服务热线或平台的反馈；<br>· 第三方审计；<br>· 日报、周报、月报、季报；<br>· 平衡计分卡；<br>· 定期举行的供应商会议 |
| 2 | 时间框架范围的完成情况和关键节点进度 | |
| 3 | 定性和定量目标的完成情况 | |
| 4 | 运营绩效基准量度的一致性 | |
| 5 | 合同规定的服务水平一致性 | |
| 6 | 考核及奖惩标准的一致性 | |
| … | …… | …… |

2. 合同监督和评估

对于设施管理外包合同监督和评估，主要就是对服务质量和绩效进行 KPI 履行情况的监管及审核。设施管理外包合同中制订了详尽的服务水平协议(SLA)，提出了合理的关键绩效指标(KPI)，是为了对服务供应商的服务绩效进行评估和管理，评价服务交付是否达到合同规定的水准和程度。设施管理 KPI 履行情况监管及审核系统，如图 6-20 所示。

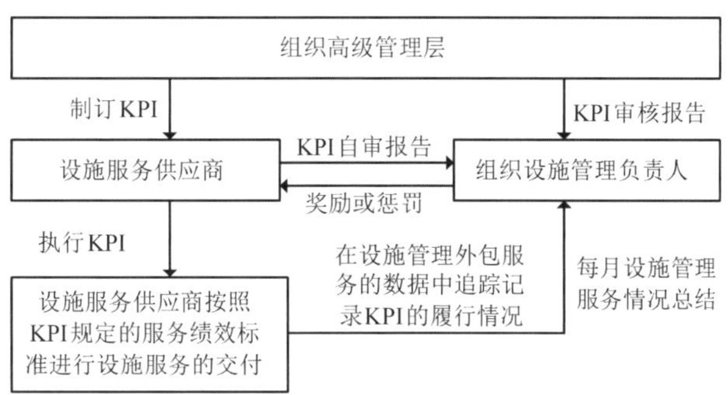


图 6-20　设施管理 KPI 履行情况监管及审核系统

某设施管理外包服务供应商的评价指标，如图 6-21 所示。

针对三家服务供应商各项评价指标的得分，可采用雷达图直观的表示，便于共同进行比较。设施服务供应商评价结果示例，如图 6-22 所示。

健康度评估(health check)作为一个新兴的、来自于实践的评估机制，类比人体健康体检的思想，通过更结构化的评价指标模型，来评判外包合作过程中供应商的各方面表现，辅助后续外包管理模式的制订与调整。服务供应商健康度评价指标(示例)，如表 6-9 所示。

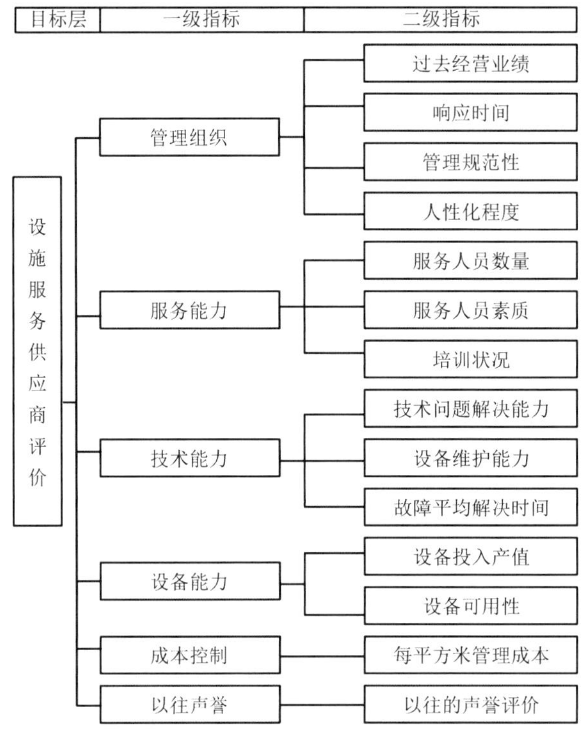


图6-21 某设施管理外包服务供应商评价指标

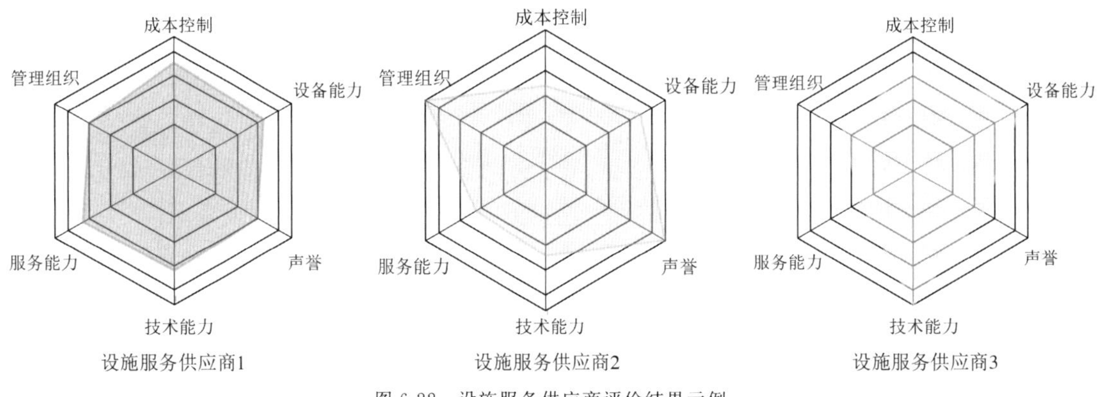


图6-22 设施服务供应商评价结果示例

**表6-9 服务供应商健康度评价指标(示例)**

| 企业名称 | 健康度定义 | 健康度考查范围 |
| --- | --- | --- |
| IBM | 外包在宏观层面上的发展趋势及最终成功达到模式目标的概率 | 干系人、业务范围控制、进度可控、目标清晰、风险认知、团队及利益等 |
| Alliance Bernstein | 能够完成合同约定并为企业创造新的价值 | 持续进步及创新等 |
| 普华永道 | 外包商的阶段性表现良好及能够最大程度完成企业模式目标 | 价值、质量、范围、关系 |

设施管理外包服务供应商的健康度体现在成本控制程度、服务表现、成长能力及与企业合作的适应性，可划分为以下四个维度来构建评价模型的基本框架。服务供应商健康度评价内容，如图 6-23 所示。

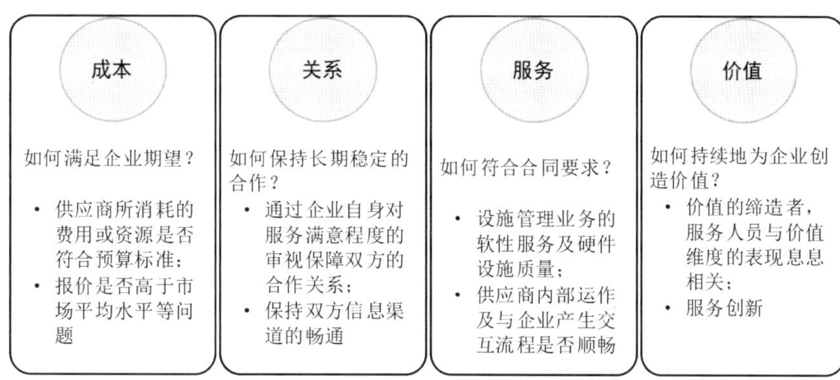


图 6-23 服务供应商健康度评价内容

3. 合同争议处理

合同争议，是指因合同的生效、解释、履行、变更、终止等行为而引起的合同当事人的所有纠纷。在外包合同履约过程中双方会因外包合同范围的界定、保险费用、劳务、合同价格、KPI 定义、设施服务供应商的服务水平、服务范围的变更等问题发生矛盾，会牵涉到各个参与方的利益。因此，各方应积极合作，防止分歧和争议进一步恶化，并尽早解决这些问题。外包合同争议处理等级，如图 6-24 所示。

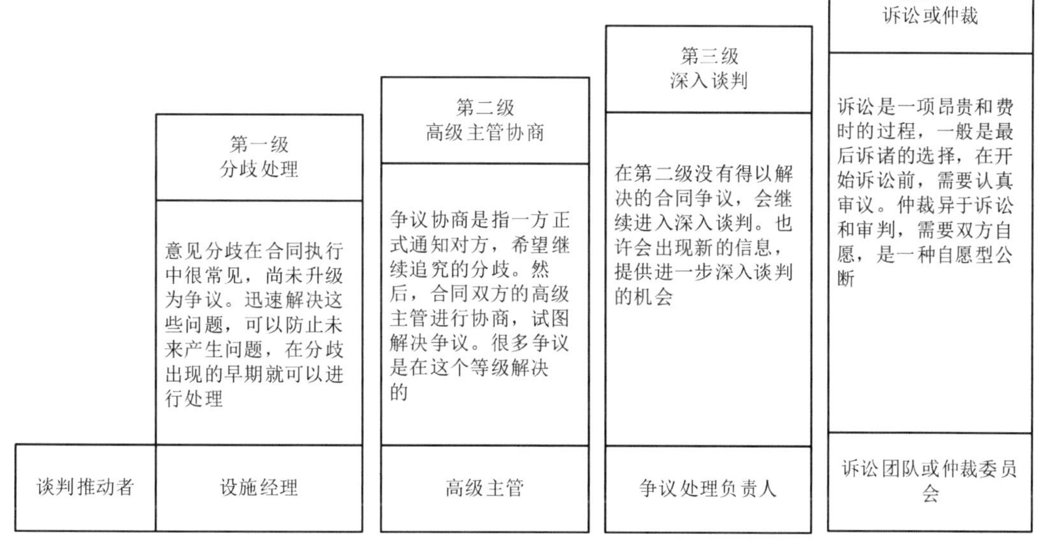


图 6-24 外包合同争议处理等级

常见的外包合同争议处理情形是双方当事人在设施管理外包合同中已制订了相关解决条款，希望用约定的方式来解决双方之间的争议。这些条款的效力是独立于合同效力的，合同的有效与否、变更与否或者终止与否都不影响解决争议条款的效力。外包合同争议处理方案，如表 6-10 所示。

表 6-10 外包合同争议处理方案

| | 第一级<br>分歧处理 | 第二级<br>高级主管协商 | 第三级<br>深入谈判 | 第四级<br>仲裁或诉讼 |
| --- | --- | --- | --- | --- |
| 矛盾的引发 | 服务供应商口头或者书面表达了对一个未解决的变更或者对其他事项的不满 | 服务供应商或者组织负责人按照合同规定的程序正式通知对方，该问题是一项争议纠纷 | 服务供应商或者组织负责人将合同争议成立一个谈判小组 | 服务供应商或者组织负责人正式将合同争议提交法院或仲裁处理 |
| 主要处理办法 | · 重新审查问题，从其他方的角度考虑问题，客观解决分歧；<br>· 多方咨询，多询问其他人对分歧的意见，他们也许会提供一个全新的观点；<br>· 从整体角度考虑合同，以整个合同作为背景考虑问题，避免只侧重合同的一个阶段；<br>· 努力合作，尽一切努力使服务供应商履行合同义务，在一些不会严重影响项目成本、质量、进度的问题上妥协 | · 准备最初的意见书，意见书中记录争议产生的背景和目前的情况，提供对争议的评价；<br>· 高级主管协商，协商一般包括与设施服务供应商的联系，理解他们的立场，并阐明组织的意见和原因，力图解决争议；<br>· 争议解决后达成正式书面约定<br>· 成功的协商应该全面彻底地解决争议。记录下已达成协议的清单 | · 选择一个争议处理负责人；<br>· 充分准备；<br>· 聘请和管理额外资源，包括法律顾问、项目顾问、质量调查员和关于矛盾的特别顾问等；<br>· 组建一个谈判小组；<br>· 谈判；<br>· 谈判成功，获得批准；<br>· 签订合同补充 | ①仲裁<br>· 全面准备，专家仲裁阶段需要一个协调管理的策略，还要特别注意专家的选择；<br>· 提交陈述，提出进行专家仲裁的一方需要在聘请专家后的一定工作日内提交陈述；另一方也要求在同样的期限内提交陈述。<br>②诉讼<br>· 建立全面诉讼团队，包括项目总监、争议处理负责人、组织代表，还可以包括财政部门人员；<br>· 聘请法律团队，法律团队接受指示，提供法律意见，准备法院的诉讼程序 |

## 6.4 设施管理外包风险

设施管理外包风险是组织在将设施管理业务的部分或全部外包的过程中，由于环境的不确定性和组织对设施管理外包的管控能力不足，产生实际外包结果与预期目标的差距，甚至导致整个设施管理外包失败。风险管理(Risk Management)是指通过计划、组织、指挥、控制等管理方式，系统地应用风险分析技术，借助现代科技手段，按照逻辑化的方式去识别风险、分析风险、评价风险、处置风险和监控风险，从而达到组织机体良性运转，尽量减少遭受损害的目的。设施管理外包风险管理包括风险因素分析与识别、风险评估和风险应对等环节。

### 6.4.1 外包风险因素识别

外包合同是设施管理外包重要的内容，外包的成功与否在很大程度上取决于合同准备、签订、实施和评价等全过程管理，其中存在着很大的不确定性风险。设施管理外包合同管理环节，如图 6-25 所示。

1. 外包合同准备阶段

这一阶段主要工作有：

(1) 外包需求分析。主要分析组织要不要外包？哪些设施管理业务外包？

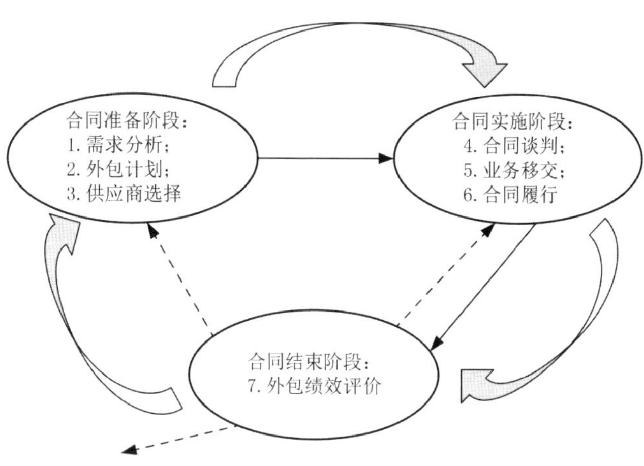


图 6-25 设施管理外包合同全程管理环节

(2) 外包计划。制订外包活动工作计划,确定外包的目标、范围、时间表、商业模式、外包程序。同时,应确保外包活动符合组织的设施管理模式、目标与规划。

(3) 外包服务供应商选择。根据需求方案说明书(RFP),向社会或特定群体发布招标文件,从潜在的投标人中选择合适的设施管理外包服务供应商。

在这一阶段,由于信息不对称、组织自身的能力等因素,设施管理外包合同准备中存在一系列风险因素。外包合同准备阶段风险因素,如表 6-11 所示。

表 6-11 外包合同准备阶段风险因素

| 环节 | 风险因素 | 风险描述 |
| --- | --- | --- |
| 需求分析 | 外包管理团队组建 | 在开展外包活动前,企业将组建外包管理团队,外包管理团队的整体水平会对外包活动产生很大的影响 |
| | 市场信息收集 | 市场信息收集与判断对外包决策和设施服务供应商选择的影响 |
| | 核心业务判断 | 判断设施管理的核心业务或非核心业务,会对企业的资产专用性产生影响 |
| | 法律因素 | 最新的劳动法会直接或间接地影响对劳动力的雇佣、解雇等 |
| 外包计划 | 外包目标 | 不现实的外包目标会导致不合理的外包计划,以致外包活动失败 |
| | 外包目标与组织模式目标一致性 | 设施管理外包目标与组织模式目标一致,是外包活动的出发点 |
| | 工作计划制订 | 缺少制订外包合同经验的专家,会忽视一些选择合适设施服务供应商限定条款 |
| 外包服务供应商选择 | 参与投标的企业很少 | 在 RFP 中,一些条款不合理,导致有潜力的设施服务供应商没有参与投标,只有很少的供应商参与投标 |
| | 潜在设施服务供应商的信息 | 由于信息不对称,潜在服务供应商向组织提供一些虚假信息。例如,设施服务供应商的资质、工作经验;同时,设施服务供应商的创新能力难以评价 |
| | 评价潜在设施服务供应商的方法 | 评价潜在设施服务供应商选取工具和方法不同,会产生不同的结果 |
| | 选择设施服务供应商的标准 | 缺乏整体管理外包合同的成熟经验或者对于招标价格没有内部底价限额,可能会造成选择失误 |

### 2. 外包合同实施阶段

设施服务供应商履行合同义务，向组织提供设施管理外包服务。这一阶段组织的主要工作有：

(1) 外包合同谈判。与设施服务供应商协商确定外包合同的主要条款，以及明确服务水平协议(SLA)的内容。

(2) 外包业务移交。组织将设施管理外包业务中技术、人员、工作流程移交给服务供应商。

(3) 外包合同履行。设施服务供应商履行合同义务，向组织提供设施管理外包服务。

由于组织自身的能力、与设施服务供应商沟通等因素，设施管理外包同样存在一系列风险因素。外包合同实施阶段的风险因素，如表6-12所示。

表6-12　外包合同实施阶段的风险因素

| 环节 | 风险因素 | 风险描述 |
|---|---|---|
| 外包合同谈判 | 合同谈判能力 | 组织的合同谈判能力是外包合同优劣的关键影响因素 |
| | 合同条款 | 一些关键合同条款模糊或缺失，会在合同履行与评价时产生纠纷 |
| | 合同类型 | 选取的外包合同类型不同，会对设施管理外包活动产生不同的影响 |
| | 服务水平协议(SLA) | SLA的完整性与准确性需要慎重考虑 |
| 外包业务移交 | 业务移交计划 | 实施过程中可能会出现漏洞，可能对客户的正常业务造成影响 |
| | 业务移交中的沟通问题 | 由于业务移交是滞后于合同的，所以移交工作需要在合同中规定，外包业务的信任情况仍然是个问题 |
| 外包合同履行 | 设施服务供应商控制 | 对设施服务供应商缺乏有效的控制，会影响合同目标的实现 |
| | 隐性成本 | 在合同履行中，会有一些隐性成本存在，难以计算 |
| | 设施服务供应商道德 | 设施服务供应商可能不按照合同提供服务需求，甚至中途撕毁合同 |
| | 供应商与组织的沟通问题 | 因供应商不一定能提供最优服务方案，甚至有时虽然费用增加了，但不一定达到组织期望，因此不适宜的沟通可能给双方的关系维护带来困扰 |
| | 市场变动 | 面对变幻莫测的商业环境，提出合适的解决方案很困难 |
| | 合作关系 | 由于相关责任被归咎给供应商，因此长久合作关系难以为继 |

### 3. 外包合同结束阶段

在这一阶段，主要工作是检查外包合同的履行情况、评价设施服务供应商的绩效。外包合同结束阶段的风险因素，如表6-13所示。

表6-13　外包合同结束阶段的风险因素

| 环节 | 风险因素 | 风险描述 |
|---|---|---|
| 外包合同评估 | 评价中的问题 | 目前还没有完整的关键绩效指标 |
| | 对过程和技术管理缺乏自主性 | 在选择服务供应商上很难将服务真正与组织内部业务完美结合 |
| | 服务供应商选择的封闭性 | 由于变更服务供应商会带来更大的成本，组织需要长期与同一个供应商合作 |
| | 组织在改变服务供应方式上能力有限 | 难以改正服务供应商的不符合期望的工作表现 |
| | 重要信息缺失 | 公司可能会失去对相关的商业信息的控制 |

### 6.4.2 外包风险评估

设施管理外包的风险评估是指应用各种技术，采用定性和定量相结合的方式，最终估计设施管理外包风险的大小，找出主要风险，并评价风险发生的可能影响，以便采用相应的对策，也即是测定其风险事故发生的概率及其损失程度的过程。

1. 风险评估程序

风险评估活动是一个输入转化为输出的过程，建立分析流程，进行分析策划，收集必要的风险分析数据，选择恰当的分析技术和方法，必要时借助外部分析专家的支持，如专门的风险管理咨询公司，形成风险分析报告。组织需要注意的是把风险分析过程的数据或记录加以保存，使之成为设施管理风险管理数据库的重要组成部分。风险评估程序，如图 6-26 所示。

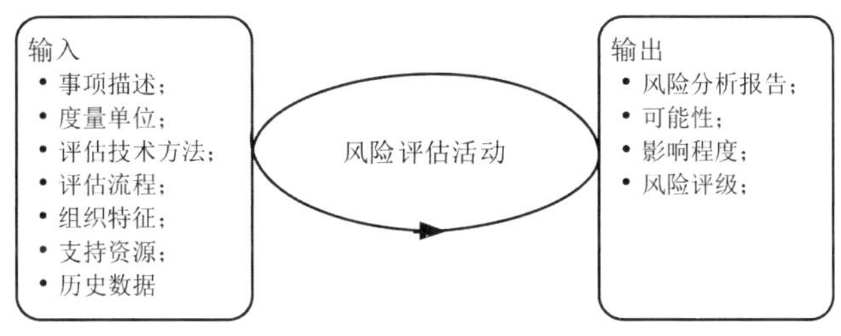

图 6-26 风险评估程序

2. 风险评估的维度

风险通常是根据概率和影响两个因素来评估的。

· 概率是指假定的风险事故发生的可能性大小。

· 影响是指风险事故造成的后果或者影响程度，它涉及风险的量级。例如，潜在的物质或金钱损失、潜在的名誉或品牌受损、与之相关的服务重要性等。

根据概率和影响程度对风险事件进行评级。概率和风险评定等级（示例），如表 6-14 所示。

表 6-14 概率和风险评定等级（示例）

| 概率等级 | | 影响等级 | |
|---|---|---|---|
| 可能性 | 等级 | 损失程度 | 等级 |
| 常常会发生 | 5 | 灾难性的 | 5 |
| 较多情况下发生 | 4 | 重大的 | 4 |
| 某些情况下发生 | 3 | 中等的 | 3 |
| 极少情况下才发生 | 2 | 轻微的 | 2 |
| 一般情况下不会发生 | 1 | 极轻微的 | 1 |

3. 风险评估方法

风险分析中依据风险的复杂程度和重要性选择恰当的分析技术和方法，定量和定性技术的结合是必要的，两者可以互补其不足，组织可以依据自身的特征决定采用具体的组合形式。

· 定量分析。对风险发生可能性的高低、风险对目标影响程度用具有实际意义的数量描述。

· 定性分析。直接用文字描述风险发生可能性的高低、风险对目标的影响程度。

1）风险评定矩阵

风险评定矩阵是把风险发生可能性的高低和风险发生后对目标影响程度，作为两个维度绘制在同一个平面上，对多项风险进行直接的比较，从而确定各项风险管理的优先顺序和模式。风险评定矩阵图，如图 6-27 所示。

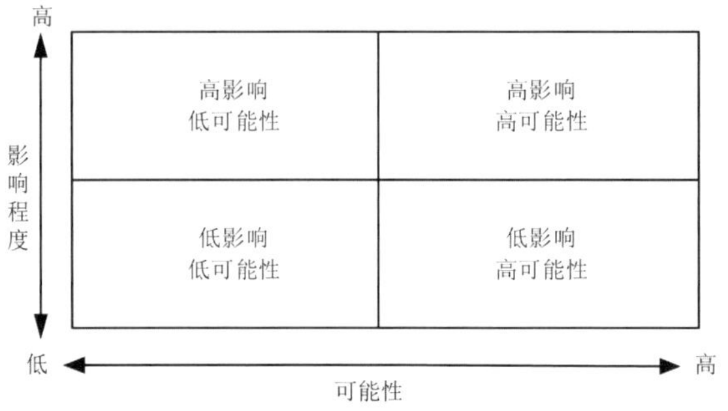


图 6-27 风险评定矩阵图

2）蒙特卡罗方法

蒙特卡罗方法是一种随机模拟数学方法。该方法用来分析评估风险发生可能性、风险的成因、风险造成的损失或带来的机会等变量在未来变化的概率分布。蒙特卡罗法操作步骤，如6-28图所示。

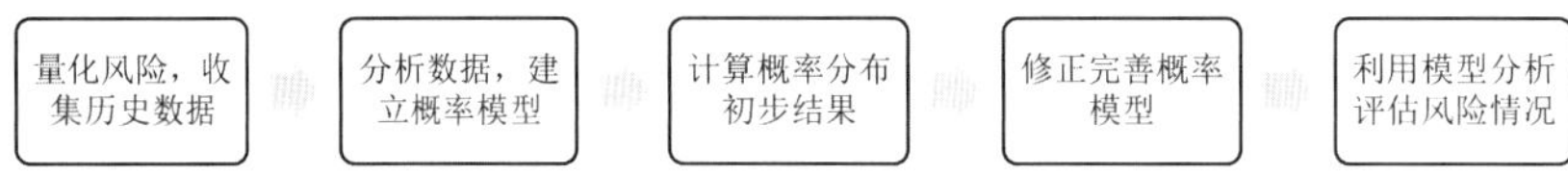


图 6-28 蒙特卡罗法操作步骤

3）关键风险指标管理

关键风险指标管理是对引起风险事件发生的关键成因指标进行管理的方法，关键风险指标管理操作步骤，如图6-29所示。

图 6-29 关键风险指标管理操作步骤

4）压力测试

压力测试是指在极端情景下，分析评估风险管理模型或内控流程的有效性，发现问题，制订改进措施的方法，目的是防止出现重大损失事件。压力测试操作步骤，如图6-30所示。

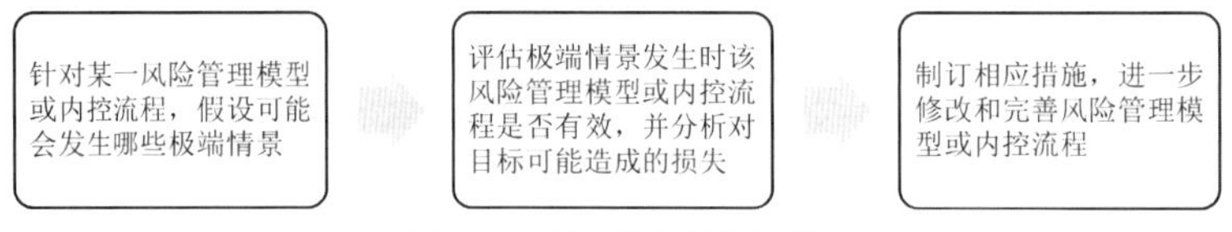


图 6-30 压力测试操作步骤

### 6.4.3 外包风险应对措施

风险识别和确定优先级后，下一个步骤就是制订针对性的风险应对措施，需要采取合适的行动避免、减少或者控制风险带来的影响。主要风险应对措施，如表6-15所示。

**表 6-15 主要风险应对措施**

| 序号 | 应对措施 | 定义 |
|---|---|---|
| 1 | 自留 | 通过建立业务可持续性计划来接受和吸收风险 |
| 2 | 抑制 | 减少风险潜在的负面影响及发生的可能性 |
| 3 | 转移 | 共享或者转移风险给保险公司或第三方(比如通过合约管理将风险转移给服务供应商) |
| 4 | 避免 | 确定避免风险暴露或者停止可能产生该风险的活动 |

设施管理的外包风险防范与控制，是针对组织设施管理外包过程中存在的风险因素，积极采取措施，以消除风险因素或减少风险因素的危害性。即在风险发生前，降低风险的发生概率；在风险发生后，将损失减少到最低，从而达到控制设施管理外包风险的目的。

1. 科学的外包决策流程

为了降低设施管理外包的风险，应建立起一套全面的外包考核评价体系，在实施设施管理外包之前，通过组织的信息系统了解设施管理外包的市场信息，以及通过咨询、评价机构对设施服务供应商的资质、服务的水平、服务的质量等有全面的了解，从而选出服务水平好、服务质量高、信誉好的设施服务供应商，就可以一定程度地降低未来的监管成本。

2. 详细和合理的外包合同

当组织将设施管理业务交付给设施服务供应商后，就失去了对设施的直接控制能力。如果双方的权利、义务界定不清时，就容易导致设施管理外包风险的发生。组织应依据自身的实际情况，与设施服务供应商签订详细、合理的外包合同。通过详细、合理的外包合同，就可以对设施服务供应商的行为进行约束，一方面有利于对设施管理外包的事后评价，另一方面又可以减少设施服务供应商在履行设施管理外包业务时，为了获取更多的利益而限制新技术的应用、降低服务标准等行为。

3. 完善激励机制

激励机制利用某些外部诱因能够调动设施管理服务供应商的积极性和创造性，努力完成外包合同，并创造好的绩效。具体措施有：①双方建立一种长期的模式协作关系，形成收益共享、风险分担的合作模式，可以避免设施服务供应商的短期行为，促使设施服务供应商更加关注长期利益；②当设施服务供应商取得了良好的成效时，可以采取延长外包合同、给予收益提成，以及一定的经济补偿等激励措施，调动设施服务供应商的积极性，从而降低设施管理外包的风险。

4. 基于过程的外包实时控制

在设施管理外包过程中，业务质量、效率难以明确量化。因此，组织应建立基于过程的实时控制模式，进行外包全过程的动态管理。在外包实施的过程中，业主方要制订外包的总目标和分阶段目标，建立相应的同步监督系统和信息反馈系统。通过基于过程的实时控制模式，一方面可以获取来自设施服务供应商的更多信息，改善信息不对称的状况；另一方面，可以跟踪、检查和分析设施服务供应商提供的服务质量与组织计划目标的偏离程度，便于业主的事后评价。

5. 沟通和冲突解决机制

合同双方在业务外包执行过程中，发生一定程度的分歧冲突是不可避免的。双方责任人应该经常进行沟通，在模式层次上达成共识，引导双方工作人员在外包过程中正确对待意见分歧，这将有利于降低外包交易成本和监管成本。首先，应建立沟通机制，避免对双方的能力、技术和特点的错误感知，把问题确立为中立的、公开交流的和避免威胁的认知，将有利于相互理解和解决争端；其次，促进合同双方的互相学习，有利于双方减少误会、达成共识，避免分歧的加大引起无谓的争议，甚至是法律诉讼，从而导致潜在成本的发生。

**【关键术语】**

任务型外包；伙伴关系；整合设施管理（IFM）；外包业务评估；外包决策；外包关系价值；采购方式；最高保证价格（GMP）；服务价格；服务供应商评价；争议处理；服务水平协议（SLA）；健康度评估；合同模式；需求方案说明书（RFP）；风险评估

**【延伸阅读】**

[1] Sankalp Pratap. Towards a framework for performing outsourcing capability, [J] Strategic Outsourcing An International Journal, 2014,7(3): 226-252.

[2] Christian CoenenKeith Alexander Herman Kok. Facility management value dimensions from a demand perspective, Journal of Facilities Management, 2013, 11(4):339-353.

[3] Natukunda C M, Pitt M, NabilA. Understanding the outsourcing of facilities management services in Uganda[J]. Journal of Corporate Real Estate, 2013,15(2):150-158.

[4] I. IkediashiD, O. OgunlanaS, BoatengP. Determinants of outsourcing decision for facilities management (FM) services provision[J]. Facilities, 2014,32(9/10):472-489.

# 第7章 设施运行与维护管理

[本章导读]

设施运维管理是设施管理最重要的职能之一，是设施管理的基础性工作。大量设施运维实践表明，运维管理不单纯是一项技术性工作，同时也包含了大量的管理、服务和经济活动。随着设施运维的复杂程度和技术含量不断增加，传统的管理方法和手段已不能完全适应新的管理环境。现代设施管理的运维应该从设施全生命周期的角度，以系统化的管理思路分析问题，以科学的手段和方法解决问题，以智能的系统和运维提升效益，最终实现设施的安全、高效与经济运行。

本章的主要内容：

☐ 设施运营维护发展历程；

☐ 设施运行与维护功能、对象和目标；

☐ 设施运行维护需求分析；

☐ 设施运行手册和运维组织；

☐ 设施故障分类、特点及健康管理；

☐ 设施维护策略及比选；

☐ 设施精益运维管理、工单管理、运维评价等方法。

## 7.1 设施运行与维护概述

运行与维护管理是设施管理最重要的职能之一，是设施管理的基础性工作。运行与维护为设施功能的正常发挥提供了广泛的支持性活动，确保了设施系统的正常运作和持续优化。有效的运营维护可以保证设施可靠性、安全性和能源有效性，并最大限度节省运行成本。

### 7.1.1 设施运行与维护发展历程

运行与维护(Operation and maintenance，O&M，运维)是针对设施，即建筑物、资产及其相关设备所进行的一系列与控制和检修有关的决策与活动。过去人们一直比较关注设施的设计和建造过程，对于运行与维护的投入是非常有限的。一般来说，设施的设计和建造需要1～2年，或者3～5年的时间，但设施使用阶段的运行与维护时间可能会持续10～20年，甚至50～100年。

统计资料表明，在设施全寿命周期费用(Life cycle cost，LCC)中，建设费用仅占总费用的42%，而运营及维护费用等占总费用的58%。某设施全寿命周期费用组成，如图7-1所示。

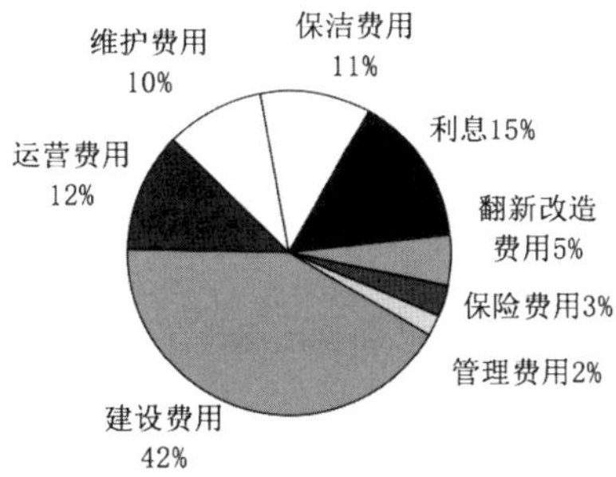


图7-1 某设施全寿命周期费用组成

因此，根据全寿命周期费用管理的理念，对于运行与维护的有效和高质量管理将成为节约成本和能源，提高设施使用效率，延长使用年限的关键。

事实上，在不同维护状态下有不同的设施性能变化规律。不同维护状态下的设施性能曲线，如图7-2所示。最佳性能曲线为设施使用过程中能达到的最好的效用，而设施性能低于可运行的最低值将不能继续使用。

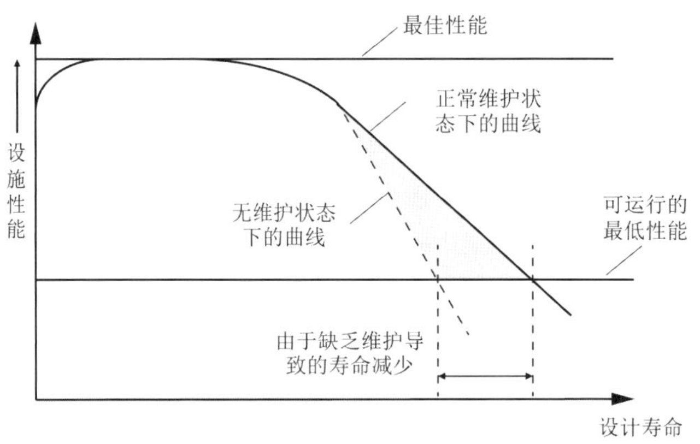

图7-2 不同维护状态下的设施性能曲线

因此，有效的运行与维护策略十分必要。为了实现通过消除意外停机、节约寿命周期成本、实现有效和高效地支持设施的生命周期，做到拥有准确性、强关联性、时效性和用户友好性的运行和维护管理变得更为重要。

伴随着现代工业和科学技术的发展，设施（尤其是工业设备及系统）的运行与维护经历了一个从"被动管理"到"主动管理"的发展历程，而设施管理中的运维管理正是从工业维护管理（Industrial Maintenance Management，IMM）基础上发展起来的。关于IMM的发展历程，一般的观点将其划分为四个阶段。IMM发展历程，如表7-1所示。

**表7-1　IMM发展历程**

| 项目＼时间段 | 1950年以前 | 1950—1960年 | 1960—1970年 | 1970年后 |
|---|---|---|---|---|
| 阶段 | 事后维修阶段 | 预防维修阶段 | 生产维修制度 | 工业维护阶段 |
| 概念 | 出现故障再进行维修，不坏不修 | 维修强调预防为主 | 对重点设备进行预防维修，一般设备进行事后维修 | 多种维修制度并行阶段 |
| 特点 | 认为设施使用中的故障不可预知 | 减少非计划停产次数，把事故隐患消灭在萌芽状态 | 开始考虑设备生产、设计等环节的可靠性 | 多种维修制度并行阶段 |
| 代表方法 | — | · 以固定保养期为特征的计划预防维修制（苏联）<br>· 以定期检查为特征的预防维修制（英美） | · 可靠性思想<br>· 无维修性设计思想 | · 设备综合工程学（英）（Terotechnology）<br>· 全员生产维修（日）（Total Productive Maintenance，TPM）<br>· 后勤学（美）（Logistics） |
| 管理模式 | 被动管理——→主动管理 | | | |

运行与维护方式经历了上面四个发展阶段，目前正不断朝着智能化、网络化的方向发展，信息正在成为维护资源的主体。同时，运行与维护管理(以下简称运维管理)更注重环境保护和可持续发展。表现在以下四个方面。

(1) 绿色运维。在运维管理中，人们注意到很多故障不仅危及生产安全、影响使用，还可能污染环境、破坏生态平衡、违反公认的环境标准。1988 年，J. 莫布雷在故障后果的新分类法中加入了环境性后果，这是运维指导思想的一次飞跃。

(2) 智能运维。随着现代化生产设备的广泛使用以及生产过程的不断复杂化，将智能技术与运维技术相融合，以辅助专家解决纷繁复杂的运维问题已成为研究热点。智能运维的高效性、可靠性及其解决复杂运维问题的能力不但能提高运维质量和效率，而且还能有效地降低现代化生产系统的运维成本。

(3) 网络化协同运维。网络技术与生产过程的结合产生了网络生产模式。在网络制造环境下的运维过程必须通过网络实现运维资源的整合，运维过程必须采用计算机支持的协同工作(Computer Supported Cooperative Working，CSCW)方式才能达到高效率、高质量。网络化协同运维是面向网络制造的一种新型运维模式，它将随着网络制造技术的发展而发展。

(4) 基于信息驱动的运维。基于信息驱动的运维是信息技术、视情运维与运维资源调度相结合的产物。通过对监测系统所获信息的分析，预测并安排运维计划可以有效地提高设备的可用度，这对于影响面很大的并行生产过程非常适用。将信息作为运维系统的运作动力，可使生产与运维的联系更加密切。基于信息驱动的运维是未来运维管理系统的发展方向。

### 7.1.2 设施运行与维护的功能、对象和目标

1. 运维管理的功能

运行与维护管理是设施管理的重要组成部分，它需要将不同部分组合成有机的整体。根据经验研究，高效的运维管理由五个重要的功能模块所组成：运行(Operation)、维护(Maintenance)、工程支持(Engineering Support)、培训(Training)和管理(Administration)，简称 OMETA。运维 OMETA 管理功能，如表 7-2 所示。

表 7-2 运维 OMTEA 管理功能

| 模块 | 具体职能与内容 |
| --- | --- |
| 运行<br>(Operation) | · 运行管理：有效管理和控制设施运行工作；<br>· 运行指挥：通过高效、有效、可靠的方式开展设施运行工作；<br>· 状态控制：掌握所有设施的工作状态；<br>· 专业知识：提升人员的知识技能和业绩，以支持设施安全可靠的运行工作 |
| 维护<br>(Maintenance) | · 维护管理：有效管理和控制设施维护工作；<br>· 维护工作考核：保证维护工作有效和安全地进行，从而保证设施运行工作能经济、安全、可靠地进行；<br>· 维护指挥：确保安全、有效的方式开展维护工作；<br>· 预防性维护：通过预防性维护，促使设施和系统达到最佳的工作状态，确保其工作的可靠性；<br>· 文档管理：进行维护工作的程序和文档管理，为维护工作提供依据，确保维护工作高效和安全地进行 |
| 工程支持<br>(Engineering Support) | · 工程支持管理：确保技术支持活动的有效控制和执行；<br>· 设施改造：确保设计变更时，设施能及时适当的完成设计、审查、控制、实施和文档管理；<br>· 数据监控：实时监控设施功能，优化设施的可靠性和高效率；<br>· 程序和文档管理：为工程支持工作提供依据，能有效支持设施高效和安全的运行 |

续表

| 模块 | 具体职能与内容 |
| --- | --- |
| 培训<br>(Training) | · 员工基本培训：确保所有员工能了解自己的职责和安全工作要求，有足够的知识和技能来保证设施有效运行；<br>· 培训材料保证：确保培训的材料能够有效支持培训活动；<br>· 运维人员培训：为保证完成运维工作，需制订有效和完善的知识技能培训 |
| 管理<br>(Administration) | · 管理规划：建立和确保政策、计划和设施控制的有效实施和执行；<br>· 管理目标：制订正式的管理目标，有效实施，以提高设施的性能和效率；<br>· 管理评估：建立监测和评估体系，提高设施各方面的表现和性能；<br>· 人事计划和资质考核：保证所有岗位拥有合适和高资质的员工；<br>· 设施安全：严格保证人员安全和公共安全的措施 |

除了上述管理模块之外，运维管理人员还需要与其他部门管理人员相协调，协助他们缩减预算开支，其他职能还包括保证项目的正常执行，维持项目的持续运行和促使项目的目标达成。

2. 运维管理的对象

设施管理的服务对象包括硬性服务、软性服务和其他等多个方面的内容。软性服务(Soft Service)，又称设施综合服务，包括环境维持服务、餐饮、安保、班车、前台、环境等。而本章节中所涉及的运维对象主要为硬性服务(Hard Service)，包括建筑物本体、设备系统、办公设备及家具、外部配套系统。设施运维管理的对象，如表7-3所示。

表7-3　设施运维管理的对象

| 序号 | 对象分类 | 分类描述 | 分类内容 |
| --- | --- | --- | --- |
| 1 | 建筑物本体 | 建筑物本体是形成设施空间的主要载体，一般分为主要系统与次要系统两部分 | 主要系统包括地基、结构系统、外墙及屋顶系统；次要系统主要指内部工程，如天花板、地板、内墙、隔板和专用件等 |
| 2 | 设备系统 | 设备系统主要是指一系列提供功能服务的机械、电子设备系统 | 包括HAVC(采暖、通风及空调系统)、管道系统、电力系统、照明系统、安保系统、网络系统及传送系统等 |
| 3 | 办公设备及家具 | 办公设备及家具是支持组织核心业务开展的物质保障，也是设施运维的对象之一 | 包括电脑设备、网络、打印设备、复印设备、传真设备及各类办公家具等 |
| 4 | 外部配套系统 | 支持设施运作的建筑外部配套系统 | 包括公用工程系统、排水供水系统、道路、停车区、绿化等场所 |

3. 运维管理的目标

设施运行与维护的目标是确保提供安全、可靠、经济的设施系统运行与维护服务，能按预期使用设施，甚至延长设施的使用寿命、提升设施价值。具体目标表述如下：

- 保证设施的正常运行，满足用户的使用需求；
- 安排恰当的运行与维护措施，保障运行，防止设施及其系统和部件过早出现问题；
- 在提供必要的可靠度的基础上，按最经济的方式维护和使用设施；
- 合理安排维护周期和流程，减少和缩小总运行与维护费用；
- 预测和指派所需人员，满足正常运行和突发事件的需要；
- 采用可行的工程解决方案来处理维修问题；

· 通过设施的运行与维护，为整个设施资产的保值与增值提供支持。

· 通过精益思想在运营和维护的运用，为建筑运营维护整体消除浪费，降低运营维护成本，达到精益运营维护管理。

为达到上述运维管理的目标，需要提升设施管理的综合水平。现代设施运维管理的发展趋势主要表现为“六化”，即专业化、精细化、集约化、智能化、信息化和定制化，设施管理人员通过这六个方面提高运维管理的效率，增强设施全寿命周期的管理。现代设施运维管理的发展趋势，如图 7-3 所示。

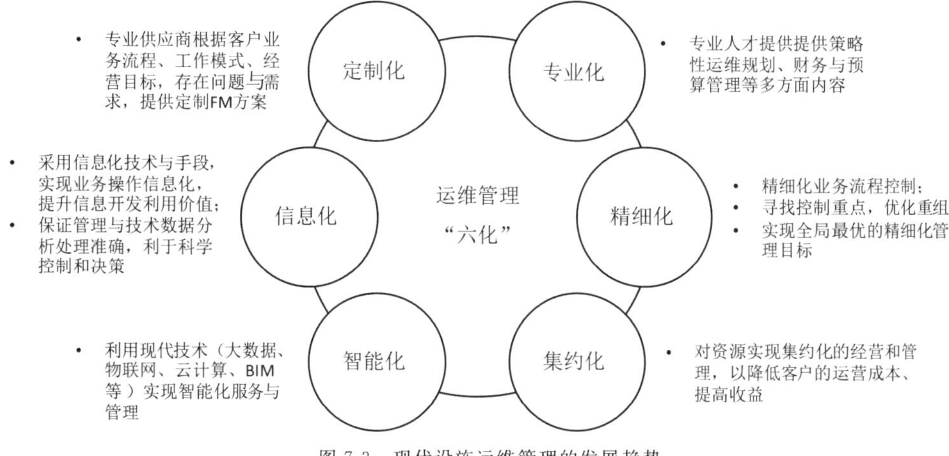


图 7-3 现代设施运维管理的发展趋势

### 7.1.3 设施运行与维护组织设置

设施运维过程中，有效的团队构建能够更好地完成日常的运维工作，减少开支，提高效率。在传统的设施管理团队中，运维工作主要通过作业工种进行分组。传统作业工种分组设置，如图 7-4 所示。

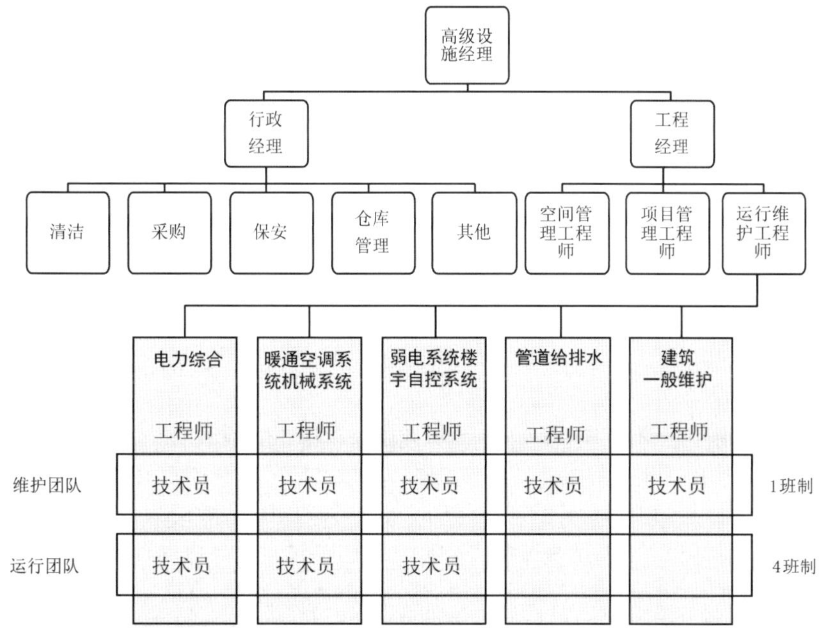


图 7-4 传统作业工种分组设置

图7-6中，高级设施经理下设行政经理和工程经理。工程经理分管空间管理、项目管理和运维管理。运维工程师负责电力综合、暖通空调机械系统、弱电和楼宇自控系统、管道给排水系统和建筑一般维护系统，每个系统下设运行或维护团队。这样的设置会导致整个组织体系太过庞大，职能被分散到各个子系统，从而导致各个系统间的沟通不够顺畅，也导致了团队内部员工个人职业发展受到阻碍。

为解决传统作业带来的诸多问题，可以采用以职能进行分组的组织架构。以工作职能分组的组织架构设置，如图7-5所示。设施经理直接分管行政、空间/EHS、运行、维护、项目管理五个部分，各部分工程师各司其职，有效划分职能范围。运行和维护工程师分分别下设运行/维护班组，各班组设有领导或专职工程师。此种组织架构的设计，由设施经理直接分管各职能部门，能更好加强各部分的有效沟通和协作，通过分班组加强团队和员工的持续学习，做到各运维班组的“一专多能”，即能负责专项技术工作，同时有能处理多方面的紧急事故的能力。

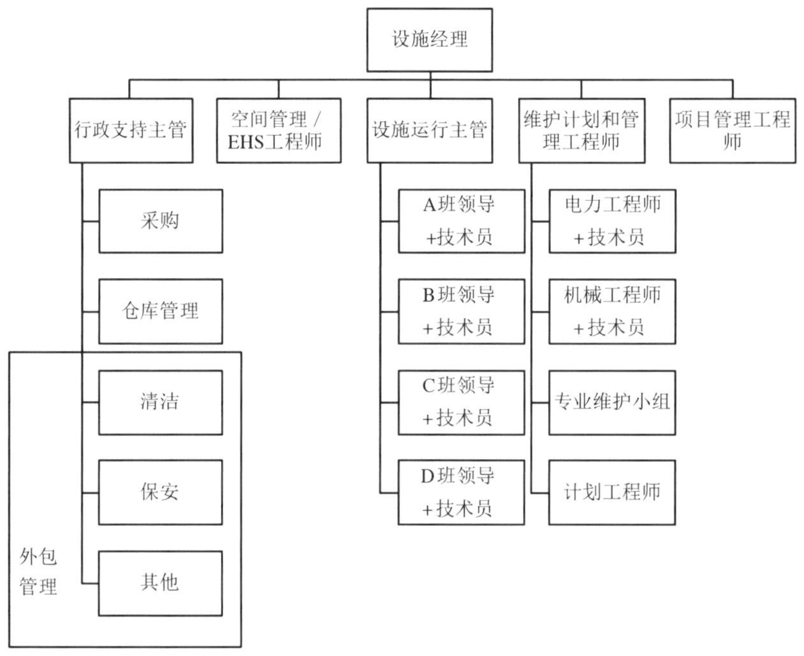


图7-5 以工作职能分组的组织架构设置

**知识链接**

更多设施运行与维护管理的内容，请访问设施管理门户网站FM Gate—行业标准—运行与维护相关标准(一)。

**【案例7-1】**

某大型企业建筑物占地约30万平方米，功能区建筑面积约22万平方米，食堂建筑面积(含操作间、餐厅)约2万平方米；车库建筑面积超过5万平方米，车位1647个，绿化面积19万平方米，服务的员工总人数9000人。传统运维组织架构，如图7-6(a)所示。设施管理团队人数约为96人，分为工程师和运行班、维修班、弱电班、数据中心、小型整改等六个团队。现在，通过对原架构进行优化设计，形成以工作职能为导向的组织架构。以工作职能为导向的运维组织架构，如图7-6(b)所示。设施经理领导专业支持项目、运行保障项目和维护保障项目等团队，通过重新设置运行和维护保障项目组，对内部人员组织进行调整，总团队人数减少至78人，组织内部职能更为明确，工作更为高效。

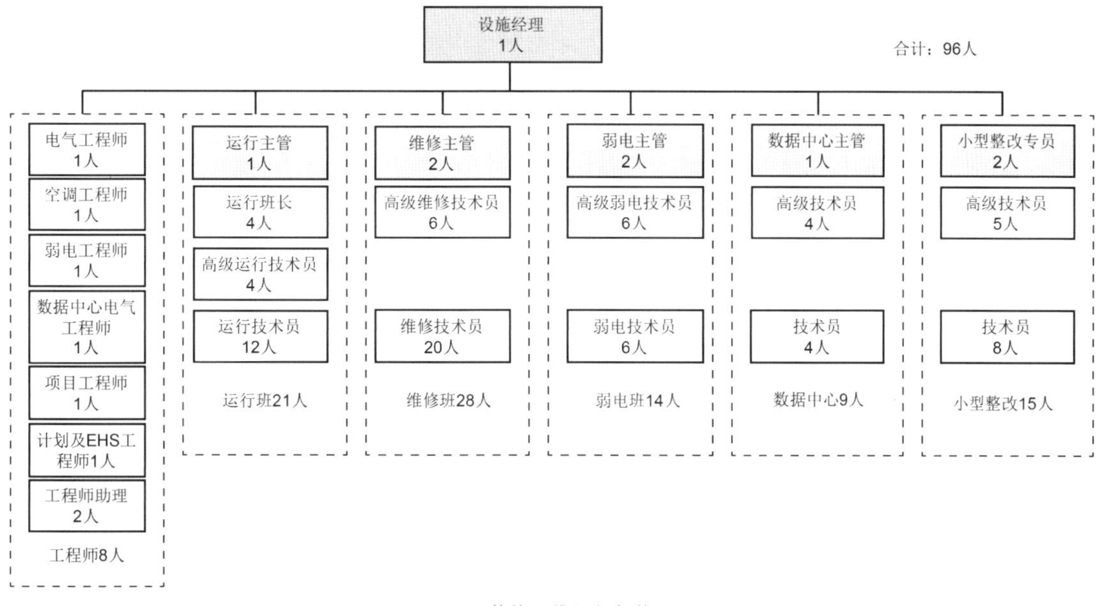


(a) 传统运维组织架构

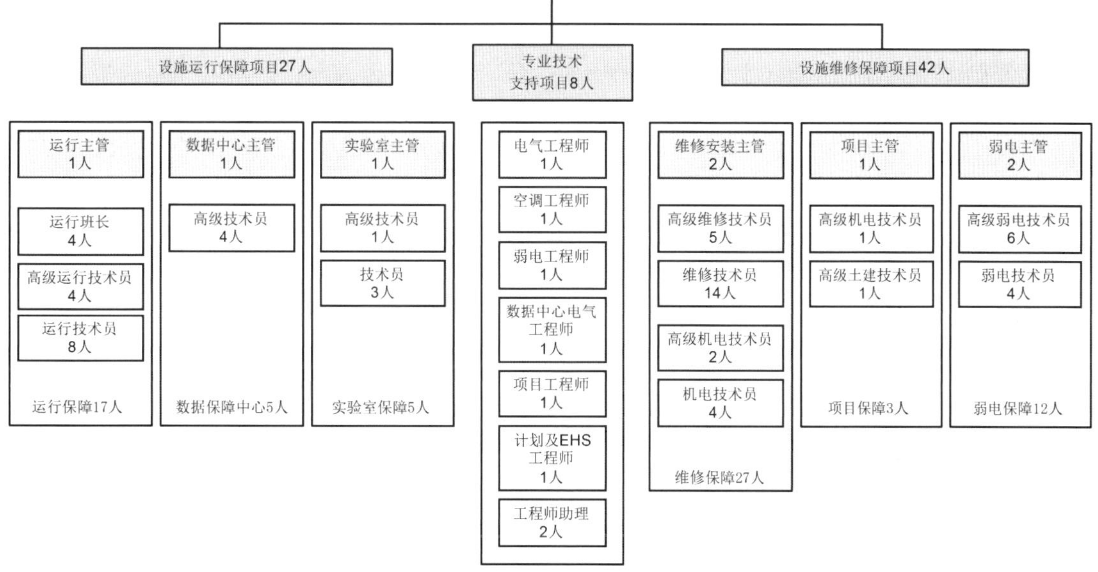


(b) 以工作职能为导向的运维组织架构

图 7-6　设施运维管理组织架构优化

## 7.2 设施运行与项目交接管理

### 7.2.1 设施运行需求分析

传统的运维管理，对设施的运行管理通常关注于“物”的运行状态，认为只要设施系统无故障、能运转便是运行管理的全部工作内容。而现代设施管理是一种提供服务的活动，其服务对象是人，以为用户提供各种高效率的服务，为用户营造一个健康、舒适、高效的工作和生活环境为目标。因此，在设施运行管理的过程中，不仅要重视"物"的运行状态，更要重视"人"的使用需求。

### 1. 需求分析的内容及相互关系

设施运行的需求分析主要包括三方面的内容，即"物"的运行状态、"人"的使用需求和管理需求。设施需求分析的内容及其相互关系，如图7-7所示。

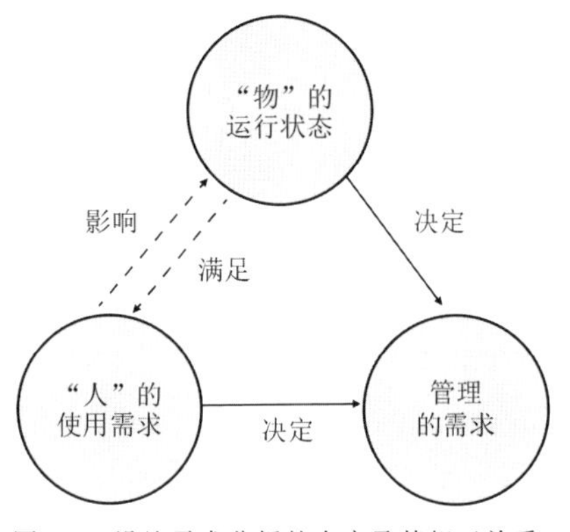


图7-7　设施需求分析的内容及其相互关系

1)"物"的运行状态

设施运行过程中，"物"的运行状态是指各类设施系统的功能实现程度，通常以设施系统的设计指标来反映。"物"的运行状态满足"人"的使用需求，决定着管理需求。例如，建筑给水系统提供生活、生产和消防用水，必须满足一定的水质、水量和水压要求。

2)"人"的使用需求

在设施运行过程中，"人"的使用需求既包括自然人的使用需求，也包括组织的使用需求。"人"的使用需求影响着"物"的运行状态，同时决定着管理需求。

3)管理需求

根据"物"的运行状态和"人"的使用需求而决定的管理需求是设施运行需求分析的最终目标。"物"的运行状态和"人"的使用需求共同决定着管理需求。设施运行需求分析的最终目的是形成正确的管理需求，以指导具体的设施运维工作。

### 2. 需求分析的基本方法

运用4M1E法可以有效地对管理需求进行分析。4M1E法是考虑Man(人)、Machine(机器)、Material(材料)、Method(方法)和Environment(环境)五大因素的一种系统分析方法，它要求人们在工作中系统考虑人、机、料、法和环境五个方面的因素，也给设施管理的需求分析提供了一种重要分析手段。

根据4M1E法对设施运行需求进行分析，并给出设施运行需求分析相关项目和具体的调查内容。设施运行管理需求分析表，如表7-4所示。

表7-4　　设施运行需求分析表

| | 序号 | 分析项目 | 调查内容 |
|---|---|---|---|
| 人 | 1 | 设施使用者 | 使用人数、使用水平、使用时间、使用频率、使用要求 |
| | 2 | 运维人员 | 操作、技术和管理人员的类型、数量及能力要求 |
| 机 | 3 | 设施系统 | 设计指标、构成状况、技术标准、分布地点及安装位置等 |
| 材料 | 4 | 能源供应 | 能源供应的类型、数量、采购方式、供应商等 |
| | 5 | 备品配件 | 备品配件的类型、数量、采购方式、供应商、库存周期等 |
| 方法 | 6 | 操作规程 | 操作人员必须遵守执行的各类规章制度 |
| | 7 | 使用须知 | 使用者必须遵守执行的各类规章制度 |
| | 8 | 管理制度 | 设施运维人员必须遵守执行的各类管理方法和管理规章 |
| 环境 | 9 | 法律环境 | 相关政策、法规、条例、规程、标准等强制性文件 |
| | 10 | 工作环境 | 设施运行的自然环境，如照明、通风、温度、湿度及清洁状况等条件 |
| | 11 | 经济环境 | 设施运维的财务预算数额及要求 |
| | 12 | 外包管理 | 外包工作的范围、类型、模式、数量和外包标准等 |

### 7.2.2 设施运行手册

运行手册是指导设施运行管理的重要工作文件。设计良好的运行手册应该是结构清晰、易于阅读的，有助于工作的标准化和规范化，对于减少设施管理者和操作者的工作失误，提高工作效率具有重要作用。

不同类型的设施系统的运行手册各不相同，但一些基本内容是一样的。运行手册的内容，如图 7-8 所示。

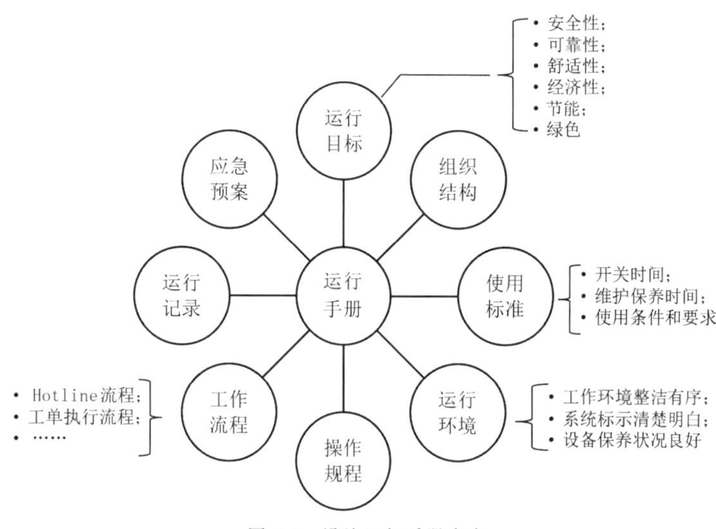


图 7-8 设施运行手册内容

1. 运行目标

设施的运行目标通常包括安全、可靠、舒适、经济、节能和绿色六个方面。设施运行目标，如表 7-5 所示。

表 7-5 设施运行目标

| 序号 | 方面 | 要求及内容 |
|---|---|---|
| 1 | 安全 | · 设施系统运行安全；<br>· 用户使用安全；<br>· 操作、维护人员生产安全 |
| 2 | 可靠 | · 设施运行对组织需求的保障能力；<br>· 设施运行过程中应付突发事件的及时性 |
| 3 | 舒适 | · 指标满足性(功能满足程度)；<br>· 感官满足性(感觉满足程度) |
| 4 | 经济 | 从全生命周期成本的角度考虑设施运维过程的经济目标 |
| 5 | 节能 | 避免无间断工作，充分利用能源，调节设备至最佳状态，达到容量的优化组合 |
| 6 | 绿色 | 控制噪音，控制有害物质(废气、废水、废渣)排放，达到绿色运行 |

2. 组织结构

在运行手册中必须构建运行管理的组织结构，明确相应岗位的操作、技术和管理人员，其内容包括类型、数量和职责要求等。完善的组织结构和合理的人员配备是确保设施系统正常运行的组织措施。

### 3．使用标准

针对不同的设施系统，应根据设施的实际需求状况制订合理的使用标准。这些标准应包括设施的开关时间、维护保养时间、使用的条件和要求等方面的内容。这些内容会根据实际情况而有所区别。

### 4．运行环境

在设施系统的运行手册中，必须对系统的运行环境做出具体规定。良好的运行环境不仅有利于设施系统的正常运行，也有利于运维人员的健康和安全。设施系统运行环境要求和内容，如表7-6所示。

表7-6 设施系统运行环境要求和内容

| 要求 | 内容 |
|---|---|
| 工作环境整洁有序 | 根据不同设施系统的工作环境要求，制订相应的工作环境标准，并定期进行工作环境的检查、清扫和整洁工作 |
| 系统标识清楚明白 | 设施系统标识对于设施的操作者和使用者有着极大帮助，它是可视化管理方法的重要应用，在运行手册中应对系统标识的相关内容做出具体规定 |
| 设备保养状况良好 | 设施系统中的关键设备必须进行日常保养工作，常见的保养包括清洁、紧固、润滑、调整、防腐、防冻及外观表面检查 |

### 5．操作规程

操作规程是规范设施的操作规定和标准，确保操作人员正确、安全地操作设施。对设施系统中的关键设备，应当制订科学、严密且切实可行的操作规程。

标准作业程序(Standard Operating Procedure，SOP)，作为指导和规范日常工作的标准，将设施的标准操作步骤、操作规程、注意事项在运维管理手册中体现。SOP是一种过程管理，主要由规章制度、标准规范、操作手册、表格单据作为支撑，通过对过程的标准化管理，减少和预防差错以及所导致的不良后果。SOP的基本内容，如图7-9所示。

| SOP基本内容 |
|---|
| 操作安全注意事项； |
| 设备原理与系统知识； |
| 开机前的检查； |
| 送电、开机操作； |
| 停机、断电操作； |
| 自动控制操作触摸屏画面解释； |
| 正常运行的操作程序与步骤； |
| 异常情况下的应急操作； |
| 必要的机械调整与更换规格件的步骤； |
| 常见故障及应急处理一览表； |
| 有操作人员完成的日常维护与润滑； |
| 运行记录格式与填写要求； |
| 记录归档要求； |
| …… |

图7-9 SOP基本内容

### 6．工作流程

工作流程设计是确保运行管理标准化的重要措施，应根据组织的实际情况对各项工作的具体流程做出明确要求。在运行手册中，工作流程通常以流程图的形式表现。

7. 运行记录

运行记录是反映设施运行状况的第一手资料，在运行手册中必须对设施系统运行记录的内容和要求做出明确规定。设施系统的运行记录包括运行技术参数记录、运行状态记录、巡检记录、点检记录、维修记录、运行数据统计和交接班记录等，这些记录一般会以表格的形式表现。

8. 应急预案

设施系统在运行过程中会出现一些突发的异常情况，必须有相应的应急预案，这在运行手册中应该予以明确。

### 7.2.3 设施项目交接

运维管理团队介入到整个设施管理之前，需要与项目管理团队进行交接，接受所有需要进行运行与维护的设施，开始进行运维管理工作。

1. 项目交接管理流程

整个运维管理团队和项目管理团队的交接流程主要分为四个阶段，前期准备阶段、检查验收与共同管理阶段、项目交接管理阶段、运行与维护阶段。各个阶段需要运维管理团队与项目管理团队相配合，沟通协作，才能保证设施和资料的顺利移交，实现后期的正常高效运维。交接管理流程，如图 7-10 所示。

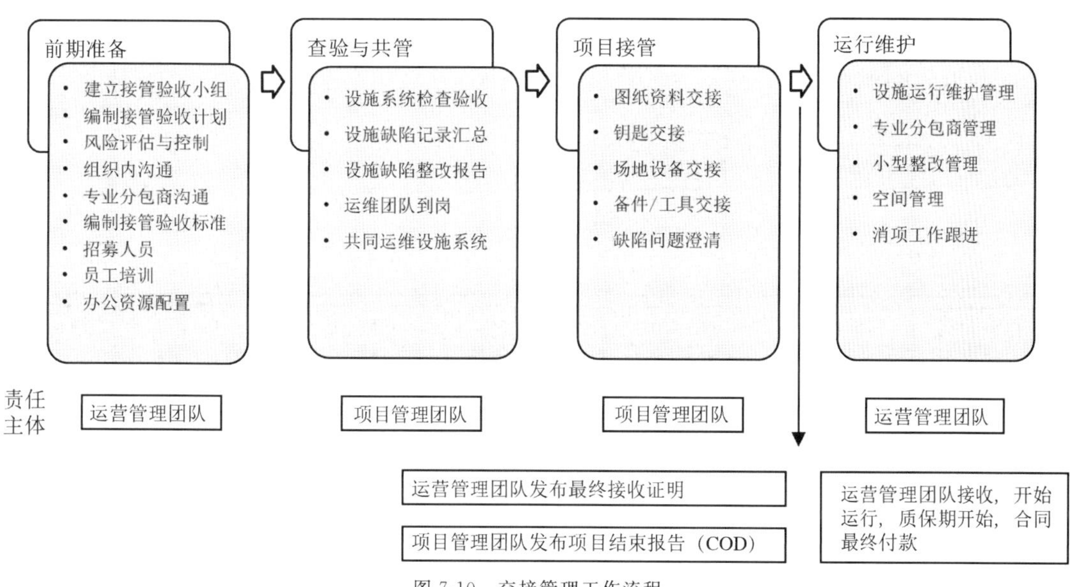

图 7-10 交接管理工作流程

2. 项目交接管理内容

在项目建设阶段结束后，运维管理团队需要与项目管理团队就许多具体事项进行交接，直至最终确认后，运维团队才能发布最终接受证明，完成交接管理。项目交接管理内容，如图 7-11 所示。

3. 项目交接团队

作为设施管理方面，需要对交接工作成立专门的工作小组负责。其中，除管理人员外，需要包括硬件设施工程师、整改项目工程师、行政资料人员等。项目交接组织结构及分工，如图 7-12 所示。

### 7.2.4 设施故障预测

故障预测是一门旨在预测系统或组件不能正常执行其预期功能的时间的工程学科，是一门涉及机械、电子、计算机、通信、控制以及材料等多学科综合的新办法。诊断技术只能够在故障发生后提供维修建议，

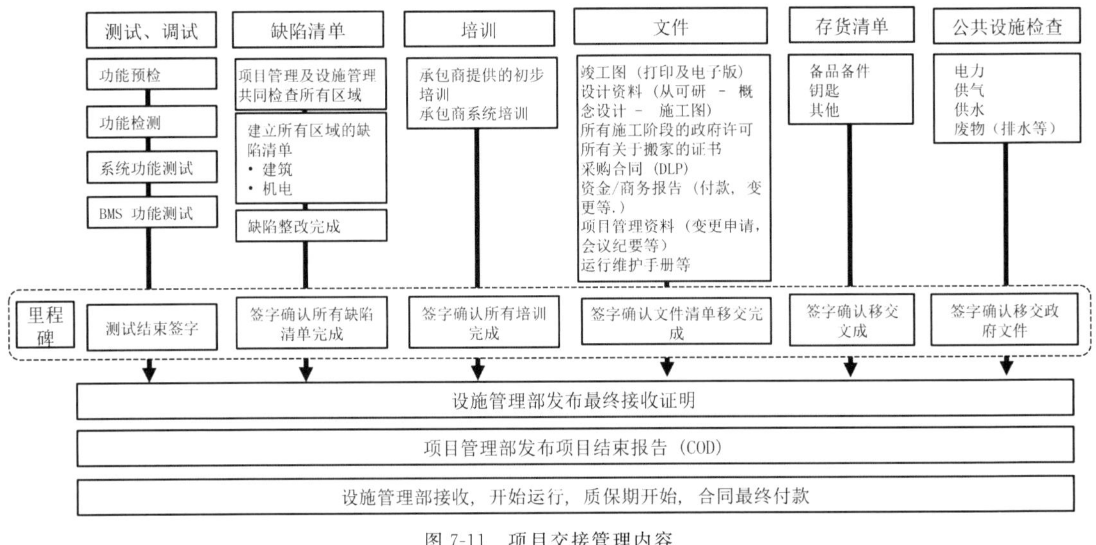


图 7-11 项目交接管理内容

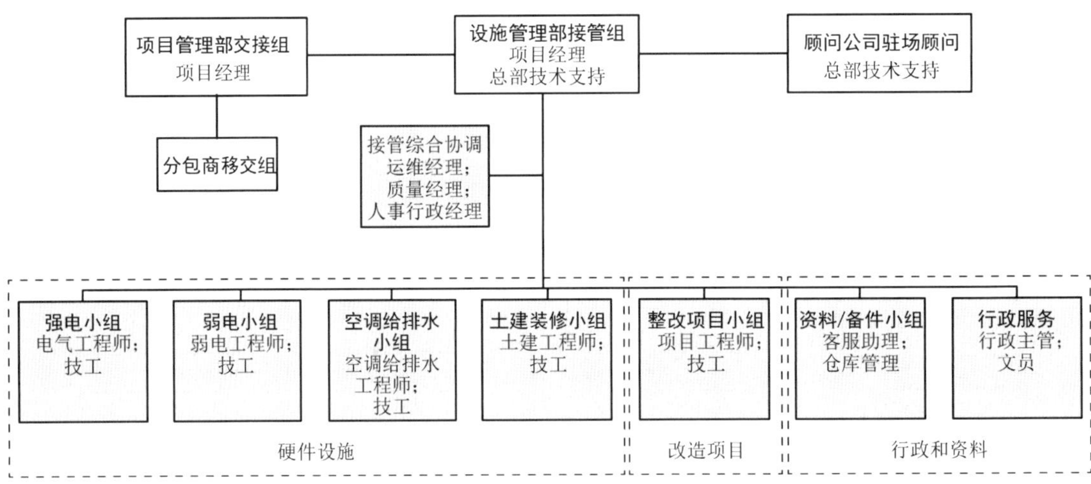


图 7-12 项目交接组织结构及分工

并不能减少故障发生后所需的停机时间。由此，需要一种前瞻性的维修策略，由故障后维修的被动策略转变为故障前预防的主动策略，即故障预测和健康管理(Prognostics and health management，PHM)。

1. 故障类型及变化规律

故障的产生，受多种因素的影响，如设计制造的质量、安装调试水平、使用的环境条件、维护保养水平、操作人员的素质，以及设施的老化、腐蚀和磨损等。根据多种方式可以对故障进行分类。设施故障类型，如图 7-13 所示。

综合故障的各个特性，根据不同的变化规律，故障变化形态可分为三种：①常数型，故障率基本保持不变，是一个常数，它不随时间而变化。②负指数型，又称渐减型。设施投入运转的初期故障率很高，即有一个早期故障期。随着时间的推移，经过运转、磨合、调整，故障逐个暴露，并一个个排除后，故障率由高到低逐渐降低，并趋于稳定。③正指数型，又称渐增型。设施随着时间的增长，逐渐发生磨损、腐蚀、疲劳等，故障急剧增多。

设施发生故障，包括前述的三种类型，由三条曲线叠加而成一条浴盆曲线。浴盆曲线，如图 7-14 所示。

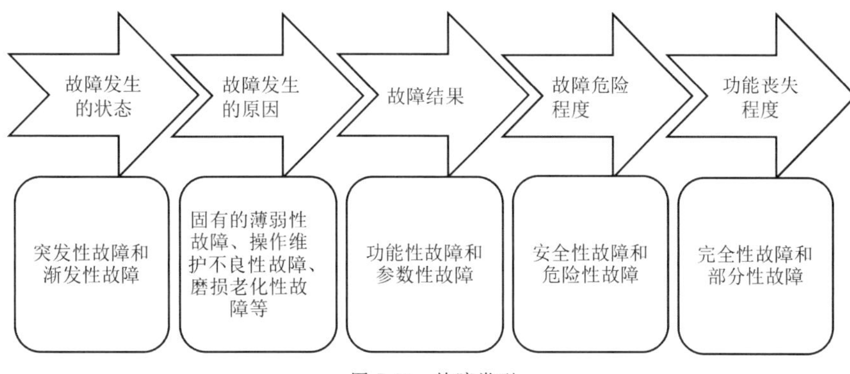


图 7-13 故障类型

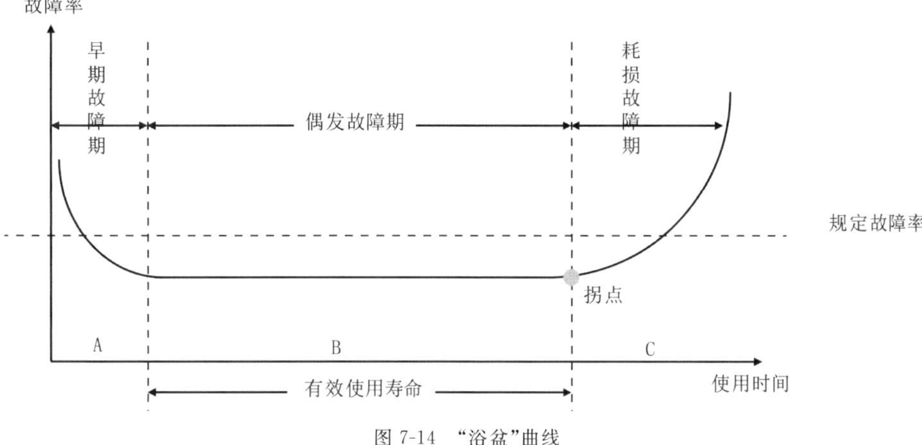


图 7-14 “浴盆”曲线

浴盆曲线是典型的故障曲线，曲线划分成早期故障（初始故障）、随机故障（偶发故障）、耗损故障（衰老故障）三个阶段。

不同阶段产生的故障将对设施的性能产生影响，从而导致运维策略的变化。设施功能状态曲线，如图 7-15 所示。

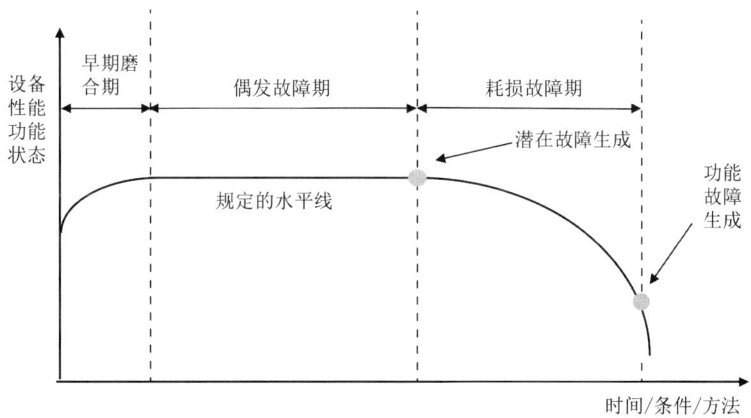


图 7-15 设施功能状态曲线

2. 故障特征量

设施系统在使用过程中,因某种原因丧失了规定功能或降低了效能,或出现危害安全的状态,称为故障。

1) 故障概率

设施的使用寿命是有限的,其技术状况随时间的延长而逐渐恶化,发生故障的可能性也随时间的推迟而增大,它是时间的函数。但是,故障的发生又具有随机性,无论哪一种故障都很难预料它的确切发生时间,因而故障可用概率表示。

由概率理论可知,发生概率的分布是其密度函数 $f(t)$ 的积累函数,即故障发生的时间比率,或单位时间内发生故障的概率。它是单调增函数,故障概率公式表示为

$$F(t)=\int_0^t f(t)\mathrm{d}t \tag{7-1}$$

式中 $F(t)$——故障概率;

$f(t)$——故障概率分布密度函数;

$t$——时间。

设施在规定的条件下和规定的时间内不发生故障的概率称为无故障率,用 $R(t)$ 表示。显然,故障概率与无故障概率构成一个完整事件组,即 $F(t)+R(t)=1$。

2) 故障率

故障率是指在每一个时间增量里产生故障的次数,或在时间 $t$ 之前尚未发生故障,而在随后的 $\mathrm{d}t$ 时间内可能发生故障的条件概率,用 $\lambda(t)$ 表示,其数学关系式为

$$\lambda(t)=\frac{f(t)}{R(t)} \tag{7-2}$$

该式说明故障率为某一瞬时可能发生的故障相对于该瞬时无故障概率之比。

3) 平均故障间隔时间(MTBF)

它是指可修复的设施在相邻两次故障间隔内正常工作时的平均时间。例如,某设施第一次工作了1000h后发生故障,第二次工作了2000h后发生故障,第三次工作到2400h之后又发生了故障,则该设施的平均故障间隔时间为

$$(1\,000+2\,000+24\,000)\div 3=1\,800(\mathrm{h})$$

平均故障间隔时间愈长,说明设施愈可靠。平均故障间隔时间计算公式为

$$\theta=\frac{\sum_{i=1}^{n}\Delta t_i}{n} \tag{7-3}$$

式中 $\theta$——平均故障间隔时间;

$\Delta t_i$——第 $i$ 次故障前的无故障工作时间,也可用两次大修间的正常工作时间 $t_i$ 代替;

$n$——发生故障的总次数。

3. 故障预测方法

关于故障预测方法,目前主要分为三类,即基于模型的预测方法(Model-based approaches)、数据驱动的预测方法(Data-driven approaches)和混合预测方法(Hybrid approaches)。

基于模型的故障预测方法试图找一个能够模拟系统物理特性的模型,以此模型来计算关键零部件的损耗程度,并评估系统的故障累积效应,从而计算出系统的剩余寿命(Remaining useful life,RUL)。基于模型的故障预测方法,如图7-16所示。

数据驱动的故障预测方法通常会使用模式识别和机器学习技术来检测系统状态的变化。此类预测方法适合用在系统太过复杂以至于很难建立合适的模型,或者建立模型的成本太过高昂的情况下。数据驱动的故障预测方法,如图7-17所示。

混合故障预测方法试图结合前两种方法,设计出一种既能集成它们优点又能避免它们缺点的新型故

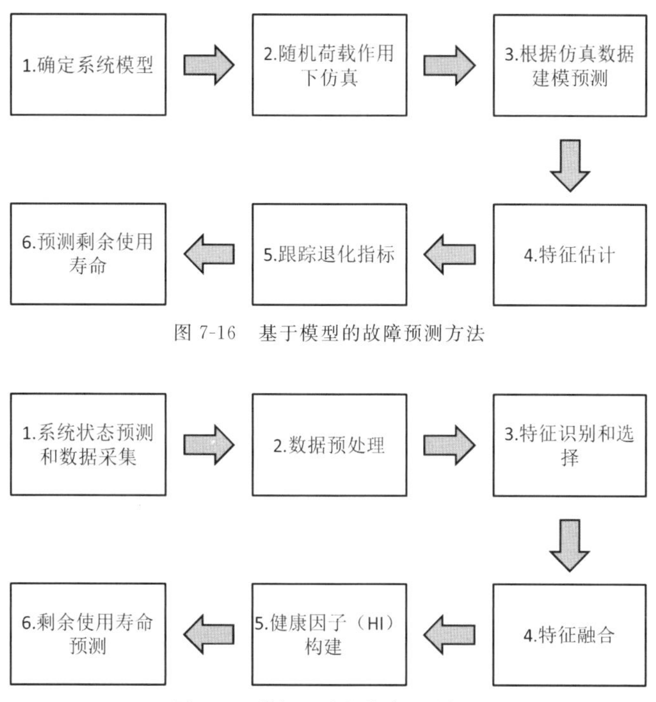


图 7-16　基于模型的故障预测方法

图 7-17　数据驱动的故障预测方法

障预测方法。更多的情况是，在基于模型的故障预测方法中包含数据驱动的预测方法中的一些策略；在数据驱动的预测方法中利用模型获取一些有用信息。三种 PHM 预测方法的比较，如表 7-7 所示。

**表 7-7　　三类 PHM 预测方法的比较**

| | 适用条件 | 优点 | 缺点 |
|---|---|---|---|
| 基于模型的预测方法 | 能够建立模拟系统物理特性的模型 | 能很好地理解系统的物理特性，能更精确地预测出潜在的故障，误差小 | 实际应用中很难建立精确的数学模型，适用范围较小 |
| 数据驱动的预测方法 | 能够获取大量的反应系统运行状态的数据 | 能对复杂的动态系统进行故障预测，适用范围广 | 需要大量的数据去训练模型，误差较其他方法大 |
| 混合预测方法 | 既能较好的用模型模拟系统物理特性，又能获取到系统运行状态的数据 | 综合了基于模型预测方法和数据驱动的预测方法的优点，误差小 | 方法难度更高，工作量大 |

4. 故障检查

故障检查是设备运行过程中故障预测诊断的重要环节，检查分为点检和巡检。

点检是一种科学的设施管理方法，它利用人的感官或用仪表、工具，按照标准，定点、定人、定期地对设施进行检查。点检主要发现设施的异常、隐患，掌握设施故障的前兆信息，及时采取对策，将故障消灭在发生之前的一种管理方法，是预防性维护工作的基础。

巡检是指系统检查人员在规定的区域，按照规定的路线、规定的时间，使用规定的工具进行预先定好内容的检查。巡检主要巡查系统是否正常运行，检查有无异常现象。主要以观察为主。点检与巡检对比，如表 7-8 所示。

表 7-8 点检与巡检对比

| 序号 | 项目 | 点检 | 巡检 |
|---|---|---|---|
| 1 | 实施目的 | 定量把握设施状态，测定劣化，制订有效的、经济的维修计划 | 将了解的设备运行信息提供给设施管理部门，编制维修计划参考 |
| 2 | 职能性质 | 现场设施的基层管理者 | 巡检人员无管理职能 |
| 3 | 实施人员 | 三种人(操作人员、专职点检人员和技术人员) | 值班维修工当班检查 |
| 4 | 检查方法 | 按计划、工作规范、标准化作业 | 无具体计划和工作规范，实行定性检查 |
| 5 | 标准体系 | 以维修标准为根据开展点检管理 | 以值班维修工的经验，并不规定标准 |
| 6 | 设定部位(点) | 工作机件的全部劣化因素为对象 | 设备、装置或运转部为对象 |
| 7 | 检查周期 | 部位(点)的周期规定明细化和对应化 | 以设施为对象的班检查 |
| 8 | 体制结构 | 点检作业区与检修部门分开的管理体制 | 以维修工为主巡视、检查、修检合一的体制 |

某设备点检记录表(示例)，如表 7-9 所示。

表 7-9 点检记录表(示例)

| 频率 | 设备名称 | 堆垛机 | 固定资产号 | | 填表单位 | | 存放位置 | | 年 月 日 |
|---|---|---|---|---|---|---|---|---|---|

| | 点检项目 | 点检方法 | 判断标准 | 1 | 2 | 3 | 4 | 5 | 6 | 7 | 8 | 9 | 10 | 11 | 12 | 13 | 14 | 15 | 16 | 17 | 18 | 19 | 20 | 21 | 22 | 23 | 24 | 25 | 26 | 27 | 28 | 29 | 30 | 31 |
|---|---|---|---|---|---|---|---|---|---|---|---|---|---|---|---|---|---|---|---|---|---|---|---|---|---|---|---|---|---|---|---|---|---|---|
| 日常点检 | 电源线及电源联接 | 目视 | 电源线完好无裸露、电源联接紧固无松动、设备接地可靠、工作电压正常 | | | | | | | | | | | | | | | | | | | | | | | | | | | | | | | |
| | 液压油 | 目视 | 确认油箱内液压油量在规定值内、液压油的颜色正常 | | | | | | | | | | | | | | | | | | | | | | | | | | | | | | | |
| | 各按钮、旋钮开关 | 目视/操作 | 各按钮、旋钮无损坏、灵活、开关可靠 | | | | | | | | | | | | | | | | | | | | | | | | | | | | | | | |
| | 光电开关 | 目视/操作 | 光电开关无损坏、感应灵敏、控制可靠 | | | | | | | | | | | | | | | | | | | | | | | | | | | | | | | |
| | 各指示灯 | 目视/操作 | 指示灯的亮灭正常 | | | | | | | | | | | | | | | | | | | | | | | | | | | | | | | |
| | 液压传动 | 目视/操作 | 点动上升、下降按钮观察设备是否有爬行、跳动等现象出现 | | | | | | | | | | | | | | | | | | | | | | | | | | | | | | | |
| | 夹具 | 目视 | 无损坏、锈蚀、压头无松动 | | | | | | | | | | | | | | | | | | | | | | | | | | | | | | | |
| | 压力表 | 目视 | 液压表压力值为3.5~4MPa | | | | | | | | | | | | | | | | | | | | | | | | | | | | | | | |
| | 电机、液压油泵 | 目视/听 | 联结紧固无松动、电机液压油泵无异声和漏油现象 | | | | | | | | | | | | | | | | | | | | | | | | | | | | | | | |
| | 说明：1、操作者点检后记录、签名：记录符号—正常划"√"、异常划"×"、停用则在日期上划"△"。<br>2、点检发现异常，立刻通知维修人员处理<br>3、负责主管(或保全员) | | 操作者签名 | | | | | | | | | | | | | | | | | | | | | | | | | | | | | | | |
| | | | 负责主管(或保全员)签名 | | | | | | | | | | | | | | | | | | | | | | | | | | | | | | | |

| | 维护项目 | 维护方法 | 维护标准 | 第1周 | 第2周 | 第3周 | 第4周 | 第5周 |
|---|---|---|---|---|---|---|---|---|
| 周检 | 加注润滑脂 | 操作 | 每周向夹具上的加油嘴中注入润滑脂 | ☐ 签名: | ☐ 签名: | ☐ 签名: | ☐ 签名: | ☐ 签名: |
| | 夹具弹簧 | 目视 | 检查各夹具弹簧是否有疲劳损伤、裂纹等 | ☐ 签名: | ☐ 签名: | ☐ 签名: | ☐ 签名: | ☐ 签名: |
| | 刷防锈油 | 操作 | 每周在所有夹具上刷一次防锈油 | ☐ | ☐ | ☐ | ☐ | ☐ |
| | | | | ☐ | ☐ | ☐ | ☐ | ☐ |

| | 序号 | 故障现象 | 停用日期 | 修复日 | 故障原因及维修记录 | 零件更换记录 | 维修人 |
|---|---|---|---|---|---|---|---|
| 故障记录 | 1 | | | | | | |
| | 2 | | | | | | |
| | 3 | | | | | | |
| | 4 | | | | | | |
| | 5 | | | | | | |

## 7.3 设施维护程序与策略

维护(Maintenance)是为设施能履行其期望功能或是恢复其期望功能所进行的所有活动。设施维护是延缓设施劣化和避免设施故障的关键技术手段，它能够从设施质量、采购及使用成本、响应速度和服务四个方面对客户满意度产生重要影响。因而，是组织竞争力的构成要素之一，也是企业经营过程中的重要增值过程，而不是传统维护价值观所认为的"不可避免的损失"(Necessary evil)。

### 7.3.1 设施维护程序

不同的组织、不同的设施类型决定了不同的维护策略。设施维护程序,如图 7-18 所示。

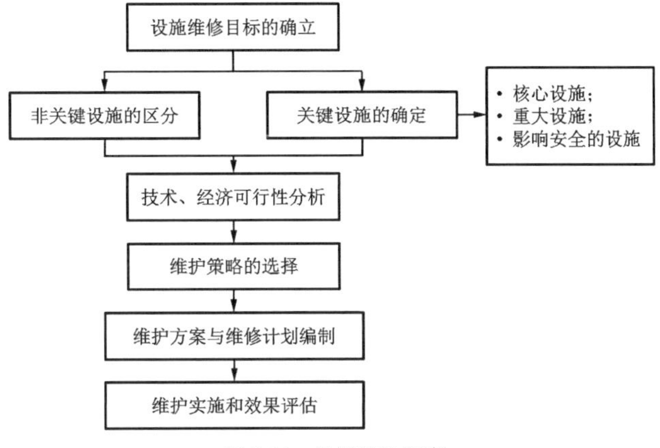


图 7-18 设施维护程序

1. 设施维护目标的确立

设施维护的直接目标是保证其安全性和可用性,更深层次的目标是为了实现企业的战略目标,即降低设施影响成本、提高工作效益。一般而言,企业合理的设施维护费用约占企业总产值的 1%～3%。设施维护费用越高,说明设施故障停机时间越长,对企业的效益就影响越大。一个综合的设施维护目标可以划分为若干个子目标,如运行质量、可用性、寿命、安全性、灵活性等。在对设施进行维护决策的最初阶段,首先应该确立目标,然后才能开展下一步的工作。

2. 关键设施与非关键设施的区分

关键设施指的是对生产或经营活动有决定性影响的核心设施、重大设施、维护费用较高的设施以及影响安全的设施。而非关键设施指的是运行状态不会直接影响企业整体生产或经营活动的设施。

在我国,对于设备分类有“精、大、稀、关”的类别,即精密、大型、稀有、关键设备,对于此类设备,制订维护计划时,要严格实行定使用和检修人员。定操作维护规程、定保养细则、定检查校正精度的“四定”原则。

3. 技术、经济可行性分析

在对设施分类之后,选择正确的维护策略之前,要进行技术可行性分析,尤其是状态维护对状态监测技术和故障诊断技术要求很高,主要是分析这些技术是否有效、准确和可靠。此外,由于设施状态维护涉及日常监测、实时数据判定、故障诊断、维护方式。因此,管理技术水平、人员技术水平等也决定了设施是否具有状态维护的潜力。如果一个维护策略在技术上可行,那么还要进行经济可行性分析,考虑费用最小化,追求收益最大化。

4. 维护策略的选择

在技术、经济等条件允许的范围内容,分析事后维护策略的利弊,还需要确定在设施损坏后,采取紧急维护,还是一般维护;如果判断事后维护策略不可行,考虑定期维护策略的可行性,定期维护的基本内容就是“日常维护、定期检查、清洗换油、计划护理”;如果定期维护策略造成“维护过剩”或“维护不足”的现象比较严重,而状态维护策略可以将故障和重大事故消灭在萌芽状态,也可控制维护费用,既可实施状态维护策略。状态维护通过设备劣化分析、状态预测后,可采取例行维护、计划性矫正或紧急性抢护等措施。

常见的设施维护策略分为反应性维护、预防性维护、预测性维护和前瞻性维护 4 种类型。设施维护策略的发展历程,如图 7-19 所示。

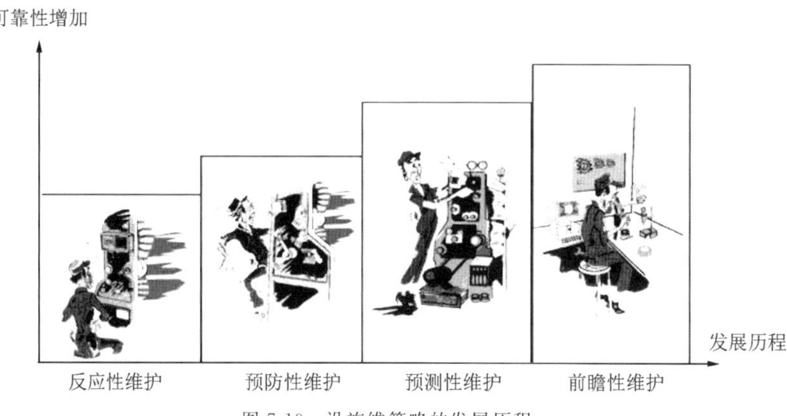


图 7-19 设施维策略的发展历程

通过对设施进行分类和可靠性评价，判断哪些设施适合状态维修。不同设施维护策略的比较，如表 7-10 所示。

表 7-10 不同设施维护策略的比较

| 维护策略 | 优点 | 缺点 |
|---|---|---|
| 反应性维护 | · 维护投入成本低；<br>· 维护投入人员少 | · 设施停机导致成本增加；<br>· 增加人力成本；<br>· 修理和置换成本高；<br>· 设施故障可能造成附属设施或程序损坏；<br>· 人力资源的低效利用 |
| 预防性维护 | · 维护周期可灵活调整；<br>· 延长组件生命周期；<br>· 节省能源；<br>· 减少设施和流程故障 | · 仍然可能发生灾难性故障；<br>· 劳动力集中；<br>· 可能进行不必要的维护；<br>· 在进行不必要的维护时可能造成组件意外损坏 |
| 预测性维护 | · 延长组件运营时间；<br>· 考虑优先纠正措施；<br>· 减少设施和流程故障；<br>· 减少零件和人力成本；<br>· 提高生产质量；<br>· 提高工作和环境安全；<br>· 提高工作人员士气；<br>· 节省能源 | · 增加诊断设施投入；<br>· 增加人员培训投入；<br>· 管理层不易看到其节约潜力 |
| 前瞻性维护 | · 最有效的维护规划；<br>· 较少不必要的维护和检查，从而降低成本；<br>· 最小化检查频率；<br>· 减小突发设施故障可能性；<br>· 将维护集中于关键组件；<br>· 增加组件可靠性；<br>· 集成故障根源分析 | · 启动成本大；<br>· 管理层不易看到其节约潜力 |

5．维护方案和维护计划编制

在维护实施前，考虑设备的特点和实际使用、负荷情况要对维护工艺进行编排，并制订设施维护方案和维护计划。维护计划考虑的优先目标可归纳为高安全性、低环境危险性、高使用规范性和低维护费用。维护计划应该是动态的，需要在维护实践中不断完善。

6．维护实施和效果评估

维护活动按照维护计划具体实施。设施维护效果评估的主要目的是对各项维护活动效果做出评价，检验维护方案和维护计划的合理性；发现维护工作中的问题和缺陷，采取更有效的措施。维护效果的评定对于进一步改进维护方案和维护计划起着非常重要的作用。因为按照维护方案和维护计划实施的维护活动，很可能出现理论上可行，但在实际工作中却行不通的情况。

**知识链接**

更多设施维护计划知识，请访问设施管理门户网站 FM Gate—FM 专区—运行与维护——智能工厂如何运用可视化进行设备管理。

### 7.3.2 设施反应性维护策略

反应性维护（Reactive Maintenance）是一种被动的维护方式，其基本思想是“故障修理”，当设施出现故障时才进行检查和修理。作为最基本的一种维护方式，目前仍在大多数组织中广泛应用。据相关研究资料显示，在美国仍有超过 55％的维护工作采取是反应性维护方式。设施反应性维护类别，如图 7-20 所示。

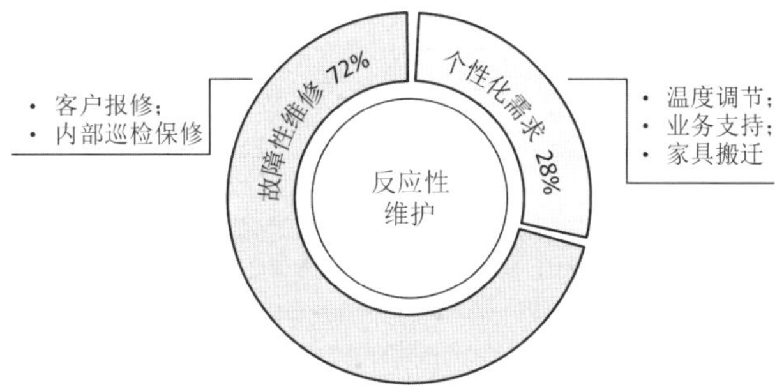


图 7-20 反应性维护类别

反应性维护大多为故障性维修，一般通过客户报修或者巡检保修产生，小部分是由于客户的个性化需求产生的临时维护，如客户需要临时进行家具挪动、温度控制等。设施管理的运行团队可以利用直觉感受并判断电动机、风机、水泵及其联轴器是否缺少润滑油、轴承磨损是否异常、电动机是否存在炒铁心（转子因轴承磨损异常导致其在运行过程中碰擦定子绕组），或运用示波器、分贝计、电桥、振动仪、触点式温度仪、测风仪、压力表、气压计等仪器来测试设施运行状态。

由于维护作业突发，在事前难以制订维护计划，难以高效地配备人员、材料和维修器具。因此，事后维护多用于准备简捷便当，平均故障间隔时间（MTBF）不固定，平均修复时间（MTTR）短，定期更换部件费用高昂的场合。

反应性维护是所有维护工作的基础，同时也意味着将产生大量工单，是日常维护工作很大的一部分。对于客户个性化需求产生的维护无法避免，但对于故障性维修，这里提出两个优化的解决方案供参考。优化反应性维护措施，如表 7-11 所示。

表 7-11 优化反应性维护措施

| 可采取措施 | 案例 | 优点 | 缺点 |
|---|---|---|---|
| 计划性维修 | 将照明系统、建筑本体(天花、墙纸)非紧急故障响应性维修调整为计划性维修，每周批量处理 | 节省维修物料准备和路途时间 | 客户满意度下降<br>投诉率上升 |
| 优化设备备件选型 | 逐步替换插座、洗手盆角阀等备件类型，使用更符合现场环境和寿命长的备件，如一体化插座 | 延长备件使用寿命，减少故障率 | 初期购置成本比较高 |
| …… | …… | …… | …… |

## 7.3.3 设施预防性维护策略

预防性维护(Preventive Maintenance)是指为了防止设施的功能、精度降低到规定的临界值或降低故障率，按事先制订的计划和技术要求所进行的维护活动。预防性维护的基本思想是以"预防为主"，通过有计划的预防修理制来保障设施的正常运行，其理论依据是设施组成单元的磨损规律，就好像中医学中的"治未病"。

在设施维护管理中，预防性维护占有重要地位。预防性维护较故障后修复的维护模式更可以优化资产，降低非计划的停机时间，减少故障影响范围。预防性维护不但是目前主流的设施维护形式，同时也是进行持续改进，开展预测性维护和可靠性维护的基础。预防性维护的类型，如图 7-21 所示。

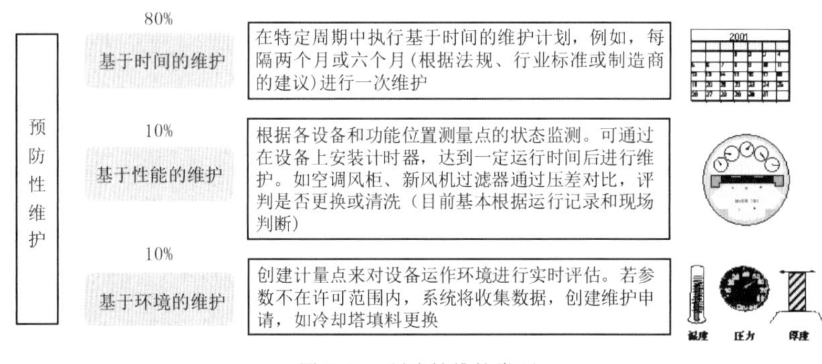


图 7-21 预防性维护类型

国内外普遍采用的定期维修制度就是一种以设备运行时间为基础的预防性维护方式。我国一些企业实行的设备"三级保养、大修制"也是一种预防性维护方式。根据设施状态偏离其设计功能的距离大小和严重程度，确定相应的维修程度。

在定期预防维护中，维护周期是一个重要的工作指标。实际维护周期的确定与设施系统的结构性能、使用状况、故障规律、经济效果等多因素有关。为了制订一个合理频次的维护周期，除了参考理论数据以外，更要结合设施的自身状况和实际经验数据，从技术、经济和管理等方面予以综合考虑。设施维护周期表(示例)，如表 7-12 所示。

表 7-12 设施维护周期表(示例)

| 序号 | 设备名称 | 每日 | 每周 | 半月 | 每月 | 两月 | 季度 | 半年 | 每年 |
|---|---|---|---|---|---|---|---|---|---|
| 1 | 高低压配电室 | 否 | 否 | 否 | 是 | 否 | 否 | 是 | 是 |
| 2 | 发电机 | 否 | 否 | 否 | 是 | 否 | 否 | 是 | 是 |
| 3 | 电梯 | 否 | 是 | 否 | 是 | 否 | 否 | 否 | 是 |
| 4 | 热水系统 | 否 | 否 | 否 | 是 | 否 | 是 | 否 | 是 |
| 5 | 给、排水系统 | 否 | 否 | 否 | 是 | 否 | 是 | 否 | 是 |
| 6 | 供暖系统(非/供暖期) | 否/否 | 否 | 否 | 否/是 | 否 | 否 | 否 | 是 |
| 7 | 防雷接地 | 否 | 否 | 否 | 否 | 否 | 否 | 否 | 是 |
| … | … | … | … | … | … | … | … | … | … |

暖通空调系统标准自给装置的维护时间建议，如表 7-13 所示。

**表 7-13　　SCU 维护时间建议**

| 说明 | 时间(h) | 频率 | 总计(h) |
|---|---|---|---|
| 每年维护一次 | 4.8 | 1 | 4.8 |
| 半年维护一次 | 3.2 | 2 | 6.4 |
| 每季度维护一次 | 1.9 | 4 | 7.6 |
| 每月维护一次 | 1.0 | 12 | 12.0 |
| 总计时间 | | | 30.8 |

假设楼宇内共有 11 套 SCU，每套每年需要 30.8 小时的预防性维护，那么 11 套每年共需要 339 小时，也就是说，假设以为工程师只负责预防性维护，仅 HVAC 系统中的一项就要耗费八周半时间。而为了不打扰用户，很多预防性维护工作都选在周末或者下班后，因此，预防性维护计划还需要包括时间安排。某公司设施预防性维护计划示例，如图 7-22 所示。

| 系统 | 频率 | 4月 | 5月 | 6月 | 7月 | 8月 | 9月 | 10月 | 11月 | 12月 | 1月 | 2月 | 3月 |
|---|---|---|---|---|---|---|---|---|---|---|---|---|---|
| 电气 | 月 | ■ | ■ | ■ | ■ | ■ | ■ | ■ | ■ | ■ | ■ | ■ | ■ |
| 消防 | 月 | ■ | ■ | ■ | ■ | ■ | ■ | ■ | ■ | ■ | ■ | ■ | ■ |
| 空调、冷库 | 半年 | | | ■ | | | | | | ■ | | | |
| 空压机 | 季度 | | | ■ | | | ■ | | | ■ | | | ■ |
| 电梯 | 月 | ■ | ■ | ■ | ■ | ■ | ■ | ■ | ■ | ■ | ■ | ■ | ■ |
| 排风机 | 季度 | | | ■ | | | ■ | | | ■ | | | ■ |
| 水箱清洗 | 半年 | | | ■ | | | | | | ■ | | | |
| 防雷接地 | 月 | ■ | ■ | ■ | ■ | ■ | ■ | ■ | ■ | ■ | ■ | ■ | ■ |
| 直饮水系统 | 月 | ■ | ■ | ■ | ■ | ■ | ■ | ■ | ■ | ■ | ■ | ■ | ■ |
| 厨房设备 | 两月 | ■ | | ■ | | ■ | | ■ | | ■ | | ■ | |
| 地下管网清污 | 年 | | | | | | | | ■ | | | | |
| 发电机 | 月 | ■ | ■ | ■ | ■ | ■ | ■ | ■ | ■ | ■ | ■ | ■ | ■ |

说明：■ 计划开展预防性维护时间

图 7-22　某公司预防性维护计划示例

## 7.3.4　设施预测性维护策略

预测性维护(Predictive Maintenance)又称基于状态的维护，是通过定期监测设备的振动、温度、润滑钝化等各种运行参数，或观察不良趋势的发生，预测故障可能出现的情况和出现的时间而进行的维护。

预测性维护是一种运转状况驱动的预防性维护程序。预测性维护利用红外热像仪、振动分析仪等检测设备，通过检测设施的温度和振动等运行参数，并将测得的参数与设施标准运行状态参数进行比较，从而判断是否需要进行维护，以及有针对性地安排维护工作。预测性维护技术是在状态监测及故障分析基础上发展起来的一种维护技术，是对以时间为基础的预防性维护的细化延伸。预测性维护采用的诊断技术，如表 7-14 所示。

表 7-14 预测性维护诊断技术

| 技术 | 水泵 | 电动马达 | 柴油发电机 | 冷凝器 | 重型设备/起重机 | 断路器 | 阀门 | 热交换器 | 电气系统 | 变压器 |
|---|---|---|---|---|---|---|---|---|---|---|
| 振动监控/分析 | × | × | × | | × | | | | | |
| 润滑剂、燃料分析 | × | × | × | | × | | | | | × |
| 磨损颗粒分析 | × | × | × | | × | | | | | |
| 轴承温度分析 | × | × | × | | × | | | | | |
| 性能监控 | × | × | × | × | | | | × | | × |
| 超声波噪声检测 | × | × | × | × | | | × | × | | × |
| 超声波流量 | × | × | × | × | | | × | × | | |
| 红外温度记录 | × | × | × | × | × | × | × | × | × | × |
| 非破坏性测试(厚度) | | | | × | | | | × | | |
| 可视化检查 | × | × | × | × | × | × | × | × | × | × |
| 绝缘电阻 | | × | | | | × | | | × | × |
| 电机电流特征分析 | | × | | | | | | | | |
| 电机电路分析 | | × | | | | × | | | × | |

例如,某断路器预测性维护热成像报告。红外热成像技术是通过热成像仪采集和分析热量信息的技术。在预测和预防性维护措施中占据非常重要的地位。这项技术不仅能够将诊断对象即时可视化并验证热剖面,同时快速定位热点,以确定问题的严重程度,有助于建立设备故障周期数据库,方便设备进行预检修。更重要的是,可以在电力系统维持运行的情况下进行相关诊断。预测性维护热成像报告(示例),如图 7-23 所示。

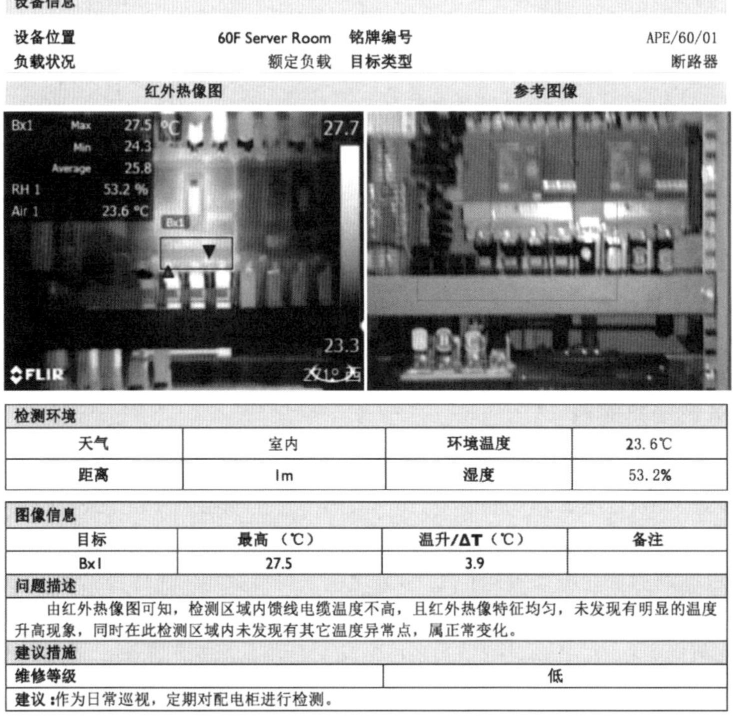
设备信息

| 设备位置 | 60F Server Room | 铭牌编号 | APE/60/01 |
|---|---|---|---|
| 负载状况 | 额定负载 | 目标类型 | 断路器 |

红外热像图 参考图像



检测环境

| 天气 | 室内 | 环境温度 | 23.6℃ |
|---|---|---|---|
| 距离 | 1m | 湿度 | 53.2% |

图像信息

| 目标 | 最高(℃) | 温升/ΔT(℃) | 备注 |
|---|---|---|---|
| Bx1 | 27.5 | 3.9 | |

问题描述

由红外热像图可知,检测区域内馈线电缆温度不高,且红外热像特征均匀,未发现有明显的温度升高现象,同时在此检测区域内未发现有其它温度异常点,属正常变化。

建议措施

| 维修等级 | 低 |
|---|---|

建议:作为日常巡视,定期对配电柜进行检测。

图 7-23 预测性维护热成像报告(示例)

### 7.3.5 设施前瞻性维护策略

20 世纪 70 年代以后，国内外的研究与维护实践证明，预防性维护策略有严重的缺陷：它不能预防任何设施和系统都存在的随机故障；一刀切地更换元器件、零部件会浪费其使用寿命，造成不必要的经济损失；频繁地定期维修拆装，有时反而引入了新的缺陷而造成故障，由此人们逐渐提出了前瞻性维护策略的思想。其中比较有代表性是可靠性为中心的维护(Reliability-Centered Maintenance，RCM)。

RCM 技术是目前国际上通用的，用以确定资产预防性维修需求、优化维修制度的一种系统工程方法。它的基本思路是对系统进行功能与故障分析，明确系统内各故障发生的后果，用规范化的逻辑决断方法，确定各故障后果的预防性对策，通过现场故障统计、专家评估、定量化建模等手段，在保证安全性和完好性的前提下，以维修停机损失最小为目标，优化系统的维修策略。

根据故障后果的重要性，RCM 将故障后果分为安全性和环境性后果、隐蔽性故障后果、使用性后果和非使用性后果 4 种。RCM 技术认为故障后果的严重程度影响采取预防性维修工作的决策。即如果故障有严重的安全性和环境性后果，就应尽全力设法防止其发生。

RCM 分析的结果给出的是设备的预防性维修工作项目、具体的维修间隔期、维修工作类型(或方法)和实施维修的机构。其主要内容包括：

- 需要进行预防性维修的产品或项目(WHAT)；
- 实施的维修工作类型或方式(HOW)；
- 维修工作的时机即维修期(WHEN)；
- 实施维修工作的维修级别(WHERE)。

RCM 的分析可能产生的分析结果有四种：

- 执行状态操作(CM)；
- 执行间期(基于时间或周期)操作；
- 重新设计确定会解决问题并接受失败风险或没有维护措施会减少冗余安装的可能性；
- 无操作并选择修复失败(运行失败)。

RCM 分析思路，如图 7-24 所示。

如果正确地将 RCM 技术应用到维修工作中，在保证生产安全性和设备可靠性的前提下，可使日常维修工作量降到 40%～70%。RCM 与传统维护观念的差异，如表 7-15 所示。

**表 7-15　RCM 与传统维护观念的差异**

| 序号 | 传统维修观念 | RCM 的新观念 | 备注 |
|---|---|---|---|
| 1 | 设备故障的发生和发展与使用时间有直接关系，定时计划拆修普遍采用 | 设备故障与使用时间一般没有直接关系，定时计划维修不一定好 | 复杂与简单设备有很大的选择性 |
| 2 | 没有潜在故障的概念 | 许多故障具有一定潜伏期，可通过现代各种手段检测到，从而安全、经济的决策维修 | 潜在故障概念适用于部分机件 |
| 3 | 无隐蔽故障和多重故障的概念 | 从可靠性原理及实践寻找或消除隐蔽故障，可以预防多重故障的严重后果 | 可靠性理论是这一新观念的基础 |
| 4 | 预防性维修能提高固有可靠度 | 预防性维修不能提高固有可靠度 | 可靠度是设计所赋予的 |
| 5 | 预防性维修能避免故障的发生，能改变故障的后果 | 预防性维修难以避免故障的发生，不能改变故障的后果 | 设计与故障后果有关 |
| 6 | 能做预防性维修的都尽量做预防性维修 | 采用不同的维修策略和方式，可以大大减少维修费用 | 根据故障的分布规律 |

续表

| 序号 | 传统维修观念 | RCM 的新观念 | 备注 |
|---|---|---|---|
| 7 | 完善的预防性维修大纲由维修部门的维修人员制订 | 完善的预防性维修大纲由使用人员与维修人员共同加以完善 | 重视使用人员的作用 |
| 8 | 通过更新改造来提高设备的性能 | 通过改进使用和维修方式，也能得到一些良好的效果 | 多从经济性后果考虑 |
| 9 | 维修是维持有形资产 | 维修是维持有形资产的功能（质量、售后服务、运行效益、操作控制、安全性等） | 资产能做什么比财产保护更重要 |
| 10 | 希望找到一个快速、有效的解决所有维修效率问题的方法 | 首先改变人们的思维方式，以新观念不断渗透，其次再解决技术和方法问题 | 没有一药治百病的“神丹妙药” |
| 11 | 维修的目标是以最低费用优化设备可靠度 | 维修不仅影响可靠度和费用，还有环境保护、能源效率、质量和售后服务等风险 | 现代维修功能有了更广泛的目标 |

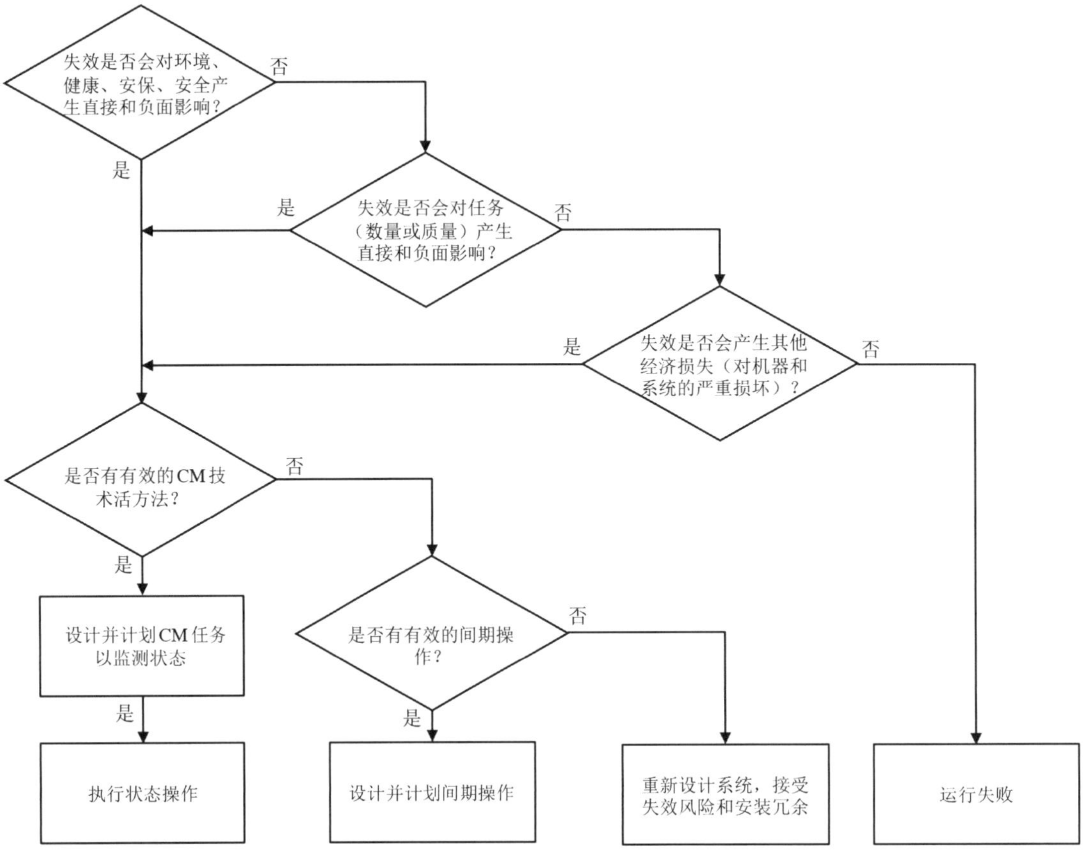

失效是否会对环境、健康、安保、安全产生直接和负面影响？
否
是
失效是否会对任务（数量或质量）产生直接和负面影响？
是
否
失效是否会产生其他经济损失（对机器和系统的严重损坏）？
是
否
是否有有效的CM技术活方法？
否
是
设计并计划CM任务以监测状态
是
是否有有效的间期操作？
否
是
执行状态操作
设计并计划间期操作
重新设计系统，接受失效风险和安装冗余
运行失败

图 7-24 RCM 分析思路

**知识链接**

更多设施管理中设备维护计划知识，请访问设施管理门户网站 FM Gate—FM 专区—运行与维护—让云运维变得更简单。

# 7.4 设施精益运维与评价

## 7.4.1 设施精益运维

实施过程控制是运行管理中重要的一环，不仅有助于提高设施运行过程的可靠性，同时也是设施维护管理和评价的重要信息来源。在设施运行与维护管理过程中，精益思想需要始终贯穿在运行和维护整个过程中。

1. 精益管理的原则

精益管理源自日本，由丰田汽车的制造方式演变而成。这种管理方法最初在汽车行业广泛推行，目前发展成为应用于各行业的领先生产方式。采用精益管理的企业通常都是所属行业盈利能力最强、增长速度最快的公司。

精益管理在制造业中很常见，并且处于持续发展中。该管理模式与企业文化和员工参与度紧密相连。精益管理关注提升生产现场的运营情况，及员工在生产现场的劳动，以及客户价值得以创造出来的地方。简单来说，精益管理的目标就是从客户的角度出发开展目的明确、合理、精确的活动。精益管理原则，如表 7-16 所示。

表 7-16 精益管理原则

| 原则 | 内容 |
|---|---|
| 从客户端来确定价值<br>（Value） | · 企业的一切过程都要考虑顾客需求；<br>· 根据市场而来做出决策 |
| 确定价值流<br>（Value Stream） | 企业要对产品或服务的全过程进行准确的分析和判断，包括产品的设计和服务过程、服务组织信息流动过程、人力资源的组织过程 |
| 建立流动<br>（Flow） | 在明确的价值流过程中消除所的浪费。如等待、价值流回流和返工返修的浪费，提高服务过程的效率 |
| 从客户端来拉动<br>（Pull） | 所有的过程都要紧紧围绕顾客的需求来进行，根据顾客需求的品种、数量和需求时间等来组织的服务过程 |
| 持续改善流程直至完美<br>（Perfection） | · 根据顾客和市场要求的不断变化，确定对价值的理解；<br>· 根据不同期间的不同情况来确定价值流的状态；<br>· 不断消除浪费，提高价值流的流动水平，满足顾客要求 |

2. 价值流分析

价值流是制造产品所需要的一切活动的总和，它包括了增值活动和非增值活动。在价值流中识别非增值活动，通过持续不断的开展合理的改善，消除隐藏的各种浪费，降低成本的同时，缩短了产品的生产周期，实现准时化生产，达到客户的满意度。

价值流图是绘制和设计整体物流和信息流的工具，用图形画出各种活动，跟踪产品的生产路径。价值流图分析从客户的角度和观点分析现有的价值流图中每一个活动的必要性，画出理想的价值流未来状态图，制订新的实施计划。价值流分析应用示例，如图 7-25 所示。

3. 消除浪费

精益生产中的浪费是指超出产品价值所必需的绝对最少的物料、机器和人力资源、时间和场地等各种资源的部分。这里包含两层意义：一是所有不增加价值的活动都属于浪费，不增值的活动是指对最终

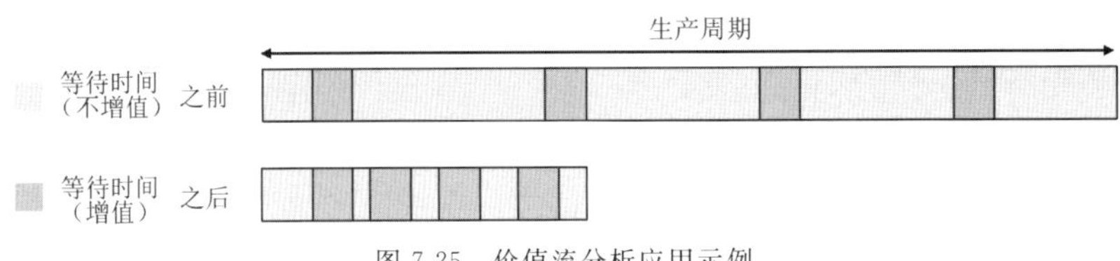


图 7-25 价值流分析应用示例

产品和客户没有意义的活动。例如检验、搬运、等待等活动都属于不增加价值的行为。二是尽管是增加价值的活动，但所用的资源超过了“绝对最少”的范围，也属于浪费。如过量使用原材料、设备、人力或者使用的设备精度过高等。从精益思想来审视设施管理的浪费，就会发现有不同种类的浪费。浪费类型及其表现形式，如表 7-17 所示。

表 7-17 浪费类型及其表现形式

| 浪费类型 | 表现形式 |
| --- | --- |
| 制造过剩的浪费 | 生产过多或者过早造成库存而产生的浪费 |
| 库存浪费 | 库存一方面占用资金，减少企业利润，甚至导致企业亏损；另一方面能防止物料短缺，有效缓解供需矛盾，使生产尽可能均衡进行 |
| 搬运浪费 | 生产过程中搬运环节是一种正常的现象，无论怎么搬运，也不产生附加价值，因此，搬运就是一种浪费 |
| 加工浪费 | 超过需要的作业都是加工浪费，在产品的生产加工过程中，有很多加工环节是可能通过取消、合并、重排和简化改善的四原则方法进行改善和优化的 |
| 动作浪费 | 不产生附加价值的动作、效率不高的动作、不合理的操作等都是动作的浪费 |
| 等待浪费 | 由于某种原因造成的机器或人员的等待；<br>造成等待浪费的原因通常有：生产计划安排不当导致闲忙不均、上游工序延误致使下游工序等待、生产线不平衡、生产线的品种换型、缺料、人机操作不当等 |
| 不良品浪费 | 由于出现不良品，在对不良品进行处理时，造成人员、时间、物力上的浪费及相关损失 |

**【案例 7-2】**

某公司办公用品申领涉及订货、收货、结算等步骤，涉及员工、主管部门、供应商、快递公司、财务等不同部门和参与者。原有办公用品申领流程，如图 7-26 所示。按照精益思想来审视该过程，存在许多浪费。例如，在申请过程中间环节过多，员工申请需要经过主管部门和财务部门审批后才能进行订购，审批时存在多余流程，严重滞后进度；经手人员过多，公司内部主管部门和财务部门需要多次参与流程，导致人力浪费和人工错误增加的概率；订购和到货时间太长以及退换货的不及时，造成等待时间的浪费等。

对此，严重影响员工工作效率，出现了如下问题：

(1) 非增值活动占用大量生产和运营时间，环节整体服务不及时，申领周期延长。

(2) 操作过程中出现差错多，员工申请物资到收到物资时间较长，员工满意度下降。

(3) 程序工作量大，人工成本和时间成本增加，不利于公司成本控制。

针对上述情况，公司应用精益管理的原理，对原有办公用品申领流程重新进行了分析和整改，精简了不必要的审批环节，引入供应商直接对接员工需求。优化后办公用品申领流程，如图 7-27 所示。

在优化后办公用品申领流程中，全部参与部门减少为员工和供应商两个层次。员工登录系统，发出办公用品申请，并于 3 个工作日内得到供应商报价，在经过员工确认和相关部门审批同意后，系统自动给予供应商回复，供应商下单，并按时送货。相较于之前，公司在消除隐藏浪费和降低成本的同时，缩短了申请办公用品的周期，实现了流程的简化，也提高了员工的满意度。

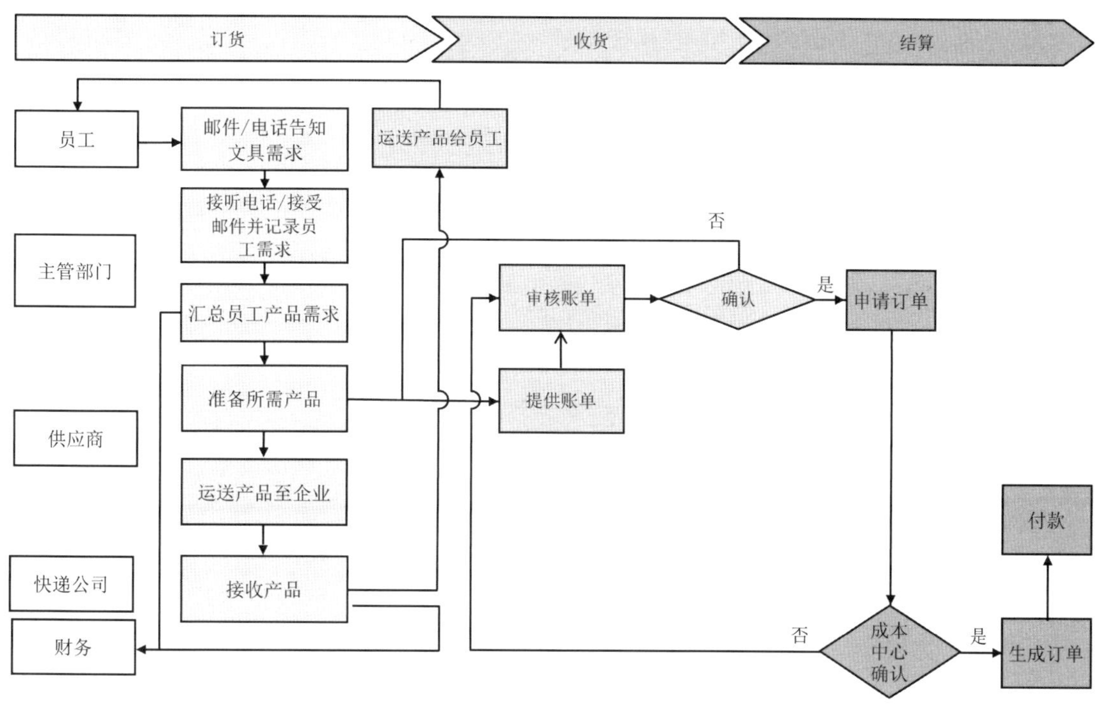


图 7-26 原有办公用品申领流程

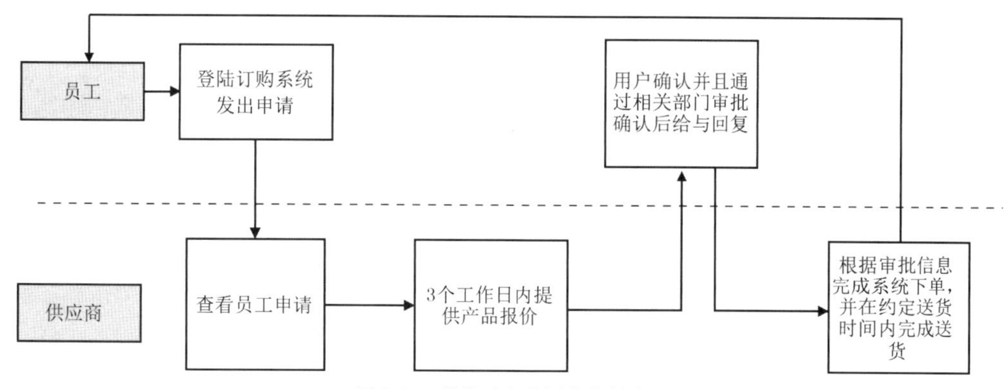


图 7-27 优化后办公用品申领流程

4. 5S 管理

5S 管理法起源于日本，也是精益思想在设施运维中应用的体现。它是指在生产现场中对人员、机器、材料、方法等生产要素进行有效的管理，达到创建一个安全、高效、整洁、绿色的工作环境的目的。5S 管理的内容和效果，如图 7-28 所示。

### 7.4.2 设施运维工单系统

工单(work order)是指导设施维护单位实施运维操作工作的文件。具体内容包括：①具体的运维任务请求；②劳动力、材料和设备的估计、协调和指示；③行政和财务信息。

1. 工单的类别

创建工单的方法有如下三种。它们的差别仅仅在于创建的方法上，而不在于它们的结构形式和使用上。

(1) 即时运维工单。它是最简单的一种工单形式。因为它往往只有一项待分配的运维工作要求。

| | | |
|---|---|---|
| 整理<br>(SEIRI) | 区别需要的物品，撤除不需要的物品，保证工作场所只放置需要物品；<br>区别现在需要的物品，放置在近处，现在不需要的物品暂时放置别处保管 | 节省出工作空间；<br>防止误用和积压；<br>创造清洁工作场所 |
| 整顿<br>(SEITON) | 把需要的物品加以定位放置，并保持在需要时能立即取出的状态；<br>把需要的人、事、物加以定量、定位，通过科学合理的布置和摆放，以便用最快的速度取得所需之物 | 缩短前置作业时间；<br>压缩库存量；<br>防止误用和误送 |
| 清扫<br>(SEISO) | 将不需要的东西加以清除、丢弃，以保持工作场所无垃圾、无污秽之状态，同时，勤于清扫机器设备，勤于维护工作场所 | 减少工伤；<br>保证产品品质；<br>保证设备正常运转；<br>创造高效工作场所 |
| 清洁<br>(SEIKETSU) | 维持工作场所整洁美观，使员工感到干净、卫生而产生优越的自豪感及工作动力；<br>维持之前整洁、整顿、清扫之效果 | 提高服务品质；<br>塑造洁净的工作场所；<br>维护公司形象；<br>提高客户满意度 |
| 素养<br>(SHITSUKE) | 通过执行前面所述的5S管理方法，养成遵守纪律、规则的良好习惯，提升每一位员工的素质；<br>让员工能通过实践5S获得人生境界的提升，与企业共同进步，是5S活动的核心 | 营造守纪的工作氛围；<br>创造良好的工作环境 |

图 7-28 5S 管理内容与效果

因此，它们很容易创建，不需要规划。根据设施运维工作的需要，可以创建一个即时工单，将它作为创建工作要求的一部分。

(2) 经常性运维工单。它是指对已生成和分配运维工作的命令。可以在一个工单上指定一项单一的运维工作要求或一组选定的工作要求。

(3) 预防性维护工单。它是根据已建立预防性维护(PM)计划的设施维护日程表而建立的工单。在生成预防性维护工单之前，必须定义预防性维修工作(程序和步骤)，并确定维修对象、地点、工作时间表。

所谓的工单管理是指企业或部门对不同类型的工单进行派发、接受、处理、回复等操作过程，并设置相应的处理部门、处理人员和相应的权限，规定处理流程。

2. 工单流程

设施管理中对每一项具体运维工作的指派都应有相应的工单，工单流程会直接影响工作效率。因而，设计标准、有效的工单流程十分必要。以某设施维修工作为例，维修工单流程由相关人员分成若干阶段完成，明确具体操作步骤和工作内容。维修工单流程表，如表 7-18 所示。

**表 7-18 维修工单流程表**

| 工作序号 | 工作注释 | 主要负责人员 | 工作内容 |
|---|---|---|---|
| 1 | 维修请求产生(现场) | 设施用户(技术人员) | · 提出维修申请 |
| 2 | 维修工作审核 | 审核人员 | · 判断申请的合理性；<br>· 保证没有重复的申请；<br>· 把申请列入计划 |
| 3 | 任务分配和安排 | 计划人员 | · 分解维修任务；<br>· 安排需要的维修技术/人力数量；<br>· 为任务指定工具；<br>· 为任务指定备件；<br>· 把请求列入日程计划 |

续表

| 工作序号 | 工作注释 | 主要负责人员 | 工作内容 |
|---|---|---|---|
| 4 | 维修日程安排 | 计划人员 | · 为任务安排维修人员；<br>· 核实任务工具；<br>· 核实任务备件；<br>· 安排维修时间；<br>· 打印维修活动细则 |
| 5 | 维修工作实施 | 维修人员 | · 领取工作和备件；<br>· 到现场进行维修；<br>· 完成工作后归还工具及备件记录 |
| 6 | 记录维修时间 | 维修人员 | · 录入维修人员维修时间 |
| 7 | 任务完成核实 | 审核人员 | · 检查完成的内容；<br>· 确认任务完成 |

表 7-18 中，维修工单流程从提出申请到完成任务分为七个阶段，过程分工精细、目标明确，并规定了具体实施步骤，维修工作制度化和规范化，从而有效提高工作效率。

目前，市场上已开发了很多用于工单系统管理的计算机软件。计算机辅助工单管理系统流程，如图 7-29 所示。

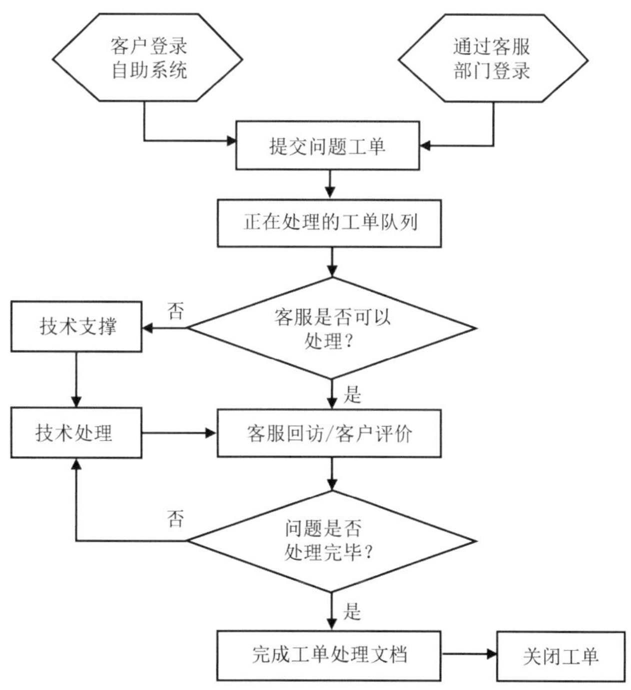


图 7-29　计算机辅助工单管理系统流程

### 7.4.3　设施运维质量体系

质量管理的目标是确保服务满足要求、流程得到优化、质量不断得到提高。质量管理体系（Quality Management System，QMS）指的是企业内部建立、为保证产品质量或质量目标所必需的、系统的质量活动。

1. 设施运维质量评估

设施运维的质量是至关重要的,需要必要的方法(如知识、流程、工具等)来定义运维质量,并且确保所提供的服务能满足需求,达到企业和组织对设施管理方面的要求。

设施运维质量指标,如表7-19所示。这些指标被分为硬性指标和软性指标,硬性指标通常可以通过测量得到,不需要人主观判断;软性指标则是调查的结果,是客户意见、感知和感官的度量,两类指标相互作用从而获得对质量的评估。设施运维的质量评估流程,如图7-30所示。

表7-19 设施运维质量指标

| 指标 | 定义 |
| --- | --- |
| 有形性 | 有形的建筑物、设备、人员等。有形的环境条件是运维人员对客户细致的照顾和关心的有形表现 |
| 响应性 | 帮助客户并能迅速提供服务的能力。出现运维方面问题时,迅速解决问题,减少客户无意义的等待 |
| 经济性 | 能在保证满足运维需求的情况下,尽量节省开支,为客户提供经济的服务 |
| 可靠性 | 可靠、准确履行服务承诺的能力。可靠的服务行动是客户所希望的,意味着服务以相同的方式,无差别准确完成 |
| 移情性 | 设身处地为客户着想,给予客户特别的关注。要求运维人员能够具有接近客户的能力、敏感性,努力理解客户的需求 |
| 保证性 | 运维人员表达出的自信和可信的知识、礼节和能力。其中包括完成工作的能力、对客户的礼貌和尊重、与客户有效沟通、将客户的要求放在心上 |

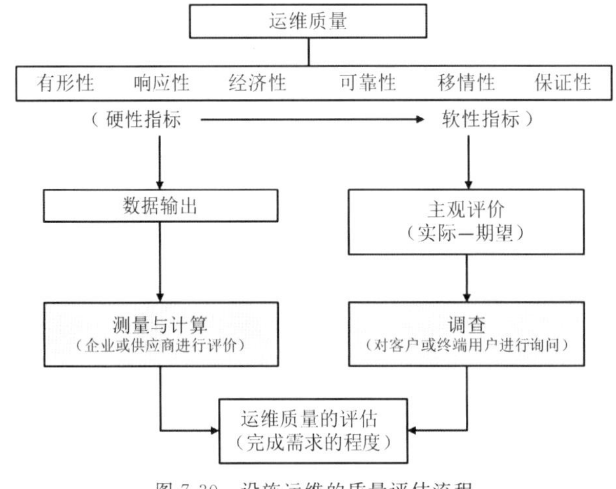


图7-30 设施运维的质量评估流程

2. 设施运维质量保证

质量管理的进程所遵循的科学程序,称为PDCA循环,又称戴明环,即计划—实施—检查—调整循环,目标是为了达到规定的质量体系标准与客户和企业的需求,在相互关联的进程中不断提升服务的质量。PDCA循环操作,如图7-31所示。

设施运维质量管理系统,整个过程以客户需求为导向,通过服务与运维流程、实施、监督和衡量,数据行为评估,质量管理计划几个部分,实现设施管理的不断优化。设施运维PDCA循环,如图7-32所示。

3. 设施运维质量改进

设施运维质量还需要保证持续的改进,改进的目的是保证设施运维能时刻达到供应与需求的匹配,确保客户与服务供应商目标的一致性,达到资源的优化节约等。通过定期评估和适当措施,使得设施服

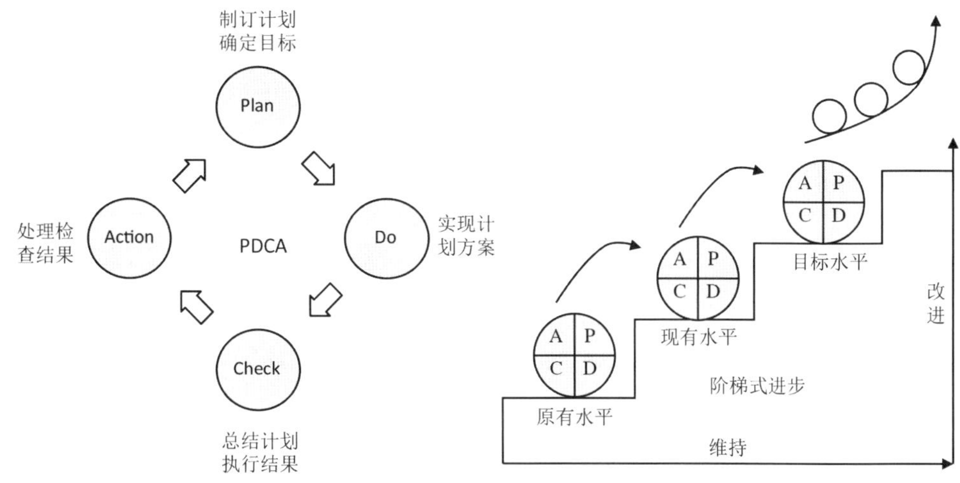


图 7-31 PDCA 循环

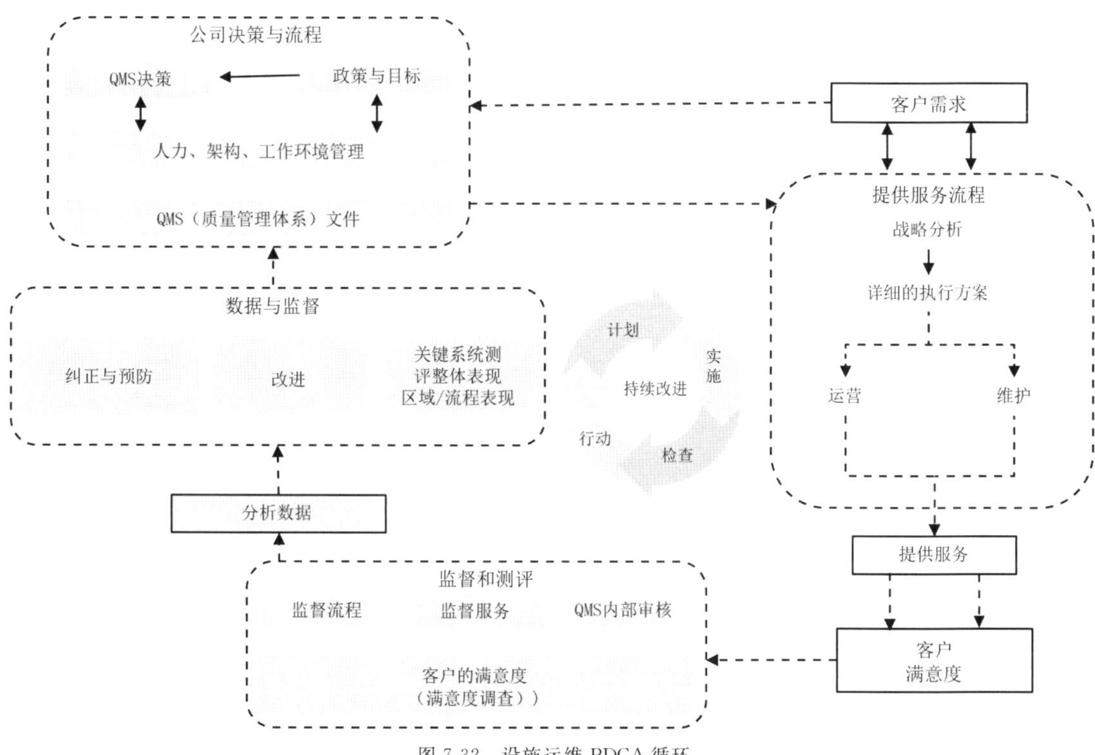


图 7-32 设施运维 PDCA 循环

务的质量能够得到改进和提升(如最大化效率、最大化灵活性、避免重复工作等)。持续改进是十分重要的过程,尤其是因为持续改进能通过向战略层面就主要流程、决策准备和变更管理等方面提供反馈,影响企业需求。

另一个需要进行设施运维质量改进的重要原因是,在收集客户的需求过程中的沟通、服务水平的确定、交付的过程以及人员对服务的感知和体验都会出现偏差。因此,需要通过不断改进和改善运维质量,减少偏差。客户和服务供应商运维质量的改进过程,同样需要进行 PDCA 循环,运维质量改进系统架构,如图 7-33 所示。

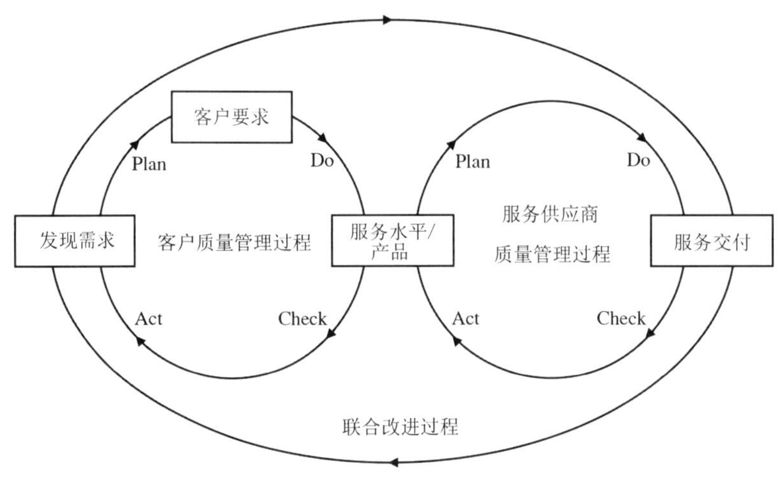


图7-33 运维质量改进系统架构

### 7.4.4 设施运维管理评价

设施运维评价是评价设施运行可靠性及进行后续改进优化的一个重要参考依据。设施运行评价是一个周期性的活动,不同设施的评价周期和评价指标各不相同,设施管理者应根据具体情况予以确定。

1. 设施运行情况分析报告

设施运行情况分析报告是由各专业系统工程师根据设施系统的运行情况定期提交的技术经济分析文件,它是评价设施系统运行状况的重要依据。设施运行情况分析报告,如图7-34所示。

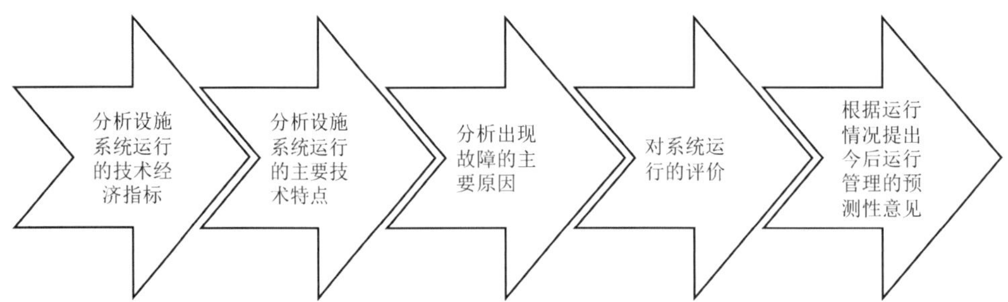


图7-34 设施运行情况分析报告

**【案例7-3】**

某中央空调系统运行情况分析报告内容如下:

(1) 能源统计分析。空调主机(条件许可时,按空调系统进行统计)日、月、年用电、用水情况进行统计,并与往年同期(含气温、使用率等约束条件)进行比较。

(2) 运行指标分析。主要对单位能耗成本计算,为成本核算提供基本数据。

(3) 系统故障、事故统计分析。对系统运行故障的类别、次数进行统计,为后续运维管理提供指导和依据。

(4) 温度、湿度统计(室内、外)。对本年度的日、月、年的温度、湿度进行统计,为能源统计分析、运行指标分析提供基础依据。

(5) 负荷运行统计与预测分析。根据各年度的能源统计、运行指标、温湿度统计、使用率等基础数据,提出今后空调系统运行方式和运行曲线。

(6) 系统运行综合评价。

2. 关键设施运行可靠性分析

在设施系统的构成中,关键设施的运行状况起着举足轻重的作用,应该做出具体的可靠性评价。关键设施运行可靠性评价包括如下内容:

(1) 设施基本概况。包括设施的名称、型号、规格、编号以及安装地点、安装日期、投入使用日期等基本信息。

(2) 周期总时间。根据日历显示的整个运行周期内的总时间,其单位一般为小时。

(3) 设施运行时间。根据设施运行记录,统计整个周期内的正常运行时间,其单位一般为小时。

(4) 设施运转率。设施运转率是体现设施利用程度的指标。一般来讲,该指标越高,表明设施的利用效率越高。从设施折旧的角度考虑,应尽可能提高运转率。设施运转率的计算公式为:

$$\text{设施运转率}=\frac{\text{运行时间}}{\text{周期总时间}}\times 100\% \tag{7-4}$$

(5) 总停机时间。指整个周期内设施的停机时间,这种停机包括计划停机和非计划停机。

(6) 计划停机时间。指设施按计划执行的停机时间。

(7) 故障停机时间。指设施因故障而导致的设施停机时间。

(8) 故障停机频次。指整个周期内设施因故障原因而产生的停机次数。

(9) 平均停机时间(Mean down time,MDT)。平均停机时间是衡量设施维修效率的指标。其计算公式为:

$$\text{平均停机时间}=\frac{\text{故障停机时间}}{\text{故障停机频次}} \tag{7-5}$$

(10) 平均无故障时间(Mean Time Between Failure,MTBF)。它是衡量设施可靠性的指标,单位为小时。它反映了设施的时间质量,是体现设施在规定时间内保持功能的一种能力。具体来说,它是指相邻两次故障之间的平均工作时间,也称为平均故障间隔。其计算公式为:

$$\text{平均无故障时间}=\frac{\text{运行时间}}{\text{故障停机频次}} \tag{7-6}$$

(11) 设施运行可靠性。它是反映设施运行可靠程度的指标,其计算公式为:

$$\text{运行可靠性}=\frac{\text{运行时间}}{\text{运行时间}+\text{故障停机时间}}\times 100\% \tag{7-7}$$

3. 设施运维综合评价

过去人们认为,通过可靠性来判断运维效果就足够了。但现在,除可靠性之外,运维管理者还需要进行控制成本、评估和引进新技术、追踪和报告健康安全状况等工作,这要求运维管理人员能够掌握多种途径来对运维管理的有效性和质量进行评价。如设施利用率、工单产生/关闭情况、维修工单积压、EHS记录、能源消耗情况、库存管理、加班情况、员工流失率等。美国国家航空航天局(NASA)运维评价指标,如表 7-20 所示。

**表 7-20 美国国家航空航天局(NASA)运维评价指标**

| 评价指标 | 变量和公式 | 标准 |
| --- | --- | --- |
| 设备可用性<br>(Equipment Availability) | $\frac{\text{某设备可运行的时间}}{\text{总时间}}$ | >95% |
| 计划完成率<br>(Schedule Compliance) | $\frac{\text{用于计划工作的总时间}}{\text{计划的总时间}}$ | >90% |
| 应急维修百分比<br>(Emergency Maintenance Percentage) | $\frac{\text{用于应急工作的时间}}{\text{工作总时间}}$ | <10% |

续表

| 评价指标 | 变量和公式 | 标准 |
|---|---|---|
| 维修超时百分比<br>(Maintenance Overtime Percentage) | $\frac{\text{用于超时维护工作的总时间}}{\text{用于维护工作的总时间}}$ | <5% |
| 预防性维护完成率<br>(Preventive Maintenance Completion Percentage) | $\frac{\text{完成的预防性维护}}{\text{计划的预防性维护}}$ | >90% |
| 预防性维护成本<br>(Preventive Maintenance Budget/Cost) | $\frac{\text{预防性维护的花费}}{\text{维护工作总花费}}$ | 15%～18% |
| 预测性维护成本<br>(Predictive Maintenance Budget/Cost) | $\frac{\text{预测性维护的花费}}{\text{维护工作总花费}}$ | 10%～12% |

**【关键术语】**

运行与维护；硬性服务；标准作业程序；运行手册；运行可靠性；故障曲线；数据驱动故障预测；故障特征量；项目交接管理；预防性维护；预测性维护；基于可靠性的维护；精益运营；5S管理；工单管理；平均故障间隔时间

**【延伸阅读】**


[1] Giulio Mangano, Alberto De Marco. The role of maintenance and facility management in logistics: a literature review[J]. Facilities, 2014:325.

[2] 刘彦宾,王晓涛,林波荣等.建筑部品及设备生命周期能耗数据研究进展[J].建筑科学,2011(S2):255-262,237.

[3] 徐海长.运维管理系统在智能建筑中的应用[J].智能建筑与城市信息,2012,05:15-18.

[4] 李葆文.设备管理新思维新模式[M].3版.北京:机械工业出版社,2010.

[5] Zio E. Prognostics and Health Management of Industrial Equipment[J]. Volkswirtschaftliche Diskussionsbeiträge, 2012.

# 第8章　环境、健康和安全管理

[本章导读]

环境、健康和安全(EHS)管理是组织为维护内外部环境的可持续发展,保障工作人员的健康和安全所要承担的重要任务。它通过事前预防和持续改进,采取有效的防范手段和控制措施,全面排除污染、噪声等外在威胁和泄漏事故以及职业病等内部隐患。在现代组织规模持续扩大、工作不断复杂的情况下,这种以人为本的一体化管理模式是组织发展的必然趋势。本章回顾了环境、健康和安全管理的发展,概述了管理体系,阐述了各个层面建筑环境及评价、多个角度健康和安全管理原理,并介绍了国内外绿色建筑和健康建筑的评价体系。

本章主要内容:

- ☐ 环境、健康和安全管理概念和发展;
- ☐ 环境、健康和安全的管理体系和管理流程;
- ☐ 建筑环境的热点问题,物理要素与健康评价;
- ☐ 职业卫生检测与健康监护;
- ☐ 健康与安全危害的识别、评价与控制;
- ☐ 过程及行为安全管理;
- ☐ 应急响应和事故管理;
- ☐ 绿色建筑与健康建筑评价体系。

## 8.1　环境、健康和安全管理概述

环境、健康和安全(Environment Health and Safety,EHS)管理,是一种通过事前预防和持续改进,采取有效的防范手段和控制措施,防止生产过程中的各项事故,减少可能引起的人身伤害、财产损失和环境污染的过程。

### 8.1.1　环境、健康和安全管理发展

EHS管理起源于20世纪欧美化工企业,一些重大化工事故的发生,给化工行业带来了很多负面影响,EHS管理逐渐成为公司避免事故发生,重塑企业形象的重要手段。中国的EHS管理起源于石油、石化等高危行业。

由于EHS管理的概念引入中国不久,所以目前国内存在着管理人员专业背景混杂、行业管理水平的衡量标准缺失、企业EHS文化建设急需改善等问题,但是政府的监管力度、法律法规要求开始加强,员工的EHS意识也开始提升,中国的EHS管理正向着一体化、多元化和精益化的方向发展。

1. 环境管理

伴随着人们对环境问题认识的发展,环境管理的概念有一个不断发展的过程。在20世纪70年代,环境管理只是狭义地指环境保护部门采取各种措施控制污染的行为。这种理解把环境管理的主体局限于环境保护部门,把环境管理的对象局限为污染,治标不治本,不能从根本上解决环境问题。到了20世纪90年代,随着环境问题的恶化和人们认识的提高,人们发现想要解决环境问题,必须通过一个科学的概念来刻画环境管理的本质。

目前环境管理有着全面的含义,即依据国家的环境政策、法律法规和其他标准,运用各种科学的管理手段,协调经济发展和环境保护之间的关系,限制人损害环境的活动以保护环境进而保护人们自身,实现

可持续发展。

2. 健康与安全管理

工业革命后，健康与安全管理方面相关问题开始逐渐受到重视。国际劳工组织(International Labour Organization)于1919年成立之初就宣布了："避免劳动者因工作遭受职业疾病与职业灾害是该组织的重要任务之一。"职业安全与职业健康两个概念相结合就形成了职业安全与健康这一概念。

狭义上的职业安全与健康(Occupational Safety and Health)通常是指在劳动生产过程中，通过采取一定的措施来保护劳动者的生命安全与身心健康。例如，改善劳动环境、采取预防工伤事故发生的相关措施。

而广义上，职业安全与健康的定义则是以劳动者的工作环境为对象，为了防止其对劳动者的健康造成损害，通过识别不良工作环境中存在的对劳动者有害的相关因素，评价及预测不良工作环境中有害的因素对劳动者安全和健康的影响，进而改变和创造出一个安全、健康和高效的工作环境，达到保护劳动者身体健康、提高劳动者生命健康的目的。

3. 一体化管理

EHS管理是环境管理和健康与安全管理的有机结合。随着科技水平的提高，社会生产力在飞速进步，由于管理失误、流程漏洞所造成的事故对于环境和人类自身的危害也随之增大。化工行业正是容易酿成重大事故的高危行业，如1976年6月意大利的塞韦索化工厂爆炸和1984年12月的印度博帕尔农药厂氰化物泄漏事件。在经历了数次重大事故后，化工行业基于经验和教训最早提出了EHS的管理理念。

EHS这一带有社会责任性质的理念最早被称为"责任关怀管理"，由加拿大化学品管理协会(Canadian Chemical Producers' Association)提出，应用于全球五十多个国家和地区。1995年，壳牌石油公司采用ISO 9000和英国标准BS 5750质量保证体系相一致的原则，充实了健康、安全、环境三项内容，形成了完整的一体化的EHS管理体系HSEMS(EP95-0000)。

环境、安全与健康管理在实际工作中有着密不可分的联系，三者相互联系又相互统一。EHS管理三方面内容的联系，如图8-1所示。

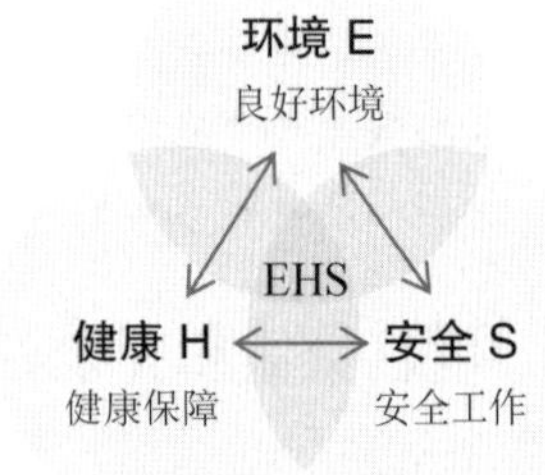


图8-1 EHS管理三方面内容的联系

### 8.1.2 环境、健康和安全管理体系

EHS管理体系是环境管理体系(EMS)和职业健康安全管理体系(OHSAS)两体系的整合。整合的原因主要有以下两个方面：

流程方面，EMS体系和OHSAS体系拥有类似的运行、审核方式，都强调风险防范和持续改进，将两个体系的建立和运行合二为一，可以减少工作环节，节约人力、物力和时间，并且方便各级工作人员执行，避免矛盾冲突。

内容方面，环境管理体系中的环境本身是个整体性的概念，外部的生态环境和企业所处的社区环境、企业的内部环境在空间上不可分割，企业行为必然对其产生共同的影响；而一个环境友好的企业，其员工也能得到更好的职业健康安全保障。

1. 环境管理体系

环境管理体系是全面管理体系的一个组成部分，旨在帮助企业实现自身设定的环境表现水平，并不断地改进环境行为。组织在实施环境管理体系中，首先对自己的环境现状进行评价，并且通过文件化的体系进行培训、运行控制和改进，实现全过程控制和有效的管理。

ISO14000系列标准是国际标准化组织TC207技术委员会制订的关于环境管理方面的系列标准，它通过一套环境管理的框架文件来加强组织的环境意识、管理能力和保障措施，从而达到改善环境质量的目的。它规定了组织建立、实施并保持环境管理体系的基本模式和要求。环境管理体系运行模式，如图8-2所示。

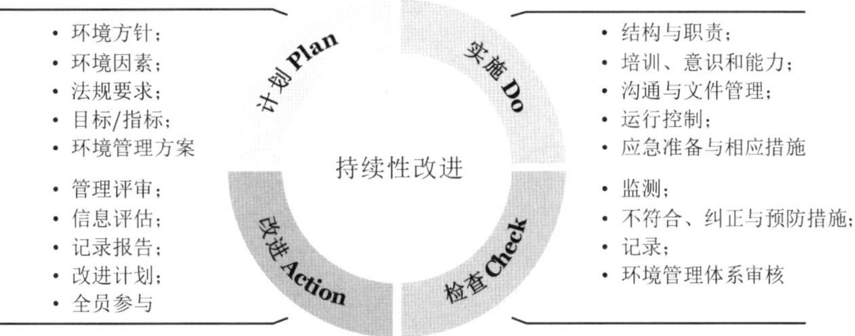


图 8-2 环境管理体系运行模式

环境管理体系的运行模式与其他管理的运行模式相似，即PDCA的运行模式，但是它还有自身的特点。环境管理体系特点，如图8-3所示。

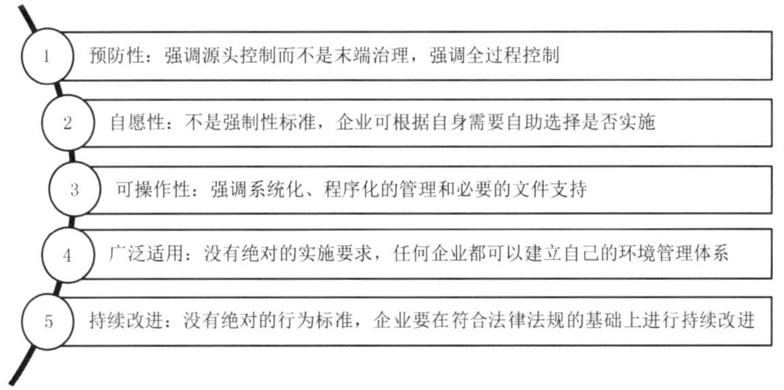


图 8-3 环境管理体系特点

2. 职业健康安全管理体系

职业健康安全管理体系科学、系统地全面规范和改进企业的职业健康安全状况，旨在改善员工的劳动条件、消除或降低生产过程中的风险、预防事故的发生、减少伤亡和财产损失、保障员工职业健康与生命安全。同时，也会提高企业的综合经济效益，改善企业的社会形象。

OHSAS 18000标准是继ISO9000质量管理体系标准和ISO14000环境管理体系标准后，在国际上普遍引起关注和重视的国际标准。以OHSAS 18000标准的要求建立起来的职业健康安全管理体系，有效克服旧的安全管理模式的弊端，使企业的安全管理从被动状态转变为主动状态。职业健康安全管理体系的运行模式，如图8-4所示。

职业健康安全管理体系的运行模式也遵循PDCA的循环模式，在运行过程中时刻注意内部审核，强调预防为主、持续改进以及动态管理。

3. 一体化管理体系

环境与职业健康安全都是企业安全工作的重要组成部分，两个体系的标准互相关联，内容互有交叉，体系的理论基础、运行模式和基本框架相同，所以EHS一体化管理逐渐成为企业的发展方向。

EHS一体化管理体系对ISO14000和OHSAS18000标准的要素及结构进行了有机融合。对于通用要素如方针、目标、组织机构及职责、文件控制、记录管理、信息沟通、内部审核、管理评审、不符合和纠正措施等相应的要素进行整合，对于个性要素进行补充。EHS一体化管理模式，如图8-5所示。

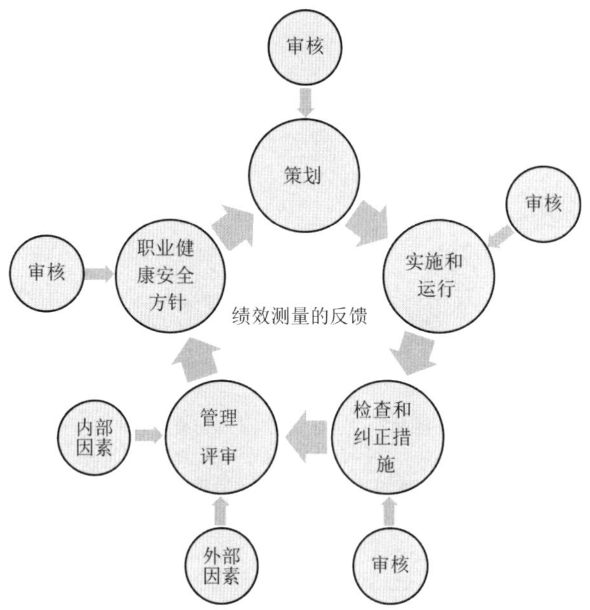


图 8-4 职业健康安全管理体系的运行模式

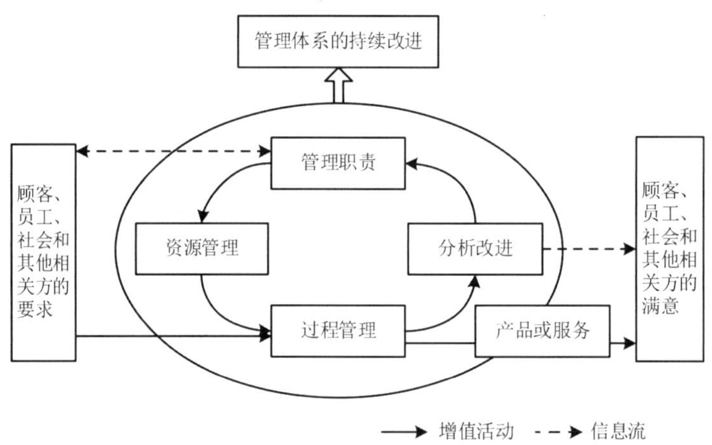


图 8-5 EHS 一体化管理模式

EHS 管理体系与质量管理体系具有相似的运行模式，为有效实施 EHS 一体化管理体系，组织的领导者可以遵循质量管理的八项管理原则。EHS 一体化管理体系原则，如表 8-1 所示。

表 8-1 EHS 一体化管理体系原则

| 序号 | 原则 | 内容 |
| --- | --- | --- |
| 1 | 以顾客、员工、社会为关注焦点 | · 组织需要提供满足顾客要求或期望的产品或服务；<br>· 职工健康和安全直接影响组织凝聚力和社会形象；<br>· 解决环境问题，实现可持续发展是组织的社会责任 |
| 2 | 领导作用 | · 领导者需要为组织 EHS 管理制订统一的方针和目标；<br>· 应规定职责，建立体系，并实施策划、控制和改进；<br>· 创造员工充分参与实现组织目标的环境 |

续表

| 序号 | 原则 | 内容 |
| --- | --- | --- |
| 3 | 全员参与 | · 员工应了解自身能力、知识和经验；<br>· 员工应了解组织目标并评估自身绩效；<br>· 员工应主动解决问题 |
| 4 | 过程方法 | · 清楚产品或服务实现的全部过程及其内在关系；<br>· 合理安排资源、降低成本、缩短周期；<br>· 通过控制活动获得可预测的、具有一致性的改进结果 |
| 5 | 管理的系统方法 | · 以最佳效果和最高效率实现组织目标；<br>· 了解组织能力，明确职责和责任；<br>· 通过测量和评估，持续改进体系 |
| 6 | 持续改进 | · 对象可以是管理体系、过程、产品或服务、绩效；<br>· 为员工提供持续改进的方法和培训；<br>· 建立目标以指导、测量和追踪持续改进 |
| 7 | 基于事实的决策方法 | · 确保数据和信息的可靠性；<br>· 使用正确的方法分析数据；<br>· 基于事实作出决策并采取措施 |
| 8 | 与供方互利的关系 | · 识别和选择关键供方；<br>· 实现开放及有效地沟通；<br>· 短期收益和长期利益综合平衡 |

### 8.1.3 环境、健康和安全管理流程

根据 ISO14000 和 OHSAS18000 标准的要求，结合企业自身的特点，EHS 管理的流程主要基于策划—实施—检查—改进的 PDCA 模型，同时需要明确规定资源、组织机构和职责，以确保整套体系有效运行和持续改进。EHS 管理流程，如图 8-6 所示。

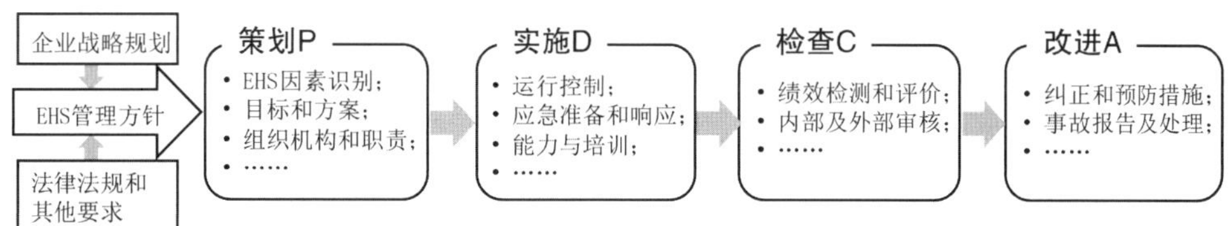


图 8-6 EHS 管理流程

1. EHS 策划

首先，组织应明确 EHS 管理的组织机构和职责，明确 EHS 管理的控制和实施部门。一般情况下，由企业的质量管理部门牵头组织，企业的安全主管部门负责具体实施。涉及的 EHS 管理范围主要包括声光电系统管理、危险固定废弃物管理、消防安全管理、员工健康管理等方面。

其次，组织应对需要进行 EHS 管理的因素进行识别，因素主要包括环境因素和危险源。组织各部门识别和评价其活动、产品或服务中能够控制和施加影响的环境因素时，应考虑三种时态、三种状态和六种类型。设施管理中 EHS 管理因素，如图 8-7 所示。

最后，根据识别出的 EHS 管理因素，制订 EHS 管理目标和管理方案。制订 EHS 管理目标应考虑的

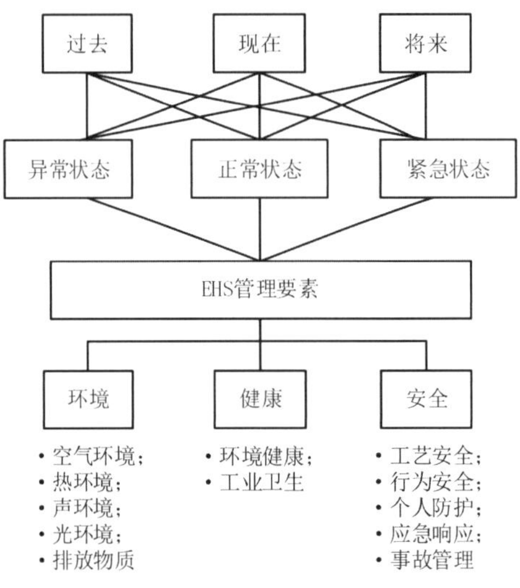


图 8-7 设施管理中 EHS 管理因素

因素包括：EHS 管理方针、法律法规及其他要求，企业的环境和职业健康安全风险，可选的技术方案，财务、运行、经营及发展要求等实际情况，相关方的期望和要求，可测量性。

管理方案是为实现 EHS 管理目标制订的，主要包括：为实现 EHS 管理目标对本企业相关职能和层次的职责和权限的规定；规定实现目标的方法和时间要求。管理方案需要定期进行评审，必要时进行调整，以确保环境和职业健康安全目标的实现。

2. EHS 实施

EHS 管理体系的顺利实施需要一定的前提条件。首先，领导者应为建立、实施、保持和持续改进 EHS 管理体系提供所需的资源，包括人力资源、基础设施、工作环境、技术和技能和财力资源等。其次，组织应确保所有为它或代表它从事 EHS 管理的工作人员应具备相应的能力。组织应采取各种方法，进行定期和不定期的内外部沟通，协商和信息交流，使 EHS 管理的信息得到及时、准确地传递和处理，以提高管理体系过程的有效性。

3. EHS 审核和改进

EHS 的审核分为内部审核和管理评审。通常每年应进行至少一次内部审核，形成审核记录。管理评审由企业更高层按照规定的时间进行评审，评审内容包括 EHS 管理体系改进的机会和变更的需求，方针和目标的适宜性和修改需求等。

若在审核中发现不合规的现象，应及时采取纠正和预防措施。如果在纠正和预防措施中识别出新的或变化的环境因素或危险源，或者对新的或变化的控制措施的需求，则需要进行风险评价。因纠正和预防措施引起的任何必要变化，均应体现在 EHS 管理体系文件中。

**知识链接**

更多环境、健康和安全管理体系的内容，请访问设施管理门户网站 FM Gate—行业标准—环境健康与安全(EHS)相关标准。

## 8.2 建筑环境与评价

建筑环境包括室外环境和室内环境，一般建筑环境泛指建筑室内环境。而建筑室内环境又分为艺术环境和物理环境，物理环境是艺术环境的基础。用艺术和美学来衡量和评价艺术环境质量，使用可计算、可测量的物理量来评价物理环境质量，例如健康、舒适、生理满意度等指标。

### 8.2.1 建筑环境管理概述

面对全球自然环境的不断变化，建筑环境管理也面临着新的挑战，与此相对的是建筑运营新理念的产生和现代科技产品的涌现。如何利用新方式新技术让工作环境更符合当前工作人员的要求，帮助保证甚至提高工作效率，从而利于组织整体目标的实现是建筑环境管理的发展方向。

1. 建筑环境管理热点

2016 年 10 月，中共中央、国务院印发了“健康中国 2030”规划纲要，国家对环境健康产业发展重视程度不断提升。“健康中国 2030”以普及健康生活、优化健康服务、完善健康保障、建设健康环境、发展健康产业为重点，加快健康领域发展。可以看出，建筑是健康中国建设指标的重要构成部分和影响因素。建筑物在实现可持续发展的基础上，更应该关注使用者的身心健康。

另一方面，建筑物高能耗、高排放的特点也使可持续建筑成为可持续发展的必要内容。2014 年我国能源消耗总量为 42.6 亿吨标准煤，建筑能耗总量在我国能源消费总量中的份额已超 30%，即 12.7 亿吨标准煤，预计到 2030 年将上升到 40%。可持续建筑的理念是追求降低环境负荷，与环境相结合，且有利于居住者健康。而建设可持续建筑的目的，则在于减少能耗、减少污染、保护环境、保护生态、保护健康，提高生产力。

人们越来越注重生活质量，而室内装修污染、光环境、声环境、热湿环境、雾霾天气等等一系列问题，严重影响了人们的生活，甚至威胁健康安全。建筑对于人们经济发展带来的严峻环境问题和现代工作模式的特点，让工作环境成为员工健康和安全的重要条件。影响建筑健康的因素，如图 8-8 所示。

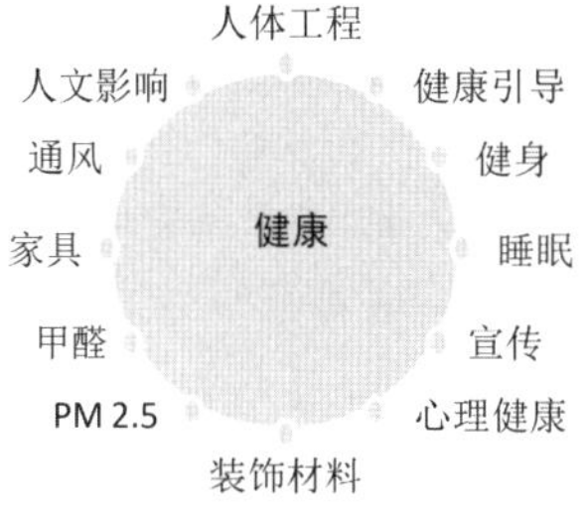


图 8-8 影响建筑健康的因素

1）病态建筑综合症

20 世纪 70 年代以后，在发达国家的某些办公室工作人员中，出现了一些非特异的人体病态症状，主要表现为眼、鼻、咽喉干燥，全身无力、不适，容易疲劳，经常发生神经性头疼，记忆力减退等。由于这些症状大多与建筑物或写字楼有关，世界卫生组织将此种现象称为病态建筑综合症(Sick Building Syndrome，SBS)。病态建筑综合症是建筑物内人群长期接触纤维、细菌、真菌、烟雾气体和其他室内空气污染物(积攒于某一结构内)而产生反应的综合症状。病态建筑综合症产生机理，如图 8-9 所示。

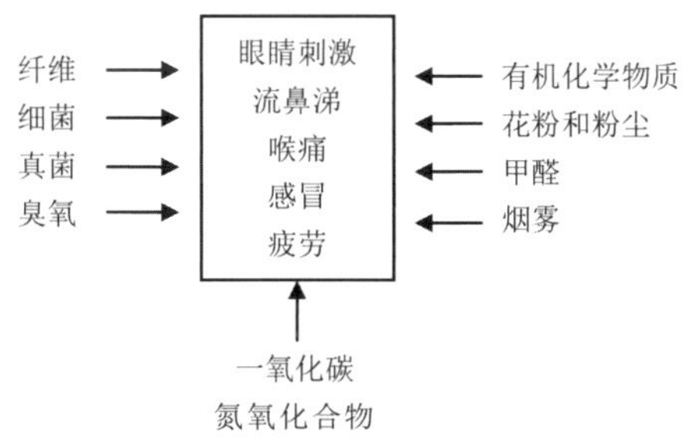


图 8-9 病态建筑综合症产生机理

2）室内空气污染

室内空气污染被公认为人类健康最危险的杀手之一，已经成为全世界各国共同关注的问题。美国专家研究表明，室内空气的污染程度要比室外空气严重 2～5 倍，在特殊情况下可达到 100 倍。据美国环保机构估计，美国每年直接用在由 IAQ(Indoor Air Quality)引起的疾病的医疗费用高达 10 亿美元，由此而产生的直接或间接损失达 600 亿美元。据北京市化学物质检测中心报道，北京市每年发生有毒建筑装饰材料引起的急性中毒事件为 400 多起，中毒人数达 10000 人以上，死亡约 350 人，慢性中毒的范围更加广泛。全球每年因室内空气污染死亡人数达 280 万。

美国国家职业安全卫生研究所(NIOSH)和加拿大卫生和福利机构(HWC)发表的近 2000 栋办公建筑物室内空气污染原因的调查结果可见,新风量不足占据首位。室内空气污染原因,如图 8-10 所示。

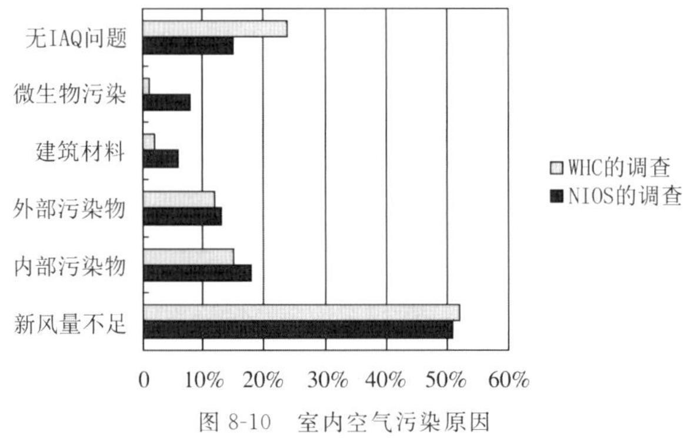


图 8-10 室内空气污染原因

3) 雾霾天气

雾霾天气是一种大气严重污染状态,是对大气中各种悬浮颗粒物含量超标的笼统表述,PM2.5(细颗粒物)即空气动力学当量直径小于等于 2.5μm 的颗粒物被认为是造成雾霾天气的"元凶"。各种工业、生活用燃料燃烧,汽车尾气和土壤扬尘都是造成 PM2.5 含量增长,加重雾霾天气的原因。

2013 年,"雾霾"成为我国的年度关键词。这一年的 1 月,大规模雾霾四次笼罩在 30 个省(区、市)上,而北京仅有 5 天不是雾霾天。有报告显示,中国最大的 500 个城市中,只有不到 1%的城市达到世界卫生组织(WHO)推荐的空气质量标准(年均值 10μg/m$^3$,日均值 25μg/m$^3$),与此同时,世界上污染最严重的 10 个城市有 7 个在中国。

室内 PM2.5 的主要来源一般包括室外污染源、室内污染源以及室内活动引起的粒子再悬浮。室内 PM2.5 污染的影响因素,如图 8-11 所示。

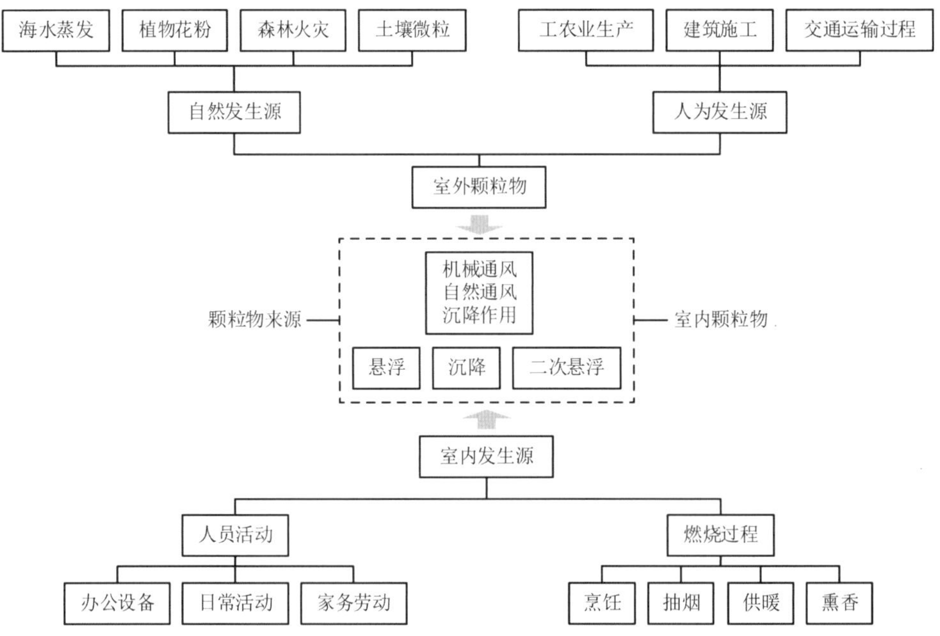


图 8-11 室内 PM2.5 污染的影响因素

2. 建筑环境管理目标与任务

建筑环境管理目标是指在建筑全生命周期内，通过与设施管理所有相关者的共同努力，采取各种管理措施及技术措施，在实现设施功能、安全、可靠、耐久、高效等目标的基础上，减少建筑全生命期内的能源消耗、原材料消耗，减少污染，减少对自然生态环境的影响，提供舒适的环境，最终实现设施管理的可持续发展。建筑环境管理目标体系，如图 8-12 所示。

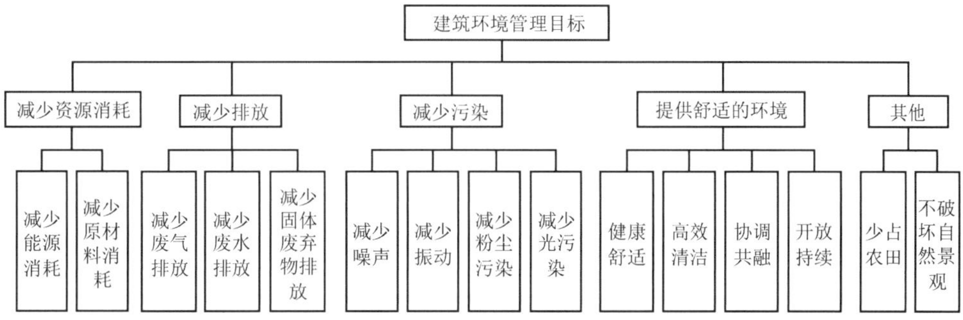


图 8-12 建筑环境管理目标体系

在建筑环境管理目标指导下，可规定建筑环境管理各项任务，明确具体工作内容和实施方案。建筑环境管理任务，如图 8-13 所示。

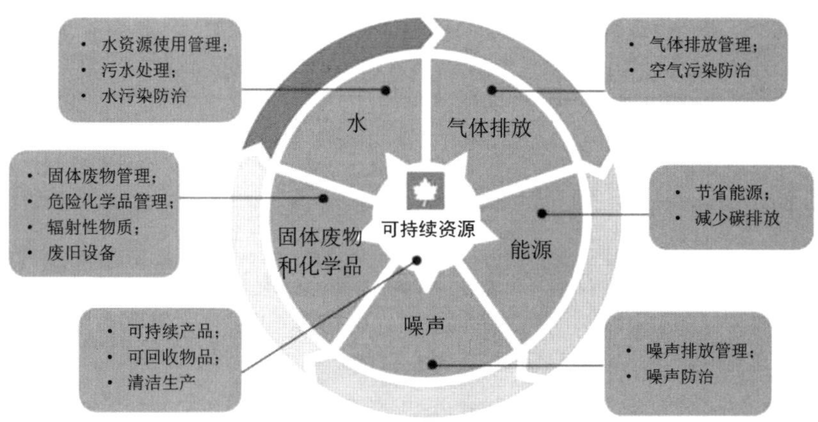


图 8-13 建筑环境管理任务

## 8.2.2 建筑物理环境要素

室内环境中影响身心(生理、心理)的物理因素有光、热、声、空气质量等。室内环境在装修和设备安装完成后会出现各种各样的问题，如装修污染、自然通风差、自然采光差、冷热不均、环境舒适性差等问题，可以通过现场测试发现不足之处，采取相应手段。室内环境的设计也需要一个新的工作流程，合理确定物理环境与艺术环境的关系，用一个标准体系衡量设计和施工，使建筑环境同步达到最高指标。

1. 光环境

对建筑物来说，光环境是由光照射于其内外空间所形成的环境，包括天然采光和人工照明两方面。它的功能是要满足物理、生理(视觉)、心理、人体工效学及美学等方面的要求。

调查表明，在阳光充足办公室工作的人员心情舒畅，工作效率要高于无阳光房间的同类人员。这是因为阳光能刺激大脑释放出大量可以产生愉快感的化学物质，调节情绪，使精神振奋、心情舒畅，人的行为也变得积极而充满活力。阳光对人体激素的影响水平是显著的，甚至可被用来治疗更年期综合症。对于企业来说应该通过使用各种天然采光装置来加大天然采光，同时调整人工照明使其达到最佳效果。办公建筑照明标准值，如表8-2所示。

表8-2 办公建筑照明标准值

| 房间或场所 | 参考平面及其高度 | 照度标准值(lx) | UGR | $U_0$ | $Ra$ |
|---|---|---|---|---|---|
| 普通办公室 | 0.75m 水平面 | 300 | 19 | 0.6 | 80 |
| 高档办公室 | 0.75m 水平面 | 500 | 19 | 0.6 | 80 |
| 会议室 | 0.75m 水平面 | 300 | 19 | 0.6 | 80 |
| 视频会议室 | 0.75m 水平面 | 750 | 19 | 0.6 | 80 |
| 接待室、前台 | 0.75m 水平面 | 200 | — | 0.4 | 80 |
| 服务大厅、营业厅 | 0.75m 水平面 | 300 | 22 | 0.4 | 80 |
| 设计室 | 实际工作面 | 500 | 19 | 0.6 | 80 |
| 文件整理、复印、发行室 | 0.75m 水平面 | 300 | — | 0.4 | 80 |
| 资料、档案存放室 | 0.75m 水平面 | 200 | — | 0.4 | 80 |

注：UGR—眩光值，$U_0$—照度均匀度，$Ra$—显色指数。

健康的建筑房间内应该是有足够的阳光使上述作用得到充分发挥。另外，在室内能看到自然风景，也会对人的幸福感、主观健康、环境满意度、情绪、睡眠质量和其他作用有正面的影响。

2. 热环境

由于室外热湿作用经常变化，建筑围护结构本身及由其围成的内部空间的室内热环境也随之产生相应的变化。属于室内的气候因素有进入室内的阳光、空气温湿度、生产和生活散发的热量和水分等，这些因素所起的作用，统称为室内热湿作用。室内外热湿作用的各种参数是建筑设计的重要依据，它不仅直接影响室内热环境，而且在一定程度上影响建筑物的耐久性。

选择合理的固定建筑围护结构形式(热工)和可调被动调节装置(遮阳帘、通风等)，并可进行优化设计确定在达到健康、舒适环境的基础上，使用最小能耗的机电系统解决方案。例如，在夏季只有白天使用的办公建筑，可以通过增加建筑结构的蓄热能力，增加热惰性的方法，延迟室内最大负荷出现的时间到下班后，这样就可以安装容量比较小的空调系统，减少空调消耗的能量。影响热环境的主要因素是保温性和太阳辐射，这是环境抗寒暑的基本性能。热环境的主要控制措施，如表8-3所示。

表8-3 热环境的主要控制措施

| 控制措施 | 具体内容 |
|---|---|
| 围护结构保温 | 墙体：将保温材料贴在墙内或墙外；<br>窗：通常从构造上采取措施加以改进。例如，设置双层窗、双层密封玻璃、软百叶帘，设置防止空气渗透的密封条，改善窗框构造等 |
| 遮阳 | 通过窗口遮阳、屋面遮阳、墙面遮阳等方式，减少太阳辐射透过窗户、屋面和墙面直接进入室内的热量 |
| 建筑表面绿化 | 主要有绿色屋顶和垂直绿化两种形式。绿化后的建筑表面依靠绿色植物本身的蒸腾作用和光合作用的消耗转化以及绿化介质的蓄水功能，可以实现对环境温度的调节作用。绿色屋顶可以直接在屋顶种植绿色植物或埋放盆栽，建筑表面垂直绿化一般选取在地面种植有攀爬能力的植物，如爬山虎等 |

3. 声环境

噪声污染已属于当前世界四大污染之一,解决噪声干扰问题应该从规划设计、建筑平面布置、建筑围护结构选择以及减小、控制建筑设备的振动、噪声等方面采取措施,并且应该在各个设计阶段就加以考虑。由于许多减震降噪措施需要占用一定的空间或满足相应建筑结构荷载的要求,如设计时没有预先考虑,则这些措施将难以实施。

要达到建筑内噪声控制要求,要在如下三个层次进行工作:一是室外环境噪声符合国家环保部门的要求;二是建筑结构的空气声隔声和撞击声隔声符合建筑设计标准;三是根据使用者反映的问题和声学实测结果改进室内空间声学性能指标(达到或高于国家标准要求)。

噪声控制的措施,如表 8-4 所示。

表 8-4 噪声控制的措施

| 序号 | 分类 | 做法 |
|---|---|---|
| 1 | 室外噪声 | 将地理位置选在远离噪声源密集的地方;<br>建立隔声屏障或利用隔声材料和隔声结构来阻挡噪声的传播;<br>选择隔声门、隔声窗等 |
| 2 | 室内噪声 | 降低声源噪声辐射;<br>采取吸声、隔声、减振等技术措施;<br>安装消声器等 |

例如,针对办公室声环境,宜采取以下措施:将高噪声的空调机房、冷热源机房和卫生间、厨房等产生排水噪声的房间尽量与办公室、会议室保持一定的距离,减少噪声对办公用房的影响;产生噪声的设备尽可能集中布置,便于采取局部隔离措施;针对办公用房自身围护结构,可采取具有一定隔声量的墙体作为办公室的隔墙,门窗宜采用隔声门窗;对于穿过办公室的管道、空调进出风口应采用隔振、消声措施;还应注意的是门窗、管道及其周围的缝隙和孔洞应密封。

4. 室内空气质量

室内空气质量与身体健康密切相关。解决室内空气质量的三个核心因素是:空气质量(或身心健康)评价;减少和消除污染源;对空气中的污染进行排除和消除。对室内环境控制而言,最好的措施和对污染源做消除和减少释放处理,而通风和净化只是次要的处理措施,因为污染源可能会离人们的呼吸器官很近,远离人体的通风和净化根本不能消除这种损害。室内空气质量标准,如表 8-5 所示。

表 8-5 室内空气质量标准

| 序号 | 参数 | 标准值 | 备注 |
|---|---|---|---|
| 1 | 温度(℃) | 22～28 | 夏季空调 |
| | | 16～24 | 冬季采暖 |
| 2 | 相对湿度 | 40%～80% | 夏季空调 |
| | | 30%～60% | 冬季采暖 |
| 3 | 空气流速(m/s) | 0.3 | 夏季空调 |
| | | 0.2 | 冬季采暖 |
| 4 | 新风量(立方米/小时·人) | 30 | — |

随着环境时代的到来,人类在觉醒,环境意识在增强,对自身健康的关注也逐渐增强。许多国家已经初步建立了空气质量标准、检测标准和分析标准,发明了一些专用的气体检测器和分析仪器。环境健康咨询、环境监测等相关产业也悄然兴起,建筑环境污染已经得到了一定程度的控制。

### 8.2.3 建筑环境健康评价

建筑环境健康中的“健康”是指广义健康,包括疾病预防、生理舒适、环境效率和心理健康。其评价指标从单个物理量转变成效果评价,以空间占用者的体验、感受、健康收益作为评测项,包括卫生性评价、舒适性评价、工效性评价和心理学评价。

1. 卫生性评价

环境中有很多因素与某项疾病的发生有关,卫生性评价就是面对这种情况,从疾病预防的角度控制空气和水的质量、材料中有害物质的限量、室内用品的副作用和环境维护过程中的不良效果,以减少疾病发生的概率。卫生性评价的主要内容,如表 8-6 所示。

表 8-6 卫生性评价的主要内容

| 类别 | 评价项 | 问题来源 | 对策 |
|---|---|---|---|
| 空气 | 甲醛等污染 | 装修材料、家具、室内用品 | 低释放材料、承载率 |
| | $CO_2$ | 人呼吸和燃气设备 | 新风或通风 |
| | 局部污染源 | 厨房、卫生间、设备间 | 排风机 |
| | PM2.5 等 | 室外污染源 | 进风过滤或净化 |
| | 潮湿 | 室内潮湿源或表面温度过低 | 具体对应 |
| | 二次污染 | 空调、净化器内部污染 | 按计划清洁 |
| | 杀虫剂 | 蚊香中含环境激素 | 慎重使用 |
| | 臭氧等 | 使用电器设备 | 正确选用设备 |
| 细菌 | 灰尘 | 细菌源、适合条件 | 抗菌材料、消除根源、杀菌设备 |
| | 清洁计划 | 清洁设备潜在风险 | 正确选择、按期清洁 |
| | 清洁用品 | 污染物会扩散 | 正确选择 |
| 水 | 饮水污染 | 自来水原水、管道等污染 | 水处理设备和功能阀 |
| 激素 | 环境激素 | 相关材料中析出 | 正确选用材料 |
| 光源 | 照明灯具 | 频闪、蓝光和紫外线 | 正确选用光源、及时更换 |

2. 舒适性评价

环境舒适性有两个含义:一个是可以用生理感官感觉到的,如眼睛视觉、鼻子嗅觉、耳朵听觉、皮肤冷热等;一个是环境空间审美带来的愉快轻松。生理感官感受的舒适程度是可以用心理感受(满意度)来表示的,这就是舒适度的概念。室内环境舒适性包括热舒适、光舒适、声舒适和空气质量舒适性。

研究显示,室内最适宜的温度是 20℃～24℃。在人工环境下,冬季温度控制在 16℃～22℃,夏季控制在 26℃～28℃,能耗比较经济,也能保证舒适。最合适的相对湿度范围是 50%～60%。实验研究发现,脑力工作的工作效率在标准有效温度 33℃(空气温度 33℃、相对湿度 50%、穿薄衣服)以上时开始下降。在偏离热舒适区域的环境温度下从事体力劳动,小事故和缺勤的发生概率增加,产量下降。

舒适性描述是一套整体的满意度指标而不是单独的物理参数,在实现各项舒适的过程中,主要工作有三项:一是整体满足各舒适性指标要求;二是消除局部不舒适现象;三是选择合适的建筑室内环境系统方案和优质的设备。在舒适性设计和实施时,要考虑个体在舒适性方面有一定的差异性,因此系统要有一定的舒适调节能力。在达到舒适性指标的同时,也要考虑所消耗的能量,可以制订不同的系统方案,选择性价比最好的系统和设备。

3. 工效性评价

建筑环境工效性评价是以建立无障碍设施、提高环境的工作、学习和生活效率、确定合理的作业尺寸和实现以人为本的设计理念为目标进行的评价。

从人体角度出发，如何确保生活、学习和工作过程中人的便利、轻松，是建筑环境工效性评价的重要内容之一。建筑环境工效性评价的主要内容，如表 8-7 所示。

表 8-7　建筑环境工效性评价的主要内容

| 评价项目 | 评价原则 | 说明 |
| --- | --- | --- |
| 无障碍设施 | 按相应国家标准 | — |
| 建筑空间布局 | 适用使用要求 | 卧室应布置在适合睡眠条件的朝向 |
| 空间尺寸 | 人体测量尺寸 | 隔离、隐私、相应尺寸适合工作、学习和生活 |
| 家具用品 | 人体测量尺寸 | 床、桌椅、沙发等要适合人体力学 |
| 避免疲劳 | 避免职业病 | 防止肌肉骨骼系统疾病 |
| 环境条件 | 温湿度、照度、声环境等 | 编写软件等工作环境和日常办公要求不同 |
| 人机关系 | 便利控制 | — |

据哈佛大学公共卫生学院(Harvard T. H. Chan)健康及全球环境中心、上州医学院(SUNY Upstate Medical University)和锡拉丘兹大学(Syracuse University)的一项最新研究表明，室内环境质量的改善会使人们的认知功能双倍提高。研究发现，人们在良好的绿色环境中认知功能表现比在常规环境中平均高出 101%。研究人员测量了九个功能结构的认知能力，包括基本、应用和集中活动水平，任务导向，危机反应，信息搜寻，信息使用，解决问题和决策。认知功能测试成绩中最大的改善发生在危机反应、信息使用和解决问题和决策上。不同环境中认知功能对比，如图 8-14 所示。

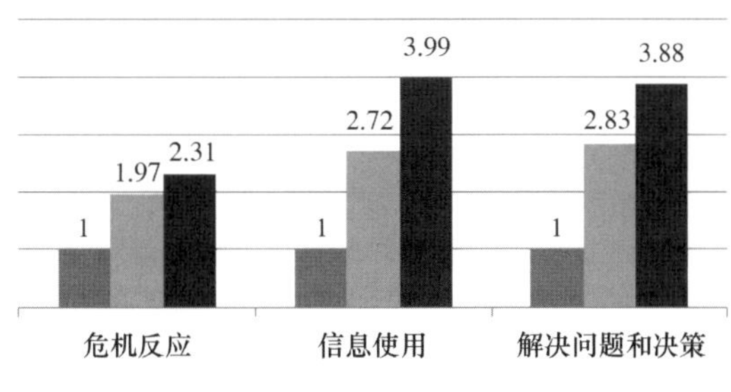


注：图中以常规环境下的数据为基准，所有数值均表示比例

图 8-14　不同环境中认知功能对比

联合技术公司首席可持续发展官孟迪恺(John Mandyck)指出，最新研究结果发现绿色室内环境可以提高人们工作效率、学习和安全的认知能力，且可成为重要的人力资源工具。改善室内环境质量的回报远超过初始投资。一旦建筑完工，超过 90%与建筑相关的成本都会与室内人员相关。

4. 心理学评价

心理学评价是以人的健康认知和行为、身体检查和环境监测、亲近自然、避免职业伤病、工作压力管理进行评价。当设计室内环境时，需要考虑的与心理健康因素有关的内容包括：正确认知健康和多做健康行为、尽可能多地亲近自然、对自己身体体检和对环境监测、工作压力管理等。

智联招聘在 2015 年发起白领 8 小时生存质量调查，分别从职场白领的工作环境、办公体验、加班情况等方面进行调查。调查显示，“90 后”白领最看重工作环境，且对目前的工作环境满意度最低，仅为 2.59(满分 5)。白领渴望自然光、空气清新、无噪声的工作环境，但现代办公大楼多采用中央空调，空气和温度统一管理，空气状况整体较差。

同时，工作环境中偶尔有人打电话，或大声讨论及其他噪声，影响工作效率。高层管理者平均每天参加会议的时间为4.05小时，连续开会加班，几乎无体育运动，让不少白领陷入高压状态；超过50%白领上班时间无任何运动；1/3白领每周加班超过5小时。

在现代室内环境下，尤其是高科技办公环境下，帮助员工实现压力管理，消除不利的、有伤害性和损伤性的压力因素，保护有积极性、有益的因素，可以提高员工的工作积极性，产生更高的工作效率。健康的工作环境应能消除压力，优化生产效率，因此应能根据需要，针对工作、注意力、合作和休息进行充分调整，这要求合理布置不同需求的空间，以满足不同的心理要求。应在工作空间内预留私密空间，用于休息、专心工作和思考问题。建筑环境心理学评价主要内容，如表8-8所示。

表8-8 建筑环境心理学评价主要内容

| 评价项目 | 评价原则 | 说明 |
|---|---|---|
| 阳光和自然 | 阳光量和视野风景 | 对生物激素产生影响 |
| 健康认知 | 认知决定态度，态度决定行动 | 认知好有助于促进健康目标实现 |
| 健康行为 | 促进健康 | 增加健康行为，减少不健康行为 |
| 压力管理 | 适当压力 | 适当的压力使工作效率最高 |
| 检查和监测 | 体检和自查 | 定期体检和连续监测 |

**知识链接**

更多建筑环境的内容，请访问设施管理门户网站FM Gate—研究报告—湿度控制的艺术。

## 8.3 职业健康与安全管理

职业健康是指一个人在身体、精神和社会等方面都处于良好的状态。职业安全则是指员工在进行工作时不受到健康威胁，工作环境中没有危险、危害，不会面临损失的状态。员工的职业健康和安全不仅关系到个人的生命安全，更关系到组织的生存和可持续发展。本节介绍了职业卫生检测和健康监护、工作健康与安全风险分析，从过程安全和行为安全两个方面分析了安全管理要素，阐述了应急响应和事故管理的原理等。

### 8.3.1 职业卫生检测与健康监护

传统的健康观是“无病即健康”，即人体各系统及脏器具有良好的生理功能。世界卫生组织提出：“健康不仅是躯体没有疾病，还要心理健康、社会适应良好和有道德。”

1. 职业卫生检测

工作场所的卫生状况直接影响工作人员的健康。卫生状况往往是看不见、摸不着的，特别是空气状况，需要专业的方法和设备进行检测。常见的需要进行卫生检测的情况有工厂开工验收，新建项目或新开展的操作，组织中发现职业病，相关法律法规变更、有关部门要求等。

目前，我国对于工作场所有害因素的检测有着非常详细的要求，《工作场所有害因素职业接触限值》(GBZ 2—2007)中规定了工作人员在工作中长期反复接触可能对身体健康造成危害的各种影响因素容许接触水平，包括339项化学因素、47项粉尘、2项生物因素和11项物理因素，同时对检测方法做出了指导。工作场所空气中化学因素检测、粉尘含量检测、生物因素检测和物理因素检测，分别如表8-9、表8-10、表8-11和表8-12所示。

表 8-9 空气中化学因素检测

| 类型 | 常用方法 | 优点 | 缺点 |
|---|---|---|---|
| 现场检测 | 检气管法、测定仪器检测法、试纸法、溶液检测法 | 能够快速得到检测结果,操作相对方便 | 尚未有正式的国家标准,通常不能用于正式的职业卫生状况评价 |
| 实验室检测 | 原子吸收法、光度法、色谱法、电化学法 | 适用范围广,测定灵敏度高,检测结果准度,精密度好,有明确规定的国家标准 | 检测所需时间较长,技术要求较高,费用较高 |

表 8-10 粉尘含量检测

| 指标 | 检测对象 | 检测方法 |
|---|---|---|
| 总粉尘浓度 | 每立方米空气中所有粉尘的中体含量(mg) | 滤膜质量测尘法 |
| 呼吸性粉尘浓度 | 粒径在 5μm 以下的能进入人体肺泡区的颗粒物。它是引起尘肺的主要病因之一 | 预分离-滤膜质量测尘法 |
| 粉尘分散度 | 粉尘中不同粒径颗粒的数量或质量分布的百分比 | 滤膜溶剂涂片法、自然沉降法 |
| 游离二氧化硅含量 | 生产性粉尘中含有结晶型游离二氧化硅的质量百分比,其含量高低对矽肺的发病率起重要影响 | 焦磷酸质量法、X 线衍射法、红外光谱测定法 |
| 石棉纤维浓度 | 空气中石棉纤维的含量,石棉纤维能引起石棉肺、胸膜间皮瘤等疾病 | 滤膜或相差显微镜法 |

注:引自《工作场所空气中粉尘的测定》(GBZ/T 192—2007)。

表 8-11 生物因素检测

| 检测对象 | 最高容许浓度 | 时间加权平均容许浓度 | 短时间接触容许浓度 | 检测方法 |
|---|---|---|---|---|
| 白僵蚕孢子 | $6\times10^7$(孢子数/立方米) | — | — | 实验室检测 |
| 枯草杆菌蛋白酶 | — | $15ng/m^3$ | $30ng/m^3$ | 实验室检测 |

注:最高容许浓度——一个工作日内、任何时间均不应超过的浓度水平;
时间加权平均容许浓度——以时间为权数规定的 8 小时工作日、40 小时工作周的平均容许接触水平;
短时间接触容许浓度——一个工作日内、所有不得超过 15 分钟的接触的时间加权平均容许接触水平

表 8-12 物理因素检测

| 物理因素 | 检测仪器 | 检测方法参考标准 |
|---|---|---|
| 超高频辐射 | 量程和频率适合于检测对象的超高频辐射测量仪 | GBZ/T 189.1—2007 |
| 高频电磁场 | 量程和频率适合于检测对象的高频电磁场测量仪 | GBZ/T 189.2—2007 |
| 工频电场 | 高灵敏度球型(球直径为 12cm)偶极子场强仪 | GBZ/T 189.3—2007 |
| 激光辐射 | 适合于激光器的输出波长和输出功率的激光测量仪 | GBZ/T 189.4—2007 |
| 微波辐射 | 量程和频率适合于检测对象的微波测量仪 | GBZ/T 189.5—2007 |
| 紫外辐射 | 紫外照度计 | GBZ/T 189.6—2007 |
| 高温 | WBGT 指数测定仪;干球温度计、自然湿球温度计、黑球温度计;辅助设备:三脚架、线缆、校正模块 | GBZ/T 189.7—2007 |
| 噪声 | 声级计;积分声级计或个人噪声剂量计 | GBZ/T 189.8—2007 |
| 手传振动 | 设有计权网络的手传振动专用测量仪 | GBZ/T 189.9—2007 |
| 体力劳动强度分级 | — | GBZ/T 189.10—2007 |
| 体力劳动时的心率 | 应用心率遥测计 | GBZ/T 189.11—2007 |

2. 职业健康监护

根据国家职业卫生标准——职业健康监护技术规范(GBZ 188—2014)的规定,职业健康监护是以预防为目的,根据劳动者的职业接触史,通过医学健康检查和健康资料收集的方式,监测劳动者健康状况,分析其健康变化与所接触的职业病危害因素的关系,及时报告用人单位和劳动者本人以便采取措施,从而保护劳动者健康的基本措施。职业健康监护内容包括职业健康检查和职业健康监护档案管理。

1) 职业健康检查

职业健康检查是指通过医学手段和方法,针对工作人员所接触的职业病危害因素可能产生的健康影响和健康损害进行临床医学检查,了解受检者健康状况,早期发现职业病、职业禁忌症和可能的其他疾病和健康损害的医疗行为。职业健康检查包括上岗前、在岗期间、离岗时、离岗后和应急健康检查。职业健康检查内容,如表8-13所示。

表8-13 职业健康检查内容

| 类型 | 目的 | 检查对象 | 检查时间 |
| --- | --- | --- | --- |
| 上岗前健康检查 | 调查有无职业禁忌症,为工作人员建立健康档案 | 新录用,并可能从事接触职业病危害因素作业的工作人员;<br>拟从事有特殊健康要求作业的工作人员 | 工作人员开始从事风险作业之前 |
| 在岗期间定期健康检查 | 早期发现职业病、疑似职业病或其他异常;及时发现有职业禁忌症的工作人员;持续观察群体健康变化,评价工作场所职业病危害因素的控制效果 | 从事规定需要进行健康监护作业的工作人员 | 综合分析工作人员接触的职业病危害因素的性质,工作场所有害因素的浓度或强度,目标疾病的潜伏期和防护措施等 |
| 离岗健康检查 | 确定工作人员在停止接触职业病危害因素时的健康状况 | 准备停止所从事的职业病危害作业的工作人员 | 在工作人员准备调离或脱离有害作业或岗位之前 |
| 离岗后医学随访检查 | 跟踪观察工作人员离岗后发生慢性健康损害或原有职业病进一步发展的情况 | 接触具有慢性健康影响的职业病危害因素,或发病有较长潜伏期,或所患职业病在脱离接触后仍有可能继续发展的工作人员 | 离岗后的随访时间长短需在工作人员准备离开岗位前,就根据有害因素致病的流行病学及临床特点、工作人员从事该作业的时间长短、工作场所有害因素的浓度等确定 |
| 应急健康检查 | 依据健康检查结果和现场劳动卫生学调查确定危害因素,为控制职业病危害的继续蔓延和发展,对遭受急性职业病危害的工作人员进行急救和治疗提供依据 | 遭受或者可能遭受急性职业病危害的工作人员 | 急性职业病危害事故发生后及时组织健康检查;从事可能产生职业性传染病作业的工作人员,在疫情流行期或近期密切接触传染源者 |

2) 职业健康监护档案

职业健康监护档案是劳动者健康变化与职业病危害因素关系的客观记录,是职业病诊断鉴定以及明确相关责任时的重要依据。用人单位应当为劳动者建立连续的、动态的健康监护档案,其内容应包括:

- 劳动者职业史、既往史和职业病危害接触史;
- 相应作业场所职业病危害因素检测结果;
- 健康检查结果及处理情况,职业病诊疗等劳动者的健康资料。

### 8.3.2 健康与安全危害分析

事前以及定期对工作任务或流程进行健康与安全危害分析,可以以最低的成本最大限度地控制工作中的健康与安全危害。健康与安全危害分析的具体流程可以参照工作安全分析法(Job Safety Analysis,JSA),分析对象加入健康危害即可。JSA 是一种在 20 世纪 50 年代由美国葛理玛教授提出,用于评估与工作有关的基本危害的分析工具。

在健康与安全危害分析之前,应先对工作任务进行初审,以确定分析对象。健康与安全危害分析情景,如图 8-15 所示。

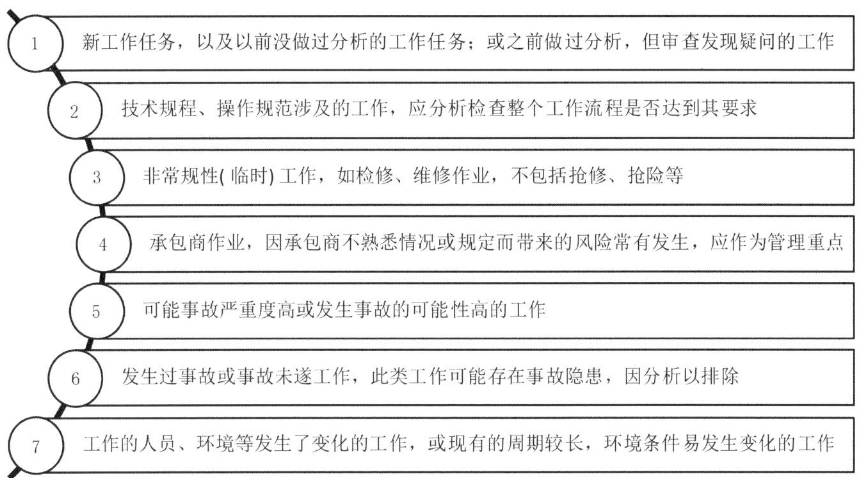


图 8-15 健康与安全危害分析情景

选定分析对象后,可按 JSA 的流程,正式开始分析。JSA 流程,如图 8-16 所示。

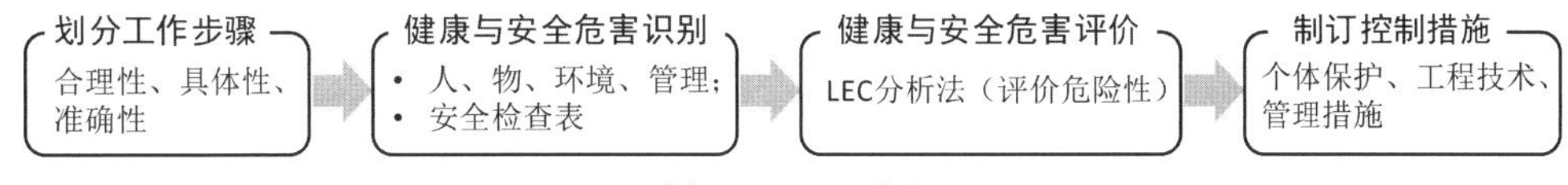


图 8-16 JSA 流程

1. 健康与安全危害识别

美国著名安全工程师海因里希根据 55 万余件险肇事故与事故统计得出了重要的"海因里希事故法则",该法则认为重大事故、轻伤事故、无伤害事故比例大约为 1∶29∶300。海因里希事故法则,如图 8-17 所示。

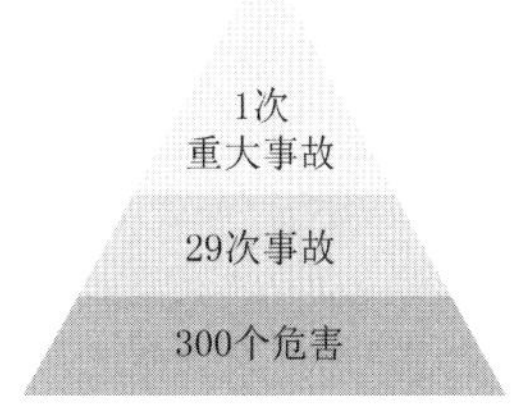


图 8-17 海因里希事故法则

根据海因里希事故法则,在一件重大的事故背后必有 29 件轻度的事故,还有 300 个潜在的危害。这个统计规律说明了工作中的无数次意外事件,必然会导致重大伤亡事故的发生。如果组织对于日常的健康和安全危害不够重视,不能妥善解决,那么将导致无法挽回的损失。因此,健康和安全危害的识别也就变得尤为重要。

根据《生产过程危险和有害因素分类与代码》(GB/T 13861－2009),将工作中影响健康和安全的危害分为 4 大类。工作中影响健康和安全的危害,如图 8-18 所示。

健康和安全危害的识别可以采用安全检查表(SCL)、危险及可操作性分析(HAZOP)、事故树分析法(FTA)等,下面具体介绍安全检查表。

安全检查表是事先以工作步骤和作业情况为分析对象,经过熟悉并富有安全技术和管理经验的人员

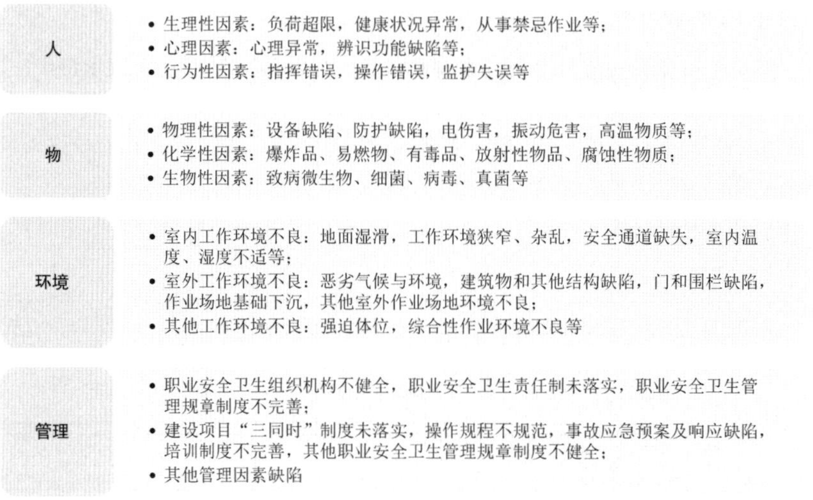

**人**

- 生理性因素：负荷超限，健康状况异常，从事禁忌作业等；
- 心理因素：心理异常，辨识功能缺陷等；
- 行为性因素：指挥错误，操作错误，监护失误等

**物**

- 物理性因素：设备缺陷、防护缺陷，电伤害，振动危害，高温物质等；
- 化学性因素：爆炸品、易燃物、有毒品、放射性物品、腐蚀性物质；
- 生物性因素：致病微生物、细菌、病毒、真菌等

**环境**

- 室内工作环境不良：地面湿滑，工作环境狭窄、杂乱，安全通道缺失，室内温度、湿度不适等；
- 室外工作环境不良：恶劣气候与环境，建筑物和其他结构缺陷，门和围栏缺陷，作业场地基础下沉，其他室外作业场地环境不良；
- 其他工作环境不良：强迫体位，综合性作业环境不良等

**管理**

- 职业安全卫生组织机构不健全，职业安全卫生责任制未落实，职业安全卫生管理规章制度不完善；
- 建设项目“三同时”制度未落实，操作规程不规范，事故应急预案及响应缺陷，培训制度不完善，其他职业安全卫生管理规章制度不健全；
- 其他管理因素缺陷

图 8-18 工作中影响健康和安全的危害

的详尽分析和充分讨论，编制的一个清单，列出检查部位、检查要求、检查结果、安全等级分值标准等内容。对系统进行评价时，对照安全检查表逐项检查、赋分，从而评价出工作步骤的安全等级。电器安全检查表(示例)，如表 8-14 所示。

**表 8-14** **电器安全检查表(示例)**

| 序号 | 检查部位 | 检查要求 | 检查结果 | 安全等级分值 |
|---|---|---|---|---|
| 1 | 电气控制箱 | 附近 1m 内无杂物 | | |
| 2 | 所有电器设备 | 无超负荷运行现象 | | |
| 3 | 所用用电设备 | 下班后需将电源关闭 | | |
| 4 | 饮水机 | 无烧干现象 | | |
| … | …… | …… | …… | … |

安全检查表中的检查部位应列举需查明的所有可能会导致事故的健康和安全危害，检查要求的制订则需依据相关的法律法规、有害物信息、工作场所卫生检测结果等。

2. 健康与安全危害评价

对健康与安全危害因素的重大程度进行分类，可以帮助确定危害控制措施。健康与安全危害的重大程度可以使用 LEC 法进行定量评价。

LEC 法是由美国安全专家 K. J. 格雷厄姆和 K. F. 金尼提出，对具有潜在危险工作的危险等级进行半定量的安全评价方法。该方法用于危害因素有关的三种指标值的乘积来评价工作危险等级。LEC 分析表，如表 8-15 所示。

**表 8-15** **LEC 分析表**

| 作业活动 | 危险因素 | 可能后果及影响人员 | 风险评价(LEC) | | | 危险性($D$) | 等级 |
|---|---|---|---|---|---|---|---|
| | | | 可能性($L$) | 暴露频率($E$) | 损失后果($C$) | | |
| | | | | | | | |
| | | | | | | | |
| | | | | | | | |

注：$D=L\times E\times C$

在使用 LEC 法时，应以现场工作环境为基础，由熟悉工作条件的人员组成专家组，按标准给 $L$、$E$、$C$ 分别打分，用计算的危险性分值($D$)来评价工作的危险等级。$L$、$E$、$C$ 取值标准和危险等级划分标准，分别如表 8-16 和 8-17 表所示。

表 8-16　　$L$、$E$、$C$ 取值标准

| 事故发生的可能性($L$) | 分数值 | 暴露于危险环境的频繁程度($E$) | 分数值 | 事故造成的后果($C$) | 分数值 |
|---|---|---|---|---|---|
| 完全会被预料到 | 10 | 连续暴露 | 10 | 十人以上死亡 | 100 |
| 相当可能 | 6 | 每天工作时间内暴露 | 6 | 数人死亡 | 40 |
| 可能，但不经常 | 3 | 每周一次或偶然暴露 | 3 | 一人死亡 | 15 |
| 完全意外，很少可能 | 1 | 每月暴露一次 | 2 | 严重伤残 | 7 |
| 可以设想，很不可能 | 0.5 | 每年几次暴露 | 1 | 有伤残 | 3 |
| 极不可能 | 0.2 | 非常罕见地暴露 | 0.5 | 轻伤，需救护 | 1 |
| 实际上不可能 | 0.1 | 不可能暴露 | 0 | — | 0 |

表 8-17　　危险等级划分标准

| 危险性分值(D) | 危险程度 | 危险源分级 |
|---|---|---|
| ≥320 | 极度危险，不能继续作业 | 一级 |
| 160～320 | 高度危险，需要立即整改 | 二级 |
| 70～160 | 显著危险，需要整改 | 三级 |
| 20～70 | 比较危险，需要注意 | 四级 |
| ＜20 | 稍有危险，可以接受 | 五级 |

3. 健康与安全危害控制

根据划分的健康与安全危害等级，危险等级越高，越需要重视安全措施，或改变发生事故的可能性，或减少人体暴露于危险环境中的频繁程度，或减轻可能产生的事故损失，直至调整到允许范围内。

危害控制的基本原则一是消除能量的散逸，如消除烫伤烧伤隐患中的热能、高空坠落隐患中的势能；二是使承受因素不与破坏因素相接触。健康与安全控制流程，如图 8-19 所示。

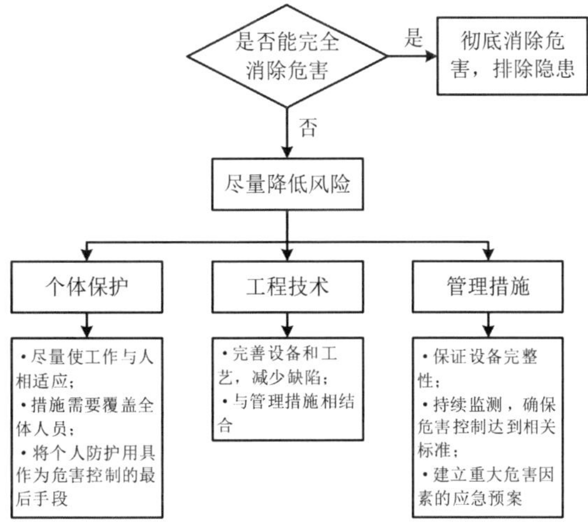


图 8-19　健康与安全控制流程

设施管理过程中常见的健康与安全危害有火灾、电气、机械设备、化学及生物、物理危害等。针对性危害控制措施，如图 8-20 所示。

危害因素
氢气、天然气、粉尘……
电缆破损、接触不良、过热……
碰撞、缠绕、切割、挤压、尖锐物……
有毒物、致癌物、爆炸物、腐蚀物、微生物……
高空坠物、跌倒、高温、噪声……
危害类型
火灾危害
电气危害
机械设备危害
化学及生物危害
物理危害
控制措施
彻底消除
降低风险
•禁止吸烟；
•控制点火源；
•控制可燃物；
•控制助燃物；
•应急响应计划；
•风险评估；
•作业许可证
•合适的接地；
•双绝缘；
•剩余电流保护；
•个人防护用品；
•适当的维护；
•良好工作方式
•消除危险部件；
•隔绝危险部件；
•使用自动进料设备；
•屏蔽转动部件；
•隔离维修；
•设置安全位置
•消除、替代、隔离；
•基本的承装容器；
•二次阻拦设施；
•本地通风；
•一般通风；
•个人防护用具
•机械代替人工；
•许可证制度；
•安全操作培训；
•看护人制；
•设备和场所的安全检查；
•个人防护用具

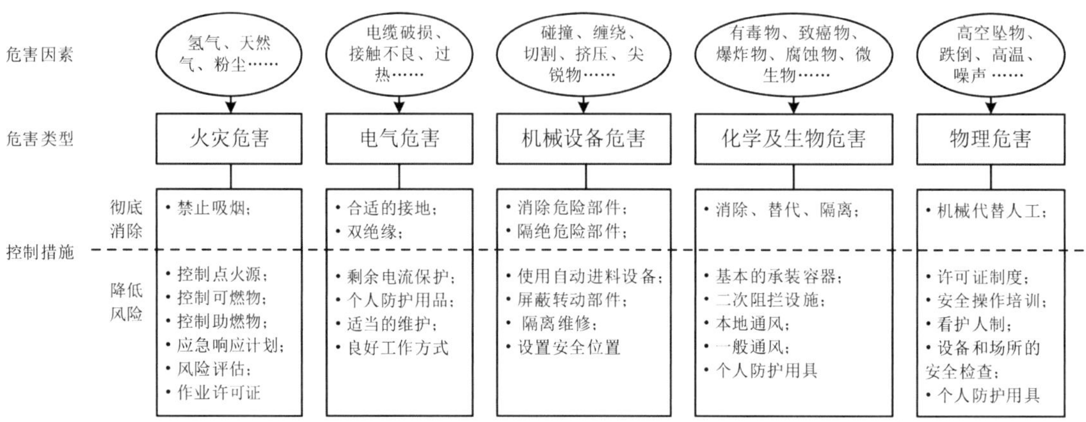

图 8-20 针对性危害控制措施

### 8.3.3 过程安全管理

过程安全管理主要针对性预防由于设备技术缺陷或其操作方式自身隐患可能引发的安全事故，其对象是在设施运营过程中存在安全隐患的系统或设备。除了关心操作人员及周围人员的安全外，过程安全管理也重视事故对环境的破坏和对设备的损坏。过程安全的主要管理要素包括安全信息、过程变更、安全操作程序、设备完整性管理和承包商安全管理等。

1. 安全信息

安全信息是对设施运营系统的准确描述，来源于实际作业活动的总结和记录，是进行风险分析、编写操作规程、培训、相关设备检验和测试的基础，也是过程安全管理的基础。美国职业安全健康局（OSHA），对过程安全管理系统做出了相关要求，规定了安全信息必须包括的内容。化学品安全信息（示例），如图 8-21 所示

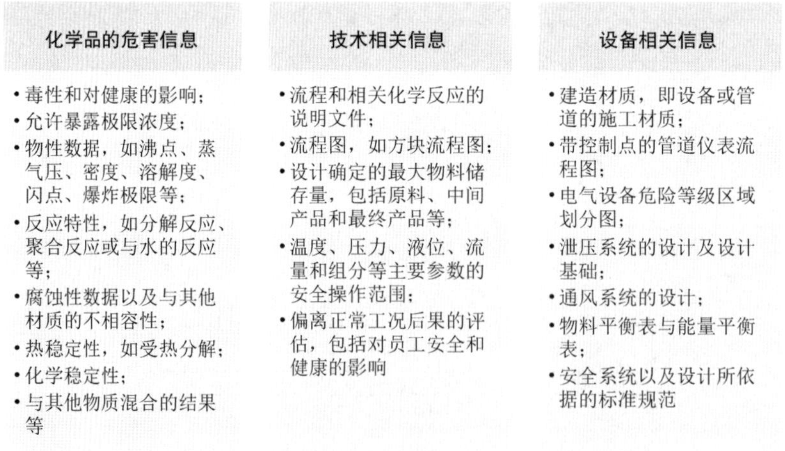

化学品的危害信息
•毒性和对健康的影响；
•允许暴露极限浓度；
•物性数据，如沸点、蒸气压、密度、溶解度、闪点、爆炸极限等；
•反应特性，如分解反应、聚合反应或与水的反应等；
•腐蚀性数据以及与其他材质的不相容性；
•热稳定性，如受热分解；
•化学稳定性；
•与其他物质混合的结果等
技术相关信息
•流程和相关化学反应的说明文件；
•流程图，如方块流程图；
•设计确定的最大物料储存量，包括原料、中间产品和最终产品等；
•温度、压力、液位、流量和组分等主要参数的安全操作范围；
•偏离正常工况后果的评估，包括对员工安全和健康的影响
设备相关信息
•建造材质，即设备或管道的施工材质；
•带控制点的管道仪表流程图；
•电气设备危险等级区域划分图；
•泄压系统的设计及设计基础；
•通风系统的设计；
•物料平衡表与能量平衡表；
•安全系统以及设计所依据的标准规范

图 8-21 化学品安全信息（示例）

2. 过程变更

过程变更是指对现有的设备或操作程序所做的修改或调整，同时全面评估所提出的变更对于员工安

全和健康的影响，防范变更产生潜在危害，避免安全事故。据统计，大约80%的过程安全事故都可以追溯到“不适当的变更”。因此，对变更进行管理的实质就是对潜在事故的预防和控制。

过程变更不同于同类替换，根据美国化学工程师学会化学品过程安全中心的定义，同类替换为“完全相同的替换，或在设计规格书中指定的其他可替代物，只要能够保证该置换物不会对物件或相关物件功能或安全产生不利影响”。过程变更程序，如图8-22所示。

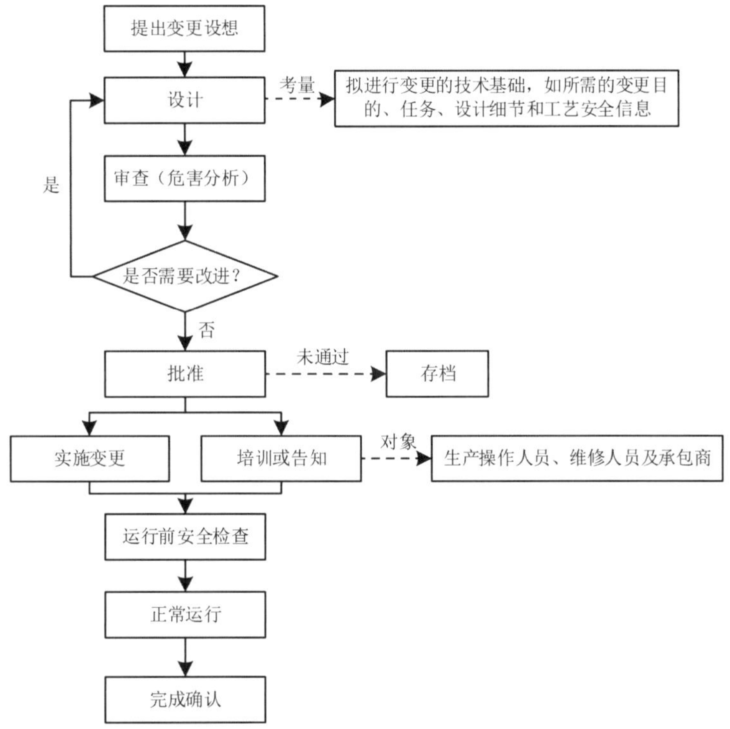

图8-22 过程变更程序

过程变更程序建立后，应邀请独立第三方对其规划、实施、核查和改进等具体执行情况进行审核和验证，以保证程序的持续改进并长期发挥有效作用。

3. 安全操作程序

安全操作程序是安全、高效进行过程安全管理的指导性文件。一方面它确保操作人员按照经过批准的、准确的和统一的标准来完成工作；另一方面，在编写安全操作程序的过程中，必须对设施运营系统进行仔细分析，有利于加深理解和认识，使运行操作和维修更加安全合理。

安全操作程序要求形成书面文件，编制对象是所有潜在危险的任务或活动。安全操作程序内容，如图8-23所示。

安全和健康注意事项中，个人防护用具(PPE)是指由生产或经营单位为从业人员配备的、使其在劳动过程中免遭或者减轻可能发生的事故伤害及职业危害的个人防护装置，对其他工作场所控制和安全措施发挥补充作用。个人防护用具类型，如图8-24所示。

某公司物品搬运安全操作程序，如图8-25所示。

在编制好安全操作程序之后，仍需不断进行验证和测试，同时确保操作人员应该能够快速地获得最新的操作程序。

4. 设备完整性管理

设备完整性是指在与环境、健康与安全有关的设备与主体设备同时存在且运行状态良好的要求。根据“三同时”原则，此类设备需保证与主体设备同时设计、同时施工、同时投入生产，且能不断维护使之运行良好。

| 各阶段的操作步骤 | 操作范围 | 安全和健康注意事项 | 安全系统及功能 |
| --- | --- | --- | --- |
| • 首次运行；<br>• 正常操作；<br>• 临时操作；<br>• 紧急停止；<br>• 应急操作；<br>• 正常停止；<br>• 重新运行 | • 偏离正常工况的后果；<br>• 纠正或防止偏离正常工况的步骤 | • 使用或储存物品的物性与危害；<br>• 防止暴露的必要措施，包括工程控制、行政管理和个人防护用具；<br>• 发生身体接触或暴露后的对策；<br>• 原料质量控制和储存物总量控制；<br>• 任何特殊的或特有的危害 | • 应根据需要审核操作程序；<br>• 组织每年应以书面形式确认操作程序内容准确；<br>• 组织需确保人员能容易地获得和使用操作程序；<br>• 为控制操作过程中的危害，还应编制并落实安全作业准则 |

图 8-23 安全操作程序内容

图 8-24 个人防护用具类型

图 8-25 某公司物品搬运安全操作程序

实际应用中，需要进行注重完整性的设备主要有压力容器和储罐、管道系统（包括管道附件如阀门）、泄放和排放装置、紧急切断系统、控制系统（包括监测装置和传感器、报警和联锁）、转动设备（泵、压缩机、鼓风机）、消防设备和通风系统等。杜邦设备完整性管理步骤，如图 8-26 所示。

5. 承包商管理

承包商是指根据合同条款为组织提供产品或服务的外部组织或个人。组织选用承包商可以减少永久员工的数量，并节省成本。但大量统计表明，承包商往往涉及较高的事故率，他们在工作中导致的事故不仅会给自身造成伤害，也会给组织和周边造成灾难性后果。组织需要支持和适当管理承包商，共同实现设施运营健康和安全工作的目标。

承包商安全管理的前提是明确业主和承包商双方的安全责任。业主与承包商责任分工和业主对承包商的管理要点，分别如图 8-27 和图 8-28 所示。

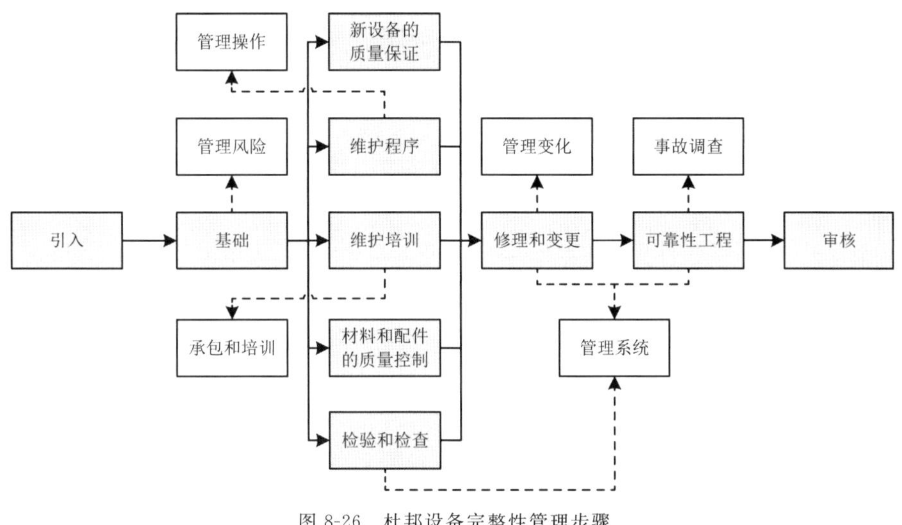

管理操作
新设备的质量保证
管理风险
维护程序
管理变化
事故调查
引入
基础
维护培训
修理和变更
可靠性工程
审核
承包和培训
材料和配件的质量控制
管理系统
检验和检查

图 8-26 杜邦设备完整性管理步骤

业主
承包商
编制落实安全操作程序
向业主报告工作中发现的危害
告知承包商工作的相关危害和对应的应急方案
确保员工了解业主的相关安全规定
提前和定期评估承包商的安全绩效
确保员工了解工作的相关危害和响应应急方案
记录相关事故
对员工进行安全培训，予以书面证明并记录

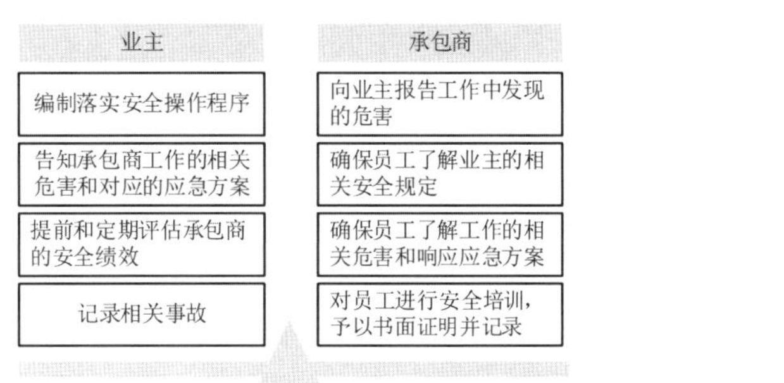

图 8-27 业主与承包商责任分工

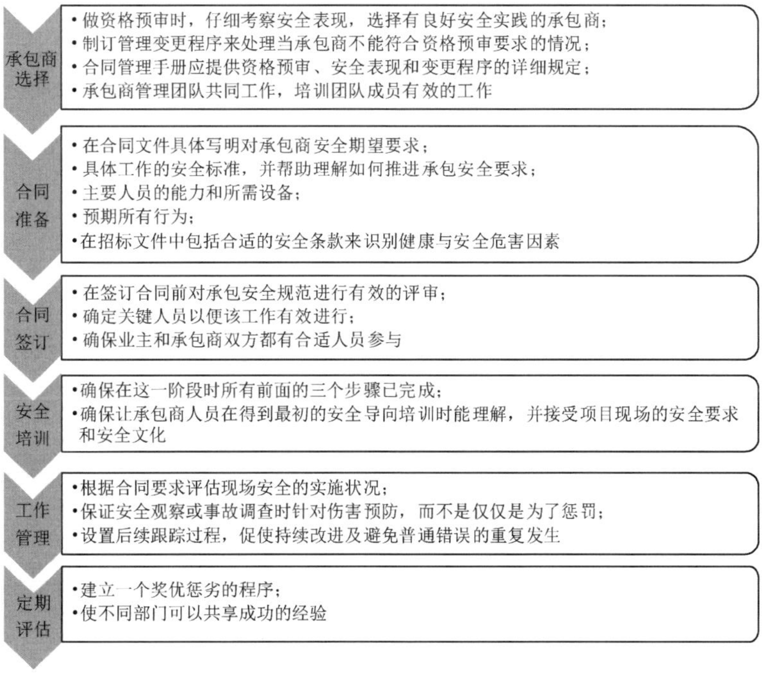

承包商选择
•做资格预审时，仔细考察安全表现，选择有良好安全实践的承包商；
•制订管理变更程序来处理当承包商不能符合资格预审要求的情况；
•合同管理手册应提供资格预审、安全表现和变更程序的详细规定；
•承包商管理团队共同工作，培训团队成员有效的工作
合同准备
•在合同文件具体写明对承包商安全期望要求；
•具体工作的安全标准，并帮助理解如何推进承包安全要求；
•主要人员的能力和所需设备；
•预期所有行为；
•在招标文件中包括合适的安全条款来识别健康与安全危害因素
合同签订
•在签订合同前对承包安全规范进行有效的评审；
•确定关键人员以便该工作有效进行；
•确保业主和承包商双方都有合适人员参与
安全培训
•确保在这一阶段时所有前面的三个步骤已完成；
•确保让承包商人员在得到最初的安全导向培训时能理解，并接受项目现场的安全要求和安全文化
工作管理
•根据合同要求评估现场安全的实施状况；
•保证安全观察或事故调查时针对伤害预防，而不是仅仅是为了惩罚；
•设置后续跟踪过程，促使持续改进及避免普通错误的重复发生
定期评估
•建立一个奖优惩劣的程序；
•使不同部门可以共享成功的经验

图 8-28 业主对承包商的管理要点

### 8.3.4 行为安全管理

“行为安全”从 20 个世纪 70 年代起开始逐渐为人们所重视。行为安全管理理论也得到了快速的发展和应用。行为安全(Behavior Based Safety，BBS)管理着眼于人的不安全行为，通过现场观察、监测和统计分析工作中的职工的不安全行为，培养职工的安全习惯和安全意识，逐步避免或者消除职工的不安全行为，从提高安全水平。

行为安全管理以心理学与行为学为理论基础，主要采用 ABC(行为前因—行为—行为后果)的行为模型。该模型认为一项行为之所以发生，是被一系列前提引起而且被紧随其后的、能够增加或者减少行为发生可能性的行为结果强化，其中前因对行为发生的影响仅占 15%，而后果对行为的强化作用达 85%。当前因与后果相一致时，就会产生信任，因此当前因再次出现，就有可能促使响应的行为发生。ABC 模型示意图，如图 8-29 所示。

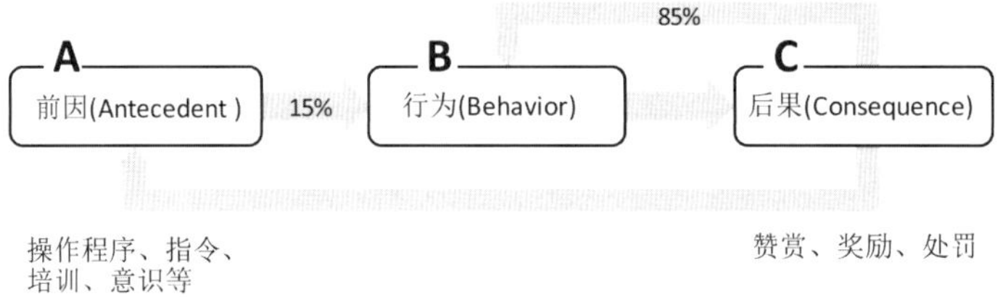


图 8-29 ABC 模型示意图

目前，以 ABC 模型为基础建立并推行行为安全管理工具的有很多，如高级安全审核(ASA)、安全训练观察方法(STOP)、为了安全暂停(TOFS)等。

行为安全管理的核心是针对不安全行为进行现场观察、分析与沟通，以干扰或介入的方式，促使员工认识不安全行为的危害，阻止并消除不安全的行为。行为安全管理具体步骤和内容，如图 8-30 所示。

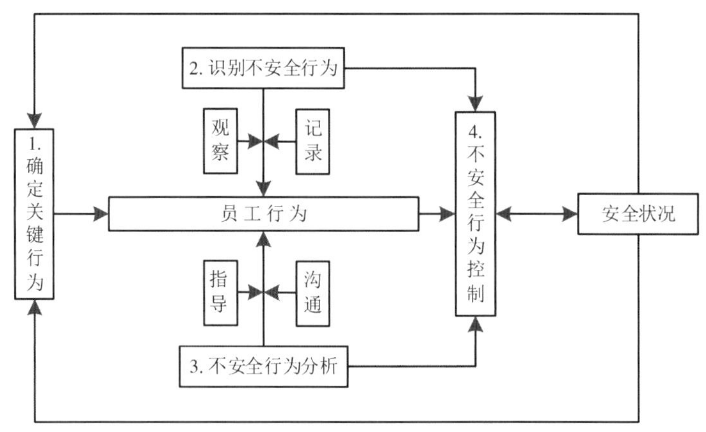


图 8-30 行为安全管理具体步骤和内容

1. 关键行为确定

进行行为安全管理的前提是确定设施管理中与健康和安全相关的关键行为。关键行为的确定依据，如图 8-31 所示。

选取出的关键行为应符合确定性、可观察性、客观性和自然性等特点，然后制订行为观察清单，列出所需观察的关键行为。行为观察清单，如表 8-18 所示。

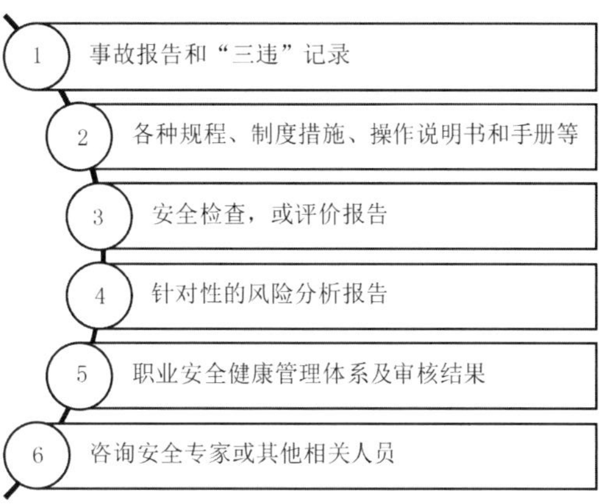


图 8-31 关键行为的确定依据

表 8-18 行为观察清单

| 观察对象 | 安全行为次数($N_1$) | 不安全行为次数($N_2$) |
|---|---|---|
| | | |
| | | |
| | | |

2. 不安全行为识别

在确定了关键行为、制订了行为观察清单之后，即可针对这些行为进行识别。不安全行为的识别方法主要有观察法、谈话法、实验法、问卷法、测验法等方法。

根据我国《企业职工伤亡事故分类》(GB 6441—1986)的规定，将不安全行为分为 13 类。不安全行为分类，如表 8-19 所示。

表 8-19 不安全行为的分类

| 序号 | 名称 | 举例 |
|---|---|---|
| 1 | 操作错误，忽视安全和警告 | 未经允许开动设备；忘记关闭设备；酒后作业 |
| 2 | 造成安全装置失效 | 拆除了安全装置，调整错误导致安全装置失效 |
| 3 | 使用不安全设备 | 临时使用不安全设备；使用无安全装置的设备 |
| 4 | 手代替工具操作 | 用手代替夹具固定设备 |
| 5 | 物品存放不当 | 成品、半成品、材料、工具、生产用品等存放不当 |
| 6 | 冒险进入危险场所 | 未及时瞭望；发生事故后未收到安全信号就冒险进入 |
| 7 | 攀、坐不安全位置 | 平台护栏、汽车挡板等 |
| 8 | 在起吊物下作业、停留 | — |
| 9 | 在设备运转时进行不安全工作 | 加油、修理、检查、调整、焊接、清扫等 |
| 10 | 有分散注意力行为 | 使用设备时玩手机 |
| 11 | 忽视使用必要的个人防护用具 | 未戴护目镜、防护手套、安全帽等 |
| 12 | 不安全装束 | 在有旋转零部件的设备旁工作时穿肥大服装 |
| 13 | 危险物品处理错误 | 包括易燃、易爆、有毒物质等 |

3. 不安全行为分析

不安全行为的分析结果可以用安全行为指数(SI)反映：

$$SI=[N_2/(N_1+N_2)]\times 100 \quad (8\text{-}1)$$

式中 SI——安全行为指数；

$N_1$——安全行为次数；

$N_2$——不安全行为次数。

安全行为指数的数值越大，表示对应行为在实际工作中出现失误的可能性越大；数值越小、甚至为零，则表示该行为的基本能符合健康和安全管理目标。安全行为指数反映了关键行为的潜在危险程度，将其与该行为可能造成后果的严重程度结合后，即可分析出整个工作中需要重点关注和控制的不安全行为。

4. 不安全行为控制

人的行为受心理、生理、社会、文化、经济等多方面因素的共同影响，是复杂而动态的。不安全行为控制方法，如表8-20所示。

表8-20 不安全行为控制方法

| 影响因素分类 | 具体表现 | 针对性控制方法 |
|---|---|---|
| 个性心理因素 | 本身气质、性格、情绪、纪律性、自制能力等 | 为员工做性格分析，将合适的人安排到合适的工作岗位上，对于那些安全风险较大的工作，应该格外注意安排可靠守纪律的人担任 |
| 社会因素 | 社会知觉、价值观、角色、社会舆论、社会风气等 | 注意整个组织安全文化的培养，培养安全意识和安全风气，实现员工之间的自觉监督；对从事有安全风险的员工的安全知识教育 |
| 环境和物的状况 | 设备的运行状况，工作环境的布置等 | 工作环境布置得当；工作中所涉及的设备应建立一套完整的管理制度确保运行良好；对于操作有安全风险的设备的员工，注意上岗前培训和定期检查 |

根据大量数据统计分析表明，人为失误导致的伤亡事故占伤亡事故总数的70%～90%，通过对行为安全进行管理，可以大大降低环境风险，全面保障员工的健康和安全。

### 8.3.5 应急响应和事故管理

在建立EHS日常管理制度，并步入正轨后，组织还需从应急响应、事故调查和分析等方面针对意外事故进行有效管理。

1. 应急响应

尽管有种种预防措施，但事故的发生往往还是不能完全避免的。一旦事故发生，往往触发紧急事件，需要组织快速做出响应，充分调动人员和资源，在最短的时间内处理妥当，最大限度地降低事故对人员健康、环境和财产带来的损伤。

紧急事件一般指即将或已经对有价值的资源(包括人、物和数据信息等)发生损伤和损害的事件。紧急事件类型和等级，如图8-32所示。

从应急救援的角度来看，紧急事件应急响应过程可以归纳为三个核心过程：救人、救物、防御次生灾害。突发事件应急响应流程，如图8-33所示。

2. 事故调查

事故调查应查明事故原因、经济损失和人员伤亡情况，从而确定事故责任者，提出对事故的处理意见和相关的防范措施和建议。事故调查工作程序和事故报告内容，分别如图8-34和图8-35所示。

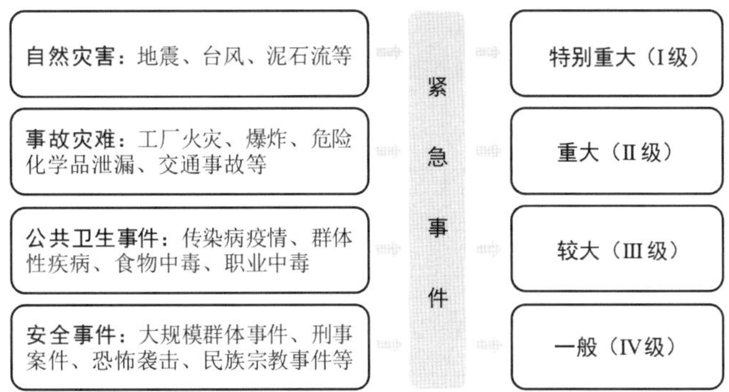


图 8-32 紧急事件类型和等级

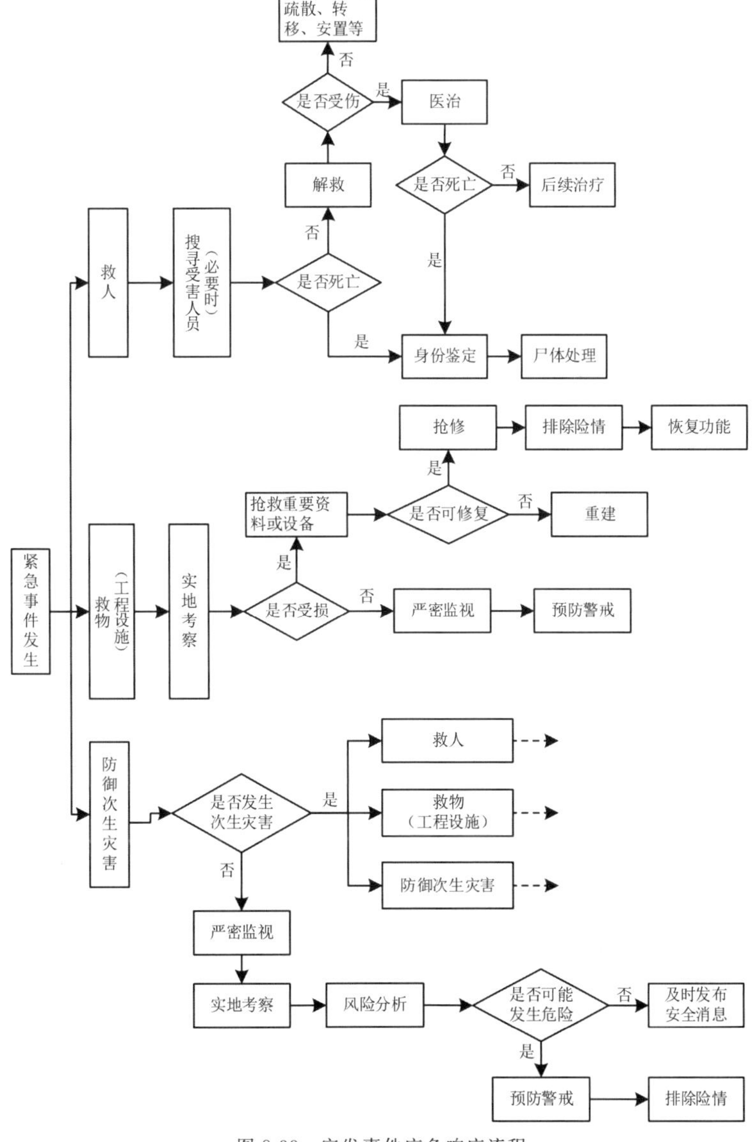


图 8-33 突发事件应急响应流程

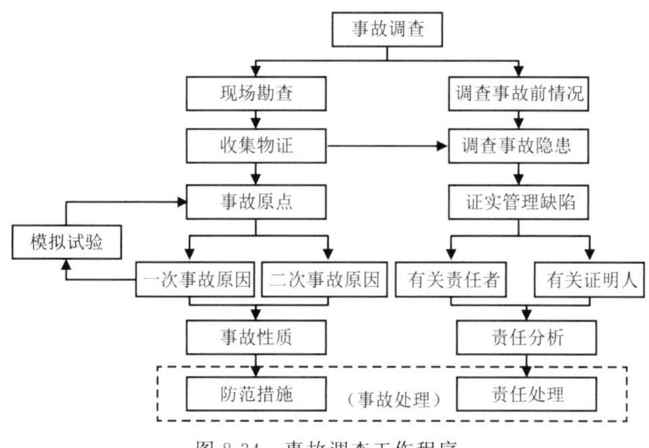

图 8-34 事故调查工作程序

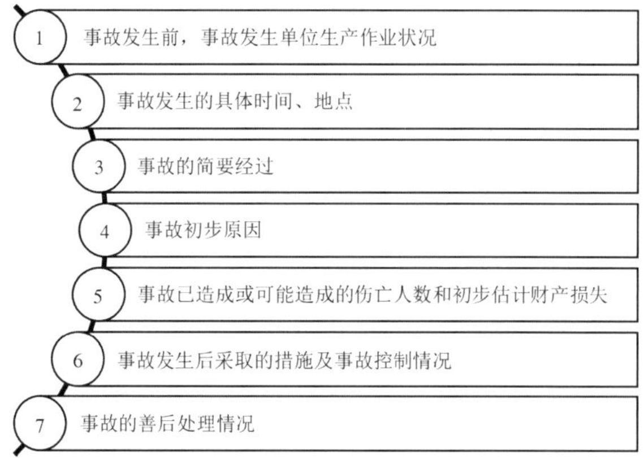

图 8-35 事故报告内容

其中财产损失包括直接经济损失：人员伤亡救治所支出的费用、善后处理费用、固定资产损失和流动资产损失；间接经济损失：停产、减产损失的价值、工作损失价值、资源损失价值、治理环境污染的费用、补充新员工的培训费用和其他损失费用等。

3. 事故分析

为了杜绝事故的再次发生，需要从事故的根本原因上进行预防，因此要对事故发生进行详细的原因分析。事故的原因是多方面的，而各项原因之间往往是相互影响甚至直接引发的关系，在分析时应找出最根本的原因才能进行针对性控制。事故原因分类，如表 8-21 所示。

**表 8-21　　事故原因分类**

| 原因分类 | | 举例 |
|---|---|---|
| 直接原因 | 物的原因 | 事故发生的不安全物体条件或物质条件 |
| | 人的原因 | 违反安全规则和安全操作原则，使事故有可能或有机会发生的行为 |
| 间接原因 | 技术原因 | 包括主要装置、机械、建筑的设计，建筑物竣工后的检查保养等技术方面不完善，机械装备的布置，工厂地面、室内照明以及通风、机械工具的设计和保养，危险场所的防护设备及警报设备，防护用具的维护和配备等所存在的技术缺陷等 |
| | 教育原因 | 包括与安全有关的知识和经验不足，对作业过程中的危险性及其安全运行方法无知、轻视不理解、训练不足，坏习惯及没有经验等 |
| | 身体原因 | 包括身体有缺陷或由于睡眠不足而疲劳、醉酒等 |
| | 精神原因 | 包括怠慢、反抗、不满等不良态度，紧张、恐惧、不和等精神状况，固执等性格缺陷 |
| | 管理原因 | 包括主要负责人对安全的责任心不强，作业标准不明确，缺乏检查保养制度，劳动组织不合理等 |

事故分析的常用方法有事故树分析(FTA)、事件树分析(ETA)、故障假设分析(What-If)、失效模式与影响分析(FMEA)等。高处坠落事故树,如图 8-36 所示。

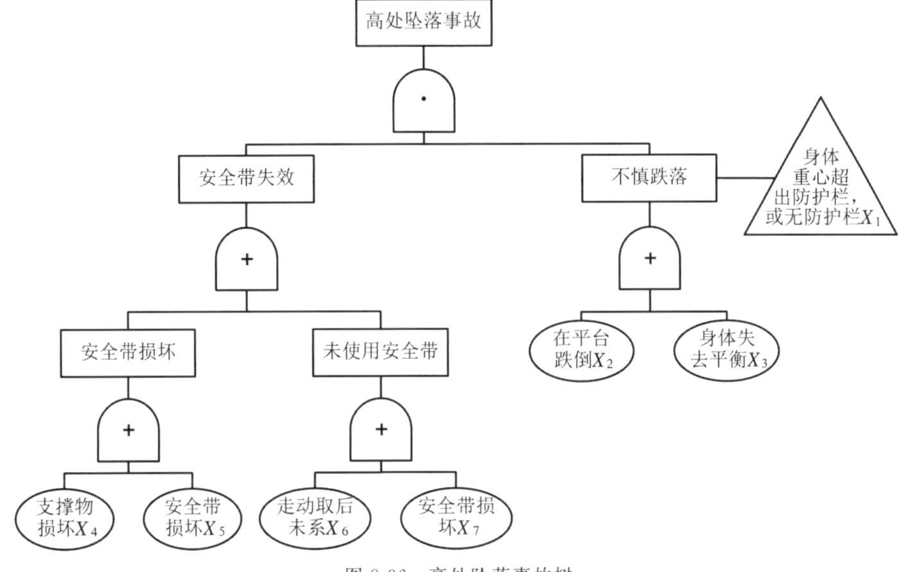


图 8-36 高处坠落事故树

在对事故进行充分的分析后,事故调查小组需要对导致事故的主要原因进行简明的总结和说明。根据事故的原因可以确定控制方法,从系统、技术、管理控制等方面根本上预防事故的再次发生。

**知识链接**

更多环境、健康和安全管理体系的内容,请访问设施管理门户网站 FM Gate—行业标准—认识职业健康安全管理体系 OHSAS 18001 标准。

## 8.4 绿色和健康建筑评价体系

绿色建筑重点在建筑本身,强调环境保护和可持续发展;而健康建筑强调以人为本,围绕建筑中人的需求,更注重建筑中人的健康。不管是绿色建筑,还是健康建筑,其评价体系提出了一系列评判指标,适用于新建筑设计过程、既有建筑运行和改造的性能评价。现有的绿色建筑和健康建筑评价体系基本上采用量化指标打分和物理量指标实测相结合的评分方法,按项目总得分来评价建筑的总体水平(星级)。

### 8.4.1 绿色建筑评价体系

绿色建筑是指在全生命周期内,最大限度地节约资源(节能、节地、节水、节材)、保护环境、减少污染,为人们提供健康、适用和高效的使用空间,与自然和谐共生的建筑。

绿色建筑评价体系是建筑性能评价的一种方法,从"使用者"、"管理者"和"地球环境"三个维度出发,确定建筑的健康效果、资源消耗、生态影响各项评分。绿色建筑正在全球方兴未艾,世界各国目前都制订有各自的绿色建筑体系,主要包括美国 LEED、英国 BREEAM、中国绿色建筑体系等。

1. 美国 LEED 体系

美国能源与环境设计先锋(Leadership in Energy and Environ mental Design, LEED)评价标准是由美国绿色建筑委员会(The US Green Building Council, USGBC)组织编制的建筑生态评估体系。目前,最新发布的标准为 LEED v4。

1）LEED v4 的评价标准分类

LEED v4 的评价标准分为五大类，每类下又分 2～8 个小类。五个大类覆盖了不同的建筑类型以及建筑物生命周期的不同阶段，从而满足建筑市场细分的不同需求；每项细分的小类则是考虑到不同的建筑的使用功能的技术特点，需要予以特别的对待和处理。LEED v4 评价标准分类，如图 8-37 所示。

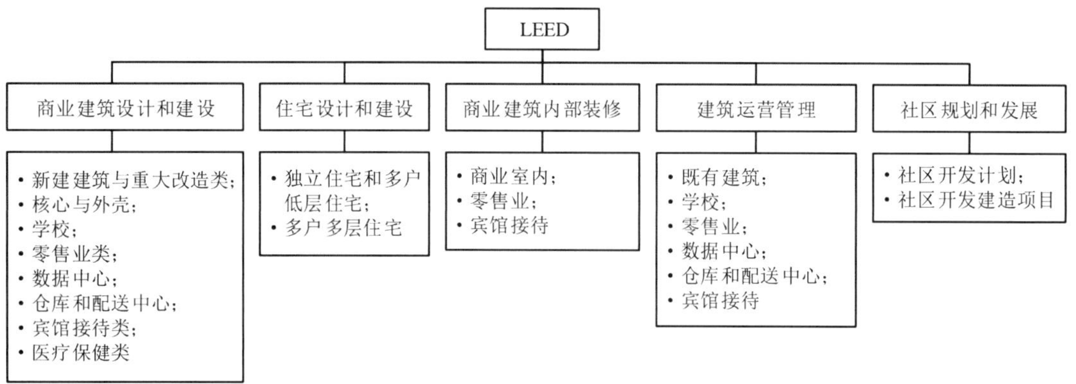


图 8-37　LEED v4 评价标准分类

美国绿色建筑委员会的 LEED 绿色认证体系推进整合的建筑整体设计和施工实践，促进节能环保意识在建筑界的盛行，激励绿色竞争，推进建筑市场的转型。

2）LEED v4 评价指标

LEED v4 评价指标有 9 个方面，每个方面包括了 1～20 项评价子项。评价子项分为必要项和打分项，所有子项的分数累加即得到总分，满分 110 分。LEED v4 评价分类及评分条款数目所占分值，如表 8-22所示。根据分值大小比较，LEED 评价体系更加注重能源与大气和室内环境质量。

**表 8-22　　LEED v4 评价分类及评分条款数目所占分值**

| 指标 | | 整合项目计划与设计 | 选址与交通 | 可持续场址 | 用水效率 | 能源与大气 | 材料与资源 | 室内环境质量 | 创新 | 地域优先 |
|---|---|---|---|---|---|---|---|---|---|---|
| 商业建筑设计和建设 | 新建建筑与重大改造 | 1 | 16 | 10 | 11 | 33 | 13 | 16 | 6 | 4 |
| | 核心与外壳 | 1 | 20 | 11 | 11 | 33 | 14 | 10 | 6 | 4 |
| | 学校 | 1 | 15 | 12 | 12 | 31 | 13 | 16 | 6 | 4 |
| | 零售业 | 1 | 16 | 10 | 12 | 33 | 13 | 15 | 6 | 4 |
| | 数据中心 | 1 | 16 | 10 | 11 | 33 | 13 | 16 | 6 | 4 |
| | 仓库和配送中心 | 1 | 16 | 10 | 11 | 33 | 13 | 16 | 6 | 4 |
| | 宾馆接待 | 1 | 16 | 10 | 11 | 33 | 13 | 16 | 6 | 4 |
| | 医疗保健 | 1 | 9 | 9 | 11 | 35 | 19 | 16 | 6 | 4 |
| 住宅设计和建设 | 独立住宅和多户低层住宅 | 2 | 15 | 7 | 12 | 38 | 10 | 16 | 6 | 4 |
| | 多户多层住宅 | 2 | 15 | 7 | 12 | 37 | 9 | 18 | 6 | 4 |
| 商业建筑内部装修 | 商业室内 | 2 | 18 | — | 12 | 38 | 13 | 17 | 6 | 4 |
| | 零售业 | 2 | 18 | — | 12 | 38 | 14 | 16 | 6 | 4 |
| | 宾馆接待 | 2 | 18 | — | 12 | 38 | 13 | 17 | 6 | 4 |
| 建筑运营管理 | | — | 15 | 10 | 12 | 38 | 8 | 17 | 6 | 4 |

| 指标 | 精明选址与连接性 | 社区形态与设计 | 绿色基础设施与建筑 | 创新与设计流程 | 地域优先得分点 |
|---|---|---|---|---|---|
| 社区规划和发展 | 18 | 41 | 31 | 6 | 4 |

3）评估方式及认证级别

LEED未采用权重系统，而使用了直接累加的评分方式，简化了操作过程。评估后根据得分数高低，分为合格、银质、金质、白金四个评估等级。LEED认证级别所需要的分数，如表8-23所示。

表8-23 LEED认证级别与所需的分数

| 合格 | 银质 | 金质 | 白金 |
|---|---|---|---|
| 40～49 | 50～59 | 60～79 | 80～110 |

根据美国绿色建筑委员会统计，相比于普通建筑物，取得LEED认证的建筑物在能源、成本和效率等方面存在显著优点。LEED认证建筑的优点，如图8-38所示。

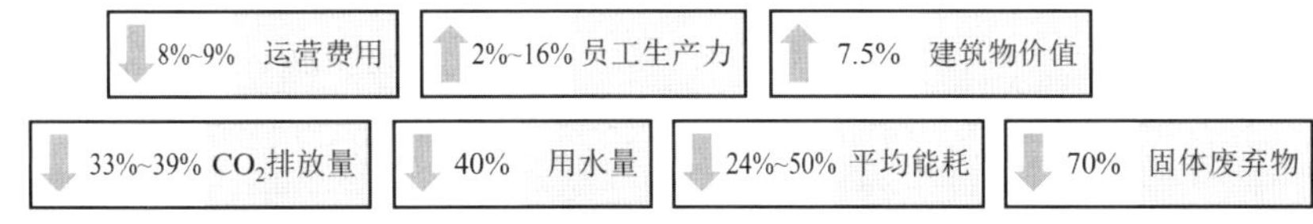


图8-38 LEED认证建筑的优点

2. 英国BREEAM体系

英国建筑研究院环境评估法(Building Research Establishment Environmental Assessment Methodology，BREEAM体系)最初是由英国建筑研究院(Building Research Establishment，BRE)和一些私人部门的研究者于1990年共同制订的，目的是为绿色建筑实践提供权威性的指导，以期减少建筑对全球和地区环境的负面影响。BREEAM体系是世界上第一个绿色建筑评估体系。

1）评估指标及权重

BREEAM是为建筑所有者、设计者和使用者设计的评价体系，以评判建筑在其整个生命周期中，包含从建筑设计开始阶段的选址、设计、施工、使用直至最终报废拆除所有阶段的环境性能。

最新版的BREEAM(2014)指标内容大致可以分为全球性内容、地区性内容、室内环境内容、使用管理内容等四大类、二十多个分项。

BREEAM体系重视能源的消耗及其可能带来的全球负面影响，能源和交通占较大的权重。BREEAM评估指标权重表，如表8-24所示。

表8-24 BREEAM评估指标权重表

| 评价指标 | 管理 | 能源 | 交通 | 污染 | 材料 | 水资源 | 土地利用 | 生态 | 健康舒适 |
|---|---|---|---|---|---|---|---|---|---|
| 满分 | 160 | 136 | 104 | 144 | 98 | 48 | 30 | 126 | 150 |
| 权重 | 0.16 | 0.14 | 0.10 | 0.14 | 0.10 | 0.05 | 0.03 | 0.13 | 0.15 |

2）评估方法及等级划分

BREEAM评估通常由持有BRE执照的评估人进行。对于设计项目，评估一般在详图设计接近尾声时进行。BREEAM的评估流程，如图8-39所示。

建筑所处阶段不同，BREEAM评估内容相应也不同。不同阶段BREEAM评估内容，如图8-40所示。闲置的现有建筑或只需对结构和相关服务设施进行检查时，不需要评定BREEAM体系等级。

3. 我国绿色建筑评价体系

我国对于绿色建筑评价标准根据评价对象的不同，针对新建建筑和既要建筑改造分别有《绿色建筑评估标准》和《既有绿色建筑改造评价标准》。

1）绿色建筑评估标准

住房和城乡建设部和国家质量监督及检验检疫总局于2014年联合发布了最新版《绿色建筑评估标准》(GB/T 50378—2014)(以下简称《评价标准》)。《评价标准》的指标体系由7大类组成。各项指标及其权重，如表8-25所示。

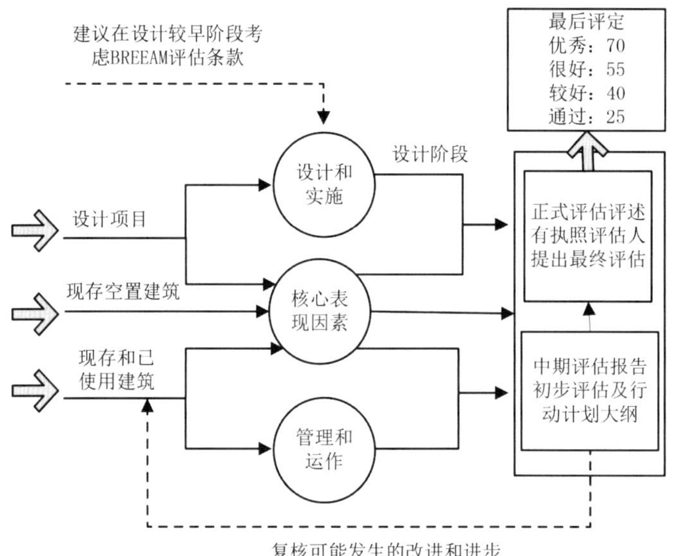


图8-39　BREEAM评估流程图

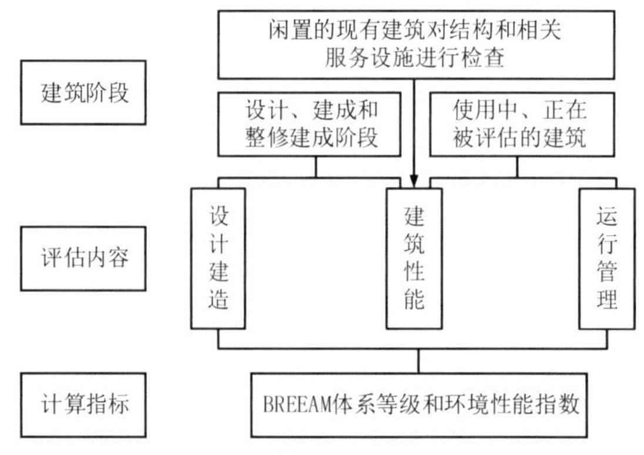


图8-40　不同阶段BREEAM评估内容

表8-25　　各项指标及其权重

| 指标 | | 节地与室外环境 $w_1$ | 节能与能源利用 $w_2$ | 节水与水资源利用 $w_3$ | 节材与材料资源利用 $w_{14}$ | 室内环境质量 $w_5$ | 施工管理 $w_6$ | 运营管理 $w_7$ |
|---|---|---|---|---|---|---|---|---|
| 设计评价 | 居住建筑 | 0.21 | 0.24 | 0.20 | 0.17 | 0.18 | — | — |
| | 公共建筑 | 0.16 | 0.28 | 0.18 | 0.19 | 0.19 | — | — |
| 运行评价 | 居住建筑 | 0.17 | 0.19 | 0.16 | 0.14 | 0.14 | 0.10 | 0.10 |
| | 公共建筑 | 0.13 | 0.23 | 0.14 | 0.15 | 0.15 | 0.10 | 0.10 |

每类指标均包括控制项和评分项，评价指标体系还统一设置加分项。控制项的评定结果为满足或不满足，评分项和加分项的评定结果为分值。当绿色建筑总得分分别达到50分、60分、80分时，绿色建筑等级分别为一星级、二星级、三星级。

2）既有绿色建筑改造评价标准

《中国建筑节能年度发展研究报告2015》的数据显示，目前我国既有建筑体量约为545亿平方米，其中约 30%～50%出现安全方面问题或进入功能退化期。《既有绿色建筑改造评价标准》(GB/T 51141—2015)于 2015 年正式得到批准,自 2016 年 8 月 1 日起正式实施。

考虑到既有建筑与新建建筑的差异性,以及既有建筑改造自身的特点,既有绿色建筑改造评价标准的评价包括 7 类指标和 1 项提升与创新综合指标。各指标及其权重,如表 8-26 所示。

**表 8-26　各项指标及其权重**

| 指标 | | 规划与建筑 $w_1$ | 结构与材料 $w_2$ | 暖通空调 $w_3$ | 给水排水 $w_4$ | 电气 $w_5$ | 施工管理 $w_6$ | 运营管理 $w_7$ |
|---|---|---|---|---|---|---|---|---|
| 设计评价 | 居住建筑 | 0.25 | 0.20 | 0.22 | 0.15 | 0.18 | — | — |
| | 公共建筑 | 0.21 | 0.19 | 0.27 | 0.13 | 0.20 | — | — |
| 运行评价 | 居住建筑 | 0.19 | 0.17 | 0.18 | 0.12 | 0.14 | 0.09 | 0.11 |
| | 公共建筑 | 0.17 | 0.15 | 0.22 | 0.10 | 0.16 | 0.08 | 0.12 |

当总分分别达到 50 分、60 分、80 分时,绿色建筑等级分别为一星级、二星级、三星级。

3) 两类标准对比

《绿色建筑评估标准》和《既有绿色建筑改造评价标准》,有一定相通之处,但对新建建筑和改造建筑的适用范围、制订原则、指标设置和设计、运行评价均有所不同。两大标准对比,如表 8-27 所示。

**表 8-27　两大标准对比**

| | | 绿色建筑评估标准 | 既有绿色建筑改造评价标准 |
|---|---|---|---|
| 适用范围 | | 办公建筑、居住建筑、酒店建筑、商店建筑、医院建筑、学校建筑等 | · 适用于既有建筑绿色改造:<br>· 改造前后均为民用建筑,且使用功能不发生改变的;<br>· 改造前后均为民用建筑但使用功能发生变化的;<br>· 改造前为非民用建筑,改造后为民用建筑的 |
| 制订原则 | | 四节一环保 | 改造所涉及专业 |
| 指标 | 不同指标 | 节地与室外环境、节能与能源利用、节水与水资源利用、节材与材料资源利用、室内环境质量 | 规划与建筑、结构与材料、暖通空调、给水排水、电气 |
| | 相同指标 | 施工管理、运营管理 | |
| | 综合指标 | 提高与创新 | |

**知识链接**

更多绿色建筑的内容,请访问设施管理门户网站 FM Gate—行业报告—新版《绿色建筑评价标准》九大亮点。

## 8.4.2　健康建筑评价体系

根据世界卫生组织关于人的健康科学概念,建筑的健康性能应该涵盖生理、心理和社会三个方面的要素。研究结果表明,人们有 90%以上时间是在建筑室内度过的,这使得人们对建筑的关注点不再仅仅停留在建筑的节能环保,而是对建筑的室内舒适度和健康度提出了新的要求。健康建筑是对绿色建筑发展深层次需求。

美国 WELL 体系、中国的健康建筑评价标准、欧洲的主动式建筑(Active house)等都侧重于建筑使用者的健康。

1. 美国 WELL 体系

WELL 体系，即建筑健康标准，用于计量、验证和监控影响人类健康和福祉的建筑环境特征，包括空气、水、食物、光照、健身、舒适和心理健康，可用于商业、多户住宅和机构市场部门的新建工程和大型重建工程。WELL 体系是 LEED、绿色三星、BREEAM、DGNB 等绿色建筑评级系统的强有力补充。

WELL 体系是与一流的医生、科学家和专业人士合作，经过7年严谨研究的成果，重点关注物理建造环境如何支持人类健康、生产效率、幸福与舒适，将设计建造中的最佳实践与有理有据的卫生和健康措施相结合。LEED 与 WELL 指标上有17%的重叠部分，LEED 主要注重的是建筑本身的性能如节水、节能等，但 WELL 更注重建筑对使用者在建筑内居住和生产生活的影响。

WELL 体系需要认证和监测的建筑环境特征的指标共102项。取得“健康”认证需要对空气和水质量等“健康建筑”特征进行现场的入住后审查。为了保持认证有效，须每三年进行一次复审。WELL 体系评价特征和分项，如表8-28所示。

表 8-28 WELL 体系评价特征和分项

| 序号 | 特征 | 分项 |
|---|---|---|
| 1 | 空气 | 1. 空气质量标准；2. 禁止吸烟；3. 通风效率要求；4. 减少 VOC 排放；5. 空气过滤；6. 微生物和霉菌控制；7. 建筑结构污染管理；8. 健康的进口；9. 清洁计划；10. 杀虫剂管理；11. 基础材料安全性；12. 潮湿控制；13. 空气吹扫；14. 空气过滤装置管理；15. 增大通风；16. 湿度控制；17. 直接排风；18. 空气质量监测和保存；19. 可开启窗户；20. 户外空气处理系统；21. 置换通风；22. 虫害管理；23. 空气净化；24. 燃烧最小化；25. 减少有害残留使用；26. 增加材料安全性；27. 抗菌表面；28. 易清洁环境；29. 清洁设备要求 |
| 2 | 水 | 1. 基础水质；2. 无机污染物；3. 有机污染物；4. 农业污染物；5. 水厂添加物；6. 阶段水质检测；7. 水处理设备；8. 饮用水质量改进 |
| 3 | 食品 | 1. 水果和蔬菜；2. 加工食品；3. 食物过敏；4. 洗手；5. 食物污染；6. 食品添加剂；7. 营养信息；8. 食品广告；9. 接触食品的安全材料；10. 盛器尺寸；11. 特殊饮食；12. 溯源的食品生产；13. 食品储藏；14. 食品生产；15. 专注的饮食环境 |
| 4 | 光照 | 1. 光照设计；2. 昼夜规律光设计；3. 防眩光控制；4. 防太阳眩光控制；5. 低眩光工作台设计；6. 颜色质量；7. 表面设计；8. 自动遮光和调光控制；9. 日光权；10. 日光模型；11. 日光透射区 |
| 5 | 健身 | 1. 户内健身通道；2. 奖励运动方案；3. 有组织的健身；4. 户外健身设计；5. 健身活动空间；6. 支持运动辅助设施；7. 健身设施；8. 适合运动家具 |
| 6 | 舒适 | 1. 残障人士可接受的标准；2. 工效学：视觉和身体；3. 外部噪声隔绝；4. 内生噪声控制；5. 热舒适性；6. 嗅觉舒适；7. 混响时间；8. 隔声罩；9. 吸声表面；10. 声障措施；11. 独立温度控制；12. 辐射热舒适 |
| 7 | 心理健康 | 1. 健康和保健意识；2. 一体化设计；3. 入住后调查；4. 美学设计Ⅰ；5. 亲近自然Ⅰ；6. 强适应性空间；7. 健康睡眠政策；8. 商务旅行；9. 工作地点的健康政策；10. 雇员家庭支持政策；11. 自体检；12. 压力和药物成瘾治疗；13. 利他主义；14. 材料信息透明度；15. 参加社会公正组织；16. 美学设计Ⅱ；17. 亲近自然Ⅱ；18. 创新设计点Ⅰ；19. 创新设计点Ⅱ |

通过将 WELL 体系引入建筑空间，从长远来看，可以大幅度降低工作人员成本——缩减医疗费用、提高健康水平、提升工作效率。

2. 中国健康建筑评价标准

中国建筑学会于2017年1月6日发布并实施中国建筑学会标准《健康建筑评价标准》。（以下简称《标准》）。

《标准》对健康建筑的定义是：在满足建筑功能基础上，为建筑使用者提供更加健康的环境、设施和服务，促进建筑使用者身心健康，实现健康性能提升的建筑。

《标准》遵循多学科融合性的原则，建立了涵盖生理、心理和社会三方面要素的评价指标作为一级评价指标，分别为空气、水、舒适、健身、人文、服务，各一级指标下又细分多项二级指标。《标准》评价指标，如图 8-41 所示。为鼓励健康建筑的性能提高和技术创新，另设置“提高与创新”章节。

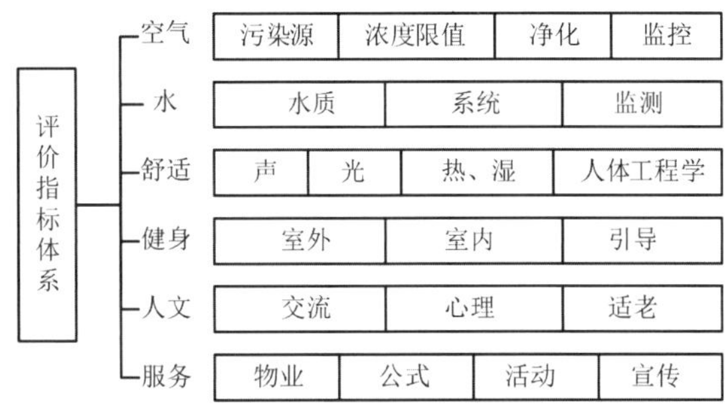


图 8-41 《标准》评价指标

《标准》在各指标权重研究中，以“抓主因、顾次因”的原则充分考虑了不同类型的民用建筑健康影响因素，并按照民用建筑的分类，建立了居住建筑和公共建筑指标权重的调研问卷，采用问卷调查、层次分析、专家咨询、项目试评等多途径结合的方式，建立了健康建筑各评价指标的权重。评价指标权重，如表 8-29 所示。

表 8-29 评价指标权重

| 指标 | | 空气 $w_1$ | 水 $w_2$ | 舒适 $w_3$ | 健身 $w_4$ | 人文 $w_5$ | 服务 $w_6$ |
|---|---|---|---|---|---|---|---|
| 设计评价 | 居住建筑 | 0.23 | 0.21 | 0.26 | 0.13 | 0.17 | — |
| | 公共建筑 | 0.27 | 0.19 | 0.24 | 0.12 | 0.18 | — |
| 运行评价 | 居住建筑 | 0.20 | 0.18 | 0.24 | 0.11 | 0.15 | 0.12 |
| | 公共建筑 | 0.24 | 0.16 | 0.22 | 0.10 | 0.16 | 0.12 |

注：①表中“——”表示服务指标不参与设计评价；②对于同时具有居住和公共功能的单体建筑，各评价指标权重取为居住建筑和公共建筑所对应权重的平均值。

评价指标体系六类指标的总分均为 100 分。总得分为各类指标得分经加权计算后与加分项的附加得分之和。《标准》的评分过程与星级，如图 8-42 所示。

“提高与创新”中的加分项，如表 8-30 所示。按规定，附加得分不应超过 10 分。

表 8-30 “提高与创新”中的加分项

| 序号 | 内容 | 分值 |
|---|---|---|
| 1 | TVOC、甲醛、苯、二甲苯、臭氧等室内主要空气污染物浓度更低 | 2 |
| 2 | 更加严格控制室内 PM2.5 日平均浓度 | 1 |
| 3 | 设有小型农场并运转正常 | 1 |
| 4 | 建立个性化健身指导系统仅适用于运行评价 | 1 |
| 5 | 设置健康相关的互联网服务 | 2 |
| 6 | 在促进公众身心健康、提升建筑健康性能方面有突出贡献的技术措施开放性得分 | 4 |

3. 欧洲 Active house

主动式建筑(Active house)是由国际主动式建筑联盟提出的，是未来新建建筑的一个总体指导原则，是一种应对能源和气候挑战的前瞻性建筑理念。主动式建筑理念倡导未来建筑应以建筑使用者的健康

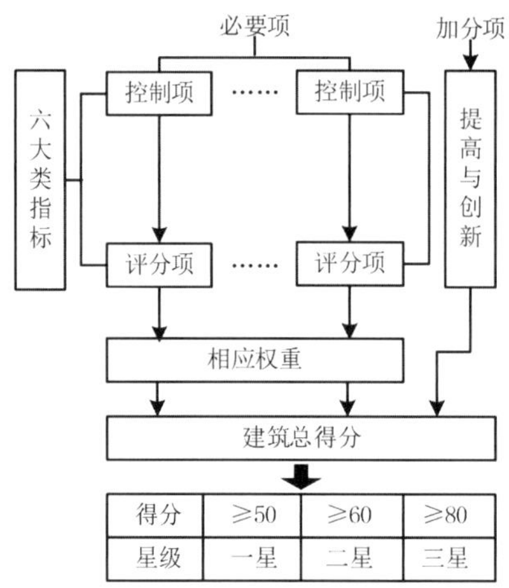


图 8-42 《标准》的评分过程与星级

与舒适感受为核心，实现能耗效率与最佳室内气候之间的平衡，同时保证建筑以动态方式适应周围环境，实现碳中和。在这一理念指导下，建筑将自主生产能源，以可持续发展形式利用资源，有效改善人们的健康水平和居住舒适度。

目前，主动式建筑联盟已正式出版了两本指导书——《主动式建筑细则(住宅)》和《主动式建筑指南》。这两本书详细解读了主动式建筑的愿景、展现影响主动式建筑发展变化的关键原则，并确定了主动式建筑的技术规范。主动式建筑的愿景，是让建筑为居住者创造更为健康和舒适的生活环境，且不会对气候和环境造成负面影响，从而推动未来走向一个更清洁、更健康、更安全的世界。

主动式建筑从概念到实现要经过多个步骤，业主、开发商和设计者要通过这些步骤相互了解、相互合作，才能达到最后的理想结果。主动式建筑流程，如图 8-43 所示。

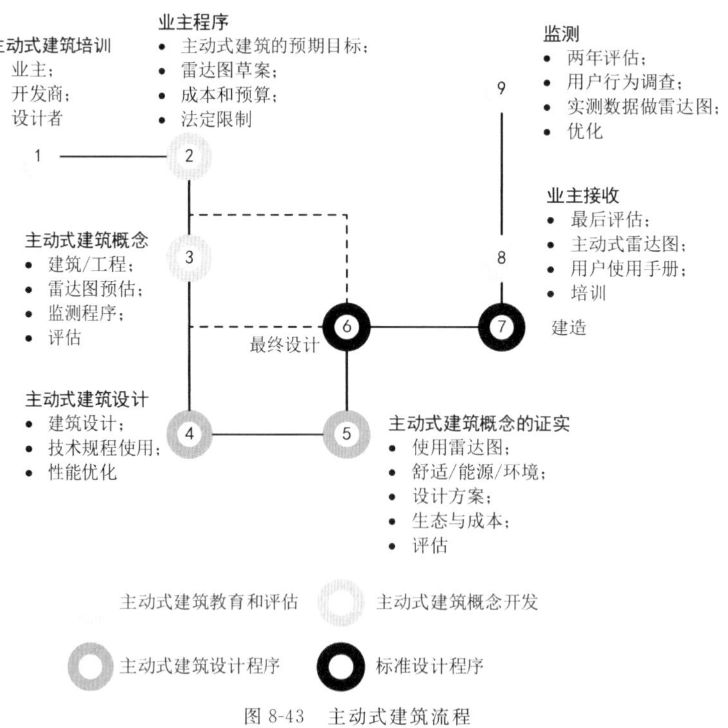


图 8-43 主动式建筑流程

对主动式建筑理念下建造的建筑进行评价，包括三个主要原则：舒适、能源和环境。主动式建筑在建筑设计和建筑完成阶段，都需要考虑如何积极整合三大原则。项目设计初期，可以先根据法定规定要求值、其他项目参考值或已有监测值，绘制出参考雷达图，在此基础上确定项目的实际要求值。当建筑投入使用时，雷达图可以评价和改进该建筑的能耗。作为一种评估工具，它可以清晰展示一体化的参数设计对主动式建筑的重要性。主动式建筑雷达图（示例），如图 8-44 所示。

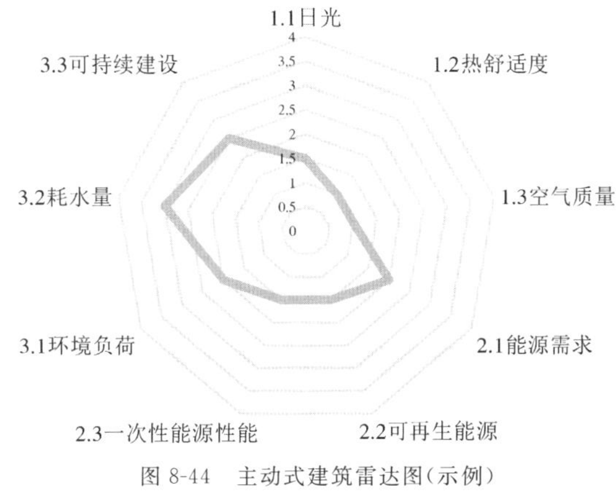


图 8-44　主动式建筑雷达图（示例）

图 8-44 中，雷达图显示主动式建筑三个原则需达到的要求标准。各项目标准被量化为四个层级，数值 1 是最高级别，数值 4 为最低。如果每项原则中的参数低于或等于设想中的数值时，说明这是一个主动式建筑。主动式建筑最理想的标准，是所有参数和推荐值都处于最低数值。

**知识链接**

更多健康建筑标准的内容，请访问设施管理门户网站 FM Gate—行业标准—《健康建筑评价标准》编制工作解析。

**【关键术语】**

建筑环境；环境管理体系；声环境；光环境；热环境；室内空气质量；卫生性评价；舒适性评价；工效性评价；心理学评价；职业卫生检测；职业健康监护；过程安全；过程变更；安全操作程序；设备完整性；承包商管理；行为安全；应急响应；事故管理；绿色建筑；健康建筑

**[延伸阅读]**

[1] Stephan Constantin. Industrial Health, Safety and Environmental Management[M]. Muenster: MV Wissenschaft, 2012.

[2] Elmahadi M A, TahirM M, Surat M, et al. Effective Office Environment Architecture: Finding Ingenious Ideas in a Home to Stimulate the Office Environment[J]. ProcediaEngineering, 2011, 20: 380-388.

[3] 赵力. 建筑室内 PM2.5 污染控制[M]. 北京：中国建筑工业出版社，2016.

[4] Robert H. Friis. Occupational Health And Safety For The 21st Century. Jones & Bartlett Learning[M]. 2015.

[5] 傅贵. 安全管理学—事故预防的行为控制方法[M]. 北京：科学出版社，2014.

# 第9章 建筑能源管理

[本章导读]

面临着世界能源供应短缺或是价格上涨的情况,越来越多的组织意识到能源管理对于可持续发展的重要意义。通过有效的建筑能源管理不仅能够降低设施的运行成本,还能减轻生态环境的负担,实现可持续发展发展。建筑能源管理是一项投资活动而不是简单的消费,可产生明显地资产溢价,其投资回报率可能会高于企业所经营的核心业务回报。

本章将从建筑能源的消耗结构及指标入手,分析建筑能耗的特点,阐述建筑能源管理体系的目标、规划和运行管理,介绍如何通过建筑能源管理诊断以及合同能源管理等方法,实现建筑能源的节支增效。

本章主要内容:

☐ 建筑能源消耗的比例及其特点;
☐ 不同业态和地区的建筑能源消耗基准;
☐ 民用建筑能耗标准;
☐ 建筑能源管理体系的目标、规划和调试;
☐ 建筑能源审核形式及能源审核报告的形成;
☐ 建筑能源分析的工作内容;
☐ 能源管理矩阵、合同能源管理的概念及应用。

## 9.1 建筑能源消耗结构及其指标

建筑能源消耗一般指建筑物及其设备和系统的运行能耗,从设施全生命周期的角度来看,在50～70年的使用寿命中建筑材料和建造过程所消耗的能源一般只占其全生命周期能源消耗的20%左右,约80%的能源消耗发生在建筑物运行的过程。因此,建筑物运营能耗应是设施管理节能任务中最主要的关注对象。

### 9.1.1 建筑能源消耗结构及其特点

设施能耗数据是设施节能工作的基础,本节主要引用了清华大学建筑节能研究中心在《中国建筑节能年度发展研究报告2015》中的相关数据,对设施能耗的发展状况以及不同类型设施的能耗结构进行简单分析,从而得出我国设施能耗的基本特点。

1. 建筑能耗总体发展趋势

2013年我国总建筑面积545亿平方米,总商品能耗7.56亿吨标准煤,约占全国能源消费总量的19.5%。各类建筑能耗比例,如图9-1所示。

近年来,我国的建筑能耗随着城市化率的提高、经济的发展、人民生活水平的改善而不断增长。建筑总能耗和能耗强度变化,如图9-2所示。

公共建筑的能源消耗涨幅最大,从2001年的0.65亿吨标准煤上升至2013年的1.81亿吨标准煤,这是单位面积能耗和总建筑面积同步增长的结果,同时也是由于室内温度环境的改善,设施服务水平的提高,以及设施内部用能设备的增加所造成的单位面积能耗的攀升。在短短的12年之间,设施能耗几乎翻了一番。如果任其按照此速度增长,势必会给我国的能源供应安全带来极大的压力,设施节能势在必行。

2. 建筑能耗构成及其特点

公共建筑除采暖外的能耗构成主要包括照明、办公电器设备、电热开水器、电梯、空调系统,以及厨房

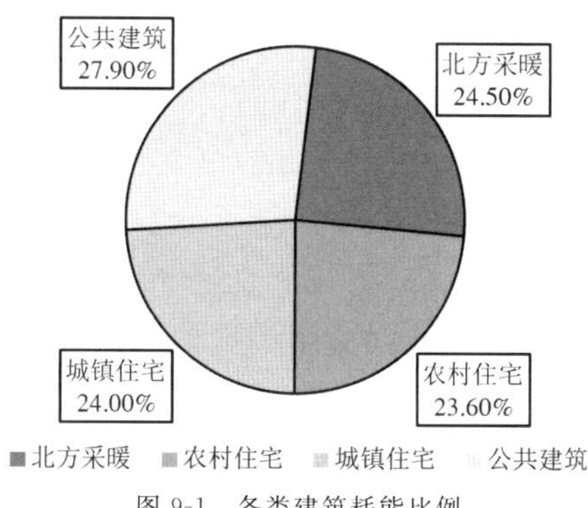


图 9-1 各类建筑耗能比例

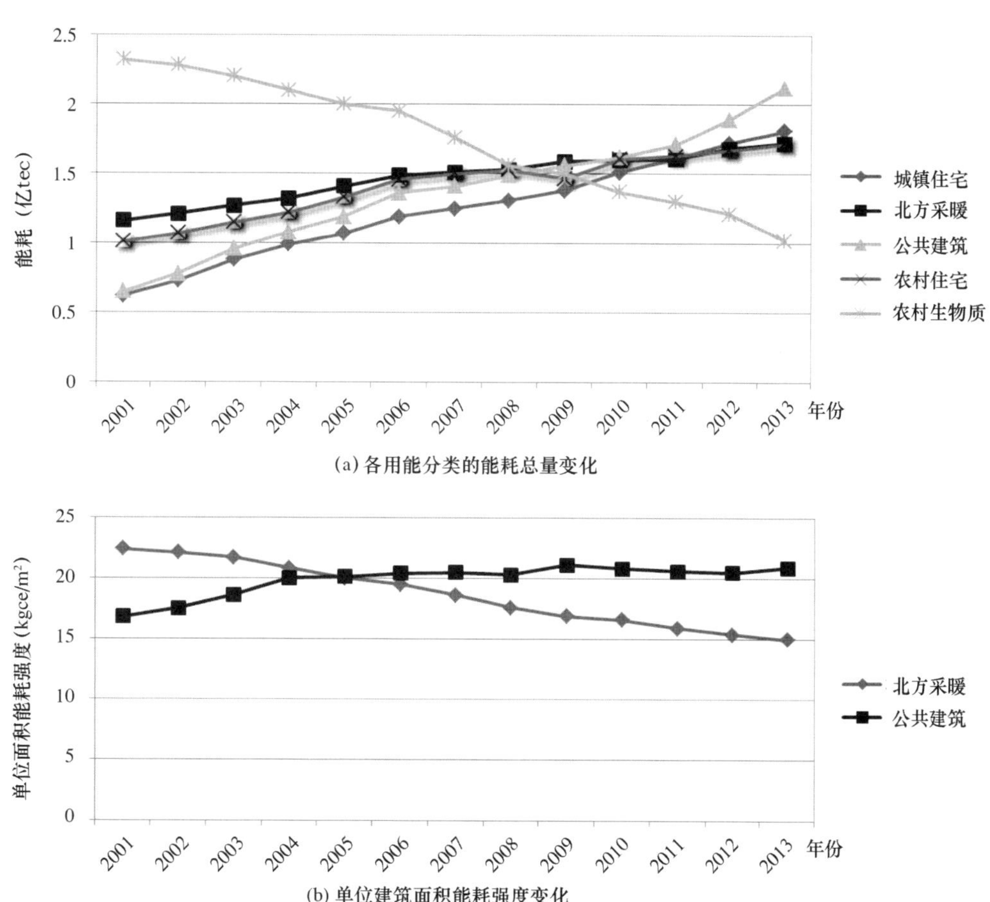


图 9-2 建筑总能耗和能耗强度变化

和信息中心等特定功能设备系统电耗等方面。公共建筑(除采暖外)各项能耗构成,如图 9-3 所示。

工业建筑能耗主要由照明、空调、通风换气等几大部分组成。影响工业建筑能耗的因素除了建筑物围护结构的室内外温差传热形成的能耗外,还包括室内照明设备、运行机械设备和操作工人的发热量形成的能耗,受到生产工艺流程和操作特点等影响,与厂房性质、设备特性、运行时间及工作班次等因素有密切关系。广东地区工业建筑的能耗构成,如表 9-1 所示。

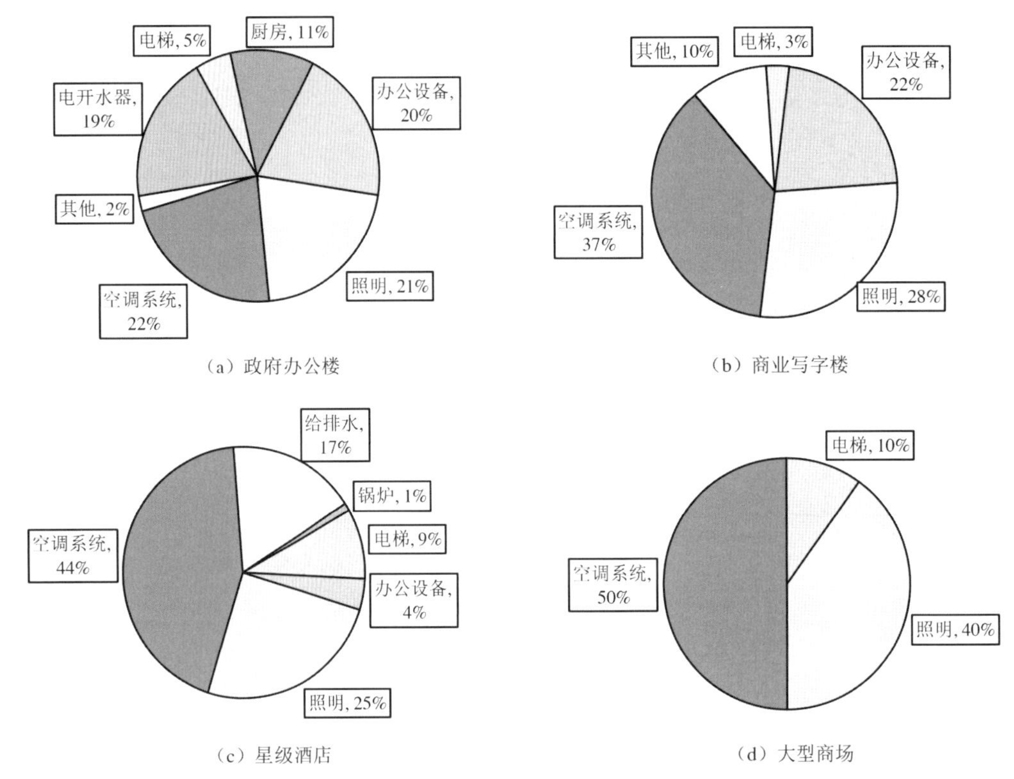


图 9-3　公共建筑(除采暖外)各项能耗比例

表 9-1　　广东地区工业建筑能耗构成

| 类别 | 建筑物 | 空调 | 照明 | 通风换气 | 其他 | 备注 |
|---|---|---|---|---|---|---|
| Ⅰ | A | 88.3% | 11.4% | 0.3% | 0% | 主要生产加工光学镜头等精密部件,对热湿环境要求很高 |
| | B | 79.7% | 11.8% | 8.5% | 0% | 主要从事镁合金压铸、涂装,要求具有全封闭精密无尘涂装生产线 |
| | C | 56.8% | 13.7% | 29.5% | 0% | 主要负责模具喷涂工艺,对生产环境较高 |
| Ⅱ | D | 43.0% | 1.0% | 27.0% | 29.0% | 主要生产毛织产品 |
| | E | 38.9% | 12.5% | 47.1% | 1.5% | 主要生产针织、针纺产品 |
| | F | 37.0% | 33.7% | 29.3% | 0% | 主要生产针织产品 |
| Ⅲ | G | 3.5% | 31.4% | 60.3% | 4.8% | 主要负责产品组装,考虑运输和通风,建筑开口很大 |

表 9-1 中,Ⅰ类厂房大多从事精密设备仪器的生产加工,其生产工艺对热湿环境要求很高,空调耗能所占比例都在 50%以上;Ⅱ类厂房主要从事纺织等工作,对热湿环境要求一般,其空调耗能也都在 30%以上;Ⅲ类厂房属于大空间敞开式厂房,从事装配运输类工艺,其建筑开口大,空调系统耗能比例小,仅占 3.5%,而通风换气耗能则占 60%以上。

### 9.1.2　建筑能源消耗基准

能源基准(Energy Baseline)用作比较能源绩效的定量参考依据,反映特定时间段的能源利用情况。它是根据有关能源消耗组别的具有一定代表性的样本研制的,而不是现有建筑必须遵守的技术标准。

### 1. 不同业态建筑能源消耗基准

香港机电工程署2016年5月12日发布的建筑能源消耗指标包含多种业态建筑类型。办公楼、餐饮及零售、酒店及住宿、学校、医院及诊所等建筑能源消耗基准，如表9-2～表9-6所示。

表9-2 办公楼建筑能源消耗基准

| 主要分类 | 次要分类 | 范围说明 | 每年每平方米能源消耗量(兆焦耳/(平方米·年)) |
|---|---|---|---|
| 私营办公室 | 设有中央冷气供应租户的大厦(多个租户)中央设施 | 大厦外墙内所包含面积，包括租户室内使用面积、内墙、柱、升降机大堂、楼梯、走廊及入口大堂，但不包括停车场、机房、露台、天台及绿化区域 | 476 |
| | 没有中央冷气供应租户的大厦(多个租户)中央设施 | 大厦外墙内所包含的面积，包括租户室内使用面积、内墙及柱、升降机大堂、楼梯、走廊及入口大堂，但不包括停车场、机房、露台、天台及绿化区域 | 155 |
| 政府办公室 | 整座大厦(多个客户) | 指量度至大厦外墙的外表面的楼面面积，不包括大厦的公共地方，例如公用厕所、升降机及升降机大堂、电表房、冷气机房、水表房、垃圾槽、天井及楼梯 | 1005 |

表9-3 餐饮及零售建筑能源消耗基准

| 主要分类 | 次要分类 | 每年每平方米能源消耗量(兆焦耳/(平方米·年)) |
|---|---|---|
| 餐饮及零售 | 中式餐厅及酒楼 | 4 636 |
| | 非中式餐馆及酒楼 | 4 060 |
| | 快餐店 | 6 622 |
| | 酒吧 | 1 536 |
| | 其他餐饮场所 | 5 729 |
| | 商场/地库/楼上铺 | 1 479 |
| | 街铺/地铺 | 1 778 |

表9-4 酒店及旅社建筑能源消耗基准

| 主要分类 | 次要分类 | 每年每平方米能源消耗量(兆焦耳/(平方米·年)) |
|---|---|---|
| 酒店及旅社 | 酒店 | 898 |
| | 宾馆 | 1 326 |
| | 养老院 | 1 872 |
| | 服务式住宅 | 701 |

表 9-5 学校建筑能源消耗基准

| 主要分类 | 次要分类 | 每年每平方米能源消耗量（兆焦耳/(平方米·年)） |
|---|---|---|
| 大学、专上学院及中小学 | 大学 | 752 |
| | 大专院校 | 185 |
| | 成人教育学院/职业训练学校 | 630 |
| | 中学 | 214 |
| | 小学 | 186 |
| | 幼儿园 | 427 |
| | 特殊教育学校 | 120 |

表 9-6 医院及诊所建筑能源消耗基准

| 主要分类 | 次要分类 | 每年每平方米能源消耗量（兆焦耳/(平方米·年)） |
|---|---|---|
| 医院及诊所 | 医院 | 1131 |
| | 诊所 | 1709 |
| | 私家牙科诊所 | 379 |
| | 化验所 | 639 |

2. 不同地域建筑能源消耗基准

我国南方和北方不同类型建筑能耗基准也存在一定差异。北京、西安、上海和广州四大城市的建筑能耗基准参考值，如表 9-7 和 9-8 所示。

表 9-7 北京、西安地区建筑能耗基准参考值

| 序号 | 系统 | 北京地区 | | | | 西安地区 | | | |
|---|---|---|---|---|---|---|---|---|---|
| | | 普通办公楼 | 商务办公楼 | 大型商场 | 宾馆酒店 | 普通办公楼 | 商务办公楼 | 大型商场 | 宾馆酒店 |
| 1 | 空调系统全年耗电量[kW·h/($m^2$·a)] | 18 | 30 | 110 | 46 | 20 | 31 | 112 | 47 |
| 2 | 照明系统全年耗电量[kW·h/($m^2$·a)] | 14 | 22 | 65 | 18 | 14 | 22 | 65 | 18 |
| 3 | 室内设备系统全年耗电量[kW·h/($m^2$·a)] | 20 | 32 | 10 | 14 | 20 | 32 | 10 | 14 |
| 4 | 电梯系统全年耗电量[kW·h/($m^2$·a)] | — | 3 | 14 | 3 | — | 3 | 14 | 3 |
| 5 | 给排水系统全年耗电量[kW·h/($m^2$·a)] | 1.00 | 1.00 | 0.20 | 5.80 | 1.00 | 1.00 | 0.20 | 5.80 |
| (1-5)总和 | 常规系统全年耗电量[kW·h/($m^2$·a)] | 53 | 88 | 200 | 87 | 55 | 89 | 201 | 88 |
| 6 | 空调系统全年耗冷量[GJ/($m^2$·a)] | 0.15 | 0.28 | 0.48 | 0.32 | 0.16 | 0.29 | 0.49 | 0.33 |
| 7 | 供暖系统全年耗热量[GJ/($m^2$·a)] | 0.20 | 0.18 | 0.12 | 0.30 | 0.19 | 0.17 | 0.11 | 0.29 |
| 8 | 生活热水系统全年耗热量[GJ/($m^2$·a)] | — | — | — | 12 | — | — | — | 12 |

表 9-8　　上海、广州地区建筑能耗基准参考值

| 序号 | 系统 | 上海地区 | | | | 广州地区 | | | |
|---|---|---|---|---|---|---|---|---|---|
| | | 普通办公楼 | 商务办公楼 | 大型商场 | 宾馆酒店 | 普通办公楼 | 商务办公楼 | 大型商场 | 宾馆酒店 |
| 1 | 供暖空调系统全年耗电量(包括热源)[kW·h/(m$^2$·a)] | 23 | 37 | 140 | 54 | 40 | 55 | 170 | 78 |
| 2 | 照明系统全年耗电量[kW·h/(m$^2$·a)] | 14 | 22 | 65 | 18 | 14 | 22 | 65 | 18 |
| 3 | 室内设备系统全年耗电量[kW·h/(m$^2$·a)] | 20 | 32 | 10 | 14 | 20 | 32 | 10 | 14 |
| 4 | 电梯系统全年耗电量[kW·h/(m$^2$·a)] | — | 3 | 14 | 3 | — | 3 | 14 | 3 |
| 5 | 给排水系统全年耗电量[kW·h/(m$^2$·a)] | 1 | 1 | 0.20 | 5.80 | 1 | 1 | 0.20 | 5.80 |
| (1-5)总和 | 常规系统全年耗电量[kW·h/(m$^2$·a)] | 58 | 95 | 230 | 95 | 75 | 113 | 260 | 119 |
| 6 | 空调系统全年耗冷量[GJ/( m$^2$·a)] | 0.22 | 0.32 | 0.79 | 0.44 | 0.38 | 0.48 | 1.16 | 0.68 |
| 7 | 生活热水系统全年耗热量[GJ/( m$^2$·a)] | — | — | — | 12 | — | — | — | 12 |

注:a. 上述表 9-7 和表 9-8 中建筑面积指建筑物除车库以外的建筑面积;b. 普通办公楼指建筑面积在 2 万平方米以下且不设置集中空调的中小型办公建筑,该类型建筑的建筑内区很小,外窗可大面积开启;c. 能耗指标均不包含信息中心、洗衣房、厨房、大型娱乐中心、车库等。

从表 9-7 和表 9-8 的对比分析可以看出,我国南方和北方设施的能耗基准在照明系统、室内设备系统、电梯及给排水系统方面都基本一致,主要差异存在于空调及供暖系统。南方设施空调系统夏季耗能大,冬季供暖没有专门的供暖系统,同样采用空调系统供暖,其耗电量大;北方由于气候原因,夏季空调耗能较小,冬季则采用供暖系统供暖。

### 9.1.3　民用建筑能耗指标

为贯彻国家节约能源、保护环境的有关法律法规和方针政策,促进建筑节能工作,控制建筑能耗总量,规范管理建筑运行能耗,住房和城乡建设部经广泛调查研究,依据建筑物实际运行能耗,参考有关国际标准和国外先进标准,并在广泛征求意见的基础上,编制了《民用建筑能耗标准》(GB/T 51161—2016)(下文简称《能耗标准》),自 2016 年 12 月 1 日起实施。《能耗标准》中所规定的能耗指标约束值和引导值,如图 9-4 所示。

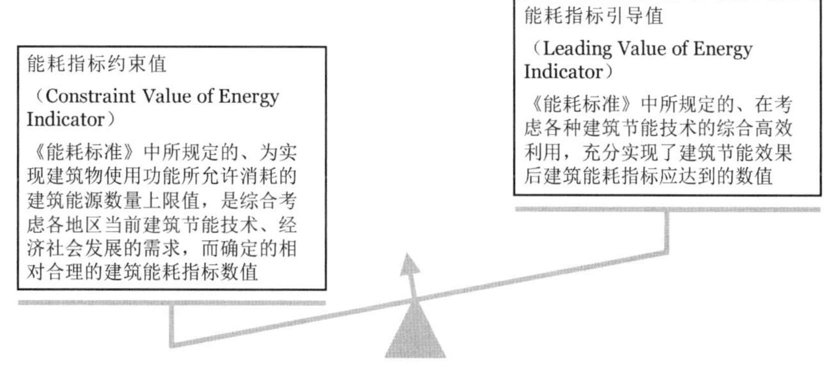


图 9-4　《能耗标准》中所规定的能耗指标约束值和引导值

1. 公共建筑非供暖能耗指标

公共建筑能耗应包括公共建筑内空调、通风、照明、生活热水、电梯、办公设备等所使用的所有能耗。

公共建筑非供暖能耗指标应以单位建筑面积年能耗量作为能耗指标的表达形式。《能耗标准》中公共建筑分类，如图 9-5 所示。

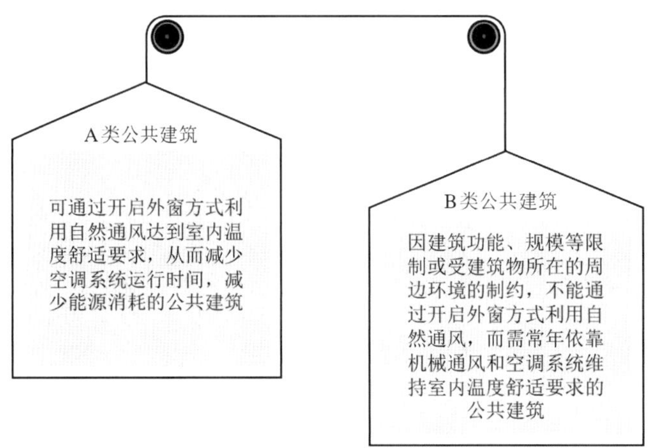


图 9-5 《能耗标准》中公共建筑分类

办公建筑非供暖能耗指标的约束值和引导值，如表 9-9 所示。

**表 9-9　办公建筑非供暖能耗指标的约束值和引导值　单位:[kW·h/(m² · a)]**

| 建筑分类 | | 严寒和寒冷地区 | | 夏热冬冷地区 | | 夏热冬暖地区 | | 温和地区 | |
|---|---|---|---|---|---|---|---|---|---|
| | | 约束值 | 引导值 | 约束值 | 引导值 | 约束值 | 引导值 | 约束值 | 引导值 |
| A 类 | 党政机关 | 55 | 45 | 70 | 55 | 65 | 50 | 50 | 40 |
| | 商业 | 65 | 55 | 85 | 70 | 80 | 65 | 65 | 50 |
| B 类 | 党政机关 | 70 | 50 | 90 | 65 | 80 | 60 | 60 | 45 |
| | 商业 | 80 | 60 | 110 | 80 | 100 | 75 | 70 | 55 |

注：表中非严寒寒冷地区办公建筑非供暖能耗指标包括冬季供暖的能耗在内。

宾馆酒店建筑非供暖能耗指标的约束值和引导值，如表 9-10 所示。

**表 9-10　宾馆酒店建筑非供暖能耗指标约束值和引导值　单位:[kW·h/(m² · a)]**

| 建筑分类 | | 严寒和寒冷地区 | | 夏热冬冷地区 | | 夏热冬暖地区 | | 温和地区 | |
|---|---|---|---|---|---|---|---|---|---|
| | | 约束值 | 引导值 | 约束值 | 引导值 | 约束值 | 引导值 | 约束值 | 引导值 |
| A 类 | 三星级及以下 | 70 | 50 | 110 | 90 | 100 | 80 | 55 | 45 |
| | 四星级 | 85 | 65 | 135 | 115 | 120 | 100 | 65 | 55 |
| | 五星级 | 100 | 80 | 160 | 135 | 130 | 110 | 80 | 60 |
| B 类 | 三星级及以下 | 100 | 70 | 160 | 120 | 150 | 110 | 60 | 50 |
| | 四星级 | 120 | 85 | 200 | 150 | 190 | 140 | 75 | 60 |
| | 五星级 | 150 | 110 | 240 | 180 | 220 | 160 | 95 | 75 |

注：表中非严寒寒冷地区旅馆建筑非供暖能耗指标包括冬季供暖的能耗在内。

商场建筑非供暖能耗指标约束值和引导值，如表 9-11 所示。

表 9-11 商场建筑非供暖能耗指标约束值和引导值 单位:[kW·h/(m²·a)]

| 建筑分类 | | 严寒和寒冷地区 | | 夏热冬冷地区 | | 夏热冬暖地区 | | 温和地区 | |
|---|---|---|---|---|---|---|---|---|---|
| | | 约束值 | 引导值 | 约束值 | 引导值 | 约束值 | 引导值 | 约束值 | 引导值 |
| A类 | 一般百货店 | 80 | 60 | 130 | 110 | 120 | 100 | 80 | 65 |
| | 一般购物中心 | 80 | 60 | 130 | 110 | 120 | 100 | 80 | 65 |
| | 一般超市 | 110 | 90 | 150 | 120 | 135 | 105 | 85 | 70 |
| | 餐饮店 | 60 | 45 | 90 | 70 | 85 | 65 | 55 | 40 |
| | 一般商铺 | 55 | 40 | 90 | 70 | 85 | 65 | 55 | 40 |
| B类 | 大型百货店 | 140 | 100 | 200 | 170 | 245 | 190 | 90 | 70 |
| | 大型购物中心 | 175 | 135 | 260 | 210 | 300 | 245 | 90 | 70 |
| | 大型超市 | 170 | 120 | 225 | 180 | 290 | 240 | 100 | 80 |

注:表中非严寒寒冷地区商场建筑非供暖能耗指标包括冬季供暖的能耗在内。

机动车停车库非供暖能耗指标约束值和引导值,如表 9-12 所示。

表 9-12 机动车停车库非供暖能耗指标约束值和引导值 单位:[kW·h/(m²·a)]

| 功能分类 | 约束值 | 引导值 |
|---|---|---|
| 办公建筑 | 9 | 6 |
| 旅馆建筑 | 15 | 11 |
| 商场建筑 | 12 | 8 |

2. 建筑供暖能耗指标

部分城市建筑供暖能耗指标的约束值和引导值(燃煤为主)和(燃气为主),分别如表 9-13 和表 9-14 所示。

表 9-13 部分城市建筑供暖能耗指标的约束值和引导值(燃煤为主)

| 城市 | 建筑供暖能耗指标[kgce/(m²·a)] | | | |
|---|---|---|---|---|
| | 约束值 | | 引导值 | |
| | 区域集中供暖 | 小区集中供暖 | 区域集中供暖 | 小区集中供暖 |
| 北京 | 7.6 | 13.7 | 4.5 | 8.7 |
| 天津 | 7.3 | 13.2 | 4.7 | 9.1 |
| 石家庄 | 6.8 | 12.1 | 3.6 | 6.9 |
| 太原 | 8.6 | 15.3 | 5.0 | 9.7 |
| 呼和浩特 | 10.6 | 19.0 | 6.4 | 12.4 |
| 沈阳 | 9.7 | 17.3 | 6.4 | 12.3 |
| 长春 | 10.7 | 19.3 | 7.9 | 15.4 |
| 哈尔滨 | 11.4 | 20.5 | 8.0 | 15.5 |
| 济南 | 6.3 | 11.1 | 3.4 | 6.5 |

表 9-14　　部分城市建筑供暖能耗指标的约束值和引导值(燃气为主)

| 城市 | 建筑供暖能耗指标[$Nm^3/(m^2 \cdot a)$] | | | | | |
|---|---|---|---|---|---|---|
| | 约束值 | | | 引导值 | | |
| | 区域集中供暖 | 小区集中供暖 | 分栋分户供暖 | 区域集中供暖 | 小区集中供暖 | 分栋分户供暖 |
| 北京 | 9.0 | 10.1 | 8.7 | 4.9 | 6.6 | 6.1 |
| 天津 | 8.7 | 9.7 | 8.4 | 5.1 | 6.9 | 6.4 |
| 石家庄 | 8.0 | 9.0 | 7.7 | 3.9 | 5.3 | 4.8 |
| 太原 | 10.0 | 11.2 | 9.7 | 5.3 | 7.3 | 6.7 |
| 呼和浩特 | 12.4 | 13.9 | 12.1 | 6.8 | 9.3 | 8.6 |
| 沈阳 | 11.4 | 12.7 | 11.1 | 6.8 | 9.3 | 8.6 |
| 长春 | 12.7 | 14.2 | 12.4 | 8.5 | 11.7 | 10.9 |
| 哈尔滨 | 13.4 | 15.0 | 13.1 | 8.5 | 11.7 | 10.9 |
| 济南 | 7.4 | 8.2 | 7.1 | 3.6 | 4.9 | 4.5 |

部分城市建筑耗热量指标的约束值和引导值,如表 9-15 所示。

表 9-15　　部分城市建筑耗热量指标的约束值和引导值

| 城市 | 建筑折算耗热指标[$GJ/(m^2 \cdot a)$] | |
|---|---|---|
| | 约束值 | 引导值 |
| 北京 | 0.26 | 0.19 |
| 天津 | 0.25 | 0.20 |
| 石家庄 | 0.23 | 0.15 |
| 太原 | 0.29 | 0.21 |
| 呼和浩特 | 0.36 | 0.27 |
| 沈阳 | 0.33 | 0.27 |
| 长春 | 0.37 | 0.34 |
| 哈尔滨 | 0.39 | 0.34 |
| 济南 | 0.21 | 0.14 |

建筑供暖系统能耗管理应在建筑供暖能耗指标实测值满足指标约束值或引导值的基础上,按下列规定考核各环节能耗情况:①测算建筑耗热量指标,考核建筑围护结构本身的能耗水平及楼内运行调节状况;②测算管网热损失率指标和管网水泵电耗指标,考核供热管网运行能耗;③测算热源热量转换效率指标,考核各类供暖热源把化石能源和/或电力转换为热量的转换效率。

我国已经建立了系统的《严寒和寒冷地区居住建筑节能设计标准》、《夏热冬冷地区居住建筑节能设计标准》、《夏热冬暖地区居住建筑节能设计标准》以及《公共建筑节能设计标准》,这些标准作为技术规范性标准,给出建筑设计和机电系统设计中实现建筑节能目标的主要措施。

对于新建建筑,《能耗标准》是建筑节能的目标,应用来规范和约束设计、建造和运行管理的全过程;对于既有建筑,本标准给出评价其用能水平的方法。当实际用能量高于本标准给出的用能约束值时,说明该建筑用能偏高,需要进行节能改造;当实际用能量位于约束值和目标值之间时,说明该建筑用能状况处于正常水平;当实际用能量低于目标值时,说明该建筑真正属于节能建筑。

**知识链接**

更多建筑能源消耗案例，请访问设施管理门户网站 FM Gate—FM 智库—研究报告——多种供暖方式对比以及各供热环节的能耗分析。

## 9.2 建筑能源管理体系

建筑能源管理贯穿于建筑物的全生命周期，全生命周期能源管理以建筑使用阶段能源为管理目标，综合考虑建筑能源保障的规划设计、施工调试两大前置阶段对建筑能源使用形式、效率的影响，是一套全方位、全过程的综合解决方案和管理体系。全生命周期建筑能源管理是一项投资活动而不是简单的消费，可产生明显地资产溢价，其投资回报率可能会高于企业所经营的核心业务回报。

### 9.2.1 建筑能源管理目标和任务

日本通过加强建筑能源管理投资来应对能源紧缺问题，新加坡政府提出建筑能源消耗效率等级的强制要求，如集中供冷系统中的空调冷冻站需要达到 5.0 以上的综合能源消耗效率，并由政府作为第三方进行计量和效果评价。我国某知名企业制订了建筑能源管理投资规划，获得了 25%～50%的投资回报率，并取得了很好的经济回报和社会口碑。据统计，如果一个建筑能源管理项目产生 300 万元/年的收益，在房地产交易市场上将存在 15～20 倍的资产溢价，资产交易价格将增加 4500 万～6000 万元。

中国建筑行业发展经历了"黄金十年"，发展速度过快导致速度和质量不可兼顾，建设过程各环节脱节严重，"马路警察"各管一段已经成为建设过程的"习惯"。设计阶段缺乏以实际运行数据为基础的精算和计算能耗仿真模拟分析，普遍存在建筑主要用能设备容量选择偏大和用能系统选择不当等问题；在施工阶段的总承包管理和工作面多层切割的情况下，施工质量难以把控，遗留较多问题；调试阶段缺乏系统化、性能化的设备及系统调试，导致设备及系统无法高效运行；项目运行难度更大，难以承接设计、施工、调试遗留的缺陷，最终导致建筑能源管理不理想。

以空调系统为例，有近 50%的建筑能源消耗是由于上述管理、技术缺失而产生的，刚投入运行的建筑就存在近 50%的节能潜力。全生命周期建筑能源管理漏斗效应，如图 9-6 所示。

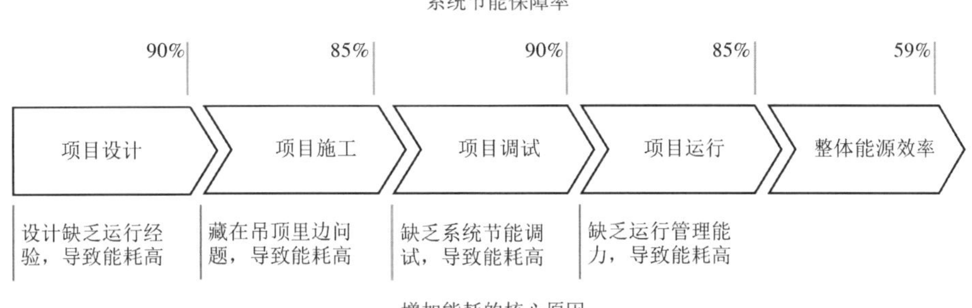


图 9-6 全生命周期建筑能源管理漏斗效应

因此，基于全生命周期建筑能源管理目标应该包括以下三个方面内容。

1. 保障建筑功能和环境要求

保障建筑功能和环境是全生命周期建筑能源管理基本目标，如电梯实现运载、空调提供冷气、灯具实现照明等。某些特定建筑，需要营造更为严苛的环境，如电子工厂生产车间通过制冷、加热、除湿、加湿、新排风等系统，实现恒温恒湿、正压的生产工艺要求。如果不了解建筑环境的基本要求，就无法保证为营造要求的环境所消耗的能源是合理的。

2. 避免能源浪费

全生命周期建筑能源管理的更高目标是合理、高效地做好建筑能源使用阶段管理，避免能源使用过程中的浪费，根据时间进行能源管理(如夜间写字楼无人办公时段，应关闭空调风机等)、根据空间进行能源管理(如冬季百货商场室内产热量较大，大空间中心区域可以关闭采暖设备等)。

3. 通过技术升级提高能源效率

从技术角度看，在同样的需求条件下，提高能源效率(能源效率=使用需求量/能源消耗量)，能源消耗量越小，能源效率越高。技术升级的主要手段包括设备的更新(例如加入高效磁悬浮冷机、升级变频离心冷机等)，IT、互联网技术的应用(如楼宇自动化、智能化)实现能源效率动态优化。

总之，全生命周期建筑能源管理要树立正确的目标意识，通过管理和技术手段，实现功能和环境控制的基本要求，避免能源浪费，提升能源使用效率。

全生命周期建筑能源管理的任务，是以建筑运行阶段的能源使用为管理目标，综合协调建筑能源保障的规划设计、施工调试两大前置阶段对建筑能源使用形式、效率的影响。规划设计是龙头，此阶段应预设好能源系统的功能、性能、能源效率等目标并进行目标传递；施工调试是枢纽和桥梁，要按照现设计意图实现能源系统，为运行管理打下基础；运行管理是终点和目的，为前两个阶段提供能耗要求和经验数据。全生命周期建筑能源管理体系，如图9-7所示。

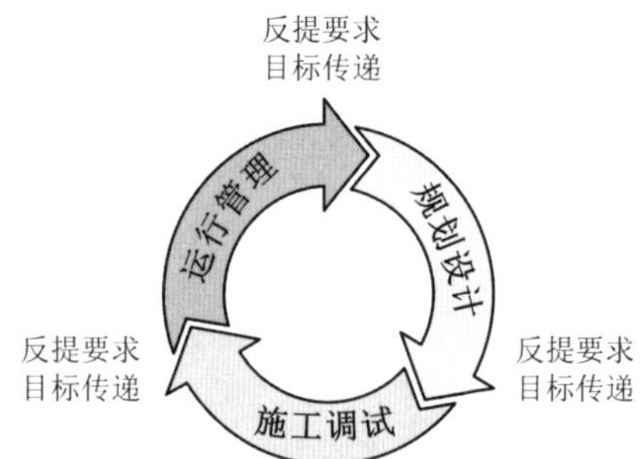


图9-7 全生命周期建筑能源管理体系

### 9.2.2 设计阶段建筑能源系统规划

设计阶段规定了项目需求和功能，能源投资具有80%以上的节约可能性。设计阶段建筑能源规划的主要任务是：实施需因地制宜，结合气候条件、区域能源政策、区域能源资源、能源价格等确定总体规划方案；结合能源需求选择合理的能源类型及匹配相应的能源系统；做好容量选择，避免因设计偏差造成大量资产冗余。

1. 气候条件分析

气候条件可以影响建筑能源形式或者同一种能源形式下配置差异、消耗能源的量比(即能源利用效率的差异)，最终将影响用户使用需求和满意度。从供冷时间和强度角度考虑，地域性气候因素特征显得尤为重要。例如，集中供冷系统的优势是冷源设备容量大和效率高，供冷时间越长这种优势就越明显。夏热冬暖南方地区的大型商业综合体，供冷时间超过8个月，采用集中供冷系统优势更加明显。

2. 区域能源政策

区域能源政策不一定影响未来建筑运行能耗，但决定了未来能源费用支出。例如，夏热冬暖气候区的商业综合体，采用集中供冷结合蓄冷系统，利用夜间低谷电价将电制冷机制造的冷量存蓄起来，在白天峰值电价时利用将夜间存蓄的冷量释放，节约了供冷的总费用。峰谷电价比值大(峰谷电价比>3∶1)、甚至有电价补贴的地区，采用冰蓄冷项目就更加适合。例如，深圳地区峰值电价是1.06元/千瓦时，冰蓄冷特惠电价是0.27元/千瓦时，峰谷电价比3.9∶1。

3. 能源类型匹配

能源类型选择主要考虑区域能源结构、能源价格、能源品质等因素。能源类型和建筑用能项的匹配情况，如表9-16所示。

表 9-16　　能源类型和建筑用能项的匹配情况

| 用能项＼类型 | 市政用电 | 市政用燃气 | 市政蒸汽或热水 | 可再生能源 |
|---|---|---|---|---|
| 照明 | √ | — | — | √（太阳能照明） |
| 空调 | √ | √（吸收制冷） | — | √（地源热泵） |
| 采暖 | √（电锅炉） | √（燃气锅炉） | √（市政热水） | √（地源热泵） |
| 生活热水 | √（电锅炉或小厨宝） | √（燃气锅炉） | √（市政热水） | √（太阳能热水） |
| 餐饮 | √（电气设备） | √（灶具） | — | — |

每个建筑用能项均能匹配多个能源系统。例如，建筑空调可以采用市政用电的常规冷机、市政燃气的吸收制冷，可再生能源的电驱动地源热泵。建筑用能的选择需考虑现场条件、初投资的影响，更重要的是结合未来的运行费用进行全面的分析和评估。

例如，北方某商业综合体（办公、商场、酒店等）项目可以采用电锅炉、燃气锅炉、市政采暖、地源热泵等多种采暖形式。设计阶段能源规划方案中，对上述采暖形式未来运行能耗费用进行了分析对比。北方某商业综合体项目不同采暖形式运行费用比较，如图 9-8 所示。

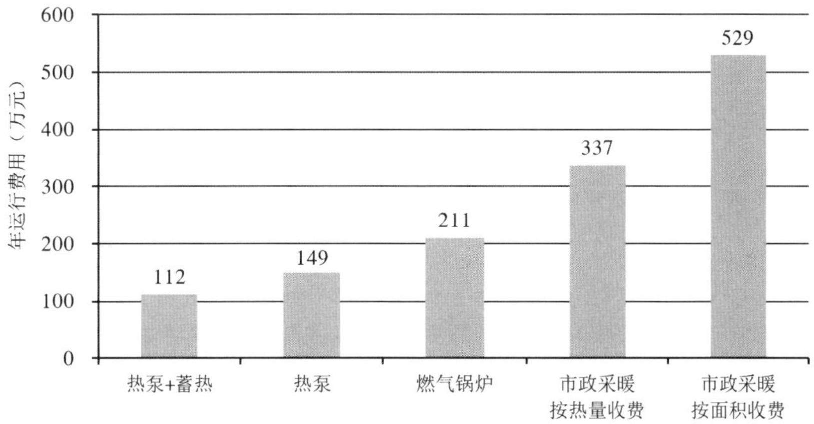


图 9-8　北方某商业综合体项目不同采暖形式运行费用比较

从图 9-8 可以看出，热泵系统优于燃气锅炉和市政采暖的方式。若采用热泵＋蓄热的方式，可在热泵方式基础上节约 20%的运行费用。

4. 用能设备容量选择

建筑主要用能设备容量选择及测算需参考同类型项目的实际运行数据，作为新建建筑用能设备容量测算的依据。例如，某商业地产公司通过对现有运行项目主要用能设备实际使用容量进行调研，提炼出建筑集中供冷容量的设计指标，应用于新的建筑用能设备容量选择及测算。与过去相比，建筑主要用能设备容量值降低了 20%以上，初投资节省了 20%以上。建筑集中供冷容量选择及实际运行指标对比，如表 9-17 所示。

表 9-17　　建筑集中供冷容量选择及实际运行面积指标对比

| 项目名称 | 设计面积指标（$W/m^2$） | 实际运行面积指标（$W/m^2$） |
|---|---|---|
| BJ-YDG | 163.0 | 95.6 |
| GZ-TKH | 286.8 | 150.1 |
| NN-WXC | 168.2 | 76.8 |
| HZ-WXC | 219.5 | 106.2 |
| SY-WXC | 231.3 | 53 |

### 9.2.3 施工阶段建筑能源系统调试

建筑能源系统调试是能源系统施工安装活动的系统化管理过程和技术体系。它包含功能调节(设备通电、点动等)→性能调节(设备性能曲线等)→系统优化调节(系统的综合性能)→自控实现(逻辑实现)→运行交接和培训五大环节,能够做到施工和运行保障性衔接,带来节能、舒适、保值增值等建筑能源系统性价值,产生可观的直接和间接经济效益。

工程施工和系统调试本为一体,二者不可或缺。但国内工程项目普遍简化成安装和调通。对近100栋各类大型公共建筑的调研发现,国内95%以上的项目没有开展系统完善的系统调试工作。其中,60%的建筑只进行安装检查和功能调试(设备调通),50%的建筑只进行联动调试(系统调通),15%的建筑进行过舒适和卫生调试(风平衡、热力平衡、PM2.5平衡检测等),仅有不到5%的建筑做过良好的智能化和节能调试工作(有数据指标,能效高,智能化运行)。大型公共建筑实施调试的统计数据,如图9-9所示。

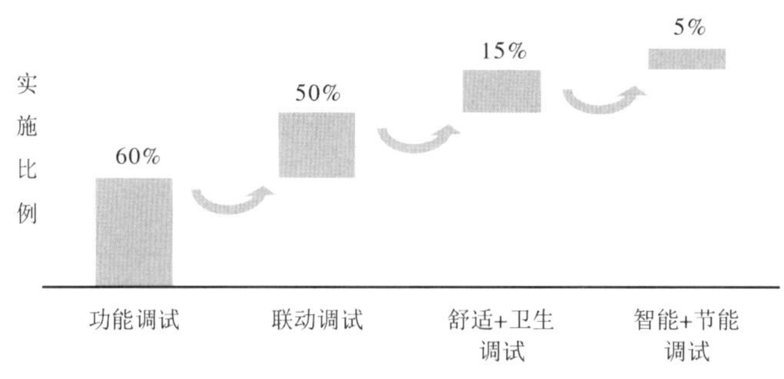


图9-9 大型公共建筑实施调试的统计数据

系统调试以数据量化系统调试目标为导向,分解成5大流程和相应分级目标,并加强实施过程管控。

1. 调试目标设定和分解

施工图是调试工作的依据。施工图完成阶段后,调试团队需要设定建筑主要用能设备调试验收的具体目标,一是作为甲方进行项目验收依据和调试的标准,可更明确的要求施工单位提高施工质量;二是通过不断对标(现状和目标对比)实现高质量的调试,保障顺利开业和高效节能运行。某高压离心式制冷主机调试目标,如表9-18所示。

表9-18 高压离心式制冷主机调试目标

| 序号 | 子项 | 调试目标 | 备注 | 参考资料 |
|---|---|---|---|---|
| 1 | 启动方式 | 自耦降压正常启动 | — | 招标文件 |
| 2 | 导叶阀开度 | 满负荷下导叶阀开度80% | — | 技术要求 |
| 3 | 电流/功率 | 显示值与测试值相符 | 滑动电位器位置正常 | 招标文件 |
| 4 | 冷媒量 | 冷机正常运行需求 | 窥液镜目测或冷媒称重 | — |
| 5 | COP | COP>5.6 | 额定工况下满负荷 | |
| 6 | (蒸发器、冷凝器)压降 | <73.3kPa | 额定流量下 | |
| 7 | (蒸发器、冷凝器)趋近温度 | <1℃ | 电机满负载工况下 | 项目部要求 |

2. 调试筹备和条件检查

施工安装阶段,按照施工图设定的调试目标,进行调试方案编制、组织架构落实、计划制订等一系列调试筹备工作,称为一级施工安装阶段的调试条件筹备。一级施工安装阶段的调试条件筹备内容(示例),如表9-19所示。

表 9-19　　一级施工安装阶段的调试条件筹备内容(示例)

| 工作时间 | 整体权重 | 检查类别 | 序号 | 检查项 | 子项满分 | 检查标准(施工图、施工规范、项目调试指引) | 检查区域范围 | 检查点数/量 |
|---|---|---|---|---|---|---|---|---|
| 开业前7个月 | 8% | 调试条件预设 | 1 | 施工图调试条件检查 | 24 | 调试阀门配置完备;预留测试点位;调试操作便捷 | 整个空调系统 | 主要单机设备和调节阀门 |
| | | | 2 | 调试方案 | 20 | 工作范围完整;调试方法可行;仪器配备符合要求;制订应急预案 | 整个空调系统 | 整个空调系统 |
| | | | 3 | 调试计划 | 20 | 工作计划可行;人员配备齐全 | 整个空调系统 | 整个空调系统 |
| | | | 4 | 设备采购清单 | 16 | 冷站设备、空调末端设备、空调系统阀门及配件的设备参数与施工图、招投标文件一致 | 整个空调系统 | 整个空调系统 |
| | | | 5 | 机房、管线预留预埋 | 10 | 与施工图一致;若有变更需提供依据且便于调试 | 主要机房和管线 | 主要机房和管线 |
| | | | 6 | 临水、临电供应 | 10 | 能够满足样板调试的需求 | 样板 | 样板层和样板设备 |
| | 2% | 文件归档 | 1 | 上述文件归档,形成纸质和电子版 | 100 | 符合调试指引要求 | — | — |

其次,如调节阀门是否到位、风量测试孔等是否齐备等必要的调节测试手段属于具体技术条件,称为二级施工安装阶段的调试条件筹备。二级施工安装阶段的调试条件筹备内容(示例),如图 9-10 所示。

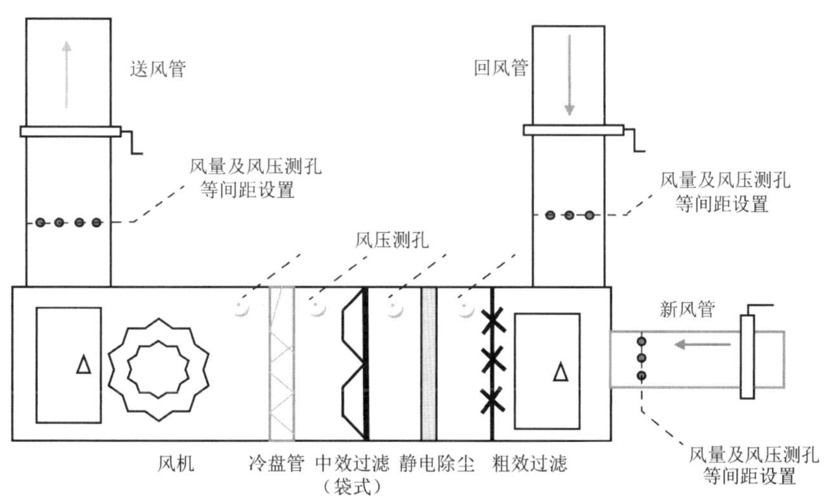


图 9-10　二级施工安装阶段的调试条件筹备内容(示例)

## 3. 设备单机调试

设备单机调试包括设备性能化调试和发现问题整改后的复查。此阶段需要完全对照设定的调试目标,如有偏差则需要及时调整目标,以保障用能设备性能。

例如,某空调系统单机调试时中风机风量进行现场实测数据检测,发现多台空调系统中风机风量在设计值 80%以下。空调风机实测风量与设计值比较缺失,如图 9-11 所示。经检查是外部条件风道施工不合理,导致机外阻力系数增大,影响空调舒适度,同时增加空调系统中风机的运行能耗。实测与额定机外阻力系数比较,如图 9-12 所示。

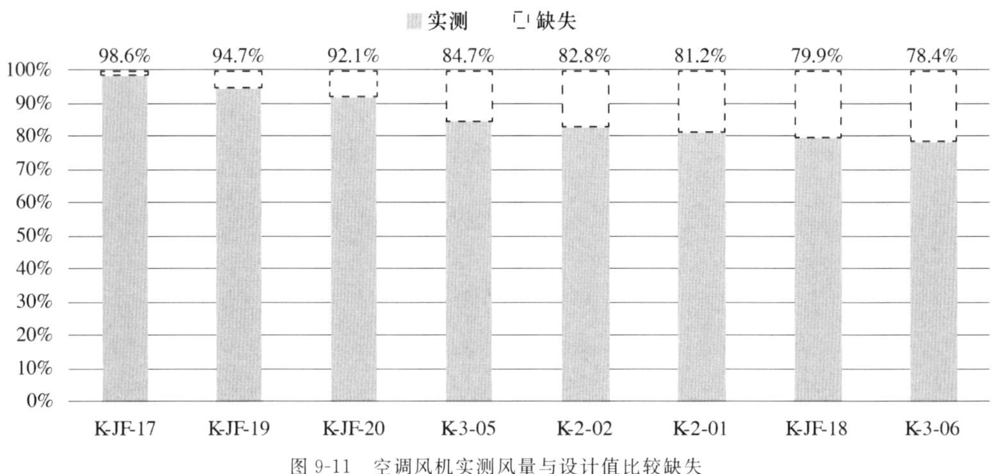

图 9-11 空调风机实测风量与设计值比较缺失

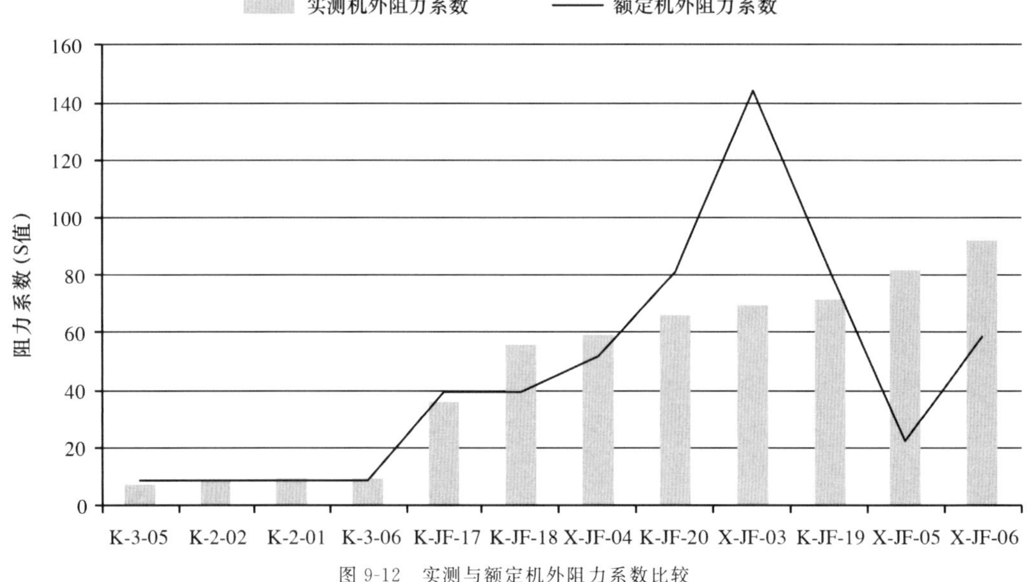

图 9-12 实测与额定机外阻力系数比较

4. 系统联动调试

系统联动调试阶段不应只停留在调通阶段,而是要保障达到调优和系统化调试。例如,集中供冷结合冰蓄冷系统需要进行蓄冰、融冰、联合供冷、联合放冷等多种工况的运行和效果验证。结合气候条件引起的负荷条件变化,给出不同的运行策略。负荷条件变化下集中供冷冰蓄冷空调系统运行策略,如表 9-20所示。

表 9-20　　负荷条件变化下集中供冷冰蓄冷空调系统运行策略

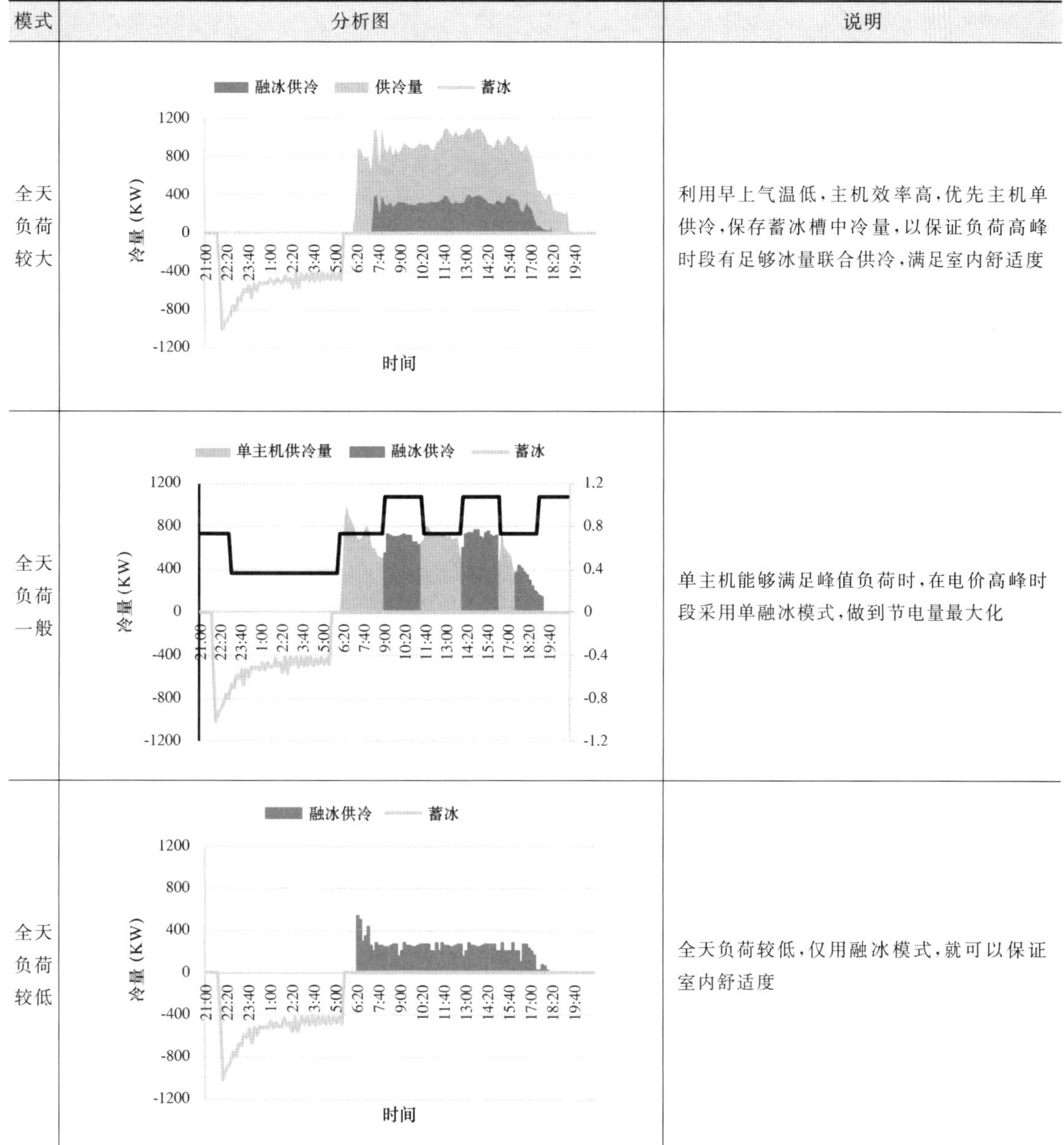


| 模式 | 分析图 | 说明 |
|---|---|---|
| 全天负荷较大 | | 利用早上气温低，主机效率高，优先主机单供冷，保存蓄冰槽中冷量，以保证负荷高峰时段有足够冰量联合供冷，满足室内舒适度 |
| 全天负荷一般 | | 单主机能够满足峰值负荷时，在电价高峰时段采用单融冰模式，做到节电量最大化 |
| 全天负荷较低 | | 全天负荷较低，仅用融冰模式，就可以保证室内舒适度 |

调试阶段如遇冰蓄冷、VAV（全空气变风量系统）、复杂水系统等，需要调试团队给工程机电分包方提供样板调试示范，并进行调试培训。

5. 开业移交

开业移交包括开业前和开业初期的共管运行指导、培训和协助移交运行。调试团队提供系统运行管理指导和培训，保障复杂系统顺利并交接给运行团队。某商业广场开业移交阶段工作分工，如表 9-21 所示。

表 9-21 某商业广场开业移交阶段工作分工

| 工作专项 | 业主方 | 运行团队 | 调试顾问 |
| --- | --- | --- | --- |
| 联合运行前准备工作 | · 锅炉通气调试(需要厂家到场开机和培训);<br>· 安排打开待开业商铺末端阀门;<br>· 检查所有设备的电气、基础运行条件等运行相关条件等;<br>· 水系统补水、统一排气;<br>· 做好漏水等应急预案 | · 了解调试过程,熟悉操作;<br>· 协调打开商铺阀门等;<br>· 配合做运行检查;<br>· 提前准备应急预案;<br>· 检查主要通道,门窗等,供暖前提前做好封闭;<br>· 检查餐饮租户的补风、排风机正常开启 | · 见证锅炉调试;<br>· 监测数据;<br>· 检查各项联动条件 |
| 热源+水系统联合运行 | · 运行:负责开关机、运行记录、阀门开关等;<br>· 巡检及应急:水系统巡检 | · 配合运行:协调商铺开启水阀等;<br>· 配合巡检及应急:协调检查并解决现场问题 | · 指导联合运行;<br>· 监测分析运行数据(热量及分配等) |
| 风系统 | · 运行:负责开关机、运行记录、阀门开关等;<br>· 巡检及应急:系统巡检 | · 配合运行:熟悉现场配合运行;<br>· 配合巡检及应急:配合巡检 | · 配合运行和检查 |
| 室内环境监测巡查 | · 解决报冷区域的采暖问题 | · 巡查公共区域、重点商铺区域,测试室内环境温度,做记录 | · 测试公共区域、重点商铺区域,测试室内环境温度,做记录 |
| 现场巡查和应急 | · 爆管、漏水隐患等应急处理;<br>· 停电等临时事件处理 | · 配合处理各项应急事件处理 | · 配合运行和检查 |

### 9.2.4 使用阶段建筑能源管理

建筑能源管理是全生命周期建筑能源管理的最后一个阶段,也是控制长期能源消耗的关键阶段。通过理论和实战经验总结,总结出使用阶段建筑能源管理流程及其四大关键要素。使用阶段建筑能源管理流程,如图 9-13 所示。

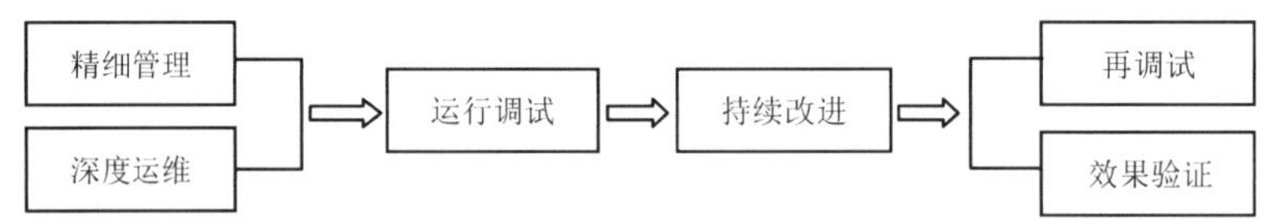


图 9-13 使用阶段建筑能源管理流程

#### 1. 精细管理与深度运维

建筑能源管理的核心是保障系统持续健康。通过精细管理和深度运维,可保障系统健康,并实现基础能源管理的合理控制。

据数据分析,精细管理可以减少 3%~5%的建筑能源费用支出。例如,照明系统根据照度来调节亮度和开关,根据季节调控新风量,空调系统根据人员的数量进行动态的开关策略编制等。物联网技术的发展,使传感器代替人实现更加精细化的检测和管理动作,实现真正的精益管理。

深度运维区别于功能性运维工作。它应用长期持续的数据化运维管理机制,通过大量的 KPI 指标进行系统健康管理。深度运维也可以减少 3%~5%的建筑能源费用支出。冷机蒸发器趋近温度变化及冷机冷凝器趋近温度变化,如图 9-14 所示。发现蒸发器及冷凝器趋近温度偏高,而后进行了深度运维(清洗和增加制冷剂),改善了建筑用能设备的运行状况。每年可以减少 50 万元的建筑能源费用支出。

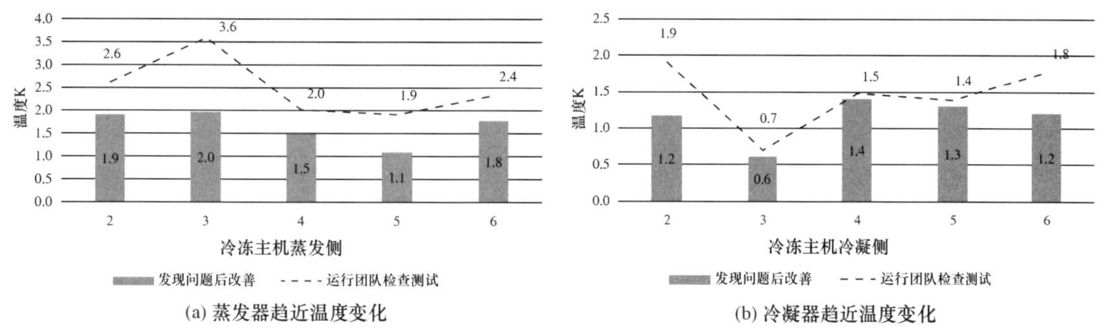


(a) 蒸发器趋近温度变化　　(b) 冷凝器趋近温度变化

图 9-14　冷机趋近温度变化

## 2. 系统运行调试

系统运行调试是施工调试的延续，不仅是真实需求下的调试，这常常也是持续的过程。建筑能源系统会根据建筑空间布局的变化情况做调整。例如，某大型商业综合体在开业后持续 3 年对空调水系统平衡进行调试优化，冷冻水系统供、回水温差从 3.1K 提升至 6.8K，水泵自动变频且实现了系统大温差运行，减少约 80 万元的建筑能源费用支出。空调水系统平衡调试优化数据分析，如表 9-22 所示。

表 9-22　空调水系统平衡调试优化

| 时间 | 数据分析图 | 结论 |
|---|---|---|
| 第 1 年 | 总管<br>1#立管<br>2#立管<br>4#立管<br>6#立管<br>9#立管<br>1#风柜房<br>2#风柜房<br>3#、4#风柜房<br>5#、6#风柜房<br>0 1 2 3 4 5 6 7 8<br>温差K | · 总供回水温差约为 3.1K<br>· 立管水力不平衡，各立管温差的标准差为 1.6K |
| 第 2 年 | 酒店总<br>酒店2<br>塔楼二2<br>塔楼二1<br>塔楼-2<br>塔楼-1<br>裙楼8<br>裙楼7<br>裙楼6<br>裙楼5<br>裙楼4<br>裙楼3<br>裙楼2<br>裙楼1<br>0.00 1.00 2.00 3.00 4.00 5.00 6.00 7.00 8.00 9.00 10.00<br>温差K | · 通过水力平衡调节，总供回水温差提高至 5.8K<br>· 各立管温差的标准差为 1.7K，水力不平衡问题仍然存在 |
| 第 3 年 | 酒店总<br>酒店2<br>酒店1<br>塔楼二2<br>塔楼二1<br>塔楼-2<br>塔楼-1<br>裙楼8<br>裙楼7<br>裙楼6<br>裙楼5<br>裙楼4<br>裙楼3<br>裙楼2<br>裙楼1<br>总回水温差<br>0.00 2.00 4.00 6.00 8.00 10.00 12.00<br>温差K | · 总供回水温差进一步提高至 6.8K<br>· 各立管温差的标准差为 1.4K，水力平衡状况进一步改善 |

3. 持续改进

随着新技术和设备成本不断降低，在确保经济性的前提下减少建筑能源管理费用，可按计划采用新技术或设备对既有建筑进行改造和升级。例如，地下车库进行 LED 照明和雷达灯管改造，可节约 50%以上的照明电费。磁悬浮制冷设备成本高于常规制冷设备 100%，其应用受到一定限制，但如果将磁悬浮机组在大系统内进行优化配置，可以发挥其部分负荷高效率运行的特点，在没有大幅增加投入成本的前提下，产生最佳性价比节能收益，并可将静态投资回收期控制在 3 年之内。

4. 再调试与效果验证

再调试与效果验证，形成了单一改进专项的闭环管控流程。新技术和设备需要进行不断的调试和摸索，以期达到预计节能效果。这过程中需要不断测试、记录和分析数据，验证新投入的改造设备、系统具有高效性、舒适性。例如，某大型集中供冷系统实现持续的调试与效果验证，集中供冷系统能效逐年提升。某大型集中供冷系统持续调试与效果验证数据，如图 9-15 所示。

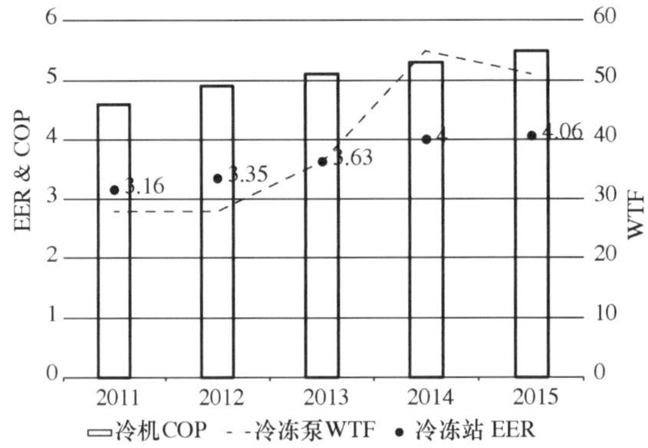


图 9-15 某大型集中供冷系统持续的调试与效果验证数据

**知识链接**

更多建筑能源消耗案例，请访问设施管理门户网站 FM Gate—FM 智库—研究报告—外文译述：一种支持办公楼运行决策的能量信号工具。

## 9.3 建筑能源管理诊断

建筑能源管理诊断是通过检查能源活动、审核与分析能源数据、审视组织能源管理工作成效和签订合同能源等手段，对能源使用情况进行评估与分析，对能源管理状况进行定位，实现能源的节约与合理有效利用。其内容包括能源审核、能源分析、能源矩阵以及合同能源管理。

### 9.3.1 建筑能源审核

建筑能源审核是一个有效的能源管理工具，它是指由专业的能源审计人员受政府主管部门或业主的委托，根据国家有关节能法规和标准，对建筑的部分或全部能源活动进行检查、诊断、审核，对能源利用的合理性做出评价，并提出改进措施的建议。

1. 建筑能源审核形式

根据企业的要求不同，建筑能源审计的工作范围也有所不同。一般可将建筑能源审核分为以下三种形式。

1) 初步审核(Preliminary Audit)

初步审核又称简单审核(Simple Audit)或初级审核(Walk-through Audit)。其特点是能源审核的对象比较简单，花费时间较短。在初步审核中，只与运行管理人员进行简单的交流，对主要用能建筑和基本情况进行调查，掌握用能建筑的总体情况，并简要审查建筑的能源账目，对节能改造成本、节能效益和节能项目的投资做出概算，数据准确度在±40%以内。

2）一般审核(General Audit)

一般审核要收集更多的建筑运行数据，对建筑节能措施进行比较深入的评价。因此，必须收集12～36个月的能源费用账单，才能正确评价建筑的能源需求结构和能源利用状况。此外，还需进行一些现场实测，并与运行团队深入交流。一般审核可以做出节能措施的详细财务分析，数据准确度在±20%以内。

目标审核(Target Audit)是一般审核的一种形式，又称单一审核(Single Purpose Audit)。如果在初步审核的基础上，发现建筑的某一个系统有较大的节能潜力，需要进一步分析，则需要进行目标审核。审核目标一般只针对一、二个系统展开，但做得比较仔细。例如，照明系统单一审核，需要详细了解楼内所有照明建筑的种类、数量、性能和使用时间，并抽样测试室内照度水平，计算实际照明能耗，分析改造后的节能率、投资回报率和室内光环境改善程度等。

3）高级审核(Comprehensive Audit)

高级审核又称详细能源审核(Detail Audit)或投资级审核(Investment-grade Audit)，是一般审核的扩展。它要提供现有建筑和经节能改造后建筑能源特性的动态模型。一般运用数学模型或专业软件对节能项目的效益进行准确评估，计算其投资回报(准确率在±10%以内)，以支持具体投资决策。此外，还需充分估计节能项目的各种风险因素，如气候的变化、建筑功能的转变、能源费率的提高等，做出多个应变方案。

组织在选择究竟需要对建筑进行何种审核时，一般需要考虑一系列问题。建筑能源审核形式问题清单，如表9-23所示。

**表9-23　建筑能源审核形式问题清单**

| 序号 | 问题 | 回答“是” | 回答“否” |
|---|---|---|---|
| 1 | 您是否仅需对建筑的能源项目做一次粗略的分析？ | 初步审核 | 一般能源审核或高级能源审核 |
| 2 | 您是否已经做过一次能源审核？ | 对已有的审核结果进一步完善 | 三种审核皆有可能 |
| 3 | 您是否已经采取了节能措施？ | 针对尚未分析过的特定项目进行单一审核 | 三种审核皆有可能 |
| 4 | 您是否只有有限的经费用于能源审核？ | 初步审核或一般审核 | 高级审核 |
| 5 | 您是否知道您希望实施什么项目？ | 单一审核 | 初步审核或高级审核 |
| 6 | 您是否想得到一份建筑的能源规划文件？ | 高级审核 | 初步审核或一般审核 |
| 7 | 您是否很关心节能量和成本？ | 高级审核 | 单一审核 |

在国外，根据建筑规模的不同，选择不同形式的能源审核费用也有所不同。不同级别能源审核费用标准，如表9-24所示。

**表9-24　不同级别能源审核费用标准**　单位：(单位：美元)

| 组织规模 | 初步审核 | 一般审核 | 高级审核 |
|---|---|---|---|
| 小规模(耗电量＜200MWh p. a.) | 500～1000 | 1000～3000 | 3000～10000 |
| 中等规模(200 MWh p. a.＜耗电量＜3000MWh p. a.) | 1000～2000 | 2000～5000 | 5000～25000 |
| 大规模(耗电量＞3000MWh p. a.) | 2000～5000 | 5000～25000 | ＞10000 |

### 2. 建筑能源审核报告

建筑能源审核报告是建筑能源审核的成果总结。对于高级审核，其建筑能源审核报告正文可包括五个部分。若是选择采用初级审核或一般审核的形式，审核员可以根据需要，删略没有涉及的项目，以缩减报告的篇幅。建筑能源审核报告内容，如表9-25所示。

表9-25 建筑能源审核报告内容

| 序号 | 章/节目录 | 具体内容 |
|---|---|---|
| 1 | 引言 | |
| 1.1 | 经审核的设施基本数据 | 楼层数目、楼面面积、用途、使用率、运作时间、建成年份等；同时，应以附件形式附上平面图和示意图 |
| 1.2 | 审核目标 | 研究建筑的能源消耗量以鉴定可实施的EMO、设定能源节约目标、考虑制订长远能源管理计划等 |
| 1.3 | 审核范围 | 包括准备检查的装置，如暖通空调装置、电力装置、升降机和自动梯系统、水管装置和排污系统，及任何其他特别设备和系统；审核的深入程度；涉及的各方人士(使用者、设施管理部门、操作及维修人员等) |
| 1.4 | 审核小组的成员 | 审核小组的成员，以及所聘用的审核顾问(如有) |
| 2 | 经审核设备和系统的说明 | |
| 2.1 | 系统分区布局 | 根据设备/系统高度或用途而编制的系统分区布局 |
| 2.2 | 各场地的暖通空调装置 | 系统类型，例如配备可变风量、恒定风量或盘管式风机等；控制器类型；冷却装置和泵数目；排热方式等；各项有关装置的位置 |
| 2.3 | 照明装置 | 不同场地所采用的照明类型、控制器类型，及分区布局 |
| 2.4 | 电力装置 | 变压器和低压主配电盘数目，以及各项有关装置的位置、尺寸或主配电缆和总线的额定值 |
| 2.5 | 升降机及自动梯装置 | 功率、分区布局、数量、服务的楼层和场地、控制器类型及驱动器类型 |
| 2.6 | 水管装置和排污系统 | 系统类型、布局、数量、控制类型等 |
| 2.7 | 热水系统 | 系统类型、布局、数量、控制类型等 |
| 2.8 | 其他主要耗能设备和系统 | 系统类型、布局、数量、控制类型等 |
| 3 | 审核结果 | |
| 3.1 | 将审核结果有系统地记录 | 例如，按系统类型排序(如先列示暖通空调装置，然后是照明装置等)，或按楼层排序(如由最低层至顶层)，或按用途排序(如一般办公室、私人办公室、公用走廊、升降机大堂等) |
| 3.2 | 有特别需求的楼层和场地的相关说明 | 如需要24小时全日运作、必须设定低温的计算机房等 |
| 3.3 | 有关冷却装置负荷、热负荷、照明负荷、电负荷及每年耗能量的计算 | 应以附件形式提供详细计算 |
| 3.4 | 对操作和维修程序及相关实务的审核结果 | — |
| 3.5 | 根据相关结果初步鉴定的潜在EMO | — |

续表

| 序号 | 章/节目录 | 具体内容 |
| --- | --- | --- |
| 4 | 能源管理机会分析 | |
| 4.1 | 差异分析 | 根据原设计(若可取得资料)及实际现场测量所得数据,对设备和系统的实际表现进行比较,以找出任何差异及导致此等差异的原因 |
| 4.2 | 潜在的 EMO 及相关的支持依据 | 应以附件形式提供可达到能源节约量的计算结果及详细说明 |
| 4.3 | 实施 EMO 的成本 | 应注明相关的参考编号,而每个审核结果应给予一个参考编号、详细计算结果,同时应以附件形式提供平面图和设计原理图 |
| 4.4 | 分析不同方案 | 在适当情况下,比较同一 EMO 的不同解决方案 |
| 4.5 | EMO 分类 | 可将 EMO 分为Ⅰ、Ⅱ或Ⅲ类 |
| 4.6 | 有系统地列示各项 EMO | 例如,按系统类型排序(如先列示暖通空调装置,然后是照明装置等),或按楼层排序(如由最低层至顶层),或按用途排序(如一般办公室、私人办公室、公用走廊、升降机大堂等); |
| 4.7 | EMO 的实施 | 实施 EMO 的时间表;鉴定需要进一步研究的场地(如有);说明实施 EMO 需涉及的有关人士,以及可能遇到的困难和克服这些困难的方法 |
| 4.8 | 总结 | 列示每项 EMO 的初期投资金额及回收期 |
| 5 | 建议相关项目归纳一起,或根据设施的类型(Ⅰ,Ⅱ或Ⅲ类)分列 | |
| 5.1 | 每项 EMO 的初期投资金额及回收期 | — |
| 5.2 | 各项建议的一览表 | — |
| … | …… | …… |

3. 能源管理机会

在能源审核中,那些有效提高节能效果的措施可以被统称为能源管理机会(Energy Management Opportunities,EMO)。根据建筑能源管理成本费用和实施复杂程度,EMO 可以分为Ⅰ,Ⅱ,Ⅲ类。EMO 分类,如表 9-26 所示。

表 9-26 EMO 分类

| 类别 | 成本费用、实施复杂程度 |
| --- | --- |
| Ⅰ类 | 不需要任何投资。通常包括一般的内务管理措施,例如在房间闲置时关闭空调和照明、调整空调温度的设定值等 |
| Ⅱ类 | 需要少量投资。例如,安装计时器来关闭设备,用 T5 荧光灯管代替 T8 荧光灯管等 |
| Ⅲ类 | 需要较大投资。例如安装可变速驱动器、安装功率因数校正设备、更换冷冻机等 |

通过能源审核,可以找出许多能源管理机会,有些能源管理机会可以即时推行,而且花费无几,有些能源管理机会则可能需要较大的投资。因此,在落实推行能源管理机会之前,应衡量能源管理机会的成效,以决定是否值得推行。空调系统、照明系统和电气系统 EMO 节能效果(示例),分别如表 9-27、表9-28 和表 9-29 所示。

表 9-27 空调系统 EMO 节能效果(示例)

| 序号 | 审核结果 | EMO | 节能效果 |
|---|---|---|---|
| 1 | 空调系统一能源管理机会Ⅰ类 | | |
| 1.1 | 非办公时间空调仍开着 | 由走出房间的最后一个人或者安装计时器来关掉空调设备 | 下班期间不必要的能源消耗 |
| 1.2 | 夏季时空调的温度太低。例如,房间温度量度为21℃ | 设定自动调温器的设定温度为合适温度。例如,设定24℃,或者修理/更换损坏的自动调温器 | 10%～30% |
| 1.3 | 空调运行时门窗仍然打开 | 关闭门和窗 | 5%～20% |
| 1.4 | 隔尘网和空气处理机组的空气压力损失太大 | 清洗隔尘网 | 风扇功率的5%～20% |
| 1.5 | 制冷机在非夏季情况下出水温度为6℃ | 重新设定出水温度为8℃ | 制冷机功率的3%～6% |
| 2 | 空调系统一能源管理机会Ⅱ类 | | |
| 2.1 | 阳光猛烈时,窗户没有百叶或者百叶没有关上 | 安装或者关上百叶 | 5%～30%的制冷量,并抵消从窗户进入的太阳热能 |
| 2.2 | 空气处理机组的检修门和风管系统漏风(约3%) | 验明和维修检修门以及风管系统中漏风的垫圈 | 风扇功率的3% |
| 2.3 | 冷冻水泵密封套渗水过多 | 检查和改善转轴的密封情况 | 每分钟1升的渗漏水意味着每年1000kWh的能源消耗 |
| 2.4 | 空气压力不平衡造成部分区域过冷 | 添加适当的风闸,平衡送风系统 | 15%～25% |
| 2.5 | 冷冻水压力不平衡造成部分区域的过冷 | 添加适当的阀门,平衡冷冻水系统 | 15%～25% |
| 3 | 空调系统一能源管理机会Ⅲ类 | | |
| 3.1 | 窗户暴露于猛烈的阳光中 | 采用太阳隔热膜 | >20% |
| 3.2 | 锅炉有25%的过量空气(燃烧时) | 调整过量空气到10% | 1.5% |
| 3.3 | 空气处理机组的空气流量是用入口风叶控制的可变风量控制 | 添加变压变频的变速驱动器 | 风扇功率的10%～30% |
| 3.4 | 采用恒速马达驱动的二级冷冻水泵 | 添加变压变频的变速驱动器(在下游的关键点安装控制用的感应器,并用一个能够保证远端的风机盘管在低用量时仍有足够的压力的设定值) | 水泵功率的10%～30% |

表 9-28 照明系统 EMO 节能效果(示例)

| 序号 | 审核结果 | EMO | 节能效果 |
|---|---|---|---|
| 1 | 照明系统一能源管理机会Ⅰ类 | | |
| 1.1 | 走廊区域的亮度为 500lx(亮度过高),但是没有翻新的资金 | 将一些灯管的供电中断,使亮度降低到一个合适的水平,如 100lx. | 走廊照明用电量的 15～30% |
| 1.2 | 靠近窗户的灯光于白天仍然开着,使亮度超过 700lx. | 通过以下措施使亮度维持在 500lx:关闭靠近窗户的灯管;如果内部照明和靠近窗户的灯管共享一个控制开关,可重装电线,在两个区域分别设置独立的开关;如果适合的话,用感光器来光控开关,以替换靠近窗户的灯具的镇流器 | 窗旁照明用电量的 20%～30% |
| 2 | 照明系统一能源管理机会Ⅱ类 | | |
| 2.1 | 现存照明系统(例如出口指示灯)中采用 T12/T10 荧光灯管 | 用 T8 荧光灯管代替(不适合用于快速启动型) | 10% |
| 2.2 | 使用 T8 荧光灯照明 | 用 T5 型荧光灯代替 | 30%～40% |
| 2.3 | 人手控制开关的照明系统 | 添加客户感应器 | >20% |
| 2.4 | T8 荧光灯管配合电磁镇流器使用 | 把电磁镇流器更换为电子镇流器 | 20%～40% |
| 2.5 | 使用白炽灯泡 | 更换为紧凑型荧光灯,或者更换为荧光灯管照明 | 80%(如果房间有空调的话,还可抵消白炽灯泡所释放的热量) |

表 9-29 电气系统 EMO 节能效果(示例)

| 序号 | 审核结果 | EMO | 节能效果 |
|---|---|---|---|
| 1 | 电气系统一能源管理机会Ⅲ类 | | |
| 1.1 | 马达功率超出所需 30% | 用较小、合适功率的马达代替;<br>添加变压变频的变速驱动器 | 5%;<br>50% |
| 1.2 | 整体功率因数为 0.8 | 提高到最少为 0.85 | 尽量降低配电网络的 $I^2R$ 损失 |
| 1.3 | 总谐波失真率为 30% | 添加滤波器来降低额定负载情况下电路电流的谐波失真 | 尽量降低配电网络的 $I^2R$ 损失 |

### 9.3.2 建筑能源分析

根据已经掌握的资料能源数据,筛选和发掘出那些偏离预期或要求数值或趋势的各项参数。建筑能源分析的主要工作包括数据标准化、能源消耗概况分析和能源使用指数分析等。

1. 数据标准化

在建筑的各种能源账单上,测定能源用量的日期可能每月不一样。为了能够更准确比较,处理方法是将这些数据予以标准化,转换为同一日期的数字。一般可透过每月指定一个“共同记录日”来将资料予以标准化。

例如,大部分账单的读表日定于每月 8 日,反映一个月的能源消耗量的周期就由该月 9 日开始,至下月 8 日结束。

假设4月5日至5月5日(31天)的煤气用量为1000单位,而5月6日至6月6日(32天)的煤气用量则为1100单位。4月9日至5月8日(30天)的标准化用量计算如下:

1000/31×27(4月9日至5月5日)+1100/32×3(5月6日至5月8日)=974(单位)

2. 年、月能源消耗概况分析

能源消耗概况分析就是根据过去若干年的能源账单(取3年或以上的数据最理想),估计建筑物的年度或月度能源消耗量。一般可按若干年内每月能源消耗量绘制图表,从中观察过去数年的规律或整体趋势,反映能源消耗量的正常季节性波动。更重要的作用是任何偏离趋势的情况都可能显示某些设备和系统并非有效率地运作,因而有必要对它们进行更详细检查,以便找出更多潜在EMO。

3. 能源使用指数分析

能源使用指数是指单位建筑物楼面面积的全年能源消耗量,反映的是不同建筑物楼面面积燃气、石油气和柴油等能源的消耗量;而对于主要使用电力能源的商业建筑,由于其他能源使用量较少,因此常用建筑能源表现系数来反映单位建筑面积的全年电力消耗量。建筑能源使用指数和能源表现系数均用于比较同类性质设施的能源消耗量。其计算方法公式为

$$P=\frac{Q}{S} \tag{9-1}$$

式中 $P$——建筑能源使用指数/建筑能源表现系数。一般情况下,如果没有特别注明某个月份,能源使用指数或建筑能源表现通常代表全年指数。

$Q$——全年能源消耗量;建筑能源使用指数中指全年燃气、石油气和柴油等能源的消耗量(单位:MJ);建筑能源表现系数中指全年电力消耗量(单位:kW/h)。

$S$——建筑物楼面面积(单位:$m^2$)。

香港政府办公楼能源使用指数和能源表现参数,如表9-30所示。

**表9-30 香港政府办公楼能源使用指数和能源表现参数**

| 办公楼宇 | 建筑楼面面积($m^2$) | 能源使用指数($MJ/m^2$) | 能源表现参数($kW\cdot h/m^2$) |
|---|---|---|---|
| 1 | 109000 | 1150 | 320 |
| 2 | 109000 | 940 | 260 |
| 3 | 62000 | 970 | 270 |
| 4 | 55000 | 1080 | 300 |
| 5 | 24000 | 1010 | 280 |
| 6 | 16000 | 1120 | 310 |
| 7 | 15000 | 650 | 180 |
| 8 | 11000 | 860 | 240 |
| 9 | 7000 | 790 | 220 |
| 10 | 4000 | 680 | 190 |
| 11 | 3000 | 970 | 270 |

**【案例9-1】**

某科技园由两部分组成:一部分为办公区(A区),由五栋楼组成,分别为办公楼、餐厅及会议中心、设备机房、数据中心、地下室机房和停车场等,共61090$m^2$;另一部分为研发中心(B区),由东、中、西三翼建筑组成,总建筑面积4383$m^2$。东西翼为实验室,不同实验室有如下特点,24h运行,恒温恒湿要求,室内负压要求等。中楼为办公楼,一层为展厅。

该科技园建筑能耗由3部分组成:

用电:空调末端、空调冷暖、水泵、照明、电梯、办公设备等。

燃油：锅炉（空调热泵、热水供应）。

用水：生活用水、空调补水、厨房用水等。

现以A区为例，对能源审计数据进行分析。

A区能耗分析：

用电方面：A区主要能耗变化取决于空调能耗，可以看出每年1至4月及12月电耗变化不大，在6至10月份是用电高峰期，而在5月份及11月份属于上海地区的过渡季节，尚须为室内提供冷气但负荷已大大降低。A区月度耗电统计图，如图9-16所示。

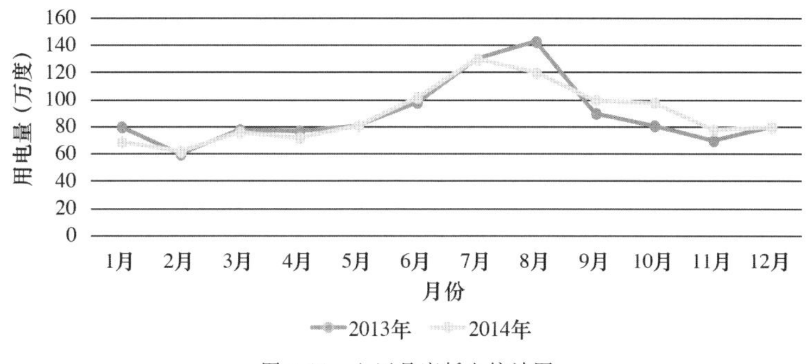


图9-16 A区月度耗电统计图

用水方面，7至9月用水量最高，主要是因为空调用水增加，以8月最高用水量与4月的用水记录计算两者的差值为4718吨，即夏季通过空调冷却塔蒸发的水量约为4718吨。在夏季条件下，水的汽化潜热约为2257kJ/kg，开式横流式冷却塔在设计工况下的汽化散热占比约为80%，则经过计算可知夏季8月时，空调耗水量约为3000吨，在夏季工况下，其他方面的用水习惯增加了约1700吨。而在2014年11月份出现了用水量达到8002吨的情况，应属于出现异常情况而导致的用水量增加。A区月度用水统计图，如图9-17所示。

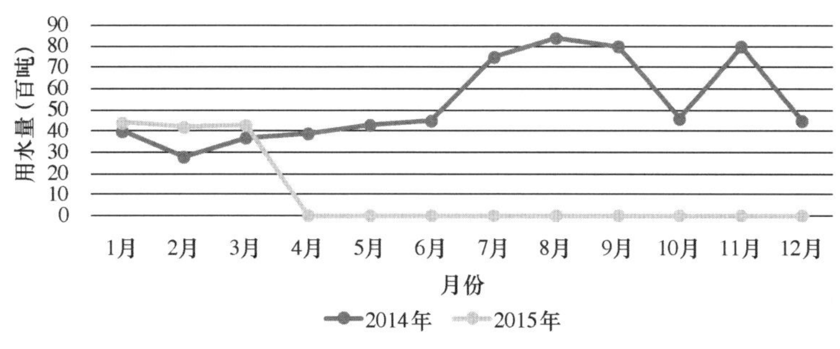


图9-17 A区月度用水统计图

用燃油分布状况，2014年5月和8月消耗了60t轻质柴油，其主要为供应健身房和厨房，假定冬季消耗的热水量与夏季一致，则每年供应健身房和厨房的生活热水所消耗的轻质柴油约为120t，而全年的轻质柴油的消耗量为310t，则全年空调系统消耗的轻质柴油约为190t。轻质柴油的热值按42,652kJ/kg计，全年供热天数以105天计，可计算热负荷平均值为29.6W/m$^2$。处于上海地区空调热负荷平均值。月度用油统计表，如表9-31所示。

表 9-31 月度用油统计表

| 月份 | 2013 | | 2014 | |
|---|---|---|---|---|
| | 消耗量(t) | 金额(万元) | 消耗量(t) | 金额(万元) |
| 1 | 50 | 43 | 100 | 86.25 |
| 2 | 50 | 43 | 50 | 42 |
| 3 | 45 | 34.4 | 50 | 42 |
| 4 | — | — | — | — |
| 5 | 30 | 24 | 30 | 24.9 |
| 6 | — | — | — | — |
| 7 | — | — | — | — |
| 8 | — | — | 30 | 24 |
| 9 | — | — | — | — |
| 10 | 30 | 25.5 | 50 | 38 |
| 11 | 50 | 42.5 | — | — |
| 12 | 50 | 43.5 | — | — |
| 总计 | 305 | 255.9 | 310 | 257.15 |

分项能耗的计算：

本项目的空调系统为全空气式系统，末端能耗较高，该类系统末端设备的耗电量一般为冷负荷峰值时段整个空调系统的 25%左右，而空调系统除末端设备外的耗电量约为 2273kW，则可知末端设备的电耗约为 758kW，约为 20 万度。因该园区特性，末端设备在全年都应开启运行，所以全年每个月的耗电量应该基本一致，空调末端设备的耗电量约为 240 万度。以 2014 年 8 月份为计算依据，空调能耗随着运行季节的变化而变化，而办公用电、照明、电梯等耗电基本不会有较大差异，由此可以判断，全年非空调用电约为 552 万度，2014 年的空调用电约为 519 万度，空调用电占整个建筑用电的比例约为 48.5%。

通过上述分析可知空调耗电占总能耗的比例约为 49%，照明系统为 12%，电梯系统为 6%，办公设备约为 14%，照明设备约为 8%，其他设备为 11%。

厨房和健身房等热水消耗的柴油为 120 吨，计算费用为 90 万元。电费部分，按平均 1 元/度计算。各项设备和系统能耗及费用占比，如表 9-32 所示。各项设备和系统能耗费用结构，如图 9-18 所示。

表 9-32 各项设备和系统能耗及费用占比

| 能源项目 | 用量 | 费用(万元) | 费用占比 |
|---|---|---|---|
| 市政供水(t) | 62935 | 31.44 元 | 2.3% |
| 热水(消耗柴油)(kg) | 120000 | 90 元 | 6.7% |
| 空调(电＋柴油) | 5190000kW·h＋190000kg | 661.5 元 | 49.6% |
| 照明(kW·h) | 1354000 | 135.4 元 | 10.1% |
| 电梯(kW·h) | 614000 | 61.4 元 | 4.6% |
| 办公设备(kW·h) | 1507000 | 150.7 元 | 11.3% |
| 厨房设备(kW·h) | 854000 | 85.4 元 | 6.4% |

从以上的分析概况，可知空调系统所占的能耗比例在 50%以上，是重点需要关注的部分；照明系统能耗所占比例也不小，并且现有的控制技术及产品均有很好的可替代性，也是节能审计的重点方向；而冷水、热水、办公设备的使用，主要应从加强日常管理入手。

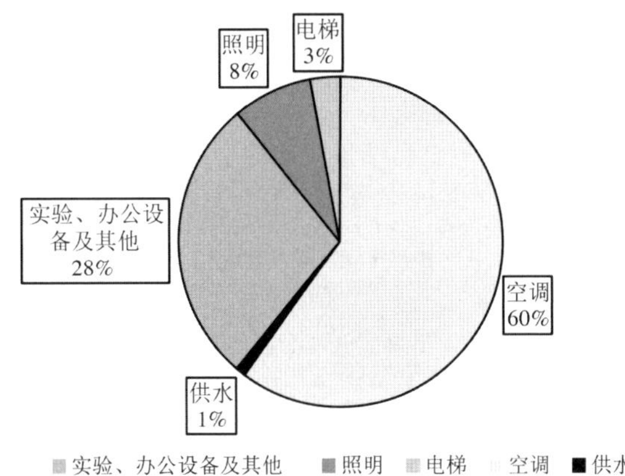


图 9-18 各项设备和系统能耗费用结构

### 9.3.3 能源管理矩阵

能源管理矩阵(Energy Management Matrix)是审视组织在能源管理方面工作成效的一种有效工具。借助于能源管理矩阵,可以给能源管理现状进行把脉定位。

1. 能源管理层次

能源管理矩阵反映了组织能源管理水平的五个不同层次,层次越高说明所达到的能源管理水平越高。能源管理矩阵层次结构,如图 9-19 所示。

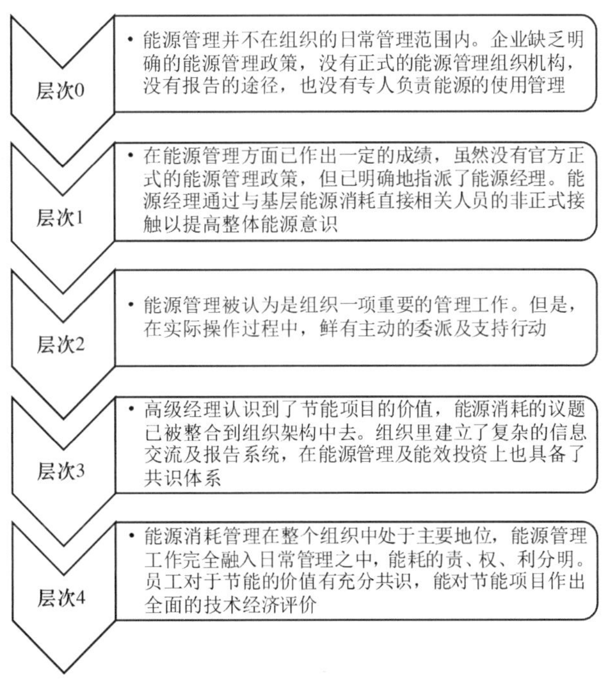


图 9-19 能源管理矩阵层次结构

显而易见,对任何一个组织来讲,层次 3 和层次 4 是要努力达到的方向。根据节能统计数据显示,一个组织的能源管理每提升一个层次,就可以使能耗节省 8%~10%。如果经过努力,从层次 0 达到了最高层次 4,能耗可以节省 30%~40%。

### 2. 能源管理指标

能源矩阵表通常包括5个方面的指标，每个指标数根据执行的情况从0到4分为5个层次。从下往上的每一行则代表了每个议题不断增高的层次水平。组织根据自己的能源管理情况，逐级逐项进行对照，标定自己能源管理的现状，从而根据测定的结果来制订努力完善的目标。能源管理矩阵指标，如表9-33所示。

**表9-33　能源管理矩阵的指标**

| 层次＼指标 | 能源政策 | 组织 | 员工激励 | 跟踪、监控及汇报系统 | 宣传与培训 | 能源投资 |
|---|---|---|---|---|---|---|
| 0 | 没有直接的能源政策 | 没有能源管理的责任人 | 与客户之间没有联系，也没有信息流通系统 | 没有关于能源消耗及使用的任何记录 | 没有节能方面的培训 | 没有用于提高能效方面的措施 |
| 1 | 能源政策为正式成文 | 只有有限能力和影响力的兼职人员从事能源管理工作 | 能源工程师与少部分客户之间建立了非正式的沟通渠道 | 根据收据和发票记录能耗成本，作为内部使用 | 通过非正式的接触与交流促进节能意识的传播 | 只采取一些低成本的节能措施 |
| 2 | 有能源经理或高级经理制订了相应的能源政策，但并未被正式认可 | 任命了能源经理，负责向特别委员会汇报，但职责权限不明确 | 通过一个由高级经理领导的特别委员会与主要客户联系 | 通过计量仪表的数据，实现对能源使用的监控管理 | 某些特殊的员工接受节能意识培训 | 投资仅适用于回收期短的项目 |
| 3 | 正式的能源管理政策已经形成，但并未得到最高管理层的行动支持 | 成立了代表全体客户的能源委员会，该委员会由一位最高管理层成员领导，并任命了能源经理 | 能源委员会作为主要的渠道，负责与主要客户联系 | 通过分户计量追踪并监控能源的用途，但节能成效并没有有效地报告给客户 | 举行员工节能意识培训，并定期开展公开活动 | 对于新建改建及设备更新项目采取与企业投资项目一样的投资回收期计算 |
| 4 | 能源管理政策、行动方案以及定期检查制度已成为企业战略中的最高管理制度之一 | 有明确的能源管理组织，能耗管理人员的权、责、利分明 | 建立了能源经理与员工之间正式与非正式的多层次沟通渠道 | 有复杂先进的系统为企业设定节能目标、监控能耗、诊断故障、量化节能成果并提供节能项目成本分析 | 在企业的内外大力宣传能源管理工作的性质以及节能所能带来的成效 | 通过对所有新建改建项目及设备更新项目进行详细的经济评价，对那些绿色项目做出正面积极的评价与实际支持 |

根据经验，在一座大楼里大约40%的能源是被浪费掉的。这也就意味着能源管理水平每提高一个层次，就可以减少约10%的能源浪费。但是，并不是所有的节能管理事务都要达到最高一级(层次4)的水平，要根据组织的财力和节能所取得的效益决定。能源管理矩阵(示例)，如图9-20所示。

能源管理矩阵最重要的功能是指出组织在哪些方面需要采取进一步的行动，以确保能源管理工作快速有效地发展。通过观察连线的形状，可以看出组织的能源管理是否处于整体平衡的水平。连线的峰顶表示组织能源管理中较为成熟的工作，而谷底则表示组织能源管理中做得最不够的地方。

根据调查结果，如果能源政策方面落实得很好，组织有节能政策，达到层次3的水平，但组织或者跟踪、监控及汇报系统方面只达到层次0或者层次1，因为组织结构混乱，职责不分明，也没有能耗数据收集和分析，那么需要和有关部门、主管领导进行研究、商讨，制订策略和给出预算，或采取容易取得实效的

| 层次 | 指数 | | | | | |
|---|---|---|---|---|---|---|
| | 能源政策 | 组织 | 员工激励 | 跟踪、监控及汇报系统 | 宣传与培训 | 能源投资 |
| 4 | | | | | | |
| 3 | | | | | | |
| 2 | | | | ● | | |
| 1 | ● | | ● | | ● | |
| 0 | | ● | | | | ● |

图 9-20　能源管理矩阵(示例)

优先措施,或改善层次最低的方面,在短、中期内力求能源管理的所有方面达到相对平衡,长期目标是达到所有方面的最佳化。

### 9.3.4　合同能源管理

根据《建筑节能合同能源管理实施导则》解释,合同能源管理(Energy Management Contracting)是节能服务公司与用能单位以契约形式约定节能项目的节能目标,节能服务公司为实现节能目标向用能单位提供必要的服务,用能单位以节能效益支付节能服务公司的投入及其合理利润的节能服务机制。

1. 节能效益分享模式(Shared Savings)

项目期内用能单位和节能服务公司双方共同确认节能率并分享节能效益。节能改造工程的投入和风险由节能服务公司承担,项目完成后,首先保证节能服务公司收回投资成本,然后双方按比例分享节能效益。项目合同结束后,节能设备无偿移交给用能单位,此后所产生的节能收益归用能单位。节能效益分享模式,如图 9-21 所示。

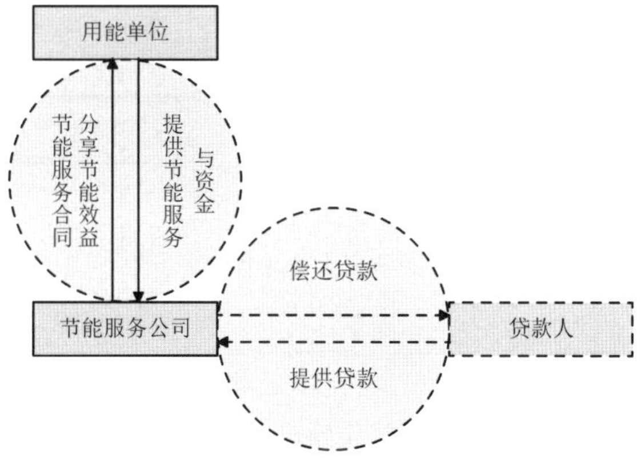


图 9-21　节能效益分享模式

2. 节能量保证模式(Guaranteed Savings)

用能单位和节能服务公司双方都可以投资,而用能单位作为主要投资方,节能服务公司负责项目完成后的运营并向用能单位承诺一定比例的节能量,达不到承诺节能量的部分,由节能服务公司负担;超出承诺节能量的部分,双方分享;直至节能服务公司收回全部节能项目投资和约定的收益后,项目合同结束,节能设备移交给用能单位,此后所产生的节能收益全归用能单位。节能量保证模式,如图 9-22 所示。

这种模式下的节能服务合同通常可能是介于设备投资方、客户及能源服务公司之间的“三方协议”。

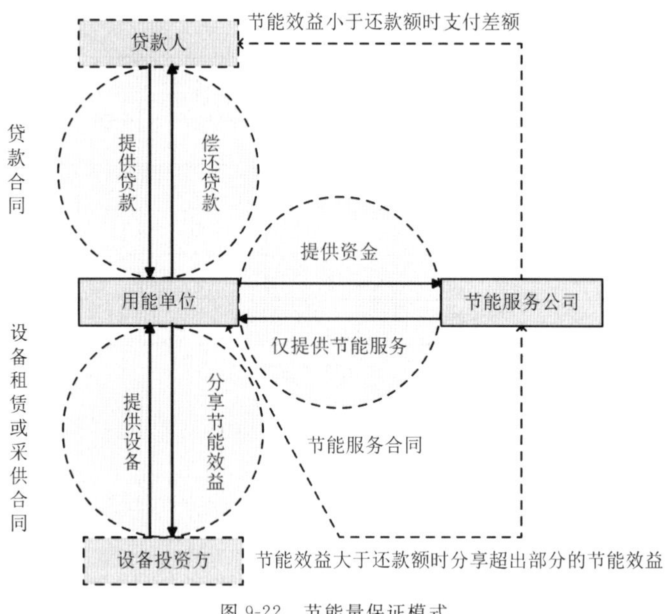


图 9-22 节能量保证模式

3. 能源费用托管模式

用能单位委托节能服务公司进行能源系统的节能改造和运行管理，并按照双方约定支付能源托管费用；节能服务公司负责管理用能单位委托的能源系统的运行和维护工作。节能服务公司负责改造并管理用能单位的高耗能设备。项目合同结束后，节能设备无偿移交给用能单位，此后所产生的节能收益归用能单位。能源费用托管模式，如图 9-23 所示。

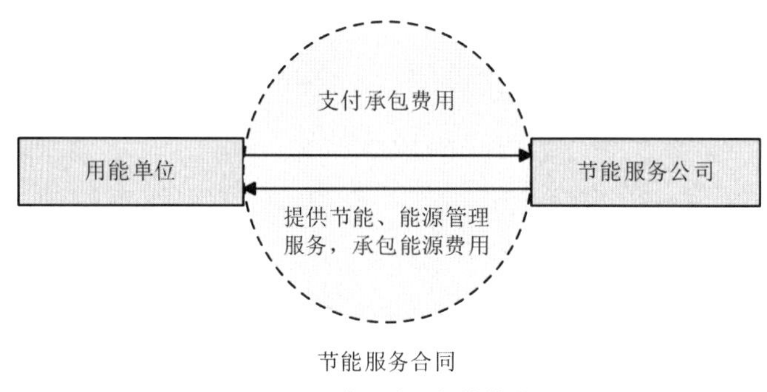


图 9-23 能源费用托管模式

除了以上三种最为基本的合同能源管理运作模式，实践过程中还出现了如下一些复合型的运作模式：

(1) 能源服务公司优先受益模式。它是在节能效益分享模式的基础上形成的。这种模式中的节能服务合同规定由能源服务公司优先获得节约能耗所获得的收益，直至收回所有的项目费用为止。当能源服务公司收回其所有项目费用后，若节能量比预期高，则客户可以要求提前中止合同，此后的节能收益由客户享有。

(2) 改造工程施工模式。它是将合同能源管理运作模式与普通施工承包相结合，由企业委托公司做能源审核，节能整体方案设计、节能改造工程施工，按普通工程施工的方式，支付工程前的预付款、工程中的进度款和工程后的竣工款。

(3) 能源管理服务模式。它是基于能源服务托管模式而产生的，客户不仅要求能源服务公司提供节能服务业务，还将能源管理业务外包给能源服务公司。

合同能源管理一般的运作流程可分为项目洽谈阶段、可行性分析阶段、合同谈判阶段，以及方案实施阶段。合同能源管理运作流程，如图 9-24 所示。

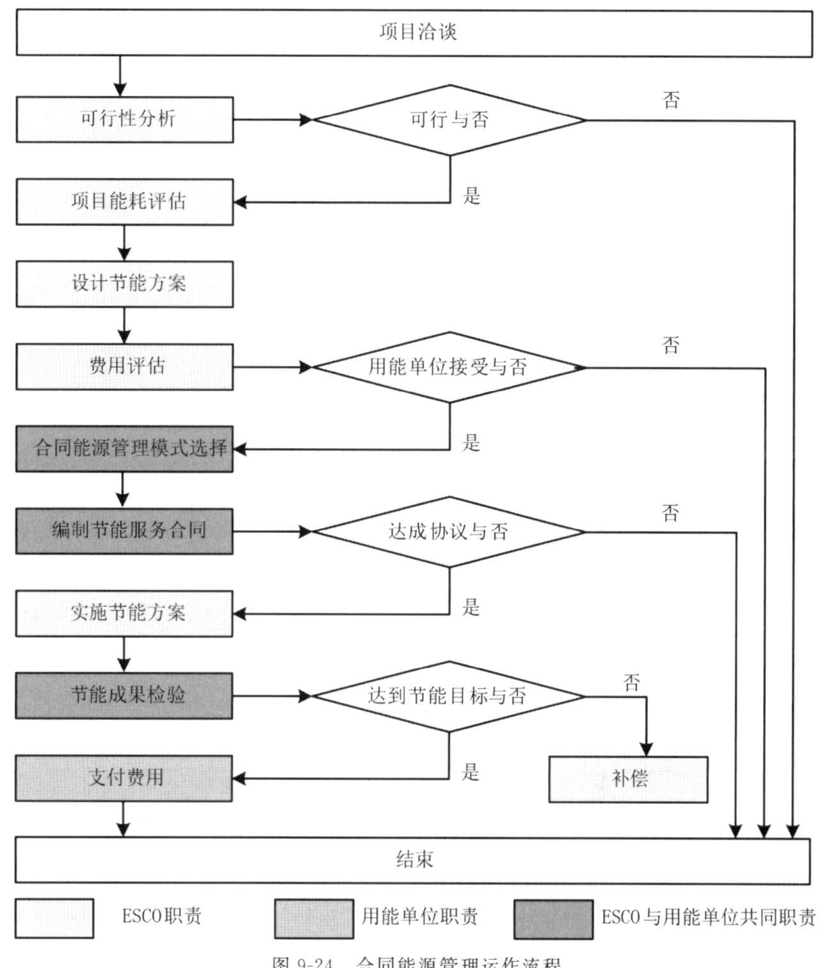


图 9-24　合同能源管理运作流程

图 9-24 中，合同能源管理运作的核心环节有：

1）建筑能源审计

它主要内容是对既有建筑物的能源消耗水平、利用效率和能源利用率进行监测、诊断和评价，从而发现建筑节能的潜力。能源审计工作开展的思路，如图 9-25 所示。

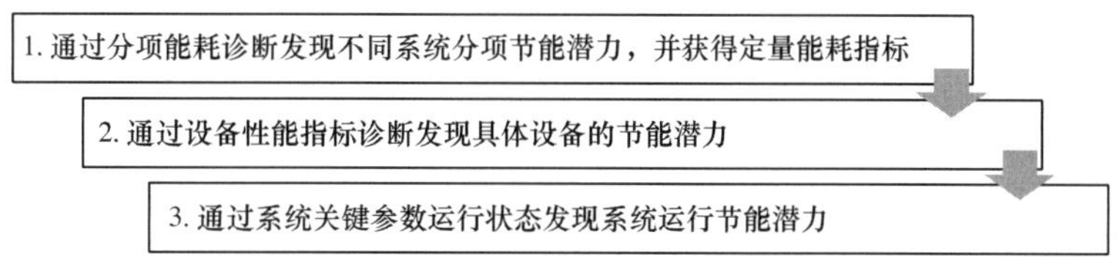


图 9-25　能源审计工作开展的思路

2）技术方案目标

它包括能耗基准、节能目标、进度目标和营业目标四个，并应获得业主的认可。

既有建筑节能改造项目的基准是能源审计中累计三年的能耗或能源账单;既有建筑无能耗账单及新建项目以能耗模拟软件模拟计算能耗或者统计数据设定能耗基准;新建项目按照能耗分析软件模拟计算能耗或者统计数据设定能耗基准。

3)合同内容

建筑合同能源管理的合同内容包括:

(1)项目范围和边界的确定;

(2)合同周期交付前合同权转移的情形;

(3)合同到期后优先续约合同的说明;

(4)双方在设计、建设、运营和交付使用各阶段的权利义务说明;

(5)节能量和效益分享的确认;

(6)项目所有权、设备产权等权利在各个阶段的所属说明;

(7)项目及设备等附属合同、财产等问题在项目周期结束并交付前后所属及转移的说明;

(8)设备的维保期限宜与合同能源管理项目合同期限一致;

(9)合同专用条款和通用条款的说明等。

**【案例 9-2】**

美国加利福尼亚州奥克兰市政府大楼建成于20世纪90年代后期,是较早在项目中应用合同能源管理机制的实例之一。该项目范围包括面积412000平方英尺的办公区域和87000平方英尺的停车场。与目前在建筑节能改造项目中应用合同能源管理机制不同,该项目自设计之初就考虑节能降耗,即在新建建筑项目中应用合同能源管理,因此至今仍然具有一定的借鉴意义。该项目合同能源管理实施流程,如图9-26所示。

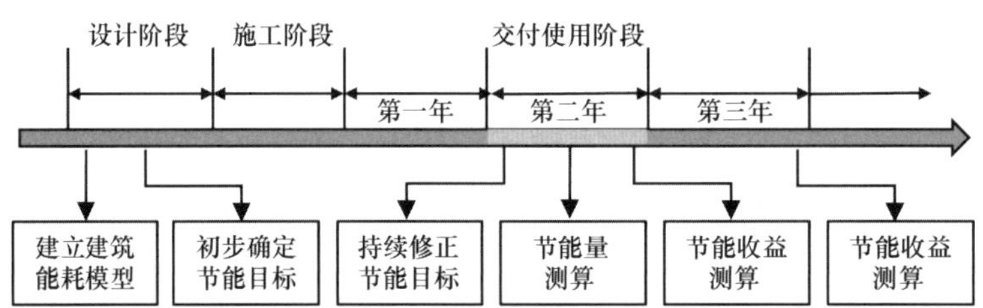


图9-26 奥克兰市政府大楼建设项目合同能源管理实施流程

在项目设计阶段,项目设计方使用建筑能耗模拟软件对市政府大楼建立了仿真模拟模型,初步拟定了较当时建筑能耗设计规范所允许的建筑能耗量低25%的节能目标。设计方按照此节能目标,通过对能耗模型的反复修正,优化设计方案,随后付诸施工。

项目完工后交付使用的头两年间,对该项目节能情况进行测算,并以投入运营的第二年所得数据作为衡量既定节能目标达标的依据。加利福尼亚大学劳伦斯贝克利研究所在运营阶段的第二、第三年介入继续搜集该项目节能测算数据,用来与合同期满时的节能效果进行比较,从而估算市政府大楼的长期节能能力。

该项目由设计—施工(D-B)总承包企业向业主提供节能服务,其项目合同关系,如图9-27所示。尽管从合同关系来看,该项目有别于目前的合同能源管理项目,但其合同中对节能量的要求、效益分享和损失补偿的限定充分体现了合同能源管理的思想。

业主与设计—施工总承包企业在合同中约定了能耗目标——较当时建筑能耗设计规范所允许的建筑耗能量低25%。当项目完工后以交付使用投入运营第二年的能耗数据作为衡量依据,若该测算结果介于目标能耗量±20000美元范围内,即确认为达到节能目标;若项目建成后能耗量高于此范围,由设计—施工承包企业按1∶15的比率赔偿损失的节能效益,赔偿额最高不超过250000美元;反之,按合同约定的5∶1比率增加其效益分享,最高不超过250000美元。该项目节能服务合同激励与赔偿条款示意图,如图9-28所示。

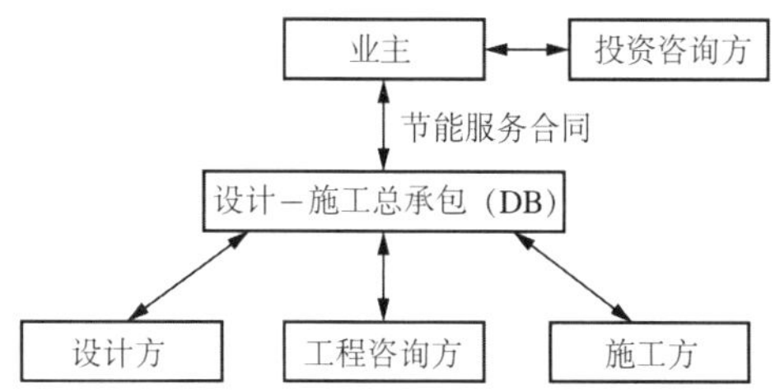


图 9-27 奥克兰市政府大楼建设项目合同关系

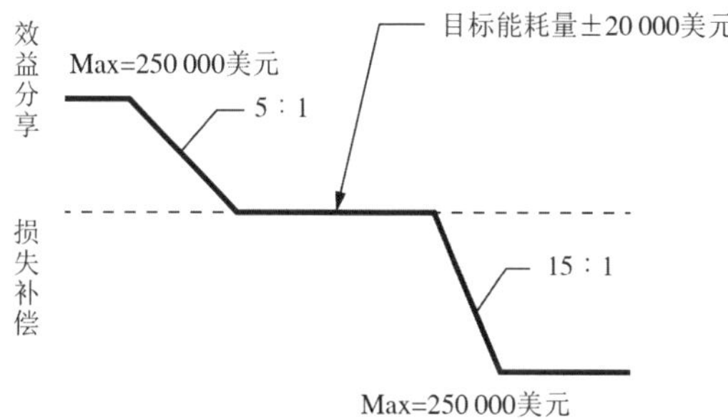


图 9-28 节能服务合同激励与赔偿条款

这一合同中约定的激励与赔偿条款体现了合同能源管理的本质，即以节能效益支付项目费用，在未达到保证节能量的情况下由实施者赔偿。

**知识链接**

更多建筑节能案例，请访问设施管理门户网站 FM Gate—FM 专区—能源管理—魔法乐园的能源心脏，上海迪士尼乐园探秘。

**【关键术语】**

建筑能源消耗；单位面积能耗；建筑节能；设计参数；能源管理目标；区域能源政策；系统调试；开业移交；精细管理；深度运营；持续改进；能源审核；能源管理机会；能源分析；能源管理矩阵；合同能源管理

**【延伸阅读】**

[1] 王赓. GB/T23331-2012《能源管理体系要求》及 GB/T29456-2012《能源管理体系实施指南》国家标准解读[J]. 中国标准化：英文版，2014(2)：72-77.

[2] 李晓庆，刘晓燕，马川. 某大型公共建筑能源审计及案例分析[J]. 低温建筑技术，2014(1)：131-133.

[3] 赵旭东. 能源管理体系[M]. 北京：中国标准出版社，2014.

[4] Alfred B. Scaramelli, Robert Best. No-cost/Low-cost Ideas to Reduce Energy Use in Office Buildings[J]. Strategic Planning for Energy & the Environment, 2012, 32(1):7-17.

[5] United Nations Environment Programme. District Energy in Cties: Unlocking the Potential of Energy Efficiency and Renewable Energy[R]. Kenya, United Nations Environment Programme, 2014.

# 第 10 章 客户关系管理

[本章导读]

客户关系管理(Customer Relationship Management,CRM)是一种新型的管理理念,它以客户为中心,以不断满足客户需求和为客户创造价值为目标,通过为客户提供个性化的设施管理服务,与客户建立长期稳定的关系,不断提高客户的满意度和忠诚度,从而获得和保留更多有价值的客户。设施管理的服务面向每一个最终用户,必须倾心于客户并通过一系列的行动实施,获得准确的顾客反馈,为客户提供量身定制的产品或服务,建立优质的互相依存型客户关系。

本章主要内容:

- □ 依存型客户关系的发展过程及影响因素;
- □ 设施管理价值视角下的客户战略;
- □ 客户关系管理的核心流程解析;
- □ 如何进行客户的选择和开发;
- □ 对客户的认识以及客户的分类;
- □ 客户的需求和与客户沟通;
- □ 客户互动与体验,客户服务工具;
- □ 客户期望与服务差距;
- □ 客户满意度的相关因素、调查和评价。

## 10.1 客户关系管理概述

客户关系管理是设施管理团队在核心竞争力建设中,为求竞争制胜和快速成长,树立以客户为中心的理念,制订包括判断、选择、争取、发展和保持客户的完整商业战略;是以客户关系为重点,优化组织体系和业务流程,提高客户满意度和忠诚度,并有效提高效率和利润的业务实践;也是围绕客户价值创造,为最终实现信息化运营目标,开发和使用的先进技术、软硬件、管理制度与解决方案等方法的总和。

### 10.1.1 客户关系及其影响因素

客户关系是指企业与客户之间的相互作用、相互影响和相互联系的状态,并不是所有的交易双方都具有关系特征。如果仅仅把客户当作交易方,以单次交易作为主要目标,这样的交易被称为互不关联的交易。在互不关联的交易中,关系因素是缺失的,其特征在于有限的交流和狭窄的内容,并有可能在今后也不会有互动,这种交易是一种零和游戏,各方的收益和损失相加总和为"零"。

1. 客户关系的特征

理想的设施管理客户关系中,企业以同客户建立起相互协作、对利润增长有贡献的关系作为目标。在这个过程中,企业和客户对相互关系的兴趣同时提升,在保持持续交往的基础之上,客户同样得到了企业提供的专门化服务来满足个性化需求,并向企业提供信息作为回报。此时,客户与企业之间的交流就变成了一种双方都能受益的模式,形成依存型关系。依存型客户关系的特征,如图 10-1 所示。

在设施管理的客户关系管理中,企业需要致力于建设这种依存型客户关系,同客户一起创造一种以主观能动性为基础的真实关系。本章中所述客户关系,均指这种依存型的客户关系。

2. 客户关系的内容

在客户关系发展过程中,交流、合作、利益冲突的解决能够产生强化作用,反之则产生不利影响。客

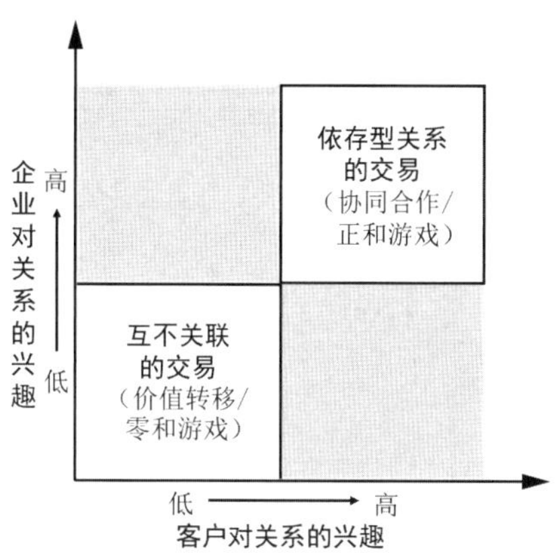


图 10-1 依存型客户关系的特征

户关系的发展阶段，如图 10-2 所示。客户关系各阶段的内容，如表 10-1 所示。

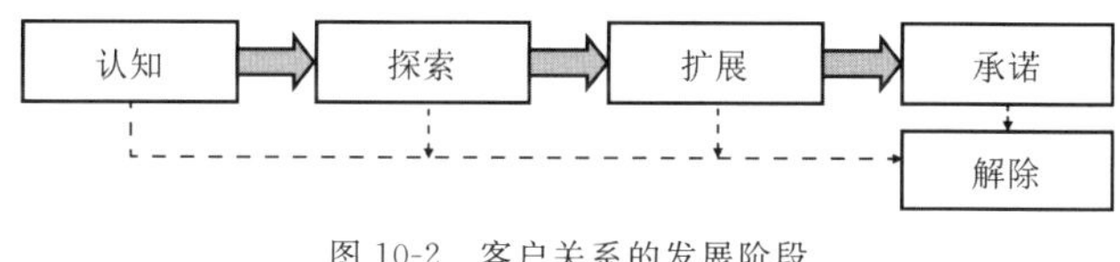


图 10-2 客户关系的发展阶段

表 10-1 客户关系各阶段的内容

| 序号 | 过程 | 内容 |
| --- | --- | --- |
| 1 | 认知 | 交易开始前，企业与客户双方都会意识到对方是可见的关系伙伴，这时双方会开始努力去论证各自的吸引力或是自我激励，在这一阶段，没有互动关系发生 |
| 2 | 探索 | 关系的测试阶段，企业与客户双方开始致力于确定目标的可比性、忠诚度以及其他取得成效的能力，这一阶段发生交流并表达希望、问题等 |
| 3 | 扩展 | 探测阶段获得的积极结果提供了一种证据，建立关系的一方看到了另一方的价值所在。这样，关系的发展自然进入到扩展阶段，不断增加双方在关系建立中已经得到的利益和互相之间的依赖性 |
| 4 | 承诺 | 都已经达到所期待的价值和满意水平，这使得双方能够对这种关系的确立做出承诺，在做出承诺的同时，双方对选择建立另一种关系的愿望就极大降低了 |
| 5 | 解除 | 这可能在客户关系的任何阶段发生。在关系发展过程中，企业与客户双方需要付出一定程度的努力。当任何一方认为维持这种关系的利益抵补不了成本时，解除就发生了 |

(3) 客户关系影响因素

客户关系是多属性的变量。在同客户交往的过程中，信任、保证、满意、依赖、公平和对称这六个因素都会对客户关系产生影响。客户关系的影响因素，如图 10-3 所示。

在图 10-3 中，从左向右的关系形成因素，对建立客户关系的正向影响逐渐变大。以信任因素为例，对建立依存型客户关系具有正向的影响，其本质为正直的交往和专业知识的提供，并以此作用为降低流失率，减少不确定性和改进利益冲突结果，并促成忠诚合作。

### 10.1.2 价值视角下客户战略

企业如何建立和管理客户关系，对关系实现的目标及目标实现途径的整体性把握，可以统称为设施管理的客户战略。设施管理的价值传递过程，可以总结为由谁、为谁、如何进行资源的输入、服务的输出

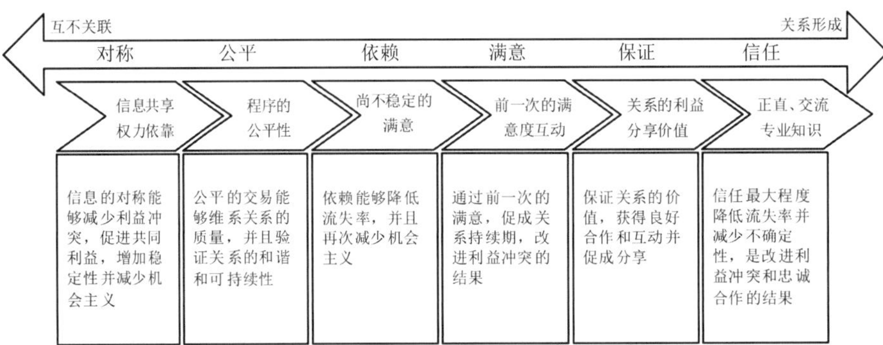


图 10-3 客户关系的影响因素

以及设施管理对社会，客户以及最终用户的影响。在设施管理的整个关系网络中，各个层面的运作都会有一定的价值输出，从而组成设施管理的总体价值。

1. 价值体系

设施管理的价值可以定义为设施管理成本和收益以及实现这些利益的风险之间的权衡。设施管理的价值体系，如图 10-4 所示。

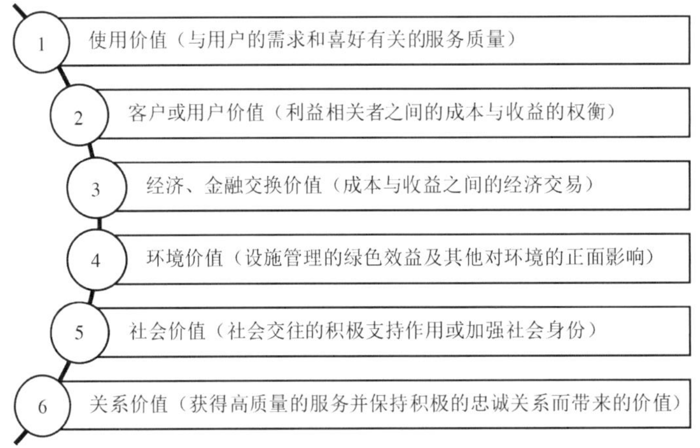


图 10-4 设施管理的价值体系

基于设施管理的价值体系，从企业与社会、设施管理客户和终端使用者的维度，可形成价值与客户关系矩阵，用以表示不同价值视角下的设施管理客户战略。价值视角下的设施管理客户战略，如图 10-5 所示。

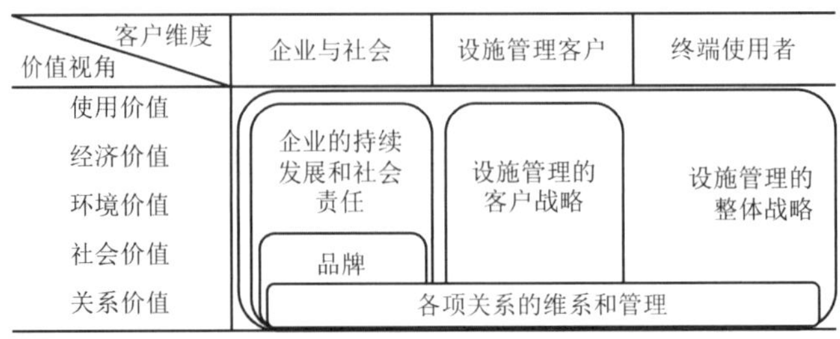


图 10-5 价值视角下的设施管理客户战略

在图 10-5 的价值视角下的设施管理客户战略中，可以总结为五大主题，包括：

(1) 在所有的价值视角下,面向企业与社会维度,形成企业的可持续发展和企业社会责任;

(2) 在所有的价值视角下,面向设施管理客户的战略;

(3) 在社会价值和关系价值的视角下,面向企业与社会形成品牌价值;

(4) 在关系价值视角下,形成包含所有客户关系的维系和管理,即企业与社会关系、设施管理客户关系和终端用户关系;

(5) 基于所有的价值视角下,形成设施管理整体战略。

2. 客户战略

客户关系管理并不是一种简单的概念或方案,它也是一种设施管理战略。客户战略是设施管理整体战略的有效支撑,客户战略的制订和实施是一个需要企业各部门协调操作,完成整体资源整合和调动的过程。客户战略的制订过程,如图 10-6 所示。

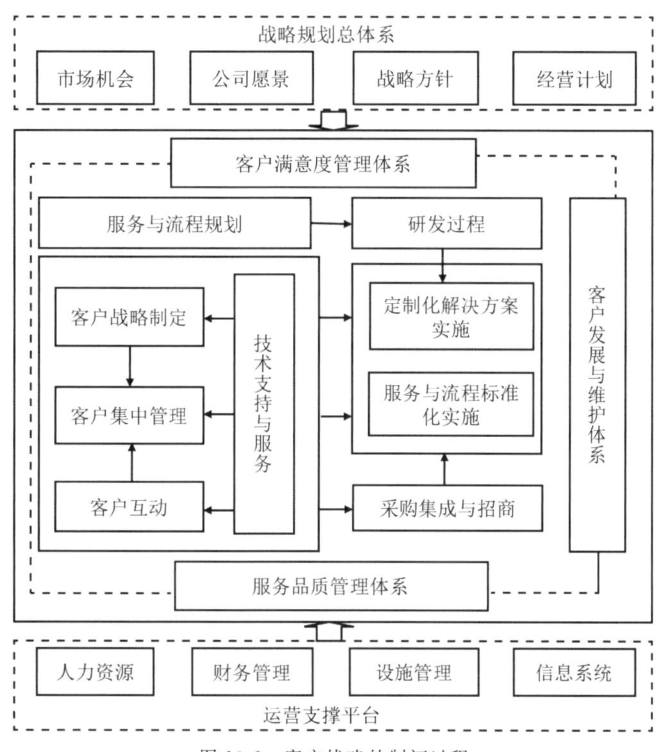


图 10-6 客户战略的制订过程

### 10.1.3 客户关系管理核心流程

1. 客户关系管理内涵

客户关系管理的目的是为了增加为客户创造的价值,提高客户的满意度和忠诚度,发展长期的客户关系,从而实现客户关系管理的最终目的,即企业自身价值的最大化。信息技术支持了客户价值最大化和关系价值管理这两项活动。客户关系管理内涵,如图 10-7 所示。

2. 客户关系管理流程

客户关系管理包含设施管理团队通过一系列的行动力来巩固及进一步发展与客户长期、稳定关系的动态过程和策略。客户关系管理的流程包括客户关系的建立、客户关系的维护,以及客户关系的解除与恢复。客户关系管理流程,如图 10-8 所示。

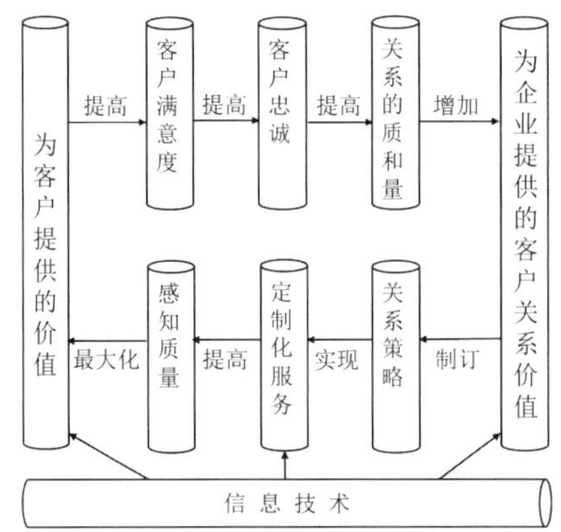


图10-7 客户关系管理内涵

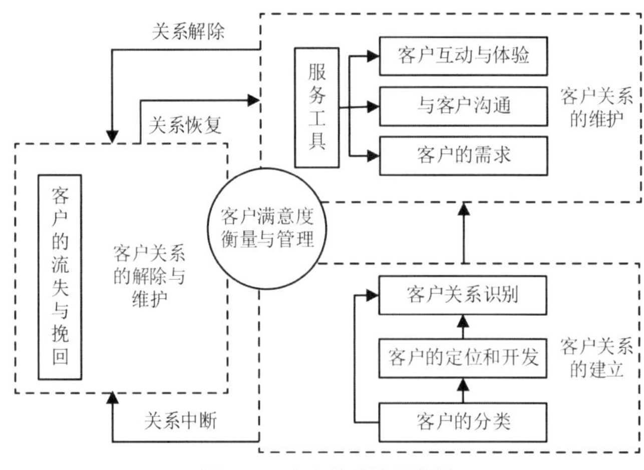


图10-8 客户关系管理流程

## 10.2 客户关系的建立

客户关系的建立是设施管理团队获取客户的阶段。客户关系建立的目标就是要让潜在客户和目标客户产生交易欲望并付诸行动,促使其尽快成为企业的现实客户。客户关系的建立包括客户的分类、客户的定位和开发以及客户关系识别。

### 10.2.1 客户的分类

客户资源是企业生存和发展的战略资源。设施管理工作的实施,必须明确客户类别,按照不同的标准对客户进行分类,形成差异化的客户策略。为了对设施管理工作的客户有更好的认知,可将客户按不同的标准进行分类。

1. 按照客户价值划分

根据设施管理团队对客户价值的评估,可进一步将价值量化的结果对客户进行更准确的分类。

对于量化分析客户价值的结果,可采用ABC分类法进行划分,又称帕累托(Pareto)分析法。它是根据事物在技术或经济方面的主要特征,进行分类排队,分清重点和一般,从而有区别地确定管理方式的一种分析方法。因为该方法将分析对象分成A,B,C三类,所以称为ABC分析法。

采用ABC分类法进行划分,依据客户价值的量化评分结果,可把设施客户分成贵宾型客户、重要型客户和普通型客户三种。基于价值的客户 ABC 分类,如表 10-2 所示。

表 10-2 基于价值的客户 ABC 分类

| 客户类型 | 客户名称 | 客户数量比例 | 客户创造的价值比例 |
|---|---|---|---|
| A | 贵宾型 | 5% | 50% |
| B | 重要型 | 15% | 30% |
| C | 普通型 | 80% | 20% |

注:表中所列数值符合帕累托原理,仅为参考值,需要根据具体情况确定。

此外,还可以按照客户价值与服务成本的相对关系进行分类,将客户分为最具价值的客户、第二层客户和负值客户。

• 最有价值的客户(Most Valuable Customer, MVC):指那些战略价值最高的客户。这些都是设施管理团队的核心目标客户。

• 第二层的客户(Second-tier Customer, STC):指那些具有较高未实现潜在战略价值的客户。尽管这些客户现在实际价值并不高,但未来会具有更高价值。这类客户是设施管理团队广泛关注并着力拓展的对象。

上述两类客户的服务成本均等于或低于其实际价值。

• 负值客户(Below-zero, BZ):指那些根本无法带来足以平衡相关设施管理团队服务成本的客户。他们是需要满足其基本需求,但又不能舍弃的客户。

按照客户价值与服务成本的客户分类,如图 10-9 所示。

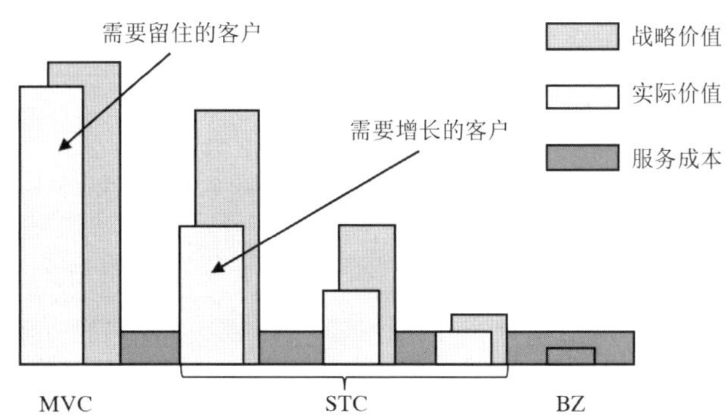


图 10-9 按照客户价值与服务成本的客户分类

2. 按照客户关系和作用划分

在组织设施管理业务中,客户对设施管理的关注度、参与度以及利益相关程度都是不同的。通过对客户关系和作用分析,可以将客户分为权利型、主力型和普通型三种,他们分别具有不同的特点。按照客户关系和作用的客户分类,如图 10-10 所示。

3. 按照客户所处的位置划分

按照位置划分,客户可分为内部客户和外部客户。内部客户就是组织内部设施管理的受用部门,它包括组织的股东、高级管理层、业务部门(包括核心业务部门和非核心业务支持部门)等。外部客户就是组织外部的客户群,包括外部的业务伙伴及访客等外部利益相关者。按照客户所处的位置分类,如图 10-11所示。

对处于不同位置的客户,客户关系的维系策略如下:

1) 内部客户

组织内部的高级管理层是指组织的决策者和领导者。他们是决定设施管理工作能否够有效开展并

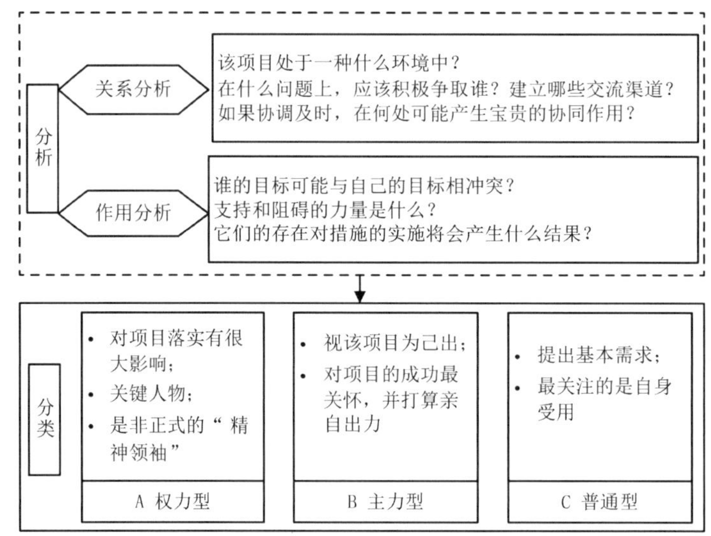


图 10-10 按照客户关系和作用的客户分类

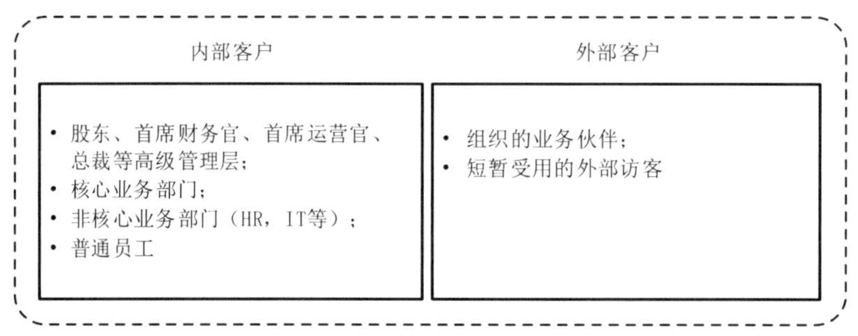


图 10-11 按照客户所处的位置分类

取得成效的关键因素，需要同这一高级别的客户保持良好的沟通和专业互动；设施管理为核心业务部门的客户提供专项针对性的服务，辅助组织的核心业务发展；非核心业务部门与设施管理部门共同提供支持性服务，需要协作机制和联动性；维系普通员工的策略应及时更新员工信息、调查需求动向、评价客户满意度。

2）外部客户

与组织的业务伙伴建立起长远的伙伴关系，维系忠诚度；注重访客对组织环境的体验与评价，寻求建议。

### 10.2.2 客户定位和开发

客户是设施管理团队经营活动的源泉，设施管理从服务的设计阶段开始便是以客户为核心进行，客户的定位和开发是经营决策的重要内容。

1. 客户的定位

客户定位可以节约有限的资源，是一种化被动为主动的思维方式，有利于竖立统一的企业形象。顶部的 20%的客户创造 80%的利润，只有选择对的客户，才能从根本上提高经营业绩。

能不断产生价值的客户，所带来的长期效益应该超过为长期吸引、推广和服务该客户所花费的可接受范围内的成本。服务提供者和受用者之间是双向选择和对等选择的过程，需要结合客户的综合价值与服务提供者的综合能力进行分析，然后找到两者的交叉区域，形成重点选择、择机选择、消极选择和放弃选择四种策略。目标客户选择矩阵，如图 10-12 所示。

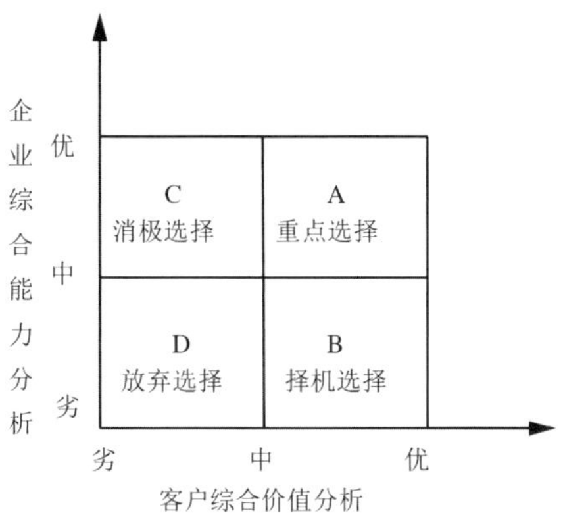


图 10-12 目标客户选择矩阵

一般来说，目标客户应满足一些基本特征，设施管理团队可依据这些特征进行客户的定位。目标客户特征，如图 10-13 所示。

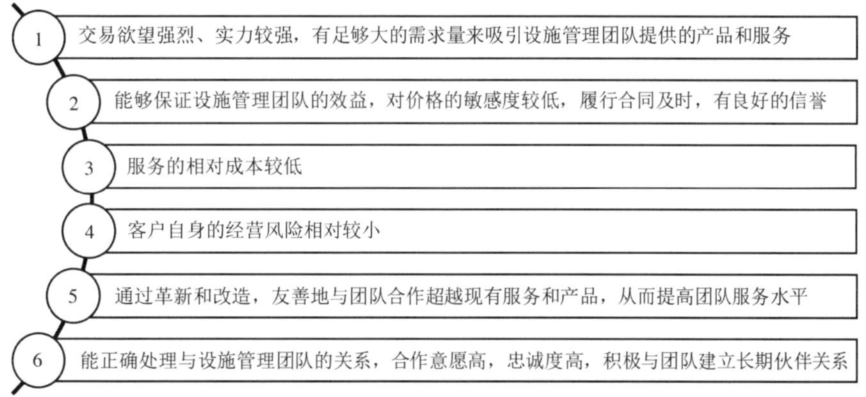


图 10-13 目标客户特征

除此之外，设施管理团队还可以依据现有的忠诚客户的特征来选择目标客户，从分析现有忠诚客户所具有的共同特征和特点，来寻找最合适的目标客户，即以最忠诚的客户为标准去寻找目标客户，这是选择最可能忠诚的目标客户的一个捷径。

2. 客户开发模式

客户开发是客户设施管理团队通过调研工作了解所选择的客户情况和市场状况，对有实力和有意向的客户重点沟通，制订的开发计划并将目标客户转变为现实客户的过程。要成功做好客户开发工作，需要从客户信息和自身资源情况结合，制订适合设施管理客户的开发战略。

客户开发模式具有市场份额战略和客户份额战略两种，分别从客户数量和单个客户价值两个方向作用于客户整体价值的提升。客户开发模式，如图 10-14 所示。

采用市场份额战略的模式，会导致客户基数的增加以及市场份额的提升；采用客户份额战略的模式，将获取客户的努力放在具有更高价值的客户身上，采取措施提高现有客户的价值，使客户的混合价值曲线发生移动，上升到具有更高价值的位置上。这也是通过价值对客户进行排队和管理的过程，是一种较为成熟的设施管理客户管理模式。客户开发模式的对比，如表 10-3 所示。

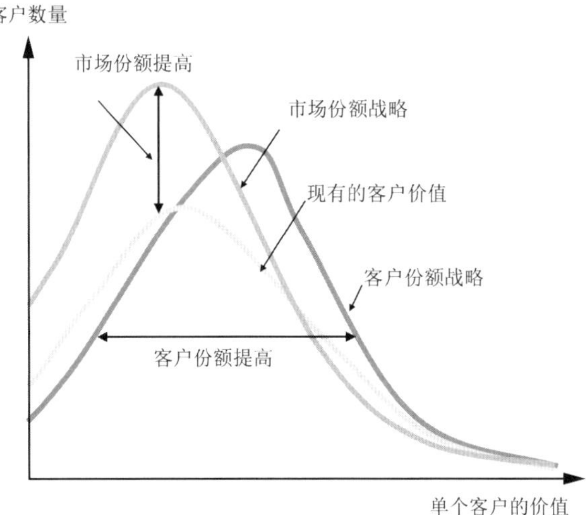


图 10-14 客户开发模式

表 10-3 客户开发模式的对比

| 序号 | 市场份额战略 | 客户份额战略 |
| --- | --- | --- |
| 1 | 客户经理(品牌经理)一次对尽可能多的客户推广一种服务 | 客户经理一次对一个客户推广尽可能多的服务 |
| 2 | 通过服务的不同与同业竞争对手区分开来 | 通过客户的不同与同业竞争者区分开来 |
| 3 | 把服务贩售给客户 | 同客户一起工作、一起努力创造 |
| 4 | 持续去寻找新客户 | 持续寻找已经拥有的客户继续开展新业务的合作机会 |
| 5 | 利用媒体来建设品牌、宣传品牌与发布信息 | 通过互动式的交流来了解单个客户的需求,同每个客户进行交流 |

3. 客户开发步骤

在确定客户开发的基本模式后,设施管理团队需要收集客户的信息、初析客户需求、制订客户开发计划、开展客户亲和管理以及评估客户开发的可行性和效果。客户开发的步骤,如图 10-15 所示。

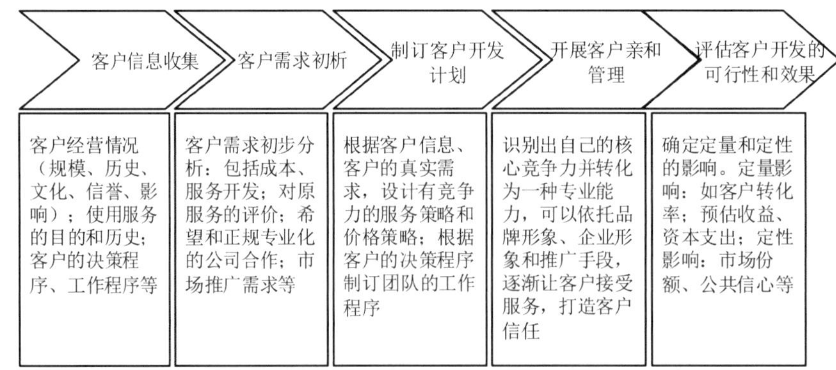


图 10-15 客户开发步骤

### 10.2.3 客户关系识别

客户关系识别是建立客户关系的主要环节，它包括客户价值的评估、客户状态分析和客户关系生命周期分析。

1. 客户价值评估

在认识客户的阶段，设施管理团队所评估的客户价值是指在企业与客户的关系维持过程中客户对企业发展所产生的任何贡献，包括货币或非货币两种形式。根据 80/20 规则，即企业 80%的利润来自 20%的客户。因此，设施管理团队必须进行客户价值的评估和分析，找出对企业有价值的客户，动态认识客户的价值。

作为客户关系建立的开端，可通过一些预估性的判断来评价客户价值。设施管理的客户价值可分为历史价值、当前价值、影响价值与未来价值。设施管理客户价值评价模型，如图 10-16 所示。

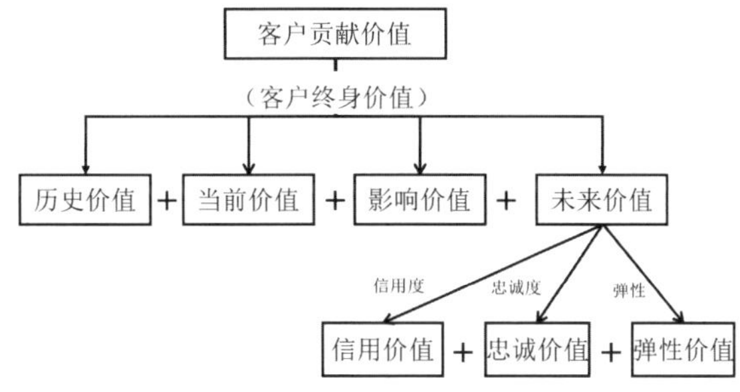


图 10-16 设施管理客户价值评价模型

2. 客户的状态

未产生交易行为时，客户具有非客户、潜在客户和目标客户三种形态。产生交易行为后，客户的状态将转变为初次交往客户、重复交往客户和忠诚客户三种形态，任何一种形态的客户都会具有流失概率，转变为流失客户。

潜在客户是指客户有可能产生交易但还没有产生行动的客户；目标客户是正在主动寻找的尚未有交易行动的客户。客户状态流转图，如图 10-17 所示。

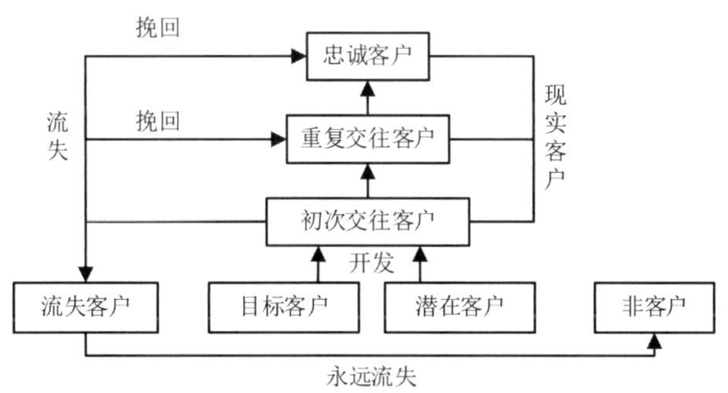


图 10-17 客户状态流转图

3. 客户关系生命周期

客户关系生命周期是从一个客户开始对设施管理团队进行了解或团队开始准备对某一客户的开发活动开始，直到客户与团队的业务关系完全终止，且与之相关的事宜完全处理完毕的整个时间段。

根据投入与客户贡献收益的不同，设施管理客户关系生命周期可分为五个阶段。客户关系生命周期，如图 10-18 所示。

处于不同生命周期阶段的客户，其需求及对设施管理团队提供的价值均有所不同，也意味着对客户

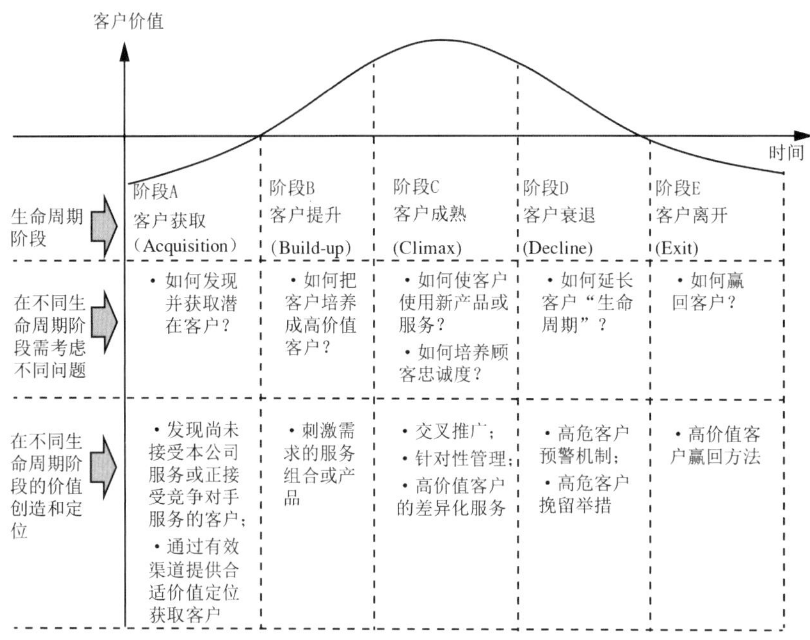


图 10-18 客户关系生命周期

管理与服务方式应采用不同标准的管理模式。

## 10.3 客户关系的维护

客户关系的维护是指设施管理团队通过努力来巩固和进一步发展与客户长期、稳定关系的动态过程和策略。客户关系维护的目标就是要实现客户的忠诚，特别是要避免优质客户的流失，实现优质客户的忠诚。客户关系的维护包括客户的需求分析、客户沟通与互动、客户服务工具的应用。

### 10.3.1 客户的需求

设施管理团队为客户提供优质服务必须以客户的需求为导向。客户的需求包括客户的目标、需要、愿望以及期望，是通过双方的长期沟通，将客户对设施管理的欲望、用途、功能进行逐步发掘，将客户心里模糊的认识以精确的方式描述并展示出来的过程。

1. 客户需求及其层次

马斯洛需求层次理论中，把人类需求按其重要性、产生先后次序分为五个层次，即生理、安全、社交、尊重和自我实现需求。从这个角度进行分析，可搭建设施管理客户的需求层次。设施管理客户的需求层次，如图 10-19 所示。

了解客户的需求应该被视为一种连续性的活动。需要注意的一点是，客户的需求是动态的，会随着时间的变化而逐步升级，客户的需求升级经历了经济高效、规模提升、功能升级、服务升级、精神需求这五个阶段，从而完成对设施管理需求的进一步升级。每个需求阶段的客户都有不同的关注点。客户的需求升级路线，如图 10-20 所示。

2. 客户需求分析

客户的需求往往是多方面的、不确定的，需要设施管理团队的专业分析和引导，很少有客户对自己所需要的服务和产品形成非常精确的描述。在这种情况下，需要增强与客户的沟通，对客户的需求做出挖掘。客户需求挖掘过程，如图 10-21 所示。

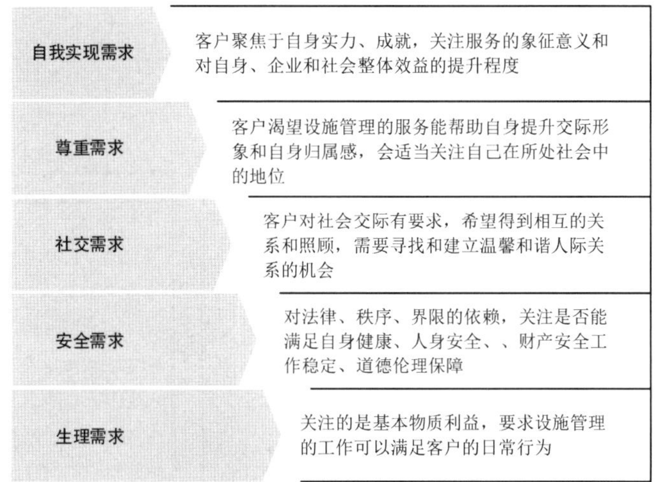


图 10-19 设施管理客户的需求层次

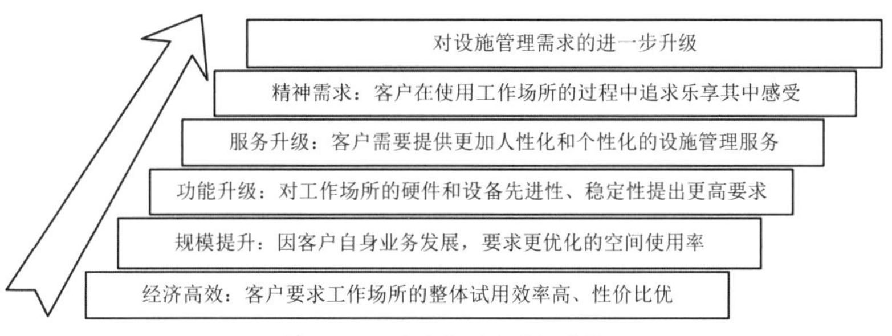


图 10-20 客户的需求升级路线

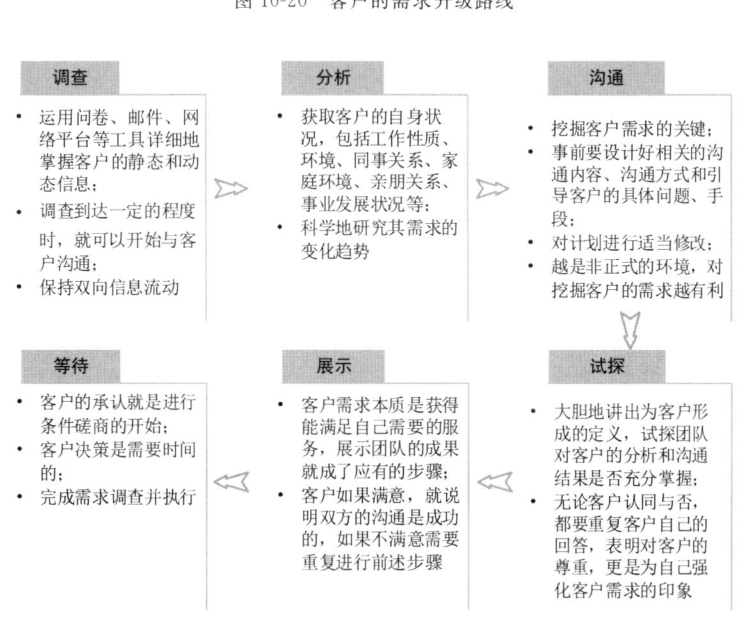


图 10-21 客户需求挖掘过程

设施管理活动中客户的需求是在服务进程中不断产生的。设施管理的服务是获取服务、价值创造和客户保持的过程。设施管理服务的过程，如图 10-22 所示。

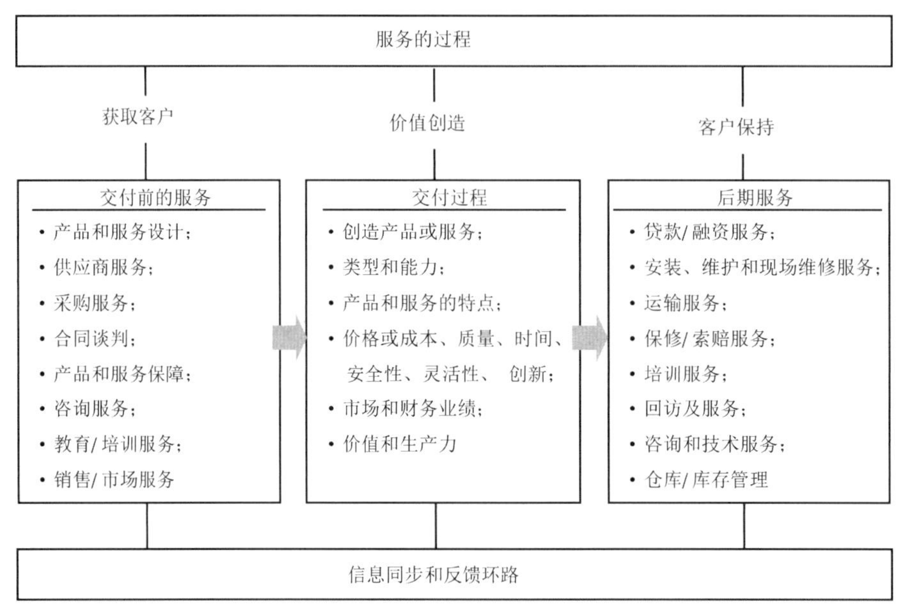


图 10-22 设施管理服务的过程

例如，工作空间需要满足一个组织业务运转的基本要求，同时它也是推动组织策略实施和文化变化的动力。因此，客户对工作空间的需求是设施管理服务需求中重要的一环，需要设施管理团队去分析和挖掘。

客户对于工作空间的需求应包括服务水平、建筑形式、空间规划、室内环境、区位交通、建筑设备等方面的需求。工作空间需求与工作绩效和员工满意度的关系，如图 10-23 所示。

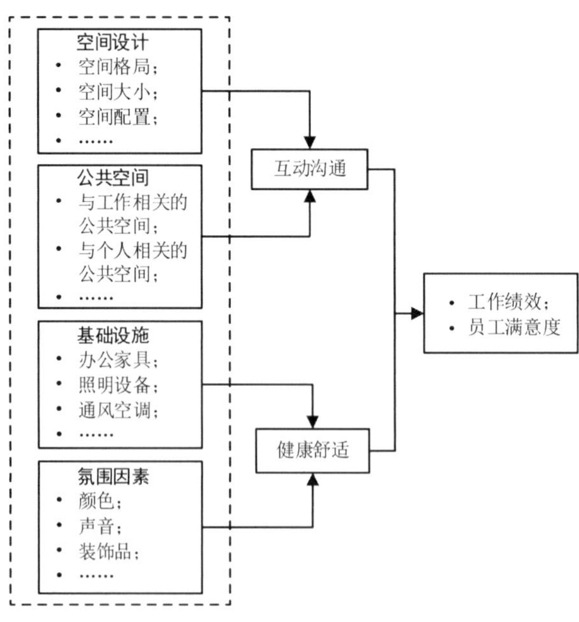


图 10-23 工作空间需求与工作绩效和员工满意度的关系

工作空间需求还包括对建筑物以及整体园区的功能规划设计和实施，要从工作场所导入空间、交通联系、交往空间、停车区域等方面全盘考虑，通过多方面的融合做到合理化功能分区和人性化功能规划。

**知识链接**

更多客户需求挖掘方法,可参考世界经理人互动社区—如何挖掘客户需求。

### 10.3.2 与客户沟通

沟通是人与人之间的信息交流,是一个相互影响、相互作用和协调操作的动态过程。有效沟通是实现与客户互动的重要途径,通过经常性的交流,客户会清楚服务的理念与宗旨,体会设施管理团队对客户的使用感受和使用需求的关注。客户沟通是客户满意的重要环节。

1. 客户沟通条件

在与客户达成一种有价值的沟通之前,必须先满足一些沟通条件。基本的沟通条件,如表 10-4 所示。

表 10-4 基本的沟通条件

| 序号 | 沟通条件 | 主要内容 |
| --- | --- | --- |
| 1 | 对话双方都已经清楚地被对方所识别 | 在沟通前设施管理团队应对客户进行详细的分类与识别,明确客户的位置、沟通的力量与阻碍 |
| 2 | 对话双方都必须全身心地投入其中 | 双方都应该拥有与对方交换的信息和知识,信息技术的进步使得这种沟通的成本有效降低 |
| 3 | 对话双方都愿意参与此对话 | 沟通的主题应是客户感兴趣并且对客户有利的,这样才能增强沟通的意愿 |
| 4 | 对话可以由参与对话中的任何一方来控制 | 一次沟通涉及的是双方共同的利益,对话中双方交换信息和观点,它可以按照任何一方选择的主题和方法进行 |
| 5 | 能够以某种方式改变未来行动,并以此作为沟通结果 | 设施管理团队同客户的沟通会改变服务的行为,并朝着有利于客户的方向发展。反之,也会改变客户的行为,朝着有利于另外一方的方向发展 |
| 6 | 沟通应从前一次沟通停止的地方开始 | 界定一种关系的内容,也是能够触动客户产生忠诚的因素,表现得像这种沟通没有终止一样 |

2. 客户沟通漏斗

在客户沟通的过程中,双方信息的缺失、先入为主的假设或是想当然、不同的沟通方式以及不同的背景和文化等,都会成为阻碍高效沟通的因素,也因此会导致沟通漏斗的出现。沟通漏斗,如图 10-24 所示。

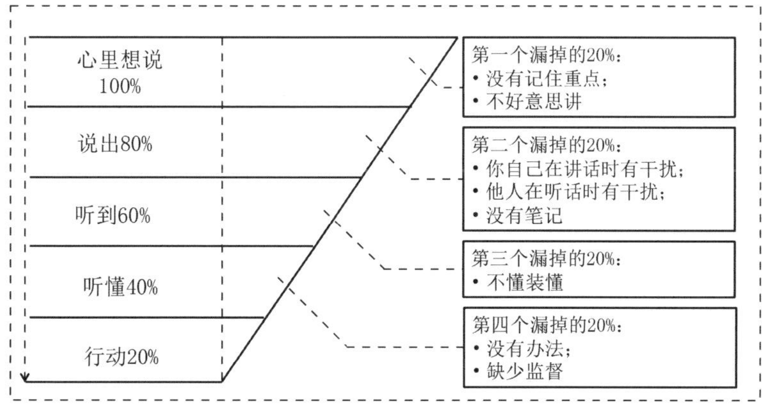


图 10-24 沟通漏斗

3. 客户沟通过程

设施管理团队需要熟练掌握沟通的方法和技巧，从而顺利地开展沟通并达成一致共识。与客户沟通的过程可以概括为倾听、分担、承担、建议和处理，最终达成沟通的目的。客户沟通过程，如图 10-25 所示。

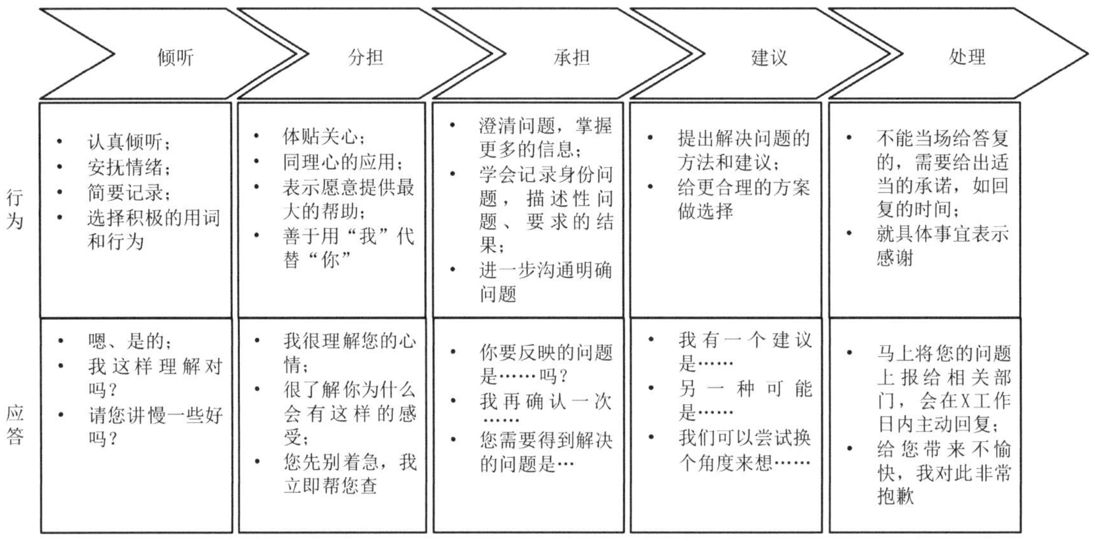


图 10-25 客户沟通过程

4. 客户沟通策略

设施管理团队要明确沟通的内容并选择适当的表达方式，这对有效沟通起着举足轻重的作用。在这里，借助乔哈里资讯窗(Johari Window)来对沟通进行深入的引导。乔哈里资讯窗，如图 10-26 所示。

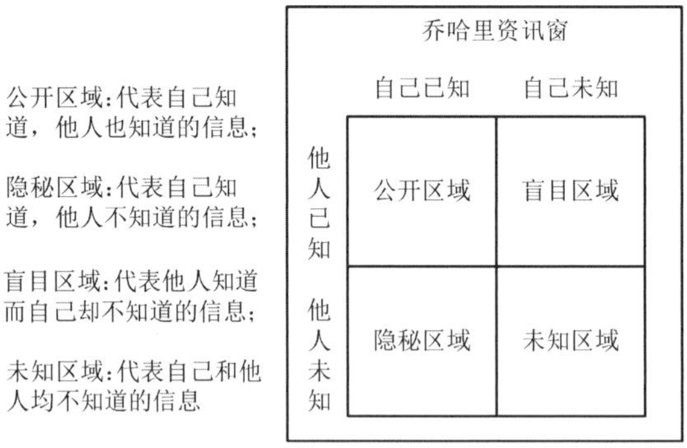

公开区域：代表自己知道，他人也知道的信息；

隐秘区域：代表自己知道，他人不知道的信息；

盲目区域：代表他人知道而自己却不知道的信息；

未知区域：代表自己和他人均不知道的信息

乔哈里资讯窗

| | 自己已知 | 自己未知 |
|---|---|---|
| 他人已知 | 公开区域 | 盲目区域 |
| 他人未知 | 隐秘区域 | 未知区域 |

图 10-26 乔哈里资讯窗

沟通的目的在于达成共识，即推动公开区域边缘的外部扩张，为了有效沟通，必须与对方进行紧密合作，扩大公开区域、缩小盲目区域和隐秘区域。要达到这一目的，可以采取以下的策略：

- 恳请反馈→他人的观察→缩小自己不知道的盲目区
- 自我表露→自我发现→缩小别人不知道的隐藏区
- 共享发现→整合信息→扩大开放区→探索更多未知区

基于以上的三种策略，设施管理团队人员需要掌握既定的沟通技巧。常用沟通技巧，如表 10-5 所示。

表 10-5 常用沟通技巧

| 序号 | 基本技巧 | 主要内容 |
| --- | --- | --- |
| 1 | 自检 | 检查自己是否不愿意沟通、不相信沟通、不会沟通和不明白沟通；每次沟通，是否能做到事先明确沟通目标；在沟通过程中，是否表达了信息、思想和感情；沟通结束时是否达成了目标 |
| 2 | 共情 | 指采用适合他人的方式与别人沟通。包括：有意识地使用肢体语言；小心使用术语；坦白陈述自己的感觉；观察对方举止的时候要保持开放态度 |
| 3 | 询问 | 使用开放性问题并结合封闭性问题；尽量保证一次只问（回答）一个问题以及提供有效建议 |
| 4 | 理解 | 指听到＋思考＋同理心理解，其中同理心倾听不是同情心，而是不要给人以自传式回应，设身处地为他人考虑问题。包括：听对方说；理解听到的话；在心中思考理解到的意思；说出你对对方的理解 |
| 5 | 处理 | 找出异议，问大量的问题并聆听对方的话；先提出异议，目的在于暴露对方的异议；找出反对或异议的根；并不明确表示反对，而是问问题澄清对方的观点，或反其道而行之，先讲理由后再表达不同意见 |

### 10.3.3 客户互动与体验

客户与设施管理团队在接触过程中所产生的相互影响和相互关系，称之为客户互动。实际上，客户互动的概念十分广泛，客户与设施管理团队的任何接触，都可以视为互动。在建立起与客户的互动机制后，设施管理团队将客户和客户的需求与服务运营融为一体，满足客户不断发展的需求，从而产生客户体验。

1. 客户互动

当与客户接触时，如何向客户提供最佳和最适合的服务或支持，这才是客户互动的关键思想。互动可由客户和设施管理团队的任意一方发起。客户互动的类型，如图 10-27 所示。

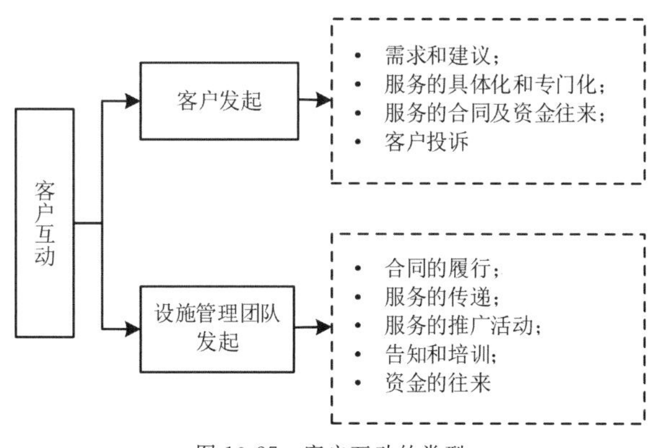


图 10-27 客户互动的类型

有效的互动要通过先进的网络、通讯等手段，达到设施管理团队与目标客户之间的高效、直接以及可循环持续的沟通，从而可以满足客户的个性化需要，提供咨询或解决投诉，甚至引导和管理客户的需求。客户互动实施要点，如表 10-6 所示。

表 10-6 客户互动实施要点

| 序号 | 实施要点 | 主要内容 |
|---|---|---|
| 1 | 有效的授权水平 | 有效的授权水平,关系到在工作中掌握客户互动的自由度。具有更高授权水平的团队往往有更高的客户关注水平。从提供方的角度看,双方可直接对话,有效的授权有助于双方从单纯的买卖关系发展到建立个人之间的友谊,进而维护和保持长期的客户关系 |
| 2 | 有效的互动流程 | 互动流程设计与实施,应该可以最有效地利用互动过程中的每个要素。如果流程设计具有感应客户态度、需求、认知变化的能力,那么设施管理团队就可以对这些改变做出反应,从而获得客户的信任和忠诚 |
| 3 | 有效的服务工具 | 在信息技术上的投资能够在一定程度上提高服务效率,使客户等待互动的时间趋于缩短。利用服务工具加强与客户的联系,包括信函、电话、网络、电邮、呼叫中心以及服务集成平台和智慧应用端等 |

2. 客户体验

设施管理团队在关注客户的基础上,针对客户需求的转化实施新的改进,将客户需求的管理思想纳入到服务系统中的运营管理模式,也随之促进了客户体验的产生。

客户对产品和服务的基本需求都对应着关键体验点。为了使客户获得良好的体验和感受,设施管理服务团队必须有效地找到这些关键体验点,从而进行更好的客户体验设计。客户体验环节,如图 10-28 所示。

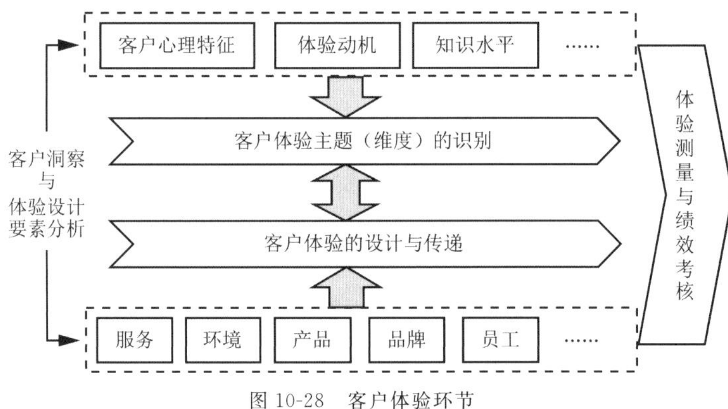


图 10-28 客户体验环节

设施管理团队应注重与客户的每一次接触,通过协调整个服务的各个阶段和各种接触渠道,有目的、无缝隙地为客户创造差异化的客户体验,强化客户感知价值,最终达到吸引客户,并不断提高客户保持率的目的。

**【案例 10-1】**

某全球跨国公司设施管理团队在为员工创造工作条件、增加客户体验方面具有非常卓越的表现,致力于创造人性化的工作环境、弹性的工作时间以及开展与员工的全方位互动。创造最佳的工作条件确保员工能保持个性并专业性地发展自己,这也能保证公司的成长和发展。

该公司创造的工作条件包括:灵活的工作时间和办公空间;一些辅助福利,包括膳食、旅游、健身和交通等。这些项目可以全面地建立和维系与客户之间的情感联系,并使这种联系最终转化为稳定的客户关系。该公司的客户体验项目,如表 10-7 所示。

表 10-7 客户体验项目

| 项目 | 分类 | 内容 |
| --- | --- | --- |
| 健康活动 | 群组课程包括瑜伽、健美等 | 身体和精神的平衡 |
| | 个人训练 | 2～3 个人的私人培训 |
| | 特殊运动训练 | 散打、空手道等 |
| | 团队建设服务 | 室内拓展和室外项目 |
| | 按摩服务 | 传统按摩、拔罐疗法、刮痧疗法,更加优惠的价格和更加便利的服务 |
| 辅助团队建设 | 组织户外拓展、真人 CS、泡泡足球赛等活动 | 挑战员工的健康、团队精神、情商等 |
| 餐饮和活动支持 | 早餐、果汁吧、咖啡吧 | 为员工提供新鲜的健康早餐,并收集未过期食物以避免浪费,创造工作和生活方式的结合 |
| | 提供员工午餐 | 通过员工调查确定菜品分析每月销售数据,并对员工进行价格、口味、服务和餐厅距离的调查,变换菜色并提供新的服务 |
| | 组织派对和宴会支持 | 组织圣诞派对、员工生日聚会等,策划流程,提供装饰、花、食品和饮料以及受欢迎的礼物 |
| 生活服务 | 专业的标语设计 | 专业团队设计维修牌、警示语、菜单、食品券和健身券等 |
| | 办公室沟通和商业化 | 假期安排、服务人员安排、办公室注意事项等采取人性化措施 |

### 10.3.4 客户服务 IT 工具

信息技术的革新和换代使客户服务的内容和形式也出现了新的变化——利用服务工具。服务工具可以帮助设施管理团队整合服务资源,并有效地维系客户关系。

1. 客户服务云端平台

客户服务云端平台将客户、设施管理团队、设施管理合作方进行集合管理,在统一的平台上进行运作,将客户的需求、运营的解决方案、服务资源的提供者及其信息进行梳理并集成,主动去满足客户的需求。客户服务云端平台示意图,如图 10-29 所示。

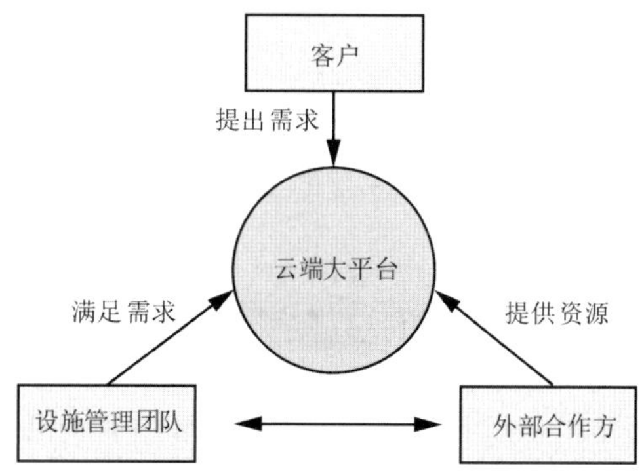


图 10-29 客户服务云端平台示意图

另外,手机应用端通过在云端平台与后台系统连接,实现了线上管控。例如,客户可以通过客户端自助上传信息,维修部实时收悉该报修信息;还有空气质量的检测应用、暖通空调智能控制应用等目前在很多成熟的办公园区都已经上架使用,并获得了反馈和良好评价,极大地提升客户的使用体验,创造便利性和实用性。

**【案例 10-2】**

某跨国公司通过办公环境空气质量改造，大大改善了员工工作环境和室内空间质量，并利用自身IT技术优势，自主研发了园区空气质量监测APP软件，让员工实时了解各个不同地点的空气质量指数。空气质量监测APP特点和价值，如图10-30所示。

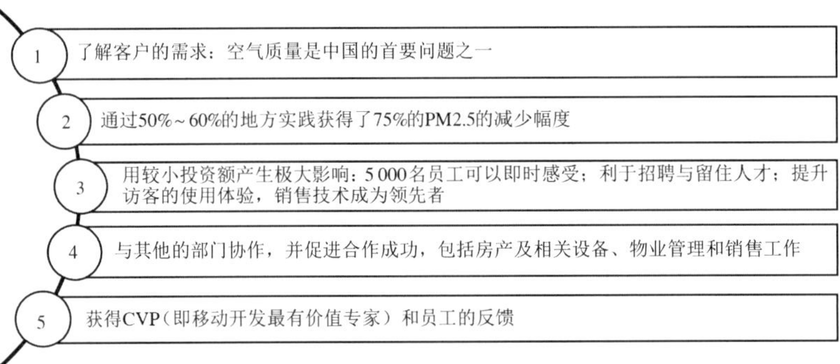


图10-30　空气质量监测APP的特点和价值

2. 客户服务呼叫中心

呼叫中心（Call Center），是指综合利用通信及计算机技术，对信息和物资流程优化处理和管理，集中实现沟通、服务和生产指挥的系统。呼叫中心已经延伸到了设施管理相关的各个工作环节。呼叫中心类型，如图10-31所示。

| 类型 | 说明 |
| --- | --- |
| 基于网站的呼叫中心 | 上网的客户可以和业务代表共享网页，在需要帮助时，只需按动一下键盘，就可与业务代表联系。必要时，使用同一设备，业务代表就可处理因特网呼叫、普通语音呼叫和电子邮件呼叫，从而充分利用了现有的通信资源 |
| 视频呼叫中心 | 在普通呼叫中心的基础上，使客户与业务代表双方通过屏幕“面对面”地交谈，并可将相关数据显示在屏幕上，客户就可以通过面对面的视频和音频连接沟通 |
| 虚拟呼叫中心 | 利用智能化网络技术，建立虚拟呼叫中心。这种系统具有大型数据库和数据仓库，它可以为每一个“入网”的客户提供决策支持和数据分析 |

图10-31　呼叫中心类型

呼叫中心一般有两类流程：一是与客户相关的关键流程，二是关键支持流程。前者需要操作人员与客户或最终客户进行交互才能进行下去，而关键支持流程的目的是保障前者的执行效果。呼叫中心投诉处理流程，如图10-32所示。

3. 工作接收与协调中心

工作接收与协调中心（Work Reception and Coordination，WRC）是设施管理组织中一个重要的接受设施服务请求，并将工作进行排序、安排执行和协调，在工作任务结束后对工作结果进行评价的机构。在中小型组织中，WRC是设施经理工作的助手，为设施经理提供日常的设施服务内容；在大型企业中，WRC是可以作为设施管理组织中一个独立的工作部门存在的。WRC的工作范围，如图10-33所示。

WRC职员参与组织设施管理的日常工作，接受设施服务请求，需要首先分清服务请求工作的重要程度。根据设施服务工作的重要性，WRC有三种对工作排序的标准，即紧迫性、价值和难易程度。WRC的排序标准，如图10-34所示。

为了提高服务的效率和有效性，根据不同的标准，WRC对工作服务请求会设计严格的工作流程，使

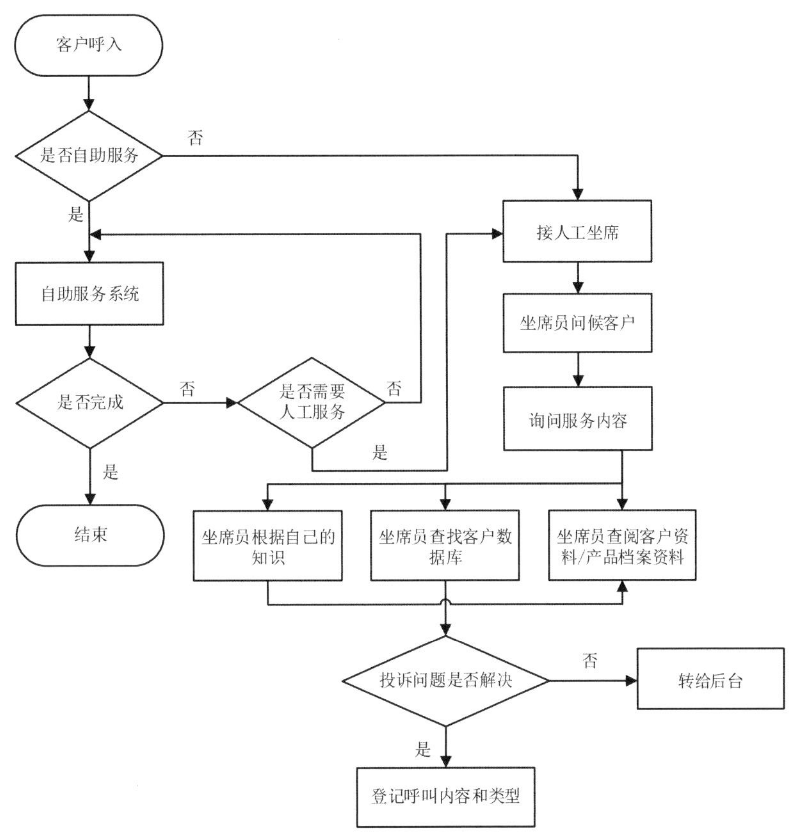


图 10-32 呼叫中心投诉处理流程

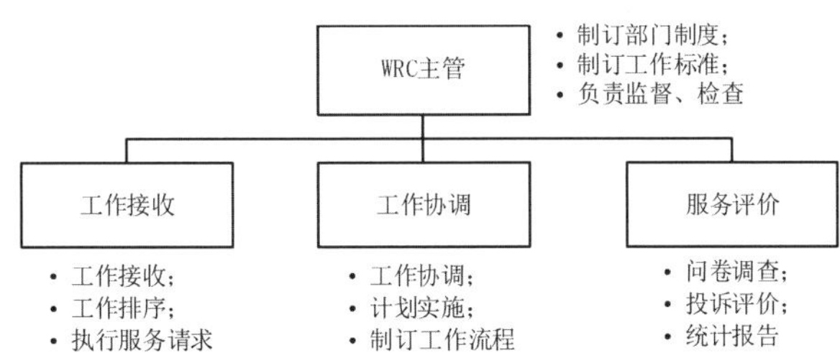


图 10-33 WRC 工作范围

| | |
|---|---|
| 根据工作紧迫性排序 | 优先级1：保护生命和安全的工作；接到请求后马上对该工作进行处理。<br>优先级2：急需实施的工作；请求需要对方出具书面的服务单，应该在1个工作日内完成。<br>优先级3：日常服务单；服务请求需要对方出具书面的服务单，应该在3~5工作日内完成 |
| 根据工作价值排序 | 当工作需要的大量资金投入和重要性程度超过设定的标准时，设施服务方应在执行前对指定的任务进行仔细的检查。此外，也可以用解决问题所需要的时间作为标准来衡量工作价值 |
| 根据难易程度排序 | 接到有些服务请求后，需要得到相关部门的认可后才能开展工作，即使这种工作需要很少的资金。例如，插座的安装位置对室内装置有很大的影响。所以，不管处理电气服务请求的成本有多少，所有的这种服务请求都要送往规划设计部门 |

图 10-34 WRC 的排序标准

工作执行流程化。同时，便于WRC对服务质量的考评，发现问题，并迅速作出改进。根据不同的优先等级，WRC对工作的安排和要求不同。不同优先等级工作任务和流程，如表10-8所示。

表10-8 不同优先等级工作要求和流程

| 序号 | 工作要求 | 优先等级 | | |
|---|---|---|---|---|
| | | 优先级1 | 优先级2 | 优先级3 |
| 1 | 确定条件 | 接到优先级1电话 | 需要对方出具书面的服务单 | 需要对方出具书面的服务单 |
| 2 | 工作危急程度 | 威胁生命和安全的工作 | 严重影响工作，但不如优先级1严重 | 不影响正常工作、不危害健康或安全的事件 |
| 3 | 标准反应时间 | 30分钟 | 1天 | 3天 |
| 4 | 完成时间 | 工作直到危险解除 | 完成时间取决于任务的复杂性 | 完成时间取决于任务的复杂性 |
| 5 | 接到服务请求后的即时工作要求 | 迅速根据电话选择安全人员或维修人员 | · 完成必要的记录和适当介绍；<br>· 选择部门或人员；<br>· 将这些记录内容传递给相关负责人 | · 完成必要的记录和适当介绍；<br>· 选择部门或人员；<br>· 将这些记录内容传递给相关负责人 |
| 6 | 是否需要反复进行 | 需要反复工作，直至问题解决 | 可能需要配合并反复进行 | 可能需要配合并反复进行 |

## 10.4 客户满意度的衡量

客户满意度反映的是顾客的一种心理状态，它来源于客户对设施管理团队提供的服务所产生的感受与自己的期望所进行的对比，是客户对团队、服务和人员的认可。通过客户满意度测评，有利于设施管理团队对服务进行持续改进，协助调整服务运营方案，提高整体绩效，并增强设施管理专业竞争力。

### 10.4.1 客户期望与服务差距

客户满意度主要是由购买前的期望和使用后的感知之间的差异来决定的。菲利普·科特勒(Philip Kotler)提出，客户满意是指一个人通过对一个产品或一种服务的可感知效果(或结果)与期望值相比较之后所形成的愉悦或失望的感觉状态。弗雷德·赖克哈尔德(Fred Reichheld)通过对各种行业的研究，发现客户忠诚度提高5%，利润上升幅度最低为35%，最高可以达到100%。

1. *服务质量感知*

客户对服务质量的期望和感知是由口碑、个人的需要以及过去经历来决定的，期望服务和感知服务之间的差距也就是服务差距。设施管理服务人员应追求感知服务大于预期服务的惊喜质量。服务质量感知模型，如图10-35所示。

2. *服务质量差距*

服务质量差距模型由美国营销学家帕拉休拉曼(A. Parasuraman)、赞瑟姆(ValarieA Zeithamal)和贝利(Leonard L. Berry)提出，在服务行业中作为服务组织改进服务质量的基本框架，有助于管理者分析服务质量问题产生的原因，并帮助管理者了解改进服务质量的方法与措施。设施管理者应熟练掌握这一模型的应用，通过构建一套系统全面的客户服务质量管理体系来消除服务质量差距，即顾客预期的服务质量与顾客感知的服务质量之间的差距。服务质量差距模型，如图10-36所示。

服务质量的每一个差距都有其各自的来源及解决方法。服务质量差距来源及缩小方法，如图10-37所示。

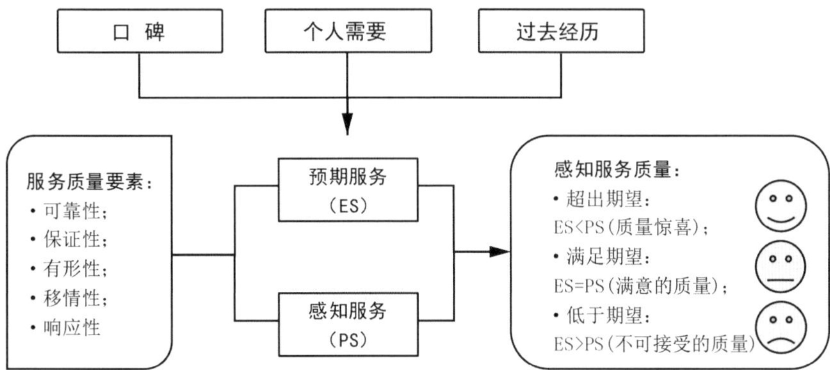


图 10-35 服务质量感知模型

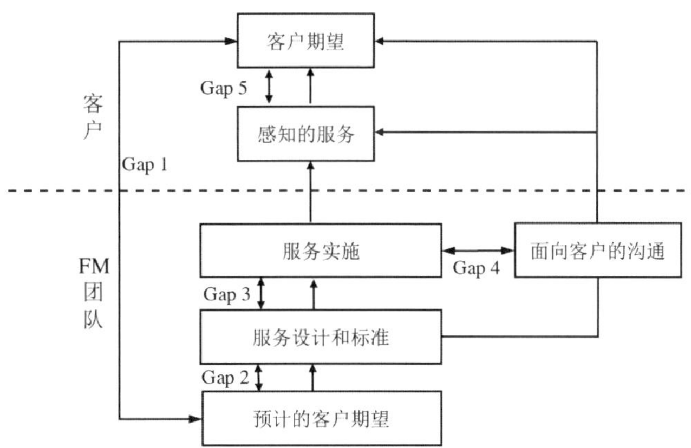


图 10-36 服务质量差距模型

**Gap1 认知差距**

来源：设施管理人员对前期的需求调查不足，或是调查对象、方法或程序存在不足，以及日常服务过程中未及时掌握需求变化。

采取方法：倾听客户的心声，应该采用多种渠道和方法沟通，建立和完善沟通机制和投诉机制。

**Gap3 服务交易差距**

来源：服务人员缺乏服务意识、服务技能、工作积极性或受情绪影响，以及服务各环节、人员缺乏团队合作精神，或没有足够的现场处理能力。

采取方法：严格管理供应商认证以及招聘工作，加强并持续性的培训，提高服务意识与责任心和服务技能，提高团队意识和沟通合作技能。同时注重绩效考核，设置关键的控制点。

**Gap5 感知服务质量差距**

来源：客户对服务的直观感知，在很大程度上是以上四种差距中的某几种因素共同作用的结果。

采取方法：提高服务水平就要尽可能缩小服务过程中的四个差距来使客户满意，明确各项差距的产生原因以及相互关系。

**Gap2 质量标准差距**

来源：服务质量规范制定有缺陷，不能支持目标的整体实现，或是由于资源、成本等限制因素，无法实现用户期望。

采取方法：应综合考虑各方因素，设定服务目标。根据服务水平协议，制订作业范围，确保服务水平得以实现并可衡量。

**Gap4 沟通的差距**

来源：服务人员同用户沟通时提出过度承诺，且在内部未达成共识，服务各流程环节的不同部门之间缺乏沟通和配合。

采取方法：对多环节服务设计及时反馈机制，确保各环节的处理信息及时有效传递给用户；创建多渠道的沟通机制，确保各部门之间能够进行有效的横向沟通；配合加强服务政策、服务目标的宣传和引导，对用户期望值进行引导。

图 10-37 服务质量差距来源及缩小方法

3. 3R差距

客户期望与服务质量之间的五大差距背后,应重点分析促成这种现象的驱动力。在这里总结为"3个R",即资源(Resources)、响应(Response)和尊重(Respect)。缺乏足够的资源来满足客户的需求,或缺乏有效应对组织要求的能力,或缺乏设施管理者和客户之间的相互尊重,实现服务的成功是不可能的。3R差距与缩小差距方法,如表10-9所示。

表10-9 "3R"差距与缩小差距方法

| 序号 | 3R差距 | 差距 | 缩小差距方法 |
|---|---|---|---|
| 1 | 尊重差距(Respect) | 无视客户对完美的需求 | 打破陈旧的关于时间/成本/质量平衡的陈旧思维,运用创新思维理解客户个性化的需求 |
| | | 客户对好的工作没有展示足够的欣赏 | 不要去问客户你做得有多好,告诉他们你在做得有多好,主动引领客户的满意度思维 |
| | | 关键客户总是得到更好的服务,如业务部门 | 支持组织的需求,并尽可能地提供公平全面的服务 |
| | | 服务人员态度不够礼貌 | 工作人员应接受系统化的培训和指导,掌握技巧并习惯性地主动微笑 |
| | | 设施管理工作者不能有效了解客户期望的水平 | 制订需求调查计划,无法量化的内容可以用图片等形式形象表达 |
| 2 | 响应差距(Response) | 设施管理工作者不能有效地实现任务的转换 | 应将组织结构与任务紧密结合,最大化实现工作人员完成不同任务的转换 |
| | | 设施管理工作者不能很容易地满足客户需求 | 设置项目的核心竞争力,然后有计划地培训员工来完成 |
| | | 事物发展过快无法跟上 | 停止对抗不可避免的发展,拥抱必要的变化,调整组织和业务以适应 |
| 3 | 资源差距(Resources) | 没有足够的时间完成任务 | 提高效率,在一天结束达到一种完善的封闭状态 |
| | | 没有预算更换过时的设备或配件 | 避免内部工作需要拥有所有设备的思想,考虑运用外包协助来恢复内部的核心能力 |
| | | 设施不能有效支持业务运营 | 同客户关于如何实现更大的愿景进行创造性的头脑风暴。审核设施的当前功能,并制订一个阶段性的计划来尽可能得到必要设施 |
| | | 预算不能足够地支持服务的成功 | 了解如何将设施管理的财务价值上升到企业战略决策层面,提高对设施管理作用的认识 |

## 10.4.2 客户满意度相关因素

对客户满意度相关因素的研究已经表明,客户满意度的驱动因素主要由三个方面组成:产品或服务因素、客户因素和环境因素。客户满意度的驱动因素,如表10-10所示。

表10-10 客户满意度的驱动因素

| 序号 | 驱动因素 | 主要内容 |
|---|---|---|
| 1 | 产品或服务相关的因素 | 产品相关因素:如品牌、性能、质量、价格、功用、便利等;<br>服务相关因素:如质量、便利、流程、价格、文化等 |
| 2 | 客户相关的因素 | 主要有客户属性、个人偏好 |
| 3 | 环境相关的因素 | 主要包括宏观经济、技术、竞争厂家、供求关系、渠道等 |

参照影响客户满意度的企业相关因素，设施管理客户满意度可以具体表述为以下两方面。

1. 设施硬件因素

狄伦(Dillon)和费舍尔(Vischer)通过研究，将客户对设施硬件的满意度设计了 24 个问题、5 个等级的调查问卷。对于这 24 个问题，通过调查对象反馈答案的相关性的统计，经归纳形成 9 个参数组，既影响客户满意度的九个方面设施因素。客户满意度的影响因素(设施硬件因素)，如表 10-11 所示。

表 10-11 设施客户满意度的影响因素(设施硬件因素)

| 组别 | 因素 | 问题 | 组别 | 因素 | 问题 |
|---|---|---|---|---|---|
| 1 | 热舒适度 | · 温度的舒适性；<br>· 制冷；<br>· 温度变化 | 5 | 隐私控制 | · 视觉隐私；<br>· 语音隐私；<br>· 电话隐私 |
| 2 | 空气质量 | · 通风舒适度；<br>· 空气清新度；<br>· 空气流动 | 6 | 照明 | · 电器照明；<br>· 灯光亮度；<br>· 灯的眩光 |
| 3 | 噪声控制 | · 噪声干扰；<br>· 噪音水平；<br>· 特殊噪音 | 7 | 建筑噪声控制 | · 空调系统噪音；<br>· 照明系统噪音；<br>· 建筑物外部噪声 |
| 4 | 空间舒适度 | · 家居布置；<br>· 工作空间；<br>· 工作存储空间；<br>· 个人存储空间 | 8 | 总体满意度 | · 总体满意度 |

2. 服务质量因素

服务质量取决于客户所感知的服务水平与客户所期望的服务水平的差距程度。服务质量的影响因素，如图 10-38 所示。

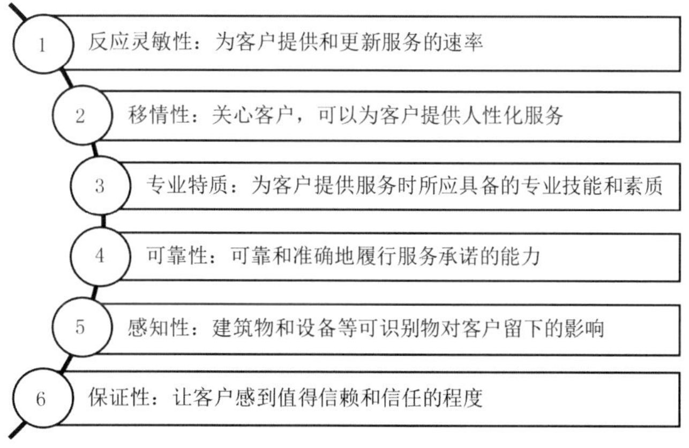


图 10-38 服务质量的影响因素

图 10-38 中所示的六个因素，是影响客户对设施管理部门服务质量感知的关键因素，其中每个因素又包含一些具体的问题。设施管理客户满意度的影响因素(服务因素)，如表 10-12 所示。

表 10-12 设施管理客户满意度的影响因素(服务质量因素)

| 组别 | 因素 | 问题 | 组别 | 因素 | 问题 |
|---|---|---|---|---|---|
| 1 | 反应灵敏性 | · 网络系统的灵活性;<br>· 通信技术安全性;<br>· 应急事件反应;<br>· 有毒废物的管理;<br>· 固体废物的管理;<br>…… | 4 | 可靠性 | · 保留客户记录;<br>· 根据客户要求履行职责;<br>· 工作程序、步骤;<br>…… |
| 2 | 专业特质 | · 理解工作进程;<br>· 礼貌待客;<br>· 专业技巧;<br>· 沟通交流;<br>· 职员仪表;<br>· 对投诉的反应;<br>· 与公众的联系;<br>…… | 5 | 可感知性 | · 公用设备;<br>· 景观绿化;<br>· 公共厕所;<br>· 空间设计;<br>…… |
| 3 | 移情性 | · 发展规划;<br>· 公众需求<br>· 条例实施;<br>…… | 6 | 保证性 | · 客户的安全感;<br>· 客户忠诚度<br>· 诚实守信;<br>…… |

### 10.4.3 客户满意度调查

客户满意度调查的目的是针对客户不满意的因素寻找改进措施,进一步提高产品和服务质量。因此,通过对收集到的客户满意度信息进行分析整理,找出不满意的主要因素,确定纠正措施并付之实施,以达到预期的改进目标。

1. 客户满意度调查渠道和步骤

客户满意度调查的方式是多种多样,包括口头的和书面的。根据调查信息收集的目的、性质和资金等条件,来策划客户满意度调查的最佳方案,确定责任部门,对收集方式、频次、分析、对策及跟踪验证等作出规定。收集客户满意度信息的渠道有如下方面:①客户投诉;②与客户的直接沟通;③问卷和调查;④密切关注的团体;⑤消费者组织的报告;⑥各种媒体的报告;⑦行业研究的结果等。

在具体的操作中,可以采用定性和定量两种调查方法。定性调查可采用评定满意等级的方法进行;为了获得客户满意度具体数据,应该进行定量调查。客户满意度调查步骤,如图 10-39 所示。

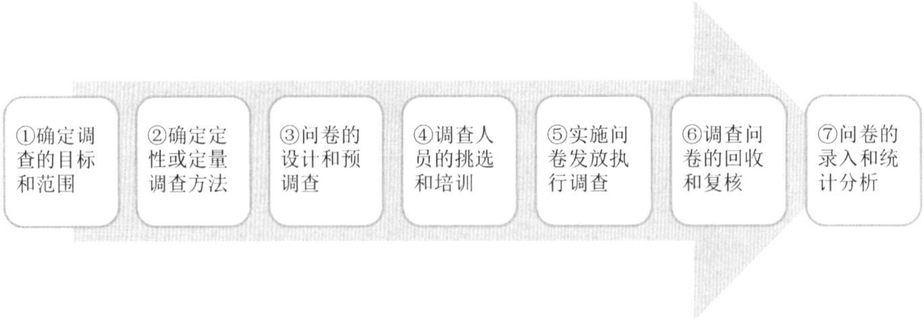

图 10-39 客户满意度调查步骤

### 2. 客户满意度调查方法

客户满意度的调查方法主要有面谈调查法、电话调查法、函件调查法和网上调查法四种。客户满意度调查方法，如表 10-13 所示。

表 10-13　　客户满意度调查方法

| 序号 | 调查方法 | 主要内容 |
| --- | --- | --- |
| 1 | 面谈调查法 | 调查人员与一个被调查者直接进行面谈，或者与几个被调查者集体面谈。这种方法可以直接与被调查者见面，灵活性较大，得到的资料也比较真实。但这种方法成本较高 |
| 2 | 电话调查法 | 由调查人员根据抽样的要求，在样本范围内用电话向被调查者提出询问。这种方法收集资料快，成本低，并能以统一格式进行询问。但不易取得被调查者的合作，调查难以深入 |
| 3 | 函件调查法 | 将设计好的问卷邮寄给被调查者，按照表格要求填写后寄回。调查范围较广，被调查者有较充裕的时间来考虑回答问题且不被影响，收集情况比较真实。但问卷回收率较低，时间往往拖得较长 |
| 4 | 网上调查法 | 通过 E-mail、网页端、移动端问卷等方式向被调查者发放问卷。调查成本较低，样本容量较大，效率比较高。但往往因为调查问卷的长度和难度等因素导致有效问卷数难以保证 |

### 3. 客户满意度调查表

客户满意度调查应该紧扣可能引起客户不满意的问题。通常在制订客户满意度问卷调查表时，应当根据各种设施管理的具体状况、不同特点和已建立的评价指标体系来设计调查表。根据设施管理客户满意度相关因素和组织的自身情况，可以选择相应的问题，制作问卷调查表，并采用 5 级或 10 级量表测量工具进行打分。客户满意度问卷调查表，如表 10-14 所示。

表 10-14　　客户满意度调查表

亲爱的客户：

感谢您长期对××设施管理部门的支持，为了更好地了解您的需求和持续改善我们的服务质量，烦请您认真地填写本问卷调查表，您的意见将对我们的设施管理发展提供很大的帮助，谢谢您！（请您依据满意度回答下列问题，并提出您的宝贵建议。

| 序号 | 指标 | 指标评定程度 | | | | | | |
| --- | --- | --- | --- | --- | --- | --- | --- | --- |
| 1 | 温度的舒适性 | 差 | 1 | 2 | 3 | 4 | 5 | 好 |
| 2 | 制冷 | 太冷 | 1 | 2 | 3 | 4 | 5 | 舒适 |
| 3 | 温度变化 | 太频繁 | 1 | 2 | 3 | 4 | 5 | 不变 |
| 4 | 通风舒适度 | 差 | 1 | 2 | 3 | 4 | 5 | 好 |
| 5 | 空气清新度 | 浑浊空气 | 1 | 2 | 3 | 4 | 5 | 新鲜空气 |
| 6 | 空气流动 | 通风不好 | 1 | 2 | 3 | 4 | 5 | 流通良好 |
| 7 | 噪声干扰 | 差 | 1 | 2 | 3 | 4 | 5 | 没问题 |
| 8 | 噪音水平 | 太嘈杂 | 1 | 2 | 3 | 4 | 5 | 舒服 |
| 9 | 特殊噪音 | 烦扰的 | 1 | 2 | 3 | 4 | 5 | 没问题 |
| 10 | 家居布置 | 差 | 1 | 2 | 3 | 4 | 5 | 好 |
| 11 | 工作空间 | 差 | 1 | 2 | 3 | 4 | 5 | 好 |
| 12 | 工作存储 | 不足 | 1 | 2 | 3 | 4 | 5 | 充足 |
| 13 | 个人存储 | 不足 | 1 | 2 | 3 | 4 | 5 | 充足 |
| 14 | 视觉隐私 | 差 | 1 | 2 | 3 | 4 | 5 | 好 |

续表

| 序号 | 指标 | 指标评定程度 | | | | | | |
|---|---|---|---|---|---|---|---|---|
| 15 | 语音隐私 | 差 | 1 | 2 | 3 | 4 | 5 | 好 |
| 16 | 电话隐私 | 差 | 1 | 2 | 3 | 4 | 5 | 好 |
| 17 | 电器照明 | 差 | 1 | 2 | 3 | 4 | 5 | 好 |
| 18 | 灯光亮度 | 太亮 | 1 | 2 | 3 | 4 | 5 | 不太亮 |
| 19 | 灯的眩光 | 高眩光 | 1 | 2 | 3 | 4 | 5 | 无眩光 |
| 20 | 空调系统噪音 | 嘈杂 | 1 | 2 | 3 | 4 | 5 | 没问题 |
| 21 | 照明系统噪音 | 嘈杂 | 1 | 2 | 3 | 4 | 5 | 没问题 |
| 22 | 建筑物外部噪声 | 嘈杂 | 1 | 2 | 3 | 4 | 5 | 没问题 |
| 23 | 总体满意度 | 不满意 | 1 | 2 | 3 | 4 | 5 | 非常满意 |
| 24 | 请您提出您对我们的建议或其他问题： | | | | | | | |

| 单位名称 | | 填表人 | | 职务 | |
|---|---|---|---|---|---|
| 填表日期 | | 联系电话 | | 邮箱 | |

在收集和分析客户满意信息时，必须注意两点：

(1) 客观标准。客户有时是根据自己使用产品或服务之后，所产生的主观感觉来评定满意或不满意。因此，往往会由于某种偏见而产生情绪障碍和关系障碍。因此，不能仅靠客户主观感觉的报告，同时也应考虑是否符合客观标准的评价。

(2) 调查对象。客户对产品或服务消费后，遇到不满意时，也不一定都会提出投诉或意见。因此，应针对这一部分客户的心理状态，利用更亲情的方法，以获得这部分客户的意见。

### 10.4.4 客户满意度评价案例

某国际高校引入全新的设施管理团队，对该校的公共设施和整体环境采取了诸多改善措施。为了更好地加强校园建设并提升设施管理水平，该团队通过对师生教学和生活密切相关的设施管理影响因素分析，建立了设施管理满意度评价指标体系，并通过模糊综合评价进行了定量分析。

1. 客户满意度评价指标

客户满意度评价指标，是指用以测量客户满意程度的一组项目因素。要评价客户满意的程度，必须建立一组与设施管理有关的、反映客户对设施服务满意程度的指标体系。

评价指标体系的设定，应是既包括设施的硬件项目，又包括无形的和外延的服务项目。否则，就不能全面了解客户的满意程度，也不利于提升客户满意水平；另外，由于影响客户满意度的因素很多，应该选择具有代表性的主要因素作为评价项目。校园设施管理满意度评价指标体系，如图10-40所示。

2. 客户满意度模糊综合评价

按照图10-41中所示的校园设施服务设施管理满意度评价指标体系，对各因素的重要性给出非常重要A、重要B、一般重要C、次要D和无关紧要E共5个序列。

(1) 因素集。设$U$为因素集，

$$U=\{u_1,u_2,u_3,u_4,u_5\} \tag{10-1}$$

式中，$u_1$为建筑物管理；$u_2$为空间管理；$u_3$为安全管理；$u_4$为支援服务；$u_5$为能源管理。

(2) 评语集。设$V$为评语集，

$$V=\{v_1,v_2,v_3,v_4,v_5\} \tag{10-2}$$

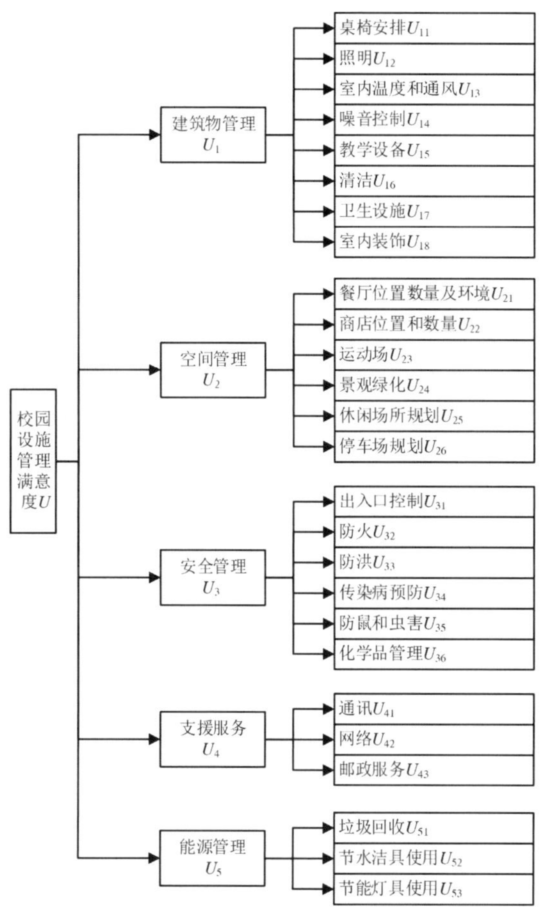

图 10-40 校园设施管理满意度评价指标体系

式中，$v_1$ 为非常满意；$v_2$ 为满意，$v_3$ 为一般，$v_4$ 为不满意，$v_5$ 为极不满意。

(3) 指标评价。指标应用专家意见比例法，根据选择某等级的成员数对评价组成员总数所占的比例，确定该指标的评语集。校园设施管理满意度的评判结果，如表 10-15 所示。

**表 10-15　　校园设施管理满意度的评判结果**

| 一级指标 | 权重 | 二级指标 | 权重 | 评语集 | | | | |
|---|---|---|---|---|---|---|---|---|
| | | | | 非常满意 | 满意 | 一般 | 不满意 | 极不满意 |
| 建筑物管理 $u_1$ | $W_1$ | 桌椅安排 $u_{11}$ | $w_{11}$ | 0 | 0.55 | 0.40 | 0.05 | 0 |
| | | 照明 $u_{12}$ | $w_{12}$ | 0.15 | 0.45 | 0.30 | 0.10 | 0 |
| | | 室内温度和通风 $u_{13}$ | $w_{13}$ | 0 | 0.45 | 0.30 | 0.15 | 0.10 |
| | | 噪音控制 $u_{14}$ | $w_{14}$ | 0 | 0.45 | 0.25 | 0.25 | 0.05 |
| | | 教学设备 $u_{15}$ | $w_{15}$ | 0.15 | 0.55 | 0.15 | 0.10 | 0.05 |
| | | 清洁 $u_{16}$ | $w_{16}$ | 0.35 | 0.45 | 0.10 | 0.10 | 0 |
| | | 卫生设施 $u_{17}$ | $w_{17}$ | 0.20 | 0.25 | 0.25 | 0.25 | 0.05 |
| | | 室内装饰 $u_{18}$ | $w_{18}$ | 0 | 0.45 | 0.45 | 0.10 | 0 |

续表

| 一级指标 | 权重 | 二级指标 | 权重 | 评语集 | | | | |
|---|---|---|---|---|---|---|---|---|
| | | | | 非常满意 | 满意 | 一般 | 不满意 | 极不满意 |
| 空间管理 $u_2$ | $W_2$ | 餐厅位置数量及环境 $u_{21}$ | $w_{21}$ | 0.15 | 0.25 | 0.40 | 0.15 | 0.05 |
| | | 商店位置和数量 $u_{22}$ | $w_{22}$ | 0.10 | 0.30 | 0.45 | 0.15 | 0 |
| | | 运动场 $u_{23}$ | $w_{23}$ | 0 | 0.20 | 0.50 | 0.30 | 0 |
| | | 景观绿化 $u_{24}$ | $w_{24}$ | 0.20 | 0.40 | 0.25 | 0.15 | 0 |
| | | 休闲场所规划 $u_{25}$ | $w_{25}$ | 0.05 | 0.25 | 0.45 | 0.20 | 0.05 |
| | | 停车场规划 $u_{26}$ | $w_{26}$ | 0.05 | 0.30 | 0.50 | 0.05 | 0.10 |
| 安全管理 $u_3$ | $W_3$ | 出入口控制 $u_{31}$ | $w_{31}$ | 0.30 | 0.55 | 0.15 | 0 | 0 |
| | | 防火 $u_{32}$ | $w_{32}$ | 0.30 | 0.40 | 0.25 | 0.05 | 0 |
| | | 防洪 $u_{33}$ | $w_{33}$ | 0.15 | 0.30 | 0.45 | 0.05 | 0.05 |
| | | 传染病预防 $u_{34}$ | $w_{34}$ | 0.05 | 0.40 | 0.50 | 0.05 | 0 |
| | | 防鼠和虫害 $u_{35}$ | $w_{35}$ | 0.10 | 0.15 | 0.55 | 0.15 | 0.05 |
| | | 化学品管理 $u_{36}$ | $w_{36}$ | 0.05 | 0.45 | 0.45 | 0.05 | 0 |
| 支援服务 $u_4$ | $W_4$ | 通讯 $u_{41}$ | $w_{41}$ | 0.05 | 0.40 | 0.40 | 0.15 | 0 |
| | | 网络 $u_{42}$ | $w_{42}$ | 0.05 | 0 | 0.55 | 0.20 | 0.20 |
| | | 邮政服务 $u_{43}$ | $w_{43}$ | 0.05 | 0.25 | 0.20 | 0.40 | 0.10 |
| 能源管理 $u_5$ | $W_5$ | 垃圾回收 $u_{51}$ | $w_{51}$ | 0.15 | 0.45 | 0.30 | 0.10 | 0 |
| | | 节水洁具使用 $u_{52}$ | $w_{52}$ | 0.05 | 0.45 | 0.40 | 0.05 | 0.05 |
| | | 节能灯具使用 $u_{53}$ | $w_{53}$ | 0.05 | 0.30 | 0.30 | 0.15 | 0.20 |

上述表 10-15 的评判结果，可以形成各二级指标的评语集，构成下列二级指标评价决策矩阵：

$$\boldsymbol{R}_1=\begin{pmatrix}u_{11}\\u_{12}\\u_{13}\\\vdots\\u_{18}\end{pmatrix}=\begin{pmatrix}0 & 0.55 & 0.4 & 0.05 & 0\\0.15 & 0.45 & 0.3 & 0.1 & 0\\0 & 0.45 & 0.3 & 0.15 & 0.1\\0 & 0.45 & 0.25 & 0.25 & 0.05\\0.15 & 0.55 & 0.15 & 0.1 & 0.05\\0.35 & 0.45 & 0.1 & 0.1 & 0\\0.2 & 0.25 & 0.25 & 0.25 & 0.05\\0 & 0.45 & 0.45 & 0.1 & 0\end{pmatrix}\tag{10-3}$$

同理得出 $\boldsymbol{R}_2,\boldsymbol{R}_3,\boldsymbol{R}_4,\boldsymbol{R}_5$。

(4) 指标权重。根据调查问卷中各项因素重要性序列值的选择，利用德尔菲(Delphi)法编制因素优先得分表，计算并规范化后得到各评价指标权重如下：

$$\begin{aligned}\boldsymbol{W}_1&=(w_{11},w_{12},w_{13},\cdots,w_{18})\\&=(0.127,0.137,0.128,0.135,0.130,0.133,0.115,0.094)\end{aligned}\tag{10-4}$$

同理，可得 $\boldsymbol{W}_2,\boldsymbol{W}_3,\boldsymbol{W}_4$ 和 $\boldsymbol{W}_5$。

(5) 评判矩阵。结合二级指标权重 $\boldsymbol{W}_i=\{w_{ij}\}$，根据公式 $\boldsymbol{B}_i=\boldsymbol{A}_i\boldsymbol{R}_i$，求得二级指标集：

$$\boldsymbol{B}_1=(0.110,0.453,0.268,0.138,0.032)\tag{10-5}$$

用同样方法得到 $\boldsymbol{B}_2,\boldsymbol{B}_3,\boldsymbol{B}_4,\boldsymbol{B}_5$，可得二级指标评判矩阵为：

$$R=\begin{bmatrix}R_1\\R_2\\\vdots\\R_5\end{bmatrix}=\begin{bmatrix}b_{11}&b_{12}&\cdots&b_{15}\\b_{21}&b_{22}&\cdots&b_{25}\\\cdots&\cdots&\cdots&\cdots\\b_{51}&b_{52}&\cdots&b_{55}\end{bmatrix}=\begin{bmatrix}0.110&0.453&0.268&0.138&0.032\\0.094&0.282&0.422&0.169&0.032\\0.161&0.382&0.385&0.057&0.014\\0.050&0.218&0.383&0.249&0.099\\0.084&0.401&0.333&0.100&0.082\end{bmatrix} \quad (10\text{-}6)$$

(6) 综合评价。由专家打分给出建筑物管理、空间管理、安全管理等五个一级指标的权重 $\boldsymbol{A}=(W_1, W_2, \cdots, W_n)=(0.314, 0.201, 0.276, 0.117, 0.092)$，按综合评价 $\boldsymbol{B}=\boldsymbol{AR}$ 公式求得：

$$\boldsymbol{B}=(0.112, 0.367, 0.351, 0.131, 0.040) \quad (10\text{-}7)$$

(7) 评价结果分析。将 5 个满意度各与某分值对应起来。评估结果与相应分值对照，如表 10-16 所示。利用评价结果确定一个确切的分值 $F$。

表 10-16 评估结果与相应分值对照

| 评估结果 | 非常满意 | 满意 | 一般 | 不满意 | 极不满意 |
|---|---|---|---|---|---|
| 相应分值 | 100 | 80 | 60 | 40 | 20 |

记 $\boldsymbol{K}=(100, 80, 60, 40, 20)^{\mathrm{T}}$，$F=\boldsymbol{B}\times\boldsymbol{K}$。则该校设施管理满意度各项服务评价代数值为：

$$F_1=\boldsymbol{B}_1\times\boldsymbol{K}=(0.110, 0.453, 0.268, 0.138, 0.032)\times(100, 80, 60, 40, 20)^{\mathrm{T}}=69.415 \quad (10\text{-}8)$$

同理，$F_2=64.743$，$F_3=72.38$，$F_4=57.429$，$F_5=66.116$。

60(一般)$<F_1, F_2, F_3, F_5<$80(满意)；40(不满意)$<\boldsymbol{F}_4<$60(一般)，即该校师生对校园建筑物管理、空间规划和管理、安全管理和能源管理都基本满意，而对网络通信等支援服务不太满意。

最终的综合评价代数值为：

$$F=\boldsymbol{B}\times\boldsymbol{K}=(0.112, 0.367, 0.351, 0.131, 0.040)\times(100, 80, 60, 40, 20)^{\mathrm{T}}=67.589 \quad (10\text{-}9)$$

60(一般)$<F=67.589<$80(满意)，结果表明该校师生对设施管理服务的总体上基本满意。

### 知识链接

更多客户满意度测量方法研究，请访问设施管理门户网站 FM Gate—FM 智库—研究报告—设施管理服务客户满意度测量。

### 【关键术语】

客户关系；客户战略；客户价值；客户关系生命周期；目标客户；需求层次；沟通漏斗；乔哈里资讯窗；有效沟通；客户互动；客户体验；云端平台；客户服务呼叫中心；优先等级；客户期望；服务质量差距；客户满意度

### 【延伸阅读】


[1] Jensen P A, VoordtT J M V D, CoenenC. Reflecting on future research concerning the added value of FM[J]. Facilities, 2014(13/14): 856-870.

[2] (德)斯特劳斯. 服务科学[M]. 吴健，李莹，邓水光，译. 杭州：浙江大学出版社，2010.

[3] 单友成，李敏强，赵红. 面向客户关系管理的客户满意度指数模型及测评体系[J]. 天津大学学报：社会科学版，2010, 12(2): 119-124.

[4] Jensen P A, van der Voordt T, Coenen C. The added value of facilities management: concepts, findings and perspectives[M]. Lyngby: Polyteknisk Forlag, 2012.

# 第 11 章 设施管理服务评价与审核

[本章导读]

设施管理服务评价与审核是设施管理过程中的关键环节。设施管理服务评价侧重对设施管理服务供应商服务水平的管理,设施管理审核是对组织的现有设施资产以及设施管理服务进行的评价,范围更加广泛。设施管理服务评价体系,为组织获得良好的设施管理服务,实现业务稳定运营提供有力保障。本章还为读者介绍了基准分析,为企业寻找最佳实践,提升运营绩效提供有效手段。

本章主要内容:

- ☐ 设施管理服务范围和服务说明书;
- ☐ 设施管理服务水平协议的内容及管理流程;
- ☐ 设施管理关键绩效指标体系及其评价方法;
- ☐ 设施管理基准分析的分类、实施与趋势;
- ☐ 设施管理审核的分类、程序及内容。

## 11.1 设施管理服务范围

设施管理的职能范畴覆盖面甚广,对其服务范围也有多种说法。针对各类组织中内容庞杂的设施管理,做好服务范围的界定和管理是至关重要的。本节引入项目管理中较为成熟的范围管理理论,对范围管理计划、工作分解结构及变更控制等展开论述,介绍设施管理服务说明书的内容组成和作用。

### 11.1.1 服务范围规划

"范围"一词通常是指工作或服务的周边界限,即工作或服务中应包含的内容及其功能、特征。确定服务范围就是定义服务的工作边界,确定服务的目标和主要的可交付成果。确定服务范围是开展管理工作的第一步。

服务范围规划具体表现为需求识别、服务范围界定两个部分。需求识别需要服务供应商充分利用自身经验和专业知识,引导和帮助客户清晰准确地表达需求。

1. 需求识别

需求识别是一个过程,客户通常在收集需求之初会给出某种愿望和期待,这些愿望和期待一般是一个范围,属于高层级的需求,然后通过收集整理信息和资料、展开调研等途径将需求信息进行逐步明晰、量化。只有可量化的、可跟踪的、完整的、相互协调的,且主要参与方愿意认可的需求,才能作为基准。需求识别除了与各利益相关者的沟通之外,还可以采用专业的需求识别方法技术。需求识别常用方法技术介绍,如表 11-1 所示。

需求识别过程的输出是需求文件。需求文件的格式多种多样,既可以是一份按主要参与方和优先级分类列出全部需求的简单文件,也可以是一份包括内容提要、细节描述和附件等的详细文件。经过科学的需求识别得到的记录完好的需求文件,将在服务展开后发现任何对于批准的服务范围的偏离。

需求文件的主要内容包括:

(1) 业务需求。可跟踪的业务目标和服务目标;执行组织的业务规则;组织的指导原则。

(2) 参与方需求。对组织其他领域的影响;对执行组织内部或外部团队的影响;参与方对沟通和报告的需求。

(3) 解决方案需求。功能和非功能需求;技术和标准合规性需求;支持和培训的需求;质量需求;报告需求。

(4) 项目需求。服务水平、绩效、安全和合规性等需求;验收标准。

(5) 过渡需求。

(6) 与需求相关的假设条件、依赖关系和制约因素。

表 11-1 需求识别常用方法技术介绍

| 名称 | 方法技术介绍 | 特点 |
|---|---|---|
| 访谈 | 通过与利益相关者直接交谈而获取信息,有助于识别和定义需求特征 | 成本高,耗时多 |
| 焦点小组会议 | 将利益相关者和专家集中在一起,共同提出对服务的期望和态度,通过讨论和互动明确需求 | 成本较低,耗时少 |
| 原型法 | 参考相似组织的服务需求说明书,结合自身服务项目的特点再做修订 | 成本低,耗时少,有丢失需求的风险 |
| 质量功能展开(QFD) | QFD的实质是将顾客的需求转换为项目对应的工程语言,它通过质量展开和功能展开两类途径,不仅实现客户需求的转化,也能识别客户对详细设计的需求。适用于有实物成果的设施管理工作,如机房改造、设备系统升级等 | 专业性要求高,成本高,需求识别更明确 |

2. 服务范围界定

服务范围界定就是确定范围,并编制服务说明书的过程。根据项目启动过程中确认的主要可交付成果、假设条件和制约因素,来编制服务说明书。

服务范围界定是一项非常严密的分析、推理和决策工作,因此需要采用一系列的逻辑推理的方法和分析识别的技术。范围界定中常用的技术方法,如表 11-2 所示。

表 11-2 范围界定中常用的技术方法

| 名称 | 技术方法介绍 |
|---|---|
| 专家判断 | 常用于分析制订服务范围所需的信息;通过专家的专业知识进行技术细节的处理(例如某设备维护参数的界定等) |
| 产品分析 | 包括产品分解、系统分析、需求分析、系统工程、价值工程、价值分析等。适用于可交付成果的设施管理项目(如工程交接,新建系统验收等) |
| 备选方案识别 | 常用的备选方案识别技术有头脑风暴、横向思维、配对比较等。适用于范围界定提出不同的执行方法 |

服务范围界定的过程是充分研究需求文件的基础上将工作分解为具体、细致、可执行的单元,并以此为依据得到工作分解结构图(WBS)。服务范围界定最常用的工具是工作分解结构,主要成果是服务说明书。服务说明书是对服务范围、主要可交付成果、假设条件和制约因素的描述,记录了服务和可交付成果的范围。服务说明书详细描述可交付成果,以及为创建这些可交付成果而必须开展的工作,是服务各参与方针对各项工作范围达成共识后的成果。

### 11.1.2 工作分解结构

工作分解结构(Work Breakdown Structure,WBS)方法是将全部服务工作内容分解成易于管理的层级关系和组成部分,以确保识别出工作范围所需要的所有工作要素。在工作分解结构的最底层是完成服务所必需的全部工作包。WBS 是按照工作发展的规律、依据一定的原则和规定进行系统化的、相互关联和协调的层次分解技术。当 WBS 的细度足够具体，层次足够清晰，即可以作为组织实施具体工作所依据的重要文件。工作分解结构过程，如图 11-1 所示。

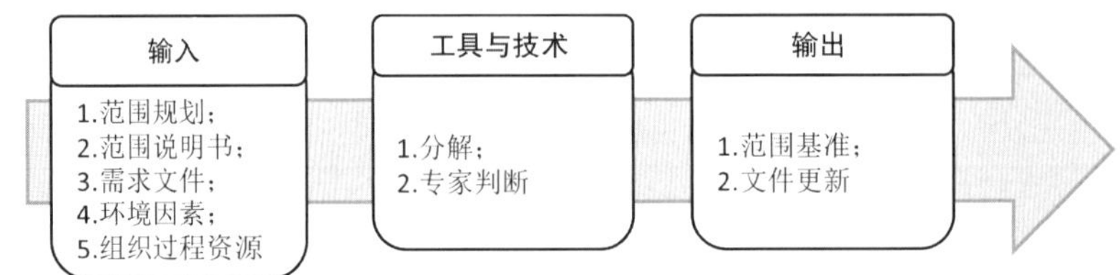


图 11-1 工作分解结构过程

1. WBS 层次

WBS 可包括多个层次，对实施组织所要完成的综合设施管理服务进行描述。WBS 的深度要取决于该设施管理的规模和工作内容的复杂程度，以及组织管理层次的需求。创建一个好的 WBS 是一项重大的挑战，必须要充分了解服务内容和范围，将所有利益相关者的需求和支持给予综合考量，再结合科学的分解方法才能完成。

最低级的 WBS 成为工作包。工作包是 WBS 中的可评估的组分，即可以对工作包进行时间和成本的准确评估。服务团队负责在 WBS 中确定合适的范围和细节程度。WBS 范围和详细程度，如图 11-2 所示。

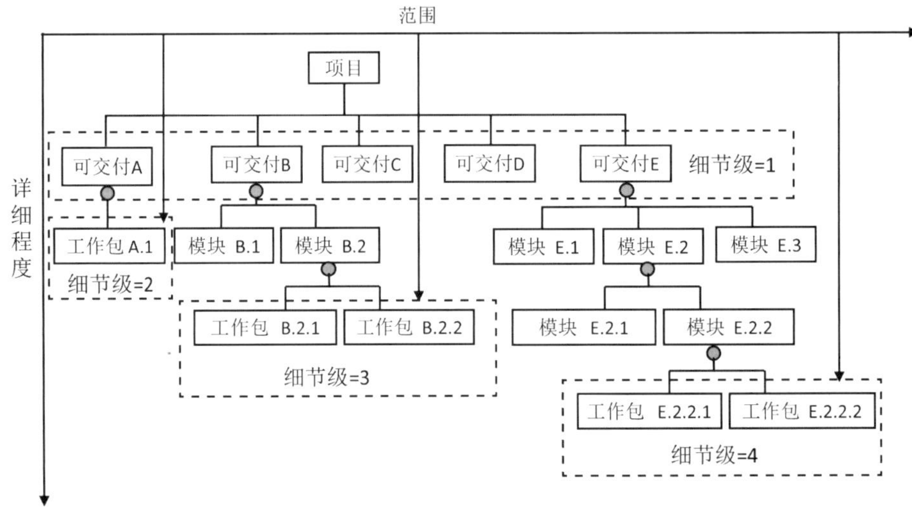


图 11-2 WBS 范围和详细程度

WBS 分解的详细程度要根据实际的可交付成果的内容来决定，不同的可交付成果可以分解到不同的层次。某些可交付成果只需分解到下一层，即可到达工作包的层次，而另一些则须分解更多层。分解得越细致，对服务内容的规划、管理和控制就越有力。但是，过细的分解会造成管理的无效耗费、资源使用效率低下、服务实施效率降低，同时造成 WBS 各层级的数据冗杂，汇总困难。

2. WBS 原则

WBS 有一个金科玉律，称之为 100％法则，即 WBS 应 100％覆盖服务说明书中的全部服务内容和可交付成果。创建 WBS 的原则，如图 11-3 所示。

3. WBS 方法

常用的 WBS 方法，如表 11-3 所示。

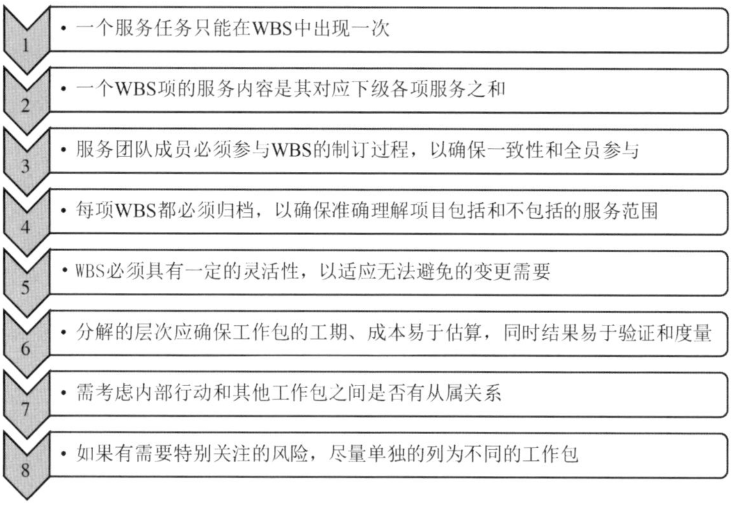

1
• 一个服务任务只能在WBS中出现一次
2
• 一个WBS项的服务内容是其对应下级各项服务之和
3
• 服务团队成员必须参与WBS的制订过程，以确保一致性和全员参与
4
• 每项WBS都必须归档，以确保准确理解项目包括和不包括的服务范围
5
• WBS必须具有一定的灵活性，以适应无法避免的变更需要
6
• 分解的层次应确保工作包的工期、成本易于估算，同时结果易于验证和度量
7
• 需考虑内部行动和其他工作包之间是否有从属关系
8
• 如果有需要特别关注的风险，尽量单独的列为不同的工作包

图 11-3　创建 WBS 的原则

**表 11-3　常用的 WBS 方法**

| 序号 | 方法 | 介绍 |
|---|---|---|
| 1 | 类比法 | 参考类似服务的 WBS 的范围定义和范围分解，结合过往的经验和当前特点制订新的 WBS 的方法 |
| 2 | 自上而下法 | 自上而下法是最常规的制订 WBS 的方法，即从最大的服务目标开始逐步将工作细化、分解成下一级的多个细分工作，最末一级的细分工作叫作工作包 |
| 3 | 自下而上法 | 自下而上法是从基层着手明确各个工作包，然后将其分类聚集成总体活动，即 WBS 中更高层级的工作。该方法比较费时，但其分类更加清晰明确，WBS 的有效性更显著 |
| 4 | 思维导图 | 一种发散性思维的图形思维工具，从一个核心理念发散出来，将思想和想法结构化。该方法无须采用线条结构，限制少，更具有可视化和创造性 |

某系统开发项目的 WBS(示例)，如图 11-4 所示。

1.0
系统开发项目
1.1
需求评估
1.2
标准开发
1.3
系统工程
1.4
项目管理
1.1.1
当前系统审核
1.1.2
需求确定
1.1.3
备选方案开发
1.1.4
系统需求开发
1.1.1.1
组件识别
1.1.1.2
组件分析
1.1.2.1
差距评估
1.1.2.2
需求变更识别
1.1.3.1
备选方案识别
1.1.3.2
备选方案分析

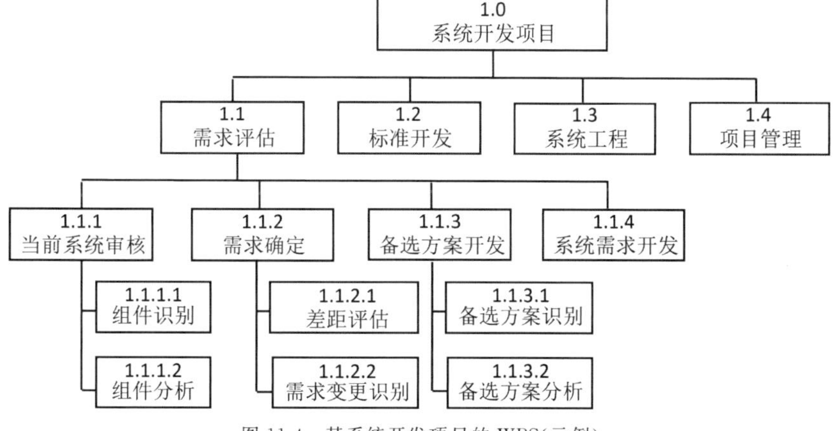

图 11-4　某系统开发项目的 WBS(示例)

### 11.1.3　服务说明书

服务说明书(Statement of Work,SOW)是服务范围界定的结果,是对所要提供的产品或服务的叙述性描述,在合同管理和采购管理中有着至关重要的作用,是实现设施管理部门的科学管理和绩效评估的基础。在设施管理领域无论是软性服务,还是对硬件设施的维修维护均可理解为服务,故服务说明书的描述范围包含设施管理中的软性和硬性服务。

1. 服务说明书的内容

设施管理服务说明书通过对客户对服务期望的定性描述进行分析,转化为服务内容和范围的准确描述。设施管理领域内的标杆企业针对各类设施管理服务职能、明确技术规范、服务范围限定等要求,均具备一套健全的服务说明书(标准格式文本)。服务说明书的主要内容,如图 11-5 所示。

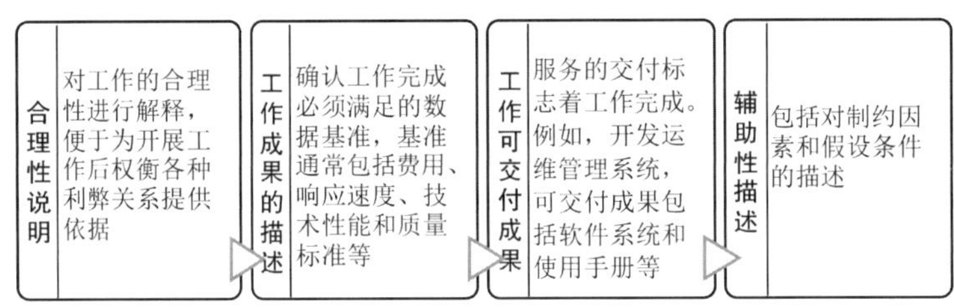


图 11-5　服务说明书的主要内容

组织以自身需求出发,结合实际情况因地制宜地设计设施管理服务说明书。服务说明书的内容在与组织自身匹配之外当然也具备一定的共性。不同组织的设施管理服务说明书内容的详细程度的差异通常源于组织设施管理成熟度等级差异。

研究发现组织设施管理成熟度等级的划分与服务水平存在较大相似度。设施管理成熟度等级和特征,如图 11-6 所示。

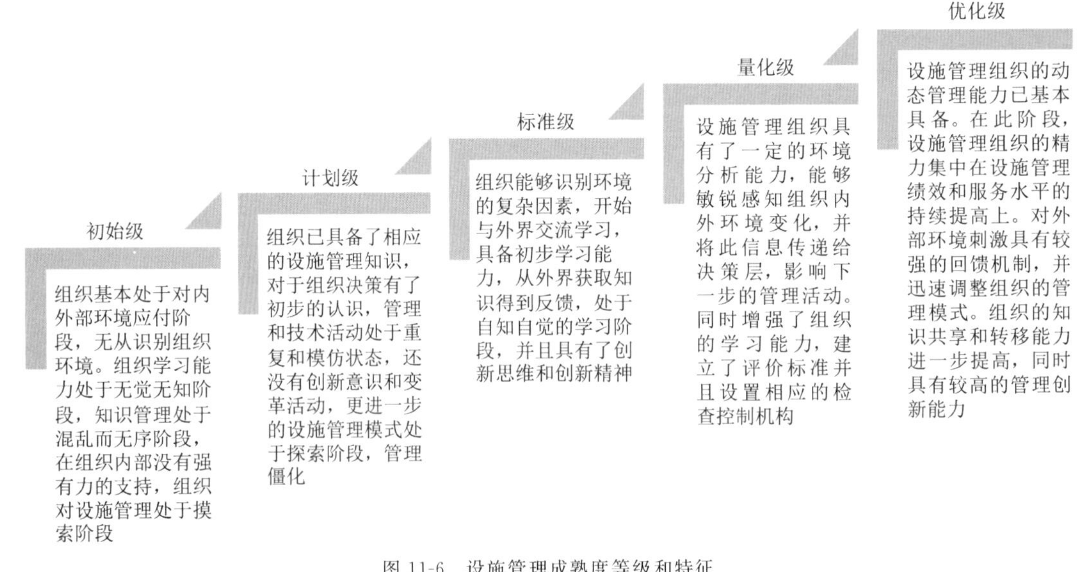


图 11-6　设施管理成熟度等级和特征

成熟度等级较高的组织设施管理服务说明书的描述更为详尽客观。现以优化级设施管理组织为例介绍服务说明书的内容。

设施管理服务说明书的一级目录一般由通用信息、合同管理、合规性、建筑设施服务、EHS 管理、空间管理等构成。在通用信息中，需要对服务结果的输出和服务质量的标准作出清晰的规定，同时也可以将服务质量水平与绩效考评作出量化规定。同时，一些客户也鼓励供应商提供创新型的增值服务，相关标准和鼓励措施也会在通用信息中给予界定。

2. 服务说明书框架

设施管理服务说明书框架示例，如图 11-7 所示。

设施管理服务说明书结构示例

| 一级目录 | 二级目录 | 三级目录 |
| --- | --- | --- |
| 0 通用信息 | 4.1 服务概述 | 4.2.1 供变配电系统 |
| 1 合同管理 | 4.2 变配电系统 | 4.2.2 室内照明系统 |
| 2 合规性 | 2.3 暖通系统 | 4.2.3 室外照明系统 |
| 3 财务管理 | 4.4 给排水系统 | 4.2.4 防雷接地系统 |
| 4 建筑设备管理 | 4.5 电梯系统 | 4.2.5 发电机系统 |
| 5 行政服务 | 4.6 消防系统 | 4.2.6 UPS系统 |
| 6 空间管理 | …… | |
| 7 环境、健康、安全 | | |
| 8 安全与危机管理 | | |
| 9 餐饮&招待 | | |
| 10 自动售货机 | | |
| 11 清洁服务 | 13.1 建筑预防维护 | |
| 12 邮件及文件服务 | …… | |
| 13 预防性维护 | | |
| 14 基础设施服务及工具 | | |
| 15 可持续性及能源管理 | | |
| 16 废品管理 | | |
| 17 访客登记 | | |
| 18 车辆及移动设备服务 | | |
| 19 其他服务（绿植。虫控） | | |

图 11-7 设施管理服务说明书框架示例

设施管理服务说明书二级及三级目录则是对服务内容进行更详细的解构，同时也是对组织需求的细分解读。例如，图 11-7 中的"13 预防性维护"一级目录下的"13.1 建筑系统维护"二级目录中针对客户需求和供应商需要提供的服务部分需要做出进一步的规范。"13.1 建筑系统维护"二级目录下客户需求和供应商提供的服务，如图 11-8 所示。

### 3. 服务说明书的作用

设施管理服务说明书的作用，如图 11-9 所示。

| 客户需求 | 供应商提供的服务 |
| --- | --- |
| • 根据最佳实践制定最优的预防性维护计划；<br>• 业务运营期间减少维护活动；<br>• 遵从组织所有的工作内容描述及指导；<br>• 遵守所有设备厂商的维护指导；<br>• 最小化组织关键设备中断或影响运营的风险 | • 利用平台记录所有的计划执行；<br>• 相关的计划和管理会议；<br>• 业务运营期间减少维护活动；<br>• 遵从现场的工作要求，并执行相关EHS工作；<br>• 遵守所有设备厂商的维护指导；<br>• 就中断计划与员工沟通；<br>• 日常计划和维护计划 |

图 11-8 "13.1 建筑系统维护"二级目录下客户需求和供应商提供的服务

| 合同管理 | 流程管理 | 风险管理 | 供应商管理 | 数据管理 |
| --- | --- | --- | --- | --- |
| • 服务说明书是具有法律效力的合同附件；<br>• 服务说明书中对服务内容的定义和细化将提高服务实施层面的合同管理效率和水平 | • 服务说明书中规定标准操作程序、流程手册、工作流程；<br>• 运营部门统一开展组织流程控制；<br>• 鼓励供应商以可重复的流程和文档来满足所有合同交付内容；<br>• 供应商可以以服务说明书内容为基础和标杆，开发新的标准操作程序 | • 服务说明书中明确要求服务供应商具备识别、分析和沟通风险的义务；<br>• 供应商识别风险后积极做出相应的缓解及改进措施，以及伴随的投资回报或其他影响分析 | • 有助于形成报告制度，服务说明书中对各类一级指标服务项目均设置报告制度；<br>• 报告使客户方及时有效的获取供应各层面管理绩效的概况；<br>• 有前瞻性的供应商也会提供创新性的想法、战略性的新目标、新挑战 | • 包含设施新建、改建或扩建过程中的所收集的数据和设施运行与维护期间所生成的数据；<br>• 服务提供层面数据包含有关成本、空间和占用者的各个位置的所有信息，会议记录和报告，以及与每个位置相关的关键文件 |

图 11-9 设施管理服务说明书的作用

## 11.2 设施管理服务水平协议

服务水平协议(service level agreement ,SLA)是指服务供应商和客户之间或者服务供应商之间的一种互相认可的协定,包含有双方对服务内容、优先权和责任的共同理解,以及对服务质量等级的协定。

设施管理服务水平协议建立了设施管理服务供应商和客户之间有别于传统形式的服务关系和服务模式,量化了设施管理服务供应商的服务质量,并且使客户能够参与设施管理服务水平协议的管理。

### 11.2.1 服务水平协议流程

服务水平协议的一大亮点就是帮助组织实现了服务质量的量化评估,而量化的关键在于 SLA 的指标设计、测量和评价以及服务水平协议的全过程管理。

在设施管理 SLA 的生命周期中,通常包括服务开发、协商和定制、服务执行和数据监控、评估四个阶段,每一阶段几乎都是围绕指标评分的相关工作进行开展的。SLA 管理流程,如图 11-10 所示。

1. 开发阶段

这一阶段,可以被看作是 SLA 的起始阶段。这个阶段的主要工作包括:明确客户需求,明确所提供

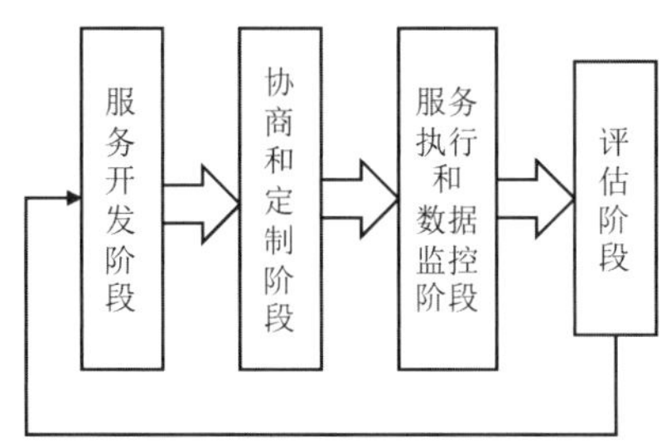


图 11-10 SLA 管理流程

的服务，明确反映服务水平的 SLA 指标及 SLA 指标取值范围，SLA 指标等级划分，设计 SLA 模板。

为了满足不同客户的需求，SLA 可以承诺不同等级的服务水平。服务水平的等级代表着可以提供的不同服务质量水准。较高的服务质量水平也意味着较多资源投入、较高的服务管理费用。客户在考虑服务质量的同时，也需要考虑服务成本的支出。设施服务水平与等级的关系，如图 11-11 所示。

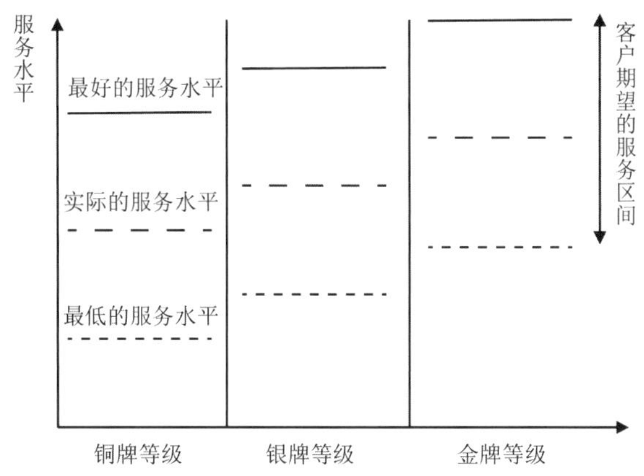


图 11-11 设施服务水平与等级的关系

按照不同客户的需要，可以根据 SLA 指标的标准，将设施服务水平划分为金牌、银牌、铜牌三个等级。其中设施管理合同规定最低服务水准、设施管理服务供应商的实际服务水准和最好服务水准所形成的客户期望的服务区间处于高、中、低不同的位置。组织应当根据自身设施管理业务的要求选择相应的设施服务水平等级。

2. 协商和定制阶段

这一阶段，根据开发阶段形成的服务目录对服务选项、服务类别和 SLA 指标数值进行协商。主要工作有：客户根据自身需要和服务供应商提供的建议，选择与相应服务水平有关的 SLA 指标，并通过协商明确各 SLA 指标的取值；双方协商付费，违例赔偿等问题；明确 SLA 报告输出的内容。设施管理服务供应商与客户签署 SLA 合同标志着这个阶段结束。

为了确保服务水平协议的内容的完整性和准确性，客户和服务供应商双方需要在服务水平协议设计的过程中进行充分的沟通和了解。服务水平协议的设计流程，如图 11-12 所示。

服务水平协议的指标设计一般分为重点一级指标和详细的二级指标（有时也会设计更加具体的三级指标）。SLA 指标的设计是 SLA 能否发挥其重要作用的关键，若 SLA 指标制订不当，会导致以下问题：指标含糊不清，无法实现期望 SLA ，难以执行自动化管理，产生虚假的 SLA 违约；不合理的指标甚至可能会激发错误的行为。某企业设施管理 SLA 评分指标（示例），如表 11-4 所示。

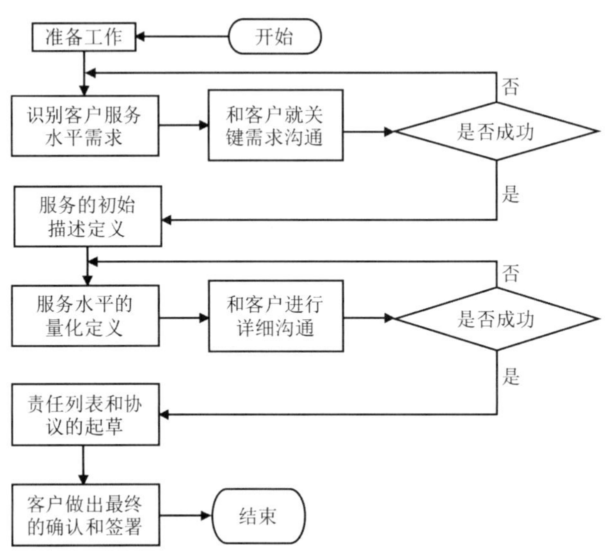

图 11-12 服务水平协议的设计流程

**表 11-4 某企业设施管理 SLA 评分指标(示例)**

| 一级指标 | 二级指标 | 打分人 | 评估频率 |
|---|---|---|---|
| 关键业务中断 | 100%正常运营 | 全球 FM 负责人 | 月度 |
| 报告 | · 及时性；<br>· 报告内容完整性；<br>· 持续性；<br>· 数据完整性 | 全球 FM 负责人 | 月度 |
| 工单完成及时率 | — | 区域 FM 负责人 | 季度 |
| 工单满意度 | — | 区域 FM 负责人 | 季度 |
| EHS 合规性 | · 受伤事故；<br>· 合规性问题关闭及时性；<br>· 报告内容完整性和及时性；<br>· EHS 关键事件报告；<br>· EHS 工作完成度 | 全球 EHS 负责人 | 季度 |
| 额外项目完成及时性及预算控制情况 | — | 全球 FM 负责人 | 月度 |
| 交通 | · 到达准时率；<br>· 事故沟通及时率；<br>· 女性乘客护送保障 | 项目交通委员会 | 季度 |
| 食品 | · 服务报告完整性和及时性；<br>· 膳食委员会会议纪要及时性；<br>· 食品短缺等事件通知及时性 | 项目膳食委员会 | 季度 |
| 能源管理 | · 能源数据收集完成率；<br>· 能源节省机会；<br>· 能源数据提交及时率及准确性 | 全球 FM 负责人 | 月度 |
| 关键岗位稳定情况 | — | 全球 FM 负责人 | 月度 |
| 关键岗位更换周期 | — | 全球 FM 负责人 | 月度 |

3. 服务执行和数据监控阶段

这一阶段,设施管理服务供应商根据 SLA 文件中规定的 SLA 标准提供客户所需的服务。SLA 指标数据将会按照规定的监测依据进行记录,并最终形成定量评价的基础数据。例如工单完成率、响应性指标等由工单流程产生的数据是通过工单系统每周或每月导出,构成 KPI 评价的基本数据。SLA 是关键绩效指标(KPI)中的一部分,即 SLA 的数据监控工作就是相关 KPI 的监测结果。当数据监控结果超过或达不到 SLA 合同中的规定要求时,按照合同指明的奖惩措施进行处理。

4. 评估阶段

服务水平协议的评估分为接受设施管理服务的组织和设施管理服务供应商两类主体的评估。两种主体的 SLA 评估过程,如图 11-13 所示。

组织
检查供应商SLA执行情况
评价结果
• 奖惩供应商;
• 支付管理费用
供应商
自评综合服务质量
发现问题:
技术层面+管理层面
• 采取措施整改;
• 创建新的SLA等级

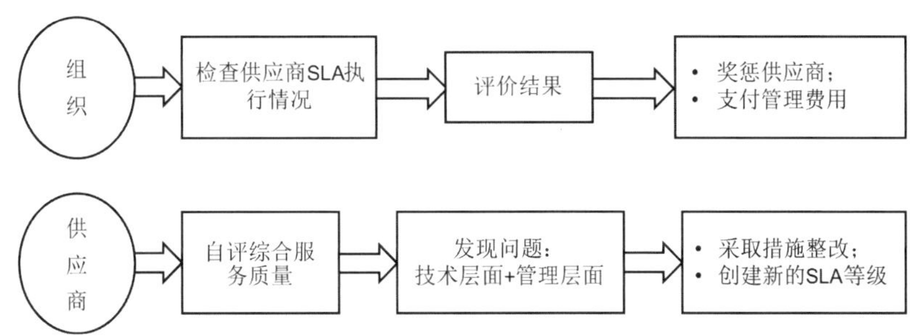

图 11-13 两种主体的 SLA 评估过程

### 11.2.2 服务水平协议内容

一份高质量的服务水平协议的内容要求具备完备性、可扩展性、可实现性、可操作性、可理解性。服务水平协议的要求,如图 11-14 所示。

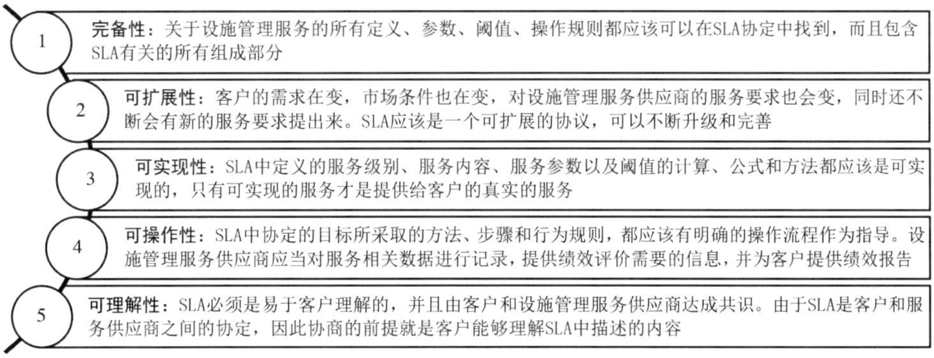

1
完备性:关于设施管理服务的所有定义、参数、阈值、操作规则都应该可以在SLA协定中找到,而且包含SLA有关的所有组成部分
2
可扩展性:客户的需求在变,市场条件也在变,对设施管理服务供应商的服务要求也会变,同时还不断会有新的服务要求提出来。SLA应该是一个可扩展的协议,可以不断升级和完善
3
可实现性:SLA中定义的服务级别、服务内容、服务参数以及阈值的计算、公式和方法都应该是可实现的,只有可实现的服务才是提供给客户的真实的服务
4
可操作性:SLA中协定的目标所采取的方法、步骤和行为规则,都应该有明确的操作流程作为指导。设施管理服务供应商应当对服务相关数据进行记录,提供绩效评价需要的信息,并为客户提供绩效报告
5
可理解性:SLA必须是易于客户理解的,并且由客户和设施管理服务供应商达成共识。由于SLA是客户和服务供应商之间的协定,因此协商的前提就是客户能够理解SLA中描述的内容

图 11-14 服务水平协议的要求

SLA 作为客户与设施管理服务供应商之间签订的协定,表达了客户对于设施管理服务供应商服务水平的期望,并将这些期望转化为正式的要求和目标,说明可以忍受的目标临界值。以服务响应时间为例,照明设备或者复印设备的故障维修响应时间应该对设施管理服务供应商来说具备可行性,同时对客户来说是可以忍受的。

因此,深刻理解整个设施管理服务水平协议的内容,对于 SLA 的实施有着重要的意义。服务水平协议(示例),如表 11-5 所示。

表 11-5 服务水平协议(示例)

| 序号 | 章名 | 内容 |
|---|---|---|
| 1 | 基本信息 | 1.1 协议目的 |
| | | 1.2 协议主体 |
| | | 1.3 协议有效期 |
| 2 | 服务范围 | 2.1 建筑本体 |
| | | 2.2 电信系统、HAVC、给排水系统等 |
| | | 2.3 小型建筑工程的管理 |
| | | 2.4 景观绿化 |
| | | 2.5 餐饮、清洁、安全管理 |
| | | 2.6 能源管理 |
| 3 | 服务时间和费用 | 3.1 服务优先权的分类,以及相应的服务传递时间 |
| | | 3.2 费用和支付 |
| 4 | 服务质量 | 4.1 服务质量 |
| 5 | 绩效 | 5.1 绩效测量 |
| | | 5.2 绩效报告的提交 |
| 6 | 客户和服务供应商接口 | 6.1 服务争端解决流程 |
| | | 6.2 奖励和惩罚 |
| | | 6.3 SLA 修改程序 |

1. 基本信息

在协议基本信息中,主要对协议目的、主体和有效期进行描述,一般为一段描述性文字。

例如,某 SLA 中的协议目的描述如下:"本协议旨在就双方共同认可的服务水平,以及如何针对服务水平进行监测、测量、评价和管理进行清楚地描述和理解。本协议自签订之日起,正式形成甲方和乙方之间的有效协议。所有由设施管理服务供应商提供的服务应当根据本协议及本协议提及的文件中的标准和测量方法进行监测、测量和评价。"

2. 服务范围

这一部分要明确客户和服务商之间的关系、双方各自应承担的义务,需要对双方协商达成一致的服务项目内容,以及应排除在外的项目进行说明。

3. 服务时间和费用

这一部分对设施服务优先级的分类,以及相应的服务传递时间、服务费用和支付进行了描述。

服务优先级一般与服务的传递时间紧密相关。以服务响应时间为例,一般服务优先级越高,服务响应时间越短。服务优先级及响应时间(示例),如表 11-6 所示。服务费用相关条款主要描述服务费用的支付时间和支付方式。

表 11-6 服务优先级及响应时间(示例)

| 服务优先级 | 响应时间 |
|---|---|
| 0 | 2 小时 |
| 1 | 1 天 |
| 2 | 2 天 |
| 3 | 1 周 |
| 4 | 一个月 |
| 5 | 两个月 |

4. 服务质量

设施管理涵盖的服务项目种类很多，为了避免由于服务质量定义不清而导致的纠纷，需要在SLA中针对不同项目的服务内容，对服务结果输出、服务水平和监测方法进行明确的定义和表述。为了提高SLA的操作性和方便客户的理解，通常将服务质量的描述以表格的形式展现。某设施管理项目服务质量指标(示例)，如表11-7所示。

表11-7 某设施管理项目服务质量指标(示例)

| 服务项目 | 服务结果输出 | 服务水平 | 监测方法 |
|---|---|---|---|
| 预防性维护和维修 | 依要求修理原件 | 标准维修响应时间为60分钟 | 工单记录 |
| 损坏原件的替换 | 维修符合相关规定 | 紧急维修响应时间为30分钟 | 计算机系统报告 |
| …… | …… | …… | …… |

5. 绩效

这一部分主要对绩效的测量和绩效报告的提交进行规定。绩效的测量主要对绩效指标和评分标准进行描述和列示；绩效报告的提交依据对设施管理服务供应商向客户提供绩效报告的周期和内容作出规定。

6. 客户服务供应商的接口

这一部分主要对协议双方争端发生时，沟通的途径和方法、对设施管理服务供应商的奖惩以及设施管理服务水平协议的修改程序进行了描述。

1) 服务争端解决流程

通常合同中都有争议发生时申请仲裁或提起诉讼的相关条款，但执行这些条款也就意味着双方产生损失，甚至合作的失败。SLA中的争议条款则有所不同，它规定的是在合作过程中双方对一些具体事件的处理流程和原则。例如，“设施管理服务供应商应将某类事件通知给客户组织的某负责人”“联席会议召开频率”等。通过这样一种规范化的途径让双方进行充分的交流，可以最大程度地争取合作顺利进行。

2) 服务供应商的奖惩

SLA中需要规定当服务商没有达到约定的服务质量时应被扣除部分服务费用或赔偿损失。惩罚机制应当具有不同层次，以激励设施管理服务供应商提供高质量的服务。

除此之外，SLA中还应该包括激励条款，即规定服务质量超过约定水平时，给予设施管理服务供应商一定的经济奖励。只有将惩罚和奖励结合起来才能真正使服务商的利益和客户的利益保持一致，从而使服务商有提高服务质量的动力。惩罚和奖励条款应当是可量化的。例如，成本或能源费用节省达到6%以上，奖励设施管理服务供应商节省费用的30%等。某服务项目的惩罚条款示例，如表11-8所示。

表11-8 某服务项目的惩罚条款示例

| 绩效评分 | 惩罚措施 |
|---|---|
| 85～95分 | 在管理费中扣除3% |
| 84～80分 | 在管理费中扣除5%，并支付××的赔偿费用，提出改进行动方案 |
| 79分及以下 | 在管理费中扣除7%，并支付××的赔偿费用，提出改进行动方案 |

### 11.2.3 服务水平评估

设施管理服务水平评估分两类：一类是客户根据自己的要求，检查设施管理服务供应商服务水平协议的执行情况，并根据评价的结果对设施管理服务供应商进行奖惩，支付相应的管理费用；另一类是设施管理服务供应商评估对客户的综合服务质量，明确在技术和管理方面存在的问题，调整服务目标和设施管理措施，创建新的SLA等级。

设施管理服务供应商则需要依据评价的结果制订应对方案，改进现有设施管理方案的不足，并通过评价发现客户对于SLA指标需求的变化，对KPI及其等级的选择进行及时的更新。SLA指标更新后就进入了下一轮SLA循环，SLA正是通过不断的循环、改进而逐渐发展完善的。

服务水平评估可关注以下方面：

- 对规范和标准的遵守程度；
- 服务质量指标；
- 服务时间指标；
- 服务支出；
- 设施管理服务供应商和客户的沟通；
- 客户满意度。

服务水平评估相关数据可以通过一系列方法进行收集。例如，从设施管理服务供应商的工作簿(Worksheet)和工作报告中可以得到相关的测量数据，或者通过客户调查的反馈记录。

工作报告可分为内部报告和外部报告。

1. 内部报告

它用于服务供应商对设施系统性能和服务进行内部诊断，以及进一步生成给客户的报告。内部报告中设定的可接受服务水平下限可能比在SLA合同中规定得更加严格，以保证在违例情况发生前，有机会采取纠正措施，避免合同中规定的违例情况出现。同样，内部报告的产生间隔也比外部报告要短，以便根据报告分析结果对系统进行及时的调整。

2. 外部报告

它应当每隔一定周期(通常为一个月)由设施管理服务供应商提交给客户。客户代表可以为设施管理服务供应商提供服务绩效记录表格模板，设施管理服务供应商有责任根据这一表格完成相关质量报告。外部报告中要体现所提供的服务达标情况，以便让客户知道是否达到了SLA中协商的服务要求。主要服务绩效记录表清单，如表11-9所示。

表11-9 主要服务绩效记录表清单

| 记录表目录 | 记录表内容 |
|---|---|
| 维护详情 | 维护实施记录，对协议中预防性维护计划的遵守情况 |
| 工作单 | 响应时间的服务水平范围和客户满意度 |
| 保安 | 保安规范遵守程度，出现事故时当职人员的出席情况 |
| 保洁 | 对所有规定项目的完成率 |
| 安全 | 对所有计划行动的完成率 |
| 空间规划 | 空间数据库的更新，客户对规划进展情况的了解 |
| 接待 | 对访客接待程序的遵守情况 |
| …… | …… |

组织在收集到这些数据后，应当每隔一段时间将这些数据输入相应的记分簿(Scoresheet)中。计分薄的格式和内容应当在服务水平协议中进行描述和列示，这样就为协议双方提供了绩效评测的共同基础。某响应性维护服务的评分表，如表11-10所示。

表 11-10 某响应性维护服务的评分表

| KPI | 目标服务水平 | | 实际服务水平 | | 客户满意度 | |
|---|---|---|---|---|---|---|
| | 描述 | 分值 | 描述 | 得分 | 描述 | 得分 |
| 条例/标准 | 符合健康和安全条例，使用合格产品 | 10 | 符合健康和安全条例，使用合格产品 | 10 | 满意 | 10 |
| 服务质量 | 问题得以纠正，避免其重复发生，将对客户业务的影响程度降到最低 | 20 | 错误得以诊断，问题得到纠正，对客户业务的影响程度较小 | 18 | 应当加强对业务影响的关注 | 12 |
| 服务时间 | 最长 2 小时之内响应；最长 4 小时之内完成；（最长总服务时间为 6 小时） | 10 | 响应时间为 3 小时；服务时间为 2 小时；（总服务时间为 5 小时） | 8 | 应当加强对响应延迟的关注 | 5 |
| 服务支出 | 总费用在 120 至 200 元之间 | 10 | 总费用为 200 元 | 10 | 满意 | 10 |
| 服务供应商与客户的沟通 | 通知客户工作进展情况，以及可能的完成时间 | 20 | 工作完成后，通知客户问题得以修正 | 16 | 在收到反映的问题到工作完成的过程中，与客户没有进行联系 | 14 |
| 服务整体情况 | 工作按照以上要求完成 | 70 | 工作执行情况较为满意，成本控制在协议成本之内，但是响应时间不符合协议水平 | 62 | 工作情况和成本较为满意，响应时间和沟通情况较不满意 | 51 |

在表 11-10 中，实际服务水平是根据服务供应商提供的相关服务数据和信息进行评分的。实际服务水平的测量与服务响应时间、客户调查、服务费用以及服务质量因素相关；客户的满意度的得分基于组织对客户的服务满意程度的记录得到的。当实际服务水平与目标服务水平不一致性时，服务供应商应当采取相应的改进措施。这样可以促进组织和服务供应商对服务水平测量的积极参与和持续改进。

综上所述，SLA 指标是 SLA 实现定量管理和评估的媒介。SLA 通过 SLA 指标的定量化，实现了设施管理服务供应商绩效监测和评估的定量化，对设施管理服务供应商提供的服务质量进行更加科学、客观的管理。

## 11.3 设施管理关键绩效指标

关键绩效指标（Key Performance Indicator/Index，KPI）是指用于沟通和评估被评价者主要绩效的定量化或行为化的标准体系。KPI 被看作是链接个体绩效和企业战略目标的桥梁。

在设施管理中 KPI 是通过对设施管理服务的关键参数进行设置、取样、计算、分析，来衡量设施管理绩效的一种目标式量化管理指标。KPI 对于客户而言，可以形象的表述设施管理服务质量，从而使客户合理地评价设施管理服务供应商的绩效，增强可控性并有效地简化管理流程；对于设施管理服务供应商而言，KPI 起着牵引和导向的作用，可以通过对 KPI 的分析，找出业务上的不足，实现持续改进。

### 11.3.1 关键绩效指标体系

在构造设施管理绩效测量的关键指标时，应当从分析组织战略的成功关键影响因素开始着手。关键成功因素（Critical Success Factors，CSFs）是指组织为了实现已有目标必须采取的措施。每个关键成功因素可能包含一个甚至多个 KPI，而 KPI 的设置就是为了使管理层能够理解、测量以及控制每个关键成功因素。例如,如果组织确定了实现客户满意最大化这一目标,则关键成功因素中应当包括客户满意度,而其中的一个 KPI 应当为固定时间内的客户投诉次数或者客户满意度的评级。

设施管理 KPI 涉及财务、设施、服务、客户、安全和环境等多个角度。设施管理 KPI 体系的结构,如表 11-11 所示。组织可以根据自己的战略目标,设置不同关键成功因素下属的 KPI,并确定不同的权重,以保证组织战略目标的实现。

**表 11-11　设施管理 KPI 体系**

| 设施管理绩效影响因素 | 影响因素评价角度 | 关键成功因素 | 一级 KPI 举例 |
|---|---|---|---|
| 需求驱动因素 | 财务角度 | 经济性 | · 成本是否在预算之内;<br>· 成本节约百分比 |
| | 运行角度 | 可靠性 | · 设施平均无故障运行时间;<br>· 预防性维护完成率 |
| 质量感知因素 | 服务角度 | 便捷性 | · 服务响应性;<br>· 服务完成时间 |
| | 客户角度 | 满意度 | · 客户满意度;<br>· 客户投诉率 |
| 基本保障因素 | 安全角度 | 安全性 | · 治安事件发生率;<br>· 火灾发生率 |
| | 环境角度 | 可持续性 | · 污水、垃圾等污染物的处理;<br>· 相关环保法规的遵守 |

设施管理绩效影响因素包括如下三个方面。

1. 需求驱动因素

由于提高设施运行的可靠性、降低设施管理成本是组织将设施管理外包的两项主要驱动因素,因此设施管理需求驱动因素主要包括财务和运行两个角度的关键成功因素。

财务角度的关键成功因素主要衡量设施管理的经济效果,针对预算、成本节约和能源成本进行评价;运行角度的关键成功因素主要衡量设施运行的可靠性,针对设施的运行和维修、维护状况进行评价。在评价设施管理服务供应商绩效时,这两个方面是最主要的设施考查角度。

2. 质量感知因素

由于客户对于服务质量的感知主要受到服务便捷性的影响,并反映在客户满意度方面,因此设施管理质量感知因素主要包括服务和客户两个角度的关键成功因素。

服务角度的关键成功因素主要衡量设施使用的便捷性,针对服务的响应性和完成时间进行评价;客户角度的关键成功因素主要衡量客户满意度,通过客户满意度调查对客户总体满意程度进行评价。

3. 基本保障因素

保障设施运营的安全性、实现环境质量达标和遵守环保法规是设施管理不可或缺的重要服务内容,也是设施管理服务的基本保障因素。安全角度的关键成功因素主要衡量设施环境的安全性,针对治安事件发生率和火灾发生率等 KPI 进行评价,保障组织的日常业务运营安全性;环境角度的关键成功因素主要衡量对环境质量达标和环保相关法规遵守程度,针对污染物的处理以及相关环保法规的遵守程度进行评价,反映现代设施管理的可持续性。

由于每个关键成功因素对应着一个或多个 KPI,因此可以通过因果关系图(也称鱼刺图)对关键成功因素进行分门别类的排列,找出设施管理关键成功因素下的 KPI。客户满意度绩效指标分解(示意),如图 11-15 所示。

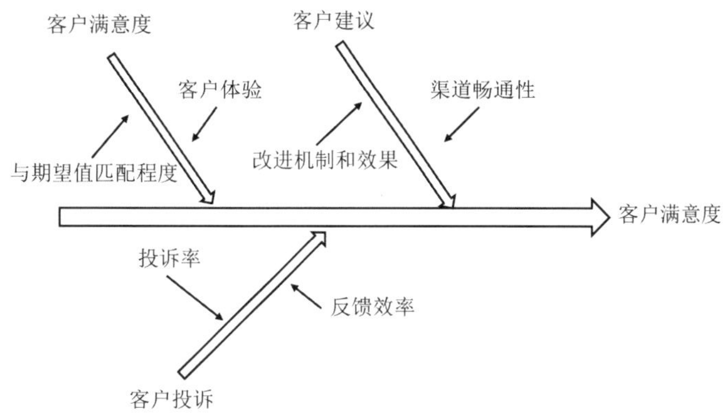


图 11-15 客户满意度绩效指标分解(示意)

对关键成功因素进行分解后,服务供应商和客户应对绩效指标体系进行认真的审核与筛选,体现成本、质量和效率方面的平衡性和各指标之间相关性,客观地反映设施管理各项业务重点,防止自相矛盾和相互冲突。

### 11.3.2 关键绩效指标设计

KPI 设置的合理性决定了绩效评价能否真实反映出服务供应商的服务水平,因此 KPI 的设计至关重要。

1. KPI 设计原则

指标的设计应需要满足 SMART 原则,即:

S (Specific):绩效指标要具体、清晰、明确,符合特定的工作要求,不能笼统;

M (Measurable):绩效指标可数量化或者行为化,验证这些绩效指标的数据或者信息是可以获得的;

A (Attainable):绩效指标在付出努力的情况下可以实现,避免标准设立过高或过低;

R (Relevant):绩效指标要和工作有相关性;

T (Time bound):指标要有时限性,应规定完成绩效指标的特定期限。

2. KPI 维度信息

确定指标的科学性、合理性后,还要对 KPI 的几个维度信息进行描述,一般主要包含以下内容:

· 指标名称:便于指标评价和管理;
· 指标定义:界定指标内在性质和范围,避免理解错误;
· 设置目的:明确表示指标的设置对设施管理服务的影响和目的;
· 指标计算公式:清晰地界定指标量化评价方法;
· 数据收集:考核数据收集负责部门;
· 数据来源:考核数据的来源;
· 数据核对:考核数据核对责任部门;
· 考核周期:由于每个指标内容和涵盖的内容不同和关注程度不同,因此要设置不同的考核周期。一般考核周期分为月度、季度和年度三种。预防性维护完成率 KPI(示例),如表 11-12 所示。

表11-12 预防性维护完成率KPI(示例)

| 指标名称 | 预防性维护完成率 |
| --- | --- |
| 指标定义 | 某一时期、某设施实际预防性维护完成量与计划完成量的比率 |
| 设置目的 | 考核某设施预防性维护的及时完成情况 |
| 指标计算公式 | 预防性维护完成率$=\frac{实际完成量}{计划完成量}\times 100\%$ |
| 数据收集 | 相应的设施管理部门 |
| 数据来源 | 相应的设施管理部门的管理记录 |
| 数据核对 | 行政部门 |
| 考核周期 | 每半年一次 |

3. KPI设计要求

KPI要符合下列基本要求。

(1) 要尽量使用数量化的描述方式。对于不能形成一致理解的模糊性形容词,应尽量避免使用,如"及时响应""以最快的速度"等都是非量化的模糊性形容词,不适宜作为KPI评价标准。而应使用诸如"五分钟内予以响应""按照客户书面要求的速度"等类似语言来予以描述。

(2) 要尽量使用"实义动词+数量词"的表达方式。例如,"设施完好率达到90%"等;避免使用"虚义动词+名词"的表达方式,如"保持设施良好性能"等。因为这样的描述会影响到绩效评价的准确性和客观性,容易产生分歧,引发矛盾。

(3) 要尽量使用简洁的语句,避免使用冗长的句子。KPI评价应当简洁明了,具体实用,冗长的句子表述,或者不同的断句方式会导致理解上的歧义,应当尽量避免。

(4) 要尽量使用清晰的概念,避免模糊不清的定义。例如,在绩效评价标准中使用"重大失职",却没有对"重大失职"明晰的定义。那么,在设施管理服务供应商绩效评价时会发生较大的歧义。如果对重大失职定义为:"对客户业务造成中断,并且造成财产损失××元以上的称为重大失职",则可以避免歧义的出现。

设施管理KPI规范化描述语言(示例),如表11-13所示。

表11-13 KPI规范化描述语言(示例)

| 不宜使用的语言 | 宜使用的语言 |
| --- | --- |
| · 难以达成共识的形容词。<br>举例:及时响应;以最快的速度 | · 数字化和描述性的语言。<br>举例:五分钟内予以响应;<br>按照客户书面要求的速度 |
| · 虚义动词+名词。<br>举例:保持设施良好性能 | 使用"实义动词+数量词"的表达。<br>举例:设施完好率达到90% |
| · 冗长、概括性的句子。<br>举例:在工作日期间开放时间与工作时间相同 | · 句子简洁清楚。<br>举例:工作日开放时间为上午9:00—下午6:00 |
| · 使用模糊不清的定义。<br>举例:使用"重大失职"一词,却缺乏相关定义 | · 清晰的专用词汇定义。<br>举例:对客户造成业务中断并且造成客户财产损失××元以上的为重大责任 |

某跨国企业设施管理服务KPI打分体系中,首先规定KPI的目标和标准必须通过业主的审核同意,并且服务供应商要遵照合同执行服务。KPI打分体系并不是一经设定就永远不变的,业主可能根据该打分体系的执行情况及需求的变化而添加、删除或修改KPI的权重,但必须提前一定期限向服务供应商发

送书面通知。

某跨国企业设施管理 KPI 打分卡，如表 11-14 所示。

表 11-14 某跨国企业设施管理 KPI 打分卡

| KPI 类别 | KPI 类别权重 | KPI 名称 |
| --- | --- | --- |
| 财务 | 5% | 报告/开具发票的及时性和准确性 |
| EHS 合规 | 10% | EHS SLA 计分卡 |
| 客户 & 质量 | 10% | 管理层满意度调查(合作关系的健康度) |
| | 5% | 数据库输入的完成度和准确度 |
| | 10% | 最终用户满意度调查 |
| 供应链合规 | 10% | 供应链 SLA 计分卡 |
| 财务管理 | 10% | 战略思维/执行，流程管理，有效的措施、风险、合规性及持续改进的报告 |
| 服务水平 | 15% | 供应商审核评分 |
| | 20% | 服务供应商 SLA 记分卡 |
| 可持续性 | 5% | 能源消耗和废物的减少 |

KPI 打分体系中的分数等级代表的定性解释如下：

- 5—服务超出预期；
- 4—达到服务预期；
- 3—服务符合要求；
- 2—服务低于要求；
- 1—服务不符合要求

**知识链接**

更多设施管理关键绩效指标知识，请访问设施管理门户网站 FM Gate—FM 智库—研究报告—医院设施性能评价指标体系的构建。

### 11.3.3 关键绩效指标评价

要实现设施管理服务供应商绩效的合理评价，还需要明确其评价基准和选择相应的评价方法。合理选择绩效评价基准和评价方法不仅可以为客户提供决策支持，还能帮助服务供应商寻找和改进自己的不足。

1. KPI 的评价基准

在对设施管理的 KPI 进行评价时，通常采用以下基准：

1）历史基准

它是指以组织以前年度的业绩状况，作为评价设施管理的基准。基于历史基准的设施管理绩效评价是一种判断设施管理绩效改进程度的方法。它可以针对设施绩效表现的改进进行评价，从而显现出设施管理服务供应商的管理效果和水平，但是缺乏设施管理行业间的可比性。

2）行业基准

它是指以行业的 KPI 基准作为参考，从而制订的评价基准。它是以一定时期、一定范围内的同类组织为样本，采取一定的方法，对相关数据进行测算从而得出的基准值。这种方法要求组织具有比较敏锐的市场触觉，具有较好的外部信息敏感性，能够通过科学、可靠的方法和渠道收集同类组织的相关信息，并具备较强的信息处理能力。

3）经验数据基准

它是指根据服务供应商为各种设施提供服务所得到的经验数据，经过识别目标设施和客户的类型，并根据客户的要求对经验数据加工和调整后得到的评价基准。

4）计划基准

它是指以事先制订好的年度计划、预算或预期达到的目标作为参考要素而制订评价基准。这样得到的评价基准可能主观性比较强、人为因素比较大。但如果服务供应商能够清晰地对年度计划或者预期达到的目标进行阐述，并且和客户达成共识，那么其质量和效果还是相当理想的。例如，计划设定预防性维护完成率 100%的目标。如果设施管理服务供应商能够清晰地阐述预防性维护的措施以及计划，那么该项指标便可以成为一项有效的 KPI。

2. KPI 的评价方法

对于能够用数量表示的 KPI，可以采用百分比率法、调控评分法、强制性标准对照法、加减分考核法和等级评价量表法进行评价。

1）百分比率法

它是用 KPI 的实际完成值除以事先确定的标准值，然后再乘以权重系数，就得到该 KPI 的实际考核值，这是一种比较精确的计算方法。

2）调控评分法

这是一种常用的 KPI 计分方法，其原则是结合工作性质和实际要求，在评分时由低向高设置 N 个绩效区间；然后根据设施管理绩效落入的区间，将权重乘以相应区间对应的得分。调控评分法的分值和得分计算，如表 11-15 所示。

表 11-15 调控评分法的分值和得分计算

| KPI 区间 | 0～50% | 50%～70% | 70%～80% | 80%～90% | 90%～100% | 100%～120% |
|---|---|---|---|---|---|---|
| 分值 | 0 | 0.5 | 0.7 | 0.8 | 0.9 | 1.3 |
| 得分 | 0 | 权重×0.5 | 权重×0.7 | 权重×0.8 | 权重×0.9 | 权重×1.3 |

3）强制性标准对照法

对于一些设定的强制性标准，例如消防系统合法性，KPI 评价的结果只有达到和没有达到两种。对照设定的强制性标准，绩效评估要么是满分，要么是零分，不可能有其他选择。

4）加减分考核法

采用加减分的方式确定指标标准，一般适用于目标任务比较明确、技术比较稳定的情况。在加减分考核法的基础上，有时也采用负分考核法。这是一种只对标准分进行扣减，而不加分的 KPI 评价方法。没有发现问题时，KPI 得分为满分；当发现 KPI 在完成过程中，出现异常情况时，按照一定的标准进行扣分。例如，当预防性维护完成率为 100%时，该 KPI 为 100 分，完成率每减少 1%，扣 5 分。

5）等级评价量表法

它是将指标的绩效水平都划分成一个七级或九级的量表，由客户或者相关人员根据自己对服务的感知进行评价的方法。

2. KPI 的评价案例

例如，某组织机构聘请某设施管理服务供应商作为该组织设施的管理方，经过双方商定确定设施管理 KPI 指标 A，B，C，D，E，F 的权重分别为 0.20，0.20，0.17，0.15，0.15，0.13。

一季度后，客户根据规定的 KPI 评价方法和程序对设施管理服务供应商绩效进行考核。服务供应商 KPI 指标的绩效考核，如表 11-16 所示。

表 11-16　设施管理服务供应商 KPI 的绩效考核

| KPI 指标 | A | B | C | D | E | F |
|---|---|---|---|---|---|---|
| 权重 | 0.20 | 0.20 | 0.17 | 0.15 | 0.15 | 0.13 |
| 目标 | 20 | 20 | 17 | 15 | 15 | 13 |
| 实际得分 | 18 | 17 | 14 | 13 | 14 | 11 |
| 目标实现率(%) | 90.00 | 85.00 | 82.35 | 86.67 | 93.33 | 84.62 |

经过统计，该服务供应商绩效的各项 KPI 指标实际得分分别为 18 分、17 分、14 分、13 分、14 分、11 分。根据计算得到的各 KPI 的目标实现率分别为 90.00%，85.00%，82.35%，86.67%，93.33% 和 84.62%，计算出该改供应商 KPI 绩效总分为 87 分。该设施管理绩效评价的雷达图，如图 11-16 所示。

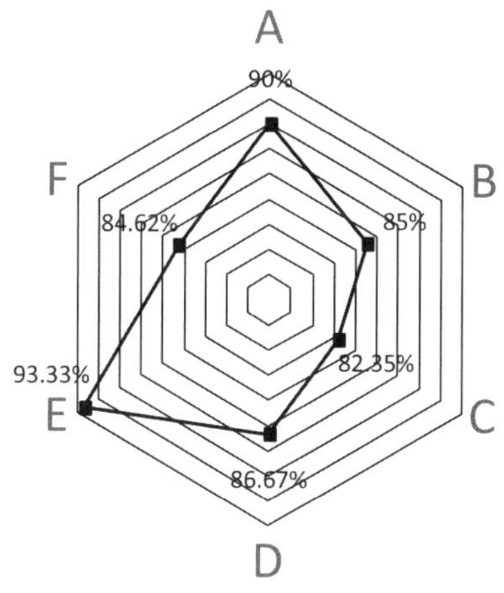


图 11-16　设施管理绩效评价的雷达图

本例绩效评价基准采用的是计划基准，即以原定目标作为基准值。由图 11-16 可知，该季度的设施管理在 C 和 F 方面表现最差，应当进行经验总结和改进。

在采用原定目标作为基准值时，设施管理服务供应商一般应当与客户商定一个绩效考核指标的临界值，作为判断绩效水平是否可以接受的界限。这一临界值的设定可以通过设施管理服务供应商的经验或者统计学原理制订，同时也要满足客户的要求。

在本例中，如果双方商定的绩效考核指标临界值为 85%，则 C 和 F 两个方面的 KPI 处于临界值以下，客户可以按照规定给予设施管理服务供应商一定的惩罚，并要求设施管理服务供应商提供相应的解决方案和改进措施。设施管理服务供应商也可以根据分解后的二级 KPI 的得分，进一步发现具体问题，提出应对办法。

**知识链接**

更多 KPI 评价的内容，请访问设施管理门户网站 FM Gate—研究报告—利用物联网实现不动产的绩效管理。

## 11.4　设施管理基准分析

基准分析(Benchmarking)是发达国家企业管理活动中支持企业不断改进和获得竞争优势的最重要的管理方式之一。基准分析将界定行业的领先水平从而提供清晰的追赶目标，帮助设施管理专业人员确定他们应该首先做哪些改进，哪些应该忽略。随着降低运营成本变得越来越重要，以及设施管理市场竞争越来越激烈，设施管理基准分析作为帮助企业寻找最佳实践，提升运营绩效的重要手段，越来越得到企业设施管理专业人员的重视。

### 11.4.1 基准分析概述

基准分析，也称为标杆管理，是美国施乐公司于 1979 年首创的一种新兴的经营管理理念和方法。施乐公司前首席执行官戴维·卡恩斯(DavidKearns)认为："基准分析以最强大的竞争者或者公认的行业领导者为基准，持续不断地度量自身的产品、服务和做法。"80 年代期间，对基准分析的定义在范围和侧重点上都有所发展。美国生产与质量中心(American Productivity and Quality Center，APQC)对基准分析定义为："基准分析是识别、了解和比较世界上任何地方、任何组织采用的出色实践和过程，以帮助组织提高绩效的系统、持续性的过程。"

1. 基准分析原理

设施管理基准分析是不断寻求最佳实践，并经过改造后在自身组织内实施以获得优异绩效的循环过程，是一种持续向外探寻从而不断改进自身的活动。

首先，寻找最佳实践作为参照的基准数据。所谓最佳实践，是指行业中的领先组织在经营管理中所推行的最有效的措施和方法。最佳实践的选取必须具备公认度、代表性和借鉴性。设施管理最佳实践的选取原则，如图 11-17 所示。

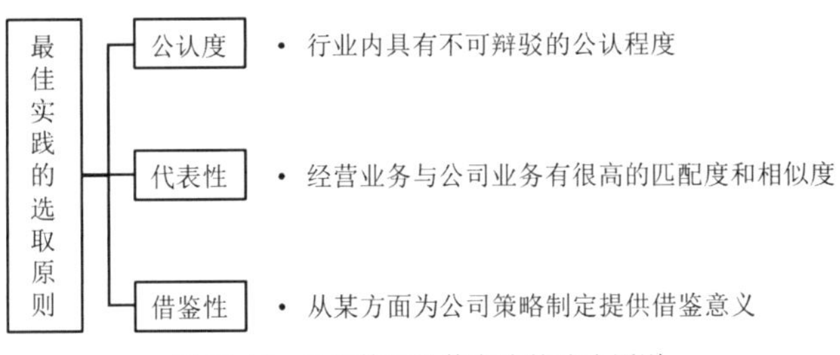


图 11-17 设施管理最佳实践的选取原则

其次，设施管理基准分析是以获得优异绩效为目的的改进过程，不应局限于统计数据。企业应以最佳实践为牵引，确定企业成功的关键领域，通过不断学习与绩效改进，缩小与最佳实践的距离，直至超越。设施管理基准分析的目的，如图 11-18 所示。

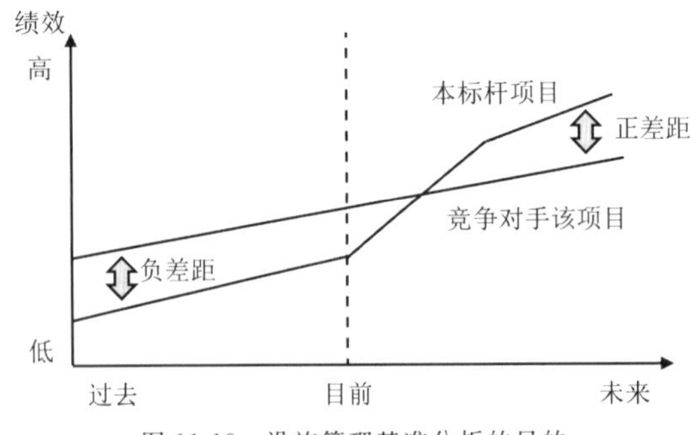


图 11-18 设施管理基准分析的目的

2. 基准分析分类

基准分析所涉及的内容和应用的范围及其广泛。原则上讲，凡是具有可比性的活动都可以应用基准分析。按基准分析的选取对象，可以分为组织内部和组织外部基准分析。组织外部基准分析按照涉及的范围，可以分为竞争性和一般基准分析。不同类型基准分析对比，如图 11-19 所示。

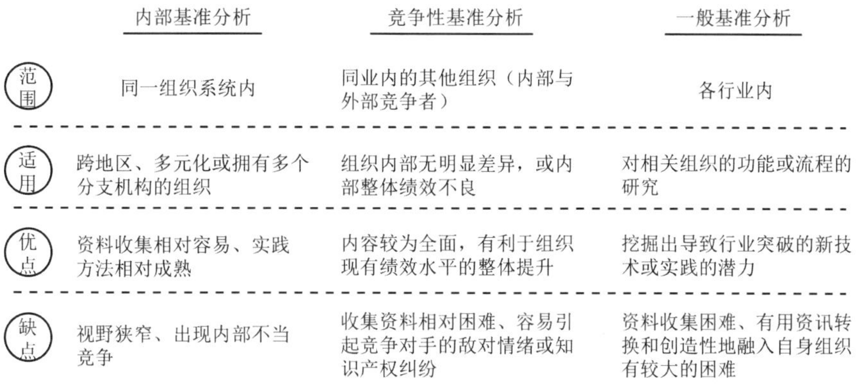

| | 内部基准分析 | 竞争性基准分析 | 一般基准分析 |
|---|---|---|---|
| 范围 | 同一组织系统内 | 同业内的其他组织（内部与外部竞争者） | 各行业内 |
| 适用 | 跨地区、多元化或拥有多个分支机构的组织 | 组织内部无明显差异，或内部整体绩效不良 | 对相关组织的功能或流程的研究 |
| 优点 | 资料收集相对容易、实践方法相对成熟 | 内容较为全面，有利于组织现有绩效水平的整体提升 | 挖掘出导致行业突破的新技术或实践的潜力 |
| 缺点 | 视野狭窄、出现内部不当竞争 | 收集资料相对困难、容易引起竞争对手的敌对情绪或知识产权纠纷 | 资料收集困难、有用资讯转换和创造性地融入自身组织有较大的困难 |

图 11-19　不同类型基准分析对比

3. 基准分析流程

基准分析作为一种科学的管理思想，已经被广泛应用于各个企业。有研究表明，世界 500 强企业中有 90%的企业运用了基准分析。不同企业运用基准分析的流程并不完全相同。

施乐公司质量与客户满意度基准分析流程，如表 11-17 所示。

**表 11-17　　施乐公司质量与客户满意度基准分析流程**

| 序号 | 阶段 | 描述 |
|---|---|---|
| 第一阶段 | 计划 | (1) 确定对什么进行基准分析；<br>(2) 确定可比较的公司；<br>(3) 确定数据收集方法并收集数据 |
| 第二阶段 | 分析 | (4) 确定目前的业绩差距；<br>(5) 确定未来的业绩水平 |
| 第三阶段 | 整合 | (6) 交流发现并达成一致；<br>(7) 建立职能性目标 |
| 第四阶段 | 行动 | (8) 开发行动计划；<br>(9) 执行具体的行动并监控流程；<br>(10)对基准进行重新调整 |
| 第五阶段 | 成熟 | (11) 获得领导地位；<br>(12) 最佳实践完全整合到工作流程 |

结合设施管理的服务特点，设施管理基准分析的基本流程可以概括为五大基本模块。设施管理基准分析基本模块，如图 11-20 所示。

### 11.4.2　基准分析度量指标

数据是基准分析的基础。度量指标选取的合理性关系到基准分析的有效性。下面将介绍 IFMA 发布的设施管理白皮书中选取的设施管理基准分析的度量指标。

1. 建筑物

对于任何基准分析来说，建筑物有几个属性都是必须测量的。其中，面积的测量是其他度量标准化的基础(例如，每平方米的成本等)。除了面积测量，还有与建筑物相关的几个其他属性。对于基准分析至关重要。建筑物的度量指标(示例)，如图 11-21 所示。

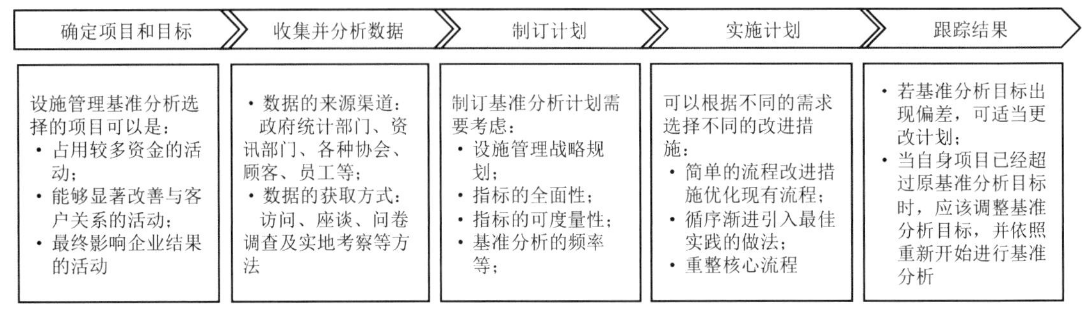


图 11-20 设施管理基准分析基本模块

图 11-21 建筑物的度量指标(示例)

2. 成本

成本是最经常跟踪的指标，特别是运营成本，是任何一个基准分析的关键因素。对于典型的组织，约95%的运营成本用于能源、建筑物维护、清洁和安保。前两者占70%～75%，所以这些是设施管理人员最喜欢跟踪的指标。成本度量指标(示例)，如图11-22所示。

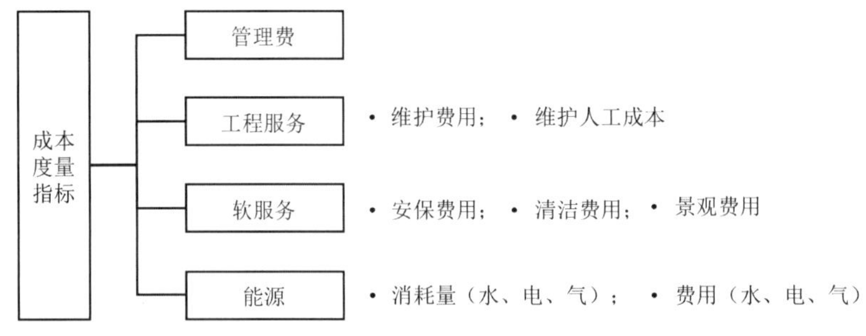


图 11-22 成本度量指标(示例)

3. 人员与空间利用率

影响成本的最重要因素之一就是空间，主要通过空间利用率进行基准分析。选取指标通常为人均面积。需要注意的是，面积的测算一直未能形成一致的标准，所以不同公司的空间利用率的测算标准并不统一。IFMA的设施管理白皮书中建议使用总建筑面积作为建筑物的比较标准。一方面，总建筑面积包括建筑物内所有面积，且各公司总建筑面积的测量方法统一；另一方面，对于运营成本占比最高的能源与维护成本，都是以总建筑面积进行测量的。但是，总建筑面积对于空间利用率的衡量并不能发挥更好的作用，需要进行数据标准化处理。

相比于面积，人员似乎更好度量，但是同样需要注意的是标准化问题。度量中容易出现争议的问题有：承包商是否计算？临时使用工位的员工应该如何计算？还有许多会影响度量结果的问题，必须确认基准分析目标公司与本公司的度量方式是一致的。

4. 可持续发展

可持续发展的度量指标可能与成本有所重合，但是也有自己独立的指标。可持续发展度量指标（示例），如图 11-23 所示。

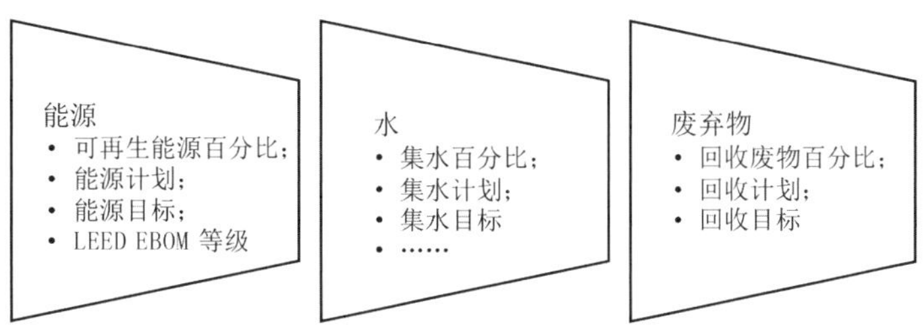


图 11-23 可持续发展度量指标（示例）

LEED 等级也可以进行基准分析。例如，基准分析可用于查看那些具有某种 LEED 等级的建筑采用了哪些可持续发展最佳实践（包括 LEED 信用）。这些信息可以提供一个参考，哪些 LEED 信用可能是最容易在类似建筑物中实现的。

5. 最佳实践

一旦设施管理人员了解自己的建筑物相比类似建筑物表现不佳，下一步就要了解这栋建筑到底是哪里出现了问题。最好的方式就是进行最佳实践分析。通过最佳实践分析，设施管理人员可以针对自己的建筑采取相应改进措施。需要注意的是，最佳实践必须与你的建筑物相类似，并且具有可持续跟踪的数据。

### 11.4.3 基准分析报告

基准分析报告的内容需要涵盖进行基准分析的所有关键领域，例如能源、维修、保洁、安保、绿植等。报告中展示的是对收集的数据进行处理后的标准化数据，例如单位面积成本、单位员工成本、单位面积能源消耗等。

1. 横断面基准分析

通常采用较直观的图表显示自身建筑物与业内平均水平的差距。基准分析报告-建筑物度量指标（示例），如图 11-24 所示；基准分析报告-成本度量指标（示例），如图 11-25 所示；基准分析报告-人员度量指标（示例），如图 11-26 所示。

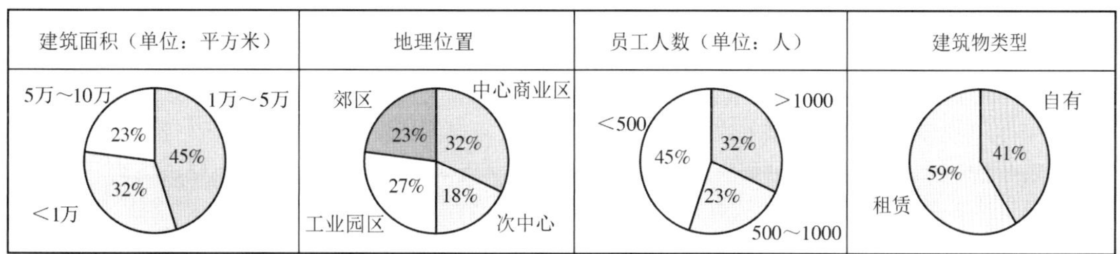


注：示例图中数据仅供参考。

图 11-24 基准分析报告—建筑物度量指标（示例）

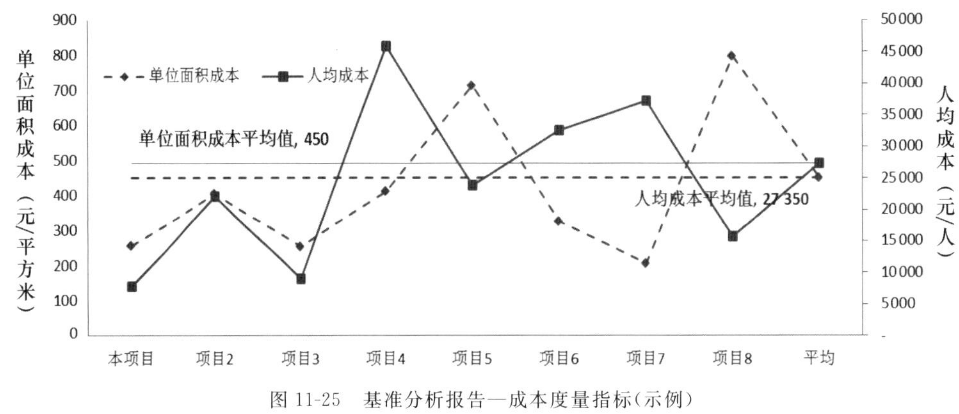


图 11-25 基准分析报告—成本度量指标(示例)

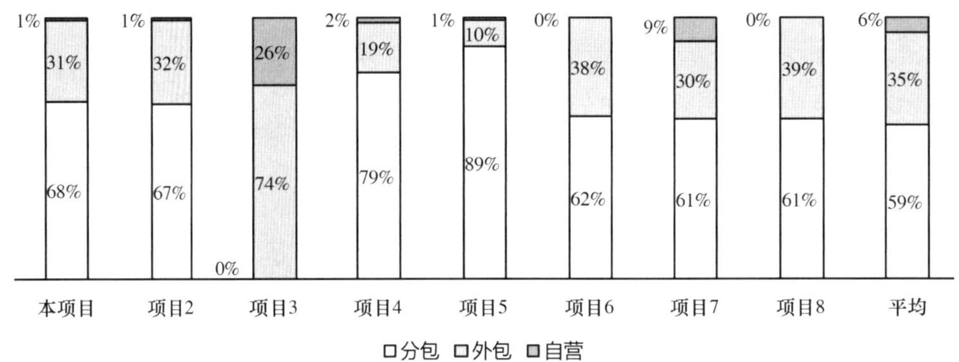


图 11-26 基准分析报告—人员度量指标(示例)

2. 变化趋势基准分析

大多数对建筑物进行基准分析的设施管理人员都至少会实现成本节约。这是因为在基准分析过程中，无论基本原理如何，都必须思考设施管理中的关键变量，以及自己的建筑物在这些变量上的表现，并且采取相应措施。下面引用了 Facility Issues 对客户的十年以上的分析数据，证明成本节约的范围可以包括：运营成本、能源消耗和空间利用率。

运营成本和能源消耗的节约是非常明显的。某公司十年内运营成本变化，如图 11-27(a)所示。据调查显示，一家位于业内中值的公司，在进行基准分析第一年将成本降低了 6%，在十年内降低了 31%(图中的实线)。虚线代表每年相比于上一年节省的额外费用，因为这条线总是高于零基线，这意味着每年都能实现积极地节约。某公司十年内能源消耗变化，如图 11-27(b)所示。可以看出，该公司在进行基准分析的第一年能源消耗降低了 8%，十年内降低了 40%(图中的实线)。虚线代表每年相比于上一年节省的额外费用，因为这条线总是高于零基线，这意味着每年都能实现积极地节约。

通过基准分析，可以减少未利用空间。如果基准分析发现未利用空间过多，例如当员工离开公司时工位未能及时填补等问题频繁出现，可以考虑空间回收再利用，以实现空间节约，从而实现成本节约。Facility Issues 的数据表明，第一年进行基准分析的公司可以减少 6%的空间需求，第三年后将再次减少 5%。如果建筑物是租赁的，那么可以通过减租实现成本节约。如果是自己持有，也能通过减少空间实现节约维护和能源费用。

3. 基准分析展望

实际上，设施管理领域的基准分析仍处于起步阶段。大多数设施管理专业人员进行基准分析时仍然比较关注数据，而不是思考如何将最佳实践集成到基准分析系统中。

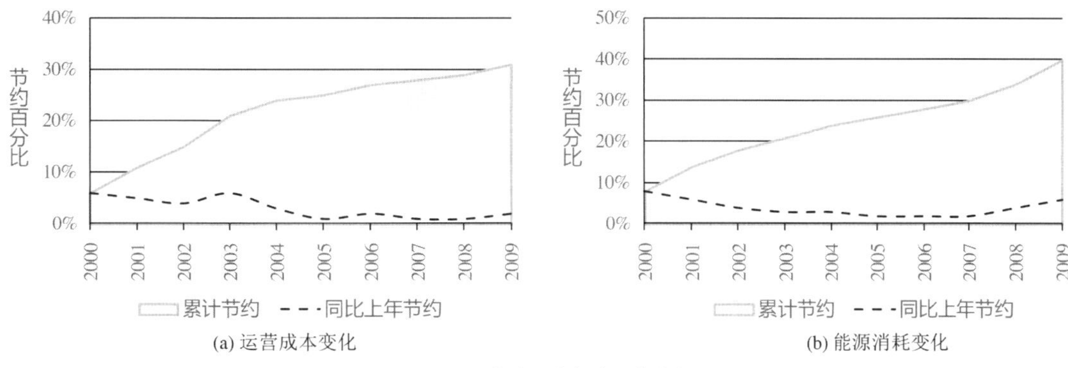


(a) 运营成本变化　　(b) 能源消耗变化

图 11-27　某公司十年内运营分析

随着更多基于云的设施管理应用程序的出现，所有设施管理基准分析的源数据都可以在互联网上访问，这使得集成和处理数据更容易，进一步节省时间和减少人为错误的可能性。

建筑信息模型(BIM)也可以应用于基准分析。基准分析可以对建造建筑物的成本组成进行预测，BIM 与基准分析的结合要求其数据需要随时间被跟踪并与其他类似的建筑物进行比较。

社交媒体也可以应用于基准分析。在这里，建筑物的使用者的意见可以是输入，并指向建筑物的客户满意度指数，然后通过满意度调查等进行具体测量。

**知识链接**

更多基准分析的内容，请访问设施管理门户网站 FM Gate—FM 资讯—高端访谈—高端访谈第五期：FM 走向最佳实践的必杀技—基准分析。

## 11.5　设施管理审核

审核是经过授权和具备相应资格的组织和人员所从事的活动，是收集客观证据，发现不足，以促进管理体系持续改进的过程。设施管理审核通过对组织的现有设施资产的运营状况以及设施管理服务进行评价，进而起到帮助组织识别资产运营状况，找出设施管理的缺陷，帮助组织制订未来的设施管理规划的作用。因此，设施管理审核对组织的战略意义愈发显著。

### 11.5.1　设施管理审核分类

设施管理的审核主要包括对建筑空间管理、建筑物及设备管理系统、EHS 管理、能源管理以及业务流程等方面内容的审核。设施管理审核分类，如图 11-28 所示。

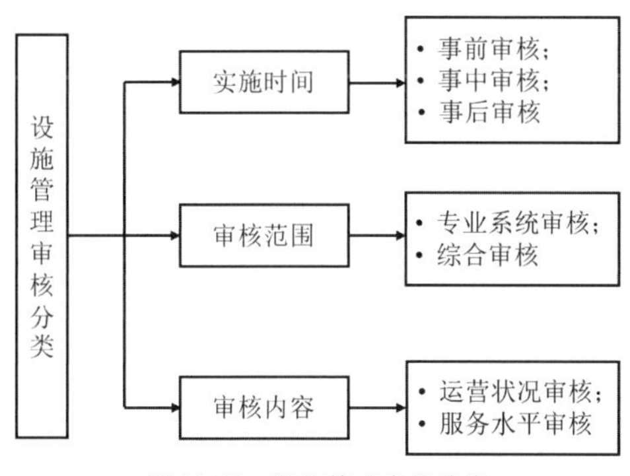


图 11-28　设施管理审核分类

设施管理审核分类细则，如表 11-18 所示。

表 11-18 设施管理审核分类细则

| 分类依据 | 分类结果 | 具体内容 |
| --- | --- | --- |
| 实施时间 | 事前审核 | 设施管理服务供应商在投标前，首先需要对客户所拥有的设施及其运营情况进行调查，从而对未来的工作范围和复杂程度形成大致的了解，并根据其情况制订相应的服务水平标准 |
| | 事中审核 | 在设施管理过程中，组织将设施管理资源、内部期望和外部标杆进行有序的、客观的比较过程。设施管理者应当了解自己团队工作的现状，即：设施管理服务是否能够满足管理者和客户的要求和期望 |
| | 事后审核 | 设施管理某一个阶段的管理服务结束后的审核，是设施管理服务团队对其提供的设施管理服务绩效的阶段性评价。组织主管部门领导根据设施管理审核的结果，给予设施管理服务团队相应的奖励或惩罚 |
| 审核范围 | 专业系统审核 | 对设施的某类系统及其管理进行审核，常见的专业系统审核有电气/暖通等系统审核、空间审核、能源审核等。<br>该审核通常会使用访谈、问卷、照片/视频记录和物理测量等方法。专业系统审核一般会根据审核对象的复杂程度会持续两三周至几个月不等 |
| | 综合审核 | 是审核内容最为全面，同时也是用时最长，调查最为深入，费用也相应最大的审核方式。该审核通常会对硬件设施、财务管理、项目管理、管理流程、质量体系等方面进行全面的调研和观察。<br>该审核一般持续几个月到一年，甚至更长，它所得到的结论和建议具有长期战略价值。综合审核的目标并不在于改善某个现有问题，而是为了考察组织的总体管理水平，为组织的未来设施管理规划提供决策支持 |
| 审核内容 | 运营状况审核 | 设施运营包括组织的建筑本体、电气系统、暖通系统、弱电系统、空间管理系统等等。通过对上述设施系统的审查和回顾，对其性能状况进行准确的评估、总结系统缺陷、提出针对性的改进意见。<br>通过系统的、全面的设施运营状况审核可以帮助组织跟进自身各类设施系统的运营状况并及时整修完善，增强系统的运行能力和使用寿命，提高设施系统的利用效率，产生经济效益 |
| | 服务水平审核 | 是对设施管理团队对设施管理服务供应商的管理水平、合同管理、财务管理、质量管理、业务流程等方面的全面梳理和审核。<br>通过设施管理服务水平的审核，组织可以对设施管理团队的工作绩效有更加客观的认识，有助于建立更加完善和高效的合同管理框架，优化业务流程 |

## 11.5.2 设施管理审核内容

设施管理专业系统审核和综合审核因为目的性不一样，审核内容也不尽相同。

1. 专业系统审核内容

专业系统审核主要关注组织的硬件系统管理水平，其侧重点在设施系统的物理情况、功能性、维护情况、周围环境的影响、操作性影响、环境问题和合规性等方面的表现。设施管理专业系统审核内容，如图 11-29 所示。

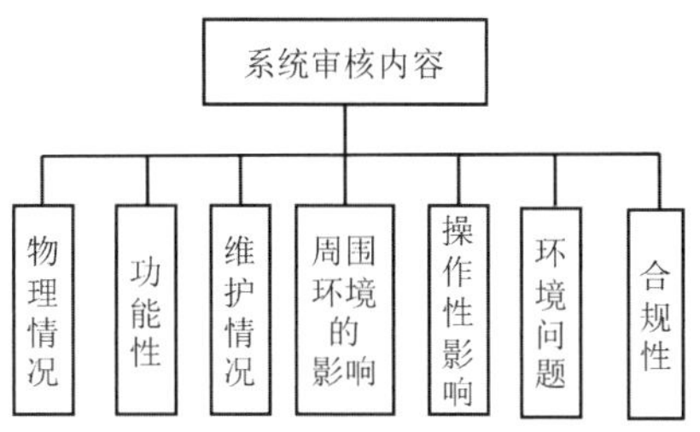

图 11-29 设施管理专业系统审核内容

不同组织或同一组织出于不同目的时所进行的设施管理的审核的内容有较大的差异。

2. 综合审核内容

综合审核即包括设施管理的全部硬性服务和软性服务成果的审核,即设施运营状况审核和设施管理服务水平审核两部分。

因为综合审核涉及的内容较多,难以将所有指标一一列出,因此本文仅对主要审核内容进行阐述。综合审核的主要内容,如图 11-30 所示。

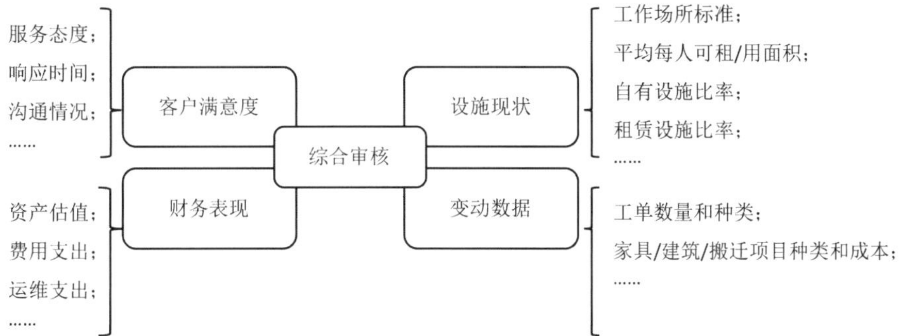

图 11-30 综合审核的主要内容

## 11.5.3 设施管理审核程序

虽然设施管理审核根据其审核对象和内容的不同会在审核主体、审核流程和审核资源投入等方面存在差异,但它们的审核程序存在共性。各类设施管理审核都需要经历准备阶段、数据收集阶段、评价阶段和决策阶段四个阶段。设施管理审核流程,如图 11-31 所示。

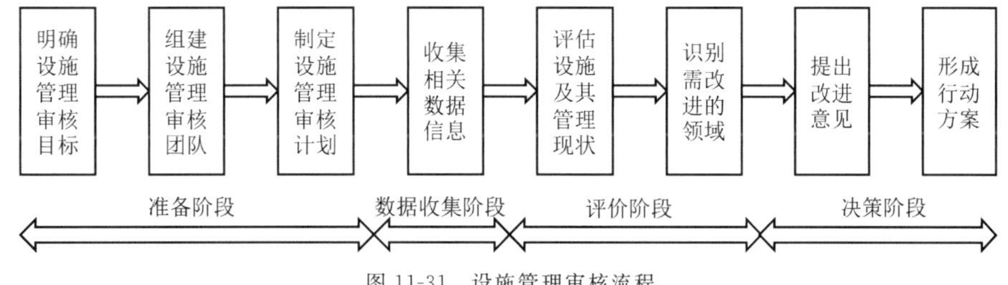

图 11-31 设施管理审核流程

1. 准备阶段

在设施管理审核准备阶段,需要完成明确设施管理审核目标、组建审核团队以及制订设施管理审核计划三项工作。

1) 明确设施管理审核目标

设施管理审核负责人应通过与组织高层主管、中层运营管理人员，以及基层专业人员的沟通，明确组织的需求，确定设施管理审核类型和审核目标。

2）组建设施管理审核团队

设施管理审核团队的组建主要需要解决以下两个问题：明确外部咨询单位在审核中的职责和组织内部设施管理审核团队人员的选择。

专业系统审核根据实施方式不同，可以分为咨询方主导型和咨询方辅导型两种方式。

（1）咨询方主导型专业系统审核。它主要依靠外部咨询单位对数据进行收集、基准比较以及分析，最后由咨询单位提供一份设施管理绩效的评价和整改行动报告，让客户从整体上把握自己拥有的设施状况。

（2）咨询方辅导型专业系统审核。它主要依靠客户内部人员完成相关的数据收集和整理工作，而咨询单位主要扮演着导师的角色，指导客户内部人员的审核工作。在这种审核方式下，客户不仅能了解设施资产的整体概况，还能对细节给予关注，从而充分掌握详细的设施运营状况。

在咨询方主导型专业系统审核中，组织应把团队组建的关注点放在明确外部咨询单位的职责方面；而在咨询方辅导型专业系统审核中，组织应把关注点放在内部设施管理审核团队人员的选择上。

相对而言，综合审核相对专业系统审核持续时间更长，诊断范围更大，通常需要咨询方和客户的共同配合才能完成。综合审核的审核团队中，最高层为审核委员会，通常由组织高层管理人员或者设施管理经理担任。委员会直接管辖审核工作组。外部咨询单位向工作组提供相关的指导、服务和信息。设施管理综合审核团队构架，如图 11-32 所示。

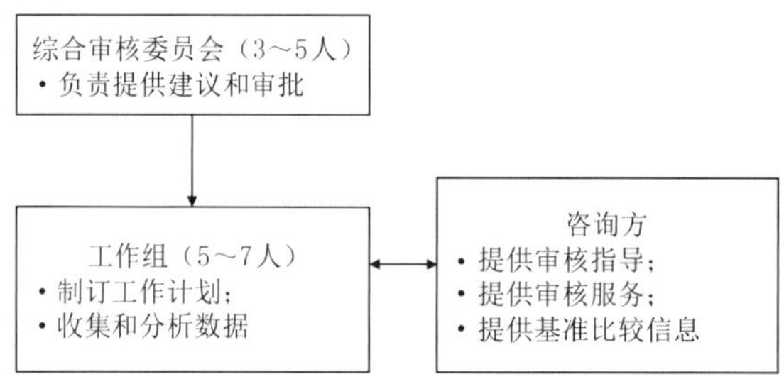


图 11-32 设施管理综合审核团队构架

3）制订设施管理审核计划

制订设施管理审核计划的前提是明晰审核范围。因此，确定审核范围也属于制订设施管理审核计划的一项重要汇总内容。根据专业系统审核和综合审核的不同要求，设施管理审核范围可以涵盖硬件设施、财务管理、项目管理、管理流程、质量体系等多方面的内容。

就设施管理专业系统审核而言，应从现有设施系统的识别着手。识别出设施系统的各项组成后，审核团队再根据审核目标，确定审核对象、审核范围和具体审核内容。常见的专业系统审核范围，如表 11-19 所示。

**表 11-19 常见的专业系统审核范围**

| 序号 \ 系统组成 | 建筑结构 | 设备系统 |
|---|---|---|
| 1 | 基础/斜坡 | HVAC 系统 |
| 2 | 屋面系统 | 电气系统 |
| 3 | 地板系统 | 消防系统 |
| 4 | 门窗 | 管道排污系统 |
| 5 | 天花板系统 | 排风系统 |
| 6 | 外墙 | 电信系统 |
| 7 | 内墙 | 运输系统 |
| …… | …… | …… |

明确设施审核范围后，审核团队负责人可以根据资源条件以及具体工作内容，制订审核计划，并在审核过程中跟踪审核情况。

2. 数据收集阶段

在专业系统审核中，审核团队应当审阅各专业系统的运行记录和维护数据，对设施进行现场调查，并对设施的物理性能、使用功能和维护状况等方面进行打分；在综合审核中，除了上述方法外，审核团队还可以从设施管理内部人员、设施管理相关方、最终客户等方面进行访谈、问卷调查、市场分析、同类标杆比较，以及查阅技术、经济和管理文件（包括组织架构、财务报表、成本记录、管理制度、工作流程等）。

3. 评价阶段

评价阶段的主要工作包括评估设施管理现状，以及识别需要改进的领域。设施管理现状的评估是通过对 KPI 进行打分来实现的，并通过基准比较方法识别出需要改进的领域。有必要时，也可以对不同专业系统进行风险评级，一般分为无风险、低风险、中等风险、高风险、需紧急改善五类。

4. 决策阶段

决策阶段的主要工作包括提出改进建议，以及形成行动方案。一般在审核负责人的带领下，各类专业工程师通过头脑风暴，运用价值工程等方法对现有设施系统提出新的改进和整改措施。在确定改进方案的同时，审核团队还需要根据各项系统设施的评价结果，确定各项改进方案的实施优先级，以及确定资金的分配情况，最后形成行动方案。

**【关键术语】**

服务范围；需求识别；工作分解结构（WBS）；服务说明书；组织成熟度；服务水平协议（SLA）；服务供应商；服务质量评估；关键绩效指标（KPI）；基准分析；最佳实践；运营状况审核；设施管理审核

**【延伸阅读】**

[1] Womack J P, Jones D T. Lean Thinking—Banish Waste and Create Wealth in your Corporation[J]. Journal of the Operational Research Society, 2008, 48(11): 1148-1148.

[2] Helena Forslund. Performance management in supply chains: logistics service providers' perspective[J]. International Journal of Physical Distribution & Logistics Management, 2012.

[3] Daniel C. W. Ho, Ervi Liusman, Measuring the performance of property management companies in high-rise flats[J]. Facilities, 2016, 34 (3/4): 161-176.

[4] Tony Halim, Kanesan Muthusamy, SieYong Chia. A systems approach in the evaluation and comparison of engineering services applied in facilities management[J]. Facilities, 2011, 29 (3/4): 114-132.

# 第12章 信息技术驱动设施管理

[本章导读]

信息技术(Information Technology, IT)是指人类开发和利用信息资源的全部手段和方法的总和。随着知识经济时代的来临和信息社会的飞速发展,信息技术在设施管理领域中扮演着越来越重要的角色,成为现代设施管理中不可或缺的重要技术手段和管理工具。在设施管理中应用现代信息技术可以大幅提高设施管理服务的质量与效率,为组织带来持续的竞争优势。

本章主要内容:

□ 设施管理信息系统发展历史;

□ 设施管理信息系统总体构架、选型原则及实施过程;

□ 典型设施管理信息系统解决方案;

□ 新兴信息技术及应用概要;

□ 基于建筑信息模型的设施管理内涵、功能及构建;

□ 数据驱动的设施管理内涵、模式和方案。

## 12.1 设施管理信息系统与技术

由于设施管理领域的多样性和复杂性,不同组织的设施管理内涵和设施经理角色界定千差万别。然而,组织对于信息却有着共同的认识:信息是一种极为重要的决策制订的支持性元素;信息以电子数据为载体,增强了组织交换信息的能力,并且在时间与空间上革命性地改变了通信方式。

信息技术的发展和演变对设施管理带来了巨大影响。在设施管理中应用信息技术可以大幅提高设施管理服务的质量与效率,为组织带来持续的竞争优势。设施管理信息系统已经成为整个组织生产和运营管理系统的一个有机组成部分。本节主要介绍设施管理信息系统发展历史、设施管理信息系统实施过程、典型设施管理信息系统解决方案,以及新兴的信息技术发展及应用。

### 12.1.1 设施管理信息系统发展历史

信息技术的发展对于设施管理信息系统的产生和发展带来持续影响。从最初的工单管理系统到计算机维护管理系统(Computerized Maintenance Management System,CMMS),到利用企业内部网络实现空间管理功能的计算机辅助设施管理系统(Computer Aided Facility Management,CAFM),再到通过通用接口结合CAD,BIM和GIS技术的集成化设施管理信息系统(Facility Management Information System,FMIS)。每一次信息技术的革新都对设施管理信息系统发展起到了巨大的推动作用。设施管理信息系统发展历史,如图12-1所示。

1. 计算机维护管理系统(Computerized Maintenance Management System,CMMS)

20世纪60年代初期,人们尚未形成对设施管理信息系统的统一认识,企业内部没有专业的设施经理和相应的设施管理部门。对设施管理的认识停留在设备维护与保养层面,有关设施管理的各项工作分散在行政办公、人力资源、后勤保障等多个部门,这些部门拥有各自的办公系统,却无法实现整体的运维目标。因此,一些企业开始在大型主机上安装并运行具备设施管理综合解决方案的计算机维护管理系统及相关应用软件。

CMMS的目标是优化并利用有限的人力、设备、材料和资金来帮助设施经理获得设施管理业务流程的控制能力,进行设备的维护维修、购置与处理。CMMS包含原有的工单系统功能,帮助维护人员在正

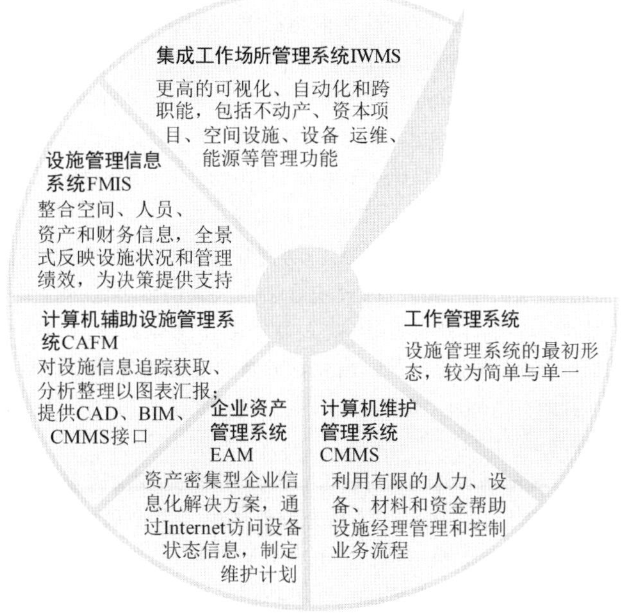

图 12-1 设施管理信息系统发展历史

确的地点，正确的时间做出正确的决定；同时对所有的维护活动进行不间断的管理和控制，以及在未发生故障前对设备采取有针对性、计划性、目标性的预防性维护工作。CMMS 还包括资产管理功能，记录设备和物业的相关数据，包括规格、保修信息、服务合同、配件、购买日期、预期寿命等，以及其他任何可以帮助管理人员或是维修人员的资料。

2. 企业资产管理系统(Enterprise Asset Management，EAM)

随着设施管理的概念、内涵不断更新，对于 CMMS 产品的关注范围已经扩展到企业资产管理系统。EAM 是面向资产密集型企业的信息化解决方案的总称，其前身称作计算机维修管理系统。EAM 可以有效提高企业的生产率及资产利用率，企业通过 Internet 访问集成了设备状态信息的 EAM 系统来制订设备维护的计划决策。进入 EAM 阶段后，着眼点扩大到资产的层面，将资产管理相关的项目管理、人力资源、安全与职业健康、维修成本、移动应用等子系统纳入到 CMMS 范围。

当前，CMMS 涵盖了维护、修理和运营所涉及的方方面面，从库存和采购到工作管理和建立设备模型。CMMS 领先优势在于对复杂设备的建模能力，如从公路、管道、线路到产品流程。目前市场上 CMMS 和 EAM 的产品有很多，其中比较知名的是 IBM 公司的 MAXIMO 综合解决方案。

3. 计算机辅助设施管理系统(Computer Aided Facility Management，CAFM)

20 世纪 80 年代初，计算机辅助设施管理系统开始逐步应用。作为一种专业软件工具，CAFM 系统能够帮助设施管理人员对于各种设施相关的信息进行追踪、获取和规划，分析整理，并以图表形式汇报；CAFM 系统包括各种技术和信息源，如面向对象的数据库、计算机辅助设计(Computer Aided Design，CAD)技术、建筑信息模型(Building Information Modeling，BIM)和连接到其他系统(如 CMMS)的接口。

1982 年 ARCHIBUS 公司发布了其第一款 CAFM 系统，并将 CMMS 的主要功能纳入其中；1983 年 ARCHIBUS 公司成为 Autodesk 公司全球的合作伙伴，并于 1985 年发布世界上第一套整合 CAFM 系统。

CAFM 系统通常提供与 CAD，BIM 系统以及空间数据库相连的接口，使得计算机辅助设施管理从本质上更具有战略性。在政府、医疗保健、教育、商业等不同的行业和工业环境中，CAFM 系统通过合成和分析复杂数据来改进设施管理实践，同时设施经理在空间管理和信息管理中扮演着越来越重要的角色。

现在，CMMS 与 CAFM 系统仍然在相同或不同的行业及组织中应用，两种系统并没有绝对的区别。

CMMS 主要侧重设备维护管理，CAFM 系统则更加侧重空间管理和搬迁管理；CMMS 主要的用户是工厂，CAFM 系统的主要用户是大型企业和学校、医院等公共组织。CMMS 与 CAFM 系统不断地完善各自的功能，越来越多的在功能上相互重叠、融合。此外，随着信息技术本身的发展，整合了 CMMS 与 CAFM 功能，并与地理信息系统（Geographic Information System，GIS）、计算机辅助设计技术等互联的新的设施管理信息系统开始出现。

4. 设施管理信息系统（Facility Management Information System，FMIS）

20 世纪 70 和 80 年代，计算机辅助设计技术成为设施管理巨大生产力和质量的保证，数字化信息被一次性输入整合了 CAD 技术的设施管理信息系统。设施管理者不再依赖于纸基的设计图纸，电子化的空间信息数据在异构平台通过网络传输和共享，设施管理者可以用较小代价达成更佳的质量控制。

与此同时，设施管理越来越多地涉及财务管理、人力资源管理等功能，大量的信息需要整合与共享。企业需要的是设施管理综合解决方案，即一种网络化的并与企业原有企业资源计划（Enterprise Resource Planning，ERP）系统、人力资源（Human Resource，HR）系统通过通用接口整合，并结合 CAD，BIM 和 GIS 技术的设施管理信息系统 FMIS。

FMIS 将空间、人员、资产和财务信息整合在单一系统，以全景式反映设施运营状况。FMIS 提供了一个观察设施管理绩效的统一视角，并为设施管理决策提供更多更准确的信息支持。同时，FMIS 越来越多地与现有成熟的地理信息系统互联，将设备和建筑物数据与地理空间科技有机结合。综合化的 FMIS 提供了空间业务智能支持和可视化的图表，将地理空间信息与房地产、设备和基础设施信息相结合，有助于改善组织合作和决策的制订过程。

5. 集成工作场所管理系统（Integrated Workplace Management System，IWMS）

20 世纪末，业务流程外包的概念逐渐为企业所接受。在设施管理实践中，企业内部出现一种新的趋势：由原先单一的硬件设施维护转向以提供非核心业务服务为基础的综合管理。与此同时，随着信息科技的发展，基于 Web 技术的在线协作 IT 平台被广泛应用。鉴于此，员工的工作不仅局限于传统意义上的公司办公点，“移动办公”逐渐成为企业经营活动的主体。在此背景下，设施管理信息化走向集成工作场所管理系统。

IWMS 通过搭建企业设施管理信息系统平台，将物业、资产、设备、环境和能源等系统整合，实现楼宇自控系统、ERP 系统、客户关系管理系统、计算机维护管理系统等各个子系统的数据交换、信息共享，优化建筑使用空间，从而降低成本、提高绩效。作为全方位的、集成化的工作场所管理系统，同时具有不动产、资本项目、空间和设施、设施运维和能源等管理功能。

**知识链接**

*更多设施管理信息系统知识，请访问设施管理门户网站 FM Gate—FM 服务—解决方案—ARCHIBUS-超越设施管理软件服务的商业管理平台。*

### 12.1.2 设施管理信息系统实施分析

设施管理信息系统实施是一项复杂的系统工程。设施管理信息系统实施目标就是把系统设计的物理模型转换成可实际运行的真实系统。系统实施阶段既是成功地实现真实系统，又是取得用户对真实系统信任的关键阶段。本节以资源整合的视角介绍设施管理信息系统的总体构架、选型原则及实施过程。

1. 系统架构

为了在设施的全生命周期内充分发挥 FMIS 的作用，信息系统的良好架构必不可少。如果不重视整个信息系统的规划，就可能造成各个环节相互割裂、各部门各自为政、信息沟通不畅的局面。基于设施全生命周期的 FMIS 框架，如图 12-2 所示。

设施管理信息系统应该是一种由多个子系统有机构成的整合信息系统，在通用信息基础上实现各个自动化信息系统的组合，并且在建设项目维护的全生命周期内进行优化管理。

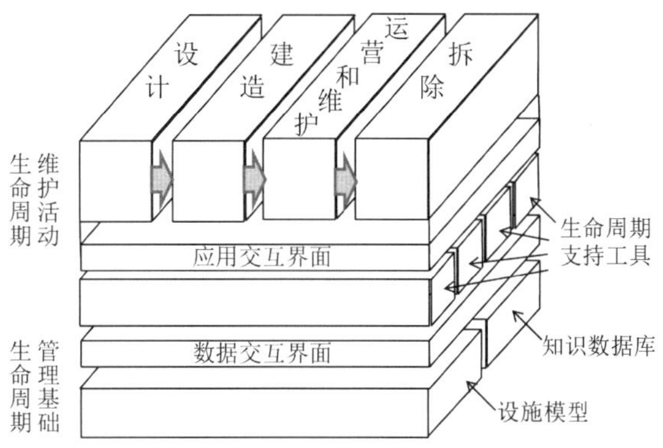

图 12-2 基于设施全生命周期的 FMIS 框架

(1) FMIS 功能模块整合

即采用整合策略提供一个完整、统一的共享信息和功能的系统,以减少业务流程和内容相同工作的重复。整合系统的各个子系统或功能模块之间有不同的连接方式:一种是简单的端到端的连接方式。各模块之间以一种松散的方式直接互联通信,没有中央结点的控制。这种连接方式需要单独开发各个模块之间通信接口和协议,各模块之间也很难协调同步工作。端到端结构,如图 12-3 所示。

更好的整合方式是轴辐式结构。这种结构有一个中央核心节点,其他节点的信息交换都通过其转换服务实现,在系统内实现统一的标准化、独立于各个模块开发商的信息结构和通信标准。轴辐式结构,如图 12-4 所示。

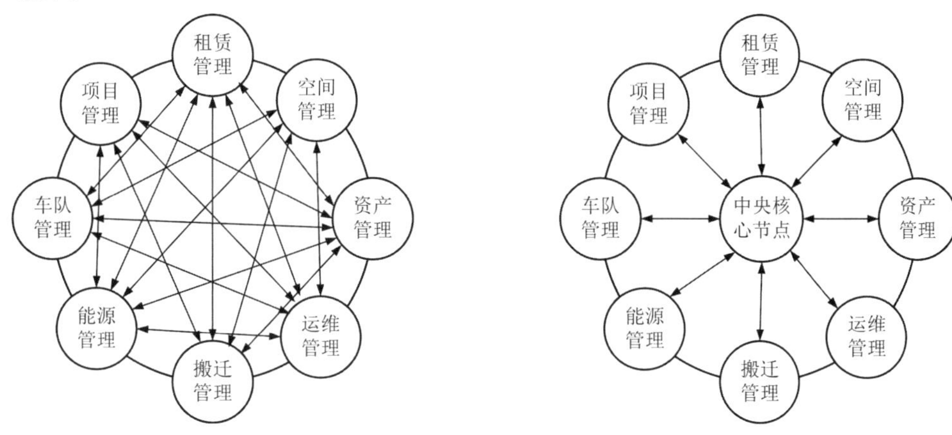

图 12-3 端到端结构

图 12-4 轴辐式结构

(2) FMIS 概念模型整合

它是对设施管理软件系统的整体概括描述。构建基于全生命周期的设施管理信息系统,需要对设施管理业务流程进行分析,确定各个应用模块之间的相互关系及定位,应用模块所涉及的数据量、数据类型、格式和其他重要的系统管理问题。

从组织长远发展的角度出发,通过将空间、人员、资产、维护和财务等设施管理功能集成来设计 FMIS,可为用户提供了一个全面的视角来观察和分析设施管理。FMIS 概念模型整合,如图 12-5 所示。

从更广义的角度来说,整合的 FMIS 概念结构还包含资产规划管理系统,并与人力资源系统、企业资源计划系统相连接以及提供与 CAD,BIM 系统的接口。此外,还包括组织内部网络和 FM 部门局域网络的 IT 基础设施、外部网络、国际互联网及相关硬件,以及供内、外部用户访问 FMIS 的网站链接。

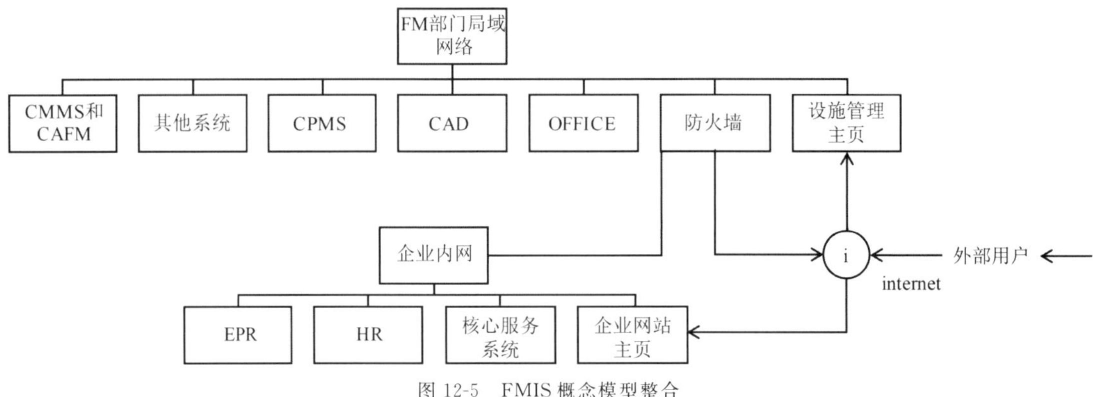


图12-5　FMIS概念模型整合

2．选型原则

实践证明，实施一套真正符合组织自身需求的设施管理信息系统，既需要组织认真的前期准备，也需要选取合适的产品。设施管理信息系统选型原则，如图12-6所示。

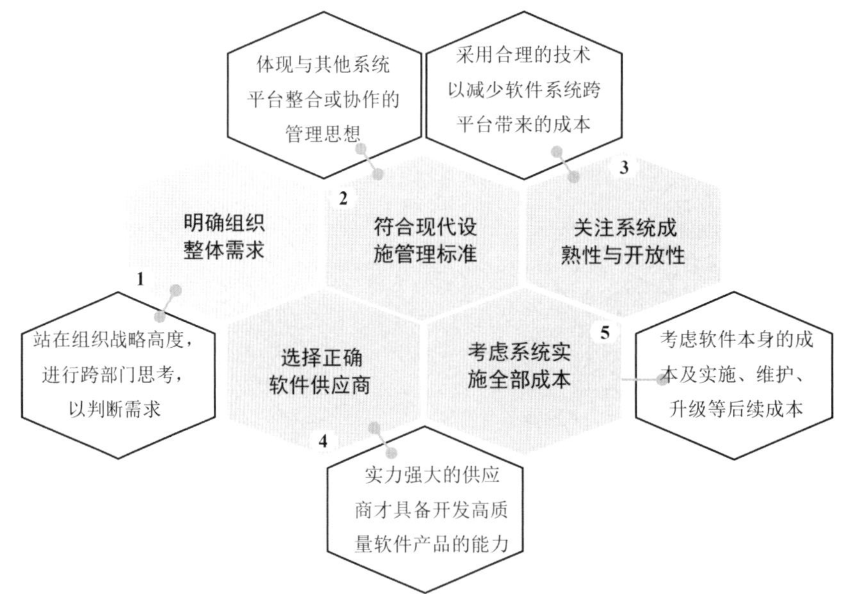


图12-6　设施管理信息系统选型原则

(1) 明确组织整体需求。FMIS选型失败的主要原因是将组织内部各部门的直接“需求”进行简单汇总，只考虑各部门立场和局部利益而不考虑整体效果，因而常引起部门之间资源冲突而产生摩擦。在FMIS选型时，判定需求要站在组织战略高度，进行跨部门思考。

(2) 符合现代设施管理标准。市场上冠以FMIS名称的软件很多都不符合现代设施管理标准，其中一些停留在单一的设备预防维护概念上，或简单地将设施管理等同于物业管理，企业设施管理信息系统应体现与其他系统平台整合或协作的管理思想。

(3) 关注系统成熟性与开放性。选择FMIS时应该尽可能选择成熟的软件产品。同时，系统采用的构架对软件的持续性也有影响，采用合理的技术可减少软件系统跨平台产生的成本，提高系统的开放性。此外，系统软件选择时还要考虑灵活性、易用性等因素。

(4) 选择正确的软件供应商。只有经济和技术实力强大的供应商才具备开发高质量软件产品的能力。在FMIS选型上，可优先采用国内外知名的设施管理供应商的产品，如侧重空间管理的ARCHI-

BUS，设施维护管理的 vRealize Operation，以及精于财务管理的 YardiSystems。

(5) 考虑系统实施全部成本。在满足性能的前提下，选择 FMIS 不仅考虑软件本身成本，还要考虑实施、维护、升级等后续服务成本。此外，还考虑包括购买 PC、服务器、打印机与网络设备等硬件产品，以及操作系统和数据库产品的费用、人员培训费用等。

3. 实施环节

当组织选择了合适的 FMIS 产品之后，就需要进行系统实施工作。FMIS 系统的建设是一次性的，而其运行、维护、升级、变革则是长期性的。成功的 FMIS 首先要做好一次性的工作，这是今后长期工作的基础。FMIS 实施后的企业设施管理流程重组将是一个长期的、持续性过程。设施管理信息系统实施环节，如图 12-7 所示。

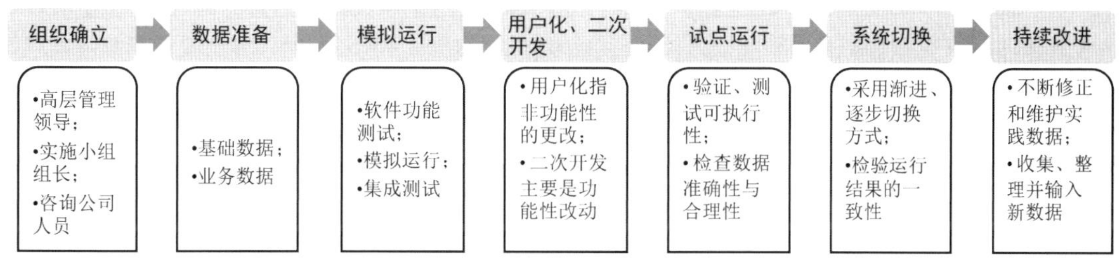


图 12-7 设施管理信息系统实施环节

(1) 组织确立。FMIS 实施需要有专门的项目组织指导和执行，一般由企业的最高管理层领导、项目实施小组组长、咨询公司人员组成，其首要任务是制订一个切实可行的信息系统项目实施计划。主要内容包括：制订方针策略；批准项目计划；监控项目进程；调配人力和资金；推动培训工作；解决实施过程中的问题；协调矛盾。

(2) 数据准备。FMIS 数据准备包括基础数据和业务数据。基础数据是指 FMIS 运行所必需的数据环境，如操作系统平台及数据库系统；业务数据主要是设施管理活动相关数据，如 HVAC 和照明系统的相关参数。

(3) 模拟运行。模拟运行需在项目实施小组内部进行，模拟运行时要对各种条件进行测试，覆盖软件所提供的各种功能。测试的数据不是全部企业运行实际数据，而是选用或虚拟部分典型数据进行模拟运行。

(4) 用户化和二次开发。用户化指非功能性的更改，如对操作界面、报表格式、术语称谓等的改动；二次开发主要是功能性的改动，往往需要修改代码。只有在现有软件功能确实不能满足企业需求的情况下，才考虑进行二次开发。

(5) 试点运行。通过试点运行，让用户实际操作软件，达到实战演练的目的。一方面可以验证或测试用户化和二次开发的可执行性；另一方面可以检查数据的准确性与合理性，调整和确定各种凭证和报表。

(6) 系统切换。系统切换之前是新、旧系统并行，这样可以检验新、旧系统运行结果的一致性。系统切换可以采用渐进或逐步切换的方式，从一种产品系列扩展到更多的产品，从一个部门扩展到更多部门，从几个模块扩展到所有模块。

(7) 持续改进。FMIS 运行基础数据和企业自身密切相关，且随企业的发展而不断变化的。企业需要不断地从实践中对数据进行修正和维护，达到较高的准确性。同时，具备这种基础数据的维护能力，及时搜集、整理新数据并输入到系统中，保证数据的完整性。

### 12.1.3 典型设施管理信息系统解决方案

目前市场上设施管理信息系统专业软件供应商很多，它们既提供可自由选择的功能模块，也提供综合的技术解决方案。不同性质的组织对于设施管理的要求不同，对于设施管理信息系统功能的需求侧重也有很大差别。本节主要介绍ARCHIBUS、IBM等公司以及同济大学设施管理研究团队研发的设施管理信息系统解决方案,它们功能较完备,应用范围较广。

1. ARCHIBUS不动产及设施管理整体解决方案

ARCHIBUS是以设施管理理论为基础的企业级不动产及设施管理整体解决方案,它从建筑物业主、管理者和使用者的角度出发,提供资产及设施全生命周期的可视化管理工具,能够实现人、过程、资产以及工作环境最优化设计,从而支持组织的业务目标。目前主要应用于房地产、基础设施、设施及设备资产管理等相关领域。ARCHIBUS通过集成不动产组合管理、空间规划与管理、搬迁管理、资产管理、运行维护管理等功能模块,形成企业信息模型(Enterprise Information Modeling, EIM)。ARCHIBUS设施管理整体解决方案模型,如图12-8所示。

基于ARCHIBUS软件构建的企业信息模型提供了图形、图像和数据库之间的集成,不仅能够集成物联网、BIM、CAD、三维扫描等设施数据源,而且能够对接ERP、CMMS、REPM等企业级资源与资产管理系统。外源数据的接入保证了ARCHIBUS EIM数据的准确性与时效性,为高效率的设施管理流程实施提供一个协作环境,帮助用户实质性地追踪设备资产,实现固定资产可视化、图形化管理能力,真正地实现建筑集成管理系统。

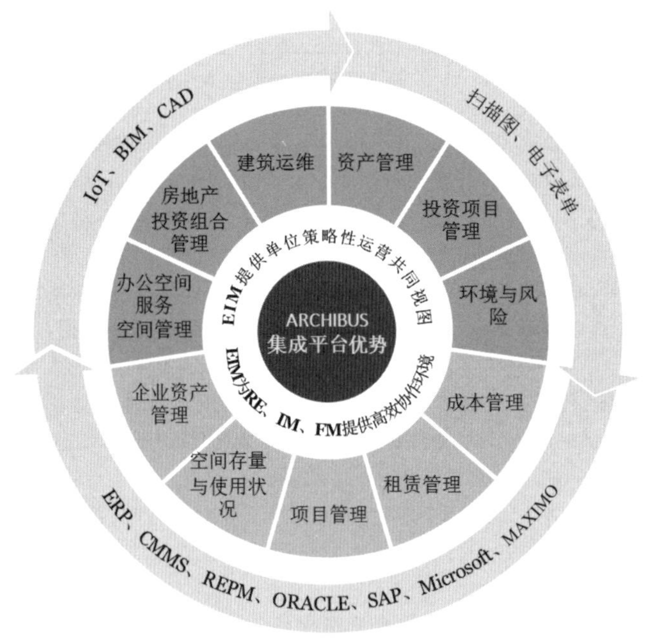

图12-8 ARCHIBUS设施管理整体解决方案模型

2. IBM/Tririga集成工作场所管理系统

数据的互联性与流程自动化是实现可执行智能交付的关键。然而,企业资源规划(ERP)、企业资产管理(EAM)、计算机辅助设施管理(CAFM)及传统资产管理系统,多关注局域目标。例如,ERP系统集中于层级财务目标;EAM系统集中于产能相关的资产;CAFM系统集中于有关设备的信息供给。不同的运营职能部门之间难以实现信息共享,更难以形成跨部门的统一业务流程。

IBM/Tririga集成工作场所管理系统(IWMS)提供更高的可视性、控制性和自动化及跨部门跨职能的功能,解决方案包括五大核心功能:不动产管理、资本项目管理、空间和设施管理、设备维护和运营管理、能源管理。IBM/Tririga集成工作场所管理系统(IWMS),如图12-9所示。

3. IIFMS集智设施管理系统

集智设施管理系统是同济大学设施管理研究团队研发的综合运用大数据、物联网等信息技术,组织

图 12-9 IBM/Tririga 集成工作场所管理系统（IWMS）

流程再造和决策支持模型，构建的集设施运行状态实时监测、周期巡检、维护和决策为一体的一个规范化、标准化和智能化的设施管理解决方案。集智设施管理系统原理，如图 12-10 所示。

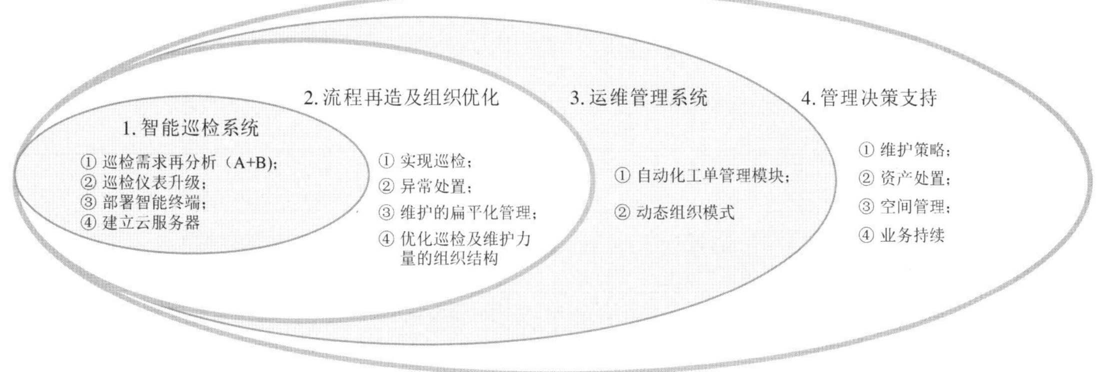


图 12-10 集智设施管理系统原理

IIFMS 分为四个相互独立又逻辑关联的层次：

第 1 层次，智能巡检系统设计。主要是分析设施结构关系，构建巡检数字模型，综合建立数字化设备台帐库。

第 2 层次，设施管理流程再造和组织优化。主要是实现巡检、异常处置、维护的扁平化管理，优化巡检及维护力量的组织结构。

第 3 层次，设施管理系统规模化部署。主要是扩展设施运营数据库，建成企业级设施运维管理信息系统。

第 4 层次，设施管理决策支持。主要是运用大数据相关技术手段对巡检、工单、组织、物资、空间、资产等数据进行综合分析，提供决策支持。

作为一套完整的管理数字化、操作自动化的设施管理解决方案，它可以有效提高设施管理自动化水平、优化设施运维队伍的组织结构，同时实现对设施运行及维护历史数据积累，利用大数据分析技术，为运营提供策略支持，实现设施管理业务的高效持续发展。

**知识链接**

更多设施管理信息系统解决方案，请访问设施管理门户网站 FM Gate— FM 服务—解决方案—智能运营专家 vRealize Operations。

### 12.1.4 新兴信息技术发展概要

现代信息技术为设施管理带来崭新局面，它可以借助以微电子学为基础的计算机技术和电信技术的结合而形成的手段，对声音、图像、文字、数字和各种传感信号的信息进行获取、加工、处理、储存、传播和使用。本节概述云计算、物联网和人工智能等具有代表性的现代信息技术的基本概念，以及它们在设施管理中的应用领域。

1. 云计算

云计算(Cloud Computing)是一种基于互联网的计算方式，通过这种方式，共享的软硬件资源和信息可以按需求提供给计算机各种终端和其他设备。云计算核心理念就是通过不断提高“云”的处理能力，进而减少用户终端的处理负担，最终使用户终端简化成一个单纯的输入输出设备，并能按需享受“云”的强大计算处理能力。

云计算具有数据安全可靠、客户端需求低、轻松共享数据等特点。云计算发展到今天，已不再是单纯的供给计算能力，而是逐渐成为一个包含基础设施、运算平台乃至整套管理、软件解决方案的庞大体系。云计算的基本特征，如图12-11所示。

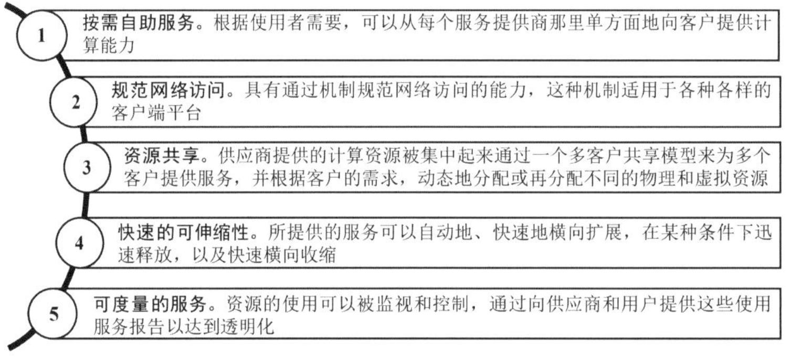


图12-11 云计算的基本特征

2. 物联网

物联网(Internet of Things，IoT)是互联网、传统电信网等信息承载体，让所有能行使独立功能的普通物体实现互联互通的网络，被称为继计算机、互联网之后世界信息产业的第三次浪潮。

物联网可通过射频识别、红外感应器、全球定位系统、激光扫描器等信息传感设备，按约定的协议，把任何物品与互联网相连接，进行信息交换和通信，以实现对物品的智能化识别、定位、跟踪、监控和管理。在设施管理领域，基于物联网可以用中心计算机对设施、设备、人员进行集中管理、控制，以及搜索设备位置、防止物品被盗等。物联网的基本特征，如图12-12所示。

3. 人工智能

人工智能(Artificial Intelligence，AI)是研究、开发用于模拟、延伸和扩展人的智能的理论、方法、技术及应用系统的一门新的技术科学。作为计算机科学的一个分支，AI企图了解智能的实质，并生产出一种新的能以人类智能相似的方式做出反应的智能机器，该领域的研究包括机器人、语言识别、图像识别、自然语言处理和专家系统等。

目前，AI已经在机器人、经济政治决策、控制系统、仿真系统中得到应用，产生智能手机、人脸识别技术、无人驾驶汽车和无人机等市场应用产品。与普通软硬件相比，人工智能能在更短的时间内获得更多的信息，并能不带任何人类式的偏见做出应对。在设施管理领域，人工智能可以有效运用于园区自动导航、应急疏散、设备故障诊断、能耗监测等方面。AI 领域研究内容及应用产品,如图 12-13 所示。

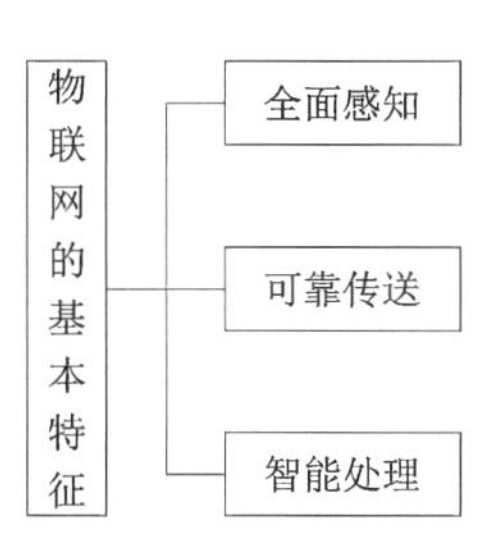


图 12-12　物联网的基本特征

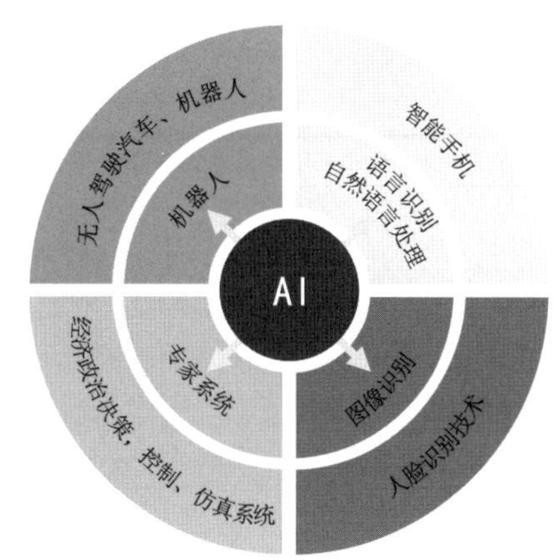


图 12-13　AI 领域研究内容及应用产品

4．模式识别

模式识别(Pattern Recognition),是指对表征事物或现象的各种形式(数值的、文字的和逻辑关系的)的信息进行处理和分析,以对事物或现象进行描述、辨认、分类和解释的过程。它是信息科学和人工智能的重要组成部分,主要应用领域是图像分析与处理、语音识别、声音分类、通信、医疗诊断、数据挖掘等学科。

随着计算机技术的发展,人类开始能够研究复杂的信息处理过程,特别是对光学信息(通过视觉器官来获得)和声学信息(通过听觉器官来获得)的识别。模式识别可以对设施管理中的传感器收集的非结构化图片、照片、文字、符号等对象的具体模式进行辨识和分类,从而提高设施管理的效率。模式识别内容及代表性产品,如图 12-14 所示。

5．混合现实

混合现实(Mix Reality,MR),包括虚拟现实(Virtual Reality,VR)和增强现实(Augmented Reality,AR),指的是合并现实和虚拟世界而产生的新的可视化环境。其中,VR 是一种可以创建和体验虚拟世界的计算机仿真系统,它利用计算机生成一种模拟环境,实现一种多源信息融合、交互式的三维动态视景和实体行为的系统仿真。AR 则是一种实时地计算摄影机影像的位置及角度并加上相应图像、视频、3D 模型的技术,这种技术的目标是在屏幕上把虚拟世界套在现实世界并进行互动。VR 和 AR 的四个基本元素,分别如图 12-15 和图 12-16 所示。

MR 将原本在现实世界的一定时间空间范围内很难体验到的实体信息(视觉、声音、味道、触觉等),通过电脑等科学技术,模拟仿真后再叠加,将虚拟的信息应用到真实世界,被人类感官所感知,从而达到超越现实的感官体验。在设施管理领域,MR 可以应用到园区参观、设备维修、培训实训和应急仿真培训演练等方面。

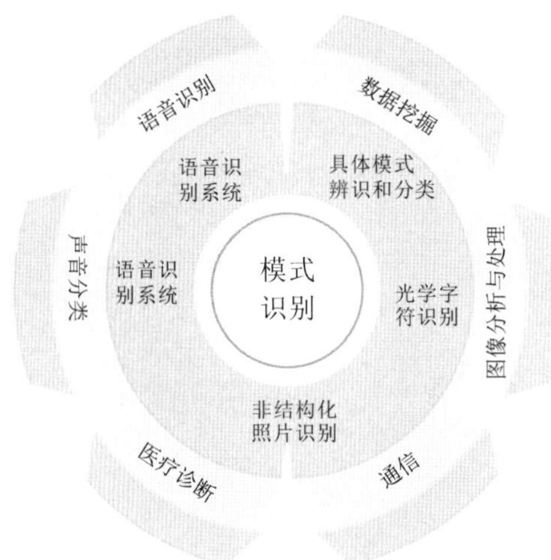


图 12-14 模式识别内容及代表性产品

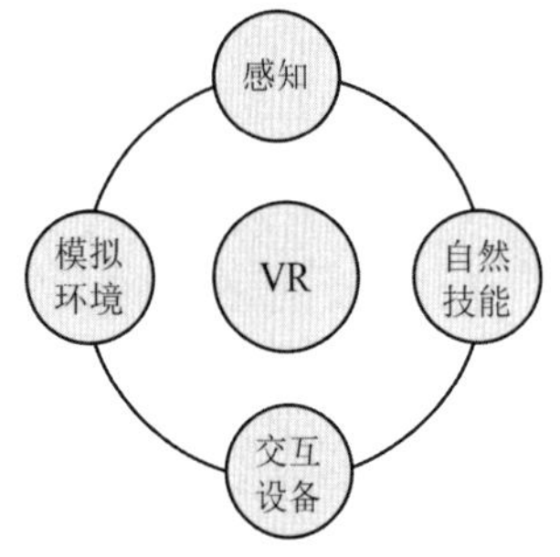


图 12-15 VR 的四个基本元素

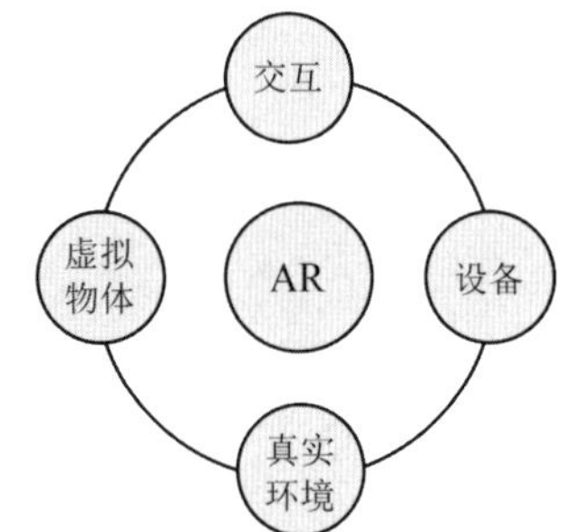


图 12-16 AR 的四个基本元素

6. 建筑信息模型

作为建筑业最热点话题和新兴信息技术，建筑信息模型(Building Information Modeling，BIM)正为整个建筑行业带来新一轮的革新。美国国家 BIM 标准定义 BIM 为对建筑设施的物理和功能特性的数字化表达、信息共享和知识分享，为建筑设施从其概念设计、建设施工、运维拆除全生命周期中的所有决策提供可靠依据的过程。学者或机构针对 BIM 的内涵与外延进行了大量分析与界定。BIM 的不同定义，如表 12-1 所示。

**表 12-1** **BIM 的不同定义**

| 序号 | 组织或机构 | 定义 |
|---|---|---|
| 1 | 国际标准组织设施信息委员会 | 在开放的工业标准下对设施的物理和功能特性及其相关的项目生命周期信息的可计算或可运算的形式表现，从而为决策提供支持，以便更好地实现项目的价值 |
| 2 | 美国国家建筑科学研究院 | 在建筑物建造前期对各专业的碰撞问题进行协调，生成协调数据 |
| 3 | 美国建筑师协会 | 一种与数据库相联系基于模型的项目信息技术 |
| 4 | 欧特克公司 | 建筑物在设计和建造过程中，创建和使用的“可计算数字信息”；这些数字信息能够被程序自动管理；所计算出来的文件具有彼此吻合、一致的特性 |
| 5 | 图软公司 | 一个包含图形(图纸)及非图形文件(合同、进度计划和其他数据)的知识库 |
| 6 | 特科拉公司 | 在建筑物细节方面进行建模和沟通的过程，以有利于建设项目的整个生命周期 |

BIM促进了建筑生命周期管理沟通，为业主、建筑师、工程师、承包商、运维者等利益相关方提供各类服务。基于BIM的建筑全生命周期利益相关方协同，如图12-17所示。

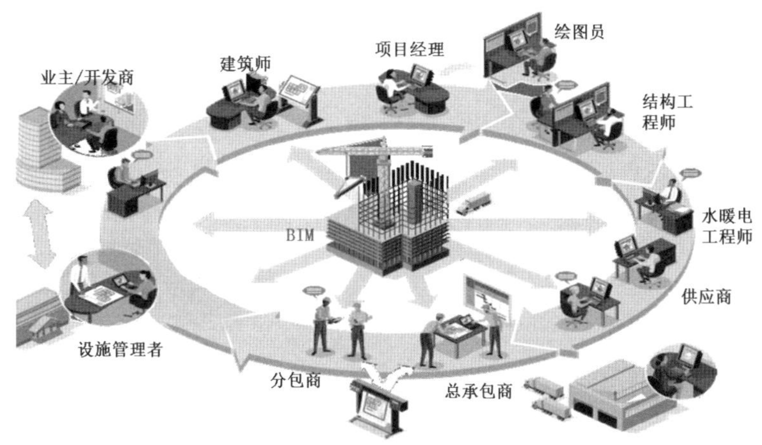


图12-17 基于BIM的建筑全生命周期利益相关方协同

7. 大数据

随着互联网、物联网、云计算等新一代信息技术的创新和应用，传感设备、移动终端正在越来越多地接入到网络，各种统计数据、交易数据、交互数据和传感数据源源不断从各行各业迅速生成。社会信息化日趋成熟，社会化网络逐渐兴起，信息社会已经进入了大数据(Big Data)时代。

美国国家科学基金会将大数据定义为“由科学仪器、传感设备、互联网交易、电子邮件、音视频软件、网络点击流等多种数据源生成的大规模、多元化、复杂、长期的分布式数据集”。大数据基本特征(4V)，如图12-18所示。

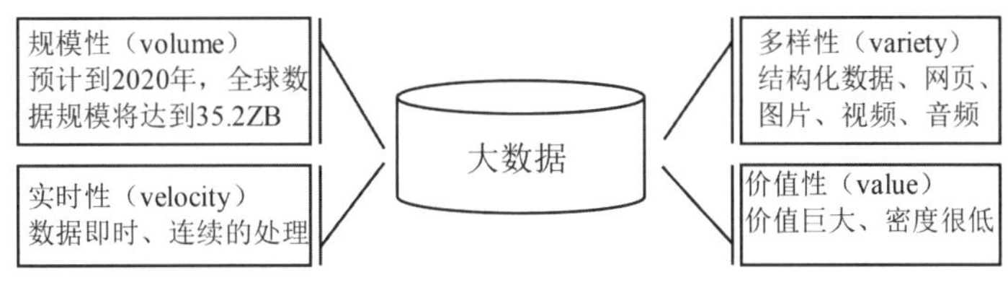


图12-18 大数据基本特征(4V)

设施管理大数据涉及企业ERP数据、客户关系数据、传感器数据、设施运营数据等诸多结构化或非结构化数据类型，并呈现出爆炸性增长趋势。大数据技术将深刻改变设施管理的服务方式、模式和手段，实现运营监测、故障定位、应急预警和分析决策等功能。

**知识链接**

更多设施管理信息系统技术，请访问设施管理门户网站FM Gate—FM专区—信息技术—Gartner2017年度新兴技术。

## 12.2 基于BIM的设施管理

建筑生命周期中时间较长、成本较高的运营和维护阶段，包含利益相关方众多，涉及管理内容丰富，现存可借鉴经验鲜见。实际上，作为整合管理的信息化工具，BIM与设施管理的整合与变革应是重中之重。将BIM三维模型与传统设施管理系统相结合，可以将BIM模型中存储的大量建筑相关信息运用于设施管理系统，克服传统的二维设施管理系统过程抽象的缺点，实现对建筑物的三维可视化的运维管理。本节主要介绍基于 BIM 的设施管理理念、功能及 BIM 运维模型构建。

### 12.2.1　面向设施管理的 BIM 技术

1. BIM 的特性及价值

BIM 能够提供关于建筑设施系统的协调一致的、可共享、可重复使用和可计算的高质量信息。同时，通过 BIM 插入、提取、更新和修改信息以支持协同作业，可以降低由于缺乏互操作性而导致的成本损失。BIM 五大特性，如表 12-2 所示。

表 12-2　BIM 五大特性

| 序号 | 特性 | 说明 |
|---|---|---|
| 1 | 可视化 | 项目设计、建造、运营过程的沟通、讨论、决策都在可视化状态下进行 |
| 2 | 协调性 | 在建筑物建造前期对各专业的碰撞问题进行协调，生成协调数据 |
| 3 | 模拟性 | 对设计、招投标、施工和运营阶段进行模拟实验，预知可能发生的各种情况 |
| 4 | 优化性 | 项目方案优化、特殊项目的设计优化，从而显著改进工期和造价 |
| 5 | 可出图 | 通过对建筑物进行了可视化、协调、模拟、优化以后，帮助业主出综合设计施工图、碰撞检查侦错报告和建议改进方案等 |

BIM 是实现工程建造、运营精细化和信息化管理的重要工具和手段。BIM 可为设计师、建筑师、水电暖铺设工程师、开发商乃至最终用户等各环节人员提供“模拟和分析”的科学协作平台，帮助其利用三维数字模型对项目进行设计、建造及运营管理。BIM 在工程全生命周期中应用，如图 12-19 所示。

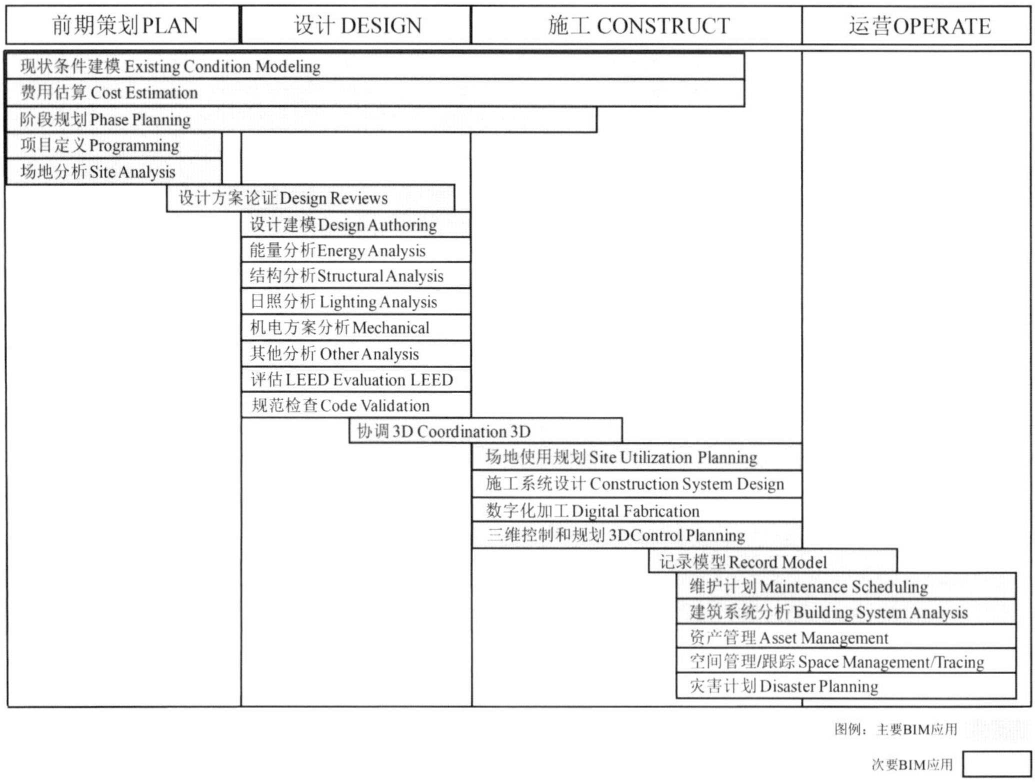

图 12-19　BIM 在工程全生命周期中应用

随着建筑物使用者(特别是持有型物业/非住宅地产)对于建筑绩效的要求越来越高,建筑业与运营管理的整合度正逐渐加深和加快,BIM 正在改变建筑运营和维护方式。

美国国家标准与技术协会(NIST)研究报告显示,每年因计算机辅助设计、工程设计和软件系统中的互操作性不够充分而造成的损失高达 158 亿美元,而业主和运营商在持续设施运营和维护方面耗费的成本几乎占总成本的三分之二。美国建筑师协会(AIA)正在考虑如何修改其合同文件,以规范建筑信息模型的迁移流程;实施一种协议结构,以便使其代表的建筑信息模型和知识产权可以自然地从建筑师过渡到业主/运营商,以便使用更有效的数据来管理建筑运营项目。面向设施管理的 BIM 的 7D 应用,如图 12-20 所示。

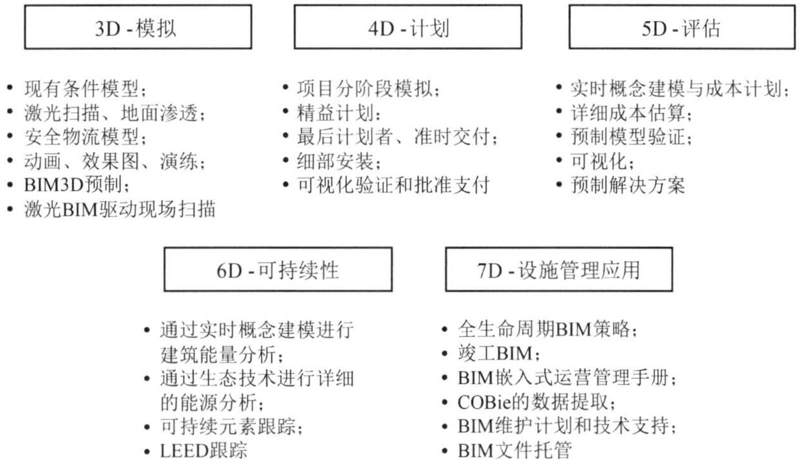

3D -模拟
- 现有条件模型;
- 激光扫描、地面渗透;
- 安全物流模型;
- 动画、效果图、演练;
- BIM3D预制;
- 激光BIM驱动现场扫描

4D -计划
- 项目分阶段模拟;
- 精益计划;
- 最后计划者、准时交付;
- 细部安装;
- 可视化验证和批准支付

5D -评估
- 实时概念建模与成本计划;
- 详细成本估算;
- 预制模型验证;
- 可视化;
- 预制解决方案

6D -可持续性
- 通过实时概念建模进行建筑能量分析;
- 通过生态技术进行详细的能源分析;
- 可持续元素跟踪;
- LEED跟踪

7D -设施管理应用
- 全生命周期BIM策略;
- 竣工BIM;
- BIM嵌入式运营管理手册;
- COBie的数据提取;
- BIM维护计划和技术支持;
- BIM文件托管

图 12-20 面向设施管理的 BIM 的 7D 应用

目前,国内外已经开始了对于 BIM 在建筑运维阶段运用的研究。将 BIM 三维模型与传统设施管理系统相结合,可以将 BIM 模型中存储的大量建筑相关信息,如设施的几何形状信息、材料的耐火等级和传热系数属性信息,构件的造价和采购等数字信息运用于设施管理系统,克服传统的二维设施管理系统过程抽象的缺点,实现对建筑物的三维可视化的运维管理。

基于 BIM 的设施管理解决方案,在具体实现技术上往往联合物联网技术、云计算技术等等,解决或改善基于 BIM 的设施管理平台可能出现的数据采集、空间定位和运行速度问题。例如,对于数据采集以及空间定位的问题,可以通过建立相应的物联网来实现数据的自动采集,以及现实设备与模型自动匹配,实现空间定位功能;对于系统运算能力的高要求问题,可以运用云技术为系统提供强大的计算机存储能力和不同设备间数据共享。将物联网、云技术、RFID、移动终端等结合起来应用于基于三维展示平台BIM 的运维系统,不但能为建筑物实现三维可视化的信息模型管理,使空间信息与实时数据融为一体,而且为建筑物的所有组件和设备赋予了感知能力和生命力,从而将建筑物的运营维护提升到智慧建筑的全新高度。

### 12.2.2 基于 BIM 的设施管理功能

基于 BIM 的设施管理通常被理解为:运用 BIM 技术与设施管理系统相结合,对建筑空间、设备、资产及软性服务进行科学管理。基于 BIM 的设施管理功能,如图 12-21 所示。

1. 运行监控

基于 BIM 模型集成对设施的搜索、查阅、定位功能,可以查阅供应商、使用期限、联系电话、维护情况等信息,可以查询相应设施在建筑中的准确定位,直观展示设施是否正常运行,以及查询设施历史运行数据,从而对即将到达生命期的设施及时预警和更换配件,防止事故发生。

2. 维护计划

在建筑物使用寿命期间,建筑物结构及设备需要不断得到维护。BIM 结合运营维护管理系统可以

图 12-21 基于 BIM 的设施管理功能

充分发挥空间定位和数据记录的优势，合理制订维护计划，分配专人专项维护工作，降低建筑物在使用过程中出现突发状况的概率。对一些重要设施还可以跟踪维护工作的历史记录，以便对设施的适用状态提前做出判断。

3. 资产管理

一套有序的资产管理系统将有效提升设施管理水平，BIM 信息能够直接导入资产管理系统，减少了系统初始化的数据准备及人力投入。此外，通过 BIM 结合 RFID 的资产标签芯片，还可以使资产在建筑物中的定位及相关参数信息一目了然，快速查询。

4. 建筑环境

基于 BIM 的设施管理平台可以获取建筑空间中的温度、湿度、$CO_2$浓度、光照度、空气洁净度等信息数据，并通过开发能源管理功能模块，自动统计分析建筑能耗情况。此外，基于 BIM 的专业建筑物系统分析软件，可以分析模拟和验证优化建筑性能。

5. 空间管理

基于 BIM 获取各系统和设备空间位置信息，直观形象且方便查找，提高数据库的准确度，避免数据的重复及错误。基于 BIM 增加建筑设备及空间的管理能力，不仅可以有效管理空间资源，也可以帮助管理团队记录空间的使用情况，确保空间资源的最大利用率。

6. 应急管理

基于 BIM 的突发事件应急管理包括预防、警报和处理。利用 BIM 及相应灾害分析模拟软件，可以在灾害发生前模拟灾害发生的过程，制订人员疏散、救援支持应急预案。当灾害发生后，通过与楼宇自动化系统结合，及时获取建筑物及设施的紧急状态信息，能清晰地呈现建筑物内部疏散路线，提高应急行动成效。

### 12.2.3 基于 BIM 的设施管理模型

1. 设施管理 BIM 数据特征

BIM 在设计、施工阶段的技术应用已经逐渐成熟，价值获得普遍认可。BIM 数据是设施管理平台的基础，也是设施管理业务开展的前提。在建筑从设计、施工到设施管理全生命周期中，BIM 数据是循环利用和逐步深化的过程，每个阶段的 BIM 模型因其应用场景的不同，都有其关键要素和特征。相较于设计和施工阶段，运营阶段更加关注于空间、设备、系统及其运行数据的关联建模，以及侧重于 BIM 数据提取及模型视图的应用。设施管理 BIM 模型数据特征，如图 12-22 所示。

BIM 数据应用于设施管理的过程，是 BIM 数据再组织和利用的过程。即以 BIM 数据为基础，经过提取、转换和优化，依托 BIM 数据交互平台，以图形化的方式将不同数据源的数据集成、分类，进而结合设施管理功能需求进行合理、高效地展现。

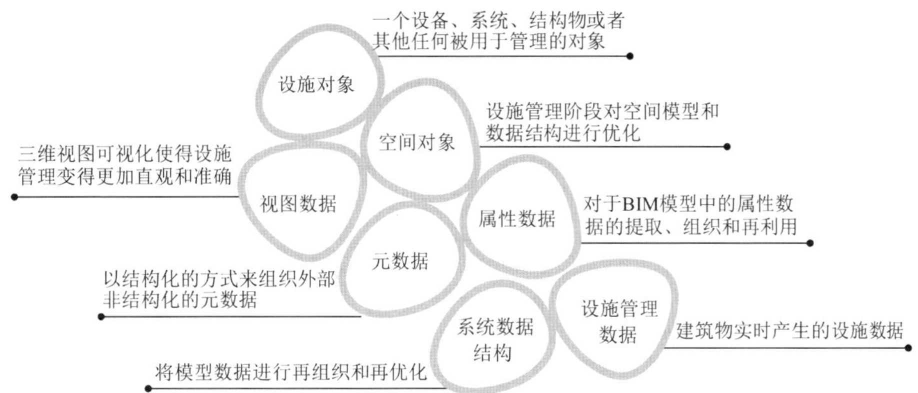

图 12-22 设施管理 BIM 模型数据特征

## 2. 设施管理 BIM 模型构建

基于 BIM 的设施管理实现方法分为两大类,第一大类是利用或改造升级现有设施管理软件,把 BIM 模型数据转换给设施管理系统使用;第二大类是重新开发基于 BIM 的设施管理软件。以 Revit 为例描述设施管理 BIM 模型构建过程,通常分为三个环节:BIM 模型数据重组、基础 BIM 模型创建、BIM 模型构建。

(1) BIM 模型数据重组

现阶段,为设施管理单独开发一套展现 BIM 数据的图形平台不太现实。设施管理 BIM 模型可从两个途径获得:直接从设计、施工阶段转换,或基于 BIM 平台按照设施需要进行改造,两者均需要对 BIM 模型数据进行重组:一方面基于设施管理的业务需求,另一方面也要考虑 BIM 模型交互平台的功能。

目前与 Revit 结合紧密且用于设施管理阶段的 BIM 数据交互平台包括 Autodesk Navisworks,第三方基于 WebGL 的零客户端纯浏览器跨平台方案,以及一些基于 IFC 或 GIS 的平台。考虑用户熟悉程度和市场流行度,以 Navisworks 为设施管理 BIM 数据交互和展现平台来说明。BIM 模型数据重组,如图 12-23 所示。

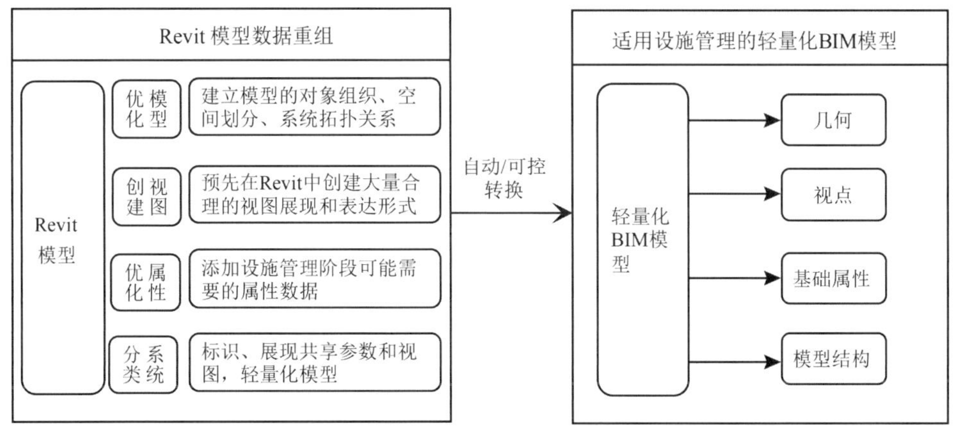

图 12-23 BIM 模型数据重组

该阶段可得到一个符合设施管理需要的经过数据重组优化的 BIM 模型,进一步转换可得到一个轻量化的 BIM 模型。

(2) 基础 BIM 模型创建

基础 BIM 模型的建立即将 Revit 模型由 Navisworks 直接打开并转换为一个轻量化的 Navisworks 模型。自动转换平台的优点是开发工作量少、稳定且经过验证;缺点是可控性小,需要前期模型的共享参数、视图的精细处理。基础 BIM 模型创建,如图 12-24 所示。

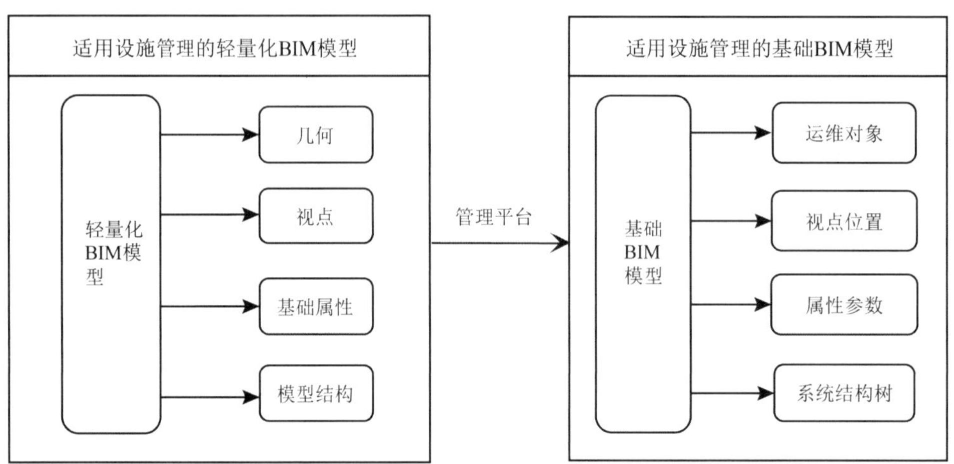


图 12-24　基础 BIM 模型创建

① 几何数据。Revit 模型中的数据转换后,需要关注的是体现在轻量化模型中的大量几何数据体,需要进一步经过加工和组织,几何数据体可为后续组织加工提供便利。

② 视点。Revit 模型中的视图被转化为视点,目前基本可以实现一一转换,其中二维视图查看及与三维关联,可通过 DWF 来桥接处理。

③ 基础属性。从 Revit 模型到 Navisworks,对象属性基本可以完整转换。但由于 Navisworks 的选择树种的模型组织可能会有一些不合理的地方,所以对于属性的组织和调整,需要结合转换和手工编辑来进行。

④ 模型结构。目前 Revit 到 Navisworks 的自动转换,模型结构树如喷淋、风口、楼梯这些对象,其分类往往不正确,需要利用 Navisworks 的搜索功能,结合选择集来重新组织模型结构,这也是上述模型共享参数的原因所在。

基础 BIM 模型创建完成后,就可进行设施管理 BIM 模型的建立,这个过程就是设施管理平台所应该具备的功能,是需要进行定制和开发的内容。

(3) BIM 模型构建

BIM 模型构建需要重点关注的对象包括系统结构树、设施管理对象和参数及属性等。BIM 模型构建,如图 12-25 所示。

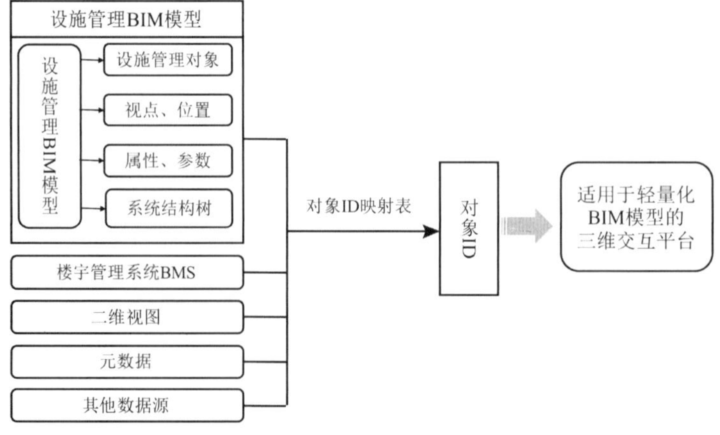


图 12-25　BIM 模型构建

总体而言,基于BIM设施管理平台的实施过程是一个数据持续收集和数据库创建的过程。基于BIM设施管理系统两大要素,如图12-26所示。

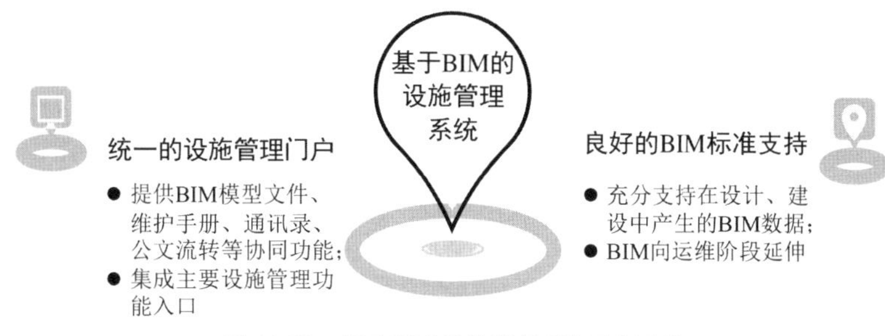


图12-26 基于BIM设施管理系统两大要素

**知识链接**

更多设施管理信息系统知识,请访问设施管理门户网站FM Gate—FM智库—研究报告—英国NBS发布2017国家BIM报告。

## 12.3 数据驱动的设施管理

大数据推动着人类生活、工作和思维方式的重大变革,并成为设施管理行业和企业提升的重要手段。本节在探讨设施管理数据内涵及相应思维变革的基础上,提出了企业主数据驱动和行业层次驱动的设施管理模式。设施管理行业和企业应加强对数据的认识和重视,增强处理和运用数据的能力,对数据战略目标、理论体系和应用模式等方面做出部署与探索,使数据成为设施管理服务的核心竞争力和创新驱动力。

### 12.3.1 数据驱动设施管理变革

1. 设施管理数据特征

随着信息技术进步和现代化管理理念的普及,设施管理服务越来越依赖信息技术和数据。设施管理价值链和服务链的整个生命周期涉及诸多的数据,呈现出爆炸性增长趋势。设施管理数据分类,如表12-3所示。

表12-3 设施管理数据分类

| 数据来源 | 数据内涵 | 具体内容 |
|---|---|---|
| 设施管理价值链 | 设施管理服务的客户、供应商、合作伙伴等数据 | 企业核心产品数据、企业ERP数据,客户关系数据、运维数据及企业外部数据 |
| 设施管理服务链 | 设施管理硬性服务产生的数据 | 设施硬件产生的设备日志、呼叫记录、监测图像等,以及设施信息 |
| | 设施管理软性服务产生的数据 | 保洁对象、养护对象、安防系统等,以及运营信息数据 |

设施管理数据特性,如图12-27所示。

2. 设施管理数据作用

作为当前设施管理变革和创新的基本背景,数据应用分为数据技术和数据思维:数据技术提供了一种新技术、新资源及新能力,扩展了设施服务组织可利用的资源和条件,使得组织能够在一个更广泛地组织生态中开展创新;数据思维带来了一种全新的服务理念和方式,主要表现为设施服务的动态性和个性化,运维决策的自主性和数据化,以及用户体验的分享性与实时互动。设施管理数据应用,如图12-28所示。

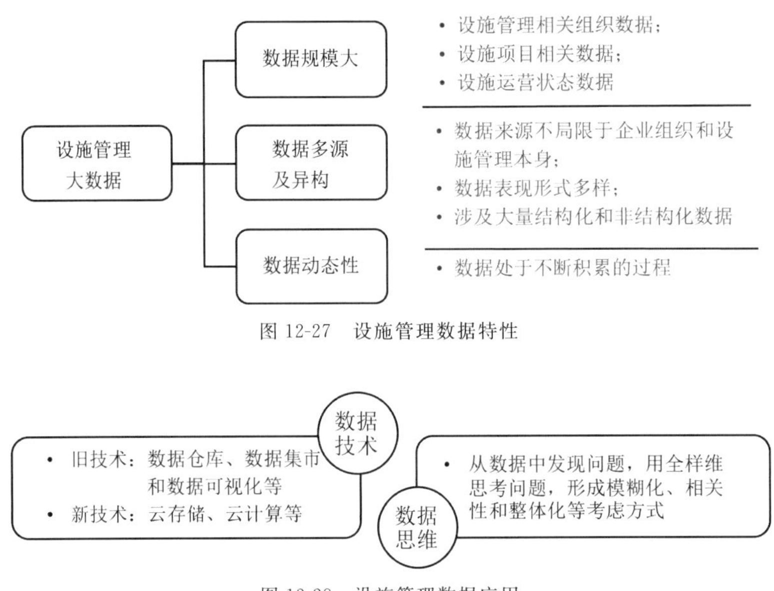


图 12-27　设施管理数据特性



图 12-28　设施管理数据应用

数据资产化和决策智能化两个方面将推动设施管理变革。

(1) 数据资产化。在大数据时代，设施管理组织通过多个服务对象获取数据潜在价值的可能，数据因而成为设施管理服务企业的战略资产，拥有数据的规模、活性，以及收集、运用数据的能力，将决定设施管理服务组织的核心竞争力。

(2) 决策智能化。数据思维指将目标全体作为样本的模糊思维方式、侧重相关性的思考方式，以及量数据分析利用模式。在大数据时代，设施管理服务战略从“业务驱动”转向“数据驱动”，通过收集、分析、挖掘大量内部和外部的数据，设施管理服务企业可以预测市场需求，进行智能化决策分析，从而制订更有效的战略。数据推动设施管理决策智能化变革，如图 12-29 所示。

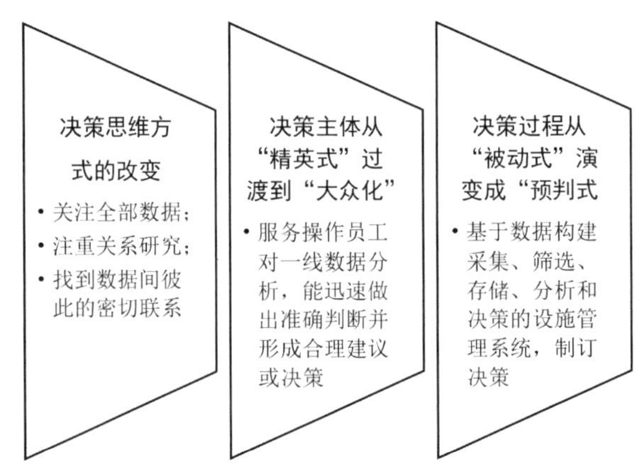


图 12-29　数据推动设施管理决策智能化变革

### 12.3.2　数据驱动设施管理模式

1. 数据驱动的设施管理情景

作为大数据时代的主要特征，数据驱动是对现实世界的数据化认知，使得个体、组织的思维方式、行为决策实现从“直觉经验驱动”到“业务流程驱动”，再到“数据信息驱动”的转变。数据驱动的设施管理旨在有效利用现代信息技术，实现设施管理数据采集的自动化、数据存储的规范化、数据交换的网络化，以及数据利用的价值化，为整合设施项目信息、提高空间使用效率、降低维护成本、提高运营效率和积累组织资产等方面的技术、经济和管理决策提供可靠依据。

从具体的实施过程和实现功能来看，数据驱动设施管理包括数据采集、特征提取、趋势预测、异常识别等过程，云计算(Cloud Computing)、物联网(IoT)、虚拟现实(VR)、建筑信息模型(BIM)、射频识别(RFID)等技术则为其提供技术支撑和融合应用。数据驱动的设施管理实践，主要涉及能耗监测、资产管理、应急维修等领域。数据驱动的设施管理情景，如图 12-30 所示。

| | 能耗监测 | 资产管理 | 应急维修 |
|---|---|---|---|
| 1 | 基于云计算和物联网技术对建筑物及系统状态实时监测和动态控制 | 结合BIM可视化、参数化和系统化模型特征，为企业减小空间成本压力 | 基于BIM针对建筑物中可能出现的隐患采取预警措施 |
| 2 | 通过RFID获取电表读数状态，累积形成一定时期能源消耗情况 | 基于BIM模型，实现建筑设施资产的信息共享及实现全资产周期管理和标杆管理等功能 | 预先定义维护请求的问题类型，预先采取措施避免故障 |
| 3 | 开发能源控制功能模块实现室内温湿度的远程监控 | 将家具设备、空间及维护人员有机地结合在一起，利用PDA设备和条形码标签进行管理 | 对应急维修设备数据进行访问，科学合理地配置人员及工作时间，低成本高效率地管理工作 |
| 4 | 对能源消耗情况进行自动统计判断，并对异常能源使用情况进行警告或标识 | | 基于数据驱动的故障诊断方法，通过设施设备对象系统的状态监测 |

图 12-30　数据驱动的设施管理情景

### 2. 主数据设施管理方案——企业视角

设施管理主数据用来描述组织核心设施管理服务产生的数据，它是在整个设施管理各操作型应用系统和分析型应用系统需要共享的数据，也是组织内部能够跨业务、跨系统重复使用的高价值数据。其特点是基于服务需求、长生命周期和跨系统使用，在进行主数据管理之前经常存在于多个异构或同构系统中。

主数据并不是所有的设施管理业务数据，而是有必要在各个系统间共享的实时的动态数据。设施管理主数据，如图 12-31 所示。

**财务数据**

- 设施预算数据；
- 财政预算模块记录；
- 目前的经营成果信息；
- 租赁和项目管理记录

**采购数据**

- 服务供应商服务标准；
- 供应商服务范围及价格清单；
- 供应商组织及人员关键绩效指标量化分析与评价数据

**空间数据**

- 空间分析及需求信息；
- 空间分配请求及相关事务信息；
- 空间相关成本分摊等内部核算数据

**运维数据**

- 设备台账；
- 工单管理；
- 资源管理；
- 预防性维护；
- 物资管理

**资产数据**

- 家具、设备及不动产的申购登记、维护更新、报废处置数据；
- 部门、楼层、房间资产分布图和清单；家具、设备标准类型报表；
- 资产盘点数据

图 12-31　设施管理主数据

主数据管理(Main Data Management，MDM)即指一组规程、技术和解决方案，用来保证业务数据在企业范围内的一致性、完整性、相关性和精确性。简单地说，主数据管理帮助企业组织从分散的设施管理业务系统中整合最核心的、最需要共享的数据，集中进行数据清洗和丰富，然后以服务的方式把统一的、完整的、准确的、具有权威性的主数据分发给企业范围内需要使用设施管理服务的职能部门或系统应用。

作为大数据背景下的设施管理组织数据治理和提升数据质量的工具，MDM将逐步实现与大数据的无缝集成，确保核心数据的质量和真实性，为企业洞悉设施管理业务数据中所隐藏的价值提供一系列全面、先进、成熟的主数据管理方案。设施管理主数据实施步骤和要点，如图12-32所示。

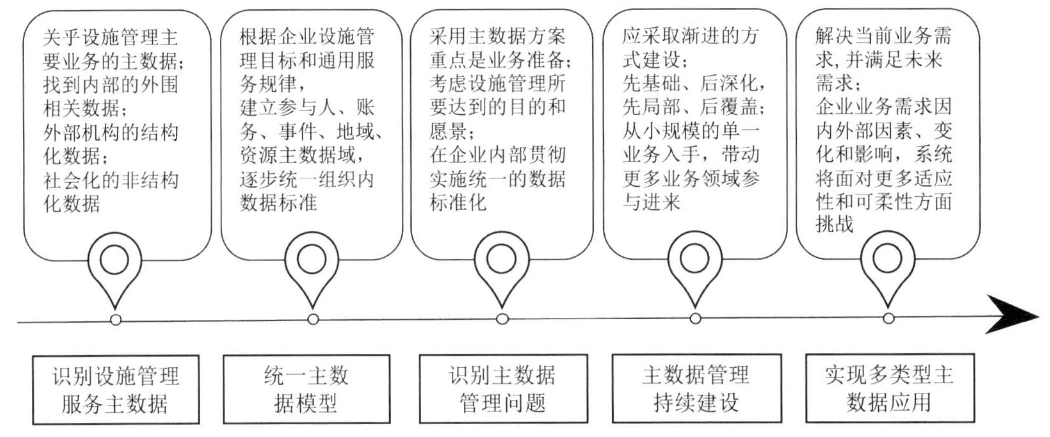


图12-32 设施管理主数据实施步骤和要点

### 3. 层级化设施管理蓝图——行业视角

在大数据时代，以利用数据价值为核心，新型商业模式正在不断涌现。从设施管理行业角度，各企业数据应用层级有所不同，数据驱动的设施管理业务是一个完整的生态体系，从产生、采集、加工、汇总、展现、挖掘、推送等方面形成了一个闭环的价值链，并且通过每个环节的多种技术处理后，为所在层级的业务情景提供有价值的记录、监督、纠偏、预测等应用和服务。

数据驱动不仅是技术和手段，更可以理解为一种设施管理服务价值产生模式：从产生、采集、加工、汇总、展现、挖掘和推送等阶段形成企业数据价值链，从服务监测、洞察、优化、盈利和重塑等方面形成行业数据价值分级实现蓝图。数据驱动的设施管理价值蓝图，如图12-33所示。

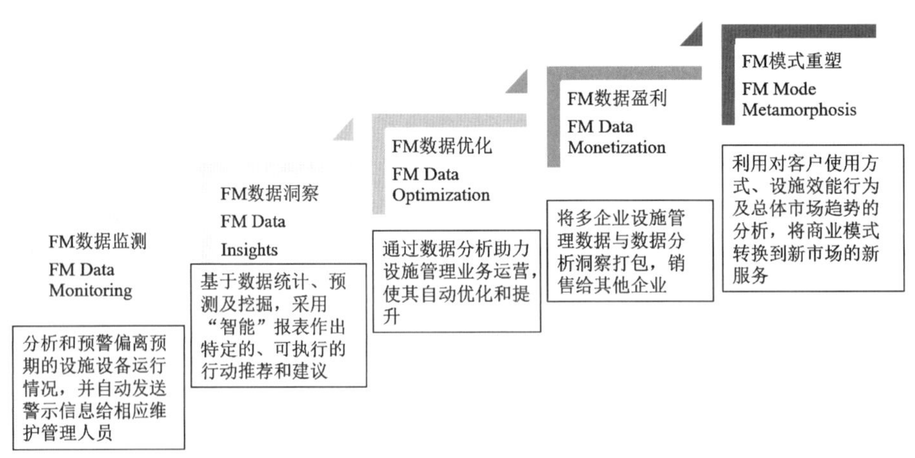


图12-33 数据驱动的设施管理价值蓝图

总体而言，厘清行业层面的数据驱动设施管理价值实现蓝图，有助于根据业务优先级逐步建立数据驱动设施管理能力，确定适用的关键业务挑战和价值实现方式。数据将改变设施管理行业格局和服务模式，催生行业从粗放向集约、从速度向效益发展。

### 12.3.3 数据驱动设施管理对策

大数据时代促进了设施管理的转型和升级，设施管理行业和企业开始利用现有和新的数据源进行试点和实施，其间面临诸多问题和挑战。不同视角数据驱动设施管理面临问题，如图 12-34 所示。

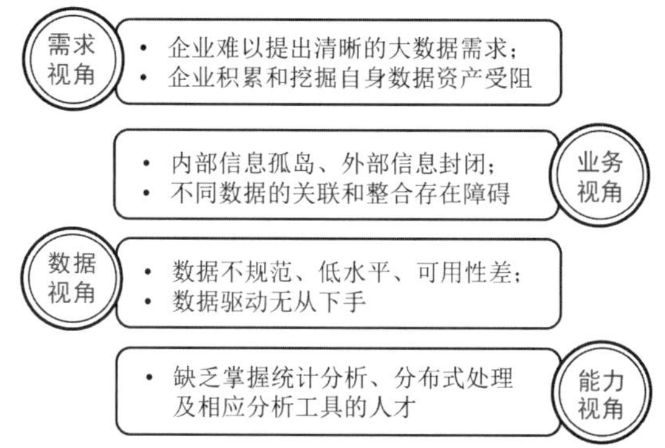


图 12-34 不同视角数据驱动设施管理面临问题

建立数据驱动业务的设施管理模式，实现设施管理精细化目标必须脚踏实地、循序渐进，不能一蹴而就。要正视设施管理行业和企业在数据管理方面存在的问题和挑战，同时不被各种流派和概念淹没，养成一个重视数据收集、分析和使用的习惯。数据驱动设施管理对策，如图 12-35 所示。

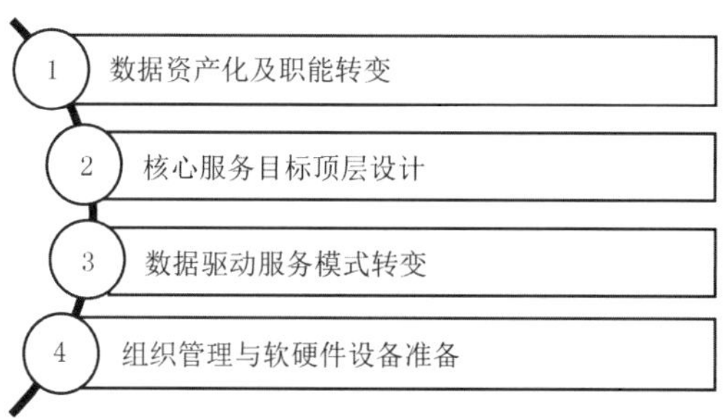


图 12-35 数据驱动设施管理对策

(1) 数据资产化及职能转变。企业不动产与设施数据的收集、管理和分析是整合和创新设施管理服务的充分条件。数据中心需要围绕设施管理核心目标规划，建立统一的数据标准和完备的数据资源体系，逐步形成以“数据管理、监测评价、信息服务”为主要特征的新型数据驱动设施管理职能。

(2) 核心服务目标顶层设计。顶层设计是从整体出发，考虑一整套解决各层次问题和调动各层次资源，围绕全局目标，有序地、渐进地落实和推进，最终达成整体目标的实现方法。数据驱动设施管理顶层设计范围，如图 12-36 所示。

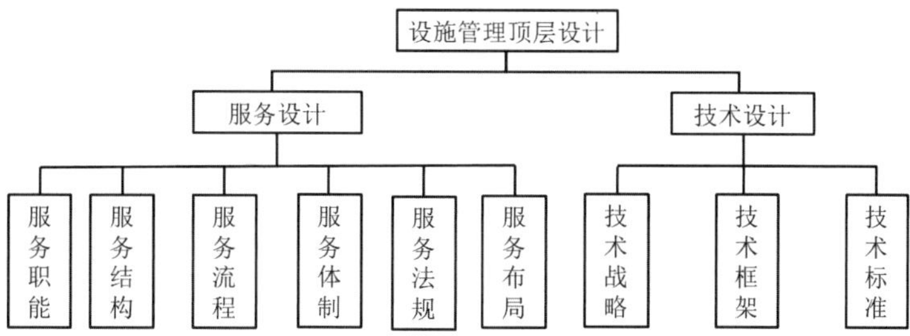


图 12-36 数据驱动设施管理顶层设计范围

(3) 数据驱动服务模式转变。设施管理领域积累着越来越多的供应商数据、设备运维数据、个体行为数据等,如何在合规范围内使用这些数据创造价值成为设施管理亟待解决的难题。从国际经验和其他行业来看,对数据价值的挖掘主要集中两大方向:一是利用用户洞察,制订有针对性的运营计划或战略决策。二是提升数据共享能力,实现数据价值最大化。数据价值挖掘的方向,如图12-37所示。

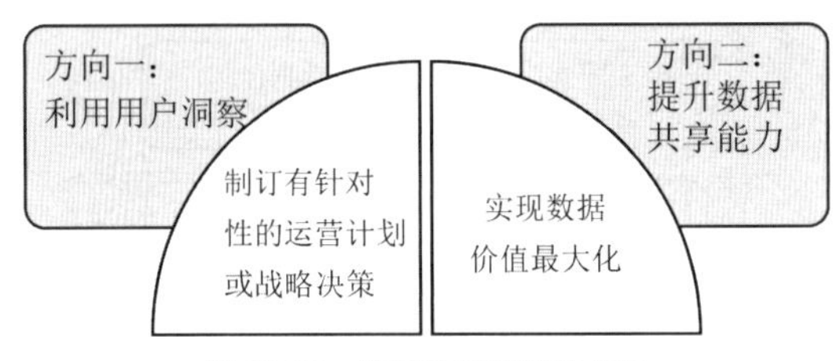


图12-37 数据价值挖掘的方向

(4) 组织管理与软硬件设备准备。数据的应用需要进行相应地组织管理和软硬件设备准备。组织管理准备指的是与数据思维和技术相匹配的管理提升和人员配备。软硬件设备准备主要指为数据应用提供硬件基础和软件配置。

总体而言,数据驱动的设施管理模式将在设施管理行业的服务方式、服务模式、服务手段的改变上发挥非常重要的作用:收集、分析和利用数据的能力以及数据的质量和规模,将决定企业的核心竞争力;以数据深度挖掘为特点,促使设施管理模式走向精细化;企业内部关键设施运行的数据信息管理,始终是管理者进行决策和管理的依据;而合理利用外部的数据信息,会使企业提前获取行业的潜在变化信号,明确所在设施管理行业未来的发展动向。

**【关键术语】**

现代信息技术;设施管理信息系统;系统架构;选型原则;云计算;物联网;建筑信息模型;大数据;数据驱动;决策智能化;主数据管理;价值蓝图

**[延伸阅读]**

[1] 维克托·迈克·舍恩伯格,肯尼斯·库克耶. 大数据时代:生活、工作与思维的大变革[M]. 盛杨燕,周涛,译. 杭州:浙江人民出版社,2012.

[2] 布莱恩·阿瑟. 技术的本质[M]. 曹东溟,王健,译. 杭州:浙江人民出版社,2014.

[3] Gartner: 2017十大战略技术趋势[R]. https://www.gartner.com/technology/research.jsp.

[4] Thomas Madritsch, Michael May. Successful IT implementation in facility management[J]. Facilities, 2009, 27(11/12): 429-444.

[5] Lavy, S., Jawadekar, S.. A Case Study of Using BIM and COBie for Facility Management[J]. International Journal of Facility Management, 2014, 5(2).

[6] Kasprzak C., Dubler, C.. Aligning BIM with FM: streamlining the process for future projects[J]. Australasian Journal of Construction Economics and Building, 2012, 12(4): 68-77.

# 第13章 设施业务持续管理

[本章导读]

近年来，自然灾害和人为事故等突发事件频发，给社会和企业造成了巨大的财产损失，对相关组织的业务持续产生了严重影响。为预防或减轻突发事件造成的损害，增强组织业务持续能力，各国政府和社会机构推出了一系列业务持续管理的标准和规范。本章结合标准规范和行业实践，系统地阐述了设施业务持续管理体系与流程，对组织业务持续能力的提升具有指导意义。

本章主要内容有：

- ☐ 业务持续管理的概念与发展历程；
- ☐ 设施业务持续管理生命周期及阶段任务；
- ☐ 设施业务持续管理组织相关方、组织结构和战略；
- ☐ 业务影响分析步骤；
- ☐ 风险识别内容及风险评估方法；
- ☐ 设施业务持续与风险减轻策略；
- ☐ 设施业务持续管理响应计划，包括事件管理计划、业务持续计划和业务活动恢复计划；
- ☐ 设施业务持续管理演练类型、维护内容和评审流程。

## 13.1 设施业务持续管理概述

业务持续管理(Business Continuity Management, BCM)是识别对组织的潜在威胁以及这些威胁一旦发生可能对业务运行带来的影响的一整套管理过程。该过程为组织建立有效应对威胁的自我恢复能力提供了框架，以保护关键相关方的利益、声誉、品牌和创造价值的活动。设施业务持续管理(Business Continuity Management of Facilities,BCMF)是业务持续管理(BCM)的重要组成部分，通过识别并分析威胁组织重要设施业务运营的风险及可能造成的影响，建立相应的组织架构和管理机制来应对这些风险，保证组织重要设施能够持续运营或在规定时间内恢复，减少组织的损失。

### 13.1.1 业务持续管理的由来

"业务持续"的概念最早源于"灾难恢复"一词，灾难恢复(Disaster Recovery,DR)是指利用技术和管理手段，确保组织在灾难发生后的关键数据、数据处理系统和业务可以恢复，其最终目的是保证在灾难发生后指定时间内恢复既定范围的业务运营。随着国际形势和经营环境的日益复杂，"9.11"事件、SARS疫情、福岛核泄漏、汶川地震、天津滨海新区爆炸事故等灾难事件的发生造成的业务中断，给组织带来的损失逐渐超出了组织能够承受的范围，为了应对这一情况，业务持续管理(BCM)应运而生。

英国注册管理学会公布的《破坏 & 恢复——2010业务持续管理调查报告》揭示了企业进行BCM的驱动力量，其中，38%的企业认为，企业治理是最主要的驱动力量。企业进行BCM的驱动力量，如图13-1所示。

有效的BCM能够减轻中断事件(包括突发中断和渐进中断两种)对企业的影响。据Gartner Group统计，在经历大型灾难事件而导致系统停运的企业中，有2/5左右再也没有恢复运营，剩下的企业中也有1/3在两年内破产。"9.11"事件中，1200家企业受灾，400家企业启动了灾难恢复计划，其中NYBOT(纽约商品交易所)几小时后就在"长岛"开始恢复交易，摩根士丹利企业几天后在新泽西州恢复营业，而无业务持续能力的企业损失惨重。BCM对突发中断有效的图解，如图13-2所示。BCM对渐进中断有效的图解，如图13-3所示。

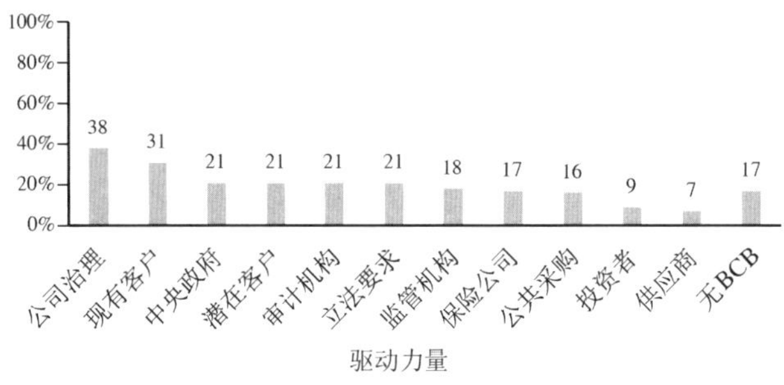


图 13-1 企业进行 BCM 的驱动力量

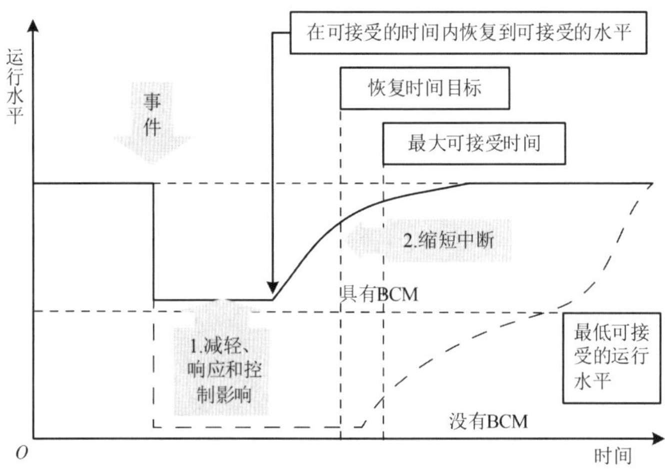


图 13-2 BCM 对突发中断有效的图解

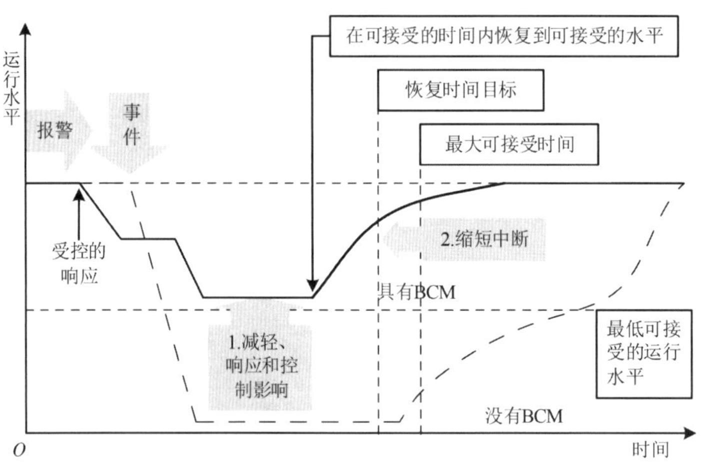


图 13-3 BCM 对渐进中断有效的图解

**知识链接**

更多业务持续管理的作用，请访问设施管理门户网站 FM Gate—研究报告—应急准备与业务持续之利益相关者与 FM 的作用。

BCM保证了关键业务或设施系统能够经得起各种突发事件的影响，即无论发生任何意外事件，组织的关键业务与设施系统都不会中断运营。业务持续比DR的内涵和外延更宽泛，它不再是那种传统的对付自然灾害的应急反应措施，已成为组织战略层面重要的管理内容之一。BCM发展历程，如表13-1所示。

表13-1 BCM发展历程

| 项目＼时间段 | 1970—1980年代 | 1990年代 | 2000年代 |
|---|---|---|---|
| 概念 | 灾难恢复（DR） | 业务恢复（Business Recovery，BR） | 业务持续管理（BCM） |
| 重点 | 数据中心运转中断 | 现场故障（数据中心/办公室） | 重要业务过程（包括供应链）中的运作风险 |
| 可交付项目 | 信息技术灾难恢复计划 | 业务恢复计划 | 业务持续计划 |
| 驱动因素 | 早期法规；中央主机不断增加的重要性 | 电子商务；集中的ERP | 企业治理；恐怖主义/生物威胁；供应链管理 |
| 典型事件 | 数据中心火灾或管线故障 | 关键呼叫中心运转中断 | 关键供应商破产或网站受到攻击 |
| 决策 | 可选————→法定 | | |

由于BCM对组织业务持续保障方面的重要作用，针对事关国计民生的关键行业，多数发达国家的政府部门均提出和制定了BCM方面的法规和标准。现行的BCM部分标准，如表13-2所示。

表13-2 现行的BCM部分标准

| 序号 | 标准号 | 标准名称 | 发布时间 |
|---|---|---|---|
| 1 | GB/T 30146-2013 | 公共安全业务持续管理体系要求 | 2013-12-17 |
| 2 | GB/T 31595-2015 | 公共安全业务持续管理体系指南 | 2015-05-02 |
| 3 | YD/T 2880-2015 | 域名服务业务持续管理要求 | 2015-07-14 |
| 4 | ISO 22313-2012 | 社会安全-业务持续管理系统-导则 | 2012-12-15 |
| 5 | ISO/IEC TS 17021-6-2014 | 合格评定-管理体系审核和认证机构的要求-第6部分：业务持续管理体系审核和认证的能力要求 | 2014-10-15 |
| 6 | ISO/TS 22317-2015 | 社会安全-业务持续管理系统-业务影响分析(BIA)指南 | 2015-11-30 |
| 7 | ISO/TS 22318-2015 | 社会安全-业务持续管理系统-供应链连续性指南 | 2015-09-15 |
| 8 | NF X52-313-2014 | 社会安全-业务持续管理系统-指南 | 2014-12-19 |
| 9 | NF Z74-007-2014 | 信息技术-安全技术-信息和通信技术业务持续的准备指南 | 2014-12-26 |
| 10 | NF Z74-306-2014 | 社会安全-业务持续管理系统-要求 | 2014-11-15 |

### 13.1.2 业务持续管理生命周期

BCMF既是一个一体化的管理体系，也是一个循环往复的、动态的、具有前瞻性的管理过程。它可以分为四个阶段实施，并要求组织将这四个阶段深植于组织文化中。BCMF生命周期，如图13-4所示。

1．了解组织(Understanding the organization)

在这一阶段，组织宜建立、实施和保持一个正式和文件化的业务影响分析(BIA)和风险评估(RA)过程。组织通过向客户交付产品和服务来达成其目的。因此，认识到这些产品和服务(及相关活动)随着中断时间对组织的目标和运行产生的负面影响是非常重要的。理解相互关系和支持产品与服务活动的资源要求，以及它们所受的威胁也是很重要的。通过BIA和RA来了解组织，为有效的BCM策略选定提供了依据。了解组织，如图13-5所示。

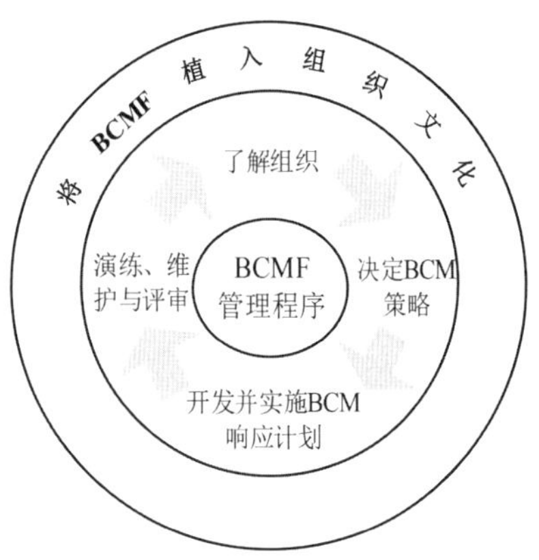


图13-4 BCMF生命周期

2．决定BCM策略(Determining BCM strategy)

在这一阶段，组织的目的是找出并仿真各项可选择的策略，以便确保关键设施系统能够持续运营，或者在中断后组织能够在合理的复原过程中，将设施系统复原至可接受的持续性水平。决定BCM策略，如图13-6所示。

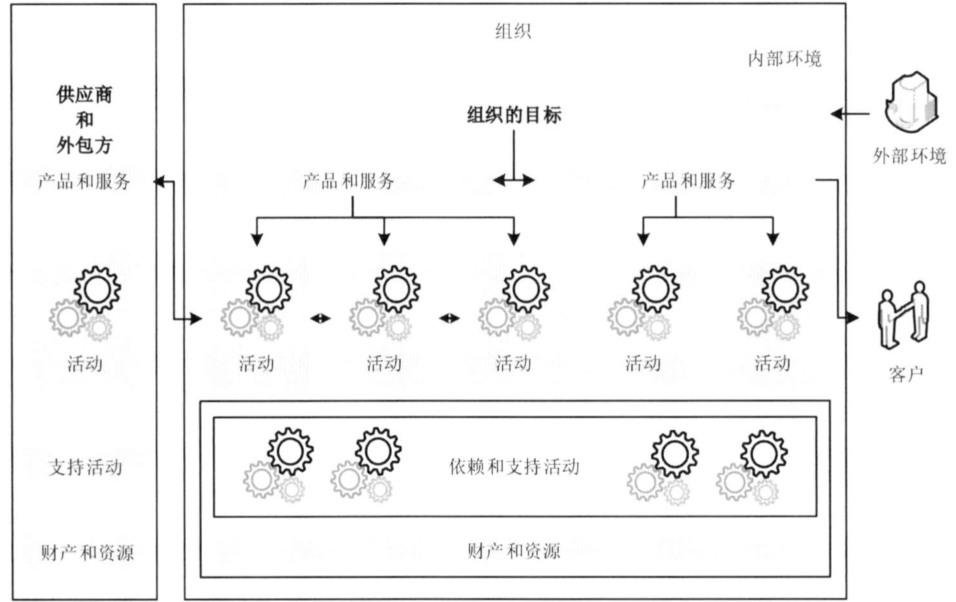


图13-5 了解组织

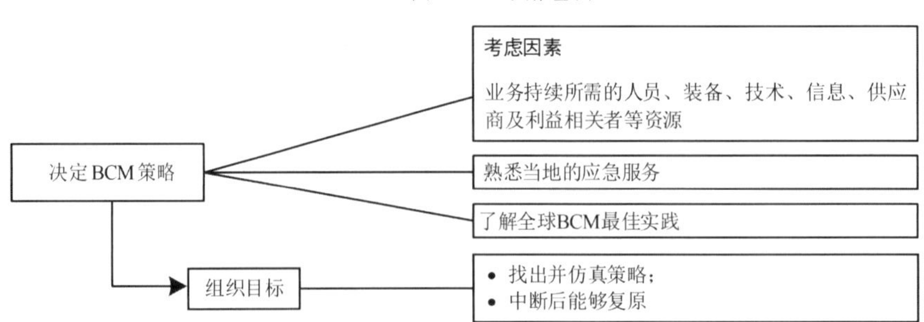


图13-6 决定BCM策略

3．开发并实施BCM响应计划(Developing and implementing BCM response)

这个阶段是BCMF生命周期中最重要的阶段，包括计划的准备与拟订、事件的应对，以及在业务中断时，一步步地恢复并加以维护，达到预定的水准。在这个阶段，组织需要制订事件管理计划(IMP)、业务持续计划(BCP)以及业务活动恢复计划(ARP)。开发并实施 BCM 响应计划，如图 13-7 所示。

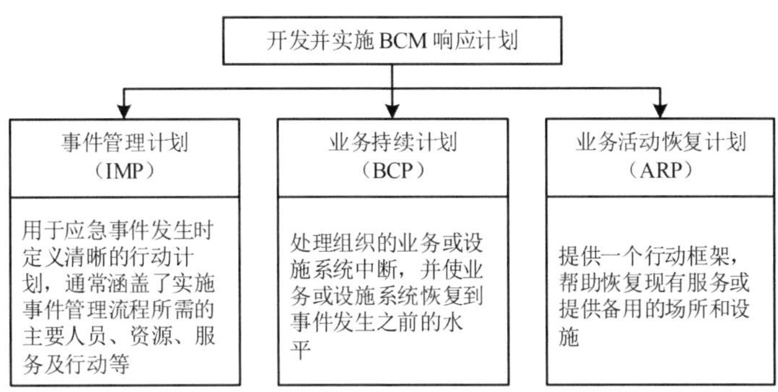


图 13-7　开发并实施 BCM 响应计划

4. 演练、维护与评审(Exercising, maintaining and reviewing)

该阶段的目的是组织可通过持续性改善行动，确保 BCMF 项目的有效性、正确性和实用性。演练、维护与评审，如图 13-8 所示。

| | |
|---|---|
| 演练 | 根据BCP中记录的流程，对团队成员进行持续性培训和排练，确保BCP能获得定期验证，并持续采取改善措施 |
| 维护 | 定期修正并更新流程，以确保所计划的流程方案不会因时间而失效 |
| 评审 | 组织管理高层对整套BCMF项目进行评审，以确定计划是否适当、充足及有效，进而满足持续性的需求 |

图 13-8　演练、维护与评审

为确保 BCMF 项目的成功，组织应当确认 BCMF 项目是否已被正确地列入组织的文化和日常的业务以及是否符合组织的目标和方针。组织中所有雇员都应对自身角色有足够的认知，并受过相关的培训，学习如何处理特殊任务。当全体雇员都理解并接受 BCMF 体系的功能时，组织对于业务中断的处理能力才会提升。BCMF 生命周期各阶段任务，如图 13-9 所示。

### 13.1.3　业务持续管理组织

BCMF 是需要组织最高层推动的管理活动。一个完善的 BCMF 组织框架能够让组织有足够的弹性来应对不同的事件。在成长为一个可信赖组织的过程中，与 BCMF 有关的组织战略和设施风险是一个组织必需面对的重要问题。

1. 组织的相关方

在建立 BCMF 时，组织应考虑相关方的需求和要求。

组织宜识别与其 BCMF 相关的所有相关方，并基于他们的需要和期望确定他们的要求。识别强制的、阐明的和通常隐含的要求很重要。

组织需要知道其相关方有哪些，如媒体、供应商、竞争对手等。组织需考虑的相关方(示例)，如图 13-10所示。

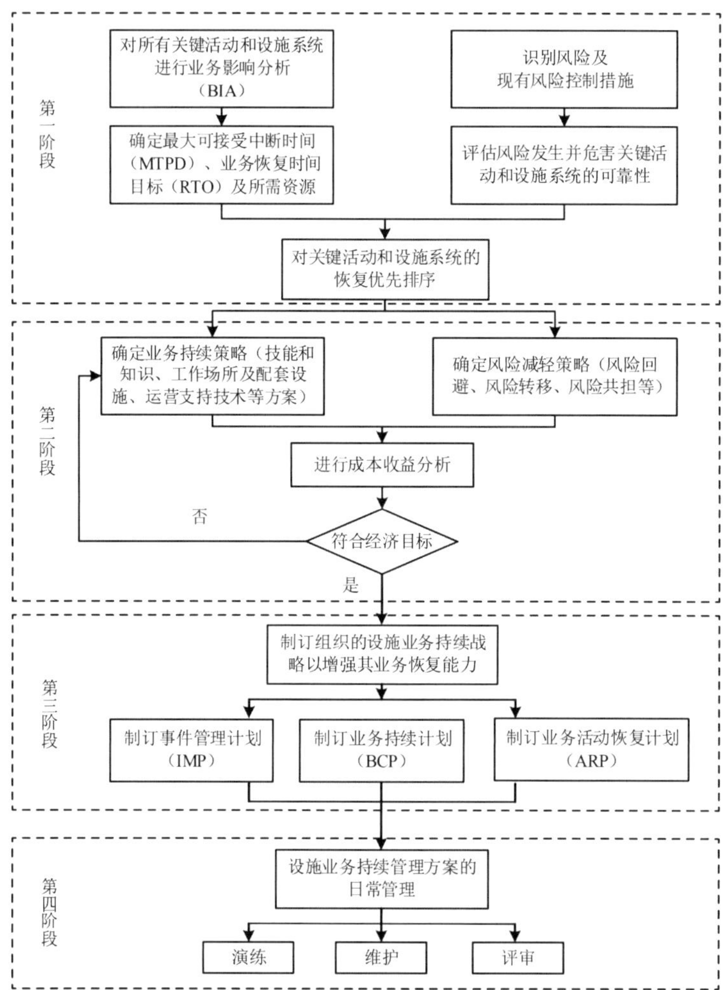


图 13-9 BCMF 生命周期各阶段任务

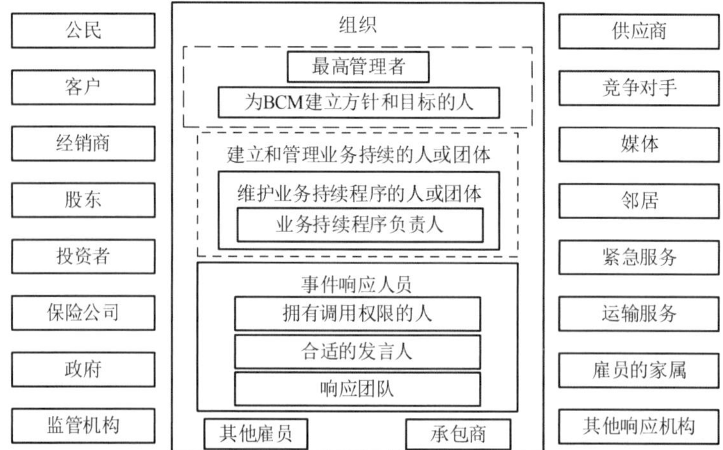


图 13-10 组织需考虑的相关方(示例)

2. BCMF 组织结构

BCMF 组织由 BCMF 工作组、BCMF 协调者、各行动小组三个层次组成。BCMF 组织内的每一个人，都将在 BCMF 项目中扮演各自的角色。BCMF 组织结构图，如图 13-11 所示。

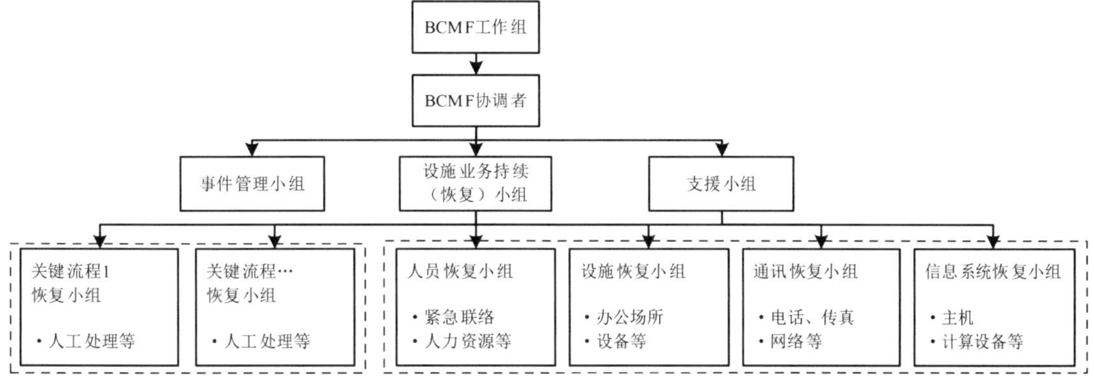


图 13-11 BCMF 组织结构图

(1) BCMF 工作组。由高级管理层以及重要部门负责人组成 BCMF 工作组，并在灾难发生时负责全部的 BCMF。

(2) BCMF 协调者。一位训练有素的 BCMF 协调者将在 BCMF 工作组和各行动小组之间起到桥梁的作用。

(3) 行动小组。包括事件管理小组，按照 IMP 文件进行事件应急响应工作；设施业务持续(恢复)小组，按照 BCP 文件进行业务持续或恢复工作；支援小组，负责对业务持续(恢复)起支援作用的功能或领域的持续(恢复)工作，如人员恢复、设施恢复、通信恢复、信息系统恢复等。

通常情况下，根据企业的实际需要，可设立常态模式下的 BCMF 组织结构和事件模式下的 BCMF 组织结构。

**【案例 13-1】**

某大型企业常态模式及事件模式下的 BCMF 组织结构。

在常态模式下，BCMF 组织结构中以董事会作为决策机构，企业执行委员会即执委会作为执行机构以及内部审计部门即内审部作为审核机构。在业务持续管理部下，结合矩阵型的组织结构，设立或者指定一个特定部门牵头日常 BCMF 工作。某大型企业常态模式下的 BCMF 组织结构，如图 13-12 所示。

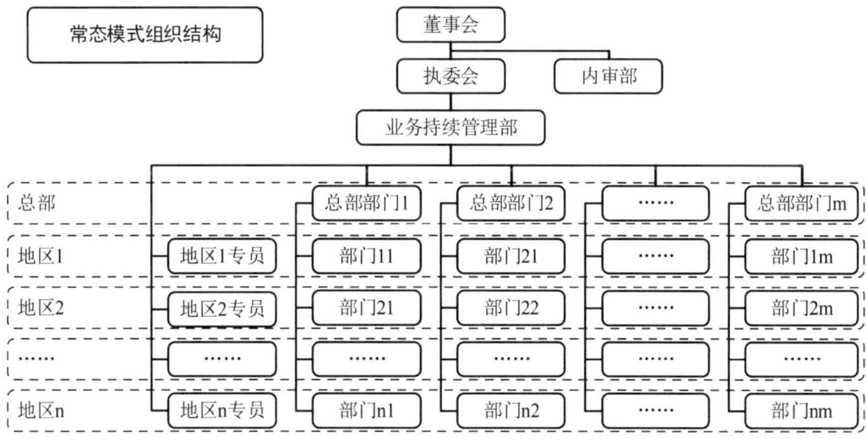


图 13-12 某大型企业常态模式下的 BCMF 组织结构

在事件模式下，该企业本着统一领导、分级负责、属地管辖的原则，依据组织的特性，设立一个或者多个级别的事件管理小组即应急管理组、舆论控制组、业务恢复组和其他任务组。组织设立总指挥部，由事件管理小组在指挥中心的平台上通过会议做出决定，并在事件管理小组休会期间，由指挥中心的运行人员在授权范围内传达决议，汇总信息，协调响应，以及向事件管理小组主管上报异常情况。某大型企业事件模式下的 BCMF 组织结构，如图 13-13 所示。

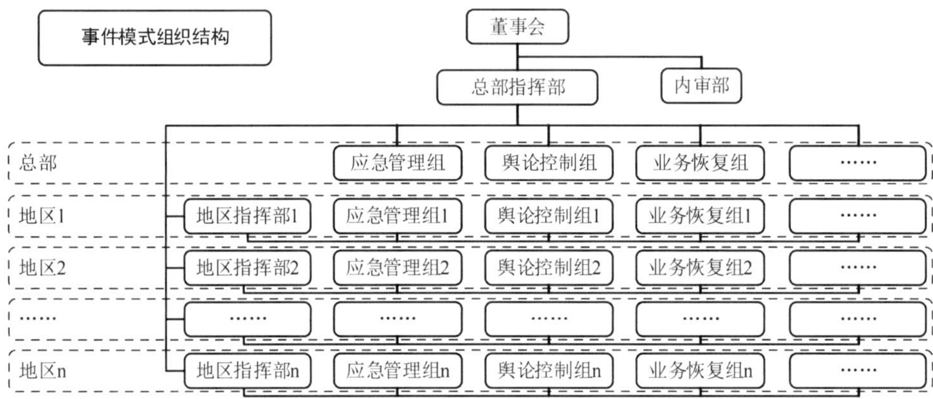


图 13-13 某大型企业事件模式下的 BCMF 组织结构

在常态模式下具有矩阵管理模式的 BCMF 组织结构有利于组织建设 BCMF 体系。在一般情况下，BCMF 的组织结构与日常管理的组织结构具有相似性。而在事件模式下的 BCMF 组织结构，可能要设立与平时不同的指挥体系，按照属地管辖的原则设立区域性指挥机构。例如，在局部地区发生事件时，可能需要启动该地区的区域事件管理小组，尽管在平时可能按照业务条线由总部对各地进行管理。

3. BCMF 的组织战略

所有组织，无论大小，都有其短期、中期和长期战略目标。例如，扩张、多元化、收购兼并其他组织等。这些战略目标一般都是通过组织战略规划和方针制订的形式来描述和确定的。

随着市场变化和组织对外部环境敏感度的提高，BCMF 正日益成为组织至关重要的战略议题。由于业务中断事件将给组织造成不同程度的损失和影响，当组织的最高管理层认识到 BCMF 的重要性，就会主动识别新的商机中所附带的影响组织战略发展的风险，并评估组织对这些风险的接受水平。业务中断后果，如图 13-14 所示。

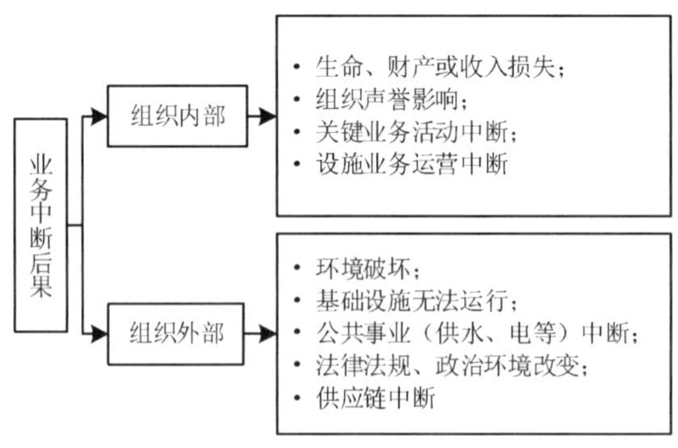


图 13-14 业务中断后果

此外，一旦破坏性的事件不断发展，则会出现新的利益相关者，例如竞争对手、环保主义者、监管部门和媒体等，并直接影响到该事件最终的严重程度。在某些情况下，某些利益群体可能也会对组织应对业务中断施加负面的压力。

**知识链接**

更多设施业务持续管理组织的内容，请访问设施管理门户网站 FM Gate—研究报告—设施运营持续管理组织网络结构特性研究。

## 13.2 业务影响分析与风险评估

BCMF 的第一步是通过业务影响分析（BIA）及风险评估（RA）对组织自身以及其所处的环境有一个充分的了解。对于企业来说，BIA 和 RA 都非常重要。没有 RA 企业将不能识别潜在的风险。没有充分的 BIA，企业的 BCP 将失去方向，这将损坏企业在灾难之后迅速恢复的能力。组织将基于分析与评估的结果，选择 BCMF 方案并编制相应的 BCMF 响应计划，并且确保 BCMF 项目与组织的目标、义务及法定职责相匹配。BIA 和 RA 的区别，如表 13-3 所示。

表 13-3　　BIA 和 RA 的区别

| 序号 | BIA | RA |
|---|---|---|
| 1 | 将容忍多长时间无法访问信息资产资源 | 将提供何种程度的控制措施保护信息资源 |
| 2 | 比较组织的损失导致的无法容忍的影响和持续应对损失的花费 | 比较缺少安全控制措施时信息资产的损失和实时控制措施的花费 |
| 3 | 评估事件在一段时间内所造成的影响 | 评估事件发生的可能性和后果的严重性 |
| 4 | 恢复策略 | 保护和防范措施 |
| 5 | 如何应对和恢复 | 如何积极主动的防范 |

### 13.2.1 业务影响分析

业务影响分析（Business Impact Analysis，BIA）指分析活动和业务的中断可能带来的影响的过程。BIA 一般采用问卷调查和有选择的内部交流的方式来获取所需信息，主要包括关键业务流程识别及恢复优先级排序、恢复关键业务流程所需资源、业务流程中断影响的定性及定量分析、各业务流程之间的相互依赖性、重要的记录数据等工作。BIA 步骤，如图 13-15 所示。

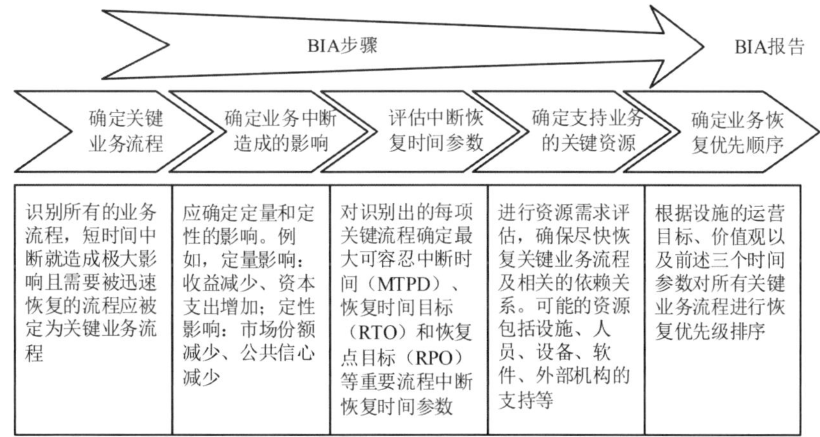


图 13-15　BIA 步骤

BIA 过程中，需要对识别出的每一项关键流程评估其最大可容忍中断时间（MTPD）、恢复时间目标（RTO）和恢复点目标（RPO）等重要流程中断恢复时间参数。

1．最大可容忍中断时间

每项关键业务流程的最大可容忍中断时间(Maximum Tolerable Period of Disruption，MTPD)是指设施系统所能容忍的该流程最长中断的时间。一旦该流程在此期限内无法恢复，设施业务持续将面临严重的威胁。它一般由下列三项数据综合确定：

(1) 流程自中断到恢复所需的最长时间；

(2) 恢复期应该维持的最低运营水平；

(3) 恢复到正常运营水平所需时间。

通常情况下，组织确定的MTPD值越低，则业务恢复所需的成本就越高，恢复策略的复杂性也越高。因此，应根据其实际情况确定业务恢复的各项要求。MTPD与恢复成本的关系，如图13-16所示。

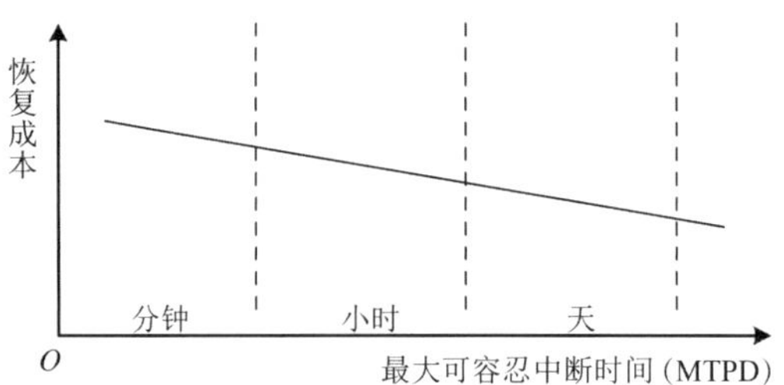


图13-16 MTPD与恢复成本的关系

2．恢复时间目标

恢复时间目标(Recovery Time Objective，RTO)是指事件发生后，所设定的恢复关键业务流程的目标时间。在确定了关键业务流程的MTPD后，可在此基础上确定每项关键业务流程的RTO。恢复时间目标(RTO)评估示意图，如图13-17所示。

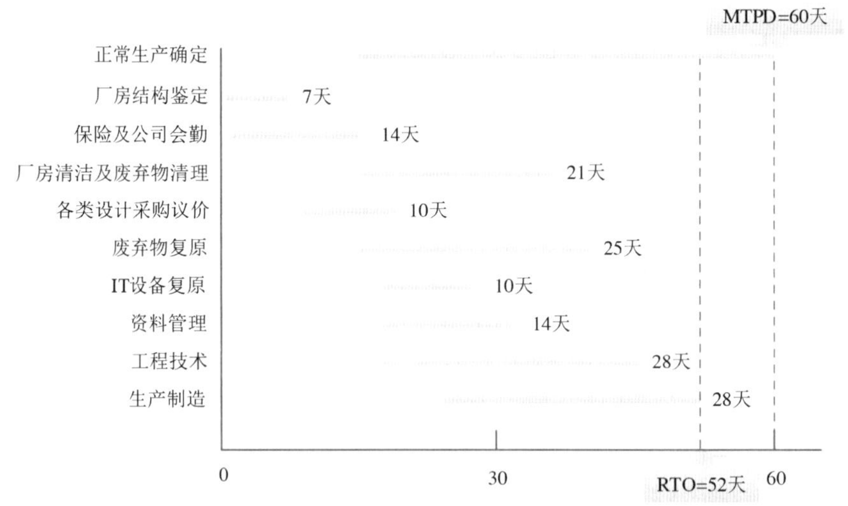


图13-17 恢复时间目标(RTO)评估示意图

3．恢复点目标

恢复点目标(Recovery Point Objective，RPO)是指因硬件、程序或通信发生故障等风险事件导致的设施业务中断后，必须恢复到过去某时间点业务运营状况的要求。例如，除了某些特别重要的业务信息数据通过实时复制，保证备份副本始终都是完整和最新的。一般业务信息数据很可能在风险事件发生后部分丢失，就需要确定备份的最低频率，并选择最佳恢复技术和程序。例如，如果RPO是1小时，那么每小时就必须至少备份一次。如果 RPO 是 5 天(120 小时),那么必须每隔 120 小时或少于 120 小时备份一次。

在 BIA 步骤完成后,根据分析的内容形成 BIA 报告。要注意的是,有些关键业务流程是在设施内部运行的,而有些则是在设施外部由其他组织(如供应商)运行。BIA 报告样表,如图 13-4 所示。

**表 13-4　BIA 报告样表**

<table>
<tr><td colspan="2">日期</td><td colspan="3"></td></tr>
<tr><td colspan="2">负责人</td><td colspan="3"></td></tr>
<tr><td colspan="2">业务流程/部门</td><td colspan="3"></td></tr>
<tr><td colspan="2">工作地点</td><td colspan="3"></td></tr>
<tr><td colspan="2">是否在其他地区也设有工作场所</td><td colspan="3"></td></tr>
<tr><td colspan="5">业务影响分析</td></tr>
<tr><td></td><td></td><td>财务损失(万元)</td><td>影响值</td><td>得分</td></tr>
<tr><td rowspan="2">财务方面</td><td>(1)若此业务操作中断一天将产生的财务损失</td><td>0<br>0～1<br>1～10<br>10～50<br>50～100<br>＞100</td><td>0<br>1<br>3<br>5<br>7<br>9</td><td></td></tr>
<tr><td>(2)若中断一天产生的财务损失大于 10 万元,则请指出此项业务中断 4 小时将产生的财务损失</td><td>0<br>0～1<br>1～10<br>10～50<br>50～100<br>＞100</td><td>0<br>1<br>3<br>5<br>7<br>9</td><td></td></tr>
<tr><td rowspan="2">监管机构</td><td colspan="2">(1)若此业务操作中断一天是否会违背当地监管机构相关政策</td><td></td><td></td></tr>
<tr><td colspan="2">(2)若此业务操作中断 4 小时是否会违背当地监管机构相关政策</td><td></td><td></td></tr>
<tr><td rowspan="4">合作伙伴/客户</td><td colspan="2">(1)若此业务操作中断一天是否会对合作伙伴及客户产生影响</td><td></td><td></td></tr>
<tr><td colspan="2">(2)若此业务操作中断 4 小时是否会对合作伙伴及客户产生影响</td><td></td><td></td></tr>
<tr><td rowspan="2">(3)哪些外部组织将会受到影响</td><td>合作伙伴</td><td></td><td></td></tr>
<tr><td>顾客</td><td></td><td></td></tr>
<tr><td>法律法规</td><td colspan="2">若此业务操作中断一天是否会违反法律或合同</td><td></td><td></td></tr>
</table>

注:影响值可根据企业实际情况确定。

## 13.2.2　风险识别与评估

在完成 BIA 后,进行 RA 前,组织应该了解哪些风险会对其业务持续造成影响。风险识别所要回答的问题是:存在哪些风险?哪些风险应予以考虑?引起风险的主要原因是什么?风险识别不是一次就可以完成的事,其结果应根据组织内部和外部环境的变化持续更新。

1. 风险识别

风险感知和风险分析构成风险识别的基本内容,两者相辅相成。它们之间的联系表现为:只有感知风险的存在,才能进一步有意识、有目的地分析风险,掌握风险存在及导致风险事件发生的原因和条件。

(1) 风险感知

风险感知即通过调查和了解识别风险的存在。例如,调查组织是否存在财产损失、责任负担和人身伤害等方面的风险。又例如,通过调查,了解一家物流企业因设施业务中断面临的财产损失风险、人身风险和责任风险,而财产风险又包括车辆财产损失、存货仓库及库存物损失和其他设备损失等。

(2) 风险分析

风险分析即通过归类分析,掌握风险产生的原因和条件,以及风险所具有的性质。例如,造成物流组织财产损失、责任负担和人身伤害等风险的原因和条件,这些风险具有的性质和特点。例如,引起供电系统中断的风险因素很多,如火灾、地震等,而引起供水系统中断的风险因素有洪水、暴雨、水管或其他设备破裂、供水总管破裂等。

一般组织的设施业务运营风险可简单地区分为内部和外部两大类。通常风险识别主要通过采用环境调查、文档分析、面谈以及现场检查等途径。常见的内部风险有设备故障、火灾、爆炸、机密信息外泄、重要管理人员被同业挖角、设施发生重大质量问题等;外部风险有电力中断、恐怖袭击、天灾(台风、水灾、地震)、金融风暴、竞争对手恶意攻击等。

根据业务持续协会(The Business Continuity Institute,BCI)与英国标准协会(British Standards Institution,BSI)发布的《水平搜索2015》调查报告显示,2015年企业关注的风险排名前三的分别为网络攻击、计划外的电信中断以及数据泄露。企业关注的风险排名,如表13-5所示。

表13-5 企业关注的风险排名

| 风险 | 2012年 | 2013年 | 2014年 | 2015年 |
|---|---|---|---|---|
| 网络攻击 | 24% | 25% | 34% | 43% |
| 计划外的电信中断 | 30% | 28% | 31% | 34% |
| 数据泄露 | 28% | 26% | 29% | 32% |
| 电力供应中断 | 18% | 15% | 18% | 18% |
| 供应链中断 | 14% | 10% | 9% | 13% |
| 安全事故 | N/A | 12% | 14% | 12% |
| 恶劣天气 | 19% | 14% | 18% | 12% |
| 人类疾病 | 7% | 6% | 10% | 11% |
| 恐怖主义行为 | 13% | 10% | 11% | 11% |
| 火灾 | 16% | 11% | 14% | 10% |
| 健康 & 安全事件 | 12% | 9% | 13% | 10% |
| 交通网络中断 | 11% | 6% | 10% | 10% |
| 新法律与法规 | 8% | 8% | 10% | 9% |
| 人才可用性/关键技能 | 9% | 7% | 9% | 9% |
| 社会/国内动乱 | 7% | 6% | 8% | 8% |
| 能源成本/效率 | 8% | 5% | 7% | 8% |
| 产品质量事故 | 6% | 6% | 5% | 7% |
| 地震/海啸 | 9% | 8% | 10% | 6% |
| 环境事件 | 9% | 6% | 10% | 6% |
| 商业道德的事件 | 8% | 8% | 7% | 6% |
| 冲突/战争 | 5% | 5% | 6% | 5% |

2. 风险评估

风险评估(Risk Assessment,RA)就是对识别后所存在的风险做进一步的分析及度量,是对组织某一特定风险的性质、发生的可能性以及可能造成的损失进行估算、测量。通过RA不仅可以计算出比较准确的损失概率和损失严重程度,也有可能分辨出主要风险和次要风险,为风险定量评价提供依据,也为BCMF人员进行风险决策提供依据。

RA方法有很多种,有德尔菲法(Delphi Method)、风险矩阵分析法、层次分析法,还有模糊综合评估法和风险价值法等。

风险矩阵分析法是一种普遍采用的方法。它是指将风险发生的概率及风险的严重性划分为不同等级,并给每个等级赋值,然后对识别出的每项风险,将其概率和严重性相乘得出该风险的风险等级。即:

风险等级＝风险概率×风险严重性

如果对组织的每项关键业务流程和识别出的每项风险都进行以上的评估，就能得到关键设施业务风险评估矩阵。

在设施管理部门制订的 BCP 中通常包含风险评估矩阵表。某设施管理服务部门风险评估矩阵，如表 13-6 所示。

**表 13-6　某设施管理服务部门风险评估矩阵**

| 潜在的业务中断 | 发生概率 | 发生时间少于＿＿时，潜在的影响 | | | | |
|---|---|---|---|---|---|---|
| | | SER | CUS | COM | FIN | REG |
| **自然事件** | | | | | | |
| ——火灾、爆炸 | | | | | | |
| ——洪水、风暴 | | | | | | |
| ——地震 | | | | | | |
| **技术 & 环境破坏** | | | | | | |
| ——硬件或软件故障 | | | | | | |
| ——公用设施中断（电力、供水等） | | | | | | |
| ——通信或邮政中断 | | | | | | |
| ——运输中断 | | | | | | |
| ——化学或生物污染 | | | | | | |
| **人为因素** | | | | | | |
| ——人的错误 | | | | | | |
| ——安全漏洞 | | | | | | |
| ——心怀不满的雇员 | | | | | | |
| ——劳动争议和停工 | | | | | | |
| ——内乱 | | | | | | |
| **其他** | | | | | | |
| ——前任操作 | | | | | | |
| ——后续操作 | | | | | | |
| ——非技术支持单位 | | | | | | |
| ——技术支持单位 | | | | | | |
| ——外包业务 | | | | | | |
| ——外部服务供应商 | | | | | | |

注：业务中断的发生时间可设为 24 小时、1～2 天、3 天～7 天、超过 1 周以及超过 1 个月等。服务（SER）——不符合服务水平协议；客户（CUS）——失去客户对业务的信心；竞争（COM）——损失业务的竞争地位；金融（FIN）影响企业的财务状况；法律 & 注册（REG）——不遵守法律和监管要求。用“L”、“M”和“H”来表示的可能性和影响，分别为“低”“中”“高”。

**知识链接**

更多业务影响分析与风险评估的内容，请访问设施管理门户网站 FM Gate——研究报告——设施运营持续管理风险评估及应对策略研究。

## 13.3　设施业务持续管理策略

总体来说，组织可采取的 BCMF 策略可以分为不作为、改变、暂停或终止、业务持续以及风险减轻四类。BCMF 策略，如图 13-18 所示。

（1）不作为。如果组织的高层管理者认为组织目前的设施业务运营状况完全可以抵御任何风险的话，就会选择不作为。但是，这个决定必须明确告知组织的成员，并且被记录在案。有些情况下，风险造成的影响可能会超出组织的承受能力，但是由于风险发生的概率极低或者采取控制措施的成本太高，组

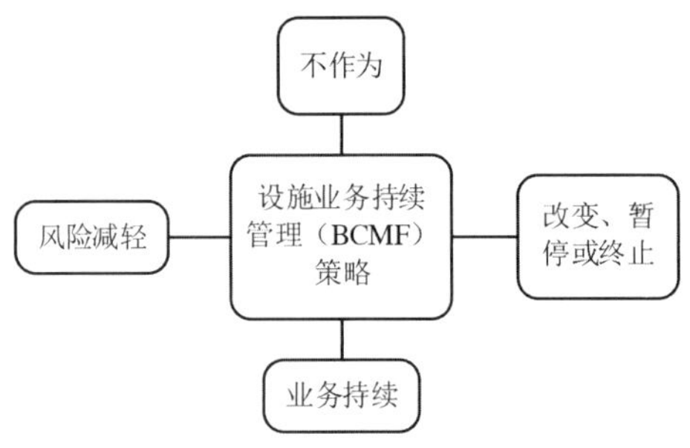


图 13-18　BCMF 策略

织也可能会不作为。

（2）改变、暂停或终止。在与组织的目标、法律、利益相关者的期望没有冲突的情况下，改变、暂停或终止某项设施的运营也许是适当的选择，如某项寿命期很短的设施。

（3）业务持续策略。即风险事件发生后，组织应采取行动来应对事件，并实现其业务可持续目标。

（4）风险减轻策略。如风险转移、风险最小化、风险吸收等。

### 13.3.1　业务持续策略

组织的业务持续策略包括：劳动力、技能和知识，工作场所及配套设施，运营支持技术，数据和信息，日常用品和设备，雇员基本保障等方面。业务持续策略，如图 13-19 所示。

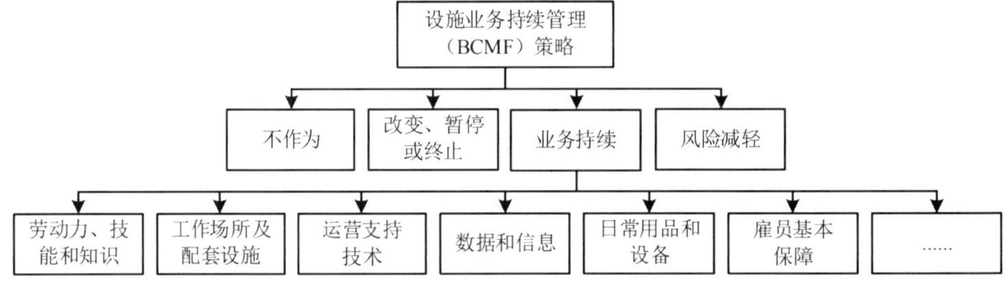


图 13-19　业务持续策略

一旦组织的设施业务中断，在 BIA 阶段确定的时间表内，以上这些方案的组合将为组织业务持续提供保障。

1. 劳动力、技能和知识

组织应对设施业务运营所必需的技能和知识做完整的分析，并制订合适的方案对这些技能和知识进行保护。在分析时，不应只局限在组织内部，还应扩展到其他拥有专业知识和技能的供应商和利益相关者。劳动力、技能和知识方面业务持续策略的具体措施，如图 13-20 所示。

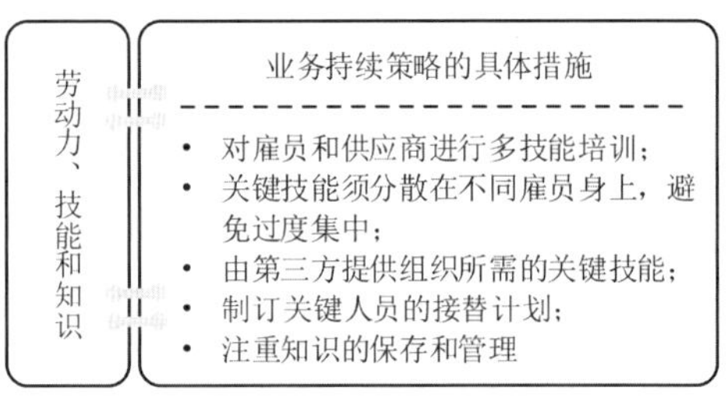


图 13-20　劳动力、技能和知识方面业务持续策略的具体措施

2. 工作场所及配套设施

组织应制订工作场所及配套设施方案(也可称为后备站点策略),降低现有工作场所不能使用所造成的影响。工作场所及配套设施方面业务持续策略的具体措施,如图 13-21 所示。

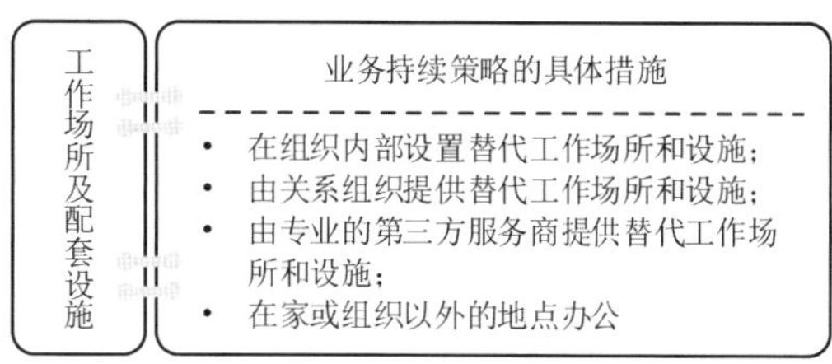


图 13-21 工作场所及配套设施方面业务持续策略的具体措施

例如,某金融企业采用内部自有站点与签约供应商站点的组合工作场所及配套设施方案,其第三方站点为某自助餐厅,共设置 280 个座位。自助餐厅搭建座位所需的设备就保存在现场,每年 4 次分别搭建自助餐厅 1/4 的座位进行测试。在“9.11”事件中,自助餐厅的全部 280 个座位在 4 个小时内就搭建好了。

3. 运营支持技术

组织应该配置支持设施业务运营的技术资产,包括 IT 硬件、通信设备、应急供电、卫生急救、安全消防等。设施业务运营支持技术的持续策略主要取决于该技术的特性以及该技术与关键产品和服务之间的关联度。运营支持技术方面业务持续策略的具体措施,如图 13-22 所示。

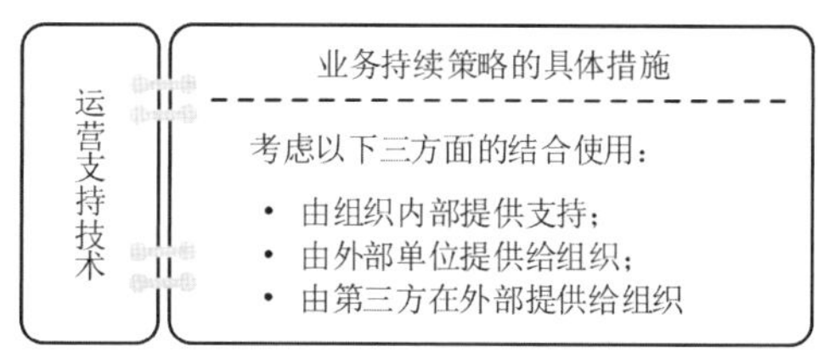


图 13-22 运营支持技术方面业务持续策略的具体措施

组织之间因为其规模、特性以及设施系统的复杂性不同,设施业务运营支持技术会相差很大。某些依赖专业化或定制类技术的组织还需为这些技术制订专门的持续方案。例如,第三方的云服务,尽管云架构提供了必要的应对区域灾害的分布式结构,但企业还需要云管理能力或定制化的最佳实践在计划的时间内转移它的运营到多个基础设施以保持正常运行操作。

4. 数据和信息

组织的信息安全方案应确保对组织至关重要的信息受到适当的保护,并且维持其可恢复性。另外,如何确保正在运作中的信息不流失也应事先规划。信息安全方案要将与组织设施业务运营有关的所有形式数据都考虑进来,即所有物理格式(如书面资料)和虚拟格式(如电子资料)的信息。例如,防火墙设备可以控制从外部访问企业内部网络的信息。入侵检测是一个软件工具,它监视试图穿过企业防火墙的企图,从而就能解决任何攻击的企图或突破。

2007 年 7 月全国信息安全标准化技术委员会组织制定、国家标准化委员会审查批准发布的《信息安全技术信息系统灾难恢复规范》(GB/T 20988-2007)描述了 6 级信息系统灾难恢复等级。6 级信息系统灾难恢复等级,如表 13-7 所示。

表13-7 6级信息系统灾难恢复等级

| 级别 | 要求 | 具体内容 |
|---|---|---|
| 1 | 基本支持 | 每周至少做一次完全数据备份；<br>制订介质存取，验证和转储的管理制度；<br>完整测试和演练的灾难恢复计划 |
| 2 | 备用场地支持 | 预定时间调配数据，通信线路和网络设备；<br>备用场地管理制度；<br>设备及网络紧急供货协议 |
| 3 | 电子传输和部分设备支持 | 配置部分数据，通信线路和网络设备；<br>每天实现多次的数据电子传输；<br>备用场所配置专职的运行管理人员 |
| 4 | 电子传输及完整设备支持 | 配置所需要的全部数据和通信线路及网络设备，并处于就绪状态；<br>7×24运行：更高的技术和运维管理 |
| 5 | 实时数据传输及完整设备支持 | 实现远程数据复制技术；<br>备用网络也具备自动或集中切换能力 |
| 6 | 数据零丢失和远程集群支持 | 实现远程数据实时备份，实现零丢失；<br>应用软件可以实现实时无缝切换；<br>远程集群系统的实时监控和自动切换能力 |

5. 日常用品和设备

在办公室环境中，日常用品和设备可能包括信笺、文具、打印机、传真机等。在其他行业中，可能要求有少量的库存或者是实时供应。在有些情况下，组织可能还需要大量储存某些必需品，如大量储存油料，以防止事件造成的供应中断。

组织应详细列出支持其设施业务运营所需的日常用品和设备的目录，并维持一定的库存，以防止供应中断。日常用品和设备方面业务持续策略的具体措施，如图13-23所示。

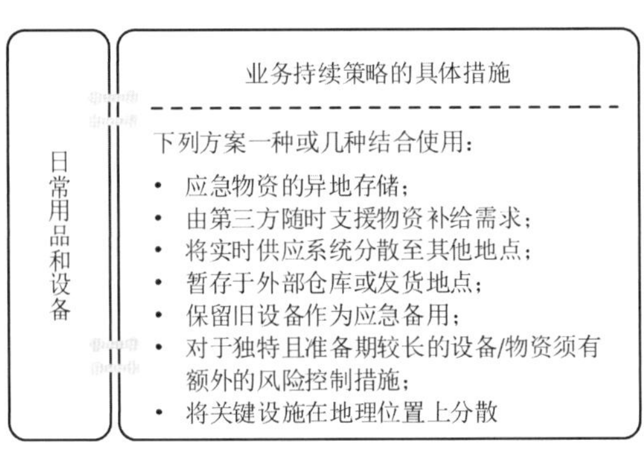


图13-23 日常用品和设备方面业务持续策略的具体措施

6. 雇员基本保障

风险事件发生后，组织雇员的各项基本保障可能会受到很大的影响。组织应制订相应的方案保护雇员不受或尽量少受伤害，并满足雇员的一些基本需求。

首先，组织应该评估业务持续策略在雇员福利保障方面的需求，然后以此评估为基础，制订相应的雇员福利保障计划，为计划的实施和维护提供支持，同时考虑相关的社会和文化因素。

组织还需要特别注意残疾人士或其他特殊群体(如孕妇、因伤病而暂时失去行动能力的人群等)。根据各方需求提前做好规划,有助于减少风险或者打消相关人员的顾虑。而且组织应明确指定相应人员在风险事件发生后负责处理如图 13-24 中所列事项。

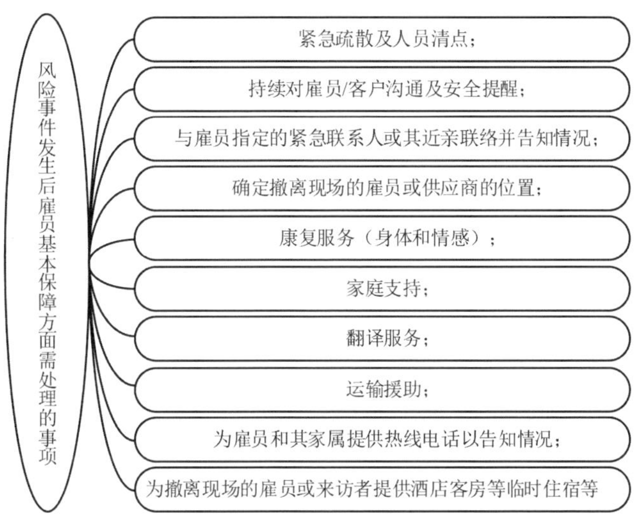


图 13-24 风险事件发生后雇员基本保障方面需处理的事项

在紧急情况发生后,政府应急部门在抢救生命和减少损失方面扮演着非常重要的角色。因此,组织应与政府的应急部门保持联系,做好预先的准备,并指定专门人员与政府的应急服务部门取得联系,并且该人员应被授予适当的权利以便在必要的时候做出决策。

## 13.3.2 风险减轻策略

风险减轻策略可以减少风险事件发生的可能性或最大限度地减少或降低其潜在影响。因为不是所有的风险事件都可以预防或者降低到组织可接受的程度,所以风险减轻策略应与其他方案结合使用。风险减轻策略主要包括风险转移、风险最小化和风险吸收。风险减轻策略,如图 13-25 所示。

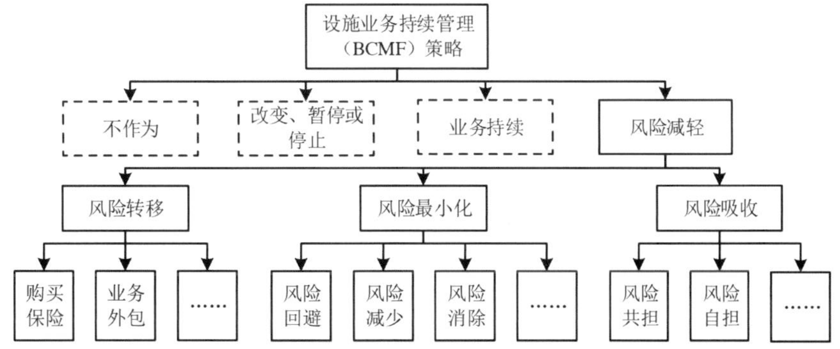


图 13-25 风险减轻策略

对于组织面临的如决策风险、技术风险和运营风险中的部分可控风险,可以通过计划、组织、协调等方式对其加以预防和控制。而对于一些不可控的风险,如由于宏观政策环境、市场需求所导致的风险,则可采用风险回避、风险转移、风险共担等风险减轻策略。

1. 风险转移

风险转移是指组织将自身可能遭遇的损失或不确定性后果转嫁给他人的风险处理方式。尽管组织转移风险的原因和手段各异，但都试图达到同一目的，即将可能由自己承担的风险损失转由其他人来承担。风险转移一般有两种形式，风险的财务转移与风险的非财务转移或实体转移。风险转移形式，如图13-26所示。

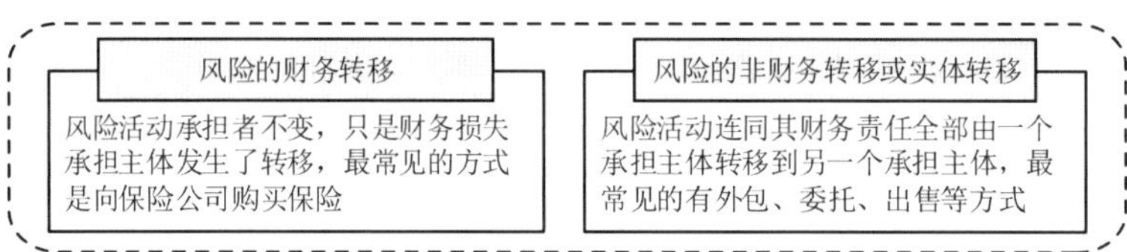


图13-26 风险转移形式

2. 风险最小化

组织可以通过回避或者减少、消除风险三种途径来减少风险发生的机会或降低风险的严重性，使风险最小化。

1）风险回避

风险回避是指经过设施风险预测评价，权衡利弊得失，主动放弃或改变某项可能引起较大风险损失的活动，从而中断风险源，遏制风险事件发生。风险回避也能够在风险事件发生之前完全消除某一特定风险可能造成的种种损失。但风险回避在某种程度上意味着丧失组织可能获利的机会，导致组织争取获得高收益的进取精神不足。

风险回避只有人们对设施风险事件的存在与发生，对损失的严重性完全有把握的基础上才具有积极的意义。由于人们认识能力有限，无法对所有的风险都进行识别并评价，因而风险回避的方法存在着一定的局限性。

2）风险减少

风险减少是指通过缓和或预知等手段来减少风险，降低风险发生的可能性或减缓风险带来的不利后果，以达到风险减少的目的。风险减少的有效性在很大程度上取决于对风险的认识。例如，数据中心楼上的管道漏水，如果不注意，可造成数据中心磁带库损坏，然后引起停机。数据中心空调机的冷凝滴水从积水盘中溢出，漏到一个电器面板，可能造成全楼层电源短路。因此，应该制订一些有效措施，如在数据中心的活动地板下设置水传感器等来减少“水”风险。

根据帕累托的“80/20”原理，BCMF风险中只有一小部分具有很大威胁。因此，要集中力量对付威胁最大的那些风险。

3）风险消除

风险消除是指从风险源入手，将风险的来源彻底消除，是对所有可能风险给予明确分析和测定后实施的对抗措施。通常采用：①有形手段。它是指通过采用新技术来降低物质性的风险威胁，如采取防止风险因素出现、减少已存在的风险因素、隔离风险因素等措施；②无形手段，包括教育法、程序法等。

3. 风险吸收

当转移、减少、消除、回避风险变得不可能或者带来的成本组织无法承受时，组织就会选择自己承担这些风险，并设立意外损失准备基金来应对风险造成的损失；另外，组织也可以选择与其他组织共担风险。

1）风险共担

风险共担是通过增加风险承担者数量来使每个承担者的风险减少。例如，在引入节能新技术、新工艺、新产品时，组织可采用融资租赁、合同能源管理等模式与其他组织联合，以弥补在技术经验、技术信息、管理经验、市场信息等任一部分的不足，从而提高总成功率，提高共同抗风险能力。

2）风险自担

风险自担可分为两大类：计划性风险自担和非计划性风险自担。计划性风险自担是对某些风险在风险识别、估计及评价的基础上，决定自己承担风险损失的全部或部分，也称主动风险自担；非计划性风险自担是针对某些风险，由于BCMF人员没有意识到其存在或虽然知道风险存在却低估了风险的严重程度，未引起重视，从而在风险事件发生时被动自我承担。

在 BCMF 生命周期的分析阶段中，通过对风险进行分析，可以提出一些潜在的风险减缓措施。潜在风险减缓措施(示例)，如表 13-8 所示。

表 13-8 潜在风险减缓措施(示例)

| 风险 | 减缓措施 |
|---|---|
| 电力中断 | UPS/发电机 |
| 火灾 | 自动灭火喷淋系统 |
| 地震 | 锚固定设备 |
| 机械故障 | 定期维护 |
| 洪水 | 防洪堤 |
| 偷盗 | 访问控制 |
| 闪电 | 避雷针/接地 |

## 13.4 设施业务持续响应计划

一个重大事件可以造成组织设施业务中断并进而影响组织履行其义务的能力。组织对风险事件的响应可分为战略层面、战术层面和操作层面。不同层面分别对应组织制订的事件管理计划(IMP)、业务持续计划(BCP)以及业务活动恢复计划(ARP)。制订各项计划的目的是尽可能的明确组织应对设施业务中断所需采取的各项行动以及所需的各种资源。事件响应的组织层面与响应计划层级的关系，如图 13-27 所示。

| 战略层面 | 高级管理层（IMP） |
|---|---|
| 战术层面 | 业务持续小组（BCP） |
| 操作层面 | 事件响应小组和<br>各业务活动恢复小组（ARP） |



图 13-27 事件响应的组织层面与响应计划层级的关系

事件发生后，以上三种 BCM 响应计划将在事件发展初期、危机化解、开始恢复和成果巩固等四个阶段发挥不同的功能和作用。不同事件发展阶段 BCM 响应计划的功能和作用，如表 13-9 所示。

表 13-9 不同事件发展阶段 BCM 响应计划的功能和作用

| 事件发展阶段 | 状态 | 事件管理计划(IMP) | 业务持续计划(BCP) | 业务活动恢复计划(ARP) |
|---|---|---|---|---|
| 1 | 事件初期 | 媒体管理；<br>战略评估 | 联络紧急救助部门；<br>损害评估；<br>正式启用业务持续服务 | 损害限制与资产抢救(设施管理部门)；<br>伤亡管理(人力资源部门) |
| 2 | 危机化解 | 媒体管理；<br>监控业务持续小组 | 调用可替代资源 | 联络雇员 |
| 3 | 开始恢复 | 停止 | 管理可替代资源 | 恢复关键设施业务运营 |
| 4 | 成果巩固 | 评审 | 停止/评审 | 恢复更多设施和功能 |

以上三个层次的BCM响应的功能和结构适用于只有一个运营场所的中等规模组织。对于更小的组织来说，可能只设置一个管理团队来承担所有战略和战术层面的职责就足够了，但是一个团队最好专注于处理战略层面的问题，将战术层面的问题交给另一个团队处理。

### 13.4.1 事件管理计划

事件管理计划(Incident Management Plan，IMP)详细描述组织的高级管理层如何在战略层面管理危机给组织造成的影响，这些影响可能并不完全包含在BCP的范围之内。也就是说，IMP处理的危机事件并不一定会造成业务中断。例如，一次恶意收购、媒体曝光或者全国范围内的紧急状态。事件发生期间，对媒体的响应通常也应包含在IMP中。

IMP为应对所有威胁到设施业务运营的问题提供行动标准。它能够使组织在事件的急性期及时作出反应，并采取应对措施。在事件发生后，及时应对外部环境问题以及利益相关者所关切的问题。IMP最根本的目的是：确保所有相关人员的安全；将损失降到最低。此外，IMP应该有高级管理层的支持，并且有足够的预算以支持IMP的制订、维护和演练。组织IMP的内容，如表13-10所示。

表13-10 组织IMP的内容

| 序号 | 主题 | 内容 |
|---|---|---|
| 1 | 目的和范围 | IMP应明确要恢复的设施系统，并设定具体的时间目标，并且明确该计划在何种情况下能够启用，以及启用后应该采取的措施 |
| 2 | 角色和责任 | IMP中应明确所有拥有一定权力(决策权或动用某项资源的权利)的人员或团队在事件期间和事件发生后应扮演的角色和应担负的责任。另外，对发挥关键作用的角色应指定副手 |
| 3 | 调用/动员程序 | IMP文件中应明确IMP启动的方法。组织应该有一个清晰明确的流程，以便组织能够在破坏性事件发生后的最短时间内启用IMP。此外，计划中应明确谁在何种情况下负责启用该计划 |
| 4 | 文件的编制者和维护人员 | 组织应指定IMP的主要编制者，并在文件中明确由谁负责审查、修改和定期更新IMP。组织应建立计划版本的控制系统，一旦计划有更改，应立即向有关方面发出正式通知 |
| 5 | 行动计划 | 对于BIA阶段所确定的设施业务中断所引起的每一种后果，IMP都应有对应的响应策略 |
| 6 | 人员响应 | 计划中应详细说明事件发生后，组织如何与雇员、雇员的亲属、朋友以及紧急联络人取得联系。在某些情况下，在一份独立文件中详细列出这些内容可能更合适 |
| 7 | 媒体响应 | 组织的IMP中应明确事件发生后的媒体响应程序，包括：<br>①组织的事件沟通策略，并描述组织与媒体的首选沟通方式；<br>②媒体响应的行动指南，或者是事先起草好的声明模板，在事件发生后就尽快寻找合适的时机提供给媒体；<br>③挑选经过训练的、能够胜任的发言人，授权向媒体发布信息 |
| 8 | 利益相关者的管理 | 计划中还应明确组织的利益相关者，并按照联络的先后顺序将它们排序。如果有必要的话，组织还应制订一个利益相关者管理计划，以确定排序准则，并为每一个利益相关者或利益相关团体分派一名管理人员 |
| 9 | 汇合地点(指挥中心) | 组织应预先确定一个汇合地点(或指挥中心)。在事件发生后，管理人员能够在那里发布指令、处理相关事务。指挥中心中应配备必要的设备。如果事件造成当地电话网络超载，那么该会议地点将发挥关键的作用。此外，还应指定备用场所，一旦原先的场所受事件影响无法使用，组织可以立即启用备用场所 |
| 10 | 其它 | 以事件日志或其他形式记录的有关事件细节的关键信息、作出的决定、伤亡细节、损失评估、所发布的信息等内容；图、表、照片以及其他可能与事件有关的信息；与第三方(合资合作伙伴、承包商、供应商等)有关，并得到双方认可的响应策略；资源停留集结区的详细信息；各关键区域的交通规划；一套索赔管理流程，确保所有的保险索赔方案，以及组织提出的或针对组织的法律诉讼符合相关法规和合同要求 |

### 13.4.2 业务持续计划

业务持续计划(Business Continuity Plan,BCP)是为了处理组织的设施业务中断,并使组织的设施业务运营恢复到事件发生之前的水平。BCP应根据组织的BCM战略来制订,为BCM小组提供处理流程和程序,并为小组成员分配权力、义务和责任。BCP还应详细界定组织与外部各方,如恢复服务供应商、政府紧急救助部门的界面以及处理原则。组织的BCP应包含的内容,如图13-28所示。

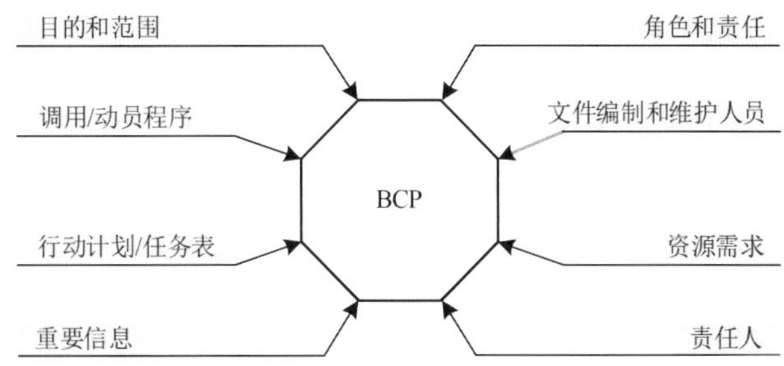


图13-28 组织的BCP应包含的内容

1. 目的和范围

BCP旨在帮助组织从业务中断中恢复。具体而言,BCP提供政策和指导,以确保该组织能有效地应对业务中断,并尽可能地恢复其业务。

风险事件发生时,组织的设施业务运营遭受重创,毫无准备的组织由于恢复设施业务的时间较长,有可能导致客户流失,甚至组织倒闭。相反,事先制订了BCP的组织,在确保关键设施业务不中断的情况下,迅速恢复了产品供应或服务,从而保全了组织的形象,以及市场占有率,赢得了客户的信赖。BCP的实施效果,如图13-29所示。

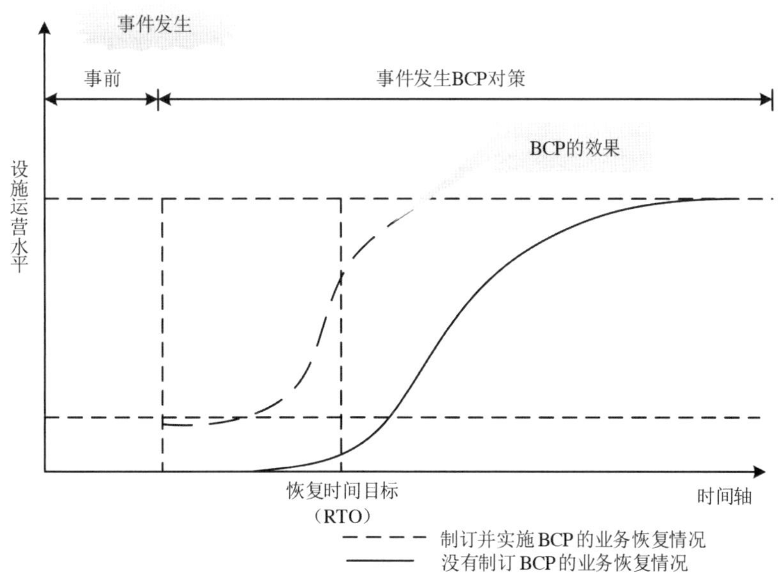


图13-29 BCP的实施效果

2. 角色和责任

BCP中应明确所有拥有一定权力(决策权或动用某项资源的权利)的人员或团队在事件期间,以及事件发生后应扮演的角色和应担负的责任。如果需要,BCP还应包括与外部组织或机构的接口,以及组织内部各业务持续小组、事件管理小组之间的接口；应对事态升级或诱发事件的职责和程序；确保事件由急性期顺利过渡到可控阶段的一系列程序，并记录此过程中的所有重要信息；事件后的审查程序和检查表。

3. 调用/动员程序

BCP 文件中应明确 BCP 启动的方法。组织应该有一个清晰明确的流程，以便组织能够在破坏性事件发生后的最短时间内启用 BCP。此外，计划中应明确谁在何种情况下负责启用该计划。

4. 文件编制和维护人员

组织应指定 BCP 的主要编制者，并在文件中明确负责审查、修改和定期更新 BCP 的人员，并建立计划版本的控制程序。组织可通过制作文件分发表来明确计划的每一个副本的责任人头衔以及该副本的存放位置。文件分发表格式示例，如表 13-11 所示。

5. 行动计划/任务表

BCP 的行动计划中，应将事件须采取的行动和任务以结构化的形式，按照先后顺序列出，要突出强调：

- 行动计划如何启动；
- 谁负责确认，并启动 BCP；
- 作出上述决定须采取的步骤；
- 在作出该决定之前，决策者应向哪些人咨询；
- 一旦决定启动 BCP，应该告知哪些人；
- 明确何人在何时到哪里去；
- 何时、何地、有何资源/服务可以使用，还包括调用外部和第三方的资源；
- 以上这些信息何时，以及如何在组织内传递；
- 相关的人工替代作业和系统恢复的详细流程等。

表 13-11 文件分发表格式示例

| 副本编号 | 责任人头衔 | 存放地点 |
|---|---|---|
| 1 | BCP 协调人<br>(BCP Coordinator) | 总部大楼，1 楼<br>主管办公室 |
| 2 | 部门主管<br>(Agency Director) | 总部大楼，1 楼<br>主管办公室 |
| 3 | 通讯主管<br>(Communications Director) | 总部大楼，2 楼<br>212 室档案柜 |
| 4 | IT 主管<br>(IT Director) | 总部大楼，3 楼<br>318 室档案柜 |
| …… | …… | …… |

6. 资源需求

计划中应明确不同时间点业务恢复所需的资源，主要包括：人员、设备和日常用品、技术、通信和数据、安全保障、运输物流保障、人员救济需求、应急费用等。

7. 重要信息

计划中应明确重要信息的来源以及获取方式，主要包括：

- 财务(如工资)详情；
- 客户账户记录；
- 供应商和利益相关者的详情；

· 法律文件(如合同、保险政策、契约等);
· 其他服务文件(如服务水平协议)。

8. 责任人

组织指定专人负责事件发生后的人员救济事项,如人员紧急疏散与人员清点、持续和雇员/客户沟通与安全提醒、确定撤离现场的雇员或供应商的位置、康复服务(身体和精神)、家庭支持、翻译服务、运输援助等。

BCP目录(示例),如表13-12所示。

表13-12 BCP目录(示例)

| 章节 | 一级标题 | 二级标题 |
|---|---|---|
| 1 | 简介 | 1.1 文档目的<br>1.2 BCP范围<br>1.3 计划、审查、批准和维护 |
| 2 | BCP责任 | 2.1 设施管理(FM)BCP通讯录<br>2.2 责任团队<br>2.3 支持单位及外部服务供应商列表<br>2.4 进度报告优先级<br>2.5 重要记录及其位置列表 |
| 3 | 业务影响分析(BIA) | 3.1 业务影响分析流程<br>3.2 业务持续风险<br>3.3 潜在的业务中断与业务影响分析评估 |
| 4 | 业务持续计划(BCP) | 4.1 联系信息(内部与外部)<br>4.2 风险管理团队<br>4.3 BCP站点<br>4.4 BCP资源/设备/物资 |
| 5 | 预防与控制策略 | 5.1 预防策略<br>5.2 控制策略 |
| 6 | 恢复策略 | 6.1 损坏评估<br>6.2 原场所恢复 |
| 7 | 测试策略 | 7.1 概述<br>7.2 测试团队组织架构<br>7.3 测试标准<br>7.3.1 准入标准<br>7.3.2 准出标准<br>7.4 测试策略清单/成功标准<br>7.4.1 综合测试<br>7.4.2 局部测试<br>7.5 测试结果评估 |

### 13.4.3 业务活动恢复计划

对于事件管理小组和各设施业务恢复小组来说,业务活动恢复计划(Activity Resumption Plan, ARP)将提供一个行动框架,帮助他们恢复现有服务或提供备用的场所和设施。

ARP 的目的是在总体 BCP 的指导下，系统化的安排事件管理小组和各设施业务恢复小组的响应活动，以应对设施业务中断。ARP 包括了具体部门或业务单位对事件的响应活动，如：

- 设施管理部门为对特定事件以及特定事件对设施造成的影响所制订的计划；
- 人力资源部门为应对事件期间的人员救济问题所制订的计划；
- IT 部门为恢复 IT 服务及相关业务所制订的计划；
- 具体业务部门为在规定时间内恢复设施功能所制订的计划。

设施业务流程的复杂性和紧迫性，决定了一个活动恢复计划涵盖的活动数量。根据组织的复杂程度，活动恢复计划可能需要更多、更加详细的计划来支持，如对特定的响应活动、地点或设备制订的更详细的计划。

ARP 应该是"行动导向"的。这就要求它能够快速启用，而且不应包括与事件无关的内容。ARP 编制流程，如图 13-30 所示。

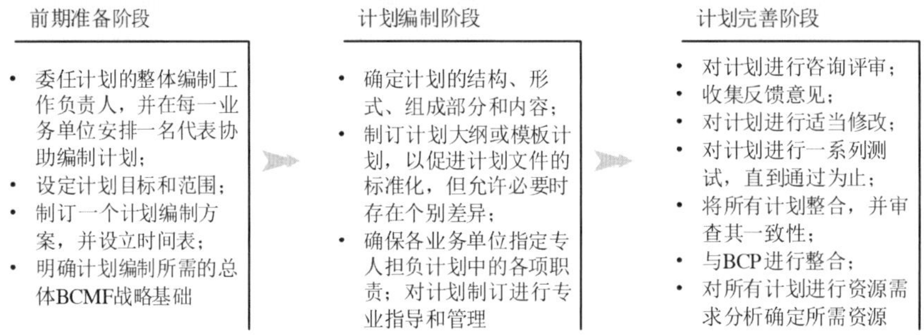

前期准备阶段

- 委任计划的整体编制工作负责人，并在每一业务单位安排一名代表协助编制计划；
- 设定计划目标和范围；
- 制订一个计划编制方案，并设立时间表；
- 明确计划编制所需的总体BCMF战略基础

计划编制阶段

- 确定计划的结构、形式、组成部分和内容；
- 制订计划大纲或模板计划，以促进计划文件的标准化，但允许必要时存在个别差异；
- 确保各业务单位指定专人担负计划中的各项职责；对计划制订进行专业指导和管理

计划完善阶段

- 对计划进行咨询评审；
- 收集反馈意见；
- 对计划进行适当修改；
- 对计划进行一系列测试，直到通过为止；
- 将所有计划整合，并审查其一致性；
- 与BCP进行整合；
- 对所有计划进行资源需求分析确定所需资源

图 13-30 ARP 编制流程

编制操作层面的 ARP 所需的方法、工具和技术包括：访谈（结构化和非结构化）、BIA 和资源需求分析、检查表和计划模板、研讨会。

具体的计划可能包括以下内容：损害限制与设施抢救计划、雇员救济计划、业务单元恢复计划、设施业务恢复计划。ARP 可能包含的内容，如表 13-13 所示。

**表 13-13 ARP 可能包含的内容**

| 序号 | 计划内容 | 序号 | 计划内容 |
|---|---|---|---|
| 1 | 人员疏散及"限制外出"计划 | 13 | 事态升级准则 |
| 2 | 炸弹或类似情景的处理措施 | 14 | 事态升级至业务持续小组的流程 |
| 3 | 避难点（包括备用或场外避难点） | 15 | 对业务持续小组初步联络的响应 |
| 4 | 与政府应急部门的联络 | 16 | 联系小组成员 |
| 5 | 工作人员和访客的疏散 | 17 | 每个运营流程的恢复计划；<br>雇员人数；<br>关键联系人；<br>运营活动的恢复程序；<br>恢复优先权；<br>特殊流程；<br>所需耗材 |
| 6 | 抢救资源并根据合约请求支援 | | |
| 7 | 事态升级情景描述 | | |
| 8 | 人员救济 | | |
| 9 | 健康和安全的法律责任 | | |
| 10 | 人员清点程序 | | |
| 11 | 人员联络程序 | | |
| 12 | 复原和咨询方面的资源 | 18 | 其他 |

失去场所时的设施业务恢复计划启动清单(示例),如表13-14所示。

表 13-14　　失去场所时的设施业务恢复计划启动清单(示例)

| 序号 | 行动 | 执行者 | 备注 | 完成后打勾 |
| --- | --- | --- | --- | --- |
| 1 | 接收有关紧急情况的报告 | 设施业务恢复小组 | 记录时间 | |
| 2 | 联络______场所事件管理小组负责人 | 设施业务恢复小组 | 记录时间 | |
| 3 | 联络备用设备场所,并且警告可能会宣布灾难 | 设施业务恢复小组 | 记录时间 | |
| 4 | 评估损失 | 设施业务恢复小组 | 网络、设备、大楼、雇员 | |
| 5 | 预估 | 设施业务恢复小组 | <1h …… | |
| 6 | 预估业务风险 | 设施业务恢复小组 | | |
| 7 | 决策:如果决定是不宣布,那么联络备用场所,通知他们警告结束;如果决定是宣布,继续步骤8 | 设施业务恢复小组 | | |
| 8 | 宣布灾难:立即通知高管层小组;按照附录______中的程序在备用场所宣布灾难 | 设施业务恢复小组 | | |
| 9 | 通知:在紧急通知名单中确认的事件管理小组负责人使用附录______中的程序 | 设施业务恢复小组 | 记录时间 | |
| 10 | 启动指挥中心 | 设施业务恢复小组 | 记录时间 | |
| 11 | 到达位于______场所的指挥中心 | 设施业务恢复小组 | 记录时间 | |

# 13.5　设施业务持续管理实施

组织为保障设施业务持续所作的一切安排,应通过不断的演练、维护和评审,确保其实施确实适合组织所设定的目标,还需要通过测试和演练来验证其可执行性和适用性,并把所发现的问题输入到持续改进过程;针对可能的变化,还需要有专门的角色来负责对这些计划的维护,以保证信息的不断更新,计划的持续适用;最后,还要对计划进行定期地评审,以发现其中不适用的部分,并对于计划执行的成效进行评估和审查。

## 13.5.1　设施业务持续管理演练

BCMF演练的目的是通过培训、评估、改进等手段,提高组织设施系统的业务持续能力和紧急事件管理能力。通过演练可以锻炼事件响应团队的协作能力、信心,并积攒正确处理事件所需的经验。

1. 演练的类型

组织开展BCMF演练可采用包括桌面演练、功能演练和全面演练在内的多种演练类型。BCMF演练主要类型及其特征,如表13-15所示。

2. 演练的评价

只有通过评价,才能确定一次演练是否成功。通过评估演练阶段收集到的各种信息,可以帮助改进BCP,并为将来的演练设计更加完善的场景。演练评价可以突出培训需求,发现BCP与实际需要之间的差距,并明确业务持续所需的资源。

演练评价方法主要有两种:专职评价人员评价和参与人员访谈。

表 13-15 BCMF 演练主要类型及其特征

| 复杂度 | 演练类型 | 测试特性 | 目的 | 建议频率 |
|---|---|---|---|---|
| 简单 | 桌面演练 | 互动式的假设情景讨论；<br>在会议室或小型场所举行；<br>相关部门负责人或关键岗位人员参加；<br>采取口头评论形式和简短的书面报告 | 检验响应流程的完整性和正确性；<br>锻炼参与人员解决问题的能力 | 至少每年一次 |
| 较复杂 | 功能演练 | 针对某项业务持续响应功能或其中某些响应活动；<br>调用有限的外包资源；<br>在应急指挥中心举行，并可同时开展现场演练；<br>更多的响应人员和部门参加。必要时，还可要求外部机构或组织参与；<br>提交有关演练活动的书面汇报 | 测试团队间的互动及协作沟通能力；<br>展示参与人员的知识和技能 | 每年或半年一次 |
| 最复杂 | 全面演练 | 针对 BCP 中全部或大部分响应功能；<br>动员大量的人员和设备；<br>提交正式的书面报告 | 针对整个 BCM 系统进行全面的测试 | 每年或两年一次 |

1）专职评价人员评价

它是指在演练覆盖区域的关键地点和各关键岗位上，派驻公正的评价人员。他们的任务是观察整场演练，记录演练人员采取的行动，监控演练的进度，记录演练中遇到的各种问题，收集评估所需的各种数据，并最终评估演练的成功与否。

评价人员在评价中可采用的评价准则包括计划的完整度、清晰度、有效性以及可执行性四个方面。演练评价准则具体内容，如表 13-16 所示。

表 13-16 演练评价准则具体内容

| 类别 | 准则 |
|---|---|
| 完整度 | 计划中每一步之间都逻辑相关（没有步骤缺失）；<br>演练参与人员不需要作出计划外的假设；<br>计划中包含所有需要的信息（电话号码、地址等）；<br>计划中表明了所有的依赖关系 |
| 清晰度 | 演练参与人员理解计划中的每个指示或步骤，不需要业务持续协调者给予解释；<br>计划中每部分的目标明确；<br>计划执行的组织体系清晰且符合逻辑，演练参与人员不至于“迷路”；<br>计划中的各种图、表易于理解；<br>计划中的职责清晰，不会出现询问谁负责此事的情况；<br>如果需要，演练参与人员能够知道其他地点正在发生什么，以及其他人员在做什么；<br>计划中语句流畅，表达清晰；<br>页面布局和格式（字体、大小、在页面中的位置等）令人满意 |
| 有效性 | 计划中所述的行动对业务持续来说是有意义的；<br>计划中所述的行动是可行的；<br>计划中所述的行动对计划所处的环境和假设条件来说是最佳选择；<br>恢复点目标（RPO）是可实现的 |
| 可执行性 | 计划有一个明确的起点；<br>计划有一个明确的终点；<br>计划的编写过程逻辑清晰；<br>恢复时间目标（RTO）是可实现的 |

2）参与人员访谈

它是指在演练结束后，组织对演练参与人员进行问卷调查或访谈，回顾演练的目标，并要求参与人员评价目标的实现程度。演练控制人员负责收集、分析调查结果，并编写评估报告。同专职评价人员评价法一样，评估报告应包括对现有 BCP 缺陷和优点的评价、对演练目标实现程度的评价、对计划改进的建议等。该报告应作为改进 BCP 和未来演练方案的指导文件。

演练之后，各个部门应当完成演练报告（表 13-17），获得部门主管批准，并上报演练组织方。报告应当包含演练结论，发现的问题和行动计划。演练组织方应当汇总报告，并跟进问题的解决。如有必要，针对未解决的问题，再组织小范围演练。

**表 13-17　　演练报告**

| 序号 | 行动事项 | 责任 | 预计完成的时间 | 问题或意见 |
|---|---|---|---|---|
| 1 | 用正确的电话号码更新紧急通知名单 | 通讯恢复小组 | ××年××月××日 | 4%的雇员由于电话号码不正确无法联系上 |
| 2 | 依据确认的变化来更新恢复程序 | 关键流程恢复小组 | ××年××月××日 | |
| 3 | 补充异地存储中所缺少的数据 | 信息系统恢复小组 | ××年××月××日 | 缺少应有的操作手册 |
| 4 | 在指挥部安置 2 条额外的电话线和一块较大的白板 | 设施恢复小组 | ××年××月××日 | |
| …… | …… | …… | …… | …… |

## 13.5.2 设施业务持续管理维护

BCMF 维护的目的是对 BCMF 流程定期修正并更新，确保其持续有效、适用且不随时间而失效。对 BCMF 方案进行维护的频率取决于设施系统变化的性质、规模和步伐。当业务流程、地点或技术出现重大变革，BCMF 演练或测试过后，按照 BCMF 评审提出的改进建议对 BCMF 方案改进过后，或者根据 BCP 中所规定的维护时间表的要求，组织应对 BCMF 方案进行维护。

1. BCMF 维护的内容

· 审查组织内部设施业务流程、所用技术及人员等方面的变化。审查可能是由变更管理流程引起的，也可以是 BCMF 演练结果或评审报告所引起的；

· 对 BIA 阶段关于组织运行的环境所做的假设，如一些时间节点进行审核，并提出质疑，以检查自上一次审核以来，这些时间节点是否需要改变；

· 审查组织困难时期所需的外部服务是否能及时且充分的获得，如资产恢复、信息恢复和分包服务；

· 审查业务持续安排中有迫切时限的供应商是否仍然满足组织要求；

· 审查是否需要对相关人员进行培训、宣传或沟通，以确保他们了解这些变更或修订。

BCMF 维护过程结束后，组织应通过正式的版本变更控制流程，向组织中的关键人员分发更新修正或修改后的 BCMF 政策、战略、方案、进程和计划。

2. BCMF 维护成果

通过 BCMF 的维护流程，组织会得到如下维护成果：

· 一份正式的业务持续与维护方案文件；

· 由高级管理层同意，并签署的一份正式的 BCMF 维护报告（包括相关建议）；

· 以文件形式证明组织采取的 BCMF 前瞻性（proactive）管理和监控措施；

· 核实组织中负责实施 BCMF 战略和计划的人员是否受过专门训练，且是否胜任；

· 核实组织监控 BCMF 风险的手段；

· 以文件形式证明组织在制订 BCP 和 IMP 时已经充分考虑了其结构、活动、宗旨、工作人员和目标等方面的重大改变。

### 13.5.3 设施业务持续管理评审

组织管理高层应对整套 BCMF 进行评审，以确定计划是否适当、充足及有效，进而满足设施业务持续性的需求。BCMF 评审主要包括审计和自评估两个方面。

1. 审计

审计的目的是对组织现有的 BCMF 能力与竞争力进行全面的审视与检查，以验证是否与组织最初确立的 BCMF 标准和准则相违背。

通过 BCMF 审计，可以验证组织的 BCMF 策略是否与现行法律、标准、BCMF 战略、BCMF 框架，以及最佳实践标准相兼容；可以找出 BCM 各方面存在的关键缺陷及问题，并予以解决。BCMF 的审计流程，如图 13-31 所示。

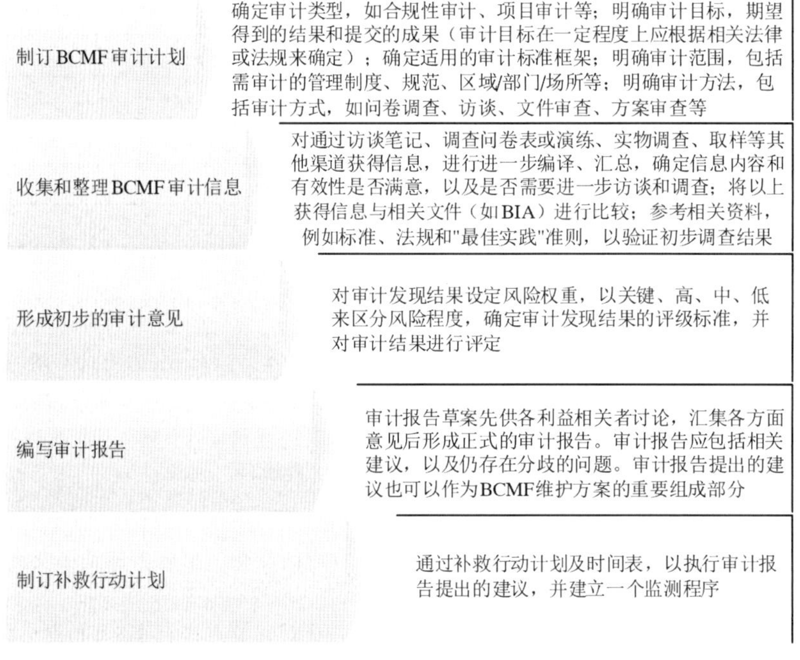


图 13-31 BCMF 的审计流程

审计的频率和时机根据组织的规模、特性以及法律地位而定，并受到相关法律和法规的影响，有时还受利益相关者需求的影响。

BCMF 审计可以安排内部人员进行，也可以邀请外部审计人员或专业的设施管理专业人员进行。审计一般半年或一年进行一次。

2. 自评估

BCMF 自评估在确保组织拥有强大、有效且适用的 BCMF 能力和竞争力方面扮演着重要的角色。通过自评估可以证明组织确实拥有从事件中恢复设施业务运营的能力，且自评估被认为是一项最佳实践。自评估应根据组织的设施管理目标而开展，并考虑到相关的行业标准和最佳实践。

1）自评估内容

组织自评估工作宜验证以下内容：

· 所有的关键产品和服务，以及支撑这些产品和服务的活动和资源都已得到识别，并被包含在组织的业务持续策略中；

• 组织的业务持续策略、框架和业务持续程序能够准确地反应组织的优先级和要求(组织的目标);

• 人员的能力和组织的业务持续是有效并与其目的相适应的,能使组织在响应中断事件时完成管理、指挥、控制和协调工作;

• 组织的业务持续解决方案是有效、得到及时更新、与其目的相适应的,并与组织面临的风险等级相适应;

• 组织的业务持续维护和演练方案已经被有效地实施;

• 业务持续策略和程序包含了在事件和演练中以及在维护方案的过程中确认的改进措施;

• 组织具有持续开展业务持续培训和意识方案;

• 已与相关员工就业务持续程序进行了有效地沟通,并使那些雇员已理解他们的角色和责任;

• 已具备变更控制过程并得到了有效地运行。

2) 自评估流程

BCMF 自评估流程包括:

• 确定自评估参与人员的责任和权力,并建立问责制度;

• 确定关键绩效指标(Key Performance Indicators,KPI)目标和衡量标准;

• 定义自评估成功因素;

• 将 KPI 纳入到内部和外部的合同条款和年度考核之中;

• 根据 KPI 和相关行业标准,对组织的 BCMF 进行评估和考核;

• 提供补救行动计划。

3) 自评估指标

组织 BCMF 的自评估包括定性评估与定量评估两部分。BCMF 自评估关键绩效指标,如表 13-18 所示。

表 13-18 BCMF 自评估关键绩效指标

| 序号 | 关键绩效指标 | 备注 |
|---|---|---|
| 1 | BCP 文件的完整度 | 计划中每一步之间都逻辑相关(没有步骤缺失);<br>计划中提出的各种假设充分;<br>计划中包含所有需要的信息(电话号码、地址等);<br>计划中表明了所有的依赖关系 |
| 2 | 自上次有效演练以来的月数 | |
| 3 | 自上次演练以来仍未解决的问题数 | |
| 4 | 自上次 BIA 以来的月数 | |
| 5 | 自上次 BIA 以来仍未解决的问题数 | |
| 6 | BCM/BCP 中包括的经评估的新 IT 技术 | |
| 7 | BCM/BCP 中包括的经评估的新增或更改后的运营流程 | |
| 8 | 业务持续小组动态指标的充分性/可行性 | 如小组成员联络电话号码、通知供应商名单、恢复工作任务分配情况等 |
| 9 | 是否为 BCMF 的实施和维护编制了详细的预算 | |
| 10 | 预算控制指标 | |

**【关键术语】**

业务持续管理;设施业务持续管理;灾难恢复;业务影响分析;最大可容忍中断时间;恢复时间目标;恢复点目标;风险识别;风险评估;风险减轻;事件管理计划;业务持续计划;业务活动恢复计划;演练;维护;评审

**【延伸阅读】**

[1] 德勤企业风险管理服务部编. 业务连续性计划和管理——莫让无妄之灾阻断企业业务[M]. 上海：上海交通大学出版社，2012.

[2] 靖鲲鹏. 采用业务持续管理有效减少企业风险[J]. 管理世界，2012(7)：12-15.

[3] Bajgoric Nijaz. Business continuity management：a systemic framework for implementation[J]. Kybernetes，2014，43(2)：156-177.

[4] S. A. Torabi，H. Rezaei Soufi，Navid Sahebjamnia. A new framework for business impact analysis in business continuity management (with a case study)[J]. Safety Science，2014(68)：309-323.

[5] Kelly Okolita. 构建企业级业务连续性规划[M]. 于天等，译北京：机械工业出版社，2015.

# 附录　专家访谈集

设施管理门户 FM Gate(fm. tongji. edu. cn)是集设施管理知识共享、学术交流、案例分享、资讯传播的专业化交互式网站平台。自 2015 年开始,FM Gate 推出全新的设施管理高端访谈栏目。该栏目采用专题访谈形式,走进国内外顶尖企业,邀请 FM 业界知名专家、教授和专业协会领导人担任嘉宾,对 FM 领域的管理创新和技术发展发表独特的见解,传播 FM 的最新研究成果和实践应用,探讨中国 FM 的发展之路。该栏目主持人由金鹰、周通拉嘎等担任。在精彩的访谈中,嘉宾们的 FM 思想、理念和观点给设施管理经理人带来了极大的启发,激发起各行各业的 FM 热情,获得了社会的广泛反响。

本书精心挑选 FM Gate 高端访谈栏目中的八次访谈,整理成专题作为附录,以期读者深入了解设施管理在企业中的应用,激发更多思考。

(获取更多访谈信息,请登录 FM Gate 网站 fm. tongji. edu. cn)

# 附录 A 新常态下设施管理的发展机遇与挑战

20 世纪 70 年代末，在信息技术不断发展的背景下，办公空间提出了新的需求，从而设施管理便应运而生。FM 理论和实践传入我国已经有 20 多年历史，在世界 500 强外资企业、国内大型民营企业都得到了广泛地推广和应用。我国目前处于经济转型的关键节点和关键时期，国内产业结构也从传统的加工生产，向综合服务业升级。FM 作为一个典型的综合性服务行业，在新的时代条件下迎来了发展的新机遇，同时也会遇到各种挑战。本期高端访谈将围绕我国新常态下的设施管理发展的机遇与挑战展开讨论。

本期主要内容：

☐ 设施管理的发展历程；

☐ 设施管理的发展机遇；

☐ 设施管理的业务范围；

☐ 设施管理与物业管理等的区别；

☐ 设施管理发展的挑战。

---

访谈嘉宾：曹吉鸣，同济大学经济与管理学院，建设管理与房地产系教授，博士生导师，复杂工程研究院副院长兼设施管理研究中心主任

---

问：首先想请您结合从事设施管理理论研究和社会实践多年的经验，为大家介绍设施管理在我国发展的历史和进程。

答：在 20 世纪 70 年代能源危机背景下，全球化竞争加剧、IT 技术发展、办公空间成本增加、员工办公环境改善期望提高，设施管理学科应运而生。FM 最早在美国诞生：1979 年，密歇根州设施管理协会成立；1981 年，更名为国际设施管理协会（IFMA），奠定了设施管理的基础。随后，FM 逐渐传入亚欧发达国家和发展中国家。

我国的 FM 最早开始于 90 年代，设施管理有 3 股推动力量：一是电子、信息和银行业等外资企业（包括 500 强）等的示范引领作用，如摩托罗拉、英特尔、通用电器，国际知名设施管理咨询和供应商（如强生自控、仲量联行、高纬环球等）的积极推动，带动了我国内地一批大型民营企业，如华为、联想、腾讯等，开展设施管理实践业务。二是国际、地区设施管理及相关组织举办的专题研讨、经验交流和培训，传播了设施管理的理念和方法。三是高等院校等社会机构开展 FM 方面的研究、培训和人才培养，为设施管理专业发展提供了有力的支持，输送了一批合格的新生力量。以上就是国内 FM 发展的现状。

问：FM 是在社会经济发展需求下应运而生的产物。目前来看，我国处于经济转型的关键节点和关键时期，在推动经济从外延性投资向内生性发展转型的同时，产业结构也从传统的加工生产，向综合服务业升级。那么 FM 作为一个典型的综合性服务行业，您认为在这样的经济背景下，FM 会迎来哪些发展机遇？

答：FM 的发展机遇主要有以下四个来源。第一，投资回报和经营成本的压力。统计表明，企业工作场所空间成本是除人力资源成本之外的第二大成本。经济转型和产业结构升级，加速了企业之间的重组、兼并、扩张、收缩甚至倒闭。一方面，企业将面临工作场所重新选择：从成本高的地方（沿海、北上广深）向内地转移，从城市中心地段向城市边缘（甚至郊区）转移。同时，根据企业战略目标和投资策略，工作场所空间是租还是买，会产生不同的投资效益。另一方面，从房产全寿命周期成本来看，运营成本将远远超过建造或购买成本。经过一轮投资的高峰期，我国既有房产存量规模庞大，房产投资的重心会慢慢转向运营管理。

第二,创新驱动推动运行管理体制改革的深化。新一届政府推动的体制改革,互联网+、工业制造2025等技术创新,必将打破FM体制的障碍,带来FM组织创新、管理创新和运营模式创新,FM组织结构将从分散型转向集成化发展;FM从全部自主管理,向社会化、专业化的服务外包转变。

第三,绿色、环保、个性化工作环境的需求。一方面,企业对设施管理过程中节能、环保、绿色建筑、可持续发展提出了新的要求;另一方面,企业为了吸引人才,留住精英员工,对工作空间环境的要求(如温度、湿度、空气净化)越来越高,对工作空间配置提出了灵活性、个性化的要求(微软公司PM2.5的控制,Google个性化办公)。

第四,应对突发性安全事件,保障业务持续的需要。前一段时间,我们常听到火灾、爆炸、电梯事故、设备电气、空调故障,还有广告牌、玻璃幕墙等高空坠落。这些事件不仅可能会造成重大人员伤亡、财产损失,还会导致企业业务的中断,造成巨大的社会影响。针对突发性安全事件,不仅需要及时应对,妥善处置,更重要的是采用业务持续管理(BCM)的理念,预先采取防范措施。

问:社会上对FM有一些不同概念上的认识,而您刚才提到FM能发挥更深层次的作用,如安全防范、绿色环保等。请问FM的范围包括哪些?

答:这个问题涉及对FM的理解和认识,在此我也想跟大家分享一下自己的认识和体会。FM在英文里面叫Facility Management,它由两个词组成——设施和管理。FM是一个复合名词,国际上很多专业协会都对它有定义,各个国家也有自己的定义。国际设施管理协会认为,设施管理是包括多学科的专业,通过将人员、过程和技术在空间进行集成,来确保建筑物和设施功能的实现。设施管理有别于项目管理,项目管理的对象是一次性的任务,而设施管理是持续、重复性的活动。设施管理更倾向于服务科学的范畴,我个人认为设施管理是企业管理的组成部分。

那么FM到底做什么呢?一般来讲,我们对FM有两方面的理解:狭义上,FM分为硬性服务和软性服务。硬性服务,包括建筑物、设备、建筑物外部的环境,以及太阳能、水处理、供热等。软性服务,主要是指管理领域的范畴,如保安、保洁、绿化这些传统的物业管理内容,以及后勤保障服务,如车队、食堂、访客、前台等。广义上,欧洲一些国家把设施管理分成三个层面,战略层面、管理层面和操作层面。一般我们理解的企业业务分两类,一类为核心业务,另一类为非核心业务,设施管理的工作主要针对非核心业务。除了采购、人力资源、IT、财务等之外的任务。从大的角度上看,我们都将它认为是设施管理范围,具体包括企业房产和资产、物品的采购、新建、改建、项目管理,还包括日常的维护等工作。欧洲那边FM的覆盖范围可能比在北美等国家的定义更广一些。

问:现在不少人经常会将设施管理(FM)与物业管理、设备管理等名词相提并论,提出物业设施管理、设施设备管理等各种称呼,它们是一回事吗?还有,设施管理(FM)与资产管理(Assets Management)、企业房地产(CRE)、工作空间(Workplace)管理等有什么不同呢?

答:设施管理有很多比较宽泛的概念,在业界经常听到一些说法,比如设施设备管理,或者物业设施管理,这些说法经常把设施跟其他的名词合在一起解释。我认为这些名词不能表达确切的含义,它们不能精确地表达设施管理的内涵。设施和管理这两个词不能分开,单独从中文字面意义上解释设施会产生歧义。物业管理和设施管理有具体的界定。发展趋势是物业管理和设施管理会逐步进行融合,有共同的趋势,但这两个概念本质上是有区别的。现在和大家分享一下,设施管理和住宅物业管理的区别有五方面。

第一,起源不同。设施管理起源于20世纪70年代末的美国。物业管理起源于英国,它是针对公共楼宇、公共物业的管理发展起来的。这是历史背景的区别。

第二,客户对象不同。设施管理的客户对象主要是拥有自有物业、自有资产的一些企业,它的管理领域比较广。而物业管理,主要是针对租户或者小业主,它主要的管理范围是在外部空间,很难进入到企业的内部或核心区域。

第三,着眼点的不同。设施管理比较注重于人的感受和要求,所以其对人的关注比较多,最终的目标是满足人的需求。而物业管理针对物或者事,比如设备已经维护好了,任务做好了,就已经完成任务了。

第四，工作领域不同。设施管理比较强调战略层面的工作。我们刚才讲欧洲一些国家和协会把设施管理分成三个层面，而物业管理更多的是现场的管理工作，特别是我们国家现有的住宅物业的管理。这方面有很大的区别。

第五，服务的标准不同。设施管理是个性化的要求，要符合业主的需求，业主如何要求，我们就怎么样去做。而物业管理，特别是刚才说的居住物业管理，我们国家有明确的标准和具体的规范要求。

所以从以上五个方面来看，物业管理和设施管理是有一定区别的，当然现在有慢慢融合的趋势。其中的某些概念，例如企业房地产、工作空间管理、企业服务等理念都在融合，也在不断地交叉。

问：曹教授，刚才您为大家详细解释了FM的理念和我国设施管理的现状，那么您认为现阶段在我国开展设施管理实践还存在哪些问题和挑战？

答：我国设施管理已经推行了约二十年，但还是不太完善，依然存在很多方面的问题，需要我们业界同行共同去推动，一起去克服。这些问题归纳起来，公认的有以下几个方面：

第一，对FM的认知度不高。这些年来，尽管国际专业协会、国内高校（如同济大学等）、企业采用各种形式进行了积极宣传和推广，企业间FM专业人才流动和国际化趋势，也促进了FM理念的传播。但FM管理模式的应用，还是局限在外资企业、部分大型外向型民企。国有单位（如医院、学校、工业园区等），由于领导体制、管理组织、人才队伍等方面的原因，推行FM阻力仍然不小，其主要原因是人们对FM的认知度低。

第二，FM专业人才比较缺乏。一方面，FM专业人士大多要求有全面的专业知识、丰富的工作经验、实践和综合的专业能力，但传统的房产管理、后勤保障、设备维护管理企业在FM业务转型和升级过程中，人员知识结构普遍不合理，没有经过FM专业训练，且学习积极性不高，造成专业人士严重缺乏；另一方面，我国高校还没有设立FM专业，工程管理、房地产相关专业的毕业生就业渠道不畅，年龄小，经验不足，缺乏实战经验。

第三，传统体制的约束。企业要推行FM，一定要大量引进现代管理理念、方法和流程，需要从战略层面彻底改革现有的传统管理模式，实施流程再造。据调查，我国企业现有FM的职能分布在房地产、资产、设备、基建、财务、保卫、行政等各专业部门，没有形成独立的综合性FM管理部门。业务范围分散，人员编制庞大、决策流程缓慢。而要冲破传统体制束缚，对于国有企业会有很大的难度。

（访谈时间：2015年11月）

# 附录B　企业设施管理战略与规划探究

随着设施管理在企业中的重视程度加强，设施管理也从操作层面、战术层面逐渐地向企业战略层面发展和上升。如何制订好企业设施管理战略及规划，成为行业内共同探讨的热门话题。本期高端访谈将围绕企业设施管理战略与规划展开讨论。

本期主要内容：

□ 设施管理和企业战略的关系；

□ 战略规划的内容；

□ 企业选址决策；

□ 设施管理部门的未来。

---

访谈嘉宾：李秋锦，伟创力亚洲区房地资产及设施管理部高级总监

---

问：请您谈谈设施管理和企业战略两者之间有什么样的关系？设施管理对企业的影响有哪些？

答：战略是一个很大的话题，我想从以下几个角度来描述设施管理与企业战略之间的关系。

第一是从财务角度。物业设施占企业固定资产投入的比例非常大，在很多企业中甚至排在第一位。另外，设施相关的费用在企业运营费用中也占很大比例，在很多企业中仅次于人力成本。因此，设施的成本投入和运营维护对企业的财务具有巨大影响。

第二是从业务角度。企业要拓展业务或增加营业额，就需要通过设施来支撑发展。比如，企业需要建立新工厂，如果工厂建筑还未建成，工厂就无法运行起来；企业需要建立新的研发中心，如果相关建筑和设备没有落实好，那就无法开展研发工作。因此设施有力地推动和支持企业战略发展。

第三是从运营角度。设施的可靠性对企业的影响非常大。假设有一个工厂，那么该处水电气供应稳定性对工厂的影响会非常大。又比如办公室的工作环境会对员工的工作效率、流程运作产生很大影响。

第四是从企业文化的角度。以谷歌公司为例，它拥有顶尖的创新式工作环境，吸引了诸多人才加入谷歌。国内的很多企业，例如华为和腾讯也建立了非常棒的工作园区来吸引优秀人才的加入。

第五是从企业社会责任的角度。承担社会责任是构建企业良好口碑的重要一环。企业应该注重整个社会的健康发展，包括环保方面的要求。很多环保设施需要设施管理部门来监督或者运营，因此设施管理部门在企业社会责任的承担中也起到非常大的作用。

由以上角度可以看出设施管理在企业中发挥越来越重要的作用。

问：请问设施管理部门涉及的规划或者计划有哪些？企业一般是如何制订这些设施战略规划的？

答：我这里提到的主要是企业的计划，包括年度计划、三年计划或五年计划等。企业计划一般采用财务的形式，刚刚提到在财务这个维度中设施管理对企业的影响是非常大的。设施管理部门要做好整个部门的年度预算，每个季度还要进行一次更新。所以年度计划的表现形式就是财务预算。时间跨度更长的计划有三到五年的计划，其内容一般是工作目标和绩效考评。就制订过程来说，每年各部门都会制订年度目标，该目标也成为设施战略计划的一部分。企业在全球制订总目标，然后分散至各个区域，再然后分散至每个点实行分计划，这样目标就层层地传递下来了。

问：一些企业在选址时会考虑市中心(CBD)，有些是会考虑选址在副中心，或者有些会选择在城市郊区等。请问从企业房地产战略角度来看，这些企业是如何做选址决策的？

答：选址的核心在于企业自身的需要，以及对于市场情况的判断。金融企业一般会选址在CBD中，主要是基于金融业的定位，只有在CBD中才能够凸显其地位。科技类企业往往不喜欢选址在CBD中，

过于繁荣的地方会让研发人员感觉浮躁。研发中心选址偏向于较偏远的地方园区，其目的是使研发人员进入园区时，如回到大学校园一样，能够安心进行研发试验。例如，上海的张江园区就有很多研发中心。因此，选址要看企业自身的需要和定位，同时结合市场情况。

问：如果原本在CBD的企业转移到郊区，很多员工由于已经习惯市中心的便利条件，搬去郊区在心理上比较难以接受，请问在这个过程中应如何给员工创造便利条件，让他们愿意在郊区的园区办公？

答：你说的问题在企业中确实都存在。整个搬迁过程需要做大量的推动工作，特别是在上海这种大城市，搬到郊区会增加员工的交通时间和成本，很多企业往往因此流失员工。我认为一方面可以通过地铁来减弱对员工交通时间和成本的影响。许多企业搬往郊区都更加倾向于靠近地铁，大城市的地铁网络目前也比较健全，通过地铁的便捷性可以减少对员工的影响。另一方面，很多企业的新建郊区园区具有更大的面积，内部装修也会做得更好，尽量给员工提供更好、更完善的服务和办公环境。

问：从您二十多年设施管理行业的从业经验来看，设施管理部门在企业中应该如何发挥能动性来推动企业战略的发展并创造自身的价值？

答：在从业的二十多年中，我真切地感受到了设施管理部门在企业中地位的提升。以前设施管理只是生产部门或行政部门里的一个小组，甚至是总经理秘书分管的工作。而现在，设施管理在很多企业中已经成为独立的一线部门，设施管理负责人的级别也逐渐地从经理、总监到高级总监，甚至是副总裁这样的级别，可以说经历了从“游击队”到“正规军”的转变。从这一点可以看到整个社会对于设施管理的重视程度也在提升。

既然作为一个部门，设施管理部门就需要和企业其他部门合作和竞争。目前，设施管理从业人员基本有两类，一类是跟我一样的工程师出身的员工；还有一部分是从行政部门逐步升上来的员工。工程师出身的员工往往比较安静务实，喜欢在角落里独自完成工作。这种工作模式太过低调，做出再多再大的贡献时也很难被人了解，从而难于获得他人的肯定。所以我建议大家主动与企业其他部门以及高层领导沟通，向他们反映本部门的工作和想法。当企业有新的业务拓展项目时，设施管理部门尽早介入，为企业发展提供建议，体现部门价值。通过沟通，我们可以搜集员工们的需求和意见，为大家提供更好的服务。我也希望行业的优秀人才能够再进一步，成为CEO和总裁级别的人物，使设施管理能够在社会上发挥更大的影响力。

（访谈时间：2016年11月）

# 附录C 企业不动产战略及财务管理

据统计,企业不动产(CRE)/设施管理(FM)成本在整个企业成本中排在第二或第三位。西门子作为一家跨国公司,在企业内部建立了独立的不动产利润中心—西门子房地资产管理集团,负责内部企业不动产和设施投资、建设与运营,在不动产财务管理和控制方面取得了良好效果。本期高端访谈将围绕企业不动产/设施管理战略及财务管理来展开讨论。

本章主要内容有:

- ☐ 不动产成本与企业成本的关系;
- ☐ 长期财务预算的编制;
- ☐ 财务预算的具体内容;
- ☐ 财务预算的编制程序;
- ☐ 财务计划影响因素;
- ☐ 企业不动产财务控制建议。

---

访谈嘉宾:Martin Ecknig,西门子房地资产管理集团亚澳区财务总监、西门子中国有限公司高级副总裁

---

问:您认为企业不动产/设施管理成本与企业成本管理的关系如何?企业不动产/设施管理如何影响公司的营业收入和资源分配?

答:企业不动产成本对每个公司来说都十分重要。在企业中,人力成本排在首位;IT成本或不动产成本排在第二或第三位,二者“旗鼓相当”。除此之外,企业还需管理各方面的成本。因此,西门子公司十分关注企业不动产成本和设施管理成本。通常,企业每年都努力实现生产率目标,尽可能以相同成本获得更多服务,或者以更低成本实现相同的服务水平。但是,由于不动产优化项目存在诸多挑战,企业不可能每年都实施不动产优化项目。因此,我会从以下角度回答你的问题:确定目标后,企业如何采用不同于以往的方式实现这个目标。

现如今,全社会正在携手走向新时代,数字化带给我们更多的机遇,我们也正改变自己的行为方式。以西门子为例,当访客进入公司时必须在前台登记访客卡。未来西门子将实现自助登记,当访客到达之前就可以在移动终端上自助完成登记,从而省略掉前台接待环节。新时代下的新技术提供给了我们新的工作方式,这就是一个很好的例子。采用这些新的工作方式,我们能够轻松实现执行管理团队所期望的生产率目标。想要获得这种新的工作方式,不能闭门造车,要同与我们有相同需求的同行进行交流,聆听他们的新观点,学习他们的新做法,并把这些观点和做法应用到我们自己的实践中。我建议大家多参加大型会议,加入国际设施管理协会(IFMA)或全球企业不动产协会(Corenet)等组织,寻找面临相同挑战的伙伴,大家相互交流,探讨如何应对共同的挑战。

问:请问在运营阶段,西门子房地资产管理集团会制订什么样的长期财务预算或年度财务计划呢?

答:西门子房地资产管理集团在全球拥有3500多名员工,形成一个强大内部团队,广泛开展包括建设、项目管理和维护等业务。与其他大多数公司把企业不动产作为成本中心来运营不同,西门子房地资产管理集团是一个管理不动产的利润中心。

所以我们会制订自己的年度财务计划和至少三年的长期计划。在对当年相关信息有十分详细和具体了解的基础之上,考虑接下来两年的主要业务需求和总体前景。然后再在下一年继续相同的工作,如此滚动进行。

那么,年度计划包括哪些内容呢?第一,盈利能力。我们作为一个盈利组织或者说以利润为导向的组织,会对组织的盈利能力进行计划,并用税前利润来衡量盈利能力。由于税前利润不仅是由租入和租出产生,还来源于不动产处置,所以我们也十分关注处置业务的税前利润。第二,资本支出。我们会对已有设施和新建项目的资本支出进行区分。空调系统更新就是已有设施资本支出的一个例子;而新建项目则包括新工厂或新办公楼等。

具体可以分为以下三个方面的内容:

首先,了解从哪里获得资金。一方面,从内部客户采用内部结算方式获得收入;另一方面通过拓展更多外部客户业务获取资金。

第二,编制现金流预算。在业务运营中,每个人都希望知道钱花在哪里,需要的资金是否超过营业收入,是否可以向其他实体提供资金?基于此,需要制订详细可靠的现金流预算。

第三,考虑房地产费用支出的状态。我们采用标杆管理,比较某类工厂每平方米的平均价格,比较分析全球各地数据,比如工厂租金、折旧成本和运行费用等。同时分析自持比例,以确定整个投资组合的多少属于我们,持有多少租赁资产等数据。我们还对特殊事项制订专项计划。比如,西门子决定实施一个室内空气质量改进项目,为所有在中国工作的员工提供更好的工作环境。这类特殊项目必须制订专项计划,并且得到专门批准。

此外,先期投资工作同样需要制订计划。例如,如果你希望长期节省能源成本,或许你必须进行前期投资,从而获得长远利益。这就是我们所说的先期投资:我们现在更换某些设备,接下来几年我们将能够降低能源成本。通常,我们的出发点是,所有投资会在4年内产生回报。我们特别支持这些节能项目,而且经常会把这些项目外包出去,同时考虑更大外包比例是否可行。我们不仅为降低人力成本支出而采取外包方案,还会考虑外包是否具备商业成本利益。因此,我们专门对亚洲每个国家进行细致分析,并努力找出最合适的解决方案。

另外重要的一点,从更长远的视角制订计划,CRE/FM更可能为企业带来利益和贡献。以西门子为例,在过去11年中,西门子房地资产管理集团创造的自由现金流比新建项目的开支要多得多。这意味着可以利用处置不动产的收入在上海、北京、莫斯科这些城市建造新办公楼。我们没有花费企业其他业务部门的一分钱,反而会通过自身运营给企业带来了少量盈余,这为企业开展新业务创造了更多机会。我认为我们的运营是非常成功的。

问:财务预算和年度财务计划包括哪些内容?怎样制订这些预算和计划呢?

答:一项预算的结束就是另一项预算的开始。其原因很容易理解:首先,整个预算在本财年结束和新财年开始前六七个月开始。为什么需要这么长时间呢?因为其他部门的预算是在本财年结束和新财年开始前五六个月开始。作为企业不动产和设施管理团队,我们有义务而且会尽早告诉客户他们编制预算必须考虑的所有信息,比如某个办公场所的租赁费用将上升或者能源成本将增加。完成这项任务后,我们便开始制订自己的成本计划,包括从自身组织到各个办公场所成本的方方面面。

我们怎样制订自己的计划呢?我们从最小的单位开始,尝试收集所有信息,比如维护计划是什么;公用设施的费用是多少;预期服务价格,比如安保,是否发生变化;根据特定维护策略而被维护的设备信息。然后在更高层面汇总并分析这些信息,制订年度计划。

然而,制订年度计划面临着巨大挑战。典型的预算计划一般希望获得更多的预算,因为它们较少地考虑不动产和设施管理能够产生利润,而更多地考虑风险和问题,比如哪些设备需要更换,确保工作场所安全需要花费多少费用。但实际上,不是所有的风险都会变为现实,所有的问题都会发生。所以,如何调整这些计划,适当降低预算,制订出一个更合理、更平衡的预算计划,不仅是CRE/FM团队的义务,更是我们所要面临的挑战。

预算流程的最后一步是与各单位确定目标并签订书面协议。比如亚洲区公司拿到下一年的预算后,我们会将预算分配到各个部门,并与他们分别签订协议,要求他们不能越过协议限制,但可以在协议框架范围自由分配自己的项目。

问：制订财务计划的过程中，您需要考虑的原则和影响因素是什么？

答：首先考虑的影响因素是客户（企业）。所有工作的开展都是为了企业自身的发展，因此，我们要了解客户的需求。客户的计划是什么，客户是将实现业务增长，或是面临业务缩水，客户目前的情况如何。CRE/FM 部门必须根据这些信息制订相应的计划。

第二个影响因素是生产率目标。设施管理部门都面临着固定成本，比如人工成本和公用设施成本增加的挑战。我们必须创造出一些新的工作方式来抵消这些增加成本的大部分或者全部。就像我前面说的，这些工作方式不仅可以起到降低成本的作用，更可以为设施管理部门的发展带来更多机遇。

第三个影响因素是可持续性。成功的项目可以创造很多利益。如果今天以更先进的方式更好地利用资源，更好地使用办公场所，尽可能地降低能源消耗，那么今天的投资将有助于企业降低未来的成本，这就是可持续性。

面对成本持续上涨的情况，企业必须从以上这些方面进行思考，同时制订不同的关键绩效指标（KPI），比如每平方米的运营成本、人均办公面积，来考量自己的工作。如果某一实际指标接近限值，就要针对该项工作开展研讨会，商讨改进方案，以使该指标达到正常水平。

顺便提一下，西门子房地资产管理集团从西门子集团执行委员会获得授权，可以管理西门子集团的所有不动产。过去的 5 年时间里，我们以整合的方式管理不动产投资组合，为西门子集团节省了 4 亿欧元运营费用。在此，我建议大家考虑所有的投资组合，而非只改进其中的一个部分。

问：请您分享一下关于企业不动产和设施管理财务控制方面的先进经验。

答：我想分享的经验主要有三个方面：

第一是西门子最新推出的工厂统一费率定价方案。所谓统一费率定价，指的是为客户编制后续五年的预测成本。在企业中，每位厂长必须制订成本计划（包括不动产成本），而且他希望可以维持成本或降低成本，比如人工成本、原材料成本和不动产成本。然而事实上，不动产成本并不稳定，比如整修房顶会导致本财年成本大量增加。这种费用会在以往被作为当年的额外费用来处理。而西门子的现行做法是利用利润中心体系，对整个企业未来五年的维护工作进行详细调查，根据这些信息与折旧、利息和其他成本，来估算未来五年的总体情况和平均价格，了解维持建筑质量、功能和完整性需要采取的必要措施及所需费用。因此，我们编制了未来五年的预算计划，并会详细告诉客户（生产部门）他们每年可以获得的预算金额，这样客户可以更好地制订成本计划，我们之间的沟通也会更加顺畅，整个企业的工作效率也就更高。

第二是西门子房地资产管理集团以一定价格向内部客户（其他部门）收取办公空间的使用费用。这听起来似乎我们想从内部客户身上赚钱，但实际上是以这种方式促使内部客户意识到使用办公空间是要付费的，培养内部客户按需“购买”，不多占用办公空间的意识。该价格一般比周围办公楼的价格稍低。

第三是注重细节。细节关系到每一个不动产单元（或称小型利润中心）。不动产单元是一个涉及成本和收入的经济循环体。不动产单元可以是几百平方米的租赁办公场所，也可以是整座工厂，但绝对不是工厂中的某座建筑。企业必须关注不动产单元的各类成本，比如折旧、维护成本、采购的利息成本、工作人员成本和保安成本等等，同时区分该单元中的特殊情况和常规状况。在确定常规状况的基础上，把特殊情况放在首要考虑的位置。

（访谈时间：2016 年 6 月）

# 附录 D 跨国企业工作场所策略的变革

随着组织的发展和完善，工作场所的概念逐渐流行起来，并且加入了组织战略的考虑。工作场所策略对于很多人来说有不同的理解，在不同行业也有不同的实践。本期高端访谈将围绕跨国企业工作场所策略的变革来展开。

本期主要内容有：

- ☐ 工作场所策略的特点和作用；
- ☐ 工作场所策略变革案例；
- ☐ 工作场所策略变革的推动过程；
- ☐ 工作场所策略变革的挑战；
- ☐ 工作场所变革的实施经验。

---

访谈嘉宾：白云松，通用电气大中华区设施管理经理兼亚太区工作场所策略经理，国际设施管理协会(IFMA)上海分会主席

---

问：根据您的丰富从业经验，您认为工作场所策略的特点和作用是什么？

答：工作场所策略的特点是需要根据不同的企业战略制订不同的解决方案。现阶段，各大企业都迎来了行业新的发展形势，不同类型的企业也有不同的员工组成，这些因素都推动了工作场所策略的变革。因此，工作场所策略不是一个“One Set Fits All”(一套解决方案能够解决不同公司、不同领域的所有问题)，而需要因地制宜地采取针对措施。

设施管理部门作为支持性职能部门，其作用体现在为企业战略的实现提供支持。工作场所策略是推动企业整体策略变革和文化变革的工具。通用电气公司的理念是文化变革必须从工作场所的改变开始。文化，即人们的习惯，在工作场所则是工作习惯。当工作环境改变后，员工的行为方式或思维方式也潜移默化地发生改变，因此工作场所策略实际是为企业整体策略变革服务的。

以通用电气为例，其过去的主营业务为“金融＋制造”。而在金融危机之后，通用电气已经转型为纯粹的高科技数字化制造业企业。业务的转型要求从工作场所入手，对企业文化进行相应变革，进而引导员工和相关组织机构做出改变来支持企业策略的新变化。

问：除了支撑企业战略的变革，您认为工作场所的变革还具有什么优势？

答：工作场所变革的另一项重要作用是为公司节省运营费用。例如，在通用电气的台北项目中，通过工作场所的重新设计，办公位利用率提高了50%。这意味着只需要原来一半的面积就可以实现同样的功能，甚至实现更多的功能。经统计，台北项目运营成本每年会节省200万美金以上。即使投入了资金做装修和改善，但很快就可以收回投资。由于变革带来的巨大经济效益，全公司各层级员工和领导都对该项目表示满意。

问：请您介绍一下工作场所策略变革的推动过程？

答：工作场所策略的推动需要通过系统性的、有规划的安排来实现，是一个变化管理(Change Management)的完整流程，而非通过一个新布局或新设计的实施就能实现的。

首先，需要确定企业的业务需求。这就需要了解各部门的人力发展策略(Labor Strategy)是什么。企业策略变革意味着各事业部发展形势的巨大变化，因此第一步应该与各事业部积极沟通，了解对方的发展计划，特别是人力发展策略。有些人会认为只有大量扩充人员才能推动公司增长，实际却并非如此。例如，通用公司七个事业部的形态彼此不同，我们要了解它们在亚洲区的布局情况，以清晰的全局观来分

析现有布局是否与其匹配，从而考虑将增加的人力资源布局在中国、印度或东南亚。

第二，了解如何支持各事业部的工作。在过去，事业部安排员工工作场所的过程非常简单：假设需要安排 10 个人来工作，就提供相应的面积做一个办公室设计就实现了。但现在强调了解员工们在工作场所实现的工作目的和工作方式，对应地分析所需设备和服务来帮助员工最有效地工作。这是两种模式的切入点完全不同。

最后，应做好相应的设计规划。企业不仅需要有方向性的总体规划，也需要有细致的分地点规划，确定好每个国家、每个地区和每个城市的办公室数量、研发中心数量、工厂数量等等。

问：当企业进行业务大转型时，一定会牵一发而动全身，员工行为习惯和思维习惯都将面临改变，这就会催生诸多阻力。请问您在推动工作场所策略变革时遇到过哪些挑战和困难？

答：任何的变革都会遇到很多阻力。工作场所变革对每位员工的工作习惯和工作方式来说都意味着“改变”，甚至对人们的固有习惯是巨大的“冲击”。

在推动工作场所策略变革过程中，最主要阻力来自于大家的固有观念(Perception)。从打字机和台式电脑的应用开始，员工们逐渐习惯拥有各自固定的座位。随着时间的推移，大家甚至慢慢把它当作自有资产或自有空间，摆上很多个人物品。例如，推动过程中曾经有一位领导一直向我们强调：“我需要我的办公室”。可以看出他的固有观念非常强，而且对于变革方案存在认知差距，这就是一个巨大的挑战。

问：面对这些阻力，您是如何克服并最终实现变革的？

答：克服这些阻力需要制订完整的流程。

首先，寻求内部和外部资源的利用。外部资源的利用，例如，是否可以引用其他公司成功实现变革的案例供大家参考，是否可以引入顾问公司帮助推动变革。内部资源的利用在于使企业的支持者们充分了解变革方案，更好地支持方案的推动，说服更多的员工。

第二，利用问卷调查详细了解每个员工的需求。根据事业部发展目标和员工的需求来制订相应设计方案。调研问题包括“你的工作场所有哪些优点希望继续发扬？有哪些缺点可以避免？”等等。通过调查结果发现，员工在不同的工作时间有着不同的工作需求，如出差、见客户、开会等；不同人群的需求也不一样，比如销售人员 80％的时间不在公司，而财务人员可能 80％的时间都待在办公位上。所以并不是一套解决方案能够适用于办公室的每一个人，需要根据每一组人甚至每一个人的需求去设计工作场所。实践成果表明当详细了解员工需求后，最终的方案往往能够获得员工们的支持，这对推动后续的工作有非常大的帮助。

第三，进行基准分析(Benchmark)。基准分析即通过找出本企业相较于同行业设施管理的最佳实践之间的差距，确定绩效的底线值和进一步优化的方向。在通用电气园区变革的推动过程中，我们学习了业界其他公司的优秀经验，从而制订了非常完善的实用性基准。

第四，寻求与各个职能部门的合作来共同推进变革，包括 IT 部门、人事部门等。例如，通用园区里实行灵活办公，大大提高了工作效率和使用率。又比如，在通用亚洲运营中心项目中，通过变革使现有面积不变的情况下将人口容量提高了 60％以上，这样能够在现有面积里容纳更多的员工。既能充分利用已有空间资源，又避免了租赁外部空间和相应装修改造费用带给事业部门的过重财务负担。这是支持事业部发展的一种非常有效的方式。

第五，现场的数据收集和观察，包括员工在工作场所是如何工作的，怎样才能实现最有效工作等。通过数据收集发现一个有趣的现象：员工自身对于工作场所行为习惯的认知与数据反映的有很大差别。例如，员工们会认为“自己超过 90％的时间都待在办公室工作，因此我需要办公室”。然而真正的数据反馈中该时间占比却低于 50％，这就体现了数据的价值。数据具有强大的说服力，可以帮助大家重新认识自己的行为习惯和工作方式，并思考什么才是最有效的工作方式。

第六，重视员工感受。例如，在台北项目中，我们思考如何提高员工的精力投入程度和对工作的关注程度。基于此，我们考虑了工作场所色调对于工作效率的影响，自然采光与人工照明的区别，是否需要加入当地的文化元素等问题。通过与设计公司和客户的多轮次沟通，最后制订的方案是将整个办公环境按

“美丽山水”的主题进行设计,并采用“灵活办公”方式。这种办公空间设计非常独特,不仅拥有通用电气固有的风格,同时加入了当地的自然文化元素,很自然地与公司总体形象融合在一起。

通过在台北、广州、上海、北京等地的实践,我们意识到了推进变革的不易,特别是当变革跟员工惯常的想法完全不同时。但是我们总结了这套完整工作流程,逐步地在各地成功实现。各地的变革取得了优异成绩,基层员工、中层干部和高层领导的满意度都很高,参观园区的同行都给予了非常好的反馈与评价。现在,通用电气推进变革比以前轻松很多,因为员工们对于“灵活办公”等新理念的接受程度已经很高了,后续通用电气的绝大部分办公室都将采用灵活办公理念。所以说,我们迈入了办公空间管理的新纪元、新常态。

问:您认为企业进行工作场所变革时,需在哪些方面进行努力?

答:首先,应提高设施管理者的综合能力。工作场所策略已经不是过去简单的项目实施过程,而是需要一个全方位的系统性安排。因此,对于推动该变革的设施管理经理也就提出了更高的能力要求。以前,设施管理者更多的是关心“实施过程”(Execution),现在更应该关注的是“管理方法”(Management)。例如,对于利益相关方的管理和沟通能力是非常重要的,与各层级的沟通也一定是全方位的,只有充分沟通才能使大家互相之间充分了解,特别是跟高层领导的沟通是项目推行的关键。例如,在通用电气北京园区建设过程中,通过向中国区 CEO 介绍方案的理念和内容,从而使他成为方案的坚定支持者,帮助我们推动方案的顺利落实。同时,作为变革的推动者,要有坚强的信念和承受来自各方压力的能力,文化的变革不可能是一帆风顺和一蹴而就的。

第二,做好数据的搜集和分析工作。无论是与高层领导的沟通,还是跟普通员工的沟通,数据都是非常有效的工具。企业需要在收集哪些数据、如何收集数据、如何分析数据等问题上,多多思考,多花心思。

第三,可以聘用行业里的顾问公司作为第三方,帮助企业推进变革。顾问公司可以提供其他公司变革的优秀经验,同时,他们对新工作场所理念有着更深的理解,尤其在变革开始阶段,顾问公司将会让变革取得事半功倍的效果。另外,当跟高层领导沟通时,顾问公司的沟通效果往往比内部职能部门的沟通效果要好。

第四,提高执行力。变革在开始阶段会设立目标,要注意这些目标是不是可以跟踪和测量的(Measurable Goal),比如员工满意度指标、使用效率值、成本节约百分比等。在实施过程中,企业需要随时关注指标,正确地处理指标的偏差,采取措施进行修正,不断在实践中完善,直到最后取得满意的成果。

(访谈时间:2016 年 1 月)

# 附录E　教育培训场所空间改造和环境变革

随着时代的进步，人们对于生活和工作场所有了更高的要求，学生们所处的教育培训场所也是如此。教育理念的变革带来了对教育培训场所的舒适度和人性化的要求增加，学生们不仅希望在更舒适的环境中学习，也希望教育场所能够带来更高效的学习体验。本期高端访谈将围绕教育培训场所空间改造和环境变革来展开讨论。

本期主要内容：

□ 教育场所变革的原因；

□ 教育场所变革的难点；

□ 教育场所改造方案的内容；

□ 基于EHS的空间改造计划。

---

访谈嘉宾：李晓疆，新东方教育科技集团资产管理部副总监

---

问：新东方在近年来一直致力于教育场所的改造和环境变革，其根本原因是什么？

答：驱动新东方进行教学空间和环境改变有三大核心原因。

第一个原因是新东方核心教学和教育理念的变革。传统的教育培训是把学生集中到一个固定的空间里，进行数小时教学。而现在的教育教学理念已经升级到要培养终身学习、全球视野和独立人格的人才。终身学习的要求使学生们在教学空间里停留更长的时间。

第二个原因是新东方在教学产品、教学方法的设置上，更多地融入了互联网的因素，突出了线下线上的互动。在新的教学空间里，不仅有传统的教育培训功能，还有自习、半自习、教辅人员辅助学习的功能。针对这些多样化的功能设置，新东方对现有教学环境的空间布局进行改造，加入了新元素，并设置新功能。

第三个原因是用户的直接需求。现如今，参加教育培训的学员在逐步年轻。“80后”家长因自身生长环境比较优越，都希望自己的孩子在更好、更完善的环境中参加教学培训活动。

这些因素都促使新东方进行教学空间和环境的变革。

问：在教学环境和教学空间改造的过程中，你们遇到的主要困难是什么？

答：在整个过程中遇到了很多困难，最主要的是一线运营部门对改革方案的不接受。因为传统的教学空间是一种非常简洁的环境构造模式，通过前台、背景墙、走廊和教室达到对空间的最大化利用，即最大化提高教室面积占比。改造后会将部分原教室面积分摊，用作其他的功能，这会降低一线运营部门创造业绩的能力。所以我们推进改造方案经历了一段时间的延搁。

问：面对变革的诸多困难，你们的实施方案有哪些亮点？

答：首先，将产品部门和一线运营部门纳入教学环境改造的工作委员会中。在初期设置改造方案时，充分地吸取了产品部门和一线运营部门的意见。一线部门每一天都投入大量时间直接接触家长和学生，可以充分了解他们的需求。

第二，选择的切入点（产品）是国外高端课程教学区。教学点空间和环境的改造，需要在初期就展现出来良好效果。国外高端课程因为本身收费较高，学生和家长对于教室的体验要求更高。选择这样的产品来推进早期的改造和升级，无论是对内和对外的接受度都更高。因此我们称之为“Low Hanging Fruit”（垂得比较低的果实），即特别容易拿到的果实。通过对国外高端课程教学区的改造，能用较低的成本换来较好的效果，起到了示范效应。

最后,采用了“快速迭代,小步快跑”的模式。在推进过程中依托于实际的项目,完成较为简单快速的点,然后逐步升级完善再推广。例如,新东方第一个试点在苏州,然后在石家庄实施 2.0 版本的改造方案,在上海徐汇区实施 3.0 版本的方案,总共花费六个月的时间。具体来说,通过己方的教学部门、运营部门和环创设计部门,再加上第三方专业的教育设计公司,快速地形成了初步方案,并在苏州试点实施。苏州作为样板教学区,为大家提供了更实际的真实体验。学生家长和新东方员工都参与进来,提出各自的意见和看法。我们参照这些宝贵意见逐步地完善方案,然后在石家庄以及上海实施,最终得到了现在较为成熟的方案,并且取得了良好的实施效果。

问:新东方空间改造的实施方案在学习环境的营造方面有哪些特点?

答:一方面,特意营造了简约的古典主义风格的环境。新东方的理念是构建年轻的、青春的、阳光的、充满希望的、激发想象的学习空间,同时学生在这样的空间里还能静下心去学习和互动。整个教学环境吸取了很多欧美大学的环创元素,主要原因是参加国外考试培训学生的目标是出国留学。如果他们出国之前就在与国外学习环境相似的空间里学习,他们面对陌生环境时就更容易适应,可以更快地融入新的学习环境中去。

另一方面,我们在环创的细节上进行了细致的考虑,加入了很多人性化的设计。例如,在光源的选取上,考虑到学生的用眼、坐姿、学习习惯等因素,最大限度地保障学生在教学空间里生活和互动的便利性。

问:在您推进的实施方案中有哪些针对环保、健康、安全(EHS)的考虑呢?

答:EHS 是教育空间中非常重要的元素,我们也在相关方面花费了很大的精力。教学区是人员较为密集的环境,而且教学区的使用者主要是年轻的学生,这势必给安全和环创提出了更高的要求。在设计、构建、后期使用和维护运营的过程中,充分考虑到了安全、环保、健康的保障。

第一,在空间结构的构建上,充分考虑到防火、消防、疏散、引入自然光源、新风等细节,这是最为核心的要素。

第二,另一个核心要点在于教学家具的选用。家具是影响室内空气环境的主要因素,如何控制甲醛和异味的产生非常重要。新东方的课桌椅采取标准化采购的方式,选用一次性注塑成型的家具。这种家具具有较高的环保标准,在教学点竣工两三天后就没有异味。

第三,在购置教学区硬装时,大量地采用圆弧转角的设计,从而避免碰撞、摔倒、撞伤的情况。

第四,在光源的设计上也有很多小细节。在教学区里避免光的直线照射,采用漫射或者反射的方式,从而防止学生的眼睛发生眩晕现象。教室内和教室外也会选取不同冷暖光源的配比,保障眼睛的舒适度。

第五,在材料和设备的选取上充分地考虑安全和环保的问题。例如,教学区中使用的防火板都具有很高的耐火等级,教学设备也是选用进口高档设备。这些优质设备不仅在安全上有保障,也对儿童的眼睛有极大的健康保障。

第六,在教学点改造完成之后继续提升环境、健康方面的体验。一方面教学区会大量采用绿植,选取对于空气质量提升较明显的绿植产品;另一方面,将每日的教学区保洁工作、环境维护和保养工作落实到位。举例来说,在能够使用自然风的情况下,尽量利用开窗通风换气的方式来保障室内空气质量。最初该举措的实施遇到阻碍,因为很多写字楼具有玻璃幕墙不允许开窗。我们花费了大量的努力与业主进行谈判,要求能开窗的情况下尽量开窗。对于年头较长的建筑,其外立面和外窗条件不是特别好的,新东方甚至自费换窗以保障自然风的流通。

问:对于如此大型的改造工程,员工和学生的评价和反馈怎样?有哪些积极效果?

答:各方都给予了积极评价。首先,对员工来说,教学区环境和空间的改造大大激发了大家的工作热情。员工高涨的情绪又会间接传导给学生和家长,形成良性循环。第二,学生和家长的满意度得到较大提升。通过自媒体跟学生和家长互动时,他们给予了高度的好评,同时他们还会向其他家长推荐新东方的教学点。

空间改造带来的另一个重要影响是经营业绩的提升。例如,苏州教学点和石家庄教学点,两者经营业绩都实现了翻番，营业额均从1000万元提升至2000万元的水平。这一点从侧面印证了家长、学生和员工都有更好的学习体验，纷纷推荐身边朋友来此学习。这直接促成了教学区使用效率的提升，也带来了业绩的提升。

同时，家长、学生和员工也提供了诸多宝贵意见。以前台为例，前台需要完成教学咨询、收费、发放教材等综合性工作，为满足多样化功能，员工们对于前台内部收容的构造、电源布置提供了很多具体的意见，在后续的改造过程中会将这些意见纳入到新的环创和设计的方案中去。

又比如在过去，在室内的软装设计中张贴了海报类的营销品，介绍新开放的课程信息。学生及家长们认为营销品的大量存在会导致学习体验的下降，因为学生们在教室长时间学习后，在室外看到大量教学宣传广告就容易产生疲劳感。基于此，我们对软装设计进行了细致规划，将营销海报换为了老师和学生们的手绘作品，留一面空白墙让学生们去实施创意，参与构建自己喜欢的教学空间。

有了之前的宝贵经验和建议，新东方会将空间改造的范围进行扩展，新东方中学、优能、泡泡少儿等系列品牌都会迎来教学环境的变革。在前面项目的基础上，相信中学和少儿教学环境改造的推进的速度会更快，呈现的效果也更好。

（访谈时间：2016年7月）

# 附录F FM走向最佳实践的必杀技—基准分析

对于不同行业、不同类型的企业,设施管理团队有着完全不同的组织设计、服务内容、服务标准,这也是将基准分析引入设施管理领域的原因。基准分析也被称为标杆管理,是企业衡量和改善设施管理质量、速度和成本绩效的有效方法。本期高端访谈将围绕基准分析在设施管理中的应用来展开讨论。

本期主要内容:

- ☐ 实施基准分析的原因;
- ☐ 基准分析的主要内容;
- ☐ 基准分析对设施管理行业的影响;
- ☐ 基准分析的主要机构;
- ☐ 基准分析的难点。

---

访谈嘉宾:缪莉莉,戴德梁行房地产咨询(上海)有限公司中国华东区设施管理部总监,同济大学复杂工程管理研究院设施管理研究中心博士

---

问:您认为在设施管理领域实施基准分析的原因是什么?

答:美国生产与质量中心将基准分析定义为识别、了解和比较世界上任何地方、任何组织采用的出色实践和流程,以帮助组织提高绩效的系统、持续性的过程。将基准分析引入设施管理领域的原因有很多,主要有三个方面:第一是将基准分析应用于费用管理,例如制订预算和费用控制。第二是应用于业务改进过程,即通过基准分析找出企业相较于同行业设施管理的最佳实践之间的差距,确定进一步优化的方向。第三是应用于目标的牵引。基准值(基线)不仅可以当作绩效的底线或者限制型条款,还可以为企业设置未来的最佳目标,即应用于目标的牵引工作。

问:设施管理中的基准研究分析都涵盖哪些内容?

答:基准分析研究的范围很广。在输入、过程、产出、满意度等全过程都可进行分析比较。例如,从输入的角度来说,经常研究的指标包括人力配置情况、人员投入状况、投入工时、投入费用等;从过程的角度来说,基准分析可以衡量和比较服务标准的确定、计划合理性、运作流程等;从产出的角度来说,每平方米运营费用、每平方米能耗费用、人均管理面积等都是常用的指标,还包括客户满意度、服务及时性等。

问:基准分析对于设施管理行业有哪些作用?

答:基准分析最重要的作用是通过与同类业务的行业组织或者非同类业务的行业组织进行比较分析,找出企业和最佳实践之间的差距。通过分析其他组织的组织设计和业务流程等内容找到进一步优化的方向,甚至可能会对本组织产生颠覆性的变革作用,比如组织模式的变革、流程变革和精益运营等等。这些业务改进可以为组织带来直接性收益。另外,基准分析也是凸显设施管理团队产出绩效的有效工具,帮助其获得客户方和组织高层管理者的认可和支持。

需要注意的是,基准分析不是数字游戏,而是真正可以利用起来的工具。部分企业虽然花费精力和人力采集了基准数据,并制订了基准指标,但却忽视了基准数据的应用。因此,基准场景的选择和应用,基准的优化和维护也同样重要的。这需要企业内部设施运维团队、财务部、采购部的沟通协作,将制订的基准更好地应用于外包策略、运营管理、预算优化等方面,为企业提供价值。

问:目前,在设施管理行业中有哪些从事基准分析工作的机构?

答:目前最有影响力的机构是国际设施管理协会(IFMA)。国际设施管理协会在过去几年中先后发布诸多领域的基准分析报告,例如设施运营维护基准分析报告、设施人员配置报告、空间管理和项目管理

基准分析报告等。IFMA 进行基准分析的主要研究对象集中在欧美国家，暂时没有覆盖到亚洲地区。目前，因为基准分析进行的频次不高，整个行业都期待 IFMA 能够更快地更新和发布更多基准分析报告。在中国，从事设施管理基准研究分析的机构主要是同济大学复杂工程管理研究院设施管理研究中心。

问：您在从事基准分析的工作过程中，遇到过哪些困难？

答：总体来说，基准分析的实施难度比较大，主要原因在于基准分析对象的样本量不够充分。从事基准分析的机构有两类，一类是企业不动产部门(CRE)，其目的是对企业内部持有或租赁的物业设施进行内部基准比较。然而，很多企业所持有的物业设施体量和数量非常有限，导致样本量并不充分。另一类机构是国际化的设施管理服务供应商，它们具有服务于不同行业、不同组织的经验。但因样本量并不充分，所以基准分析不具有普适性。

问：请您举例分享下设施管理行业中的基准数据？

答：以某企业持有的 5 万～10 万平方米的园区为例，园区的年综合设施营运费用约 350～400 元/平方米，每月综合设施营运费用约为 30～40 元/平方米。该费用水平相当于一线城市 CBD 地区甲级写字楼的物业管理费水平。该费用不仅包括能源管理费、人工费、工程运营维护成本，也包括安全费用、清洁费用、环境维护费用等。从数据可以看出，能源费用占整个营运费用的 50%，剩余 50%包括了工程的运行和维护费用、环境安全业务类费用，各约占 20%～30%。

（访谈时间：2016 年 4 月）

# 附录G 人性化设施管理服务的卓越实践

微软公司作为全球电脑开发最大的供应商，不仅在电脑开发、软件领域有骄人的成绩，在员工关怀方面也成为行业标杆。近些年，微软公司与时俱进，不断推进施行人性化的设施管理服务，为员工提供了业内顶尖的工作环境和便捷服务。本期高端访谈将围绕人性化设施管理服务来展开讨论。

本期主要内容：

□ 设施管理服务实施原因；

□ 园区空气治理；

□ 员工出行服务；

□ 设施管理部门定位。

---

访谈嘉宾：周诗杰，微软大中华区不动产及设施管理高级经理，全球不动产协会(CoreNet)中国区主席

---

问：请问微软公司推行人性化设施管理服务的根本原因和动力是什么？

答：微软公司推行人性化设施管理服务的根本原因是为企业人才提供良好的工作环境，为企业发展战略提供支持作用。微软公司始终认为"人才"是企业最重要的资产。如何帮助企业维护这份重要的资产成为主要考虑的内容。一方面，我们的优质设施管理服务为企业现有人才提供了良好的工作环境，从而保障了合理的员工流动率；另一方面，良好的服务口碑能够帮助企业招聘到更多的顶尖人才，从而为企业发展添砖加瓦，这是我们的出发点。设施管理部门有这个义务，有这个责任，也有这个能力来帮助企业。

问：怎样保证能提供企业员工所需要的设施管理服务呢？

答：最核心的要点在于找准主要客户群的特征。微软园区的员工主体是一群敢想敢拼的年轻人。以苏州的研发园区为例，园区内员工的平均年龄只有26岁。设施管理服务的对象是年轻人群：他们渴望公平，他们崇尚自由，他们希望被关怀，同时他们对于高技术、高科技又如饥似渴。针对客户群，设施管理部门就对应地制订"人文＋科技"的大方针。所有的服务和工作都将围绕"人文"和"科技"展开，从而进一步提升服务水平，以帮助企业面对各种各样的挑战。

问：微软公司在空气治理方面的成绩突出，请您为大家具体介绍下这方面服务。

答：近年来，雾霾成为人人关注的热点话题，特别在北方地区，我们投入了大量的人力和物力来控制室内的空气质量。以微软北京园区为例，该园区可以保证无论室外PM2.5(雾霾)的浓度有多高，室内的PM2.5浓度能够控制在35以下，不仅达到国内的空气标准，甚至达到欧美标准。

在取得效果后，我们还希望让员工们了解FM部门做出的努力，让他们知道公司为了大家的健康投入了很多精力。因此，我们运用微软公司的云技术开发了一款APP(应用软件)。这个APP不仅可以在手机上运行，也可以实时显示在大屏幕上。当员工安装APP之后，可以在任何时间、任何地点查看所处室内的PM2.5数值。当看到FM部门做出的成绩后，员工们都非常高兴可以在安全清新的环境下工作，也对我们的工作表示高度认可。

另外，我们也邀请了同济大学的治霾专家在微软公司举办讲座，教导员工在家里如何治霾。这不仅为员工提供了服务，同时也关怀了员工的家人。员工们会觉得，设施管理部门不仅关心办公室的工作，同时也全方位地关心员工及其家人的健康。

有了良好的空气治理效果，员工们都会积极在社交平台上晒出微软公司的空气质量和服务，微软公

司的人性化设施管理服务也就打造了良好的口碑和形象，从而帮助企业更好地吸引人才的加入。这就与企业的核心价值和战略联系到了一起。

问：微软公司在员工出行服务方面有哪些好的经验吗？

答：首先，我想举班车APP的例子。在大城市，交通状况是很难预测的，特别是在上下班高峰期。微软公司有庞大的班车团队，员工们会在固定的班车点等候班车。但在恶劣天气和早晚高峰时间，由于交通的不可预见性，员工等候时间会比较长。为了改善这种情况，我们在尽量提高班车准确率的情况下，运用微软公司的技术开发了一个APP。当员工安装APP之后，他可以清楚地知道班车需要多久到达最近站点，从而更好地规划出行时间。这个例子也充分体现了“人文＋科技”的服务方针，即利用科技为员工提供更多的人文关怀。

另外，微软公司的停车场管理系统也进行了大的改进。园区停车一直是个难题，微软园区有多个停车场，员工需要挨个寻找是否有空位，费事费力。基于此，微软公司开发了停车场APP。员工通过手机就可以直接找到哪个停车场有空位，节约了大量时间，提高了效率。

问：听说微软公司实行了“开心菜园”计划，请您详细介绍一下。

答：微软公司做的“开心菜园”很受员工们的欢迎。现如今，大家非常关注食材的安全。微软上海园区刚好有片较大的草地，基于此，微软公司推行了“开心菜园”计划。员工们可以自行认领一块土地，自己播种蔬菜。等蔬菜成熟之后，可在微软公司的食堂里制作蔬菜沙拉。员工自己亲手实践整个过程，既品味到了新鲜健康的蔬菜，同时也丰富了工作之余的活动，释放了工作压力。这是人性化设施管理服务的良好实践。

问：微软公司的人性化关怀服务取得了怎样的反馈呢？

答：员工的反馈令我们非常满意。微软公司每年通过第三方机构针对设施管理部进行员工满意度调查，过去的两年中，中国园区都处在前三位。事实上，微软公司在中国的员工大概一万人，在如此庞大的体量下取得这么好的反馈，整个部门都非常兴奋，觉得之前的努力是值得的。

问：从您的工作经历来看，您认为FM部门在企业当中应如何发挥自己的主动性来更好地给企业和员工创造更大的价值，从而提高我们客户即员工的满意度呢？

答：创造更大价值的关键在于设施管理部门的定位，以及如何来展现自身的能力和业绩。目前来说，无论是业界人士，还是客户，甚至FM从业人员，都倾向于认为设施管理部门是一个支持性部门，或者说后勤部门。基于这种想法，客户们很难认可我们的价值。设施管理部门需要认准自身的定位，如果只把自己当作一个后勤部门，不知道如何为企业战略目标做贡献的话，那么就会永远被人视作后勤部门。在微软公司，通过FM部门多年的努力，例如上面提到的雾霾防治等例子，不光增加了对员工的关怀，同时吸引了外界人才，从而帮助公司提升了核心价值。设施管理部门有很强的专业性，也拥有很先进的管理方法，完全有实力帮助公司提高核心竞争力，这是未来的关注点。

（访谈时间：2016年12月）

# 附录H 探索物业管理公司迈向FM的战略转型之路

物业管理在中国的出现和成长伴随着中国房地产业的发展。随着城市化进程的推进，物业管理作为房地产业中关键的一环，也发生着巨大变化。设施管理理念的引入使得物业管理迎来转型机遇和要求。本期高端访谈将围绕物业管理公司迈向FM的战略转型之路来展开讨论。

本期主要内容：

- □ 物业管理转型原因；
- □ 传统物业企业转型问题；
- □ 战略转型的特点；
- □ 物业管理服务的升级和变革建议。

---

访谈嘉宾：于庆新，均豪物业管理公司董事长，英国皇家测量师学会(RICS)设施管理专业考官

---

问：您在中国物业管理行业已经从事二十余年，从2005年开始，您提出了“向设施管理迈进”的策略，请问物业管理为什么需要转型为设施管理呢？

答：由物业管理到设施管理的主动转型，实际是随着市场规律和产业发展进程应运而生的做法。转型和升级一直是行业的热点和话题。物业管理伴随着城市化进程的发展而产生，并发展壮大，其发展和整个城市化进程的规律是密不可分的。以全球经验来看，城市化周期大约为20年，也即当20年到来之时，城市建筑中的增量市场将转化为存量市场，这一改变意味着产业和人口的集聚。这一时期中，设施管理作为不动产管理方面的一个专业领域开始产生。

均豪物业在2005年着手转型，而北京的城市化进程在2008年时刚好迎来20年周期，均豪物业是通过学习和研究国外不动产管理专业的发展，看到市场发展规律的前提下，提前做好的主动转型。所以说由物业管理到设施管理的主动转型是随着市场规律和产业发展进程应运而生的主动做法。

问：传统物业公司的转型过程中有哪些问题？

答：目前，许多传统的物业管理公司在为企业提供设施管理服务时，都在用住宅类的物业服务方式为企业提供基础性的物业设施服务。事实上，这些物业企业都面临着仓促的被动转型，将住宅类物业服务方式机械地套用在企业设施管理服务中。其主要原因在于当住宅市场增量不在，各物业公司为了成长开始大量地承接企业不动产服务项目，却由于准备不足，只得采用传统的方式，也即过去我们说的“四保”(保安、保洁、保绿、保修)的方式去面对企业客户的需求。从中我们可以看出客户需求和服务提供存在着很大偏差。

问：请问物业管理公司进行战略转型过程中，最核心的考虑是什么？

答：均豪物业在提供企业设施管理服务中，更多的是基于企业的核心需求、企业战略成长的考虑来提供相应服务。那么，企业不动产管理的核心需求是什么呢？

首先，在项目建造的过程中，客户希望按时按质完成，这就需要大量专业人员的配合，这方面的需求是我们所提供的很受客户欢迎的业务。

第二，在企业发展的过程中，由于市场竞争的残酷性，企业更多地专注于核心竞争力的成长，即所谓核心业务。而将非核心业务全部实行外包模式，这些业务就是由FM公司来承接的，包括办公用品、礼仪会议、接待服务、通勤服务、车辆服务、餐饮服务、快递服务、雇员服务、休闲中心等。

第三，在产业处于下行阶段时，企业在生产成本方面关注度提高，尤其是对能源方面的高额成本。因此，企业对如何采取节能措施降低生产成本非常关注。

总的来说，物业服务公司提供的产品包，应该根据企业在战略成长中的核心需求去设定服务内容，从而整体构成了FM的完整服务体系。

问：您作为物业管理服务行业的资深人士，对于物业管理服务的升级和变革给同行的企业有哪些建议呢？

答：首先，物业企业一定要坚定地实行转型战略。房地产业的成长或者说城市化进程是不可逆的，所以传统的“四保”模式提供的住宅类物业管理服务已经不适用于企业不动产管理。物业企业需要清晰地认识到战略转型一定是战略型的而不应该是机会型的（只是为了拿到合同而去实行FM）。物业企业应从战略上认识到传统市场的萎缩，而一个新的市场正在扩大成长。从战略上重视它，并坚定地推动转型过程。

第二，知识储备要完备。实际上，企业转型所面临的最大问题就是知识输入。由于中国的特殊国情，我们在FM理念和知识的领悟方面，在过去遇到了较大障碍。近几年，国内的一些机构，特别是同济大学，开始进行系统性的FM知识引入。对于物业企业也是如此，知识的系统性地引入对于我们正确地进行FM转型非常重要。换句话讲，物业企业要注重系统性的学习，每一个从事FM的职业经理人要注重持续不断的学习。

第三，注重人才培养。在过去，物业管理具有劳动密集型特征。设施管理目前也部分具有劳动密集型的特点，然而如何从劳动密集型转到技术密集型，进而成为知识密集型，这个过程需要人才的大量引入。物业管理不是单纯依靠经验，或仅仅是服务态度、服务意识就可以转型为设施管理，而是需要引入一批年轻化、知识化、有国际视野的人才到这个行业和企业中来，才有可能完成这样的大转型。

如果能在战略上坚定地实施转型，系统而持续地进行知识输入，积极培养储备相关人才，我相信将会把物业管理企业带入到一个新高度，在中国能够参与国际间的竞争，乃至伴随着中国“一带一路”的国家政策走向全球！

（访谈时间：2016年5月）

# 参考文献


[1] Alfred B. Scaramelli, Robert Best. No-cost/Low-cost Ideas to Reduce Energy Use in Office Buildings[J]. Strategic Planning for Energy & the Environment, 2012, 32(1): 7-17.

[2] American Productivity and Quality Center. Process Classification Framework[M]. 2007.

[3] Ana Isabel Morais. Why companies choose to lease instead of buy? Insights from academic literature Academia[J]. Academia Revista Latinoamericana de Administrac, 2013, 26(3): 432-446.

[4] Appel-Meulenbroek R, Kemperman A, Van Susante P, et al. . Differences in employee satisfaction in new versus traditional work environments[C]//Proceedings of the European Facility Management Conference EFMC 2015, Glasgow, 1-3 June. 2015.

[5] B. Plijter E, JM van der Voordt T, Rocco R. Managing the workplace in a globalized world: The role of national culture in workplace management[J]. Facilities, 2014, 32(13/14): 744-760.

[6] Bajgoric Nijaz. Business continuity management: a systemic framework for implementation[J]. Kybernetes, 2014, 43(2): 156-177.

[7] Barry P. Haynes. The impact of office layout on productivity [J]. Journal of Facilities Management, 2008, 3(06): 189-201.

[8] Benchmarking for Facility Professionals[R]. IFMA, 2012.

[9] Benchmarking: Effective performance management for FM, BIFM[R]. 2013.

[10] Bernard Lewis, Richard Payant. Facility Manager's Maintenance Handbook [M]. McGraw-Hill Education, 2007.

[11] BS 25999-1, Business continuity management. Code of practice[S]. UK's national standards organization, 2006.

[12] BS 25999-2, Business continuity management- Part 2: Specification for business continuity management system[S]. UK's national standards organization, 2007.

[13] BS ISO 15686-5:2008. Buildings & constructed assets- Service life planning—Part 5: Life cycle costing [S].

[14] Buttle F. . Customer relationship management: concepts and technologies[M]. Routledge, 2009.

[15] Carper K E. . Journal of Performance of Constructed Facilities[M]. American Society of Civil Engineers, 1987.

[16] Christian Coenen, Keith Alexander, Herman Kok. Facility management value dimensions from a demand perspective[J]. Journal of Facilities Management, 2013, 11(4): 339-353.

[17] Corenet Global. The essential guide to corporate real estate[M]. Atlanta: Corenet Global, Inc, 2015.

[18] Corenet. Corporate Real Estate 2020[M]. 2012.

[19] D Ola L dre, Jardar Lohne, Tore Haugen. Internal rent—experiences from public sector in Norway [J]. Facilities, 2016, 34(1/2): 101-116.

[20] David G. Cotts, Edmond P. Rondeau. The Facility Manager's Guide to Finance and Budgeting [M]. Amacom, 2007.

[21] David G. Cotts, Kathy O. Roper, Richard P. Payant. The Facility Management Handbook[M]. New York: American Management Association, 2010.

[22] Dina A. Saad, Tarek Hegazy. Microeconomic optimization and what-if analysis for facilities renewal[J]. Journal of Facilities Management, 2015, 13(4): 350-365.

[23] Division of Capital Asset Management and Maintenance. Integrated Facilities Management (IFM) Blueprint[M]. 2012.

[24] DI Ikediashi, SO Ogunlana, P Boateng, et al.. Analysis of risks associated with facilities management outsourcing[J]. Journal of Facilities Management, 2012, 10(4): 301-316.

[25] D Ikediashi, O Okwuashi. Significant factors influencing outsourcing decision for facilities management (FM) services, Property Management[J]. 2015, 33(1): 59-82.

[26] E Finch. Third-wave Internet in facilities management[J]. Facilities, 2000, 18(5/6): 204-212.

[27] MA Elmahadi, MM Tahir, M Surat, et al.. Effective Office Environment Architecture: Finding Ingenious Ideas in a Home to Stimulate the Office Environment[J]. Procedia Engineering, 2011, 20: 380-388.

[28] Elmualim A., Pelumi-Johnson A.. Application of computer-aided facilities management (CAFM) for intelligent buildings operation[J]. Facilities, 2009, 27 (11/12): 421-428.

[29] EYY Hui, AHC Tsang. Sourcing strategies of facilities management[J]. Journal of Quality in Maintenance Engineering, 2014, 10(2): 85-92.

[30] E. Teicholz. Computer-aided facilities management and facility conditions assessment software [J]. Facilities, 1995, 13(6):16-19.

[31] E. Moriarty, C. Robinso, C. Turfey. Corporate real estate 2020 final report[R]. CoreNet Global, 2012: 39-40.

[32] C. Butterworth, M. Kuchler, S. Westdijk. Outsourcing in Europe: An in-Depth Review of Drivers, Risks, and Trends in the European Outsourcing Market[R]. EY, London, 2013.

[33] F. Pala, E. Melzi. Facility Management Organizational Models[M]. 2009.

[34] Facilities maintenance management[M]. NASA Procedures and Guidelines, July 25, 2001.

[35] S. Takata, H. Hiraoka, H. Asama, et al.. Facility Model for Life-Cycle Maintenance System[J]. CIRP Annals - Manufacturing Technology, 1995, 44(1): 117-121.

[36] Fassoulis K., Alexopoulos N.. The workplace as a factor of job satisfaction and productivity: A case study of administrative personnel at the University of Athens[J]. Journal of Facilities Management, 2015, 13(4): 332-349.

[37] Flavien P., Mustapha O., Rachid O., et al.. A generic prognostic methodology using damage trajectory models[J]. IEEE Transactions on Reliability, 2009, 58(2): 277-285.

[38] Forbes Gibb, Steven Buchanan. A framework for business continuity management [J]. International Journal of Information Management, 2006, 26 (02): 128-141.

[39] F. Schiavone, A. Meles, V. Verdoliva, et al.. Does location in a science park really matter for firms' intellectual capital performance? [J]. Journal of Intellectual Capital, 2014, 15(4): 497-515.

[40] Frank Kerns. Strategic facility planning [J]. Work Study, 1999, 48(05): 176-181.

[41] Gheisari M., Irizarry J.. Investigating human and technological requirements for successful implementation of a BIM-based mobile augmented reality environment in facility management practices[J]. Facilities, 2016, 34(1/2): 69-84.

[42] Giulio Mangano, Alberto De Marco. The role of maintenance and facility management in logistics: a literature review[J]. Facilities, 2014, 32(5/6): 1580-1585.

[43] Helena Forslund. Performance management in supply chains: logistics service providers' perspec-

tive[J]. International Journal of Physical Distribution & Logistics Management, 2012, 42(3): 296-311.

[44] Hoots M.. Customer relationship management for facility managers[J]. Journal of facilities management, 2005, 3(4): 346-361.

[45] IFMAFoundation, PaulTeicholz. BIM for facility managers[M]. Wiley, 2013.

[46] DI Ikediashi, SO Ogunlana, P. Boateng, et al.. Analysis of risks associated with facilities management outsourcing: a multivariate approach[J]. Journal of Facilities Management, 2012, 10 (4): 301-316.

[47] SO Ogunlana, P. Boateng, DI Ikediashi. Determinants of outsourcing decision for facilities management (FM) services provision[J]. Facilities, 2014, 32(9/10): 472-489.

[48] International Finance Corporation. General EHS Guidelines[M]. 2008.

[49] International WELL Building Institute. The WELL Building Standard [Z]. Delos Living LLC, 2014.

[50] International Standards Organization. Facility management — Vocabulary/ISO. 41011:2017[S]. Switzerland, International Standards Organization, 2017.

[51] Irizarry J., Gheisari M., Williams G., et al.. Ambient intelligence environments for accessing building information[J]. Facilities, 2014, 32(3/4): 120-138.

[52] Jensen P A, van der Voordt T, Coenen C. The added value of facilities management: concepts, findings and perspectives[M]. Lyngby: Polyteknisk Forlag, 2012.

[53] PA Jensen, TJMVD Voordt, C. Coenen, et al.. Reflecting on future research concerning the added value of FM[J]. Facilities, 2014, 32(13/14): 856-870.

[54] Jon Steiner. The art of space management Planning flexible workspaces for people [J]. Journal of Facilities Management, 2005, 4(1): 6-22.

[55] Joseph H. K. Lai, Edmond C. K.. Choi. Performance measurement for teaching hotels: A hierarchical system incorporating facilities management[J]. Journal of Hospitality, Leisure, Sport & Tourism Education, 2015(16): 48-58.

[56] Kathy O.. Roper, Richard P. Payant. The Facility Management Handbook[M]. American Management Association, 2014.

[57] Kuda, F., Berankova, et al.. Integration of Facility Management and Project Management as an Effective Management Tool for Development Projects[J]. Applied Mechanics and Materials, 2014, 501-504: 2676-2681.

[58] Lam A. K., MTS MRAIC. Business transformation and facility management[M]. Facility Management-AN, 2004.

[59] LìviaRóka, Madar sz, M lyusz Levente, et al. Benchmarking Facilities Operation and Maintenance Management using CAFM data base: data analysis and new results[J]. Journal of Building Engineering, 2016(06): 184-195.

[60] Maarleveld M., De Been I.. The influence of the workplace on perceived productivity[C]// EFMC2011: Proceedings of the 10th EuroFM research symposium: Cracking the productivity nut, Vienna, Austria, 24-25 May, 2011. EuroFM, 2011.

[61] Maarleveld M., Volker L., Van Der Voordt TJM. Measuring employee satisfaction in new offices-the WODI toolkit[J]. Journal of Facilities Management, 2009, 7(3): 181-197.

[62] Madritsch T., May M.. Successful IT implementation in facility management[J]. Facilities, 2009, 27 (11/12): 429-444.

[63] Małgorzata Rymarzak, Ewa Siemińska. Factors affecting the location of real estate[J]. Journal of Corporate Real Estate, 2012, 14(4): 214 - 225.

[64] Marek Potkany, Milota Vetrakov, Martina Babiakova. Facility Management and Its Importance in the Analysis of Building Life Cycle[J]. Procedia Economics and Finance, 2015(26): 202-208.

[65] Mell P. M. , Grance T. . The NIST Definition of Cloud Computing[M]. National Institute of Standards & Technology, 2011.

[66] Michael May. Strategic Space Optimization by an Innovative IT Technology [C]// 8Pth PEuroFM Research Symposium, Amsterdam, Netherlands, 2009: 16-17.

[67] Michael Pitt, Sarich Chotipanich, Ruhul Amin, et al. Designing and managing the Optimum strategic FM supply chain[J]. Journal of Facilities Management, 2014, 12(4): 330 336.

[68] CM Natukunda, M. Pitt, A. Nabil. Understanding the outsourcing of facilities management services in Uganda[J]. Journal of Corporate Real Estate, 2013, 15(2): 150-158.

[69] Naveen K. . Jain, Somnath Lahiri, Douglas R. Hausknecht. Emerging market multinationals' location choice[J]. European Business Review, 2013, 25(3): 263-280.

[70] NJ Duijm, C. Fi vez, M. Gerbec et al. . Management of health, safety and environment in process industry[J]. Safety Science, 2008, 46(6): 908-920.

[71] N. Syakima, M. Sapri, M. Shahril. Measuring Performance for Classroom Facilities[A]. 2011 International Conference on Sociality and Economics Development 2011(10): 209-213.

[72] Office of Real Property Management, Performance Measurement Division. Workspace utilization and allocation benchmark[R]. GSA, 2012.

[73] Office of the assistant secretary, office of real property leasing, deputy assistant secretary - Indian Affairs. Space management: request for space management[M]. 2014.

[74] PL Durangoa, SM Madanat. Optimal maintenance and repair policies in infrastructure management under uncertain facility deterioration rates: an adaptive control approach[J]. Transportation Research Part A: Policy and Practice, 2002, 36(9): 763 778.

[75] Patrick Alcantara, Elliot Brooks. Horizon Scan 2015 - Survey Report[R]. Business Continuity Institute British Standards Institution, 2015.

[76] R Chadawada, A Sarfaraz, K Jenab, et al. Integration of AHP-QFD for selecting facility location [J]. Benchmarking: An International Journal, 2015 (22): 411 425.

[77] Liu D. , Huang L. ,Yue W. , et al. . Reliability Simulation and Design Optimization for Mechanical Maintenance[J]. Chinese Journal of Mechanical Engineering, 2009, 22(04): 594-601.

[78] Robert H. Friis. Occupational Health And Safety For The 21St Century. Jones & Bartlett Learning[M]. 2015.

[79] S. A. Torabi, H. R Soufi, N Sahebjamnia. A new framework for business impact analysis in business continuity management (with a case study)[J]. Safety Science, 2014(68): 309-323.

[80] Sally Augustin. Applying what scientists know about WHERE and HOW people work best[R]. IFMA Foundation, 2015.

[81] Sankalp Pratap. Towards a framework for performing outsourcing capability[J]. Strategic Outsourcing: An International Journal, 2014, 7(3): 226-252.

[82] Sarich Chotipanich, Veerason Lertariyanun. A study of facility management strategy: the case of commercial banks in Thailand[J]. Journal of Facilities Management, 2011, 9(4): 282 299.

[83] Stefan Wuyts, Aric Rindfleisch, Alka Citrin. Outsourcing customer support: The role of provider customer focus[J]. Journal of Operations Management, 2015(35): 40-55.

[84] Stephan, Constantin. Industrial Health, Safety and Environmental Management[M]. MV Wissenschaft, Muenster, 2012.

[85] S. B. Nielsen, P. A. Jensen, J. O. Jensen. The strategic facilities management organization in housing: Implications for sustainable facilities management[J]. International Journal of Facility Management, 2012, 3(1): 1-15.

[86] The Activehouse Alliance. ACTIVE HOUSE - the guidelines[R]. 2015.

[87] Alberto F. De Toni, Andrea Fornasier, Fabio Nonino. Organizational Models for Non-Core Processes Management: A Classification Framework[J]. International Journal of Engineering Business Management, 2012, 4(46): 1-9.

[88] Tuomela A, Toivonen J. Developing strategic workplace management with network analysis [C]//The European Facility Management Conference proceedings, 2004.

[89] U. S. Department of Energy, Operation & Maintenance Best Practice Guide: Release 3. 0 [R]. 2010.

[90] U. S. General Services Administration Public Buildings Service Office of the Chief Architect. The site selection guide[R/OL]. U. S. General Services Administration Public Buildings Service. https://www. gsa. gov/graphics/pbs/GSA _ Site _ Selection _ Guide _ R2-sY2-i _ 0Z5RDZ-i34K-pR. pdf.

[91] United Nations Environment Programme. District Energy in Cties: Unlocking the Potential of Energy Efficiency and Renewable Energy [ R ]. Kenya, United Nations Environment Programme, 2014.

[92] Virginia Gibson. Flexible working needs flexible space? —Towards an alternative workplace strategy [J]. Journal of property investment and finance, 2003, 21 (01): 12-22.

[93] V. Leopoulos, D. Voulgaridou, E. Bellos, et al.. Integrated management systems: moving from function to organization /decision view[J]. The TQM Journal, 2010, 22(6): 594—628.

[94] Woodman, Patrick. Disruption & Resilience—The 2010 Business Continuity Management Survey[R]. London, Chartered Management Institute, 2010.

[95] Ying Ying Cui, Christian Coenen. Relationship value in outsourced FM services—value dimensions and drivers[J]. Facilities, 2006, 34(1): 43-68.

[96] (美)菲茨西蒙斯,菲茨西蒙斯. 服务管理:运作、战略与信息技术[M]. 张金成,范秀成,译. 北京:机械工业出版社,2006.

[97] (美)奥克丽塔. 构建企业级业务连续性规划[M]. 于天,译. 北京:机械工业出版社,2015.

[98] 克兰德尔,编辑部整理. 如何用"云"保障业务连续性[J]. 中国风险管理者,2013.

[99] Richard Kadzis. 国际设施管理协会(IFMA)白皮书:重新界定企业高管对设施管理的看法[R]. 国际设施管理协会,2015.

[100] Top Energy 绿色建筑论坛. 绿色建筑评估[M]. 北京:中国建筑工业出版社,2007.

[101] (德)斯特劳斯. 服务科学[M]. 吴健,李莹,邓水光,译. 杭州:浙江大学出版社,2010.

[102] (美)菲茨西蒙斯,菲茨西蒙斯. 服务管理运作、战略与信息技术[M]. 张金成,范秀成,杨坤,译. 北京:机械工业出版社,2013.

[103] (美)邓・皮泊斯,马沙・容格斯. 客户关系管理[M]. 郑先炳,邓运盛,译. 北京:中国金融出版社,2006.

[104] (美)克里斯托弗・博根,迈克尔・英格利希. 竞争性标杆管理[M]. 滕新风,译. 北京:经济科学出版社,2004.

[105] 曹吉鸣,缪莉莉. 设施管理概论[M]. 北京:中国建筑工业出版社,2011.

[106] 曹吉鸣.工程施工管理学[M].北京:中国建筑工业出版社,2009.

[107] 曹勇,康亭,曹旭明,等. 公共建筑能耗基准确定方法与研究现状[J].建筑科学,2011(10):105-109.

[108] 陈光.现代企业空间管理[M].上海:同济大学出版社,2014.

[109] 陈丽莉.投资企业的业务连续性管理[D]. 大连:大连海事大学,2014.

[110] 陈易.建筑室内设计[M].上海:同济大学出版社,2001.

[111] 理查德 L. 达夫特. 组织理论与设计[M]. 11 版.北京:清华大学出版社,2014.

[112] 戴德梁行 2017 写字楼核心趋势[R/OL].戴德梁行,2017. 01. http://www. dtzcushwake. com/images/upload/2/E796B6E2D16F41679D93BABB01BF1F6E. pdf.

[113] 戴德梁行企业选址边缘化是否是大势所趋? [R/OL].戴德梁行,2013.

[114] 单友成,李敏强,赵红.面向客户关系管理的客户满意度指数模型及测评体系[J].天津大学学报:社会科学版,2010,12(2):119-124.

[115] 德勤企业风险管理服务部.业务连续性计划和管理:莫让无妄之灾阻断企业业务[M]. 上海:上海交通大学出版社,2012.

[116] 菲茨西蒙斯.服务管理:运作、战略与信息技术 [M]. 7 版.北京:机械工业出版社,2013.

[117] 费雷德 R. 戴维.战略管理 [M]. 10 版.北京:经济科学出版社,2006.

[118] 冯国会.暖通空调系统运行与维护[M]. 北京:人民交通出版社,2013.

[119] 付亚和,许玉林.绩效管理[M].北京:电子工业出版社,2009.

[120] 傅贵.安全管理学:事故预防的行为控制方法[M]. 北京:科学出版社,2014.

[121] 顾晓栋. IT 外包中服务水平协议的研究和应用[D]. 上海:上海交通大学,2008.

[122] 国家安全生产监督管理总局职业安全健康监督.职业卫生评价与检测[M]. 北京:煤炭工业出版社,2013.

[123] 国家标准文献共享服务平台[DB/OL]. http://www. cssn. net. cn/pagesnew/search/search_base_result. jsp? pi=1&iPageSizeSle=10&flag=null&location=null.

[124] 过俊,张颖.基于 BIM 的建筑空间与设备运维管理系统研究[J].土木建筑工程信息技术,2013,5(03):41-49+62.

[125] 何森.室内环境健康指南[M]. 北京:中国建筑工业出版社,2016.

[126] 胡建江,许超.基于流程的企业管理制度体系研究[J].企业发展,2011(18):59-61.

[127] 纪博雅,戚振强,金占勇. BIM 技术在建筑运营管理中的应用研究[J].北京建筑工程学院学报,2014(01):68-72+82.

[128] 江颖俊,刘茂.基于 PDCA 持续改善架构的组织运营持续管理研究[J].中国安全科学学报,2007,17(05):75-82.

[129] 解皓,武静.基于 ISO15686-5 国际标准的建筑生命周期成本(LCC)与建筑全生命成本(WLC)研究[J].华中建筑,2014,32(03):163-167.

[130] 靖鲲鹏.采用业务持续管理有效减少企业风险[J].管理世界,2012(7):12-15.

[131] 克里斯 胡德.办公场所和员工体验[J].现代物业,2015(5):29-33.

[132] 李葆文.设备管理新思维新模式[M]. 3 版.北京:机械工业出版社,2010.

[133] 李晓庆,刘晓燕,马川.某大型公共建筑能源审计及案例分析[J].低温建筑技术,2014(1):131-133.

[134] 刘承水,戴俊良.试论客户满意与忠诚的互动关系[J].中央财经大学学报,2007(1):76-79.

[135] 刘东,李超,任悦.医院建筑能源审计与节能分析[J].建筑热能通风空调,2014(7):70-73.

[136] 刘帅航.融资租赁与经营租赁的比较研究[J].金融经济(理论版),2015(4):123-125.

[137] 刘伟,石冰心.服务水平协议(SLA):Internet 服务业的新趋势[J].电信科学,2000, 16(11):5-8.

[138] 刘晓华.企业组织结构设计[J].科技创新导报,2013(7):250-251.

[139] 刘彦宾,王晓涛,林波荣,等.建筑部品及设备生命周期能耗数据研究进展[J].建筑科学,2011,(S2): 255-262+237.

[140] 刘忠和,李校生.物业设备维护与管理[M]. 3版. 大连:东北财经大学出版社,2015.

[141] 绿色建筑评价标准 GB/T 50378-2014[S].北京:中国建筑工业出版社,2014.

[142] 毛文静.职能机构综合化:企业组织结构设计新趋势[J].未来与发展,2013(6):87-90.

[143] 美国管理会计师协会.财务决策 [M]. 北京:经济科学出版社,2010.

[144] 美国管理会计师协会,舒新国,程秋芬.财务规划、绩效与控制[M].北京:经济科学出版社,2012.

[145] 上海市节能监察中心.上海市开展能源审计情况[J].上海节能,2007(6):50-51.

[146] 舒建平,刘波.固定资产售后回租决策问题探讨[J].科技进步与对策,2003(02):168-169.

[147] 苏朝晖.客户关系的建立与维护[M]. 北京:清华大学出版社, 2007.

[148] 粟镇宇.工艺安全管理与事故预防[M]. 北京:中国石化出版社, 2007.

[149] 孙其博,刘杰,黎彝,等.物联网:概念、架构与关键技术研究综述[J].北京邮电大学学报,2010,33(03):1-9.

[150] 王赓. GB/T23331-2012《能源管理体系要求》及 GB/T29456-2012《能源管理体系实施指南》国家标准解读[J].中国标准化:英文版,2014(2): 72-77.

[151] 王光军.质量健康安全环境管理体系标准与方法(基础篇)[M]. 北京:石油工业出版社,2003.

[152] 王清勤,孟冲,李国柱. T/ASC 02—2016《健康建筑评价标准》编制介绍[J].建筑科学,2017(02):163-166.

[153] 王清勤,孟冲,李国柱.中国建筑学会标准《健康建筑评价标准》总述:编制概况、总则、基本规定及提高与创新[J].建设科技,2017(04):13-15.

[154] 王亚娜.浅议五力模型的缺陷及改进[J].财经界:学术版,2016(18):94-94.

[155] 邢以群,郑心怡.流程导向性企业组织结构模式初探[J].科学管理研究,2003,21(3): 48-51.

[156] 徐晨.运营持续管理在设施管理组织中应用研究[J].北方经济,2012(16): 102-103.

[157] 徐海长.运维管理系统在智能建筑中的应用[J].智能建筑与城市信息,2012(05): 15-18.

[158] 张连营.职业健康安全与环境管理[M]. 天津:天津大学出版社,2006.

[159] 张寅平.中国室内环境与健康研究进展报告[M]. 北京:中国建筑工业出版社,2012.

[160] 张引,陈敏,廖小飞.大数据应用的现状与展望[J].计算机研究与发展,2013, 50(S2):216-233.

[161] 张赟.浅析国内外建筑能源管理系统 (BEMS)的区别及发展[J].科技信息,2012 (22):260-262.

[162] 赵力.建筑室内 PM2.5 污染控制[M]. 北京:中国建筑工业出版社,2016.

[163] 赵旭东.能源管理体系[M].北京:中国标准出版社,2014.

[164] 中国注册会计师协会.财务成本管理[M]. 北京:中国财政经济出版社,2016.

[165] 中华人民共和国国家质量监督检查检疫总局,中国国家标准化管理委员会. GB/T 30146-2013/ISO 22301:2012 公共安全业务连续性管理体系要求[S].北京:中国标准出版社,2014.

[166] 中华人民共和国国家质量监督检查检疫总局,中国国家标准化管理委员会. GB/T 31595-2015/ISO 22313: 2012 公共安全业务连续性管理体系指南[S].北京:中国标准出版社,2015.

[167] 中华人民共和国住房和城乡建设部.公共建筑节能设计标准[S].北京:中国建筑工业出版社,2015.

[168] 中华人民共和国住房和城乡建设部.民用建筑节水设计标准[S].北京:中国建筑工业出版社,2014.

[169] 仲量联行联合办公:短瞬即逝还是大势所趋? [R/OL]. 仲量联行,2016.10. http://www.joneslanglasalle.com.cn/china/zh-cn/research/192/china-coworking-report.

[170] 朱倩,徐晨.基于社会网络的设施管理组织网络结构特性研究[J].管理观察,2013(13):113-115.

[171] 朱钟炎,贺星临,熊雅琴.建筑设计与人体工程[M].北京:机械工业出版社,2008.